中國史學基本典籍叢刊

三朝遼事實録

上

〔明〕王在晉 著
李東皐 點校

中華書局

圖書在版編目(CIP)數據

三朝遼事實録/(明)王在晉著;李東臯點校. —北京:中華書局, 2025. 1. —(中國史學基本典籍叢刊). —ISBN 978-7-101-16837-2

Ⅰ. E294. 8

中國國家版本館 CIP 數據核字第 2024NZ9403 號

責任編輯:陳若一
封面設計:周　玉
責任印製:管　斌

中國史學基本典籍叢刊
三朝遼事實録
(全二册)
〔明〕王在晉 著
李東臯 點校
*
中 華 書 局 出 版 發 行
(北京市豐臺區太平橋西里 38 號　100073)
http://www.zhbc.com.cn
E-mail:zhbc@zhbc.com.cn
三河市宏盛印務有限公司印刷
*
850×1168 毫米 1/32 · 24⅜印張 · 4 插頁 · 430 千字
2025 年 1 月第 1 版　2025 年 1 月第 1 次印刷
印數:1-3000 册　定價:98.00 元

ISBN 978-7-101-16837-2

點校説明

三朝遼事實録是研究明金戰争史及明末政局的重要史料，作者爲明代的王在晉。

一、王在晉的生平與著述

王在晉，字明初，號岵雲，河南浚縣人，改籍蘇州府太倉州。生於隆慶二年（一五六八），萬曆二十年（一五九二）壬辰科進士，初授中書舍人。萬曆二十五年四月任工部營繕清吏司主事，負責萬曆皇帝敬妃李氏山陵督造事，九月事竣，又奉命「榷杭關税」，二十六年十一月，陞營繕清吏司署員外郎事主事。二十七年二月，陞都水清吏司署郎中事主事，任内參與黄河三仙臺、趙家圈等處河工。二十七年三月，任南京禮部署郎中。

二十八年四月，王在晉任福建副使，整飭興泉兵備，開始任職地方，其後曾降職任僉事，又因禦倭功陞一級。在福建期間，他募兵、募船，打擊福建沿海地區的倭寇，取得了一定的戰果。三十三年九月陞任湖廣參議，三十五年閏六月，改任湖廣提學參議。三十八年三月，由湖廣副使改任浙江布政司右參政兼僉事，兼攝浙江杭嚴道。四十年閏十一月，陞任浙江按察使，四十三年，陞任浙江右布政使。在浙期間着手改革北絹押解，並參與了大明律集解附例的編訂工作。四十四年二月，陞任江西左布政使。

四十七年三月，王在晉任都察院右副都御史巡撫山東等處督理營田提督軍務，即山東巡撫。當時遼事初起，遼東被兵，隔海相望的山東也同樣頗有防務壓力，而且需向遼東輸送糧草物資。王在晉巡撫山東期間，致力於加强山東防務，募兵籌餉，增强海防力量；體恤山東百姓剛經歷旱灾，又要面臨遼事加餉的搜括，想方設法反對税監的盤剥；還密切關注遼東戰事，爲對抗後金出謀劃策。

泰昌元年（一六二〇）八月，王在晉陞任工部右侍郎，總督河道軍務，兼都察院右僉都御史，不久又改添設兵部左侍郎。天啓元年（一六二一）六月，爲總理户兵工三部、兵部左侍郎。二年正月，署本部印。廣寧失陷，朝野震驚，明廷以王在晉爲兵部尚書兼都察院右副都御史經略遼東，收拾殘局。王在晉到任後覈查軍餉，清汰冗官冗兵，節省軍費開支，加固山海關一帶的城防，解決了楚兵潛逃嘩變的事件，又積極改善與蒙古各部的關係。

但他不急於收復失地、伸展防綫，遭到監軍閻鳴泰、袁崇焕等人的反對。不久，大學士孫承宗出關巡視，傾向於閻鳴泰等人積極延伸防綫的主張，得到天啓皇帝的支持。王在晉因而被罷免經略之職，改任南京兵部尚書，旋引疾告歸。

五年三月，王在晉起復爲南京吏部尚書，期間曾上疏反對任用太監監軍，六年十一月，加太子少保。崇禎元年（一六二八）三月，召爲刑部尚書，加太子太保，又兼兵部尚書。十一月，因牽涉惠安伯張慶臻改敕書案被罷免兵部尚書職，二年正月削籍回鄉，此後未能再入宦場。崇禎七年曾爲浚縣志作序。卒年不詳，清順治元年真定巡按衛周允曾疏薦在晉，似仍在世。

王在晉一生未有赫赫之功，但他在其位則留心其事，留下一定的政聲。他所歷職務，關涉民政、建築工程、軍事、文化教育、漕運、律法等諸多方面，可見頗有才幹。他還參與了明末海防、遼事、黨争等重要事件，其自身經歷就可爲晚明歷史之一代表。

更重要的是，王在晉熱衷整理與著述，積極搜羅與職務相關的材料，以備考查；同時也對親身經歷的史事加以記録、整理，爲後世研究晚明歷史留下了不少寶貴的史料。如他在湖廣任職時，考查漕運相關檔案，將各書中有關漕運、河渠、海運等内容纂成通漕類編一書。是書之編纂，不是對檔案簡單的搜羅，其中條目的設置、材料的取捨、叙述的詳略，都體現王在晉的史料加工思路。文中夾注按語，是其對史事的考證與思考。故通漕類編一書爲研究明代漕運史的重要參考。

又如王在晉在浙江任提刑按察使時，留心海防，纂成海防纂要一書。是書在籌海圖編的基礎上，又參考徵引了大量資料，對前代海防知識進行擴充、修正。全書内容包括沿海地區的防守事宜，日本的詳細情况，明朝對外關係，海防策略、戰術、軍隊管理，明軍在海防中取得的大捷等，並對禦倭、海防等問題提出了一些自己的見解，堪稱明代海防的總結性著述。

王在晉還有越鐫一書，爲其在浙任職時所編，收録其爲官期間的詩、文、疏、牘等。水衡紀略爲其任工部都水清吏司郎中事主事的任職經歷；閩海平倭記則是其任福建興泉道時所作；還有不少疏、啓、書牘等，都可從中瞭解王在晉仕宦之經歷，以及其任事、爲官之思想。

另還著有歷代山陵考、蘭江集、龍沙學録、寶善堂集等書。

二、三朝遼事實録的編纂與價值

三朝遼事實録是王在晉晚年編成的重要著作，成書於崇禎十一年（一六三八）。共十七卷，按年月編排，歷叙萬曆四十六年四月至天啓七年十二月明金戰争相關事件，包括戰守要略、朝廷決策、籌餉運餉、軍隊管理、方略争議等内容，並且引用了大量當時有關遼事的奏疏、邸抄等。另外，王在晉也每每在書中作出評論，表達自己對相應事件的看法。卷首還有總略一卷，概述遼東的分野、區劃、戰略形勢，以及遼東周邊各民族的歷史及與明朝的關係，作爲明金戰争的背景。

三朝遼事實録一書具有寶貴的價值，是研究晚明政治史、軍事史、邊疆史、明金戰争史的重要史料。

首先，三朝遼事實録採用編年體的方式，時間綫明晰，叙述詳細到位，且專門針對遼事，有助於我們較清晰地掌握明金戰争的脉絡與具體信息。有關明金戰争的史料多遭禁燬，且編年類的專門著作亦不多見，故三朝遼事實録在遼事史籍中具有比較重要的意義。三朝遼事實録在編纂時參考了晚明其他的史料，但也有獨到之處，可以與其他史料互相補足，互相驗證。

第二，三朝遼事實録中保留了大量當時人的奏疏、邸鈔，用王在晉自己的話來説，「原疏具在，明旨昭然，與諸大夫、國人共質之可也」（三朝遼事實録雜引凡例）。此爲珍貴的第一手材料，有助於我們更爲客觀地認知遼事相關史事。

第三，因爲王在晉曾任山東巡撫，三朝遼事實録中録有許多與山東相關的内容，有助於我們研究遼東以外的其他地區、遼事以外的其他事件與遼事的聯繫。遼東地區的戰事牽動了整個明朝，明朝最終的滅亡也與遼事直接相關，所以，研究遼事不能眼光局限於遼東一隅，還要看遼東與明朝整體的相互影響。此外，如西南地區的奢安之亂，其起因和影響都與遼事關係頗深，三朝遼事實録對其爆發與過程也都有所叙及。

第四，三朝遼事實録中包含大量王在晉個人的奏疏，是研究王在晉本人的重要材料。其中還包括他對於相關事件、人物的議論、評價等，史論結合，也可以讓我們更爲瞭解當時人針對遼事的争議點集中在何處。

三朝遼事實録也存在一定的不足之處，主要有兩點。一是詳略不夠得當。王在晉在編纂時，對其他人的奏疏都進行了節略，摘其大要，但對於自己的奏疏則幾乎完整保留。

如此雖然保留了不少資料，但在「遼事」的主題下則顯得有些繁冗。同時，王在晉對於不利於自己的材料也都儘量回避，如其任經略期間所受之非議和反對，在書中都没有多少體現，使其被罷的過程未能展現出來。二是觀點常帶情緒。王在晉親身參與遼事，相應的決策多有争議，故而常有辯駁、攻訐之意；又因爲他遭孫承宗等人的否定而去職，故而常自詡其功以證明其能力與見識，而對孫承宗等則多抱怨、諷刺之辭，對人物與事件的評價難免失於偏頗。著名明史研究學者孟森在其三朝遼事實録評一文中，即指出本書有「攘功掩罪」「蓄意詆毁」的嫌疑（見孟森明清史論著集刊，中華書局二〇〇六年，第八八頁）。故閲讀、研究者不可僅聽其一方之詞遽作判斷，還需與其他史料參照分析。

三、三朝遼事實録的版本與整理

三朝遼事實録所見最早版本爲崇禎十一年刻本，其中國家圖書館所藏一種，上海圖書館所藏三種，南京圖書館所藏一種，山東省博物館所藏一種；域外有日本前田育德會尊經閣一種，國立國會圖書館一種，東洋文庫一種，静嘉堂文庫一種等。抄本有上海圖書館所藏一種，湖北省圖書館所藏一種，北京大學圖書館所藏二種等，已知年代的都爲清抄本。

民國以後還有影印本：一是民國二十年（一九三一）據江蘇省立國學圖書館館藏本影印，經比對與崇禎刻本在形態與内容上并無差異；二是續修四庫全書第四三七册史部雜史類據上海圖書館藏明崇禎刻本影印。另還有一九八八年江蘇廣陵古籍刻印社影印綫裝本和中國野史集成第二十四册影印本，則是據民國二十年據江蘇省立國學圖書館館藏本影印本再次影印。

本次整理以續修四庫全書影印上海圖書館藏明崇禎刻本爲底本，對文本進行標點、加專名綫。對於底本中影響文意的疑誤，儘量從他書找到依據出校，參考北京大學圖書館藏清抄本三朝遼事實録（四庫禁燬書叢刊史部第七十册影印，簡稱北大本）以作論據補充。明顯的板刻誤字作徑改處理。此外，整理過程中參考了李澍田簡體標點本三朝遼事實録（收入吉林文史出版社先清史料四集，一九九〇年）。

底本目録標注各卷起訖時間及相應説明，而底本正文中無此對應文字。爲保存底本面貌，今將其文照録於全書目録之中。又，底本部分條目原有眉批，提示内容重點。爲排版方便，今將其内容於各篇後注明，正文不再體現。

目録

平臺召對

欽奉御劄聖諭二道。內閣傳奉御劄：朕昨平臺召對內閣、府、部、科、道等官，輔臣鴻訓面薦本兵王在晉清譽素著，熟諳韜鈐，況曾經略遼東，久練邊務，一切軍務可堪倚任。朕思果能居中運籌調度，殄滅奴虜，恢復舊疆，封拜爵賞，朕決無吝惜。又給事中薛國觀奉差山海事竣，具奏彼處情形及軍中弊竇種種，敷陳剴切，朕已面諭，仍着從實指名奏來，以憑裁奪。遼東如此，他處可知。言官不徇情面，克盡糾彈之職，庶積習可破，軍餉不致虛冒矣。至如宣、大插酋，警報已及半載有餘，未見彼處督、撫、鎮、道等官設法防禦，相機堵截，一遇傳報，動輒請帑爲辭，希圖塞責。平日職守謂何？部發軍餉何在？顯是該鎮文武將吏不行精核，以致軍馬單贏，糧餉虛冒，徒飽貪官谿壑，使軍士枵腹，何以折衝禦侮？見今內帑空虛，非昔年之帑，豈得頻請？卿等還傳示户、兵二部，着多方設處，務使足兵足食，毋致臨渴掘井，有悞軍機。卿等擬諭來行。故諭。

崇禎元年六月　日

六部都察院接出聖諭：

朕惟司馬掌握六師，九塞之安危所繫；督、撫經營各鎮，四夷之叛服攸關。儻兵實搜討不精，則軍興緩急何賴？邊防漸壞，敵愾奚張？朕昨平臺召對内閣、府、部、科、道等官，輔臣鴻訓面薦本兵王在晉清操素著，復諳韜鈐，況曾經略遼東，久練邊務，匈奴部落歷歷指掌，一切軍機委堪倚任。若果能居中調度，悉力運籌，殄滅奴虜，恢復舊疆，封拜爵賞，朕決無吝惜。又給事中薛國觀奉差山海事竣，具奏彼處情形及軍中弊竇種種，敷陳剴切，朕已面諭，仍着從實指名奏來，以憑裁奪。夫遼東如此，他鎮可知。若言官不狥情面，克盡糾彈之職，則營伍虚冒可稽，軍糈耗蠹立剔矣。至於插酋市賞，久在遼東，一旦拔帳而西，騷動宣、雲，已逾半載，不知啓疆之故的是何因，又未見彼處督、撫、鎮、道等官作何設法羈縻，作何相機堵截，一有警報，動輒請帑爲辭，希圖塞責。平日職守何在？部發額餉何在？顯是該鎮文武將吏不肯清核，以致糧餉虚靡，士馬單弱，徒飽貪官之橐，罔恤戍卒之饑。脱有不虞，何以禦侮？見今内帑空虚，復非昔比，何得任意頻請？着户、兵二部從長計議，多方設處，務使兵食兩足，戰守有資。又覽輔臣道登疏内所言三款，曰「守祖制」，曰「秉虚心」，曰「責實効」，確於軍國有裨，足見經濟遠略。諸輔始終擔當，朕自主持獨斷，必使情面破而欺冒清，兵餉足而醜虜滅，使天下後世知朕君臣令共倡應之効也。即着中外諸臣一體遵奉力行。敢有視詔旨如空文，而怠玩泄緩，仍前漫不經心，臨期捉襟露肘，此推彼卸，坐誤軍機，科道官即時指名劾奏，國憲凜然，朕決不輕貸。爾等内外文武各官俱要體朕精兵足餉至意，力破積習，丕振新猷。仍馬上傳與各邊將吏知道。

崇禎元年六月十三日

在晉恭誦聖諭，受知甚深，爲本朝所未有，矢忠殫慮，仰圖報稱。秖因平臺激諫，極陳時事，史臣注記，語至數千百言，觸諱招尤，爲時局所忌。又緣南垣糾彈樞輔濫用金錢，旨下兵部覆核，水石相搏，風波遂起。於是異己合謀，借惠安伯張慶臻提督京營增敕一事與晉爲難。夫投揭請增自慶臻，呈稿批紅自内閣，執筆增寫自中書，兵部未之知也，閣臣自認罪矣。旋奉聖旨，兵部不具敕稿，不必牽連。聖鑒朗如日星，部臣可幸無罪。孰意債帥叛臣厚囑言官吴玉，輒因召對，值晉杜門註籍，謾肆糾纏，必欲逐本兵而後已。馬世龍以九月起解，直至晉二月離京，而纍臣始赴訊焉。張春一招，奉旨：「張春提勘已六月餘，何此得遷延至今？且王在晉在任何乃不奏？就中顯有情弊，該部還覈實，從公確議具奏。」其始係黨謀驅逐，爲賊臣道地之明徵矣。晉素無奥援，起任南銓，守正忤璫，八推不用。也，衆人舉之，當邊事極壞之時，而特膺巖關之重；其既也，一人毁之，以聖明昭鑒之晰，而猶掛神武之冠。恩重如山，身輕似葉。戊辰，晉任中樞，黠虜十數萬攻圍大同，沿邊州縣、衛所、城堡共五百九十八處，並無失陷。比年患虜岌岌乎不能支矣，老臣衰暮，犬馬無報主之時，而獨抱杞憂，驚心宵旦。痛念十餘年遼事壞於門户之分歧，用人一脉胚胎，不可轉移，肺腸自是各别。廟戰戈矛，機鋒盛熾，塗毒生靈，禍移於國。讀是編者，不能不掩卷而三嘆矣。

在晉謹識

三朝遼事實録序

申用懋

婁江大司馬王公，自壯歲登朝，敭歷中外。其完名大業載在國史、見諸文章者，朝野咸得知之。獨其經略四鎮也，米聚山川，箸籌石畫，所當名王黠虜，前後俘馘不可數計，其降附諸戎合幾千部，九塞稱元臣名將，業無與均。顧其成功所自，乃得之廉與公。惟廉，故士卒樂爲之死；惟公，故上下樂爲之用。蓋自公擐甲而出，以至解印而歸，無或以苡薏明珠謗者，則廉與公之徵也，庶幾哉汾陽之風乎！公卧江上者十餘載，而東事日改，烽羽旁午，虜且闌入代、上谷矣。公生平古正不阿，靖白自守〔一〕，無偷心，無懟色，一腔忠赤，秉志不渝。聞警以來，以昔時鎮邊寔事彙而爲録，示余，謂：「老臣所服之衣，先帝賜也，今服之矣，敢愛身哉？惟是矜矜矢心，媿無以報塞。一生微略，盡在此録，以志不敢忘醜虜也。」蓋公之爲大臣，其官自郎署、守長、藩臬，幾十政，無所不周歷；其地自畿輔、河洛、齊魯、楚越，幾萬里，無所不馳驅；其宦蹟自簿領、錢穀、河渠、法律、藝文、軍旅之事，幾百試，無所不贍舉。彼其夙夜奉公，優游布政，既爲歷代名臣所難，而至受事樞府，爲之省浮羨、佐軍興、嚴斥堠、晝郊圻，儲偫嘗充，刁斗不絶，視彼蒙安襲故者何啻天壤。至若遼與九邊等邊耳，而孤懸千里，地勢積弱，軍不宿飽，債帥爲政，公又爲之簡汰訓練。按堵幾十年，皆公之力也。余自公謝政後，待罪樞府，悉公方略，凡羽林、期門，無不道王司馬者。媿余拙劣無似，不能若平陽繼酇侯之政，規隨弗忘；臨淮入令公之軍，旌旗一變。然其精心妙策可爲萬世計者，未嘗昕夕忘之。今試一閱其實録，而星緯周回，輿圖阨塞，恍若指掌。令公待邊至今日，奚至眷眷多事哉？余于此又有望于公焉：漢代大司馬稱將軍，位在諸侯王上，群公不得與抗禮，有大事下大司馬府，任重無與均。若趙營平八九十，善用兵，羌人畏之，兵事固重老成哉。今公雖引年謝事，天子方登延舊臣，公行以元臣柄樞，建不世之蹟，懷通侯之印，則此實録者，特公之緒餘耳。功載盟府，業著旂常，方世世倚公威信爲金城，又何藉余老臣之稱述哉？

崇禎戊寅秋日，賜進士出身、資政大夫、兵部尚書、前都察院右都御史、管兵部左侍郎事、整飭薊州等邊備、兼巡撫順天等府地方、都察院右副都御史、南京太常寺卿、太僕寺少卿、三奉敕提督京邊東西二路馬政、兵部職方司郎中吴郡申用懋謹撰。

校勘記

〔一〕靖白自守　「靖」疑「清」之誤。

自序

昔班孟堅漢書，十二帝閒二百三十年，一百萬言；太史公史記，上自黄、虞，下至武帝，三千餘年，僅七十萬言；春秋，三萬言而已。夫紀事貴詳，詳則漶漫而莫尋其要；省覽尚簡，簡或脱略而莫溯其原。今遼事十餘年，羽書之旁午，封事之充楹，遝雜浩繁至不可勝紀，流觀泛濫，如舟行巨浸，靡測涘涯。余從奴孽初起，躬歷囏難，宵旦拮据，遇事援毫，循年覈實，言言有據，字字匪誣。解組以來，如范粲登車，多年偃息。間嘗思小醜披猖，憂勞至尊，驚惕海内，遼事不可不傳。非親炙則疑于道聽，民間杜纂新編，久之竄入正史，而虞有魯魚之溷也。燕居之暇，一一叙述，如手緝紛絲，錯綜參伍，廣搜群議，衷以管窺，纂就一家之冗編，謬擬三朝之實録，俾將來爰采，仰佐史宬，用資謀野，有判如璋而合如珪者矣。自東隅告急，泛海飛芻，曳輪策蹇，戎馬僨于疆埸，金錢殫乎帑藏，殺戮遍于遐荒，謀議棼呶，調遣四出，搜括殆盡，轉運如流。一蹶而清、撫，再蹶而開、鐵，三蹶而遼、瀋，四蹶而廣寧，追鋒撼摇關隘，緹騎纍逮奔臣。朽甲敗戈，澤量山積；流民潰卒，蟻聚蜂屯。廷議經邊，舉朝蹶踖，罟獲在後，白刃當前。人避我趨，拼生賈勇，藉尚方之赫濯，震通國之頹靡。招集散亡，整修廢堞，收復關前之棄地，聯屬海外之孤軍。救負固之氓以保前屯，置更番之卒以守寧遠。運海島之儲糈，飽我士伍；市遼西之窖粟，濟我邊民。傳鏃剿川湖之叛寇，移師靖山左之蓮妖。聲靈既播，虜部輸誠，朵顔三十六家、虎墩兔八大營取次受款，俾關東城堡復歸版籍，物力軍需大從省約，中外晏若，朝署清寧。訂盟講學，識者占恢復之有機、昇平之可望也。詎圖黨局分門，憸壬鼓釁，時人樹趨炎之幟，傍觀襲垂成之功，慫慂紛更，亟圖進取。此時狼煙且熄，胡然勞黄閣之塵；虎旅方張，猝爾似金牌之召。封疆重任，臨軒專委，一旦傳宣，整還朝之劍履，余甫幸其息肩已矣。而事出無因，釁非己作。時乎！時乎！自茲以後，誰能躡遼陽之纖塵寸壤乎？人經幾换，薪火猶傳；功竟無成，關河仍舊。累挫轉深敗氣，夫誰省詧非常？九塞監臨，諸鎮掣肘，其究罪督寡謀，潛通介紹，遣弔唁生，降志隳體。奴使潛窺單弱，决策東侵，壞我藩籬，禍移屬國。諸虜鞭辱通官，甘心從逆，于是長昂先叛，插部西奔，大寧一帶皆爲奴地，素囊滅而卜石兔逃，三岔可以無守，而薊、宣爲直捷之途矣。三輔傷殘，肉林骨阜。功隳興築，大將幾成釜魚；禍起調援，叛賊久爲逸獸。五年爽滅奴之約，三韓緩克復之期。大都遼事之失，起于同儕之擠軋，壞于大猾之鑽營。東垂罹劫殺之運，地遍干戈；西壁開傀儡之場，手提線索。貨郎入幕，債帥當權，國人皆知不可，彼鄉獨見優容。陰盜國而陽盜名，巧取官而貪取利。攀緣附黨，且至操戈；力薦同心，竟成按劍。明知尾大之不掉，猶然百足之不僵。用人每入牢籠，虛伍習成故套。弊竇一開，九邊效尤，法弛兵弱。長鯨未馘，孰清登海之波濤；破甑難完，屢竊盧龍之鎖鑰。釀患至此，藉非身在箇中，鑒觀獨晰，誰秉董狐之筆，而定千秋之公案哉？慨惟遼士沉淪，英雄喪氣，或長算偶昧于幾先，或履錯竟罹于僨事，或否臧而死法，或捐軀而死敵，浩劫所臨，什不存一。而秉忠殉國文臣武士，正副以及偏裨動至千百，當事者掩罪蓋愆，廟廊之上又諱言失律，名姓未彰，草木同朽。白沙黃壤，怨鬼長號；赤莽青燐，遊魂莫返。夷陵之土成灰，萇弘之血化碧。而簡史不知其人，浩氣消磨，鬱結爲厲。且巳、午以後，邸報不傳，多識多聞，統歸聾瞶。集諸廷則多偏諱，筆之史亦至挂遺。世道所以常存者，獨此公是公非，揭日月行之。若始而混混，終而泯泯，乾坤不幾乎息耶？以龍門之撰述，而是非頗謬于聖人，輕仁義，否正直，而不叙殺身成仁之美，則古之良史其寧幾見。古者修書出于一人之手，成于一家之學，班、馬之徒，傳及其世。至唐用衆手，人持枘鑿，紛頤異同，莫之能一。說者謂三代紀綱至于八書、十志，幾于絶緒。余之爲是編也，急公死義之士必存其名，飾非矯枉之談力闢其謬。博採奏章，無我寇我仇之恨；祇持國是，詎生瑜生亮之嗟。不以國典而失褒貶之平，不以衆斥而靳獨裁之義。刑如磔督，則余復命之章曾譏其輕進；罪若叛臣，則余平臺之對兩刺其奸貪。當事寘爲腹心，公論寧辭斧鉞？孔子之説夏、殷也，而憂杞、宋之無徵。區區謭陋，惟集諸邸鈔，以爲當年兵書疆事之徵。徵信在我，知罪繇人，聊以存三代之紀綱而已矣。

崇禎戊寅季冬之吉，賜進士第，光禄大夫，太子太保加陞一級，原任兵部尚書，前兩京吏、兵、刑部尚書，侍經筵參贊機務，以尚書兼都察院右副都御史，奉敇經略遼東、薊鎮、天津、登萊等處，聯絡朝鮮，賜蟒玉、尚方劍便宜行事，總理户、兵、工三部，總督河道，巡撫山東，提督湖廣通省學政，黎陽王在晉撰。

贅言

韓昌黎撰平淮西碑，多歸功裴度，李愬妻訴於憲宗，碑不實，詔斲其文，更命段文昌爲之。以晉公之勳望，昌黎之文字，當時有異議焉。愬名位素微，能忍耻辱，厚自損抑，蔡平，度至，以橐鞬見。度逡巡以宰相禮受愬謁，相臨以分義，或有所自居。若夫天子重臣，尚方隆委，四鎮屬其掌握，三邊聽其指揮，即欲妬功害成，亦須因事轉移，以飾中外之聞聽。乃有意以引其所親，遂無端以奪其所重。謂爲上指乎？其出而行邊也，自請也，非專命也。以爲輿論乎？其以撫易經，而廷議非之；顧代督師也，自薦也，非公舉也。視君命如弁髦，而弄大臣於股掌，不以疆事爲兒戲乎？蔡之功，愬之功也，功成封凉國、平章、僕射、節度，旬日而踐父兄之兩鎮，度未嘗掩其功，朝廷之報功匪薄矣。不薄於朝而薄於片石，猶不能平婦人之忿，控奏自鳴。若夫關東闢土，周環横亘數百里，連屯帶衛，不啻淮西之小州，而孽奴之薦食，不啻吴元濟之跋扈。自樞輔出，而前功并廢矣。沿邊設帳之虜潛移，山站負固之民盡殪。覺華陷，而卒來瓃鎮之紛紜；柳河敗，而幾致新疆之大潰。比再出而踐築凌之議，遂召寇而罷數月之圍。大將計降，萬骨枯而幸三人之得脱；東師調援，登城破而曁七邑以摧殘。後事如斯，初心大悖。身雖退而用人必逗其機關，罪已彰而遮護悉繇其線索。竊念裴晉公之立朝，李逢吉之黨以異意排之，然翹之見用也、用而成功也，則逢吉力爲汲引也，汲引以佐其成功。唐之黨妬人，而非以妬國。今但知有黨，不知有國矣！顯晦之關於一人者小，安危之關於國事者大。人臣受知主上，不自量度，不自主裁，始以聲氣應求而擁戴，終以坑塹墮落而沉冥。大猾藏身，叢神恣膽，根株互結，徑竇潛通。荆棘茸生，藩籬鞏固，瘠公肥己，餉蝕兵虚。九塞效尤，威靈不振，禍延於國，莫可挽圖。二祖十宗在天之靈，寧無赫赫？天道容人以貧老而不容人以富全，任人以拙成而不任人以巧攫。踽踽獨行者，或默鑒其幽；而翹翹自飾者，當亦褫其魄。余之貧也，拙也，獨行而寡援也，燕居深念，亦自信其昭昭不昧之天道而已。

明初老人自述於百芝軒

三朝遼事實録雜引凡例

一、國史有專成，而今自爲纂述者何也？：漢命儒臣編史于東觀，而其後有袁宏紀，張璠、薛瑩、謝承、華嶠、袁山松、劉義慶、謝沈之史。宋范曄删采爲十紀、八十列傳，劉昭復補爲漢志。史非一手所能成，諸家之書正以助東觀儒臣所不及也。非諸史，後來何從攷正乎？

一、國史非書生所能述，仕未登朝，總爲塗説；躬未親閱，類多耳食。今時之雜編無當肯綮，有假此索賄市恩、求容于津要者，且多倚傍門户，毀譽失真，非信史之必傳，直付漁樵之論可也。

一、詞館編纂，不過採部、科之奏疏。六垣架閣數椽，原本按時繳進，而兵部之不存堂簿已三十餘年矣，昨年之藁，今歲無可覓者。即詞林有專筦章奏之官，恐亦不能書録也。

一、近事莫大于遼，十載間功罪得失、議論是非俱當備載。今新編所註述者，皆浮蔓之條陳，及嚣争之筆舌，不知榆關何以得守，棄地何以得復。至于喪師敗績，不復深言，護彼之短，正以揜他人之長。此皆山人流棍，占風望氣，逐臭附羶，用意之深，爲將來渾殽正史之地。遍閱諸刻，雖無一言之詆及于予，而其所愛護者，顯然見于言表矣。此編一出，必爲邪詖偏黨者之所忌。然而原疏具在，明旨昭然，與諸大夫、國人共質之可也。

一、山海之距神京，所謂一重門限，若無寧前，關門必不能守。余爲總理時，抗疏争之，而黨人譏爲鹵莽之談。旋責予爲經略，不收復關前地面，則與纍臣同罪也。比余果踐其言，而黨人之氣塞矣。既無可指摘以加之罪，乃陰謀更换以使之歸。時局如此，而欲望邊臣之樹功書伐，其可得乎？

一、海運最難，始事者止十萬，而頓加六十萬，不知幾費心籌事乃得濟。而新編並無點墨，所謂問齒决而輕飯歠也。余雖紀其事、述其艱，然亦僅存節略耳。

一、史書專爲奬勸忠義，若死事不傳，無爲貴史矣。此編必窮搜博載，有宦者書其官，以旌其殉國之節。至于立祠、賜謚、加官、予廕、祭葬、從祀，闡揚朝典，流傳萬載，永慰忠魂。

一、史以微顯闡幽，質疑辨難。是以從井之妾，必書其氏；殉主之僕，務列其名。當死不死，而勉圖旦夕之生；殺不當殺，而立染尚方之劍。死敵而埋滅黃沙，偷生而粉塗青史。務求其實，質之鬼神而無疑。

一、虎酋爲虜王，奴强而插衆，款插則西虜盡歸約束，我可以專力拒奴，奴之所寒心也。至丁卯而插部西遷，遂不能紀綱各部，皆籌邊者之失策。五次入犯，奴耶？虜耶？不能辨之矣。

一、辛酉失遼陽，廷議以東征兵馬、錢糧、軍需、兵仗設總理三部侍郎，此從來未有之官也。海運米粟山積，盔甲等件萬千朽爛，虚耗物力，新編盡爲隱諱，併新設之官無述焉。

一人創筆，捕影者皆然。草野之間，附黨劇于廟戰矣。

一、遼事起，言路封章多爲熊、王争戰守。及廣寧失後，爲經、撫争罪案。自今觀之，一、執戰執守？至其罪狀已正于西曹，贅談不必盡述。

一、庚申已後，多紀余之奏疏，似覺其煩，然所紀皆切要事也。先儒胡致堂有云：「義不當隱者，聖人猶自序其績，知我罪我，其亦聽之。」然余署部有一百五疏，百存其一；撫東、總理、經邊，亦存什中之三四。家貧乏剞劂之資，摘略而非全疏也。

一、遼東爲本朝疆域，其山川、關隘、險阻及外夷住牧，聊紀崖略，以備開卷參閲。

一、叙事必遡原所始。奴孽之先，播毒于前代，其後自相戕滅，倏盛倏衰，易爲興歇，余著其始事于篇端。

一、叙事必首編年。奴釁繇戊午以暨丁卯，十年間邊事明註年月，歷歷可按。其或以後事証前，則爲旁註，另註某年月。

三朝遼事實録總略

遼東

中國之通遼東，止山海關一路。遼地蓋禹貢青、冀二州之域，舜分冀東北醫無閭之地爲幽州，即今廣寧以西之地；青東北爲營州，即廣寧以東之地。戰國屬燕。秦以幽州爲遼西郡，營州爲遼東郡。漢武帝拓朝鮮地，并轄遼東屬邑，置四郡。隋初爲高句麗所據。唐征高麗，復其地，置蓋、遼二州。五代曰東京。金曰遼陽。國初改爲遼東都指揮使司，領衛二十五，所十一，關二，營堡一百七十一。永樂七年于遼陽、開元設安樂、自在二州，以處内附夷人。開原即遼黄龍府，戰國爲濊貊地，漢爲夫餘國，屬玄菟郡。三岔河南北亘數百里，遼陽舊城在焉，即遼之北京、中京地也。草木豐茂，更饒魚鮮，自國家委以與虜，虜遂進據腹心，限隔東西，守望勞費，道里迂遠，遼人每憤憤焉。今則河東、西皆陷，僅存一隅。此一隅之地，又係朵、插受款之後，在晉當關時收復，發兵分守，爲巖關之障蔽。繼之者侈遠功，騖撻伐，而未有一矢之加遺，日事興築，而大凌之役釀禍無已。追思往事，可勝長喟耶！

遼境諸夷

遼地東起鴨緑江，西抵山海關，一千四百六十里；南起旅順海口，北抵開原境外，一千七十里。三面瀕夷，一面阻海。境外有虜酋土蠻等部落住牧；東北有建州、毛憐女直等衛；西北有朵顔、福餘、泰寧三衛。自泰寧抵喜峰近宣府曰朵顔，自錦、義歷廣寧至遼河曰泰寧，自黄泥窪逾瀋陽、鐵嶺至開原曰福餘。三衛俱立市通貢，虜中酋首以百計，子姓部落以數十萬計。直前屯者，爲賴、蟒等；直寧遠者，爲獐兔、拱兔等；直廣寧者，爲小歹青，以兒鄧、黄台吉等；折而西北，則虎墩兔憨爲虜王，而東西部皆屬之；北則煖赤、伯言他不能等；折而東北，則卜言顧等；又折而東，則粆花等。鎮安、廣寧之間，爲西虜歹青、虎墩兔憨、粆花、黄台吉、拱兔等營；錦、義之間，爲小歹青營。此河西三面虜也。三岔河而東，則額伯革等，打大成等；直海州西，孛兒敗、伯言等；直遼、瀋西，煖兔、宰賽等；直開原西北，則恍惚大等；東北則北關；東則南關；遼、瀋之東則奴、速等；開、鐵之間爲煖兔、宰賽等營；撫順至寬奠一帶，東南俱近海。此河東三面虜也。今虎墩虎憨西徙宣、雲邊外〔一〕，則虎酋舊地爲諸虜之營窟，而遼境諸夷皆爲奴酋所聯屬矣。

建州等衛分處女直諸餘孽，而奴酋所居建州老營地，即中國歲取參、松處。其地北屏長白，南隣朝鮮，東濱烏龍，西附我撫、清、寬、靉等處，以甯公塔寨爲巢，以五嶺、喜昌、石門、罵多兒、木其夾山、兀鷄等關爲要害，頗稱險阻。然屢叛屢平，鴟張爲邊患，不旋踵而滅。其地袤廣不過千里，僅抵我中國一大郡。奈之何邊臣失筭，竟至西虜合併，各邊被其騷擾，不止爲一隅之寇矣。

虜之在西北者，又擦罕兒，即老王子土蠻哈，係元後，大部落在山後地名阿力素等處住牧，離遼陽邊外三百餘里。擦罕兒小部落在山前廣寧邊外青山住牧，離邊一百餘里。河東市口于南、北兩關，開原慶雲等處，河西市口于廣寧團山、義州、大康堡等處。

校勘記

〔一〕今虎墩虎憨西徙宣雲邊外　「虎墩虎憨」，當作「虎墩兔憨」。按虎墩兔憨即蒙古林丹汗，前文亦有「則虎墩兔憨爲虜王」句。

三岔河

按三岔河當全遼適中之所，爲東西咽喉。其上流爲遼河，分爲三水，俱出建州界内，逶迤瀠洄，歷黄泥窪合而爲一。南行百餘里爲三岔河，又一百八十二里而歸于大海。當洪武辛亥，以渡海定遼之故附山東。而山東之餉遼者必取道海上，由三岔河入路河，以達廣寧之二十里鋪。此河爲全鎮要害，原不從今日始。境外一帶向係粆花諸部住牧之所，搶掠不一，最爲衝緊。自河東没，而盈盈一衣帶水，且爲今日華夷之界限矣。河距廣寧百八十里而遥，中間爲西寧、西平、西興、鎮武、平洋等堡，地勢卑窪，陰雨積潦，每成泥淖。黄泥窪一帶入夏水淺易涉，向以虎憨兔諸酋爲在晉所撫款，願効力協守，與奴阻隔。今虎酋遠徙，奴合西虜爲一家，既涣之虜豈易再合？悠悠此河，浮馬可渡，三岔失其天險矣。

南北關

海西、建東處遼之東，名爲東夷。海西者，南關、北關也。建東者，建州，即奴酋今地也。嘉、隆間，有王忠者爲塔山前衛夷酋，部衆强盛，凡建州、海西、毛憐等一百八十二衛、二十所、五十六站皆畏其兵威，于是悉得國初所賜東夷一千四百九十八勑。因創寨于開原靖安堡、廣順關外住牧，以便互市入貢，即開原所謂南關也。當是時，東夷酋首之黠者隸其部下，無一人敢爲内地患。自忠死，無子，其姪王台不能輯和部衆，遂各自爲强，勑書亦皆分散：建州三衛四百九十九道，爲建州夷勒勒把督、王杲、鵝頭等分領，今併歸奴酋矣；塔魯木衛夷酋捏哈得勑三百道，建寨于開原東北鎮北關外住牧，即所謂北關，蓋今金台失、白羊骨之祖也。後兩關搆怨，南關爲建州所擄，而北關實爲之驅。北關不得南關之勑，因而仇建州不可解。楊鎬三路出師，奴使人誘金、白，約講和，勿助中國，二酋云：「我金、白屢受國恩，若有别心，天地不容。」金、白又與虎酋締婚，虎酋在諸酋中特稱雄長，藉其聲勢，爲奴所忌。奴以卑詞厚賄聯絡諸夷，垂涎遼、瀋，然未敢即發難者，以北關東隣奴地，西接粆花、宰、煖諸酋，隔斷夷虜之路，畏金、白之襲其後也。奴攻開原，北關先期密報。推官鄭之范不惟不信，且鞭笞之。御史陳王庭請宣諭獎賞二酋，令多集兵馬札營開原境上，倘奴入犯，或徑搶奴寨，或共力禦防。兵部通置不省，疏云：「北關始欲從征，何乃臨敵喪約。」又疏云：「北關蒙我保護，而臨敵違約。」與御史題疏絶不相蒙，失屬夷之心，而寡多助之勢。萬曆四十七年八月二十一日，奴酋佯綴我師，擁衆數萬騎直抵北關。北關原有二城，金台失、白羊骨分兵據守，賊攻寨，蒙以牛皮，用蔽矢石，自寅訖午，金台失寨陷，自焚；隨攻白羊骨寨，降之。北關並覆，老幼被擄，挑壯丁九千餘名，分隸部下八將。剪平日之忌，逞薦食之謀，遼、瀋之亡于是決矣。

王者守在四夷，四夷不守，而中國之藩籬壞矣。北關雖夷種乎，而篤志殉義，効死勿去，紀此以表其忠。

按：海西南關王台最忠順，惜子孫無良，以鬩牆引寇。北關怨毒日深，遂快心于王台子若孫自相屠割，而奴酋袖手待其斃。甚矣，海西之愚，奴酋之黠也！今撫夷副總兵王世忠爲南關裔，朝廷用之以勸四夷。又給事中姚宗文奉命閲邊，因訪金、白部落，聞白羊骨有弟卜兒漢、金台失有男得力革羈奴寨，而得力革二女，長速不他娶虜酋腦毛大孫桑河兒寨，次中根兒娶虎墩兔憨。會虎酋挾賞，宗文遣諜虜營，特給二女四千金，示優恤以縻其意。因所遣非人，謾許啓釁，給諫緣此掛議，虜賞開端便成往例，漸生要索。經略王在晉力持革其前賞，于是給諫之議論始息矣。

山海關

山海古幽燕地，星分尾箕，在析木之次。東三十里至遼廣寧前屯衛中前所，南十里至海，北八十里至義院口關，西九十里至撫寧縣，此延袤之大概也。東踰關七里爲關前瞭望地，餘悉屬遼。西、南、北三方雖山溪沙瀨，其一市一廛多爲撫寧民賦地，衛屯牧所散落，僅十之一耳。去關城六里爲角山，雙峰峥向，宛如角立。脉自居庸，古北、喜峰諸山東迤逶延亘千餘里，俱鱗次設關隘，障朵顔諸夷部，聳峙面海，而長城枕之，控畿甸，界遼藩。角山之北直抵沙漠，層巒彌望，邈不可窮矣。相厥山川，山自居庸而東，其勢漸南；海自直沽而東，其勢漸北；至臨渝，山麓海濱不盈一視，扼而塞之，爲功匪易。漢、唐諸代，建都陝、洛，擯爲荒遐。有宋中葉，委諸胡部，凌夷之甚，無復界限。我朝掃逐胡元，兩都定鼎，即設衛建關，以立中外之防。關即衛城之東門，爲國朝徐武寧所建，爲朝鮮、女直諸夷入貢及通遼商賈所由，關法稽文憑、驗年貌，出入禁遼卒逋逃并商貨非法者。城周八里，一百三十七步四尺，高四丈一尺，土築，磚包其外，承平日久，土石剥落。山海之人第知防朵顔諸部，不知防建酋也。至是而京東鎖鑰以爲第一重門限，城單薄而非可守，人不能層列，馬不能並馳。在晉抵關，正值潰兵離披之後，三水門衝成坑塹，各堵堞多至欹斜，於是築土加幫，悉墁磚石，整排兵仗，疊置戎行，居之以鋪，嚴之以栅，百雉增高，四隅崇峙。流民集，而結城外之蘧廬；商路通，而來日中之貿易。夷人載米以市布，虜部列帳而守關，款讋既成，人心已固，山海屹然有金湯之勢焉。關外卜築長垣，丸泥可封函谷，衹緣樞輔行邊，議築寧遠窟窿山而止。今窟窿之新邊安在哉！

遼海

國初置遼，故屬山東，其航海自金州、旅順關口南達登州新河水關岸，計水程五百五十里。而海中島嶼相望，遠可百里，近止數十里。舟易停泊，有羊坶島石碣，舊鐫可考。先年由登、萊轉運濟遼，豐歉有無，彼此兩利。嗣因亡命竄入海島爲患，設禁始嚴，遼遂坐困。萬曆二十五年以來，議從海運餉東征士卒，其禁稍弛。而旅順復設防海遊擊以控扼之，雖則爲運，實以爲防。戊午，奴陷清、撫，復開海運，剏始者登州道陶朗先也；歲運十萬石者，東撫李長庚也。比長庚轉督餉，而在晉代長庚以撫山東，則歲加六十萬矣。數轉加，難轉甚，至廣寧没而獨急天津之轉餉。餉，關、寧軍民之命，待食于一線之海道，餉不繼則關、寧之守立隳。危哉！籌國者之疏也。

建夷

女真，古肅慎國，在夫餘東北千餘里，後漢謂之挹婁，元魏謂之勿吉，唐、隋謂之黑水靺鞨。部落在南者籍契丹，爲熟女真；在北者不入籍，爲生女真。初，靺鞨强盛，號渤海，後寖弱，臣于遼，遼避興宗諱，更女直。地有混同江、長白山。江水微黑，亦名黑龍江。白山黑水，金所由開國也。宋爲完顔氏。金歸元，設開元路，改萬户府五以總攝之。國初分爲三種：其極東曰野人女直，去塞遠，歲附海西市開原，不入貢，亦不寇邊；其一，東方諸夷之爲衛所者甚衆，而建州領其名，并毛憐曰建州女直，即今奴兒哈赤之屬；其一曰海西女直，則開原南、北兩關之夷，並故都督王台部也。永樂初，挹婁夷來歸，置塔山、塔魯諸衛，備外藩。宣德四年，海西女直始入寇，寖勾建州剽掠。正德間，祝孔革等爲亂，阻朝貢。至嘉靖初，夷酋速黑忒捕殺叛夷猛克，修貢謹，賜金帶、大帽。其後王台益强，能得衆，居開原東北，貢市在廣順關，地近南，屬南關；其逞加奴、仰加奴居開原北，貢市在鎮北關，地近北，屬北關。開原孤懸，扼遼肩背，東建州，西恍惚太，二夷常謀窺中國，而台介東西二夷間，扞蔽令不得合。台最忠順，因聽襲祖速黑忒右都督，爲之長，東陲晏然耕牧三十年，台有力焉。

國初，女直悉衆來附，選其酋長，授官爵，征調惟命。已，建夷與毛憐相攻殺，宣宗遣使招降，遂以建州老營地居之，名爲東建州。嘉靖間，王杲爲建州右衛都指揮使，黠慧剽悍，數犯邊，殺僇甚衆，誘殺我裨將裴承祖等。督府張學顔與總兵李成梁鼓行而前，乘勝直擣紅力寨，斬首一千一百有奇。萬曆初元，侍郎汪道昆閱邊，成梁請展築寬奠等六堡，其地北界王杲，東鄰兀堂，去靉陽二百里，方修築十岔口、寬奠堡。張學顔按視，兀堂等數十酋環跪稱：修堡塞道，不得圍獵内地，願質子，所在易鹽布。自是開原而南，撫順、清河、靉陽、寬奠並有市，諸夷亦利互易，無敢跳梁。自撫順、開原而北屬海西，王台制之；自清河而南抵鴨緑江屬建州，兀堂制之，頗遵漢法。三年春，王杲復糾虜盗邊，副總兵曹簠厚市夷賞，諜杲匿酋阿哈納寨，勒精騎馳剿，杲僞以蟒掛紅甲授哈納，脱走素所善東夷長王台所。開原兵備賀湊宣諭，台遂與子虎兒罕執送境上，檻車獻俘。詔磔杲，加台龍虎將軍，秩眎西虜，二子並進都督僉事。是時王台所轄，東盡灰扒、兀剌等江，南盡清河、建州，北盡二奴，延袤幾千里，内屬保塞甚盛。王杲既誅，其子阿台潛倚虎兒罕。朝議方懸購，會逞加奴、仰加奴强盛，欺王台老，與虎兒罕仇殺。杲子阿台亦怨王台父子轉送其父，日夜伺隙報復，因叛投逞、仰，勾北虜，數掠孤山、鐵嶺。李成梁乃勒兵出塞，大破賊曹子谷，得級千三十九。始仰、逞二奴父都督祝孔革一名揑哈爲台叔王忠所戮，奪貢勑并季勒寨。及台，以女妻仰加奴，卵翼之。已，加奴等結婚西虜哈屯、慌忽太，潛爲嚮導，勢漸張，日伺隙修怨。台子虎罕兒好殘殺〔一〕，部夷虎兒干、白虎赤先後叛歸加奴，因盡奪季勒諸寨，調兀剌江上夷與虎罕搆兵。是後仰加奴等十三寨止遺把吉把太可五寨屬台，他如灰扒、兀剌及建州夷不受鈐束，南關勢漸蹙，台竟以憂憤死。上嘉台忠，賜諭祭采幣。

台有子四：長虎兒罕，次三馬兔，次康古陸，次猛骨孛羅。而三馬兔早歿，康古陸台奸生子，争分父業，爲虎兒罕目攝，亡抵逞加奴，以女妻之。猛骨孛羅，母温姐又北關二虜妹也，因與虎兒罕借兵黄台吉復季勒諸寨。黄台吉陽助之，實陰收白虎赤等自益。已，虎兒罕殁，則南關勢愈孤矣。萬曆十一年，阿台糾衆大舉深入，至瀋陽城南渾河。李將軍成梁乃勒兵從撫順王剛台出寨百餘里，直擣古勒寨，用火攻，射阿台死，連破阿海寨，誅海。海，毛憐衛夷，住牧莽子寨，與阿台濟惡，亦梟逆也。是役，得二千二百二十二級，論功陞廕。杲子孫靡遺，東夷震懾。時逞、仰與白虎赤益借西虜煖兔、恍惚大等騎萬餘，瞯猛骨孛羅并虎兒罕子歹商，日尋于鬭。總督周詠因念歹商弱，猛骨孛羅嗣立，衆未附，請加勑彈壓。逞、仰二奴乘冰堅〔二〕，復糾虜攻猛骨孛羅，大掠把吉諸寨。巡撫李松密與李成梁計，伏兵中固城，去開原四十里，斬逞加奴、仰加奴及白虎赤，逞子兀孫孛羅、仰子哈兒哈麻殲焉。捷聞，賜爵有差，自是海西讐服，台子孫息肩可數年。逞遺孽卜寨、仰遺孽那林孛羅日夜圖報父，連西虜以兒鄧侵掠部夷及歹商，數入威遠、靖安堡，而那林孛羅尤狂誖，挾索貢勑如二奴時。

萬曆十五年，那林孛羅引西虜恍忽太等攻把太寨，我兵往援。是時，王台孽子康古陸向奔逞加奴者，乘虎兒罕歿即來歸，已，併妻其父妾温姐，分海西業，與猛骨孛羅、歹商鼎立。至是，以仇虎兒罕故，甘心歹商，爲北關内應，因約歹商叛夷阿台卜花共攻歹商，擄貲畜。而猛骨孛羅以母温姐故，亦助康古陸奸收歹商妻，協謀誘殺。開原兵備王緘乃檄參將李宗召等勒兵執温姐、康古陸。已，念戮温姐則猛酋携，釋之，止囚康古陸需命。而猛骨孛羅竟爲北關誘脅，從那酋夾攻歹商，因自焚其巢往十八寨，并劫温姐去。巡撫顧養謙奏革猛骨孛羅勳爵，劾緘玩寇釀亂，逮問。科臣彭國光爲緘不平，以失事推諉論養謙。上欲置于理，閣臣疏曰：「先年開原地方屬夷王杲爲患，賴有海西王台擒獲王杲，獻俘闕下，邊境始安。及王台既死，王杲之子連結仰、逞二奴，爲父報仇，于是李成梁提兵出寨，擒殺王杲之子。後仰、逞二奴見王台二子微弱，欲行虐害，李成梁又擒殺仰、逞二奴。然則海西諸夷順即當撫，叛即當勦。若欲自脱其主撫之失，而反追咎主勦之非，以血戰之功爲安，以報國之忠爲欺，則邊將隳心解體，爲害豈淺淺哉？伏望皇上特賜體察，寬王緘，不究往事，尤爲妥當，伏候裁奪。」次年，李成梁從威遠堡出寨，卜寨棄其師入那林孛羅壁，成梁縱兵直搗，砲擊城裂，二酋倒戈乞哀。計斬級五百有奇，釋二酋不誅，班師還開原。釋康古陸，使和歹商，王台子孫皆全。歹商許建州奴兒哈赤婚，内倚中國，而外以姻重，寢北關謀。令歹商以叔事康酋，以祖母事温姐，刑牲盟，遂爲均兩關勑。蓋自永樂來，給海西屬夷勑，由都督至百户凡九百九十九道，按勑驗馬入貢，兩關酋領之，視强弱上下。先是逞、仰二奴父强，則北關多；及王台强，則南關多，多至七百道，北關不能二之一。今無論强弱，與之平，南關以五百，北關以四百九十九，差縮其一，存右南關意，諸酋並羅拜服。亡何，康古陸死，感不殺恩，將瞑，屬温姐、猛骨孛羅無負國。又亡何，温姐以乳瘡亦死，兵備成遜因令北關卜寨、那林孛羅，南關猛骨孛羅、歹商面相結，釋憾，並請貢。

十七年，建州夷酋奴兒哈赤以姻歹商先入貢，且以斬叛夷克五十乞陞賞，加都督秩，以此遂雄長諸夷。

奴佟姓，建州枝部也。先是李寧遠擣阿台，夷其巢，奴兒哈赤祖叫場、父塔失並從征，爲嚮道。塔失，阿台婿也。教場、塔失因兵火死于阿台城下，奴方十五六歲，請死。成梁哀之，且虜各家勑書無所屬，悉以屬奴。奴雖得王杲勑，人多不服，乃結婚北關以資其勢，勢漸强，事中國頗恭謹。後稍蠶食張海、色失諸酋，及與歹商争張海，因約婚罷兵。越二年，歹商死。先是，卜寨亦以女許歹商，那林孛羅妻則歹商姊也。歹商酗酒好殺，衆稍貳。歹商往卜寨受室，因過視姊，中塗那、卜二酋陰令部夷擺思哈射商，殪。今廣寧降夷指揮王盡忠即歹商弟吾把太，當時逃奔内地，正爲避北關之難，事在十九年正月。

時奴兒哈赤妻明安姐方歸，哭兄歹亦爲卜寨所擄，取索之再三，不與；轉開原爲代索，亦不與。於是奴與北關絶。二十二年，那林孛羅、卜寨又糾西虜宰賽、煖兔、恍惚太及東夷灰扒、兀堂與猛骨孛羅等十餘營，兵七八萬同搶奴酋，以兵邀之于隘，卜寨馬蹶被殺，奴勢大振。北關請卜寨尸，奴兒哈赤剖其半歸之，北關、建州遂爲不可解之仇，而東夷諸酋亦稍稍背北關向建州矣。乃北關那林孛羅雄心不已，仍欲謀南關遺勑，二十六、七年間，屢以兵侵猛骨孛羅，猛骨孛羅迫，乃結婚建州以求援。于是奴兒哈赤乘機擄猛骨孛羅，殺之，而收其勑三百六十三道。是擄南關者建州，而驅南關者北關。自建州擄南關來，奴勢愈强。後三年，倭陷朝鮮，中國徵兵，奴以保塞功得加龍虎將軍，秩視王台時矣。奴勢猖獗，閣臣葉向高揭云：「今日邊疆之事，惟建夷最爲可憂，度其事勢必至叛亂。而今九邊空虛，亦惟遼左最甚。昨李化龍告臣，謂此酋一動，勢必不支，遼左將拱手而授之虜，即使發兵救援，亦無所及。乞下廷臣作何計較，再行區處。」奴與海西夷忽剌温約婚，侵朝鮮，陷潼關堡；又結西虜，嚙灰扒、黑龍江上諸夷。寬奠新疆居民六萬口逼奴穴住，種參貂市易，漸狎，李成梁再出鎮，徙還故土，棄新疆爲甌脱。二十四年八月，奴沿清河邊疆栽參索價，復爭入貢車價，語狂悖，邊吏始倉皇請兵，而朝鮮亦報奴酋席卷江上，并圖其壻。江夷卜台吉急，因率所部投北關〔三〕，金、白二酋匿之，修怨仇殺。兵科宋一韓乃以棄地啗虜參成梁及撫臣趙楫矣。尋奴兒哈赤日治兵，聲略北關，遣子莽骨大以萬騎修南關寨。已，又闌入靖安堡，聞那林孛羅子金台失新立有備，去。又勒騎往撫順關脅蟒段牛酒，又勾西虜宰賽、煖兔等窺開原、遼陽。邊吏倉皇告急，御史熊廷弼按部，請添募兵，兑寺馬，急撫北關，且收宰、煖以携其交。頃之，奴酋遵諭，減車價入貢，及還張其哈喇佃子，即前成梁棄地也。廷弼疏稱其地止一山溝，不可堡，奈何以一峽了棄地之局。科議請釋建州爲外懼，姑置侵地，先許貢，以寧東方。三十九年，部覆如科臣言，報可。奴酋忌其弟速兒哈赤兵强，計殺之，復耀兵侵兀喇諸酋。四十一年三月，益墾南關曠地，併糾西虜宰、煖、卜兒亥、爪兒兔二十四營，盡裹甲馳清河間，以好語紿都御史張濤，謂撫安等區畊牧日久，請奉約，新墾概罷。濤揣情形上言：「北關近且開二釁：其一，東酋求婚北酋老女，復行併猛、卜計，北關堅拒不與。會東酋壻卜台吉來奔，北酋即許婚老女，卜酋遜謝，爲別婚。東酋乃忿號，謂實匿伊逋壻；其一，金台失有女爲兄那林孛羅收養，嫁宰賽反目。頃金酋故殺那酋妻，即宰賽之外母，宰賽乘隙挾求老女贖罪，老女矢以死守。宰酋忿相攻，北酋怨奴酋賄結，請釋二憾，無養癰東建也。奴酋遣使干骨里愬不背漢，籲往畊牧新添者盡撤，請質子，聽朝議進止。其北關匿奴壻卜台吉，勑發完聚，當永紓遼患。」時濤甚侈其功。未幾，奴酋度我弛備，即嚴兵圍燒金、白十九寨。總督薛三才疏争往事失策，若北關再析入奴，東方憂滋大。四十二年，奴益勾西虜圖北關，而煖兔乘機挾老女。北關願與煖兔子締姻，奴狙詐自喜，每發兵，以圍獵爲名，不知所向。已，復墾前罷畊地。參議薛國用力主驅逐查勘，將前四堡及白家衝、松子二堡共立碑六，大書番字碑陰，明年永不敢越種。部夷盜醳陽馬，即戮碑下，以示恭謹。四十三年，北關白羊骨竟以老女與煖兔子蟒谷兒大婚，開原遺諭，不聽。奴酋發兵三萬屯南關，氛甚惡，在事率爲寒心。而都御史濤誤中通官藉大成之魔，爲奴所惑，釀成大患，奴遂駸駸不可制矣！

校勘記

〔一〕台子虎罕兒好殘殺　「虎罕兒」，當作「虎兒罕」。前文已出現王台子名「虎兒罕」。又東夷考略海西有「虎兒罕好殘殺，部夷虎兒干、白虎赤先後叛歸加奴」。

〔二〕逞仰二奴乘冰堅　「二」，原作「土」，據北大本改。

〔三〕因率所部投北關　「部」，原作「剖」，據北大本改。

三朝遼事實録卷之一

皇明神宗顯皇帝

戊午　萬曆四十六年遼事起

四月十五日，奴兒哈赤計襲撫順，佯令部夷赴市，潛以精兵踵後，突執遊擊李永芳，城遂陷。①永芳降奴，去鬚髮爲夷，與奴締姻，百惟調度。因以「漢」字傳檄清河，脅併北關，巡撫李維翰趨總兵張承胤應援。二十一日，奴見我師，暫退誘之，前副總兵頗廷相馬中矢，易騎追逐，墮伏中，承胤俱受困，令發火炮，火從後爇，我軍辟易。賊乘勢衝突，承胤、廷相、遊擊梁汝貴與一軍皆没〔一〕。

賊謀犯清河，調邊兵七千，以大同總兵劉孔胤統之，胤兵在路搶掠，烽火達長安，城門晝閉，亂兵徐定。先分發遊擊張旆領兵赴援。宰、煖各營甫集河西，虎墩鼓衆哃喝，粆花亦屯鎮静邊外。

上特起遼東舊巡撫楊鎬爲兵部侍郎，往經略。

詔總督侍郎汪可受先出關，李維翰駐遼陽，保定撫臣駐易州，御史陳王庭代楊一桂巡按遼東。以廢將李如栢總遼鎮兵，及徵廢將杜松屯山海關，劉綎、柴國柱等赴京聽用。遼報不至者三晝夜。

正陽門外河水三里餘赤如血。

開原以西，虜窺瀋、懿，請救。朝議愬發帑金湊餉百萬，僅以十萬與之。諜報奴酋退舍三十里，虜二萬餘入瀋陽。

詔斬奴酋首級予千金，職世襲。

汪可受稱夷虜更番疲我，徵調未集，請練土著人自爲守遼；諸生暫停試，各倡義旅，有功得破格賜科名；并亟通登、萊海運濟餉。

兵部引征倭、征播例，調兵十萬，度需餉三百萬，請帑，不允發。

閏四月，奴兒歸漢人張儒紳等賫夷文請和，自稱建州國汗，備述七宗惱恨，呈按院陳王庭。② 内云先年李成梁、李如松父子無故殺我祖父教場，奪我土地，一恨；又差部韃圍獵界上，殺我人，搶馬匹，二恨；私自過界，盗斫糧草，三恨；求婿北關，賴我親事，四恨；又將大兵五百名助北關交戰，五恨；縱放遼民魃地盗去參種，六恨；我與北關、朝鮮同爲藩臣，他厚我薄，七恨。故因動發兵馬，叛搶是實。張儒紳等係東廠差役，奴酋藉以行間。

言官糾盧受通夷，事中格。

滿酋寇馬谷〔二〕，石塘路遊擊朱萬良却之。

御史李徵儀請逮治李維翰。

五月，兵部請發餉二十萬，解赴各鎮調兵。督杜松、劉綎出關，給太僕寺金六萬兩，市戰馬。

十九日，奴酋統衆尅撫安、三岔、白家沖三堡。西虜乃蠻、粆花等犯長勇堡。

六月，發馬價六萬，付照磨萬有孚往宣、大買馬。

經略楊鎬兼程受事，抵山海，請就近徵調。本兵請發餉二十萬解各鎮，催調宣、大、山西以四萬徵兵萬人，延、寧、甘、固以八萬徵兵六千，并摘調薊鎮臺兵。

時奴兵日盛，每與八子登山密謀，計定猝發，疾如風雨，兼與宰、煖合衆，近十萬。且採木辦料于烏龍江，督匠造船，水陸告警。

上命借大工、馬價各五十萬濟邊餉，嚴飭各將防禦。

西虜乃蠻、粆花等處又糾衆侵犯，乘勢交訌。分兵應援。

七月，御史張銓言：「奴之山川險易，諸將未諳，深入保無抄絶？昔臚朐河之戰，五將不返，奈何輕言？今宜就近調募，屯集要害，以固吾圉；厚撫北關，以豎其敵。若加賦選丁，騷動天下，恐憂不止奴者。」銓又言：「李如栢、杜松、劉綎以宿將並起，勢不相下，必責成楊鎬，使之約束。張承胤不量而進，喪師辱國，死何足贖？梁汝貴、頗廷相突圍而出，見失主將，陷陣而死，宜加優恤。若李維翰，總不逮治，亦當褫職，以爲失事之戒。」

賜死事張承胤謚，加祭二壇，祠名「旌忠」。頗廷相、梁汝貴併恤。張銓又論承胤不宜予恤。

李維翰革職爲民。

賜楊鎬劍，飭諭諸邊。時議謂鎬工于媚虜，撯敗，未堪任事。

增設遼東巡撫周永春。

朝鮮義州鎮制使以奴入犯遼東謀來告。

二十二日，奴從鴉骨關入圍清河。③參將鄒儲賢拒守，以火器殺賊千餘。賊退而復合。援遼遊擊張斾戰死。賊冒板挖墻，城東北角墮，疊尸上城。儲賢見李永芳招降，大罵，盡焚衙宇及妻孥，領兵戰于城上，力屈死之。遼陽應調營兵五百併盡，止打柴軍二十餘名從北門遁出。清河三里之城，高山四擁，北控寬奠，南枕遼陽，左近瀋陽，右近靉陽，皆相去百里，中有小路抵撫順。清河既陷，我失險隘。城中僅五百餘家，奴將丁壯盡驅北行，老幼慘僇，毁其城。自三岔至孤山並遭焚燬，寬、靉望風驚遁矣。

楊鎬聞清河已失，單騎赴河東，斬千總陳大道等，議徙寬奠子女于遼陽。奴分兵寇靉陽。參將賀世賢率衆奮擊，斬首百五十四，追至清河。奴兵方擬進攻遼陽，聞世賢勝，遂整兵北遁。世賢回靉陽，居民盡被守城兵趕出，人烟四寂。世賢于樹箐中縛一二避者，斬首號令，回至空城，惟馬兵護持，步兵皆散。

李如栢因清河告急，自遼陽領兵救護，聞城陷，不進。遊擊吴立郊自瀋陽，江萬仞自寬奠，俱來援。

奴酋復從撫順入，李如栢馳瀋陽，遇賊數千騎，拒却之，斬七十六級。

乃蠻受款。虜漸解散。

以麻承恩爲援遼副總兵，專管東夷事。李光榮爲廣寧總兵，專管西虜事。

九月，麻承恩逗留不進，遣緹騎逮之，以副將麻岩代領其事，李如栢戴罪立功。

奴入會安堡，殺掠千餘。撫順遊擊胡威寧割死尸報功，經略擒至遼陽，斬之。

東方有白氣，長竟天，其占爲彗及蚩尤旗象，主兵。星隕、地震報相踵。海州遥見白氣罩城上，白虹貫日，並出者三。

催劉綎星馳赴關。先是，綎以軍糈無措，江西左布政使王在晋曲處行糧廪費，給家丁兵將一千八百三十八員名，馬八十六匹，兵仗犀利，驍勇絶倫。師行禡祭，大將荷刃屠牛，三割而始斷。綎憂其不利。劉招孫于教場馳馬試槊，墮地。綎云若出關必待川兵二、三萬，自可當奴，不須傍助，疏請候川兵至出關，不允，促之行。將不習兵，以致敗没。

户部請加派田畝，每畝加三釐五毫。

十月，閣臣方從哲言：「[一]陽初始，彗芒轉甚，天怒未已。閣臣居密勿之司，未有一人支數年之久者。六部率多署事，左都懸缺多年，三科無官，四科無印，抄發之規盡廢，封駁之任久虚，掌道無人，侍班無人，巡城無人，外差無釋負之期，其于人情何如也？」

十二月，北關金台失以男得兒革台州剿奴酋一寨，賜金幣。時御史陳王庭知金台失所最暱夷婦爲指揮王世忠姑，密説艷以千金，金酋利之，遂有是捷。

兵部郎董承詔言：「唐九節度之師潰于相州，以無帥統一之也。今將多而難調，遼事正多可憂耳。」

兵科趙興邦言：「近者賊入會安，上下相蒙。楊于渭欺隱捏報，胡咸寧附和扶同。」有旨：「姑着策勵。」

校勘記

〔一〕承胤廷相遊擊梁汝貴與一軍皆没　「承胤」，原作「乘胤」，上文及北大本皆作「承胤」。明神宗實録卷五六八萬曆四十六年四月庚戌條有「總兵張承胤率師救撫順，力屈，死之，我軍殲焉」；東夷考略建州有「二十一日，奴兒哈赤暫退，誘我師前，以萬騎廻繞夾攻，承胤及副總兵頗廷相、遊擊梁汝貴死之，全軍覆没」，亦作「承胤」。據改。

〔二〕滿酋寇馬谷　「馬谷」，明神宗實録卷五六九萬曆四十六年閏四月戊辰條有「虜滿酋入寇馮家谷，石塘路遊擊朱萬良拒卻之」，作「馮家谷」。

底本眉批

①本條原有眉批「撫順陷」。

②本條原有眉批「七宗恨」。

③本條原有眉批「清河陷」。

己未　萬曆四十七年

正月，援遼遊擊佟國祚降奴，以父鶴年在奴也。

本月，有催兵進剿之旨。①大學士方從哲不能執奏，經略楊鎬遂決策于二月出師，兵分四路：原任總兵馬林率副、參、遊、都、佐、擊、守備等官麻岩、鄭國良、丁碧、葛世鳳、趙啓禎、李世選、江萬春等從靖安堡出，趨開、鐵，又令竇永澄督北關之衆，攻其北，監督者開原兵備僉事潘宗顔、贊理岫岩通判董爾礪也；山海總兵杜松率參、遊、都、備禦等官劉遇節、柴國棟、王詔、張大紀、楊欽、汪海龍、楊汝達等從撫順關出，趨瀋陽，攻其西，佐之者分巡兵備副使張銓也；遼東總兵李如栢率副將、參、遊、都、備禦等官賀世賢、張應昌、李懷忠、戴光裕、馮應魁、尤世功、余成名、李克泰、吴貢卿、于守志、張昌胤等從鴉鶻關出，趨清河，攻其南，監督者分守參議閻鳴泰，贊理者推官鄭之范也；總兵劉綎率副、遊、都、守備等官祖天定、姚國輔、周義、江萬化、徐九思、周翼明等從凉馬佃出，趨寬奠，攻其東，監督者海、蓋兵備副使康應乾，贊理者同知黄宗周也。又，朝鮮國王李暉願親到受州，提兵合我師進剿，以都元帥姜弘立、副元帥金景瑞統領砲殺弓箭手共兵一萬聽調，隨劉綎馬兵後安營，令鎮江都司喬一琦督之。四路陳師，可勝兵十萬。而瀋陽路最衝，以保定總兵王宣、原任總兵趙夢麟並隸松協助。遼陽根本重地，以原任總兵官秉忠、遼東都司張承基領兵駐守，又以管屯都司王紹勳總管運各路糧草。分派既定，擬二月二十一日先後出師，將師期題奏，遐邇共聞。而奴中調度安排，機搆周密。

二十八日，杜松從瀋陽起行，翌午，抵撫順，星夜統兵出，日馳百餘里，進尅二寨。前鋒半渡渾河，車營五百阻水。松乘醉呼内丁亂搏，原任參將龔念遂同諸軍填委壑中，水爲之不流。河平，松與衆渡。賊以全塞設伏，松奮鬥十餘陣，自午至酉，被創陷圍中，欲團聚山頭衝殺，賊從河畔林莽中起，復對壘鏖戰良久。抵昏，松落馬，彼此混殺，王宣、趙夢麟皆力戰而死，師大潰。賊乘勝合力北迎開、鐵兵。馬林于三月朔從懿路城迤東三岔兒堡出口，分爲四營，突與賊遇，備禦不及，被賊掩襲，部伍遂亂。竇永澄、麻岩戰没，潘宗顔、董爾礪死之，林帶軍萬餘奔據張家樓。經略聞撫失利，亟檄清河、寬奠二路撤師。李如栢如令，退舍左次而旋。獨寬奠一路去夷寨極遠，重岡疊嶺，懸厓峰徑，車騎難行。劉將軍綎于二十九日點發領兵守備劉招孫、劉應祥、劉吉龍、劉思勝、馬進忠等至深河下營，連攻牛毛、馬家寨口，深入三百餘里，剋十餘寨，斬獲甚衆，殺死奴壻火胡狸。金、白二酋亦報奴酋男貴英、把兔，中軍韋都男俱被殺。奈偏師深入，撥探不通，救援且絶。朔四日，賊詭漢卒裝，誘墮重圍，綎臉中刀，胸中矢。劉招孫見主將墜馬，突入圍中，殺賊數十，尋尸身，被多創，並没于戰場矣。

是役也，原任副將黄鉞，參將江萬仞，寧鎮參將李永芳，留守李希泌，延綏遊擊李鳴鳳、宋得龍、王誥、楊欽、姚國輔，都司吴光先、李天培、潘龍鱗暨江萬化、鄭國良、祖天定皆死焉，而奮不顧身以至戰歿者，汪海龍、麻岩、柴國棟、張大紀其人也。

一、杜松所統陣亡者，千總劉文中、謝大臣、羅四維、王官，把總松美、王家相，紅旗官趙文保、李芳馨。

一、趙夢麟所統陣亡者，中軍杭卿，旗鼓梁通，原任守備喬鎮疆，千總趙夢相、傅元説、趙世胤、趙禮、臧體元、趙升、趙熊、趙彪，把總趙勇、趙堂、杜同加、趙虎、田秀實、趙大化。

一、王宣所統陣亡者，中軍張聯輝，千總洪印，旗鼓宋良卿，把總劉繼祖，内丁千總馮廷佐、鎮國臣、賈釗，把總方實高、文潤，紅旗官張大定、郝彦禮、靳國臣、郭尚仁、王尚須，旗牌官張耀、魏應科、劉登科、劉邦漢。

一、楊欽所統陣亡者，千總楊英，把總王汝舟、柴志高、孫夢豸、王應科，紅旗官孛正、陳虎、趙得英、白宗益、王欒、劉聚良、廖尚賢。

一、王詰所統陣亡者，中軍金復初，千總劉弼、齊進忠、王象熊、李錦、董升。

一、江萬仞所統陣亡者，千總張虎，把總劉秋，紅旗把總王月、王林、陳國旺、江亮。

一、李希泌所領陣亡者，千總李國良、徐應文、王卿，把總王國光、樊志道、李標、李應魁、劉全、洪良機、葛呈章、金子清、周武德。

一、天津都司李爲棟所統陣亡者，中軍施鳳翔，千總王加英、朱忠，督陣把總馬永壽。

一、援遼總兵官秉忠撥隨杜鎮守出征官陣亡者，把總張萬教、談舜德。

一、遼陽强勝兵原撥隨杜鎮守陣亡者，千總彭守祖，把總陳萬善、佟守成、何一魁，百總紅旗王友功等八名。

一、瀋陽遊擊栢世爵所領陣亡者，千總高如斗。

一、分巡道義兵千總熊錦所領陣亡者，督陣旗牌官高顯祖、劉合功、郭承宗、鎖鎮遠、張有名、黄加武、劉夢麟、李先實，百總王維孝。

一、右營遊擊劉遇節所統陣亡者，中軍王廷用，千總劉恩澤，把總蔣守道、李良棟、王庭柱。

一、車營龔念遂所統陣亡者，千總張天祚、顔天祐、王弘化，把總雷應龍、丘起鳳、劉友才、于景柱、楊朝武、任運旺。

一、李永芳所統陣亡者，中軍陳盡忠，把總梁惠民。

一、柴國棟所統陣亡者，中軍崔成，千總孫大江，把總陳忠孝、馬曉。

一、張大紀所統陣亡者，千總高科，把總臧繼科、一貫，紅旗官劉天熊。

一、汪海龍所統陣亡者，中軍趙用賢，千總王惟賢，把總張大化、朱國輔、汪宗弘。

一、馬林所統陣亡者，守備馬熬，千總楊一科、李鶴、祁焯婿、李日篁、張桂，把總江應聘、陳國、王天台、啞汗兔、李承恩姪、馬灼子、馬熠、且力大、海代喇人什物、楊登科、李毓藥、王懷智、劉尚胤、王效忠，守備管坐營、朱邦孝、詹國繹，千總杜福、王國印，把總齊和、猛克虎、魏思賢、庫承恩、尚志雄、王應乾、單秉德。又據林男生員馬炤奏報，林長子百户燃及祁煌等十一人皆死于戰。

一、跟隨開原道陣亡者，中軍董引，招降官管鳴宮、伊湯聘，執旗官康民望、丁繼盛，答應官熊惟英，應襲李漸茂、王納薦，經略督陣紅旗原任守備郭之翰，監軍察院督陣指揮劉興周。

一、麻岩所統陣亡者，中軍周大盛，千總程廉、王仲賢、冷載裳、麻實、麻進忠、魏相，把總打代、趙仲舉、腮介哈、監代、李尚仁，督陣應襲曹秉忠、萬人英、胡國弼、周大受、李天復、孫沖良、伯言兔，褋流官褚道宗、王溥、梁世勳、李應傑。

一、鄭國良所統陣亡者，中軍趙廷蘭，把總姚守冠、曹文烈、趙奎。丁碧所統陣亡者，中軍祝世泰，千總蓋禄、丁堂，紅旗官魏國勳，原任守備江萬春、黄瓊，千總陳玉、王學雄，把總常因泰、何印、王瑄、陳一元。

一、竇永澄所統陣亡者，中軍李維楨，千總刁國瑞，把總康世泰。

一、趙啓禎所統陣亡者，中軍胡邦奇，千總閻有功、鄭國忠、高良玉，把總趙鎮、李之中、朱萬與、陸進忠。

一、陸應選所統陣亡者，中軍趙祚。

一、劉綎所統陣亡者，守備劉元、劉招孫、劉應祥、李士玉，千總馬進忠、劉吉龍、吴志文，把總劉中二、劉思勝、王光遠、劉尚、易廷諫、指國泰，百户胡卿，總旗田見龍、魯朝卿。

一、姚國輔所統陣亡者，中軍龔子明，千總張應豹、徐國田、楊遷、張成，把總張登雲、淩應舉、樓得勝、宗憲、張得皋、程良貴、張大勝、杜大和、徐國貞，哨官吴大憲等一十四員，掌號官陳孝。

一、浙兵守備周翌明與中軍周三暘、鄧繼，千總洪大亮、沈祚、明上甫、詹汝賢、葉文通、楊國渭、王玉金俱陣亡。

一、祖天定所統陣亡者，中軍齊一熊，千總趙秉忠、劉魁、夏時正，捕盗劉鎮邊，把總丘惟屏，百户張明遠。

一、靉陽守備徐九思同把總李茂先俱陣亡。

一、江萬化所統陣亡者，男千總江應聘，中軍董孟奉，千總王尚忠、姜良相，把總史一元、劉爌、劉朝貴、金國棟。

一、喬一琦所統陣亡者，中軍金文麒，千把總侯惟屏、龐養德、馬應瑞。

以上各路除麗兵外，主客出塞官軍共八萬八千五百五十餘員名，陣亡道、鎮、副、協、參、遊、都司、通判、守備、中軍、千把總等官共三百一十餘員名，并印信一顆，陣亡軍丁共四萬五千八百七十餘名，陣失馬、騾、駝共二萬八千六百餘匹、頭、隻。今陣回見在并招集官軍共四萬二千三百六十餘員名。

朝鮮國王李暉奏稱：「小邦挑選軍兵一萬三千餘名，擺渡鴨綠江，分作三營，會同喬遊擊從劉都督大營兵馬當先。虜敵驟至，劉、喬兩軍抵敵不住，本國兩元帥登山札營，賊鋒甚盛，乘勢掩逼，左營將金應河奮勇對賊，依傍柳樹，踞胡床取弓迭射，發必穿楊，應弦而倒。當有一賊從後閃入，鎗刺應河腰脇，猶發矢不絕，斃後投弓乃已。賊悉衆合圍，喬遊擊自縊林間，我兵救解，投危崖而死，本國左右兩營盡覆。姜弘立、金景瑞身爲元帥，被賊牢監，小邦二百年來獎飭名節，一朝污衊，殆無倫理。除令有司將其妻孥監固，待加探訪，從實科處外，爲念賊兇益熾，小邦危急，懇乞聖明亟圖守禦，以保藩籬。」等因。

按：三路覆軍殺將，千古無此敗衂，死難者若中軍、千、把總、旗牌等官，余查邸報，悉書職、書名，以志死事，然姓名不存者多矣。此一時也，監軍猶敢以陣亡職名報，故得報抄録。嗣後功令益嚴，敗多隱諱，沙場之鬼，寧無夜號？余爲經略，秋祭從前陣没文武官員，分廠設位，排列不可勝紀，慘不忍視。嗚呼！遼禍之烈，一至是哉。

先是，劉綎出師日，五星鬥于東方；杜松垂發，牙旗折爲二；又大清堡軍庫灾，夷器盡燬，白氣竟天三匝，知爲敗徵。

山東巡撫李長庚陞户部侍郎，督遼餉。

十八日，司天占火星逆行。

二十日，風霾晝晦，黄塵四塞，赤光射天，西長安坊樓爲折，其占四夷來侵。

命總督汪可受移駐山海關，以虎墩乘機挾賞，中飭薊、昌防禦。

召陝西總督楊應聘、甘肅巡撫祁光宗爲兵部左右侍郎。

起前御史劉國縉以職方主事充贊畫。

御史楊鶴薦前御史熊廷弼諳練遼事，以所刊疏稿粘揭進呈。上遂召廷弼以大理丞，亟馳渡遼，宣慰軍兵。

本兵黃嘉善同九卿科道叩文華門請帑。允發四十萬募戰士。廷議謂李如栢納奴姪女爲妾生子，逗遛獨全，不堪大將。遼撫周永春請李如楨代之。給事中李奇珍謂李氏跋扈，士人擁戴，恐爲唐季藩鎮之漸。御史楊鶴請令在朝諸臣保如楨，而後可用。上竟遣如楨往，如栢候勘，楊鎬戴罪視事。

趣宣鎮總兵劉孔胤就近出關應援。

給事中姚宗文疏稱保定、山東擁護家國，集兵轉餉，此爲咽喉，鎮撫固難，經營不易，宜亟推才望撫臣、才識敏練者刻期赴任，以保金湯。時江西布政王在晉兩經廷舉卓異，擢爲副都御史，巡撫山東。

三月，主事夏嘉遇參方從哲受賄，寬李維翰，與兵科趙興邦爲比。不報。吴亮嗣、張延登、房壯麗劾嘉遇焉。

奴遣奸細探三岔，破聯舡，陰圖金酋寨。以零騎窺瀋陽、清河等堡。又許令部夷降金台失爲内應。辛、暖諸酋並甘奴賄，煖兔伺釁沿河駐牧。

上命中使薦陣亡將士，卹故帥劉綎家屬，及塑死事諸臣廟，食京師。

四月望後，宣武門外響閙至東玉河水盡赤，正陽門尤甚。

御史唐世濟劾方從哲尸位誤國。

戎政尚書薛三才卒。

虎墩擁衆數萬臨廣寧邊。

宣鎮營兵鼓噪不赴調，逮治總兵劉孔胤。

五月，開原兵備韓原善領銀七萬四千兩，招募兵馬。

奴酋縱掠鐵嶺柴河、撫安等堡，部衆萬餘，于撫順關外築城修寨，并添清河路栅濠。

二十九日深入撫順，以偏師躪鐵嶺撫安堡。李如楨方與經、督講禮争抗，未暇籌兵。

朝鮮咨報：奴酋僭號後金國汗，建元天命，指中國爲南朝，黄衣稱朕，詞甚侮嫚。

遼東贊畫劉國縉稱：李如楨雄才大略，令其坐鎮遼陽以樹威望，而印文無破格語，當以如楨爲鎮虜將軍，賀世賢爲征夷將軍。

六月十五日，奴酋擁數萬騎從静安堡入，乘虚直薄開原。②總兵馬林等方引衆出防，孤城立下。西虜適市慶雲堡，亦結聚亮子河。十九日，以三萬衆圍鎮西堡，瀋陽、鐵嶺奔潰。

先是，備禦羅萬言高價易市馬東援，赴署開原兵備事推官鄭之范處領草豆，並無升束馬食蒭杆，一日而倒死二百四十九匹。把總朱夢祥到開原領錢糧，一月不給。各軍衣物盡變，馬倒人逃，離城草茂之處趂青餧養馬匹，賊至猝不及收。鄭之范登城擺守，賊箭飛集，梯高數丈，自卯至巳攻衝三陣，丁壯奔避，之范被傷下城，乘馬帶五十餘人走出西門，同備禦何懋官往南行，道、廳二印遺失。賊遂乘城。馬林與遊擊于守志、于化龍，參將高貞，佐擊葛世鳳，招兵遊擊任國忠，安樂州知州張文炳，經歷張奇策，三萬衛訓導陳嘉謨，中軍孫勇，千總郎萬壽，把總王友功、郭啓明、楊承祖，遼海衛指揮俞承胤、李爲梁、厲中寛等皆死難。西兵無統，大半奔竄，賊四下焚掠，士民男婦不下十萬餘口，生逃者僅約千餘人。遼撫馳書鎬，欲將牛車數十輛載死尸，于城外分别男女埋之，無敢往者。沿邊各堡居民逃避一空。

經略行至虎皮驛，遇平夷營遊擊陳維翰馱載行李、衣服、羢褐等件，又有大錠銀一百五十兩。將維翰革處示衆。

監軍御史陳王庭參如楨、賀世賢均應戴罪聽勘，分別議擬開原禦備何懋官、三萬衛指揮徐大受當重究正罪，推官鄭之范當在任候勘，經、撫、總督恭候聖裁，分別酌議，以重疆場。

開原乃黄龍府舊地，東隣奴酋，西接粆花、宰、煖諸酋巢穴，迤北則金、白二酋在焉，遼陽所恃以斷隔夷、虜之路，聯路北關，互爲聲援。開原失而鐵嶺、遼、瀋岌岌乎殆矣。

按：三路之敗，開、鐵之失，監軍參疏，俱以周永春、汪可受爲有罪。永春逮矣、遣矣，可受死于家而贈官加恩。朝議何嘗有公道哉？楊鎬疏參開原失事起于鄭之范貪婪，已據多人告發，乞勘問以洩公憤。後之范逮死獄中。

上超擢熊廷弼兵部右侍郎兼僉都御史，賜尚方劍代鎬經略。

從本兵議遣司屬魏成忠往浙江、尹嘉賓往山東、魏運開往陝西、張時雍往河南招兵。

起泰寧侯陳良弼總督京營，南京兵部尚書黄克纘協理戎政。

御史張銓按遼。

黄嘉善以人言引疾。

二十七日，西北白氣冲斗、天河，占云胡人暗兵來侵。

簡討丁紹軾言：「遼事屢敗，急須用人，尤急于經略。而必取之田間，豈舉朝皆巾幗乎？開原道補韓原善，而原善以資望辭。今開原已矣，舊者胡爲與之去？以一署印推官了之乎？武官即親喪不守制，文官戴罪立功猶屬寬典。遼何時也？今日准某將養病，明日准某道臣養病，皇上不行詰問，聽諸臣容容，各順面情，朦朧搪塞，如用泥補舟，不覆不已矣。」

三路敗績報至，京師震動，公卿有潛出其孥外逃者。御史楊鶴極言伸正義，聲催戰之失。有摭拾他事欲逐鶴者，御史牟志夔救之。

開原被圍時，北關先期密報，及寇至，出兵二千來援，至而城已失。

户部開款，令郡邑捐助。

七月，抄化攻克十方寺堡。

左贊善徐光啓使朝鮮，宣諭應援。

遣給事中姚宗文查援遼兵馬。

熊廷弼馳至廣寧。

時遼城嚴拘李、佟二賊親戚，發李永芳墓。永芳仇我愈深，與奴益加親信。蓋田單借以激即墨之怒，而我反用以速李賊之攻。人謀不臧，寧獨氣運使然哉！

山東巡撫王在晉疏陳天下之大患有四，隱憂有六。内言白蓮蠱惑愚民，古來隱憂卒發，每乘人之所忽，一發便不可收拾，爲今時之最可患。

按：在晉任内，防範消弭，靡所不至，東人獲免于患。一陞任而蓮妖即發，山左騷然，先已燭其幾矣。

户科官應震謂：「開原被攻，北關先期密報，宜賜敕撫慰，且北關與虎酋新締婚，虎酋在諸酋中特稱雄長，爲奴所忌，奴酋以卑詞厚賄聯屬諸酋，而虎酋猶未入其牢籠，恐日久我不能用虎酋，奴必用之矣。」

虎酋受晉款而關外靖，虎酋爲奴用而西邊擾，科臣已預悉之矣。

奴酋奸細在兩河者，鎬連斬二十餘人。

東撫王在晉題："東省，運道之咽喉，南北水陸之總會，是神京之左腋也。登、萊瀕海，東距倭六百里，東南距朝鮮一千二百里，東北直達海、蓋、遼陽、三岔河、烏龍江等處，一水盈盈，可通舟楫，是登、萊又左腋之屏障也。真定、山、陝等處，止于防虜，南直、閩、浙等處，止于防倭，乃山東則防倭又防虜矣。奴酋犯順，各省止于調兵，乃山東則調兵又兼海運矣。今天下最稱緊要，首患被兵之處，遼陽之外，獨有山東。養山東之全力，北可以衛神京，東可以捍乘舟入犯之寇，而今竟何如耶？臣甫受事東省，細查通省官軍兵馬數目，水營僅存一千八百名，近奉旨選調一千五百名，所存止三百耳。目今議補六百，連前亦共存九百耳，省會鋒營合南營共見在兵二千七百名，今又奉旨選調二千名，所存止七百人耳。股肱肘腋之近，武衛單弱，神氣不張，恐來海外之窺伺，長萑符之嘯聚，譬之人身左臂無力，其何以衛腹心？臣甚懼焉。當事者以遼陽被兵，亟如救焚，救焚無如近水，明知東省兵稀，不得不借資近地以從其所急。彼時遼急而山東猶稍緩也，今開原陷矣，河東諸城勢如破竹矣，遼陽危于旦夕，其去蓋州不遠矣。遼船盡集于蓋州，我之海運尚覓船于彼處。奴乘蓋州見在之船，又駕烏龍江新造之船，乘風入犯，片帆直達，即司馬穰苴而在，恐不能率此三百挑殘之卒，六百新集之徒，與强寇相持對壘。我無披堅執鋭之兵，彼有摧枯拉朽之勢。登、萊之急，不與危遼同一轍哉？即不然，而彼以一旅之師，乘船絶我餉道，遼東十數萬之命懸于呼吸，彼時不戰自潰，奚待破山海而後徐及京師也？臣諦觀時勢，正圖補牘。而臺臣張至發建議登、萊添設道臣一員，選募海兵之善識風勢水勢及工于舟舵者千名，更調募浙、閩水兵數千名，擇南將之善水戰者統領，而以道臣專督操練。若身履其地而灼知利害者，是臣所欲言者，臺臣已先言之矣。科臣李奇珍疏稱：『遼鎮萬有餘危，揚幡而天津危，登、萊危，淮、揚亦危。』是臣所欲言者，科臣亦先言之矣。經略熊廷弼慮賊長驅入山海關，或由海道取天津及登、萊一帶，是臺省所深慮者，經略併慮及之矣。矧登、青、萊三郡亢旱十旬，萊陽冰雹三尺，黄縣民家生豕有雙頭四耳、一身八足之異。竊恐封豨薦食，羸豕蹢躅，竭蹷於奔蹌之苦，支離於頭緒之多，人之所惕，天意徵焉。可不先時預備，綢繆山左之門户哉？夫募兵先須議餉，餉何從處？説者以爲新餉之當留也，以其原爲禦奴酋而設也。臣念遼師之仰需海運者甚急，各府新編欲通融以濟海運，未有贏餘。而東省饑荒之後，庫藏如洗，别無堪動銀兩。尋思本省額編甲丁等庫錢糧及紅花、黄蠟等件，或可量折一二年以佐軍興之急。無已，又有解部泰安香税，向因年荒，香客稀少，未能克額起解。神明香火之餘，似當留之本省，以充餉兵之費。至于解部助工銀兩，皆屬可捐。當此非常可懼之時，安得急土木以緩軍興，重方物而輕疆土？又安有香客望泰山而輸稅，中涓執年例以求鋪墊者哉？臣又念水兵與陸兵不同，水兵必操演習熟，纔可揚舲渡海，衝鋒禦敵；若臨期招募，必不能遽集，亦必不敢嘗試于汪洋巨浸之中。招兵之議，伏祈速賜允行，事乃克濟。若仍置之高閣，直待事勢危迫而後行臣之言，臣能爲于可爲之日，不能爲于不可爲之日，是以東省爲孤注。由此而窺徐、兗，以及淮、揚，河渠之梗，漕運之憂，南北支離之患，豈待問哉？」

王在晉盤獲奸細疏云：「奴酋之攻撫順、清河以及開原等處，俱平原大陸，騎兵其長技也，烏用造船爲哉？造船則明思渡海，將問路于水濱，其情形易測也。我發兵以援遼，而又運餉于海，以贍援遼之兵。餉集則兵不餒，兵不餒則防守固，而奴不能卒得志于遼。古之用兵者，師行先謀餉道，其機關又易測也。金、蓋之粟積矣，只須奸細一星之火，便可了丘山之積；登、萊之餉集矣，只需海中一旅之師，便可絕三軍之命。中國之人，怯而無勇，緩而寡謀，奴直弄之于股掌之上。開原未破，而奸細先潛伏于城中。無亡矢遺鏃之費，而成摧城陷陣之功。奴蓋鬥智，而非徒鬥力也。我之群力既詘，而群策又置之不用，事急惟有調兵之一着。夫兵可易調耶？兵一調而登、萊之防守虛矣，再調而濟南之武備空矣，今又三調以及青州，而東省險要之地，闃其無人矣。我之運官姓名，防守倉廒官兵、車驢數目，奴悉令人偵探。然則登、萊等處之虛弱，聲聞必入奴之耳。寧不啓戎心，以速挑其入犯哉？今兔兒馬汗等二十人，臣不敢直信其爲奴酋之奸細，萬一有華人之降虜者與之同來，則我不能識辨，不能識辨則不能擒獲。內地之情形，彼中無不悉知。故防夷丁之偵探易，而防華人之偵探難。奴酋之改元建國，孰非華人之教猱升本？今之隱然爲我敵國者，豈獨女直之遺孽哉？故中國之防夷，莫先於間諜。我以間諜疎，而有開原之陷。覆轍在前，何可泄泄不爲早計？今以異言、異服之人，二十成群，且得泛棹南歸，如入無人之境。則華人之往來孰禁之，孰察之，而能使之不遁乎？謂宜申嚴明旨，敕遼東部、院，凡沿海地方船隻下海，無容夾帶一人，糧船、客船回到登、萊等處，仍嚴行盤詰。如有私帶人口，本船從重究罪。既可以防奸細，又可以杜私逃，其于海防有裨矣。」

山東發標兵二千援遼。

周永春，東人也，晉貽書囑之，凡東省所發兵收幕下，得保全。經略檄取東兵三百往遼陽，俱爲沙場之骨矣。

先是，楊鎬遺遼撫周永春書云：「鐵嶺處極北，城已空虛，李如楨必不能守。再有差池，瀋陽當不攻自潰，遼陽愈難保守。竊意賊之所利者財物、婦女耳，如移鐵嶺人户盡歸瀋陽，瀋陽愈見充實。移守鐵嶺兵將盡守瀋陽，瀋陽自可保全，鐵嶺但守留兵以供啓閉傳探〔一〕，賊知之，必不攻，是不守之守。古之人有行之者，李光弼是也。奴酋有旦夕犯遼陽之信，不得不與賀副將挨次南移，以便應援。蓋開原失陷之易，以有裏迎外合之人。傳言遼陽城中亦有大猾，已面語守道急捉此人。」于是調賀世賢劄虎皮驛，李如楨回瀋陽。人民四散，戍兵見賊即走，我兵已棄鐵嶺。

七月二十五日，奴酋從三坌堡入攻鐵嶺，從寅至辰，城陷。③奴最工間諜，所在內應。而我偵備甚疎，一帶堅城，相次淪没矣。

賊攻鐵嶺，參將丁碧開門迎敵，戰没。遊擊吴貢卿、喻成名、史鳳鳴、李克泰，備禦何懋官，中軍張世禄，千總熊鑕、劉慎、王用中、李如橋、馬遇、施恩陣亡。千總盧孔時手執鐵棍打死十數賊，被殺。指揮沈時行，撫安守堡蘇國觀，指揮蕭進忠、趙世勛、楚尚儒，生員孟道重、王之屏、潘桂、鄭之良、鄭紹夔、李培原，督防判官涂必達，俱在城遭害。千總陳所聞、李天培與賊戰，重傷突圍而出，當被殺。殺擄官生老幼男婦并開原及各屯避虜人口二萬餘。初謂如楨兄弟鐵嶺人，以遼之巨族保遼之巨姓，必効死勿去。乃如栢回京，而如梴、如榛、如梓等一百七十六名，皆其弟姪子男，或同族姻黨，與如栢偕行。如栢所領兵有身家者，盡行賣放。鐵嶺之亡，已卜于如栢回京之日矣。

時李如楨設防瀋陽，距鐵嶺一百二十餘里。賀世賢在虎皮驛，距鐵嶺一百八十餘里。世賢同卜向續等領部兵二千往救，路遇奴所借西虜兵千餘，賢奮勇，頗有斬級。奴兵之在鐵嶺者多宿酒未醒，宰賽與奴酋争鐵嶺財物、人口，相仇殺。李如楨割取奴酋殺死西夷首級一百六十餘顆報功。御史陳王庭參李如楨勒馬不進，罪在逗遛；掩敗爲功，罪在欺罔。當依律擬辟，以爲巽懦蒙蔽之戒。

王在晉報東省大旱，疏云：「東省昔罹大饉，人民逃竄，田土拋荒，至今未盡復業。舊額新編責成里甲賠補，苦不勝言。然猶望年豐歲稔，借天造之贏，補民力之詘。孰意春夏亢暘，田間無麥，民情皇皇，尚冀秋苗刈割，可需一飽也。乃自五月迄今，久晴不雨。夏日之煎熬，萬榮憔悴；秋陽之皜烈，品彙焦枯。間或徹晝風狂，括飛塵而眯目；抑且通宵炎燥，熨微露以加乾。素衣角帶之官僚，徒勞搶地；黧面頳顔之蒼赤，一任呼天。目今旱極蟲生，幹枯葉萎。或報飛蝗食稼，或報異颶摧城，花户背井思逃，里長泥門遠竄。四十二、四年之灾復見，閭閻億萬姓之命難存。小民擁門赴告者，蜂湧麕至。本省今歲之灾所關不獨在本省，而在全遼。登、萊、青、濟之間無收，則海運從何得餉？海運無餉，則遼師何以得存？所係安危，良非細故。又念往歲遇荒，議蠲、議緩、議折，今議蠲而新餉且加編矣，議緩而軍興且至急矣，議折而海運立需本色，本色不繼，雖輦金以赴遼陽，而饑時不可以爲食，遼之患轉深矣！舍議蠲、議緩、議折以外，别無救民之術，誰司芻牧而忍牛羊之立斃耶？當是時也，兵經三調，北海之武備全虚；民無二餔，東省之人情騷動。且帑如懸罄，而欲搜括以招兵；地成甌脱，而思加編以益税。括船則遠通淮海，徧歷蛟宫；轉餉則久涉波濤，時填魚腹。籍柔民而遠戍，直同斧鑕之在前；驅羸馬以從征，不啻鞭箠之在後。以遠方所未及者，而齊首及焉；以海内所不能兼者，而齊獨兼有焉。蓋以山左視遼陽，原爲唇齒，今急唇而先令齒之受病，於唇之亡奚救？以三齊視輦轂，近在腹心，今剜肉而不顧心之受痛，恐心之疾愈深。以如水如火之施，有轉熱轉深之苦。乃蒼蒼之不憫，而且降之割，益之疢也，恐憂不在强酋，而在蕭牆之内，有非臣之所忍言者矣。」

山東撫院王咨：「查得山東除水驛外，有馬驛站僅及三十，而大半當衝，支撑未易，十取其二，已覺蕭索，且於額派猶然未充，合無于州縣民馬相兼揀擇。但有馬則有草料，有控馬之人則有盤費。馬匹草料，每匹日給三分，計日通算約用銀三百六十兩有奇。馬夫盤費，每馬三匹用夫一名，每夫一名給銀三分，計日通算約該銀二百兩有奇。已將前項馬四百八匹兑買完備，印烙造册，逐一親自查驗，俱各膘壯，堪以騎用。責令委官白鯤等押解，于七月十五日起行，前赴薊遼總督衙門，查驗轉發施行。」

八月二日，熊廷弼受代。翌日入遼陽，斬陣逃遊擊劉遇節、坐營王捷、鐵嶺參將王文鼎。文鼎抵任一日城陷，非其罪也。隨設壇躬祭清、撫、開、鐵死事軍民，拜賀世賢以勵敢戰。

廷弼舉高出、胡嘉棟、佟卜年等爲監軍，調各邊勇將勁兵，以實遼陽。

十三日，逮楊鎬。

北關報奴酋計擣遼陽，盡僇朝鮮降卒以防内變。

宰賽因鐵嶺陷，引兵與奴酋争鬥，被執。

廷弼參李如楨十不堪，願急調李懷信代將。

王在晉題奴謀截餉疏：「臣聞用兵者不攻其所守，而攻其所忽。强酋蹂躪之後，遼左已無堅城矣。遼左之命繫於金、蓋敖倉之積，而金、蓋敖倉之積懸於一線之海道，然則有登、萊而後有金、蓋之粟，賊之睥睨金、蓋，側目以窺登、萊久矣。今登、萊之兵甚寡，且以援遼往；船隻甚稀，且以海運行。欲撤載糧之船以防海，則海運之糧數必虧；欲將防海之船以運糧，則海上之汛防誰守？今日始議增兵、增船，猶爲緩不及事，矧疏入未即下部，下部猶待議覆，議覆而後招兵，兵畏援遼，未肯即就，恐邊塞情形急於風雨。金州至登，風帆半日，秋冬風色，係彼順此逆之時。倘賊兵至而後借援于遼，或撤回援遼之兵以自守，即御晨風以飛度，可幾而及乎？今爲姑緩之説者曰，腥羶習騎，水非其長技也，詎知烏龍江造船，彼豈置之不用？亦豈無人演習水戰？更聞有江夷慣海，肯爲効命，我中華亡命寔繁有徒。從古虜騎南侵，皆緣南人被擄者思歸，輒爲引導，今南人之被擄者，豈勝數計哉？臣又查問彼中道路，清河既破之後，自有一途可直達金、蓋。彼出其長技以攻遼，而間發偏師以擾我，我之力既分，則彼之攻益鋭。登、萊二郡爲全齊咽喉之地，爲天津總會之區，爲遼左命脉之源。登、萊少有疎虞，則全齊擾亂，而金、蓋之粟必虚；金、蓋倘有蹉跌，則三軍枵腹，而全遼之地不守。臣願陛下毋以金、蓋爲可忽，以登、萊爲稍可緩也。抑臣又有説焉，登、萊之粟，發運甚艱，貴同珠玉；金、蓋之區，收糧甚緩，積如泥沙。計登、萊之船運而未返者，尚有二百六十八隻。船歸既緩，則發運必至愆期。今不謀金、蓋之轉餉，而第責登、萊之發糧，是徒望口吻之飲食，而不思胸胃之痞塞也。萬一金、蓋被兵，則此二百六十餘船，且爲寇籍矣。國家欲飽全遼，必當嚴督車徒陸運，而以海運濟之，乃爲萬全之策，如以爲陸行費鉅，不求多於陸，而求多於海，今歲山東大祲，尚安得有餘粒以取足於一路之供億耶？海汛之當增兵，海運之當酌議，伏乞將臣募兵處餉前疏，一併勑部酌議具覆。仍嚴勑遼東經略、撫臣分撥重兵，謹防水陸必由之路，預固金、蓋積貯之區，則餉道無虞，而遼兵可資防禦矣。奉旨：「兵部知道。前募兵措餉疏一併議覆。」

在晉題：「臣受命以撫一方，民有疾痛而不上聞，臣之罪也。海内盡苦加編，而二東殆有甚焉，自四十三年大饉以後，荒皋極目，白骨盈郊。皇上愴然動念，大發帑金，截留漕米，多方拯濟，今日僅存殘喘之民，皆皇上再生之民也。活命雖及三年，元氣甫能平復？流徙空存版籍，田畝未盡開荒，責里甲以徵額賦，通里不勝賠貱，又從而按數以加新餉焉。靡草經霜，益之冰雪，其能有起色耶？且加編以爲遼也，而齊之受困于遼則無所不至矣：行伍爲遼而空，帑藏爲遼而空，郵傳之馬匹、民間之丁壯爲遼而空。今并里社救饑保赤之倉穀，亦欲爲遼而空。虜至而登、萊之防禦與遼陽同患，虜退而登、萊之轉運不得與海內同休。天下所共苦之徵調，東省全受之而不遺；天下所未經之海運，東省偏受之而獨苦。臣竊謂勞難獨任，苦亦當均，東省既爲海內擔輓運之勞，則各省當代山東任加編之稅。此亦王道無陂之言，經國至平之論，東民所不能控訴，而臣代爲之控者也。」

王在晉題：「臣奉上命委以東方，東方安危，臣任甚重，臣憂慮甚殷。皇上既委臣以土地，必與之以守土之人，必與之以守土聚人之財，乃人財兩匱，海內有如東省者耶？東省與遼相望，璦陽斜對登、萊，旅順至登州止半日之程耳。賊如踰遼以及登、萊，則東省爲隔虞之虢；賊如越遼以窺海道，則登、萊爲襲趙之井陘。當遼左之被兵，脣齒之邦，已受池魚之禍；及開、鐵之既陷，門庭之寇，益懷厦燕之危。臣是以封章屢瀆，而按臣陳于廷亦兩疏繼焉〔二〕。臣以爲東藩重地，右拱神京，必朝奏聞而夕報可也。孰意彌月尚成築舍耶？兵法有言：『上兵伐謀，其次伐交，其下攻城。』遼兵之敗，不伐謀，不伐交，攻城且不能守，是爲最下。賊之廣布奸細窺我餉道也，謀著矣；東西虜之合併而攻也，交成矣。謀著、交成而不知其所攻，危哉！計事之疎也。昔鵲岸之役，楚無備而吳有功；汝清之役，吳有備而楚無功。兵之貴於備也，尚矣。諸葛武侯曰：『國之大務，莫先於戒備。失之毫鼇，差之千里。覆軍殺將，勢不踰息。故有患難，君臣旰食而謀之。』今之所云旰食而謀者安在也？如謂賊詭虚聲使我之無不備，則虚而爲實，實而爲虚，在一轉念間，我何所容其把握哉？臣按登、萊之形勢，據道臣陶朗先開報，登、萊各口，周環繚繞在内地者，約二千里；而遥在海中者，約三千里。而遶登屬極衝不下五千餘處〔三〕，萊屬極衝不下三十餘處，每處不能派船二隻，每船兵不及二十名，未足當往來哨探之用，焉能禦大敵乎？今遼東見在兵馬與續調出關者已逾七萬，尚望風奔潰，寇至不能爲片晷之相持。東省之兵原不及各邊之一二，而乃與各邊同調遣也，單而益單，弱而又弱，如厝火將焚，乃先撤水，比至燎原不可救，而後望水於西江，不亦晚乎？緩視登、萊者，大都謂虜不習海，不知奴酋近造巨艦，繫以長纜，餉道一通，往來如織。揣彼之意，蓋欲投鞭天津，問渡江淮，非但窺登、萊而逼青、濟也。宋建炎四年，張公裕引大舶擊金人於海，此後今人截江蹈海〔四〕，如履平地。誰爲虜不習舟之説，誤乃公事耶？夫奴酋之强，較倭遠甚，昔年患倭，此中隄防百倍，兵陣嚴密，劍戟森羅，設將添兵，筭無遺策。今以汰存之兵，赴調援之令，遺下疲軍懦丁，無裨於用，東省之危，如一髮之懸九鼎，可徼望奴酋之終不犯哉？都城有緩急，將待援於山東。今以東省之孤弱，進無入援之兵，退無自完之策，腹心有急，如手足痿痺之人不能運用，惟聽人之加侮而已。皇上不付山東於一擲，容臣移咨閩、浙撫臣，廣募海上善戰水兵，打造堅厚船隻，酌量添設參、遊、守備等官，分布要害，增募陸營勇健兵卒，以壯軍威。奴酋奸細聞之，必消睥睨，此伐謀而先戒備之善經也。臣見遼事張皇，陷一城則思調一方之兵馬，萬一東省有警，不識於何方調遣？且臨期調遣，何救於事？臣請與當事者約，如臣之議，添兵設將，地方安危，臣任其責。儻不行臣之言，置海防於不講，撇重地於不顧，異日有不可知之事，臣不敢任其辜。臣之所以爲東省謀者，思過半矣。若三諫而不從，不得不以朝廷之地方，聽朝廷之自爲計，臣力無如之何矣。」

在晉乞減海運疏云：「遼師待食於海運，海運待給於登、萊，登、萊二郡産穀幾何？於是又議及沿海州縣，乃州縣之沿海者，青止四縣，濟南一州、四縣耳，此九州縣産穀又幾何？當海運之初開，正直年時之豐稔，登、萊積粟急於易價，民間蓋藏盡發。此時但憂無船，不憂無粟。然而初議歲輸十萬，前撫臣李長庚猶蹙額憂之。今船之難致如初，而海澨之鉼罍幾盡矣。沿海州縣行令應納錢糧俱改本色起運，人情嚣然，蓋新舊遼餉，各屬多不過數千鏹，一人挈之而趨，掣批即可了事。今責以千萬鍾之汎海，抵海則多方以募舟，登舟又守風以泊岸。船户既多侵折，糧户又苦賠償，非常之原，黎民懼焉。民間之粟須籍天生地長，天地不能生長，人力其如之何？今歲登州及青、濟沿海州縣多苦旱無禾，則輸粟之難不獨窘於人力，亦窘於天時矣。以枵腹之軍，控方張之虜，餉臣急餉，臣亦急餉；餉臣願加倍，臣亦願加倍，斷無秋毫之抵牾，致議論之枘鑿。但據目前事勢，如淮船不可多得，而造船於遼；遼人驚竄不可得船，又轉造於天津。往來跋涉，每成畫餅，則括船於海，可不謂難乎？餉船開洋，海颶不常，驚湍靡測，深則虞汨，淺則虞礁，守伺動經旬月，生死立判須臾。近且慮戎心睥睨，運途中梗，駕船於海，可不謂難乎？開、鐵既陷，聞風破膽，北人每思南遁，南人不敢北渡。淮商惟恐留船，如脱網之魚；遼商惟恐被兵，如驚弓之鳥。商途阻塞，招之不至，則通商濟運，不亦難乎？運糧遠涉，不能朝至而夕收；返棹歸來，或致此回而彼逗。姦弁動索折乾，以欠作收；其或索之不得，以收作欠。甚而攙水和糠，經風曝日，欲製批交卸，不亦難乎？有此四難，人思退縮，且田間無米，市糴難招，昔以米豆多而憂腐爛，今以年歲歉而窘徵收。即仍前以充十萬，猶或難之，欲加倍望糧於東省，恐不獨臣以爲難，即餉臣亦自知其難耳。然臣不敢自諉其難，督率群屬勉期及額，且與道臣多方區畫，以圖不孤皇上之任使。第願主計者毋局臣以二十萬之數，臣亦不敢自限於原議十萬之數，銖積寸纍，儘臣力量之所能爲。儻或庶幾以如前議，臣不敢自居以爲功。如力不可勉，數不能充，亦望截今歲之羸，補將來之乏。蓋臣督群屬不得不嚴，嚴則期於集事；調小民不得不寬，寬則可以奏功。通融於彼此盈縮之間，劑量於人情甘苦之際，庶臨期可免捉襟，而遇事無虞掣肘矣。臣又思餉遼長策，陸運取必於人，海運待命於天。人可必而天不可必，以可必者爲經，以不可必者爲權。勿因陸運多費，而遺其所安；勿因海運偶利，而行其所不測。水陸並輸，亦經權互用、久暫可行之法也。伏祈敕部酌議施行。」

二十一日，奴酋佯綴我師，擁衆數萬騎，直抵金台失寨，自寅訖午，旋陷。④隨攻白羊骨寨，應時火發，北關相繼淪覆。老幼被擄，挑壯丁九千餘名，分隸部下八將。

上以遼數告急，超擢贊善徐光啓，以少詹事兼河南道御史，專練京兵。

總督汪可受回籍。

命李懷信刻期赴遼。

熊廷弼疏稱瀋陽空城難守，不如還守遼陽，厚集兵力。朝議瀋陽不可輕棄。上諭酌量緩急，務保孤城，遏其深入。

巡撫周永春以奴酋挾宰賽爲質，且連煖兔諸營，持諭帖激粆花、虎墩，啖以利，及鼓舞朝鮮，優恤將士，疏請帑金二百萬。

奴酋連破開、鐵，兵益强。生擒宰賽，鈐制煖兔、粆花數十營不敢動，取北關如拉朽，視遼、瀋直几上肉耳。

部議罪弁郭有光、劉孔胤、麻承恩各納馬贖罪。往，援遼諸將多扣餉自肥，遼左爲甚，經略特斬遊擊陳倫以殉。因決策守遼陽，挑濠築垣，借水爲防。

户部李汝華請發内帑。

周永春題：鎮江爲朝鮮入貢必繇之路，又登、萊之咽喉，金、復四衛之門户也，臣前疏有云，奴以全力犯遼陽，而以二三千奇兵由寬、靉趨巑岫〔五〕，四衛立潰，而海道必絶。伏乞勑部將應添兵將即刻議覆，不然鎮江不守，而朝鮮決難自存。開、鐵失而北關亡，非殷鑒乎？

閲科姚宗文訪金台失有男得力革羈奴酋寨，得力革有一女，以四千金恤之。事起義卹而開釁招議，見首卷南北關下。

九月，户部先奉旨，張燁、馬堂、胡濱、丘乘雲、潘相徵收分進内帑，及解工部助大工税銀，暫解户部一年，以充軍餉募兵之用。東撫王在晉請留解部税銀以充調募兵餉。凡解監之税，係進内錢糧，外省不敢請。久之，報可。

東撫王在晉請罷臨清及六郡包税云：「邇來遼事告急，皇上准留税銀一年，并已徵在官未經解監之税解部應用。詎獨司農稍釋攢眉，抑亦中外共欽明聖。臣方幸留税以接濟軍興，如飢者得食而忘其噎，敢因噎而思廢食哉？無奈天降之割，久旱泉枯，商塗盡絶，漕艘數千沮塞於臨、德之間，外水、篙師、柁工動集數萬人，皆獷健猛鷙，慣集江湖，棄生亡命。旗船久泊，工食必虧，釀成竊劫，勢所不免。月來河、漕二臣暨監司府縣，人人胼胝，河濱倉庫、獄囚屬之厮役看守。臣爲是憂心惶惶，既虞蹈海之夷乘虛直擣，又虞乘船之寇聚夥成群。晝則籌及調兵轉餉之艱，夜則慮及斬關平城之易，如坐針負棘，寢食靡寧。夫漕河一線之水，舳艫横梗，帆檣如織，即游鱗不能潛躍，安所得商船來往，以問臨清之税哉？行商屏跡而徵坐賈，坐賈日稀而徵行户，彼行户者，藉行商以爲轉運者也，辟之澤竭無魚，而取償於網罟，其爲不得之數可知。矧鈔關既抽一倍，有司又抽一倍，有十羊九牧之繁，一兔二皮之苦。利微則商自散，商散而利益窮。以此抽税，如眼底追風，空中捉影，徒托之想像而已。至於陸郡虛包代納之税，言之真有不勝流涕者。濟南爲山左首會，繁華宜爲六郡之冠。臣一入省城，但見蓬門塵閉，烟火晝稀，敗屋垣頽，風雨不蔽。鷄豚不入市，安問珍奇？藜藿未充腸，孰餘布粟？人懷雲漢之歎，半入流亡；家有采薇之風，盡悲調遣。出郊一望，百昌委頓，滿目枯焦，地徧沙黄，野無草色。據所屬開報，斗麥一錢一釐，斗豆一錢二分，薥秫糝粟之類比常價增二倍。近河市鎮，因水源淺涸而賈販不通；沿海州縣，恐海運留船而商舸久絶。貧民食其土之所産，土已無毛；官司徵及田之所出，田俱板瘠。本方原無百貨，何從得税？所謂包税者，税之負擔，及税之酒腐、飯店、草履、木杓一切瑣屑之物，向雖議減，總未蠲除。夫畜馬乘不察鷄豚，豈以萬乘而侵當壚荷蕢之利哉？往如癸巳等年，海氛甚熾，東方所憂者兵耳，而未及荒，兵猶可支也。乙卯等年，人類相食，東方所憂者荒耳，而未及兵，荒猶可救也。今兵荒並集，爲百年未有之時，而搜括與加編並行。又百匱難支之際，照田以徵額賦，逐户以課人丁，如炊骨熬脂，不勝痛楚。尚可責以無根生葉，無皮生毛，以斃殘民于杖下哉？不請命而停徵，臣有所不敢；不罷徵而强索，臣有所不能；若瑣瑣于草履、木杓之無遺，是以王臣而行税監之事，臣有所不屑。自榷事興，而東省撫按諸臣言之至懇，唇吻之幾敝。然言税之有害也，而未言税之無利也；言税之害民也，而未言税之害官也；言税之害政也，而未言税之害國也。何謂無利？山東十歲九荒，屢經具題，蒙恩蠲免。或小民逋欠，除解部解監外，貯司幾何？虛名徒存，有司或借此而科徵；實害匪淺，窮民皆因此而失業。稅之有害而無利也明矣。何謂害官？府佐輪委管稅，如避湯火。欲取盈，則叢商民之怨，而終不能以及額；欲短少，則來上官之察，而卒不免于譏評。通判柯時遇以遣戍行，張體嵩以參論處，萬言策以降謫去，任諫辰以考察罷，王藿、朱朝臣以掛議黜，州判高擢以問罪斥，通判崔一龍且因而畢命焉。夫人之愛官，未必輕于愛利。一經管稅，什無一全，亦以商少稅稀，求全無計，非多官盡爲染指也。即欲染指，而臨清鈔關之底簿可查，此北過，照票重抽，何能尅減？人雖至急，何至以官殉利，甚且以身殉利？則稅之害官也甚矣。所謂害及于國者，臣請得而竟其說。臣嘗讀養生家言，元氣足，則諸邪不入；元氣耗，而後疾病乘之。耗國之元氣者，抽稅之一事也。榷事興，而天下之財貨半歸于大內，半歸于稅璫、稅棍，民間膏血，陰蝕無餘。如人之一身，四肢枯槁，其閼血壅積處，遂釀結腹心之疾。於是王居有無盡之藏，司農無應急之策；海甸極困憊之狀，邊塞示凋索之形；盜賊生窺伺之心，夷虜肆憑陵之患。國勢之不支，全受病于民窮二字；而民力之告竭，全受病于聚財二字。外者悉入，則禍胎隱隱，務批其入之根；內者不出，則錢神洶洶，自尋其出之竇。蓋泉滿必溢，水壅必潰，活物而死錮之，錢將效其靈；怨取而懽享之，神亦售其巧。聚無不散之理，窮有必通之時。乘其欲散欲通，而我啓其鑰，散之以爲恩；任其久閼久壅，而益嚴其扃，積之乃成禍。何者？天之生財止有此數。自愛其有餘，而又求人之不足，則有餘益見其有餘，而不足愈憂其不足。得乎丘民而爲天子，丘民肯自安于不足哉？至于丘民不司其權，而致四夷操其權，悖入之禍愈烈，悖出之患更危，所謂聚財之爲國害者如此。聖心誠能悔悟，拔去二十餘年之病根，可保二百五十年之大業，滅奴制勝，保國安民，必以此爲急着矣。」

疏入久，閣忽于除夕得旨：「税留東省餉兵。」此不罷之罷，廟號所以稱「神」也。

廷弼奏曰：「臣至各邊，相度賊之出路有四：東南爲靉陽，南爲清河，西爲撫順，北爲柴河、三岔兒間，俱當設重兵；而鎮江南障四衛，東顧朝鮮，亦不可少者，此險要之大略也。四路首尾相護，每路設兵三萬，裨將十五六員，分奇正以當一面；鎮江設兵二萬〔六〕，裨將七八員，半劄義州，半劄鎮江，夾鴨緑江而守，此聯絡之大略也。清河、撫順、三岔兒，山多漫坡，可騎步並進，當用西北兵，以西北大將統之；寬、靉林箐險阻，可專用川、土兵，以西南大將統之；鎮江水路之衝，當兼用南北兵將，此兵將之大略也。各路領兵到邊，畫地而守，小警自爲堵禦，大敵互相應援，挑其精悍者，時出以撓之，此坐困而轉蹙之大略也。善行師者，行必結陣，止必立營，貯放糧草，兼作退步，再設兵二萬駐遼陽，以壯中堅；海州設兵一萬，以備後勁；金、復設兵一萬，以杜南侵，此征行居守之大略也。」

以故南關裔指揮王世忠爲遊擊，風示四夷。世忠居薊鎮，土人不能容。比在晉經略，諭衆安之。

十月，奴遣奸細詭女裝，謀焚海州糧草，仍約日截運餉。大同遊擊焦垣領兵八百援遼，至懷安，兵夜變，垣縋城遁，衆兵大索。守備竇承憲單騎行亂兵中諭之，譁始定。

經略檄總兵柴國柱屯虎皮堡，以糧匱撤回就食。

奴酋遣其婿好里於斗議和于朝鮮。

在晉上異風修省疏，內云：「北夷之氣如群畜穹閭，南夷之氣如舟船旛旗。飈風揚沙，北夷之氣也。今東牟赤地，空嗟浮海之槎；北海空營，更切防夷之警。天以異徵，譴告明惕。臣等之修備而無兵、無餉，又懼無民，觸藩之羝，不知所自遂矣。」

發青州兵援遼。巡撫王在晉題：「青兵盡調，僅存四百。彼處如安東海口、濤洛兩城、石舊海口、北海塘頭寨海口，幅員寥廓，處處皆當險要之津；而行伍極虛，在在盡惕烽堠之警。臣於東兵三調之後，悉照户部近日題覆，登營、標營俱以舊糧召補原缺。然虜患陸梁，須照往歲防倭兵額，稍足支撑。即青州一處，往歲軍兵七千有奇，今豈一千四百人所能分布者？臣等查宋時兵制，有沿海水軍、馬軍騎射，威邊安東水軍、壯武東南道巡海水軍，密布如星。然自天會五年十二月，金右副元帥宗輔狥地青、淄，敗宋將李成於淄州。六年正月丙戌，宗弼破宋鄭宗孟軍於青州，癸巳克之。癸卯，闍母克濰州。甲寅，宋將馬括兵次樂安，宗輔擊敗之。十二月，撻懶執劉豫，東土陷於腥羶，勢如破竹，僞齊衡命，冠履倒置。讀宋史，恫乎有餘悲焉。今豈能如宋室之兵制哉？矧宋未嘗通海道，而今且開門以揖盜也。夫虜非不能行海者也：金人時獵於海島，爲以漁以畋之區；完顔亮自將三十二總管兵，由海道徑襲臨安，海固其坦途耳。虜亦非但能從陸者也：金人分道入寇，史不勝書。兼習騎習舟之勇，東西牽制，兵再渡河，而勤王之師一無至者，張叔夜扼吭而死。然則併力以固一隅，抽兵以弱諸路，豈稱萬全之完策哉？臣等添兵之疏，再奉明旨，無敢多言，然臣不言而或以不言竟置之，即有觸山之力，倒日之誠，亦不能驅風逐影，以制强酋之死命。何不分遼陽之一旅，以固遼陽接壤之區，而付海岱雄區於一擲也？」

朝鮮國王奏：「東賊既陷開、鐵，旋吞金、白，專窺遼陽，而或慮小邦之掣其後，必欲先事蹂躪。賊之朵頤，最爲兇慘。况天朝之寬、靉、鎮江等處，與小邦之昌城、義州諸堡，孤邊甚危，所在要害險阻，賊必洞知。若從靉陽進鴉骨關，取路逵出鳳凰城裡，其間既無關隘之阨，一旦長驅，或犯寬、鎮一帶，或搶小邦昌、義等處，則各地方無暇攖壘。而遼左八站外，江東一城，彼此隔斷，無復唇齒之勢，盡爲豺豕之場。言念及此，待寇至而策應，則遠水無救于近火，漏卮難沃于焦釜，此小邦不遑嫠婦之恤緯，而惟以誤邊境牧圉爲憂者也。伏乞請發大兵來住寬、鎮等地，仍與小邦迭成犄角，以重關防之鈐轄，以絶狡虜之窺伺。如或賊徑侵小邦，更請遼鎮發兵來援。」等因。奉聖旨：「朝鮮告急，應調援兵，該部作速議覆。」

校勘記

〔一〕鐵嶺但守留兵以供啓閉傳探　「守留」疑「留守」之倒誤。

〔二〕而按臣陳于廷亦兩疏繼焉　「陳于廷」，當作「陳王庭」。陳于廷明史有傳，事迹與此不合。據明神宗實録、國榷等文獻，此時任山東巡按者爲陳王庭。

〔三〕而遶登屬極衝不下五千餘處　據下文「萊屬極衝不下三十餘處」，則「遶登屬極衝」應與此相近，「千」疑「十」之誤。

〔四〕此後今人截江蹈海　據上下文，「今」疑「金」之誤。

〔五〕而以二三千奇兵由寬靉趨巁岫　「巁岫」，當作「岫巖」。岫巖堡爲蓋州衛東部城堡，東北爲寬奠、靉陽，西邊爲南四衛，正與前後文所述相合。

〔六〕鎮江設兵二萬　「鎮江」，原作「鎮兵」。熊廷弼集敬陳戰守大略疏有「其在鎮江當設兵二萬人」，皇明經世文編同。據改。

底本眉批

①本條以下叙事原有眉批「三路績敗」。按「績敗」，當作「敗績」。

②本條原有眉批「開原陷」。

③本條原有眉批「鐵嶺陷」。

④本條原有眉批「北關陷」。

三朝遼事實録卷之二

己未

十一月，御史彭鯤化言：「救遼之策有三：一曰速。充國之疏，七日報可，事動經年，人患其遲。一曰實。宣和之詔，掛之牆壁，而人不覩，以其文也。一曰斷。宋雖議多功少，其君亦時出獨斷。」疏入，不報。

漕運都御史王紀奏：「淮船搜括已盡，蓋沿海人户每造一船，費可數百，而官府額價不及百金，輒稱僱募，又非平價，人難樂從。」

贊畫劉國縉所募新兵一萬七千四百餘名，分發鎮江、清河防守，一時逃散殆盡。

遼左大雪，多凍飢。經略檄總兵柴國柱等屯虎皮驛，各路聯絡，扼賊衝。以糧匱，請撤回遼陽就食。

時調兵十八萬，歲增餉三百二十四萬金有奇，糧一百八萬石；馬九萬疋，該豆九十七萬二千石，草二千一百六十萬束；陸運車餘三萬七千輛，用牛七萬四千頭，人糧、牛料等費共一百三十六萬五千七百九十九兩。

奴擁衆入龍潭口，結熸、炒、虎兔諸酋，且往開、鐵馱運窖粟。

二十一日巳刻，日生暈兩耳，及黑氣二道，芒色甚異。

奴酋築城撫順邊外，本令黄把兔等謀入犯。朝鮮亦報奴酋堅守牛毛寨、萬遮嶺，廣造攻具，結連蒙古熸、炒、虎憝諸酋，東西分搶。已，又聲犯寬奠，鎮江告急。

東撫王在晉題：「齊、遼接壤，戍於遼者待食於東省，官於遼者帶銜於東省，休戚相關，安危相倚，遼之事即臣之事也。運官傳來遼報，更密於京邸，臣有概於衷久矣。謹摘陳十要：一曰嚴海禁。臣見經略熊廷弼疏云：『營兵逃者日以百計，五六萬兵人人要逃，營營要逃，雖孫吴軍令，亦難禁止。』又：『民心無仇賊之義，瀋陽已逃盡，遼陽先逃者不復返，見在者不能保其不逃。』夫遼非四達之途也，山海關爲咽喉，守關，而逃者安能飛度？然則軍民之逃，將安之耶？逃於海耳。自海禁弛，而遼人無固守之志，土兵不肯守，而募客兵；客兵又不能守，而調各路之兵。土兵豈不畏死？賊至而不肯相搏，以瀋陽爲死路，以海爲生門，開此徑竇足以亡遼矣。然海禁所由開者，以通糴也。今齊、淮諸商望遼則魂摇神蕩，而遼人之望齊、淮，不脛而思走矣。然則弛海禁祇便遼人之遯，何濟於遼？查往疏亦止云暫弛，不許夾帶私貨，以杜通夷之竇，豈部臣亦預占其不便耶？南宋嚴禁閩、廣、淮、浙海舶商販，慮爲金人嚮導，在昔已然。及今禁戢，猶云晚矣。二曰緊盤詰。海禁嚴矣，曷云盤詰？他船可禁也，運船不可禁也。臣自入境，嚴檄登、萊運船，不許夾帶，凡回空，一一查覈，然與其盤於抵岸之時，莫若盤於下船之日。運軍得錢，何人不可携帶？何船不可裝載？一登舟開洋，島可藏也，朝鮮可往也，江淮、浙直、閩廣可通也，何必登、萊？此船不往，有他船接遞，何必登、萊之運船？藏於島則爲盜，入於内地則爲奸細，散於江淮等處則爲逋逃之民。奴酋之耳目遍於海外，心腹布於域中，可往可來，孰禁孰止？八月間，兵部疏已有出關軍士從山東海船逃散等語。然則金、復、海、蓋之間，定當嚴飭監司，於運船回空、開洋出海之際，查驗腰牌、面貌放行，倍加緊切。有夾帶一人南行者，坐以重罪。則遼人有守土之志，客兵漸銷，而奴亦不得縱奸以窺内地矣。三曰守金蓋。今之策遼者，謂遼陽宿重兵，分布已定，可扼吭而拊其背矣。獨不觀項王之守雍、塞乎？雍、塞守而漢不能東，項王以爲可高枕卧也。孰知淮陰侯信走故道襲雍，而章邯、司馬欣、董翳之師皆潰，三秦傳檄而定。今奴酋之距金、復、海、蓋，明明有正路，非若故道之爲紆徑也。奴如以數萬人攻遼，而以萬人襲海、蓋，則遼陽必不能兩顧。又如以重兵攻海、蓋，遼師自顧其積聚，不得不發兵以救援，兵出而彼以輕師掩擊於途，遼兵畏奴如群羊遇虎，勢必奔竄，遼師潰而金、蓋亦與之俱潰矣。奴兵每入犯，不能齎三日糧，故食盡則奔；到處搶掠，貨盡則奔。今以四衛之沃饒，踞我如山之積，此處可久駐，以窺朝鮮，躡登、萊，絶糧道。遼兵餒，而遼陽非我有矣。今金、蓋雖添設道將，調戍兵馬，不識道將何時可到，兵馬何時可集。賊來如風雨，寅不待辰。似應嚴敕經、撫二臣，就近分撥，截其來路，防其奄至，多樹兵以爲犄角，添備以爲應援。全金、蓋即以全遼陽數十萬人之命，亦以保登、萊、天津數十萬鍾之粟。勿謂遼陽爲獨重，而視金、蓋爲緩圖也。四曰固山東。遼待食於東省，東省固則遼安，東省足則遼飽。矧登、萊爲江、淮、浙、直之襟喉，而清、德爲水陸舟車之孔道。扼要路，則可以保障東南；列營屯，則可以應援西北。今括枯地之毛以供海運，又竭窮民之髓以益新編，兼海内諸艱騈集之勞，當諸路紛至沓來之苦。夫遼陽與山左非有星淵之隔也，攷之綱目，建隆中，女直嘗自其國泛海，至登州賣馬，漢人馬植、馬政、高藥師、呼慶自登州由海道通金，金人遣使入宋不絶。後使李善慶泛海至登，約宋攻遼，故道甚習，蓋由登近而由山海遠也。今以八萬兵守遼陽之一城，而以新招九千兵守山東之百十餘城，散如著面之黑子，浮爲滄海之一粟。然兵雖撥矣，船器於何辦？盔甲於何造？兵以實數加添，餉以虚名相應，如乞食貧兒，猶持空鉢。一日無糧，兵不可聚，臣安得有點金之術耶？再照旅順添兵一萬，無非爲保障登、萊，護持運道之計。查旅順係一小壘，恐不能容萬人。虜如截糧道，則直抵海州，從海州直抵皇城島，不必遶繇旅順。虜如乘風而犯登、萊，旅順之兵不能救援。且虜之犯金、蓋也從陸，而水兵在船，有難接應。旅順汛地止及皇城島五百里之内，未能護持運道。登、萊形勢蜿蜒海中，面面皆海，須得水兵防禦。今水兵調發遼陽，而新募之兵皆陸兵，非水兵也。合無將旅順萬人分其半以泊登、萊，與旅順兵互相會哨，則長鯨不敢跳躍，聲勢遥連金、蓋，而山、遼可恃以無恐矣。五曰餌西虜。以中國攻夷，則我弱彼强，偶詘而我當其害；以虜攻夷，則地醜力齊，彼損而我受其益。故或激之使怒，兩斃而收卞莊之功；或挑之使争，相持而收漁人之利。今建夷滅北關，而犬羊起狐兔之悲，腥羶抱寇讐之憤。東激粆、巴，西結虎憨，使之攻殺，策之最上，不待智者而後辨之也。邇聞黄台吉差通事代叩，願將精兵七萬，再起虜兵十三萬，與中國出力，誓盟擒賊。我不能犒勞，而聽其與建酋相通，奴與虜和而遼之患滋甚矣。夫開、鐵破，瀋陽虛，而賊不即攻，非真惕我之威也。北關雖平，衆心未附，能制金、白之命，而不能結西虜之懽，恐强胡之議其後也。今以開、鐵擄掠之財，厭虜部貪饕之慾，取之中國者，還結黨以攻中國。彼無亡矢遺鏃之費，而有引類呼朋之勢。始投我，而我不收，棄之以資敵；欲殺彼，而彼反納，逼之以操戈。坐失事機，害將益熾。竊恐河東之棄地，盡爲群胡秣馬之場。前門之虎方來，後門之狼復進。興言及此，真堪太息。國家雖空乏，何有於數十萬金之費？有如夷、虜交訌，將來所費，十倍于此，可不及時聯屬諸虜，歸我戎索，以從撫臣之請哉！六曰保朝鮮。朝鮮全羅一道，直吐正南，與蘇、常相對。欲犯登、萊、天津，由朝鮮爲最便。天護神京，亘此一國于汪洋大海之間，其在建夷，則門庭之敵國也。往金人入犯，必先結高麗。高宗即位，慮高麗與金人通，命迪功郎胡蠡使高麗以間之，又令浙東總管楊應誠諭高麗王楷，楷不受詔，歲朝賀于金。金史每至必書。其爲南北所重如此。今朝鮮以一萬三千人死敵，而我僅以萬金恤之。以數錢之銀，易一人之命，我之恩未能使之懷，而奴之威反能使之惕。建酋懼朝鮮爲心腹之患，必稱兵以去其所忌。恐金、白既亡之後，即及朝鮮。我不能畢力以固其存，而且嫁禍以速其亡。萬一朝鮮轉入于建酋，則登、萊失一面之藩籬，而江、淮、浙、直添三面之敵國。此其所關中國之安危者甚鉅，須持危定傾，多方存恤，練舟師于鴨緑，可遏烏龍新造之戰艦；演士馬于玄菟，可備王京不時之寇患。保朝鮮，即保我封疆，既不失同患相憐之誼，又不失以大字小之仁。在朝鮮必感恩圖奮，奴亦不敢長驅以忘内顧矣。七曰先激勸。自奴勢披猖，而遼左摧城棄地，損將捐師，國朝二百五十年來有此勁敵乎？彼東倭西播有此屠戮敗亡之慘乎？曩議恢復朝鮮者，封伯爵，賞萬金；滅奴者，當議通侯之賞，而僅僅拘泥常格。彼李成梁何以封伯？而不以賞成梁者賞滅奴之人也。都督劉綎之赴援也，臣任江西布政，力爲趣行，家丁無糧，括帑以贍之；在途乏食，又解銀以給之。乃千百壯士以隨行，僅一二孤嫠以返舍。身塗草莽，帳馬革之何存；血染黄沙，飽狐貍以充腹。當其深入也，破奴數寨，見中國之有人；及其身没也，川兵二萬，獨當闕而可恃。忠勇如斯，勞勩如斯，尚靳半通之綸，未聞萬户之賚。無信賞信罰之成規，釀可逃可降之敗局，何以慰九原而拭三軍之涕淚乎？臣屬都司周義，原非海上練兵之官，以義切急公，勉之使赴，委領登州水兵出關應援。清河失陷，人民一空，獨賀世賢、周義、徐九思三人死守，本官似非畏縮者。寬奠喪師，以原奉將令劄營，搜山護糧，不即應援，致被查參，未聞部覆革職，今竟以新官補缺矣。俸廩既難重給，公署未免那移。行者如在途之馬，望萬里以奔馳；居者爲失巢之烏，繞三匝而無托。夫廢官尚圖起官，見任忽爲原任，臣憐其妻子啼飢，安得無一言爲義剖明出處也？其他非臣所知者，臣無敢言，臣不忍負絰、負義而已。八曰恤軍士。客兵與土兵不同：客兵者，撇妻孥，離鄉井，非應募則調選而來者也，計歲月而懷歸，望天涯而念别，人情乎！我必如家人父子聯爲一體，而後可以結其心；亦必衣食豐盈，勝于故鄉，而後可以用其力。今也靡室靡家，載飢載渴。朔風凛烈，九月誰爲授衣？異域凄凉，兩歲不關家計。進則强奴之暴，畏犯其鋒；退則尚方之劍〔二〕，必加于頸。開、鐵成髑髏之塚，遼陽分人鬼之關。乃漠漠悠悠，誰爲顧恤？西兵抵通，尚聞露處；征夫枵腹，徒令風餐。且新兵之餉，儉于本地之糧，誰肯辭本鄉之有餘，就他鄉之不足？飢則思逃，恐東方之狗鼠滋繁；極則思變，若涇原之菜餤可鑒。臣不暇憂夷虜，而深憂禦夷虜之兵。當事者弗以臣言爲孟浪也。九曰廣官僚。昔播酋楊應龍肆惡一州，堅距海龍囤，自守之虜耳。乃官軍分爲八路，督撫設有四員，監軍、督餉、紀功、司、道十六員，監紀府、州、縣官十員，兵馬三十萬，而會計川、湖、貴費，止二百三十八萬七千餘兩。何兵多而費省耶？上之有督、撫、按監臨，次之有司、道稽覈，下之有府、州、縣經管。官多則各持其柄，而無所營私；人聚則各獻其奇，而可以奏捷。遼陽用兵支餉，紀罪核功，四院不得不委之司、道，司、道不得不轉行府佐。此二三同知、通判、推官又多科貢出身，限於資格，賢者不得盡展其材，不肖者或因之以爲利。繇是錢糧積而收納不能以如期，軍民竄而沿海不能以偵訾。委多金於泥沙，滄海有尾閭之洩；暴白骨於原野，沙場有夜泣之魂。向使遼左不設撫臣，則河西之地亦俱化而爲夷。今東隅雖成缺陷，西路尚保封疆，則設官之明驗也。至於天津爲畿輔門庭，亦宜添設重臣，握兵北衛神京，東捍旅順，布置密而後可遏乘虛之寇，山、遼兵勢亦相聯絡矣。十曰防冬令。防倭以春，防虜以秋，今云防冬者何也？因南人之畏寒，知北人之喜煖。今冰雪將凝，人以爲虜怯冷也，凍滑而馬不能行也。夫然，則部印可封也，兵防可逭也。孰知倭、虜入犯以時，而建夷入犯無時。先臣馬文升疏云：『遼東地方三面受敵，故兵分三路以備外侮。竊見遼陽之西一百六十里，廣寧迤東二百里，有遼河一道分界。遼之東西冰結，則人馬可行。正統十四年，虜犯廣寧，遣兵據此，已有明驗，未聞冰結之時虜兵不犯也。』再查宣和七年十二月，斡離不、粘罕分兩道入攻〔二〕，北邊諸郡皆陷。靖康元年正月，金人犯京師。十一月丙子，金人渡河，折彦沖兵盡潰。壬子，攻通津宣化門。十二月，閤門祇候侯章齎蠟書〔三〕，詔盡發河北兵。建炎二年正月，金人犯東京。三年十一月，兀朮入建康。其在東省，金人狗青、淄，粘没喝取濮州〔四〕，陷德州，撻懶侵濟南，皆以十二月；窩黑陷濰、陷青，皆以正月。總之强寇方張，須切震來之懼；四時叵測，皆非豫樂之時。今賊來洶洶，手足便見張皇；賊去嬉嬉，上下同躭燕逸。洞觀往事，可不念清河、撫順、開、鐵之危，而忘卧薪嘗膽之恨哉？兹十款者，言出傷時，論多觸忌，一矢口而尤悔隨之。然臣爲國、爲地方，身且不顧，又何知臣罪臣者之爲介介也。至於閽臣叩闕，天聽轉遥；司農仰屋，軍興罔濟。言官落落，蹇諤無以效其忠；卿貳寥寥，官守多至曠其職。營衛向俱未練，富民幾致一空。埒國事如弁髦，視邊警如兒戲。倘明知其要，莫之果行，時事安知所底止哉？伏惟聖明爰采，設誠而致行之，疆隅幸甚。」

王在晉題留新餉疏云：「東省議留新兵九千，較之防遼什之一，較之防倭四之一，地面廣而兵卒稀，何能布置？然臣極知地方貧瘠，經費艱繁，得此稍慰其無聊，暫安於姑與。擬將州縣新集之兵方多簡練〔五〕，海上無能之將漸次更移。庶幾整頓軍容，旋修武備，不謂餉兵之費乃結尾於香稅也。夫香稅如有十餘萬之多，前此置之何用，至今日乃充兵餉耶？自遼事興，利孔百方搜括，前此何置之不談，至今日乃驟然充長耶？臣等固知計臣之無已，非計臣獨精於策遼而忽於策齊也。然而兵與餉相爲有無者也，有餉則有兵，無餉則無兵，此不可以虚語相加，亦不可以奇策相難。泰山之有稅，經手者非一官，稽查者非一處，委官報州，州報府，府報司、道，司、道報院。委官之作弊，臣等不能保其必無；如以極多爲少，極有爲無，臣等亦諒其不敢。一經開報，俱有文册爲憑，孰得而故減之？凡百支銷，俱有卷案可據，孰得而故匿之？香税多不過三萬，而支額乃四萬有奇，出浮於入，收儉於支。本省徒有香税之名，年來反稱貸以補額支之數。倘不以臣言爲信，司册具存，臣一面送部查覈，夫安得有羸餘以充兵餉哉？又安得有十萬以足九千兵之歲饟哉？山左如孤臣孽子，操心危，慮患深，人亦知其所處之艱，然孰察其難言之苦？與之以石田不可耕，授之以餒僕不可使，安得不呼號君父，以希一體之恩？萬一呼號不應，事至危迫，安知不轉爲求無不得之時？臣等不能爲檀道濟之量沙，寧不效申包胥之墮涕耶？本省兵餉無煩再筴，只得分新餉之半以濟遼航海，爲兩顧之計；存新餉之半以養兵守土，爲自固之謀。蓋州縣招選之兵，原題於加編地畝銀給餉，而今日留用之兵，固山東即所以衛京城也。山、遼一體並重，畢天下之力以全遼，遼尚不能以自立；留齊之餉以存齊，齊尚出其餘以爲人。以連歲不登之齊民、不堪命之齊人，已兼顧其所以爲國家效力者，至矣，盡矣。倘舍此不從，而徒托空言以飽士，臣等即能以添兵之令還之朝廷，而不能以既集之兵還之閭里。兵不可弄，内患且虞，其決裂詎遑計外寇之加侮哉？伏乞勅部酌議，將新加山東遼餉二十一萬六千一百二十四兩零扣留一半，於本省養兵，餘濟海運施行。」

夷丁兔兒馬漢等二十名逃匿黄骨島居人岳善友家，僱覓漁船送至天津，誤送登州，被獲。巡撫王在晉題請行經、撫二臣嚴加防範，諭禁覺察。

十二月，王在晉題減免牛隻疏云：「人身之有指臂也，愛指者必不傷其臂；衣之有表裏也，襭表者必先健其裏。遼左之與東省，猶指之有臂，而衣之有裏也。論疆隅則彼此並重，論安危則彼此並急，無丸泥之可封，有一葦之可渡。今之緩視齊者，猶之抱火厝之積薪之下，而寢其上，火未及然，故謂之安，而不知火之將及也。自遼受侵，而齊之迫如救焚，紛如治絲，有一不與遼同患者乎？無兵而以爲有兵，兵之赴調者數；無餉而以爲有餉，餉之轉運者繁；無財而以爲有財，財之搜括者盡。且請兵而留無餉之兵，加賦而科無田之賦。齊事之難若此，籌國者亦宜憐而少寬矣。奈之何而有一萬二千牛隻之加派於東、兖也。夫東省從四十三年大饉，人類相殘，天親不保，米粟盡而烹頭畜，頭畜盡而剥草根、樹皮，草木盡而啖及於人，人相食而父子夫婦忍供嚼齧。饑民圖猶在御前，豈民間尚有牛隻，乃舍牛而食人之肉耶？四十四年又荒，臣查兩院會行亟撥耕牛召佃，而牛種已盡，乃動官銀於他處買牛給散，而領犢甚稀。兩年來牧養幾何？孳息幾何？田畝之抛荒者未盡闢，人民之逃散者未得歸。東省之多荒田，匪獨民稀之故，亦以有田而無牛之可耕也。今歲之荒，東、兖幾成赤土，牛無草料，半歸餓死。民間正苦無牛，朝廷忽有括牛之令，此處之牛既稀，他方之牛必貴。不得之本方，而欲買之他方，且他方亦買牛起運，安能買别省之有餘，給東省之不足？莊家即稍畜牛隻，一聞括牛，恐官法之苛取，必將盡化爲烏有。無牛而東省之田益荒矣。田荒而國餉、遼餉併浮海轉輸之餉，益付之不可問矣。青、濟、登、萊四府疲於海運，萬姓憂生。東昌、兖州即無海運之煩，而今歲運河淺澀，職官露宿河壖，丁夫胼胝疏瀹，拮据五旬，未遑勞止，數千糧艘，得灌輸於京，皆竭兖、東二府之民力。目前田賦無償，人民思竄，粒米如珠，野多餓莩，窮民挈其子女轉鬻圖存，安得令其賣子買犢，以應公家之急耶？且物力有限，馬代步，必不責之代耕；雞司晨，必不責之司昏。今東省既責之供海，又責之供陸，是有司昏之雞、代耕之馬也。恐併代步、司晨而併廢之矣。夫牛隻之全備，未必仗以存遼，而先以山東爲殉。東省之民何不幸而生斯世，降割若斯之甚也！據稱，應用銀兩事急，不便查發，俱動庫貯起存銀兩。查庫貯錢糧見徵者已解，未徵者尚視田間之寸草。今冬得雨甚遲，麥多未種，其能括地皮以供牛價否？無論遼臣索無價，即有價，而萬二千之牛何處覓買？何法立辦？限以二月、三月，取之如寄。牛，經臣即如數與之；經臣索牛，餉臣即如數派之。臣等即如數以責成司、道，司、道即如數以督責府、州、縣，而空拳搏虎，終屬虚聲；塵飯救饑，何裨實用？迨至呼牛無牛，無論住俸查參，即褫斥臣等，亦何救于緩急安危之數哉！故臣等寧冒控以受抗令之罪，決不敢輕諾以貽誤國之禍。伏念六合之内，孰非王土，勞逸當均。今近地疊受艱繁，貧土不勝紛擾，當存一綫之生脉，以救萬姓之顛危。有援山東之例請寬請減者，只問彼處曾否有人相食之饑荒，曾否有歲不停之海運，其口自塞。萬無水陸轉輸，舟車泛駕，併煩一省之理。朝廷以公道使民，勞而不怨。當事者聽言思理，必不以臣等爲推諉矣。咄咄東方，溝瘠相望。即海運添至二十萬，俄而改議三十萬，分外又議添召買三十萬。當粒米狼戾〔六〕，不能取盈；至糞田不足，反至加倍。强之不顧其安，言之不必其竟，當事者亦惟計窮勢迫，出於無聊。臣等非不體亮，慨欲驅孑遺以殉，而殉無可殉，則臣等之計窮勢迫，又不得不望於當事之體亮也。」奉旨：「下部覆准，減十分之一，先儘其六，照前限月日出關，餘三分陸續解補。牛不足，以騾、驢代之。」

校勘記

〔一〕退則尚方之劍　「方」，原作「力」，據北大本改。

〔二〕斡離不粘罕分兩道入攻　「斡離不」，原作「幹離不」，據金史卷七四改。按斡離不即完顏宗望。

〔三〕閣門祗候侯章齎蠟書　「閣」，當作「閤」。文獻通考卷五八：「故事，閤門無通事舍人，而通事舍人沿唐制，自隸中書省，如抽赴閤門，並稱閤門祗候。」「閤門祗候」屢見於宋史。宋史卷二四：「閤門祗候侯章齎蠟書至自京師，詔帝盡發河北兵。」應爲作者所本。

〔四〕粘没喝取濮州　「粘没喝」，原作「粘没渴」。金史卷七四：「宗翰本名粘没喝……宗翰會東軍於黎陽津，遂會睿宗於濮。」據改。

〔五〕擬將州縣新集之兵方多簡練　「方多」疑「多方」之倒誤。

〔六〕當粒米狼戾　「米」，原作「木」，據北大本改。

庚　申

正月，奴酋多遣奸細潛伺内境，市夷數報伯要兒、粆花等與奴歃血，約虜從三岔河迤東截漕船。

奴酋從清、撫犯遼陽，游騎往來撫順地方。

朝鮮國王李琿以奴酋索和來告，并報欲犯寬奠、鎮江地方。

熊廷弼奏言：「以遼守遼、兵貴精之説，牢固不破。遼陽、瀋陽、撫順、清河、靉陽、寬奠、鎮江首當賊來路，不置兵無以阻其攔入，不多置兵無以當其聚攻。而主貴精之説，必屯聚一處，其去諸處遠者四百里，近亦百里，如何能濟？」

二月，兵部奏：「援遼兵，薊鎮一千六百，保定六百，寧夏一千，祁、魯二家各一千。起陞廢將焦垣、韓完卜、達奇策、李愈茂、魯應熊，各招家丁五百，刻期出關。」

御史馮三元題：「遼東水陸兼輸，召募並用，一歲之中，財費幾何？軍興幾何？士馬物故者又幾何？進守者纔一遼陽與瀋陽耳，而屯堡之侵克不與也。使期年而守鐵嶺，再期而守開原，撫順、清河尚煩布置，寬奠、靉陽更假安排。如此，則用兵之期不下數年，脂膏自煎，秋潦易盡，此立罄之術耳。經臣長慮，别自有謀，非臣所知。據其告病之詞，艱難懇切，似亦强弩之末也。乞簡素望可任遼事者四五人，一旦有急，取資左右，不致張皇而失措矣。」

王在晉題免召買疏①：「遼左失事以來，封疆有至急至危之勢，餉臣有萬難萬苦之衷。此時即有恤民之心，不得不體國之急。臣等凡可效其涓涘，其寧愛夫狗馬？惟是規爲出于衡度之外，議論入于渺茫之鄉，揆理度勢，萬萬不能。又臣等所爲動色而却顧者，昔海運之議，自舊撫臣李長庚始，當時止十餘萬耳。三復餉臣撫東疏、咨、稿，而知餉臣之軫念東人者至也。餉臣一去齊，而失哺之兒，慈母豈其異視？未幾而有海運二十萬之疏，又未幾而有海運三十萬之疏，又忽加召買豆三十萬，共足六十萬之數。源源而來，視昔且六倍焉。豈昔之難于十萬者，今顧易于六十萬乎？豈難于豐稔之年者，顧易于饑荒之歲乎？軍國大事，臣等不敢以臆見相持。第以餉臣之言，還而質之餉臣，豈自言而自悖之？不過曰前後之時勢不同耳。夫遼左之時勢，今昔雖迥不同；然山東之物力，難易則非有異。且三路未敗之先，兵非不衆也，兵非不待食于東省也。舊撫臣所不能爲者，臣等何以獨能爲？臣固知餉臣之萬分無已，而姑條派此兵餉之數耳。顧紙上有餉，而遼左無餉，何濟于遼？此餉臣之責也。餉臣能多派，而不能多運，則餉臣之自誤也。臣不忍餉臣之自誤，而因以誤遼也。將謂道臣陶朗先極力擔當，而朗先謝不敏矣。夫朗先雖才，亦人耳，豈真有神輸鬼運之術？豈真有挾山超海之能？今當莊嶽之衆咻，而悲揚子之岐路，萬一運不如額，則道臣無所逃罪。餉臣以此責備于道臣，將重違其獎借之初心；而道臣之擔，還歸于餉臣之負荷。及今日言之，餉臣尚可區畫，以分屬于他方；今日不言，至誤事而後言之，即同詞以請罷斥，於國事奚賴焉？餉臣疏曰：『山東派數較多者，蓋緣山東海道最近。』臣請竟其説。昔年征倭，山東海運總加至二十二萬。自登州運至旅順，五百五十里；繇旅順至義州彌串堡交割，一千一百里：合之僅一千六百五十里。而風礁險惡，甚難汔濟。查閲舊卷，今日報某船被風，明日報某船閣淺。舟子填于魚腹，遊魂泛于波濤，天風起于倉忽，性命懸于剎時。地如彼其近也，運如此其難也。今議海運俱至蓋州，蓋州套窄小淺灘，形如半碗，而碗口礁石嵢岈，勢同攢劍，必小船方可進入，而所泊僅可二十餘隻，又必堅厚小船方可冒險。一入之後，水退撞礁，每虞滲漏。大船裝數百石者，可入蓋州套乎？合青、濟、登、萊四府之船，可盡泊于窄小之淺灘乎？蓋套不能盡容，而使各船蕩漾于巨浸之中，或仍退歸金州交卸，則進退兩難，而嘗試于蛟宮黿窟之間，恐馮夷不能時時效順也。蓋州距遼陽止三百餘里，登距蓋已三千餘里，其去萊則甚遠矣，其去青、濟益遠而不可以程計矣。茫茫何有，去莫窮其底止。一運而兼幾運之程，一程而增幾程之費。臣等方有望洋之嘆，不知其近也。今歲苦旱，民間之田畝荒矣，瓶罍罄矣。因無米而改折漕糧，因改折而反增海運，暮四朝三，所以悦狙者加之疾矣。夫漕運者，運軍自駕船領兑，我只憂無米，不憂無船。今歲饉而米安在也？米即多方轉糴，而船安在也？問船則問之水濱，計餉則計之筆舌。六十萬糧，須船六千隻，每船計桅木二根，必有一萬二千之桅木，而後可駕六千隻之船。山東向無木植，亦無船廠。遼餉地輸陸輓，尚急牛車；詎海餉浮虛駕空，可緩船隻？必海輸而後能陸運，必船到而後可車載，既無淩波飛渡之粟，安用盤山過嶺之牛？故今日以造船爲第一義，以車運爲第二義。不急船而急車，難視陸而易視海，遠視三百里之遼陽，而近視數千里之蓋套，則臣之所未解也。至于召買三十萬之説，則須餉臣及遼臣另爲設法。召買非道臣之所能任，何者？商非東省之商也。既謂之商，則聽其自來自至，而非可以法令拘。臣等之令，能行于東省，而不能行于他省；臣等之搜粟，能行于受田之民，而不能行于遠地之商。今之所云召買者，將曰召淮商乎？淮商懼東省之留船，無出塗之想矣；更懼遼左之阽危，無涉海之思矣。將曰召遼商乎？我未必得遼商之大利，而且虞遼商之大弊。所謂大弊者，挾逋逃而來，匿硝黄而往是也。臣等於召商一事，悉心以問屬官，謂該道揭示經年，多方招諭，並無一至，該道極言其必不可招。不得已而有淮船運糧至膠州起運、至昌邑搬入海船之議。竊恐淮船既運糧入海，未必有用，而不盡之船以供山東之運，淮船不過成山，海船未必即至昌邑。然則三十萬石之召買，不幾爲畫餅乎？山東地方必不能召買，道臣原無招徠之法，必不能擔當。臣等必不敢餙雷同之謾語，以悮餉臣而重誤軍國也。至于山東添運三十萬，揣力殊不能承。然事關國計，當盡力以括全齊之粟，使婦子負戴于途，牛馬轉輸於路，運至海濱以圖接濟。倘有米無船，以至悮運，則其責又不在臣等也。當事大臣虚心觀理，共期匡濟，仍勑工部速爲造辦船隻，轉發山東，領駕渡海。其登、萊、青、濟四府，既任煩難之海運，希免重疊之加編。懷之以恩，而後可攝之以法，鼓舞人心，令其樂于輸粟。寬民力以濟遼陽，固今日救時之急著也。」

熊廷弼揭稱：「自開、鐵失後，九、十月以來，煖兔、炒花、伯要兒等營住我内地，絶虜糧食人畜，報無虛日，甚至東入清河二百餘里之遠。三總設防虎皮驛一帶，去掠所甚近，若罔聞知。趣之前進，始各挑兵堵截，于丁字泊地方斬獲四十六級。朝議以爲挑釁，不知日來爲西虜擔愁費想：如長寧堡報虜以萬騎南搶，星夜調李懷信于首山迤南，賀世賢于遼陽近北；及虜退，而又以汎、懿之報調兩帥回北以驅之。空疲剿東賊之人馬以禦西虜，而且得開釁之疑。尋思五六月間，馬林守開原，宰、煖諸酋哄林助兵殺賊，撫院力持不許。乃林竟與往復講折，恃不設備，而開原遂陷。此西虜之情也。與我一心者，莫如金、白兩酋。當擒宰賽時，即遣原任遊擊馬時楠同夷使往諭，以擄壻之故，激煖、炒報復，而兩酋以煖、炒畏賊，激之無益；又求虎酋救援，而兩酋以虎墩無情，求之無益。繼遣萬里侯往兩酋，仍不聽。繼又遣馬時楠往，竟與北關之難。此又西虜之情也。開、鐵既陷，關路已斷，通使殺盡，僅存兩三人。開、鐵兩道，初遣祁科挑激炒酋，不動；再遣張户長往，竟没于虜；至于虎酋，屢次遣使，竟不見面，即王世忠遣家人齎禮物看金酋孫女，而虎酋亦不見面，與之以諭帖，推無識字漢人，竟不覿看。此又西虜之情也。況查鎮静堡各報，西虜遣送奴酋皮物、馬騾，講放宰賽，且與賊約，當宰馬歃血同盟。奴兵搶遼，我兵犯廣，其一一情節並日月，皆在丁字泊斬獲之前。繇是觀之，西虜之有二心于我久矣，豈以今爲釁始耶？」

廷弼揭本兵黄嘉善報②：「出關兵七萬，僅少二千，請開除開、鐵失亡併募兵汰逃之數目。今半個殘遼見在旦夕死生中，而悠悠然似極緩極太平而不必過忙者，至語之以用李氏兄弟、催三路出兵，庇各處失陷之罪，沉匿清河、開原勘案，致監院屢催不發，惟勘功則發之，安視經略下詔獄，而竟縱兩帥于私第，不忍重言以聲其罪？遼事已失誤至此，請此後勿更支吾，猶自以爲勞也。」

御史彭鯤化言:「樞臣萬千誤國,留用再三,非宜。」給事中官應震言:「樞臣蒙面見朝,樞務承肩宜力。」合詞以攻嘉善,嘉善不去。

巡按陳王庭疏稱[二]③:「熊錦、楊于渭、卞爲鵬領贊畫新募兵,皆籍于南衛者;李如栢遺下内丁,右翼營趙率教所領部兵,皆籍于廣寧者:俱遼兵也。無幾,而熊錦報逃者一千九百餘名,楊于渭沙汰及逃回者一千五百餘名,卞爲鵬沙汰及逃回者二千六百餘名,李如栢原遺内丁報逃者四百七十餘名,趙率教報逃者四百九十餘名。朝從戎伍,暮返故廬,自往自來,隨心隨意,何憚而不逃哉?」

兵科薛鳳翔疏云:「新兵全伍脱逃,軍聲大損。據備禦熊錦節次稟報,猶云『兵以往家過節,開春再來』爲言,繼則以差役煩苦,哭聲震天,即趕回覆去,無復存留矣。甚有鎮江等處盡隊而逃,將官不敢報矣。於此而爲亡羊補牢之計,必速出關之兵,以補營伍之潰;亟講訓練之術,以正脱逃之法。劉國縉素負才名,衆皆推轂,胡爾碌碌無奇?今既不能盡拘逃兵,合無重處一二首倡者,責其按數補伍,即以海、蓋道將以作四衛之防,或可帖然無譁也。」

熊廷弼亦報:「新兵全伍脱逃,乞賜罷斥,以正馭軍無術之罪。臣因是而嘆以遼守遼之說誤邊、誤國，而人卒莫之悟也。夫其初爲此說者，爲用遼人地耳。乃憚于徵調者、艱于措餉者，樂其說而演之，以爲遠徵不如近募也，圖存不必遠求也。遂因是以緩于徵調。今其說屢試不驗矣，所云不如近募、不必遠求者，亦可以退而止矣。」

戶科李奇珍疏言：「以遼守遼之說，樞臣黄嘉善謂人有丘隴廬室，各涵血氣心知，豈其終不可爲兵？似矣。顧海、蓋、清、靉，家舍宛然，非有千里從征之苦；況值寒冰慘烈，未有强敵壓境之虞。而忽成鳥驚獸散，此輩果堪爲兵否？兵既不能取辦于遼，勢必不免借資于調。乃各有鎮兵之在通州、昌平、天津者，經臣欲調之以出關，乃應募之兵，有先索不出關之照身而後行者。夫親上死長，總此一心，未有不能外援而偏能内衛者也。今宜速勑練兵徐光啓，就中揀其驍健者，團練備戰；摘其孱弱者，悉遣爲農。與之以逃爲散而廢法于下，何如以汰爲散而法行自上也？」

遼人習甘言而怯强敵，又生平習懶，不能任勞。晉在關修築邊墻，募遼人做雜工，曰「吾不能勝拮据」也；用之爲兵，非逃即降。是以任遼事者，調募皆難，戰守匪易。用遼人誤遼事，近事可徵矣。

泰山青龍神于正月初九日口中吐火，并各屬風霾灾異。④撫臣王在晉奏報：「天人之際，感應不誣。人主有淑慝，上天有灾祥；上天有喜怒，人主有昭塞。漢重天官，董仲舒治公羊春秋，劉向治穀梁春秋，數其禍福，轉相規切。蓋人主所畏惟天，天不言，垂象見吉凶，以代之言。敬天而灾轉爲祥，禍轉爲福。天心仁愛，視人主之轉移何似耳。祖宗朝，凡遇風霾之變，輒申嚴邊備。自奴酋作難以來，風霾示異匪一。東土近遼，數月間兩見矣。煙埃蔽天隕土，爲君臣道乖之象；天發黄塵四塞，爲兵革亂離之徵。變異昭然，步占易測。然臣等不論占驗何如，第以民饑歲饉之後，雨稀雪少之時，晚麥初芽，遽遭土掩，混濁之氣成屯，生息之機漸否。三農春事〔二〕，無望麥色之油油矣。臣等正欲具題，忽聞泰山青龍神像口出火焰，通查志乘，爲從來未有之異。夫神高二丈，則非人力可攀躋；法像莊嚴，則非人情敢戲豫；巡邏嚴密，則非人踪可潛匿。火從何來？乃炎炎忽從口出，可怪孰甚焉。青、濟之墟，以泰山爲鎮。詩曰：『泰山巖巖，魯邦所瞻。』以山川宣洩之秘靈，爲海岱休咎之先見。凡物情所格，政治所通，有響輒應。以今觀齊事之艱難，如火之益熱矣。衡棚在野，而傳烽守埤之無人；彫服從戎，而鳴鏑流磻之未息，是焚林之灾也。餱糧在裹，望蜃市以鳴槳；箕斗空懸，渡蛟宫而輸粒，是沸鼎之煎也。閭閻括窮土之毛，加編至再；笞杖流凶年之血，疊比無休，是炊骨之徵也。奪牛而存焦土，田畯罷耕；截流以繫行舟，長年屏跡，是燃眉之急也。焚將及幕，而不知其危；爇且加薪，而不虞其燎，是厝火之危也。被髮以救鄉鄰，不辭昏夜；閉户以踈同室，未見纓冠，是焦頭爛額之情形也。且西方毘盧之殿，金碧輝煌；而東方青帝之宫，錙銖抽索。針頭削鐵，誅求及衆；施之金錢，佛面刮金。饟兵藉十方之香火，官僚之供應于斯，軍民之衣食于斯，凡典禮、工費等項靡不取給于斯，而又科餉以爲地方之衛也。神不能分身以應，不難捨其身付之烈焰，以息無已之求。意者神明有佛然欲吐之衷，勃然不平之憤，燥急心熱，乃披露于口，以令人之悟乎？雖然，泰山非一方之首望，而天之東柱也，群靈畢集，氣化攸先。天子四望，懷柔百神，而岱則首稱焉。其灾祥關繫天下國家之大，而古來灾異徵驗，臣等不暇枚舉，簧鼓聽聞，聊舉其祥。如雲成宫闕，兆炎祚之中興；石然八日，讖石虎之殞滅。至靈至異，非諸山可摹擬其萬一者。今青龍爲鎮方之神，神火爲離明之焰。山曰岱宗，門曰配天，所關詎尠小哉？火主鬱，鬱而不宣洩，則醖釀以至于焚。今朝政之鬱何如？欽點之閣員，遷延數月；行取之科道，淹滯八年。九卿六垣之印信，半置塵封；連章累牘之奏聞，益高天聽。泉石多沉淪之侶，廟廊懸虛曠之銜。在内之人，情鬱甚矣。九邊之兵馬半抽，而折衝上下之魚書踵至；四海之芻糧再倍，而中澤哀鳴之鴻雁無歸。轅蹄盡，而無可望之菑畬；丁壯空，而無可徵之庸調。官民總屬難支，人畜與之俱困。在外之人，情鬱甚矣。肅殺盛庚辛之氣，荒蕪抛戊己之屯，珠犀充甲乙之帳，介胄爲癸庚之呼，於是少舒其鬱于丙丁。乳虎潛伏于深山，長蛇吐氣于巨澤，燕雀怡愉于處堂。羽林之佽飛不練，而勾陳之備虚；北門之鎖鑰猶懸，而玄武之權失，於是先示其變于青龍。天子者，天地神明之主也，使之主祭，而百神享之。今郊廟不親，幽遠難于感格；山川失職，水旱見其頻仍。自古國不用賢，則火焚庠序；歲有饑荒，則火焚庫廩；師衆莫救，則火焚軍壘。然則君不躬親祭享，可望百神之垂鑒哉！神之吐火，其必有以感之矣。人主雖至貴倨，動之以切身之利害，惕之以剥床之聲勢，靡不憬然悟，翻然改圖。今以一介之蠢夷，恢張樹敵國之勢，暴厲成跳梁之形。鬼哭神愁，而如白日不驚乎魍魎；獸奔豕突，而欲安居以却乎豺狼。天下者，二祖沐雨櫛風、百戰經營之天下，聖子神宗盤龍踞虎、萬世相傳之天下。國勢如磐，雖似泰山之難拔，然聖心匪石，何難一念之轉移？今遼東正值用兵，兵猶火也。青龍吐火，其應當在東方。朝廷泄泄以忘天戒，則夷虜虐焰方張，爲東事燎原之象；我皇上能惶惶以修厥德，則强酋不戢自焚，爲東夷殄滅之徵。禍福惟一念之轉樞，而善惡乃隨人之逐嚮。今日聖躬修省之急務，莫先於敬天以勤民，用人以圖治，散財以得民。以此告之，泰山之靈定脉脉爲之昭格焉。昔神降于莘，而虢公奉社稷以聽命；社妖于睢，而宋襄用鄫子以釁成。是以怪益怪，而以異成異。神明之所以警悟陛下者，必不其然。赫赫天威，萬無以爲尋常之灾，而第責臣工青衣角帶之修省也。除臣等待罪東土，率屬嚴飭兵防、虔修補過外，伏祈聖明省覽。幸甚。」

三月十七日，遼陽火藥局忽被焚，闔城驚擾。工部發細藥五萬斤，又續運硝黄五十萬。京師戒嚴，分兵列營防守。

奴收江夷爲用，窺海道。經略以兵力稍集，主守瀋陽，漸逼賊巢。奴未敢深入，佯誘虜睨河西，徐圖乘敝。奴釋宰賽往會兵，遣酋子同叛人李永芳時引輕騎出没，至發僞牓招降，詬侮無狀。

先鐵嶺被圍，有蒙古酋宰賽率領二子、副將四名併萬餘騎戰，敗衂，二子被擄。其副將一即奴妻兄。蓋奴曾娶蒙古女爲妻，至是奴酋因其妻兄誘脅宰賽部落驅牛馬相從，本酋諸部悉爲服屬。

薊遼總督文球言：「滿旦阿暈前雖助逆，今悔罪，請復舊賞。」

南户部主事牛維曜言：「奴酋之必敗者，地瘠人貧，惟貂參是仰。絶貂參之市，奴可坐困。」

四月，諜稱奴酋潛犯海、蓋，且誘總兵賀世賢往援，急攻遼陽。粆花詐稱奴酋死，以懈我師。運鎧甲赴遼河。

改贊畫爲監軍，并添設金復道，刻期赴遼。

部文倉穀各糶一半，將銀解部。⑤東省穀共積九萬四千三百八十八石有奇。撫臣王在晉奏：「東省地土多荒，歲時洊饉。年穀順成，未見篝車之滿；眚灾偶值，即嗟溝壑之盈。有穀食穀，無穀食人。天下未有人相食之事，而獨東省有之。是穀者民之命也，留穀者即所以留民之命也。海運層累遞增，登、萊、青、濟之産粟，勢必果遼軍之腹，而東、兖二府，又括牛以廢耕，廢耕而賦無所出。青黄不接之際，年年發倉賑濟救饑，惟恐不贍，安有餘粟可糶銀解部乎？他省無海運，或可割其半以饗邊；東省有海運，自當存其餘以備用。若概從一半糶銀之例，非所以備齊之饑，亦非所以備遼之急也。」奉旨：「免糶。」

兵科薛鳳翔參登萊副總兵熊大經一味恇怯，人地實不相宜。巡撫王在晉疏請調漳南副將沈有容駐登州防守。有容在福建所收降寇袁八老等數百人，出没廣洋如履平地。賫銀三千兩，檄有容挈帶隨任，越歲抵登，一可兼十，奴不敢興渡海之謀矣。

御史周萬鎰疏稱：「登州抵旅順原無大洋，順風揚帆，頃刻可到。聞奴酋用事多南人，習水戰，彼扼于遼陽兵不得進，安知不以烏龍江之船從登、萊入犯乎？頃山東撫臣王在晉、按臣陳王庭疏請增兵增餉〔三〕，皆忠藎之極思，老成之長慮，非但爲東方計也。」

御史劉蔚疏稱：「熊廷弼雖忠義勇敢，而無米難炊，脱巾可慮。萬一遼陽失守，水陸並進，北圖薊鎮，則薊門驚而陵京危；東走登、萊，則山左驚而中原震。即有黄金千萬，將安之耶？」

户科官應震疏云：「金、復、海、蓋四衛，乃遼陽第一膏腴地，我之糧草全屯在此，倘賊以一兵綴遼，而以鋭師襲取四衛，則糧去勢蹙，雖欲不棄遼陽，不可得矣。朝廷刻下宜遣一大臣督一大將，屯重兵守此四衛，交四衛之士與此一臣，聽其自爲設法防守、訓士、屯田，不必一一經熊廷弼，但聽廷弼節制。此有四説：一則防奴酋以兵綴遼陽，使遼人不能救四衛，須此四衛自爲戰守；一則防遼陽失事，有此四衛之兵，可牽奴酋之後，不敢直趣梁道攻廣寧；一則護我糧草，不至有袁紹烏巢之事；一則此兵有海爲後門，可以障登、萊一路。但令東撫王在晉早早招習水兵，以爲接濟，他日有無限用處，今尚未可盡言耳。」

户部覆餉臣：「派運：淮上則截漕三十萬；山東則本色六十萬；天津則運漕并召買三十六萬，兼以協運薊、永二十萬，共五十六萬。總派之海者一百四十萬，而派之陸者尚六十餘萬。量地分派，可謂曲劑。又如遮洋總從淮開洋，則成山設有嚮道；從淮抵膠州起陸至昌邑，歷河入海，則多助登、萊船隻以便協運，趨夷避險，可謂周防。餉臣一片爲國苦心，至矣，盡矣。乞勑淮上總漕、山東撫按，各照派運數目作速預辦，如議遵行。」

經略熊廷弼因錢糧竭盡，差官恭捧令旗、令牌到部催取。如錢糧委果難處，希貴部亟疏停罷，此後退守山海、天津、登、萊一帶，免外困内訌，陷人于死地，亦便計也。

兵科薛鳳翔疏參：「危遼兵逃當問，馬死有因。兵如劉國縉之全伍脱逃，馬如閻鳴泰之飢死過半，隳軍容而損國威，惰職業而恣暴戾，莫此爲甚。乞下嚴旨，爲後來者警。」

户部等衙門齊集中府會議⑥：「遼東一年需餉八百餘萬，而兩次加編，每畝七釐，不過四百萬。近查湖廣議調土兵，動地畝銀一十八萬，而浙江，而南直，而山東、陝西等處，凡有調募，俱云動地畝銀。兵部續調馬步兵若干，安家衣甲又議動地畝六十餘萬。即使地畝加派盡行解到，遼餉尚少一半。乃四分五裂，各分支取，其餘有幾？今議每畝再加二鳌，約將一百二十萬内分二十萬，爲工部器械之用；其一百萬，爲兵部安家、馬價之用。總計前後通加九鳌，亦時勢之不得已耳。」奉旨通行。

巡按王象恒疏云⑦：「近日畿内募兵赴遼如就死地，今又取之州縣，里閭之驛騷震驚又不知如何。聞山、陝之兵自西而來者，婦哭夫，子哭父，仳傀之狀，至不忍聞。除正額給銀之外，里甲幫貼，一人不下數十金。况畿民習遼之情形，其難又有甚焉者。查部中原題，北直、河南、浙江、山西、陝西五省共兵二萬，皆赴内地訓練，每省祗該募兵四千。今畿内八府忽改爲獨募二萬，與原題已不相蒙；又改而爲援遼，與原覆又不相照。該部何以前後不同，而更朝夕改如此也〔四〕？職不得不慮其所終矣。」

五月，王在晉題：「東省海運之艱，臣等纍纍千百言，具陳前疏，即餉臣前歲撫齊疏中所備述者也。今當事者不信臣言，而信餉臣今日督運之言；臣等具題下部之疏，該部不自主，而仍聽餉臣之主議，是臣等可以不題，而明旨可不必下部矣。夫山東海運六十萬，從古以來所未有之事也，即三尺童子皆知其不能。登、萊道極力招商，終歲竟無商至。天下軍民皆有籍，惟商無籍。本方之土著有定在，惟四至之商販無定在。商亦人也，雖愛財，亦愛命，視遼如刀山劍林，視浮海渡遼如揚湯燖毛。彼遼中新募之兵，挑選于鄉，籍名于册，且驚惶潰散，不知所適；矧以儻來偶至之商，安能勢驅術使，法繩利誘，使之方舟結艅，運粟以輸塞下哉？是召商之令，斷不能行。而臣不敢終持不可行之説，誤軍興之重事，奉旨之後，臣即親至登、萊，集道、府各官面議曰：『今日之餉遼不得，不可聚兵；兵不聚，不可存遼；遼危，而危及于宗社。此何等大事，可容推諉？部議委曲以完其數，所謂委曲者，或于窒處以闢支岐，或于絶處以求轉徑。今不得不舍商以責成于民運矣。』于是又召民而諭之曰：『爾有粟，勢必發糶。今商途絶矣，加值以糴于民間，已奉旨矣。』加值糴買，加值轉運，或不病民，而民不願也。臣再四籌之，自遼役繁而事事皆非民願，事事皆强民之必從，又不得不以加價糴運責成于官矣。于是登、萊、濟、青四府分定起運數目，登、萊任其多，濟、青任其少，以登、萊近海而青、濟遠也。此皆道府酌量分派，非臣一人之私議也。然臣雖强督諸臣分任其事，而蹙額以憂運數之多，真有萬難措處者。登、萊之間有米要换銀錢〔五一〕，此以穰歲言也，去歲止萊屬稍收，而各郡多赤壤。乞得皇恩改折漕糧倉米二十一萬，而今且海運六十萬，是求改而反增。避河而就海，人情乎！所憂在米矣。部議淮安造船五百隻，每隻不過載米五百石，大者數百石，此爲裝載三十萬之計耳，且擬分撥天津，而非盡發登、萊，亦奚當于山東之全運耶？臣檄各屬分行僱募，而船户逃匿，或僅以年久不堪之船，索高價以應急需。然則六十萬之儲安能飛渡？所憂在船矣。每船用水手大約二十餘人，四郡起運大小不啻千船，須用二萬餘人。東人向不習海，登、萊水兵無處召募。且往浙以厚餉招呼，安所得長年之能涉海者乎？所憂在水手之難招矣。餉船出海，每船用桅木二根，每根五六丈。山東原未産木，大木必買于瓜、儀，蓬桅、鐵貓、篁纜等具必買于南直。水不能通，則繼之以陸；舟不能運，則續之以車。凡百難致之物，不脛而走，皆藉人力轉移。所憂在船具之難辦矣。羊頭凹一帶，路徑不一，或出而由大洋，或入而經沙淺。自宗島至北套，猶爲淺澀，時或鯨鯢爲厄，魚龍作難，頃刻而蒼漭爲昏，須臾而風雲立變。昨不知有今日之存，且不能卜夕時之命。所憂在地險矣。清明前有出洋之忌，四五月有颶颱之颴，一至交秋，風逆水落。如去歲天津之舡停泊于利津，起剥于樂安，寸步不能前進。所憂在天時矣。登州至蓋套，萊州至三犋牛，地各三千餘里，涉歷礁磽，間關天塹，坎險難言。今萊州至蓋甚遠，青、濟繇登及蓋更遠二千里，路無窮而時有限，或不能爲兩運。青、濟之二船，僅當登、萊之一船；青、濟之一萬，難于登、萊之二萬。其轉運之艱如此。蓋套窄小，不能齊進，此船候彼船之交收，後幫俟前幫之出港。倘多船併至，無可停泊。即使陸續開洋，風候不齊，勢難循次。暴雨疾風之時至，驚濤汩浪之無休，海無繫纜拋猫之處，時有蛟蜃鱟颶之驚。且起糧交納，弊役需勒，時日稽遲。以急急行路之期，爲徐徐坐守之日。其交割之艱如此。瀕海州縣多繇河入海，或距河三四百里，一線之水，時通時塞，原非灌輸之地，向無疏瀹之功。逢灘則淺閣，遇涸則搬移。斑白負戴，牛馬輓芻，重踝繭足，黧黑憔悴，孰爲憐憫？其出海之艱如此。米豆下船，既防船隻之滲漏，又慮榜人之偷盗。且官造之船，版枋未必厚，丁灰未必堅。程工急，則造作必屬倉皇；船數多，則彌縫必多粉飾。數百石之糧係于船，二十餘人之命寄于船，一有損壞，則黄泉不能以寸，人鬼自此分途。其防範之艱又如此。夫海運若是其艱，若是其可憂，而其究有不可知者四：東省洊荒，一遇雨暘愆期，便艱粒食。藉使地無餘産，安能民有餘糧？此歲時之不可知者也。泛汪洋之桴，則風后司順逆之權；輸溟渤之糧，則天吴擅盈縮之柄。必滄海所不收，而後可供我軍之嚼囓。此天意之不可知者也。近因加編至再，文登、寧海等處之民，視此磽确荒皋直同敝屣，棄田不耕，撇家不顧。臣等極多方之撫恤，挽既散之民心。藉令民竄田荒，賦逋額詘，將何起運？此人心之不可知者也。建酋得江夷爲用，履海如夷，走死如騖。萬一駕烏龍之棹，泛横海之舟，阻截不必多人，震撼皆能奪氣。海波一揚，運途自絕。此寇患之不可知者也。倘歲歲之倖可徼，則滄海無盡藏之粟，猶可養面黃無人色之兵；苟漠漠之途難測，則底事付于東流，而浩嘆同于西柄。海運豈可恃？而浮海濟遼，豈爲戰守經久之長策哉？皇上爲目前十數萬遼兵計，不得不急餉；爲急餉計，不得不先恤東人。蓋東人之苦，海内所未嘗之苦也；而東省之窮，又海内所未有之窮也。憫其艱危，則當葆其性命；軫其繁勞，則當節其財力。奪盤中之飧，而又加額外之賦，民則何堪？查東省荒田最多，有五六畝折一畝徵糧者。今以畝計，則六畝當加四分二釐，此寧、登之民所以亟亟而思竄也。臣以爲登、萊二府既多任海運，須免其續加之三釐五毫；青、濟分任海運，則當免其三次加編之二釐。以加值聊代其初編，而以減免少寬其物力，甘甜與辛辣相參，民將樂于趨命。此減編之當議者也。東省錢糧原係隔年起徵，今歲所徵者，四十七年之加編，二十一萬六千一百兩有奇。乃本年新編應扣、運過透支及援遼兵養贍家口銀，共五萬七千五百一十四兩零，所存不過十五萬八千六百餘兩耳。即合通省舊遼餉與新編併筭，不過二十九萬一千九百九十餘兩耳。計米一石抵遼，糴價、脚價約費盈兩，是六十萬石之運，須有六十萬金。而今歲額徵未及糴運之半，則京邊錢糧，勢不得不扣留以充糴運。此扣解之當議者也。東省春熟爲麥，秋熟爲豆、粟。南人食米，北人食麥，因土俗之所宜，爲甘食之常性。今獨徵秋收之米、豆，不用春收之二麥，秋成有限，運額難充。何不兼二麥收之，以從民便？此兼運之當議者也。山左一遇饑饉，米價如金，當以豐歲之有餘，備饉歲之不足。臣以爲一遇年豐，即當預糴，以爲明年轉運之地，然後海運不因荒而廢，遼兵不遇荒而餒。預糴必須多銀，多銀必須先發。此預備之當議者也。金、復、海、蓋多膏壤，欲久守遼陽，必先屯四衛。今彼中地土多荒，防守未備，人以爲險而難犯。而臣密令海道差官偵之，絶無險阻。倘夷兵問道深入，則棄膏腴之地，而委積貯之區。遼陽之聲勢中閡，立苦無糧，而登、萊之禍害切身，自當罷運。則今日之以重師圉守，大將營屯，春秋急耕，農隙講武，似爲經久之圖，可戰可守。此屯種之當議者也。夫建非常之業者，必有預計之深心；成不世之功者，須有廣大之局面。以天下之大，何有于登、萊四郡，必屢責其加編。若當事者執拘攣而責成效，臣無計以使窮民之不逃，又何計以使海運之立就？誤運兼以誤遼，臣滋懼矣。至于兼用麥以廣儲，多發銀以預糴，又事理之固然，而無俟于周諮博詢者。其海運船隻，已奉明旨，着該部嚴催報完。船不至則糧不可運，船不多則糧不可多運，船隻報完不早則糧不能早運，此則非臣之責矣。」

附上閣部科乞減海運買櫝公書

晉惟國之大事在遼，遼之大事在餉，當救焚之時，詎顧焦頭爛額？故海運自十萬石以加至三十萬，而晉未敢争也。去歲秋收，畝無升合，民間括粟如金，然不得不多方轉糴以輸于海，其有不足則出州縣積穀以濟之，所以督成于群有司者倍至。夫解雜亂紛糾者不控拳，救鬬者不搏撠，其寧樂于多言哉？惟是三齊之境，民知陸而不知水，萬難覓船，蓬桅皆無所出，而操舠渡海者絶無其人。青、濟一聞運事，如投之陷阱，其艱苦有不可勝言者。邇餉院差官往淮揚僱船，以濟天津之運，大約每船及僱水手，歲計數百金，官爲拘繫船户，以銀無所出，差官踉蹌奔歸。覓船之難如此，運豈易言哉？爲召買之説者，起于永平宋正郎，其略曰：「淮船赴海口取麥豆者不下二百隻，道府募其船運米于遼，經今一載，殊無一商肯應募而出，無他，官募則人有所疑，畏而不敢。惟有本地鄉官，或富室大姓，招商募運，不用官票催督，只作平常交易，使販遼之利，稍浮于販淮之利，揚帆擊楫者不可勝計矣。」餉院信其言，傳諭登、萊道，出示招徠數月，並無一至。世無知害而不知避之徨徨，亦無愛珠而不愛身之賈胡，遼勢如此，商其可致乎？矧本地鄉紳，可能强之使招；不用官票，可能約之使集乎？今曰召商遼左，則其事權遼左諸公握之。奈何以召買三十萬豆，併入山東總數？聲影俱無，何從捉摸。頗聞遼中米豆不乏，則就近招買，極爲省費，是可以濟轉運之窮者也。東省爲海運一事筋骨無餘，買牛之役，勢難兼辦。從往歲大荒之後，如沂州等處，里社半消，有田無種，有種無牛，括何可得？假令牛盡田荒，則海運之粟益無所辦。倘彼中騾車既足，則牛隻可減，以此嘉惠東方，庶憔悴少蘇，亦以爲協供海運之地耳。至于蓋州套難以泊船，查訪甚悉，語具疏中。敬百叩以聞。

四川石柱司女官秦良玉率兵三千援遼，所過無犯。至通州，偶與浙江相觸格鬬〔六〕。地方官諭解，旋止。

大同援遼遊擊焦垣統兵四千，行至懷安，因家人搶騎馬匹，各軍控弦露刃，將領兵官被圍，搜搶衣物。

兵科薛鳳翔奏：「延綏發兵之日，哭聲震天。通、昌已到之兵，不俟終日皆逃。」

經略奏：山西援遼總兵楊宗業人馬一無銀給，有縊死且逃者。⑧保定援兵不肯出關，畏奴如虎。又聞援遼寧夏總兵張萬邦師行無律，併參將莊蕊民下馮繼成、柴禄、袁文壽、趙旗鼓等在薊門路上搶擄財物，姦淫良婦，市集一空。井陘道報，定襄兵搶掠傷人，幾釀大變〔七〕。嵩嵐之兵與冀南之兵經過真定，忽起相殺，領兵官逃遁無踪，獲鹿已殺傷人命，真定北關屋瓦皆無。是時援兵逃者：湖廣領兵都司劉廷藩、知州田萬年，原領四千人，到關止七百六名；延綏將官袁大有領兵一千，逃七八百名；李愈茂兵逃二百八十名；保靖司兵逃二千餘名；副將劉光祚所領毛兵逃六百名。援兵之逃，援兵之擾，此其大略云。

廷弼疏稱：「遼陽城中獨一經略，臥理軍務，請問皇上要遼東否？再問朝臣要遼東否？如要遼東，奈何屢屢推補各道，漠然罔聞也？兩月以來，賊屯大衆數萬于關上不動，惟日以二三千騎時出時没，擾我疲我。頃見遼陽有備，漸掠而南，沿邊撥夜及一二孑遺村屯往往被掠。亟圖防守奉集，而清、靉、寬、鎮又紛紛以零掠見報。蓋賊欲誘我往南遠救，而渠得併力于北，圖我遼、瀋也。」

巡按陳王庭題：「廷弼初至，厚集力兵，團結遼城六七十里外，分營列陣，築堤浚濠〔八〕，併力防守，由秋至春，未聞虜騎入犯。首夏草青馬壯，恐賊圖瀋之謀躭躭未已也，遂分馬步軍四萬，俾總兵柴國柱、李懷信、賀世賢領駐瀋陽，留監軍邢慎言固守其地，相機築守，旬日之間，布置粗定，而遼陽止遺步兵二萬，馬兵數千，兵力已竭。又謂奉集爲賊入要路，復以柴國柱領兵萬衆，屯劄其間，而以監軍道高出同彼料理，而道臣無一人在矣。至補分守、開原兩道，改贊畫爲監軍道，新添置金復道，皆救時急務，何閣部大臣竟不推不補也？」

經略熊廷弼疏稱⑨：「自奴犯順以來，我將吏自總兵而下，副、參、遊、都、備守、中軍、千把總等死于清、死于開與鐵者，凡五六百員，而降賊者又不啻以百數計。今無主殘兵或數十人，或數百人，收拾一處，無將領統率，勢不得不調之各鎮。今據道將各舉所知，及職再加挑選，訪得神樞營右副將江應詔等并各鎮各省共九十三人，列名上請，乞勑部調取，來遼聽職分配兵馬，隨才委任，仍各帶家丁前來應用，不勝感激。」

兵部奏：總計調募水陸土漢兵丁一十八萬，未到者勒限督催。調取將領一百一員，内陳九思、沈繼業託病規避，革去職銜，永不叙用。

五月，王在晉題淮船免起運云⑩：「國朝自永樂十三年罷海運，而人不習海久矣。嘉靖中，從山東撫臣梁夢龍之議，撥近地漕糧入海運，止十二萬石耳。隆慶間，從總漕王宗沐之議，撥淮、大十四衛海運，運止二十萬石耳。然皆旋運旋罷，海之不可嘗試明甚。今議山東一省海輸六十萬，合天下之力所不能爲者，獨令東省爲之，覓船則桂蘭其枻，糴買則珠玉其粒，役使則魚鱉其民，日泣鮫人之淚，而徽海若之靈，肝腦塗地，不遑顧恤，其視遼人之有米不運，有牛不養，捧腹張口以待東人之推食，束手裹足以待東人之搬運，勞逸蓋天淵矣。東人苦無卸身之法，捉生替死，如被焚遭溺，各救自身之性命，此時安有餘力急人之急？故齊自爲齊，淮自爲淮，淮糧三十萬數且定矣，安得有一半由海、一半從膠起陸之説乎？夫一船可行，則千百船皆可行；一船惜糧惜命，則千百船皆惜糧惜命。一半既由海抵遼，則海道通行無礙矣；此一半者又何舍通行無礙之海，而必勞人以搬運也？且由膠從陸，至昌邑、淮河入海，必淮人先艤舟淮河以待運則可，不知淮船至昌邑，舍成山何途之適從？彼既有船可抵昌邑，則何不載米以往？若以空船泛成山、抵昌邑以接運，則虛舟之飄摇，不如滿載之安穩。臣曾徧歷膠、萊沿海之境，有數里無人煙、三十里無民居者，間有草房土屋，不過三五舍，村集不過十餘舍。設使起米于膠，膠必多造倉廒，沿途腰站必多設安頓之所，計費甚鉅。膠至昌邑二百里，昌邑至海口尚遥，在在堆積，粒米狼戾。淮河海口既無天造地設之船，則露積于砂灘、石瀨之間，水輸陸運前臨無地。且二三百里之程，必須脚力，恐遼陽之買牛雇車未竣，而膠、昌之輪蹄又紛紛滋擾矣。臣一一咨訪，遍詢海運程途，膠爲南海，萊爲北海，膠州、即墨之運船必歷成山，去歲揚帆無恙矣，今歲諸城、日照等船亦必由成山。日照夾倉口抵成山頭，計程已二千八百餘里，且不難衝嶕冒險，以期必濟，矧淮船至南海僅五百里，而憂跋涉耶？若謂成山險而可慮，則膠、即、諸、日之船，先須陸運，豈東省之糧不起陸，而淮糧乃起陸耶？東省之船可渡成山，而淮船獨不可渡耶？山東最苦無船，以淮船助登州，不能越成山而飛渡。若從陸起運，淮船仍復回淮，不惟無濟于登、萊，而且益甚膠、萊之擾，山東運事必因此躭閣。世未有舍可行之海道就難行之陸路，耗有用之金錢爲無益之經費，置緊用之米粟從紓緩之搬運者。從膠起陸之説，臣前疏已折其難行，非至今始有異議也。軍國大事，須博訪以窮其源委，虛心以求其利害。居中之懸斷，必當採外來之見聞。欲復遮洋例，用官軍押運，以二百年來未習海之軍，一聞點運，勢必驚惶逃竄。河運已苦無軍，海運安能强致？驅而之海，非逃則死，未必濟遼左之饑，而先壞漕運之法。夫漕運者，國之所恃爲安危者也。漕事關係甚大，臣等不惜爲越俎之言。無已，惟有多雇造往膠羅販之船，多招募淮、膠習海之人，厚其價值，領運駕船，徑渡成山，抵遼交割。彼既熟嘗海道，久歷波濤，隨船什物精堅，舵梢人等慣習，朝夕辨風雲之色，島嶼識險阻之宜。且淮船之輕捷，愈于遮洋之遲鈍，于運務或有濟焉。乞勑部轉行總漕衙門，募造淮船，裝載遼餉，照青、萊船幫徑渡成山，抵遼交納施行。」疏入，前議遂寢。

校勘記

〔一〕巡按陳王庭疏稱　「陳王庭」，原作「王陳庭」，北大本作「陳王庭」。按明神宗實録卷五七一萬曆四十六年六月癸亥條有「差御史陳王庭巡按遼東，兼監軍事」，卷五九〇萬曆四十八年正月癸卯條有「巡按山東陳王庭上言……如熊錦、楊于渭、卞爲鵬領贊畫新兵七千二百餘名，皆籍于南衛者」，各處皆作「陳王庭」。據改。

〔二〕三農春事　「農春」疑「春農」之倒誤。

〔三〕按臣陳王庭疏請增兵增餉　「陳王庭」，原作「陳于庭」。陳王庭其人本書中數見，時任巡按，據改。參校勘記〔一〕。

〔四〕而更朝夕改如此也　「更朝」疑「朝更」之倒誤。

〔五〕登萊之間有米要換銀錢　「要」疑「粟」之誤。

〔六〕偶與浙江相觸格鬬　「浙江」，當作「浙兵」。明神宗實録卷五九四萬曆四十八年五月甲午條有「管理練軍事務少詹事徐光啓以川、浙客兵互鬬相傷，旋即底定，馳疏奏聞」，即川兵與浙兵互鬬事件。

〔七〕幾釀大變　「釀」，原作「醮」，據北大本改。

〔八〕築堤竣濠　「竣」疑「浚」之誤。

底本眉批

①本條原有眉批「疊添海運」。
②本條原有眉批「訐本兵」。
③本條原有眉批「新兵脱逃」。
④本條原有眉批「青龍神吐火」。
⑤本條原有眉批「諫糶倉穀」。
⑥本條原有眉批「三次加編」。
⑦本條原有眉批「里甲募兵」。
⑧本條原有眉批「援兵紛擾」。
⑨本條原有眉批「調取天下名將」。
⑩本條原有眉批「淮船起運」。

三朝遼事實録卷之三

庚申

六月，奴酋乘經略閲邊離遼陽，以萬騎由撫順關、萬騎由東州堡入，深至渾河，總兵賀世賢、柴國柱設防瀋陽，却之。

發冏金二十萬。關、陜、永、保逃兵嚴檄招撫。

時大將李懷信引疾歸。周永春聞艱，移駐前屯，薦袁應泰巡撫。

熊廷弼以奴酋招降逆書上聞，言逆奴以徽、欽見辱，此正主辱臣死之時，願内閣、兵部同心發憤，毋爲逆奴所侮。

廷弼以軍士勞苦不堪、痛哭之狀乞恩。上命户、工二部發銀三十萬兩犒之。

廷弼奏劉國縉報費之數既與餉司不同，閲臣復命之疏又與國縉揭不同，多寡重復，乞行查算改正。薛鳳翔言：「國縮兵逃失伍，不見引罪之章，輒稱單騎之赴，作非主非客之官，不受經臣節制，當令速回聽勘。」從之。

保靖土官彭象乾兵至涿州，一夕逃散。

周永春告病。不允。

廷弼以病告休。不許。

御史張銓奏：「國家之禍，皆起于民窮財盡，履畝加賦，七釐未已而九釐，窮民何以堪此？大内積金如瓦礫，而發帑之請，叫閽不應，加派之議，朝奏夕可，豈財爲皇上之財，而民非皇上之民耶？」

邊臣傳言朝鮮私通建酋，朝鮮王遣陪臣奏辯，言不能焚書斬使，亦兵家詭計，心實自明。詔慰諭之。

王在晉題：「東人一飽，未能三征併急，人心涣散，亂萌已徵。勢不成，則曰奉募充兵；勢一成，則即聚衆爲寇。觀城縣被劫，倏忽聚散，廣緝無踪。召兵即召亂之先聲，聚兵釀聚寇之實禍。東省距北直一廛，進之則爲北直應募之兵，退之則爲山東思逞之盜。矧歲時相迫，若驅之使然。故舉朝憂遼左之飢卒，而臣則先憂東省之飢民也。」

撫臣不可不軫先憂，預爲消弭。晉在任而蓮妖不敢發，無幾何時，而山東大亂矣。

七月，山東巡撫王在晉題請糴價云：「東省派運米豆，糴價、脚價大約需銀六十萬兩。年時豐歉無恒，豐年當發銀預糴，以爲凶歲之備，臣疏已明言之矣。今本年海運見存新舊遼餉止十分之四耳，尚餘三十餘萬兩無從措處。該部不發銀，而且催司帑那解濟邊，豈以東省爲金穴耶？不惟不發銀預糴，而且發碾積穀三十八萬石，豈以東省爲敖倉耶？夫東省自四十三、四年洊荒，逃竄死亡，人類相啀，骨肉相殘，生齒已虚大半，所剩者逃荒之白土耳。彼時庫藏罄懸，所以請及上方賑貸，年來搜括殆盡，其無長物可知。是那借之説，未可問及山東，以山東無銀可借也。州縣稍有積穀，未嘗不借充海運，然須留穀，本爲將來借動，隨出隨補，流轉無窮。追憶昔年截漕救荒，發銀遠糴，顆粒待輸於隔境，生活寄命于他方。積粟如積金，留壹石之穀，即活三四人之命，以百十城之生靈，詎剩存些少之穀所能拯濟？是發穀之説，未可行於山東，以山東荒多熟少，穀未敢發也。然而山東之穀不啻備東省之饑，亦可以備遼左之饑。臣爲將來之慮，且請銀以預糴矣，豈可將見存之穀，反碾米以輸邊乎？萬一歲穀不登，六十萬海運米豆何方糴買？何方裝運？截漕則漕粟有限，遠糴則脚價無窮。且三十八萬之穀，碾爲十八萬之米，此米可不脛而走，以歸蓋套乎？抵遼脚價須得十餘萬兩，倉穀非盡貯沿海地方，多由窵遠般運，迂迴道路以至海濱内地，車脚又須一二萬兩，碾穀運米之費，幾與糴買相當。此銀從何措辦？東土與危遼相接，外有不時之警，民無終日之儲，全藉倉穀以防緩急，故他省之穀止備荒，而東省則兼以備兵；他省之穀止留濟本地，而東省則兼可濟遼：碾穀濟運非長策也。再查東省錢糧例於隔歲開徵，今所徵者，四十七年之額編也，若將四十八年提起併徵，則登、萊之八釐爲一分六釐，濟、青、東、兖之九釐爲一分八釐，一歲而徵五次之加編，民力能堪此乎？通查闔省糧額，有一畝額徵三釐八絲及二釐九毫者，今以原額三釐而加九釐，則三倍矣；二釐而加九釐，則四倍半矣；合四十七、八年併徵，則六倍而九倍之矣。此令一行，必無遺民，即忍心以行苛政，徒斃民於梃，必無完賦。頃據登州府推官孫昌齡揭報，沿海之民全里全甲盡人逃竄，臨岐痛哭，沉子于池，雉經於林；即有未逃，非退地於賣主而不耕，即推地於典主而不受。民情既涣，官法難施。恐咥人之慘，近即在目前；揭竿之禍，遠不在日後。齊其有寧所乎？而三韓併受餒矣。且以齊之窮，年來義切同仇，心廑國恤，丁壯抽矣，帑藏括矣，税銀首先起解矣，各官如數捐助矣，新兵集而歲餉猶虚其四，牛隻買而價值尚虧其全。軍器盔甲整辦從新，而件件皆由措處；城池堡堞修餙舉墜，而般般勉自支持。居平之用度，每從撙恤；任内之資俸，悉用扣存。利孔已自無餘，經費萬分罔措。奈何六十萬石之運，偏任其煩勞；而一畝九釐之編，不損乎毫末。今又責拙婦以無米之炊，窘荒土以用三之法。夫此餉非齊之餉也，即經略所急之遼餉也。遼急銀如疾風暴雨，望而驚焉；遼急米乃以泥飯塗羹，緩而應之。只恐遼左有銀，山東無米，十數萬之兵，不能望海以呼庚，亦不能削金以充腹。誰實誤遼，而東人亦將有口矣。再念海内皆有加編，而無海運；即有海運，而無東省六十萬之多。所謂加編者，末生于本，子生于母，未有原額一釐、三釐，而加至九釐者。今欲移于上地，而上地已無可加；欲存此下地，而下地總入全額。墒土多而腴田少，山陂海磧，磽确汙邪之地，皆一概加編，地不能責其生金産銀，而民乃代其椎肌剥髓。于是他州外縣有逃竄之流民，林下池中有慘亡之怨鬼。斯民也，即吾耕田給粟之民，即吾浮海領運之民。民逃民死，而可占運事之不終矣。廟廊之上必欲東人認六十萬之運，必不能認一畝九釐之編；必欲與天下同認一畝九釐之編，則請兩京十三省盡效東方之海運，然後東人萬死不辭，而臣亦有辭于二東之百姓。不則混勞逸于不分，置甘苦于無辨，雨露有不到之鄉，而病痛有獨偏之處。朝廷尚未棄遼而先棄齊，齊敝而遼不能存，其爲遼計亦左矣。至于海運應用銀兩，伏乞勑下該部，速查本省應解京邊銀兩，盡數扣存，或另發别省銀兩充用。仍照原題，每歲發銀二三十萬，凡遇秋成，有穀即先期收買，預備將來荒歉。運完之日，總册開銷。其濟、青、登、萊倉穀，聽海運隨便借用，仍留穀本糴補，輪流接運，以戒非常。儻以臣言爲然，俯念東人之苦，亟議減編，其糴運未敷銀數，容臣等徑自截留應解錢糧支應。蓋今日千急萬急，無如遼急，爲遼原以爲國。題明之後，臣不爲專擅，計臣當亦諒臣不得已之心矣。」

兵部黄嘉善奏報：援遼兵數，自四十七年十一月至四十八年七月，陸續出關通十三萬三千九百四十九名，將次出關一萬六千一百十八名，調募來報發者四萬八千。

王在晉再請運價云：「今歲春暵無粦，兼之海運括粟甚急，民間突不得黔。臣備述民艱，疏入不報。藉有天幸，濟南、東昌、兖州三郡秋穀已升，少補春收之歉，間有被灾若蒲臺、鄒平、萊蕪、郯城、沂、費、嶧等州縣，臣諭所屬曰：『歲無全稔，惟多方恤民，民苟足存，軍興孔亟，勿以灾聞也。』孰意登、萊、青三郡，春麥無收，夏灾更甚，初已苦旱，已復苦霖。積雨衝垣破堰，平田立變陂塘；山水激石流沙，窪地頓成谿壑。高密紅葉之蝗種，雖藉雨師以殄滅；而沿海尺餘之冰雹，又因風伯以括傷。甚而烏雲黑颶，震吼地雷聲；因之白粲黃粳，成盪空之波浪。大樹拔根，曷問遭颶之殘粒；生畜倒斃，何有氾濫之浮苴？民方度海以運軍糈，歸而視其田里則板蕩矣，廬墓則成沼矣，養生送死之需一無所憑依矣，如是而民安得不逃？民逃而國賦何從出乎？矧新編又倍昔而爲三也。民逃而海運何從辦乎？矧海運又倍昔而爲六也。括瘠鹵之膏以充餉，而天又靳其所生；驅波濤之民以贍邊，而國又窮其所有。東作西成之失望，而南箕北斗之空懸。彼天下之至苦者莫如遼人，然遼人賊來則戰，賊去則休，而東人之牛馬負芻無休息也；遼人暴骨沙場，遊魂有棲止，而東人之納命大壑無棲止也。加編則一例科派，而與海内之樂土同輸；抽括、調募、買犢則一律誅求，而比各省之紛紜更甚。六十萬石之糧，不知銀於何出，而欲責無米之炊；六、七、八年之賦，不度民之不堪，而概行束濕之令。今日之煢煢無告，莫甚于東民，所爲如戴天之[一]，惟皇上之垂憐耳。再查青、登、萊三郡原無漕糧，無可改折；而海運濟遼，又以地鄰壤接，義難推諉。惟望皇上暫免灾地之新編，量減海運之糧數。至于本省民間積穀，原以備荒，非爲遼餉而設。今沿海既因海運借動，而内地又轉運煩難。該部有碾穀三十六萬石抵海運米十八萬石之議，奪吾民口中之食，救他人眼下之飢。竊念遼左自有新編，合天下以供遼，奈何括荒地之儲，益甚窮民之窘？臣斷斷不能奉行。伏乞分别灾傷重輕，灾重者將新編遼餉暫從停免，仍于海運數量行酌減，倉穀存留發賑，免碾米濟運。其海運錢糧不足，令該部速覆臣前疏，亟發價值，俾運船立刻開洋，運至蓋州交割，則臣得藉手以救危遼，而不負朝廷之委任矣。」

海運艱煩，人不習海，既無舟楫，又乏錢糧，所以屢疏瀆請。此屬創行之事，紀述宜詳，以備東征之查攷云。

七月二十一日酉時，神宗顯皇帝晏駕。

皇太子令旨：賜經略熊廷弼銀一百兩，紵絲四表裏；總督文球銀一百兩，紵絲二表裏；巡撫周永春銀六十兩，紵絲二表裏；巡按陳王庭銀四十兩，紵絲一表裏。鎮守總兵、兵備、監軍、餉司、副、參、遊、都、守禦、把、坐營援遼等官各賞賚有差。

遼東鎮舊額官軍八萬二千三百七十七員名，今調援官軍約計一十八萬，共二十六萬二千三百七十七員名。除先發銀三十萬，次發銀一百萬，今發銀三十萬兩，六分充餉，四分充賞。

校勘記

〔一〕所爲如戴天之「之」字後，底本空一格，似應有一字。

庚申

八月初一日，光宗貞皇帝登極，聖諭：「遼東奴酋叛逆，户部已加派各省地畝錢糧。今將礦稅盡行停止，張燁、馬堂、胡賓、潘相、丘雲俱撤回應用。」

王在晉奏灾異傷舡云：「海道之險，海運之難，臣等累疏言之，不啻詳矣，此非臣之私憂過計也。攷之元史：至元二十八年，海運漂米二十四萬九千六百有奇；至大二年，漂米二十萬九千六百有奇。無暇遠引，即萬曆二十五、六年東征海運，飄風泊浪之報，幾無虚日。臣檢查原卷，大約什損其貳，海之不可嘗試，明矣。今馬頭嘴等一帶海口，爲梟船灣泊之處，原非極天浩渺、無涯無際之中，而烏雲黑氣之冲宵，巽火閃光之照夜。擊馮夷之鼓，則海聲驚灌耳之雷；揚風后之威，則腥氣動潛鱗之鬬。波浪壓帆檣之上，而舟杭投海窨之間。取之則粒粒如珠，而棄之則飄飄似葉。浮游逐浪，誰從海上招魂；變化爲魚，信是人間劫煞。彼艤灣泊岸之舟，尚不禁風狂浪惡，藉遇颶于汪洋大海，舟檝其寧有片板，榜人其寧有噍類哉？臣一聞報，循牆悚疚，負罪倉皇，轉念遼人果腹，而東人填海。果腹者尚以爲勞，而填海者孰憐其苦？歸而耕田，則三編立併，流血于公庭；出而浮海，則一夕沉淪，委命于大壑。海若已收之鼎俎，而長年共泣乎鵰夷。嗟乎！由海餉遼，是以死藥而療生人者也。其幸而得療也，是取蛟龍瀺灂之餘，分來以秣士馬者也。先臣于湛有言：『厭河運之勞，欲舉丘文莊之策，但計漂溺之米，不計漂溺之人，一失俱失。從兹而各路之運官運卒，窈然喪其魂魄矣。』且是日之風，蕩摇海角，合抱之樹木，立見傾摧；在野之牛羊，半歸壓死。原田枯于久暵，已多不秀之苗；而枝幹倒于隨風，希有剩存之粒。文登、寧海、蓬萊、福山四州縣皆然。至于青、萊之被灾，業已具疏報聞于皇上矣。夫登、萊、青三郡，海運出粟之地也。今三郡並報灾傷，粟于何括？即用價，于何召買？目下有萬分難處者，蓋起運本色，必徵本地之所生；給價召買，必買本地之所産。本地豐歉無常，然歲旱則傷高田，猶望窪地之稍收；歲潦則傷汙田，猶望高田之偶穫。今登苦旱矣，青、萊苦潦矣，并高下之田盡爲海颶所損傷矣。土人無食，何以濟遼人？本方無米，何以供糴買？今歲東、兖、濟秋穀頗登，然濟南去登，陸九百里，海路一千八百里，僅僅五州縣通海，而餘去海遠矣。登郡糴米于西，則價值甚費；西郡轉米于登，則車力甚繁。此搜粟之難也。至于黄黑荳損于秋旱，處處乾秕，通省無收。今遼陽甚苦缺荳，檄令東省所輸米豆相半。以它年所易糴者，而今歲獨難；以它方所有餘者，而東省獨嗇。人之所急，天故靳之。豐歉各隨其時，貴賤必因其地。此處缺豆，不得不通融以加派于産豆之方，故或多截漕糧，以省東方脚價之繁重，或派豆于永平、淮津等處，以補東方轉運之不足，是一策也；或量减明年起運之數，俟豐年徵解，轉運遼陽，以補凶歲之缺額，又一策也。不然天不雨粟，地不生毛，别無强括之術，六十萬石之糧，談何容易？今日不言，而俟日後言之，以誤遼軍之待食，則臣罪益無所逭，而臣滋懼矣。再查漂没船糧，當海運之初，原議意外損失准數開筭，即二十五、六年海運失風糧米，題過另册開銷。彼駕船之人，水濱不可問矣，非官爲銷筭，誰爲代補乎？」

巡漕易應昌題稱：「淮南之海運三十萬，不苦于糧，而苦于舡。山東之六十萬，苦于舡，而并苦于糧。以數千里之生靈，試于風濤礁磧之中，國固有虞，人誰無恐？謂天下之食足恃乎？山東報稱：七月初七等日亥時，群龍争鬭，颶風大作，傷舡一百十隻，渰死水手五十四名，不知下落者一百七十五名，失去糧四萬四千九百二十六石。督餉侍郎李長庚報稱：天津糧舡，北岸于八月初三等遭風，漂失二十一舡；南岸于七月初五等日漂損十舡。又于八月二十等日發舡三幫，甫發而狂風大起，由蓋套回空淮、沙等舡漂損一十六隻，由天津裝糧重舡漂損七隻。又據寧前道稟稱：漂來舡户報登州運舡遭風者，俱漂至寧前地方。又據寧前舡户尹思等報，芝蔴灣運舡遭風，三隻漂至天津，止一隻見在。隨接督臣書稱：初九日，南海口裝完糧舡亦損四隻，颶風異變，海上舡隻一任縱橫。臣措躬無地，何天之不助順若此耶！又總漕王紀題稱：改造河舡四十隻，新造千斛大舡五十隻，及應天、山東運舡二十七隻，于七、八月間次第由海發行。卒然颶風驟起，舟楫四散漂蕩，七十六舡相繼化爲烏有。且無論數萬軍儲虛擲海底，而數百無辜赤子頃刻間尸填巨港。此江淮間一大變也。」

光宗貞皇帝崩。于本年九月初一日賓天。

泰昌元年

本月，邊餉御史萬崇德題：「遼東一歲約用本米二百餘萬石，内運派過一百五十六萬石。餉司單崇議請召賣米六十萬石〔一〕。今遼既旱荒，無可召買，召買行于順、永、保、河及真定五府，爲數已多。今勢急燃眉，無可爲計，非再截漕米二十萬石貯于天津、運抵遼陽，萬萬不可。乘今漕米到津，便于截留，是在該部之速覆耳。召買豆料，隨地酌量；其打造舡隻，并祈天語申飭，不得悠悠泄泄也。」

是時遼東石米四兩，石粟二兩，一石不及山東之四斗。

諭熊廷弼曰：「逆奴犯順，特命爾調度戰守，相機征剿，暴露良苦，特賜銀幣，用彰恩施。」

户部查九邊十三鎮官兵暨總兵家丁并召募新兵，共八十八萬五千，合犒銀一百萬兩。先是，黄克纘建議調南京、浙江營兵至京，募義烏沙兵赴遼。兵部初差司官，繼遣科道，然皆營差以便歸省，所過驛遞騷動。縉紳喜事，謬稱某某可將，取人重賂，輒形薦牘。將多兵少，遊食之徒附會索詐，顧募市井壯丁，僉點孱弱代更，沿路脱逃，以丐兒充頂。究竟邊塞無兵，而内地徒滋紛擾。本兵黄嘉善奏准各州縣招兵四十名，里甲招兵一名，費銀三十兩。獨東撫王在晉令州縣緩招，其部臣尹嘉賓所招新兵，俱請留本省防禦，已發在途者撤回。山東免解兵之費，亦免招兵之擾。

遼東按臣陳王庭劾東夷入犯，諸將失事之罪。廷弼言各官功過不揜。于是廷弼遂思謝事矣。

御史舒崇都言：「遼事初興，起楊鎬于田間，而以李如栢佐之，非爲戰也，本無戰情，彌縫衆議。就中之微意，既不可以告人；各路之傳宣，似有心于賣國。鄭之范察處縣令，夤緣入遼，虐佟鶴年，致養性外叛，以陷開原，起劉國縉于贊畫，縻餉十有餘萬，一朝脱逃。宜乘此時一大創，以洗從來積玩。」

黄嘉善參領兵都司袁大有兵逃，提究。御史鄭宗周言：「不問李如栢之失機，而問袁大有之故縱，何以賞一人而千萬人勸，罰一人而千萬人懼哉？」

王大人等屯失事，經略與按臣奏報殺掠數目多寡互異，兵部請行再勘〔二〕。太常寺少卿姚宗文疏云：「六月十二日之失事，村屯一空，焚掠甚慘。丁壯死于鋒鏑，童稚盡于燔燒。主兵者不勝後慮，借駁山城之案，以成此番叙功之舉，則慷慨任事者不宜出此職。往者出關東閲，見其兵馬不訓練，將領不部署，人心不附戢，不大入而大創，小入而小創？累疏已明言之。至工作之無時而已，刑威之有時而窮，廢群策群力不足以圖大功，惟獨智獨賢不足以成大事。蓋職所耿耿隱憂、正言巽言而不見入者，閲差之不行舉薦。誠不敢以見聞真確者，上欺君父，下誤天下蒼生耳，豈舉筆艱難而愛數行之墨哉？如經臣能因此而憬然悟、番然改圖，以不負皇上大賚之恩，不虚海内徵輸之苦，則桑榆可收矣。」

閲科之疏出，而臺省之參經略者紛紛矣。閲科以此罷官，且見排于輿論，謂此疏發覺之遲耳。第經臣之剛愎負氣當易，多用兵馬錢糧，虚耗海内當易，彼時虜勢甚强，大臣督兵在外，安能盡保村屯之無失？以村屯之失而遽易經臣，亦議人議事者之苛耳。

九月初六日，熹宗悊皇帝登極。

御史顧慥疏曰：「奴酋發難以來，始則諱言于守，而以戰爲輕嘗；繼以失利于戰，遂以守爲定局。今日經臣之所從事，戰耶？守耶？出關業已踰年，戰守豈無定策？乃虜輒出輒利，未聞我兵以一矢加遺。臣前閲姚宗文之疏，謂六月失事，焚掠太慘，村屯一空。專制閫外，胡匿不以聞？昨見賀世賢塘報，則僅斬一級，獲一盔，奪四韃馬，而遂張大其詞。竭全宇以供一隅，今年八百萬，明年八百萬，安能歲歲而輸之？臣恐財盡民窮，盜賊蜂起，憂不在三韓，而在蕭牆之内也。」

奴酋入撫順大掠。

袁應泰巡撫遼東。

御史舒榮都劾原任巡撫周永春。奉旨：「永春功罪俟事完酌議。」

御史馮三元疏參廷弼：「精神不以籌邊，而意氣偏以角内；才能不足勝敵，而推扯用以覆短。以殺爲威，以愎拒諫，人心不附，方略全無。天下事已壞，乃欲卸擔而去之，此可謂封疆之臣乎？中外之人皆知其必誤遼事，特懼其有阻撓之名，而莫敢言也。」内言其無謀者八，欺君者三，乞亟會議處分，或令回籍，或令聽勘，速簡才望之臣往代，保不爲地方憂。奉旨：「着九卿科道會議具奏。」

兵科楊漣疏云：「奴酋不長驅，遂以爲素無大志，我可安然無恙。而不知吾之寨日劫也，堡日空也，人民日殺掠也，馬畜日驅趕也。我招獲之數，不如喪敗之數。樹無皮而不能生，邊寨無屯堡、人民、馬畜而能存乎？議經略終難抹殺其功〔三〕，憐經略者亦難掩飾其咎。職所以不能爲廷弼諱也。」

御史張修德言：「經臣大誤疆事，重負國恩，詭言謝病，無人臣禮。」

兵科薛鳳翔、御史張至發、宗合中俱有疏參經略。于是廷弼稱病乞歸。

户科王繼曾謂：「廷弼掛衆議有三：以嫚罵爲氣魄，將帥不爲用，不能成功一；始初不能用遼人，客兵蹂躪遼地，遼人離心，不能成功二；動天下兵，縻財浩費，所過驛騷淫劫，而北平、山東最被苦楚，人謡詠詠，不能成功三。至如樞臣黄嘉善當去，三尺童子能知之，不知輔臣留之何故。乞簡方略大臣，事尚可支也。」

刑科魏應嘉疏稱：「中府會議詢及經略應代否，衆皆曰應代無疑。以兵言之，天下援兵約十三萬有奇，遼東土兵約九萬有奇，而皆不足供其用。以餉言之，除先帝所發三百萬外，已用過八百餘萬，猶曰餉不足也，如再遷延，必爲數幾八百萬而後成功耶？以軍資言之，年來買馬幾傾府庫，而兵部委一萬有孚，捐數十萬金錢，所買馬匹十不得其一用。草料徒費，馬又殺傷，有兵無馬，何以應敵？即如前數十萬金火藥付之一炬，至其殺人如戲，不殊屠伯，該鎮共痛，舉朝共知。以村屯言之，花嶺、王大人等處之殺擄，陳王庭纔一指實，即欲剸刃其胸，猶曰半個遼陽亡而復存，不知清、撫、開、鐵之間，所存何地？所復何城？何以謝三韓父老子弟，而忍聞其野哭。以道將言之，道臣高出等皆係斟酌其才望以應遼急者，總兵李懷信等皆係名將，又爲廷弼所取用者，乃于道臣一言不聽，于大將罵之如奴，人人憤鬱，氣滿腔膛。懷信不勝其挫辱，決意求歸。聞其入關，一日一夜行三百餘里，此爲有病乎？抑萬不得已而然乎？監軍御史勒令走角門，如吏奉差，遣如有司。在御史固爲自失其體，在廷弼何以悍然冥行至此也？」

先是給事中祝耀祖論本兵黄嘉善：「汶闇當機，見摇首鼠，猶豫僨事，病中膏肓。」李若珪論嘉善：「中實憒憒，外復優優。原無擔當之識力，但道勿事張皇；原有畏避之私情，惟曰事難推手。屢失而屢不知懲，愈危而愈不知懼。」楊漣論嘉善：「爲本兵一籌莫展，不知主領何事，募兵跋扈，行劫而逃，總付之不問。」御史楊春茂論樞臣：「蒙面視事，猶然葫蘆舊様，不見帷幄新猷。」左光斗言：「有東事以來，樞臣誤國已非一事。」閲科姚宗文論：「嘉善爲本兵，議紛而愈不能決，事急而愈不能斷，熒惑兩岐，遷延時日。」至是，楊漣再論嘉善，併前論經略疏及馮三元、張修德本，俱奉旨會議。

楊漣奏：「接總兵李光榮報：奴酋從會安堡連刀灣進入，深至瀋陽城北。遊擊馮大梁報：東夷自蒲河北深至大鶴等臺，將原設撥夜趕散，至城北三里橋方止；榆林鋪等處精兵无數，兵分兩路，深入瀋陽，旦夕存亡莫必。經略廷弼或能力抗强虜、保全孤城，亦未可知。萬一瀋陽失守，則遼陽危，廣寧、山海以西皆震驚矣。乞勑九卿科道會議，作速擬備堪任經略一二人面諭；推左右司馬一人，共從長計禦虜援遼作何方略，無得仍前悠泛，至斷送封疆而後已也。」

漣論本兵黄嘉善八大罪，比之爲象，謂其昂然大物，日但食廪，侍班好看，而他事事可憎也。

發帑銀一百萬兩，與户部充餉，别部不得分用，星夜解赴遼陽交與熊廷弼酌量犒賞，并前發一百萬兩解九邊。兩項共給脚價五千兩，不許騷擾驛遞。

熊廷弼疏云：「遼師三路覆没，再陷開原，職始驅羸卒數百人踉蹌出關，至杏山而鐵嶺報失。當是時，河東士民謂遼必亡，紛紛奪門而逃也。文武官謂遼必亡，各私備馬匹爲走計也。各道謂遼必亡，遣開原道韓原善、分守道閻鳴泰往瀋，皆不行，而鳴泰且途哭而返河西，謂遼必亡，議增海州、三岔河戍爲廣寧門户也。闗西謂遼必亡，且留自備而不肯轉餉也。通國謂遼必亡，不欲發軍器火藥而恐再爲寇資也。大小各衙門謂遼必亡，恐賊遂至京師，而晝夜搬家眷以私也。中外諸臣謂遼必亡，不議守山海、都門則議戍海州爲遼陽退步，戍金、復爲山東搪牌也。即奴賊謂遼必亡，而日日報遼陽坐殿，以建都也。其間倉惶之狀，不能以旦夕待，而今何以轉亡爲存、地方安堵、舉朝帖席而卧也？此必非不操練、不部署、不撫輯、專事工作而尚刑威者所能致也。職到任，西北兵馬付柴國柱、賀世賢、李懷信守瀋、奉；川兵付陳策防守虎皮驛；土兵不願屬漢將，付高出暫理，同川兵貼防；山西兵付楊宗業存城操練；真、保兵付劉孔胤守遼城；毛兵與贊畫募兵，改付胡嘉棟防鎮江、寬、靉。凡援兵隨到隨發，可戰者發戰，可守者發守，與地方酌量緩急，何曾一處一兵不調停？各道新陞，職僅與高出、邢慎言周旋一城，相與如腹心手足。此外則以運糧事催海蓋道，班軍一二事駁寧前道。遼陽城池坍塌，人皆知其難守，紛紛私逃。自挑壕築壩，從十里外引水以護其外；幫修理外城，自築垛口、馬道、門闕以固其内〔四〕，向之私逃而去者，無不人人回城居住。瀋、奉之間向無一人敢往，亦因修築完固，商民百貨輻輳，道途日夜不絶。自斬貪懦陳倫、劉遇節、王文鼎後，復拏問鎮江遊擊戴光裕綑打送獄，隨以病斃；舊開原道募兵皆關内，多叛出邊外，一時陸續斬十三餘人〔五〕；近海蓋道獲其逃于南衛，劫盜人財者十二人，亦駢斬之；又一起十六人逃出邊，爲長勇堡李國臣追獲十四人，而逸其二，職令俱斬之。該道意不無少望。前于京中忽得一單，言五、六月間奴賊搶掠屯堡三百餘處，殺擄軍民近二十萬，又被賊衆逼逃四五萬人，且謂職央按臣虛報堵截，以爲天理人心安在。世道如此，欲大臣立功于外，其可幾乎？」

又云：「凡用兵將官，得力方能濟事。今總兵中惟賀世賢略短取長，敢于戰陣；侯世禄精悍，而初臨大敵；劉孔胤善收拾城守行伍，而戰陣非長。將官惟尤世功、朱萬良等爲軍白眉，餘多庸庸碌碌。求大將如前日劉綎輩，諸將梁貴、徐九思輩已不可得。各鎮兵馬四五等選之，餘無一非敗群下驅者。謂援兵陸續出關，必一一可戰，而不能戰，以爲經略罪，而抑知兵馬之不能戰，一至此極也。」

熊廷弼乞賜罷斥勘問疏曰：「頃臺省諸臣顧慥等交章論職，職病甚，有應，有不應。而臺臣馮三元辨言欺君庸才誤國一疏，數職八無謀、三欺君之罪，云不罷職而遼之存亡未可知也。是職留而遼必亡，職罷而遼必存。計朝廷之上，急急欲存遼，必急急議罷職，而不待言矣。惟是無謀之罪職願承，欺君之罪職不敢承。請姑辨一言，而毋嗔職怒人不怒虜也。去秋開、鐵委棄糧苗、田禾，職抵遼陽，即行各總兵卒收割，如不能則焚之；又遣中軍官往諭數次，而總兵李如楨、李光榮、賀世賢、柴國柱等竟不欲往。職爲此憤恨，屢見之疏牘，而馮三元未及見也。石碾研起火星，延燒火藥。六月陷開元，七月陷鐵嶺，八月陷屯關，職以是月至遼陽，牌行開原道韓原善駐瀋彈壓，屢央按院道屬職勿令行。北關報至瀋，官軍一呼而散，亟遣分守道閻鳴泰往撫之，至虎皮驛大哭而返。是時止此兩道，而馮三元言道臣欲以一二萬衆應援金、白，而職不能用也，不知道臣屬誰？況職以初三日到遼，二十一日北關陷，無論此時無兵，兵即有，而相去五百餘里，應援何能猝到？且鐵嶺不能援，而侈言援北關，此道臣欺三元者過也。修守開原是要着，任諸臣千言萬語，職所爲不錯。然所役軍皆其守城不能戰者，如柴、賀、李三帥人馬，實未做工，即貼修瀋、奉，亦其步軍，乃各帥自爲營盤，戰守計非軍自做而誰與做？若云不惟敵是求而守之事事〔六〕，則令箭之催、馬上之催，亦惟敵是求矣。瀋陽王大人之役，實係堵截，徒以無斬獲功，耻爲奬借語〔七〕。然以數萬賊平平妥妥而去，亦是難事，若吹索太過，必盡失監軍道與總兵將官心。近邊五六十里之野，不必待職清，自清、撫陷後，所在撿拾，而賊爲我清久矣。遼人與賊習，除稍能過活者盡搬移外，惟一二無依窮民仍依舊巢抵死不去，曰：我搬在别處無過活亦死，在此亦死，賊來且隨之而去，即屢清之而不得也。贊畫新兵欲回家過年，一日而逃二千人。王平、胡國臣所領新兵，乃贊畫疏稱練成一枝勁兵，爲高麗、奴酋所驚畏者。王平統兵一千七百餘兵，自言挑選可得五百人，像一當軍模樣。胡國臣步兵二千扎營，聞江潮聲作賊至，而奔潰。微三元言，而職不知遼人可用也。東山參礦徒趨利則有〔八〕，應兵則無人。去冬已牌行劉國縉及原任推官陳光裕給與游、都、備、中、千、把扎付張紹募一番，往返三月，僅抄一沿門册回報，而竟不見團練一人，何故？微三元言，而職不知礦兵可用也。職不識秦、楚事，且聞近年征倭、征播用兵幾何。查平播用兵二十餘萬人，今奴酋視播何勢何地？而評職用多也，謂職無謀，職當承。五月間，兩監軍道一駐瀋陽，一往奉集，按臣又因職請往蓋套催糧，獨職一人卧病，遼人屢催合救遼人命否，請問朝廷要遼東否，情出危迫，豈敢要挾無人臣禮？而謂職欺君，不敢承也。遼道自八月以前，實止監軍兩道，且各有分駐，亦不得一時嘗聚。海蓋道以一人而辨百萬餉運〔九〕，寧前道以一人而辦造舡、鑄錢諸務。馮三元不欲聽職自裁，請去職以存遼，而各部大臣欲聽職自裁〔一〇〕，姑留職以亡遼也，豈可哉？伏乞皇上將職罷斥行勘，亟簡才望大臣星夜前來代職，職已不能批發文移，惟一面知會將整衆待敵，如馮三元所云，保救殘遼，急宜如此，而不必遲回須臾者也。」

廷弼又有行勘尚屬虛文之疏。上曰：「科道魏應嘉、馮三元、張修德與經略熊廷弼屢次互相奏擾，若不速勘，無以明罪。就着魏應嘉等前往遼鎮會同彼處撫按勘明，從實具奏。」

楊漣疏云：「遼東之事，即勘以言遼事之人，畢竟各不相下，反滋多口，成何政體？力請收回成命。」

御史吴應琦奏：「勘官必須另遣，勘之而實，罪屬欺隱，廷弼自當其辜；即勘之而不實，事屬風聞，三臣亦不任其咎。科道之中饒有風力者，自不乏人，各舉其一，單車過往，即可了此一段公案矣。」

户科張國祥上言：「熊廷弼經略遼左，修築開濬，鼓舞堵截，是其一得，未可盡以爲非。借使調無用之兵，靡難處之餉，不至疲敝閭左，以爲根本憂，遲之數年，未能成功于剿，亦可取效于禦。惜其志大才疏，氣高量褊，諸臣論列，業無剩義。奉旨行勘，無庸再贅矣。惟是臣所慮者，經略更易之時，乃敵人乘釁之際。三臣並出，冠蓋絡繹，文移旁午，聚族而喧囂者，是何奇正之策，毋乃懈軍士而長寇志乎？説者謂功罪不可不明，據臣愚見，此時喫緊，惟敵是求，即藉九廟威靈，削平有日，不惟廷弼可從寬宥，即楊鎬何妨末減。不然而蕩定無期，變生意外，不惟當局者莫逃誤國之罪，即旁觀者俱有胥溺之憂，奈何于危難之場作此擾攘之舉也？」

議論持平，且得大體。

吏部尚書周嘉謨等會同九卿科道會議，得經略遼東熊廷弼當三路敗衄，以聽勘御史起今官，授之尚方，錫之金幣，其沐國家之寵遇，不可謂不隆矣。①單騎辭家，不避艱險，至于躬親畚鍤，形神俱瘁，其拮据于遼左者，不可謂不苦矣。撑持一年，瀋、遼幸而無恙，其守亦幾固，而力亦既竭矣。惟是人言嘖嘖，率謂氣岸高而沉識寡，隘集思而好自用。經年工作，未聞簡練之精；中原驛騷，無救城堡之陷。科臣相繼論列，豈盡無據而云？然第事在彼中，非得于勘議之確，何以定功罪之案？故謂廷弼爲有功于遼者，功難倖獵，臣等不敢懸料也。即謂廷弼爲有罪于遼者，罪須實據，臣等亦不敢懸料也。今廷臣會集，俱謂封疆事重，烽火勢急，且廷弼之以病告者屢矣，據稱衄血、嘔血、大瀉、大痢、肌肉消脱、熱熯如火，跌在公座昏暈不省，僮僕門書環守大哭，則其病狀之狼狽，亦可想見。即人或議其借病卸捏，而其計無復之之光景，又可想見。况强敵壓境，聲報狎至，此何等時也？尚聽其悠悠卧理，以遼爲孤注耶？急應議代，以重危疆。其有無功罪，總聽兵部轉行巡按從公勘議，具奏定奪。至于堪任經略，重擔之仔肩不易，殘局之收拾尤難，必有異才而濟以識，必有沉思而運以機，必諳練精熟，神思周到，而又虚心下士，使人各得盡其情、畢其策，而又就近轉移，方無遠水近火之慮。且人情矢口易，着身便難；人才探望易，課實則難。楊鎬既已僨轅，廷弼復無成效，天下事尚堪再誤耶？該臣先期發單，各舉所知，是日會議，又互相讐難，互相扣問，業有成議，此則候另日會推者也。若夫添設兵部左右侍郎各一員，平時可備帷中之運籌，有事可爲經督之後勁，先臣高拱建議委屬老成長慮，今值多事之秋，更宜預圖。會議僉同，無煩再計，候臣部另行會推，請旨遵行。又會議得逆奴匪茹，東事方棘，所藉居中帷幄之筭正殷〔二〕，當此而議樞臣之去，誠不宜輕，第樞臣屢疏乞身，情詞懇切，所不即去者，或以遼左未平，尚欲效借箸之籌；亦以山陵未畢，未忍離執紼之役；抑或明旨切責，不敢乖賜玦之義。然而樞臣之當去，此樞臣之久自決也；謂樞臣爲當去，又輿情之久爲樞臣決也。矧邊事益急，非中樞卧病之日；人言紛至，無復出就列之理，似應予告以全晚節。但大臣去留，應俟自行陳乞，取自聖裁，非臣等所敢擅擬也。」

十月初二日，巽風揚沙，登州晝晦。三日，水怪晝行海上。又，招遠鄉民家生猪一首八足。是日，會推經略。

以袁應泰經略遼東。

薛國用陞巡撫。

熊廷弼與袁應泰交代，上疏列人民、城堡、兵馬、錢糧、仗械，一一交有數。并言：「自丁家泊斬捕，而粆花不入犯；自長勇臺撫，而煖兔不復交通〔三〕。去秋九月，奴言欲犯遼陽，自瀋、奉修兵備，而奴返老寨，諸夷子返新寨，合力拒守，其大略也。年來裁巡撫，添巡撫，起贊畫，用閱科，議都護，何莫非臺省所建？何嘗有一效地方？此後文墨不省，議論不寬，則經略必無所措手足，臣爲國家慮矣。」

兵科朱童蒙往遼東，會勘廷弼功罪。

南道李希孔論姚宗文閱視奸狀：「以夷攻夷之策，並無要領，四千金浪擲之虜穴。劉國縉事事決裂，而挺身護之；周永春紛紛冒破，而卮言褒詡。荷戈士二十萬，一日而閱畢。太常非論列之時，前此在閱，孰禁不言，前此所閱何事？失事始禍之李維翰不逮，抱頭鼠竄之汪可受不削，今再置宗文不問，尤而效之，誰爲國家任勞怨哉？」

王在晉題：「全遼性命，關于一線之海道，故防遼者以保全運道爲第一着。以奴之强，久不敢東向而窺登海者，豈以虜不習舟乎？烏龍江之造船，見于遼報，非臣之浪説也。豈以地險不能進兵乎？臣已令巡海道差官偵其地里，繪其山川，非真不可直達也。當東兵三調之後，處處存一空營，民間一日數驚，思避兵遠竄，臣不得已，屢疏瀆請，留得新兵九千，分散各路，然皆田野荷畚之民也，不能蹈海。臣又不得已，屢乞水兵，該部三議調，而三易其地，不能得一水師。臣計無所措，檄道備安家行糧，自往浙、直，召募水兵一千六十六名、精鋭慣出入海洋捕舵目兵共五百四十七名到營操練，造舟檝，製火器，葺墩臺，整戎械。列陣有衝鋒之甲冑，揚旌有出海之艨艟。登州二百年來，未嘗有此軍容氣色。藉令如防倭時，再添兵二萬，四布犄角，横截島嶼，奴如犯海，定使之納命海中，斬奴酋之頭，醢李永芳之肉，以雪國耻。此臣安排措置之大略也。奴中間諜無地不有，其不敢興渡海之謀，爲絶糧之計，亦此間聊有兵革預設，以銷其萌。然則東省之養兵，豈直爲山東保封域？乃爲遼東守倉廩，而保其養命之原也。敖倉之粟不據，則成皋之險不固，事之不煩再計者。臣因新兵無餉，具疏懇請。神宗皇帝于四十七年歲除之夜，傳旨允留臨清六郡税銀五萬兩，香税二萬兩，以充兵餉。夫臨清等税，係進内錢糧，此二十年來所不易得之旨，而臣幸得之，微臣何能，感格天心。亦聖明知東省不可無兵，兵不可無餉；又知東省鄰遼，留兵以固齊，可以護持遼餉耳。先皇帝登極，詔罷各路抽税，凡鄉閭市井一聞詔音，靡不泣下，喜出向隅。臣即廣播皇仁，令臨清六郡盡行罷榷矣。此五萬兵餉既無所出，臣不獲不請留新餉。乃户部謂新餉之不可留也，議扣民壯工食以充之。夫九千兵之餉，所費不貲，豈民壯所能分食，以使之無餒者？矧本省團操民壯即爲民兵，此外聽差民壯幾何，工食幾何，而可當九千兵之餉哉？半飢半飽之民壯，既不可以緝盜賊；無衣無食之新兵，又不能以守地方。此兩廢之道也。又云如抽扣不足，則以無礙搜括等項佐之。夫糧非額編，焉能復有存剩？東省年來洊饉，額編之數什虧其三，無額之銀百無其一。矧扣除民壯工食及搜括無礙等項，見准部文，充東、兖買牛之費。抽扣不足，而搜括繼之；搜括不足，而設處繼之；設處不足，而勸助于民、蠲助于官者又繼之。今且虛二千九百餘兩未補，牛盡而財與之俱盡，臣疏在御前，可查也。四十七、八兩年已經押扣、搜括，辦遼左之車牛，安得復有工食、無礙等項佐本省養兵之費哉？兵以防寇也，兵無食即爲寇，而其害甚于寇。寇尚有兵以禦之，兵爲寇，而地方無可禦矣。兵易聚而難散，散則有獸奔之患；又易散而難即聚，聚則有烏合之形。遼兵無食，虞其脱巾，豈齊地之兵不能爲脱巾之事乎？遼兵脱巾固爲可慮，豈齊兵脱巾不足慮乎？户部不肯留新編，臣豈不諒其無已之心？然齊之蓄兵，總爲防遼而設，與他省自是不同。臣以無錢空手，左揮欲發無價之米豆，以濟遼左之急；右揮欲索不編之兵餉，以充營伍之腹。即朝習點石爲金之法，夜習神輸鬼運之方，亦不能取必。此責臣以所難，而臣必不敢緣旦夕之卸肩，因循以釀變。從來兵餉起于田畝，乃爲長久之計。今齊地三編，民命殆盡，額外必無可加。齊地之税，未有不先養齊地之兵，而獨急遼人之餉者也。儻户部必不容臣扣留，臣請將完全無缺陷之三齊交還陛下，勢必銷齊地招養之兵，停登、萊海運之粟。如既欲餉遼，又欲固齊，則此九千兵之外，臣尚思請益；而此九千兵之餉，可不爲地方一區處乎？」奉聖旨：「户部知道。」該户部議覆：「准留事例、贓罰、折蠟、抽扣等項，仍清查工食，以應扣五分之數抵餉，如不足，酌議量留加派。」

兵部尚書黄嘉善罷。

王在晉陞兵部左侍郎，張經世右侍郎，着作速前來協贊部務。

以刑部尚書黄克纘暫署兵部，併協理戎政。

經略袁應泰奏薦原任寧前道察處不謹參政張國儒可當撫順一路，原任吏部爲民郎中趙邦清堪爲遼東監軍，以崔景榮爲兵部尚書。

十一月，熊經略與閲科姚宗文書：「去秋八月初到，每奏報必送書揭，回札或有商量者。查來書，多言訪問金、白子姓稍力，意急欲取旨，而愚不能會。用夷一事，地方屢求虎酋不理，及差取别鎮往憨營講事，竊恐遊擊命官一有他虞，動關國體，不敢不忠言商確。何意遂逆尊指，致以擅遣屑屑是辨。雖日後無從下手，平白送四千金與虜，結訪問局，而徒惹夷使一場之侮辱。必思當日言爲不謬，而出關乘興之初，不宜直遽以阻其趨。此不佞之罪也。」

熊廷弼揭：「開原道韓原善新募兵馬多賭博棍徒、響馬猾賊，成群脱逃，全不開報。是時兵已逃過二三百名，馬已死過五六百匹，而疏中混云招過兵馬一萬九千員名匹，混在一處。劉贊畫兵雖逃，猶逃歸種田，而該道兵不逃出邊外，則逃入南衛，劫截財物。其安家銀自招自筭，不肯自求其清楚。蓋該道心術險深，操行暖昧，職不能復存厚道矣。」

兵科韋蕃奏遼右喪師首罪未議，參李維翰。

御史王夢蛟奏撫臣失事之勘難緩，參李維翰、周永春。

賀世賢觖望稱功揭云：「入秋以來，無日不傳烽，無時不介馬，奔馳戰陣，斬獲前後六百餘級，賞猶有待。黄河之清可竢，職之苦海難脱。援遼總兵强半以病去矣，獨職以不明不白之身，居不進不退之地。職力竭矣，遍身病矣，功罪何居？惟大昭公道，幸甚。」

巡按御史申廷譔題：「自奴酋發難以來，殘破北關，朝廷以興滅繼絶之仁，寓聯絡羈縻之意，是以有優恤北關女姓四千兩之賞，以恤虎憨兔之婦，不過恩意感激，以結其心。乃犬羊之性，唯利是視，忽有四千兩長賞、三千人進貢之望，王猷以細人浪子，利于餌而輕于許，致彼中以虛詞爲口血。去歲桃林口有講説至再之事，附近諸虜效而尤之，其又何弭焉？」

御史李應薦疏云：「西虜聚衆挾賞，情形叵測。收彼降夷，因致藉口；恤其女姓，更啓釁端。三千人入貢，是爲何心？許三千人入貢，是爲何策？王猷之首必不可恤，虎酋之欲必不可狥，桃林之路必不可通也。」兵科蕭基疏：「西虜生心，屢年之款市，結之而不足；王猷之詐許，挑之而益鬨。張汝觀等四人之拘留，作何結束？四千兩例金、三千人入貢之約，作何彌縫？今日索降夷，則黄把都兒犯搶之詞再至矣；明日問殺命，則乃蠻、台吉等慢褻之語紛來矣。蠢動之思，觀釁而發。斬王猷首，懸之藁竿，以斷其藉口之萌，此保薊之全着也。」

基又參宗文失策者三，冒罪者五。

刑科毛士龍疏：「薊門之禍，自姚宗文用王猷之詐，以歲幣餌狼貪以入貢，開邊釁，致桃林引路，西都爲騷，則薊門一帶岌岌不減遼東矣。」

南道王允成疏：「西平入犯，王猷出使，功不足以贖罪。虎酋浪索，諸虜紛講新賞，是則專管西虜之明效大驗也，又何言哉？」

宗文與虜四千金，虜不以爲恩，反索賞挑釁。直至在晉爲經略，力拒之，威惕之，講款多時，嚴爲杜絶，薊門之禍乃已。事載款虜疏中。

十二月，經略袁應泰題②：「奴酋初發難也，始于撫順，蓋撫順爲奴酋出入經由之處，是必争之地。奴酋以撫順教場爲屯兵之處，如坐通衢。所陷清河、開、鐵，延袤三百里，殺擄官兵軍民數十萬，而我叛賊李永芳、佟養性等日夜引導籌畫，爲陷陣封侯王之舉。今奴且威脅朝鮮，而時圍獵于開、鐵、汎、懿之境矣。職會督臣文球、撫臣薛國用、按臣陳王庭并道、將諸臣，問曰：『今日計將安出？』諸臣皆曰：『宜復撫順、清河。』職曰：『宜用兵幾何？』諸臣曰：『有原議十八萬之數在。』『用大將幾員？』皆曰：『撫順六員，清河三員，寬、靉一員。』職以爲説皆是，議于撫順用監軍道高出、張慎言，總兵官賀世賢、李秉誠、張良策，又以尤世功充總兵官，朱萬良將騎，陳良策、童仲揆將步，各一萬。清河用監軍道牛維曜，總兵官侯世禄，副總兵梁仲善，并見調姜弼各行總兵官事，内侯世禄、姜弼將騎，梁仲善并將步，各一萬。寬、靉用金復道胡嘉棟，副總兵官劉光祚行總兵官事，將步兵九千，騎兵四千，并見調水兵七千，共二萬。外以守遼陽〔三〕，總兵官劉孔胤統之，尚少一員，于續到副將内選委。以一萬守瀋陽，一萬守蒲河，以七千守奉集，兵將尚缺。若蒲河爲撫順後應，爲三岔兒要衝，且兼西虜，況已殘破，提兵應援非良將不可。查得甘肅總兵祁秉忠，智勇兼資，威名夙著，且多蓄健卒，應調守蒲河。而瀋陽、奉集亦于續到援將内選委。

蓋大帥自李懷信、柴國柱去後，止寥寥數人，且其中更有在應汰之列者，故不免衿捉肘露。若此，不得不調祁秉忠以濟急需外，備兵一二萬爲臨時調遣之用。奴若攻撫順之師，我堅壁相持〔一四〕，而清河、寬、靉出鋭師以搗其舊寨。奴若北出三岔兒，蒲河之師且戰守，而撫順搗其新寨。奴若南赴清河、寬、靉，我撫順之師直搗新寨，而蒲河隨爲后援。至臨敵出奇，招降用間，未可先定。若是而撫順、清河可復也。撫、清復而撫、清之内屯堡皆復，民間之稼穡終不爲虜資，隨即相地築城，且急議屯田于撫、清一帶以充軍實。然此言之似易，而行之甚難：抗屢勝之敵，而奪必争之地，則難于進；處孤危之城，而爲久住之計，則難于守。此二難者，臣任之。若夫兵馬不足，而征調不應于手，則戰難；錢糧缺乏，而轉輸不及時，則勝難。此二難者，廟堂任之。兵馬錢糧足，而戰不能用，請治臣之罪。若兵馬不足，錢糧乏，則臣不敢以三軍爲嘗試，國家爲儌幸也。蓋奴酋舉動視馬力强弱，其馬弱惟在春初，我之乘時斷宜在春，而兵馬錢糧須齊集于二月之前，過此而奴不可復制。雖極力支吾，不過成一年之局，國家之憂之擾之，費亦何時而止乎？其文武將士能守撫、清，至歲終無失事者，鎮道而下宜破格升賞。其戰卒雖比往時戍開、鐵者勞險更倍，而亦止照其例，撫順月糧一兩八錢，清河一兩六錢，以示鼓舞。大約能戰而後能守，能守而後能戰，惟祈計出萬全而已耳。」

御史潘士良云：「經臣袁應泰誓不生還，欲逼奴寨，城撫順而軍也，豈非慷慨任事之壯志哉！第議城則我必守，我守則奴必争，奴争則勢必戰。據經臣所定之局，是戰局也；而度經臣所處之勢，非處能戰之勢也。年來水陸二運，問舟楫于水濱，斃馬牛于道路，不啻三十鍾而致一石矣。向第運至遼陽而止，今議增撫順，又增三百里之遥矣。餉臣稱經略咨取小車八千五百餘輛，推車夫一萬七千一百五十餘名，每歲用銀三十餘萬兩，欲加派于前派牛騾地方，民生之困憊極矣。故城撫順，要着也，凡要害必屯重兵，但地太曠則難分守，兵太遠則難在援〔一五〕。腹背受敵，兵家所忌。况奴酋最狡，善用奸細，我之動静無不悉知，安肯專意退守，聽我修築乎？」

勘科朱童蒙疏：「臣入遼便欲城撫順，然撫順當城，亦必不能即城。撫順去奴新寨約二十里，去瀋、奉約九十里，我兵城此，倘奴出鐵騎截斷來路，無論糧草不通，即應援亦絶，是斷送若干人也。須以漸而進，乃有成績，一鼓而收全功矣。」

禮科王志道疏云：「奴酋掠金帛則有餘，掠鹽粟則不足，貂參無所市則貨絶，投降無所處則人飢，山地磽确則耕種荒，干戈屢興則士馬倦，數年之後，可不戰而服也。乃其要尤在于勿責近功，勿圖一逞。苟非虜騎躝入，相機截殺，願十年勿言戰可矣。職嘗言國家受病止爲八個字：論人才則『分門别户』，論遼事則『犁庭掃穴』，張虚聲則聳而聽之，語實事則談而厭之。遼禍幾于不可救藥，皆不問兵馬、輕于言戰之易也。然則進城撫順，豈非石畫，職切以爲未可耳。」

校勘記

〔一〕餉司單崇議請召賣米六十萬石　「賣」疑「買」之誤。

〔二〕兵部請行再勘　「請」，原作「清」，據北大本改。

〔三〕議經略終難抹殺其功　據下文「憐經略者亦難掩飾其咎」，則此句「經略」後疑當有「者」字。

〔四〕幫修理外城自築垜口馬道門關以固其内　熊廷弼集作「幫修裏外城身垜口馬道門關以固其内」。

〔五〕一時陸續斬十三餘人　「十三餘人」不通，熊廷弼集作「三十餘人」。

〔六〕若云不惟敵是求而守之專事　「是」，原作「自」，據北大本、熊廷弼集改。

〔七〕耻爲獎借語　「耻」，原作「証」，據熊廷弼集改。

〔八〕東山參礦徒趨利則有　熊廷弼集「有」字後有「人」字。

〔九〕海蓋道以一人而辨百萬餉運　「辨」疑「辦」之誤，後句「寧前道以一人而辨造舡鑄錢諸務」之「辨」字同。

〔一〇〕而各部大臣欲聽職自裁　熊廷弼集「各」作「閣」。

〔一一〕所藉居中帷幄之筭正殷　「帷幄」，原作「幄幄」，據北大本改。

〔一二〕自長勇臺撫而煖兔不復交通　熊廷弼集作「自長勇招撫煖兔二十四營，而東西虜不復交通」。

〔一三〕外以守遼陽　「外以」後當少「二萬」二字。明熹宗實録卷五天啓元年正月丙戌條作「外以二萬守遼陽，總兵劉孔胤統之」。

〔一四〕我堅壁相持　「壁」，原作「璧」，據北大本改。

〔一五〕兵太遠則難在援　「在」疑「往」之誤。

底本眉批

①本條原有眉批「會議經樞」。

②本條原有眉批「議復清撫」。

辛酉　天啓元年

正月，發内帑五十萬付經略給散官軍。

二月初三日，日暈甚異。

經略袁應泰奏：「昨奴酋以數萬騎圍奉集，自以爲敵無不克。乃監軍道高出鎮定調度，神色不變，睨視佩刀，即有意外，引以自裁，挺然義不受辱。虎皮驛兵將赴援，揚塵大起，奴遂引去。所謂人有必死之心，已足徵一班矣。」

兵科朱童蒙勘遼東竣，據實回奏①：「一、某處被賊殺擄爲失事，某處堵戰修守爲有功。勘得熊廷弼自萬曆四十七年八月到任，至泰昌元年十月内解任，其間奴賊入犯：四十八年五月十八日于花嶺等山城，六月十二日于王大人屯等一十九屯，八月二十一日于蒲河等處，其被賊殺擄者共二十三處，皆爲失事。至于蒲河、灰山、豹冲斬級二百有奇，所獲馬牛稱是，雖不可以言功，而亦以堵截用戰者也。遼陽之城環匝二十里，年久頹塌，當開、鐵初陷，遼陽之人束裝思徙者，以城不足爲憑也。廷弼葺其外，築其內，繞掘兩河，引水建閘，城之上下密布火車、火器，分兵防守，稽閒襍，絶奸細。心思之巧，經營之周，有才人所不能到者。至瀋陽、奉集、虎皮驛，大小三城修工如是，守具亦復如是，此其修守之可言者也。一、某事爲從實奏聞，一某事爲欺隱未報〔二〕。勘得疆埸之事，凡有查核，經臣憑監軍道之開報，監軍道憑府廳之開報，亦或有據塘報即入疏中者，向來章奏似亦從實，而無欺隱。但其所報殺擄名口，間與撫臣所奏稍有異同耳。一、城堡有無殘破，村屯有無搶掠。勘得瀋、奉之外，凡有村落，因山爲居，垛石爲垣，故曰屯、曰寨、曰山城，其實民居不過一二家、三五家；而爲城堡者，止有蒲河一處耳。至花嶺山城、禿老婆山城、許毛子山城、四十户屯、金剛屯、金得成屯、早生屯、李二金寨、李沙包屯、王大人屯、石廟兒屯、劉普屯、蘆尖屯、白官人屯、劉三屯、頭目瓦溝子屯、終弓二屯、新屯、趙官人莊、沈塞雙樹屯，皆其前後搶掠之村屯也。一、士民殺擄幾何，器械損失幾何。勘得三次入犯，殺擄屯民七百二十三名口，被傷十一名口，被擄脱回四名，擄去民馬五十四名〔二〕，牛一百二十一隻，驢十七頭，燒燬房屋八十五間，山口窖二十九處。此殺擄之的數也。器械則失損盔甲等項一百三十四件，搶袍一十四領。一、兵馬折傷若干，現存若干。勘得前後陣失折官兵共五百八十七員名，被傷兵丁共三百零七名，陣失馬一千五百六匹，現在支新餉主客官兵一十六萬三千二百四十二員名，寨馬六萬五千九百六十一匹。一、錢糧實用若干，虚冒若干。勘得自萬曆四十七年八月起，至泰昌元年十月十五日止，存庫續收銀七百七十四萬二千九百兩五錢九分八釐，除收過銀九千九百七十五兩一錢三分，存庫銀七十四萬五千一百六十六兩四錢六分，其一應出入，悉經餉司與糧官收支，廷弼原不經手，故有頂名虚冒，乃各營將佐影占之弊，亦嚴爲查處，而不之縱也。臣謹參：勘得經略熊廷弼有揮霍之雄才，有沉毅之雅度，極其全力，固能擔人之所不能擔；騁其偏鋒，亦有忍人之所最不忍。任事纔十餘月耳，而遼陽之頹城如新，喪膽之人復定，至奉集、瀋陽二空城，今且儼然重鎮矣。迄于今而民安于居，賈安于市，商旅紛紛于途，而後之人因之以爲進戰退守之地。臣入遼陽，官民士庶垂泣而思，遮道而代之鳴，謂數萬生靈皆廷弼一城之所留，是精力悉經于此，而其得謗亦先于此也。唯是致辯殺擄一節，嘵嘵于有花名無花名之説，以争多寡，獨不思邊疆凡有殺擄，律令但論失事，不計數目。當日廷弼所漏，雖未必都中所傳爲萬爲千，而即其所報亦非的數。廷弼明知而敢自爲隱匿，是欺誑也；不知而爲人所蒙蔽，是聾聵也。廷弼必居一于此矣，惡得云無罪乎？臣愚則以爲廷弼尤有大罪焉。夫封疆之臣與諸臣不同，尚方之授，金幣之錫，與委任諸臣亦不同。廷弼受皇祖破格之遇，即捐其頂踵，誓以死報，尤不足答萬分之一。乃蒲河之役，廷弼知賊志在攻瀋，策馬而趨以救北門，何其壯也！至則諸將被衝，不欲再戰，威之以殺，而亦不前。廷弼見官兵之怯弱如此，已料後事無可成，始灰心卸擔，故借微恙乞骸以歸耳。奴賊未滅，何以身爲？廷弼將置君恩于何地乎？忠臣必不如是，是則罪之大者也。然而廷弼之罪又自其任性致之。何也？廷弼性甚急切，而遼人素習怠緩。性不急則工不完，工不完則無可恃以爲守，况非常之原，黎民駭焉。凡借磚于鄰居，採木于園林，移石于墳墓，似乎争民施奪，其甚者督工修築，刻期責報，鄉紳青衿，役無割免。又綑打各弁，斥逐諸臣，能無騰謗聲乎？所以流言載道，形容過實，諸言官得之風聞，臚傳入告，而陳于君父也。然皆激于上爲國家慮周疆土，而以大義期廷弼耳。及至廷弼勝氣相加，屢疏致辯，既而一揭出一揭應，愈出愈乖，終成罵詈，非所以待言官，亦非大臣所以自待也。總之，廷弼功在存遼，微勞雖有可紀；罪在負君，大義實無所逃。此則勑諭所謂罪浮于功者矣。」奉聖旨：「這遼事會勘已明，熊廷弼力保危城，功不可泯。因言求去，奉旨回籍，情有可原。今中外多事，用人方急，該部仍議及時起用，以爲勞臣任事者勸。」

經略袁應泰條奏：「兵馬、錢糧、器械、將吏應援太緩。急則搶地呼天，或觸時而傷諱；緩則翻陰覆陽，且顧後而瞻前。臣雖藏三牙、哆三足，徒嘆曲高靡和、獨拍无聲也。廟廊之上，勿先立一膠柱之見，而謂奴不可與争，臣前所請可以遲應。一着差池，噬臍何及。逗遛三年如金冠、王表，逮繫正法；退縮奸狡如張超，黜革永不叙用；王錫斧臣等提究，庶人情少肅，可鼓後來耳。」

吴金祖的名劉光先，又名吴太真，以叛卒倡妖言惑衆，揭竿而聚者不下千人，掠子女，燒民房，奪牛羊、車輛，岫巖一帶大遭荼毒。且十營土口，自稱真命，執紅白標旗爲亂，殺蓋州備禦營中軍秦顯忠、把總胡静，岫巖備禦營把總張懋誠，陣失軍士馬匹。議者以海運入自蓋套，陸運起自海州，咽喉要地，既當絶賊奔奴之路，又當防奴乘變之攻，皆要着也。時鎮守李光榮與麻承宣、竇承武、黄璽、同知張文達會議，于二十七日分營圍山，次日四面齊進。至二十九日李鎮守在南谷口正分派間，而北谷口忽報賊出，坐營童毓秀迎擊，被賊斫傷，衆皆却走。賊追趕過河，遊擊高中選、參將胡國臣復回迎戰，國臣中傷，大衆混殺。李鎮守急率參將黄璽帶領兵丁合戰，于是本鎮内丁守備等官吴登雲等十餘員領兵奮進，不避矢石，一擁上山，銃砲齊打，賊不能支，遂奔回巢，大兵遂入峪内。竇、麻同王化溥等又從南谷口進焚其頂，而賊平矣。大勢約五百餘人，割首級者十之二三，騰山投水者十之七八，吴太真、羅守忠俱死兵中。

遼撫薛國用劾諸將疏曰：「奴之深入瀋、奉，肆然無忌，良繇我之指揮者習蒙蔽爲故智，以掩餙爲長謀，烽燧每每不明，偵探常常爽失。故或醉夢終日，而一籌之莫展；或倉皇失措，而站立之不定；或虚憍恃氣，而觀望爲之不前。是以來則不知，進則不敵，去則不追，甚且張鋪滿紙，掩罪爲功，任其大入大利，小入小利，而曾不能一創也。奉集失事，李秉誠匿不以聞；朱萬良聞警赴援，引賊深入；賀世賢、尤世功爭質虎皮，擁衆自衛。以大將之巨擘，反善爲奴描寫而張其勢，可不嚴爲處分，以爲退縮之戒耶？」

薛國用題：「遼陽主客軍兵踰十六萬，馬踰六萬，所需糧料芻藁爲數不貲。其海運者由蓋套上岸，其陸運者由高嶺發載，俱輓而之遼陽，且至奉集達瀋陽及威寧等處。近者五六百里，遠者千餘里，皆用牛服載，需人牽輓。原派牛車三萬餘輛，用夫六萬餘名，額軍不足，搜及民間牛騾；牛騾不足，又計户抽丁以佐之，名曰糧差夫、銀差夫；夫役不足，復僉舍餘併士紳供丁以益之。初不過借役一時，乃一經派運，釋肩無期，祁寒暑雨，不得偷一日之安。又所領之牛率多倒死，一面雇工，一面罪賠，至再至三，賣兒鬻婦。凶年饑歲芻桂豆珠，每人每牛月計糧料，割身之肉，啖牛之腹，中人不免破産，貧者鬻身以償，以故擬及合户，累及親族，計無復之，惟有逃與縊耳。近日妖民吴金祖倡亂，遂以此挑激而號召之，無知小民困于運役，爲其所愚惑而嚮應者不少，則因運差之苦而思逸逃者，尚慮實煩有徒矣。」

袁應泰題②：「職甫待罪遼撫，日夜思制夷之方，無如招降爲最。隨牌行河東各道，以招撫降夷，而河西不與焉。在遼如總兵官賀世賢、尤世功、李秉誠、侯世禄，行總兵事朱萬良、姜弼，此六人者，各將兵萬人，而又素善撫夷丁，能得其死力，故令各收壯夷丁一千名，分配各隊。是每漢丁五十人，夷丁五六人也。内有形迹可疑、不便入營者，則又持委原任總兵麻承恩、加銜遊擊王世忠、備禦朱梅統領關防，察其無他，可用以戰，方始發各營。此職安插之法也。查降夷内東夷纔三百餘人，西夷則五千四百餘人矣。職讀漢書，霍去病降匈奴渾邪王數萬，自是匈奴遂斬右臂；後趙充國擊先零，亦以招降卒使先零瓦解。遼自開、鐵淪没之後，虜自十方寺等處投入奴寨，至則納之。今虜過遼、瀋者則投遼、瀋，而近開、鐵者猶投奴寨。若遼、瀋不收，能保其不盡由開、鐵歸奴乎？至養夷錢糧，亦有可得而言者。援遼初議十八萬，今措餉如此之艱，何敢堅執成言？因與各道議，但以十六萬爲準，見調家丁及見收夷丁，總在十六萬援兵餉銀内通融支領。是養降夷之外，尚減舊議二萬人之餉也。今援兵至遼者，計每名之費不下二十五金；至遼而可用者，十不得二三。若夷虜，弓馬原其本分，一爲揀配，即是選鋒，而無安家行糧之費，其利其害了然如列眉。伏乞天語申飭各鎮將，前調家丁如數速發，萬勿執留。庶軍聲益壯，夷黨可携矣。」

兵科郭允厚云：「據經臣揭開，總兵賀世賢招納夷人共男婦三千八百五十餘名，間以其强壯者補逃故軍丁之數；李光榮收真夷一千一百四十餘名。歸心主于就食，則歸降難以計多寡。將却之乎，則招之者何心；將受之乎，則養之者何術。有如强壯補至萬餘，則營軍大半胡虜。聚之一營，誰能範其馳驅？散之各營，逐處皆其醜類。倘飢烏暫爾向人，飽鷹終當颺去，是凶歲我爲逆旅之主人，豐年彼作還鄉之父老，于時我可遮其歸而留其用否也？」

禮科汪慶伯云：「日者西虜降至六千餘，源源未艾。憂索降者，謂啓郭藥師之釁；憂受降者，謂犯來歙之戒。還之恐罹悉怛謀之慘，安之復煩江統之論。已而降者在門，犯者在閭，如東西合謀，可不爲之寒心哉！况經略所招者東夷諸部，所收者西虜，無損于東，而樹敵于西，從此謝絶，豈爲矛盾耶？」

巡撫薛國用題：「奴酋奸狡，每伺我之舉動，反所行而就中取事。今日用夷，必須頭目傾心，方保無虞。此蠢蠢來者，不過沿邊零星之窮夷耳。無論飢則就人，飽則颺去。見今巴領、黄把都等頭目差夷索賞，長安堡已微啓其端矣，將來一不與，而頭目皆與我爲難，甚則東西交合，爲患更大。其可慮者一。奴執宰酋，日挾其族黨代伊肆螫，而卜兒亥之子又係奴壻，今之降者，安知其中無宰、卜部落而藉名别種乎？其可慮者二。昔有開、鐵、北關東西間隔，而金、白又時偵交通之情以輸我；今皆失陷矣，東西只直任其往來，又安知非夷狄暫竄西部，而詭以報我者乎？且賀鎮夙負勇名，我倚之爲左右手，奴視之爲眼中丁。近蒲河回鄉生員唐元吉稱，在奴寨時聞李永芳等日夜潛謀，以圖賀鎮，而賀鎮以數千降夷團聚瀋陽，一有不測，其禍寧止一帥乎？其可慮者三。乞勑諸臣亟蚤議妥，俾邊臣知所遵守，不至異日噬臍之無及也。」時科臣蕭基、蔡思充、毛士龍、曾汝召、趙時用，御史王業浩、馬逢皋、徐揚先各有疏。奉旨：「下部議覆。」

兵部覆奏：「奴降一事，關係遼左安危，科道諸臣憂之者深，故其言之者切。向撫臣之慮，尤非事外遥度之詞，臣部亦恐西虜因而搆釁，或奸細潛伏其中，已覆令分散安插，以後勿復再收矣。今經臣疏，一切揀配即是選鋒，而無安家行糧之費。每次收一千，不獨屬之賀世賢，又將形迹可疑者委麻承恩、王世忠、朱梅統領關防，察其無他，可用以戰，始發各營。又恐我若不收，虜必投入奴寨，前後所收至五千四百，不爲不多。以後東夷投降者，經臣密察機宜，無論多寡，俱當收納，只宜防其奸細，勿墮賊謀；而西虜則在所緩。蓋自有遼事以來，内外建議皆欲撫安西虜，此等着數終當照管兵機，原不中制，一見勝于千聞。科道縷縷言之，正欲與經、撫悉心商確，事求其妥，功求其成，寧有一毫成心作阻撓計耶？」

先時賀世賢久有異志，廷弼心疑之，使自爲一軍備調遣，不使定駐，時時餽遺勞苦之，稱其忠勇。嘗歲節宴集諸將，勉以同心，出血共歃。已而諸將有密啓世賢異者，廷弼私語之曰：「吾向者歃血正爲此，諸君自慎可耳。」及袁應泰代任，盡反廷弼之嚴，而以寬收人譽，遂委任世賢不疑，且懸招撫之令，來投即納諸帥。童仲揆泣諫，應泰曰：「我自收不戰之功，何不可而强阻爲？」監軍高出亦諫曰：「來降者必彼有所不堪也。今奴酋方强，何故舍之而投我，又何故如此其多？」應泰不聽，曰：「我固欲空其巢耳。」今世賢與尤世功並駐瀋陽，世功所將一萬五千人，世賢報納降夷六萬。世功密啓應泰曰：「世賢所報六萬，實十萬也，城決不可守，願以所統率自歸遼陽。」應泰乃始大駭，然已無可奈何，姑以軍令令世功曰：「敢移一步者斬。」意欲留世功牽制之，而勢已不能矣。童仲揆前守清河間，與麾下四人攀崖度鴉鶻關，行叢箐中，遇一人自奴酋老寨逃出，詢之，乃楚兵也，言奴酋諸子悉其精壯屯開原新寨，而老寨惟老酋獨居，所俘南人置焉。老寨去關僅五十里耳。仲揆請于應泰，言關低易越，以楚兵爲導，願率所將川兵五千直入老寨，可使奴有腹背之患。應泰以爲險，不應。亡何，而奴已增高關隘，置守清河一帶，山路盡行斬斷矣。蓋廷弼用權詐，恩威莫測〔三〕，故奴間不行；應泰左右皆間，旋即有以仲揆謀報奴也。

聖諭：「遼左告急，本兵居中調度，責任匪輕。該部尚書等官請告杜門，堂屬空署，豈成事體？尚書崔景榮着力疾視事。侍郎張經世已有旨，即出供職。職方郎中仙克謹也着他出來，不得藉口人言，致悮疆事。責有所歸，其未到任侍郎，兵部移文守催就道。特諭。」

奴酋謀犯瀋陽，按臣張銓先下令遷降夷于城外，賀世賢不從。將士憑濠而守，降夷內應開門入賊，尤世功没于亂軍，賀世賢率其屬西奔。

陳策、童仲揆移兵皇山，以遏瀋、奉之衝，分營扎横河南。賀世賢突至，策開營納之，遂爲所殺。賊衆以仲揆所將皆川、土兵，戒勿輕敵。仲揆逐之，大戰于河上，斬賊二千餘。裨將周敦吉曰：「我輩不能救瀋，在此三年爲何？」石柱司秦邦屏先進渡渾河，諸營畢進，留戚金、張明世統浙兵三千陣河南。諸渡河者未成列，奴以鐵騎五萬四面蹙攻之。諸將殊死戰，斬賊墮馬者三千餘。賊却而復前，如是者三。自辰至酉，奴騎益衆，仲揆奮勇潰圍出，遣將請援于應泰。應泰曰：「奴兵强，决不可救，不必又添陷一枝人馬。」差官叩頭流血，按院張銓再三激之。應泰曰：「此天數也。」銓怒罵而起。仲揆望援不至，兵盡矢竭，揮短兵親斬賊十七人。賊復圍之，萬弩齊發，仲揆死焉。賊圍浙營，浙兵以火器擊之，賊死甚衆。火器盡，乃復接戰，良久，大敗，將卒俱殲。初，按臣張銓檄朱萬良、姜弼之兵屯虎皮驛，爲奉集聲援。及川兵渡渾河，二將兵近數里，觀望不敢動。川兵既敗，乃領兵而前，一與賊遇，即披靡四散，賊是以得萃力攻浙營。是役也，以萬衆當虜數萬，殺數千人，雖力屈而殲，亦奴難以來所未有之血戰也。

校勘記

〔一〕一某事爲欺隱未報　「一」字疑衍。

〔二〕擄去民馬五十四名　「名」疑「匹」之誤。

〔三〕恩威莫測　「莫」，原作「威」，據北大本改。

底本眉批

①本條原有眉批「勘科覆奏」。

②本條原有眉批「收降夷」。

三朝遼事實録卷之四

辛　酉

三月十一日，奴賊數萬載鈎梯傾巢而來，夜半渡渾河深入，至十二日攻犯瀋陽，被砲打退。①十三日平明，賊復來攻，連衝百十陣，城猶未陷。巳時以後，賊全力攻東門，打死賊雖多，賊俱不避。火砲有數，隨裝隨放，炮熱藥燃，賊遂填壕，擁至城下。城不能守，賊從東門進入，瀋陽遂破。

巡按張銓疏云：「遼陽圍急，陳策、童仲揆二將尚在遲疑，裨將周敦吉欲直前薄賊，石柱司秦邦屏先率兵渡河，諸營繼進，止留浙兵大將戚金、張明世在河南札營。兵既渡河，營陣未就，虜以鐵騎四面撲攻，諸將奮勇撕殺，賊落馬者二三千人，賊却而復前，如是者三。後虜益衆，諸軍飢疲不支，遂被衝殺，吴文傑、周敦吉、秦邦屏皆戰死。周世禄從西北殺出，不知去向。鄧起龍、袁見龍奪橋南奔，走入浙營，賊追及，接戰良久乃敗，而大將、裨將一時没矣。若朱萬良、姜弼畏奴如虎，既不能解瀋陽之圍，又不能救南兵之覆，則將焉用彼將哉！賊盤據瀋陽，遼陽以北居民逃走一空，烽火斷絶，胡騎充斥。已撤奉集、威寧之兵，并力守遼，一時人情惶惑，争思南徙。臣以爲一舉足則遼非國家有矣。」

張銓又疏：「遼之戰將勁兵半萃于瀋、奉，半分應援。見今遼城兵不滿萬，皆真、保、山東之兵，身無介胄，器不精利，以守二十餘里之城，分城布列且難，況于捍敵？臣與經略議急撤川、浙、土兵遼陽城守，但士卒聞風而潰，武清營已報步卒逃矣。今賊克瀋陽，無數鎗砲火藥皆入其手，萬一用以攻城，更可憂也。」

户科王繼曾題云：「去歲添設兵部侍郎二員，多官無益，應裁革照舊。」奉聖旨：「佐樞添設，屢經條議，奉旨簡用未幾，何又忽生同異？朝廷政令朝更夕改，軍國大計豈容輕率？張經世仍着署掌戎務，不得藉以爲辭；王在晉着催來任事。」

兵科尹同皋題「邊事需人甚急」事。奉聖旨：「封疆多事，樞務需人，已趨令即出，張鶴鳴、祁伯裕、王在晉都着他刻期前來到任。」

兵部添設左侍郎王在晉奏爲「主恩當報，臣病難支，乞俯容調理，以延微喘」事。奉聖旨：「中外多事，廷議增置樞臣。王在晉以才望簡任，何乃托病陳奏？着遵屢旨，速來到任，不得再辭。」

吏部題覆：「東事方在燃眉，部務正需籌運，合令張經世照舊供職，王在晉勒限前來到任，以圖共濟。」

湖廣道方震孺奏：「大司馬既調攝杜門，從中調度決不可無人，幸未任協臣皆負一時赫赫之望，宜馬上急催赴任。」户科趙時用奏：「兵部左右侍郎俱非閒曠之員。張鶴鳴膽略過人，王在晉幹材迅發，皆當速催其來，以佐兵戎，以備緩急。」浙江道蘇述奏：「張鶴鳴、王在晉、祁伯裕等，皆負幹濟之弘才，係中外之大望，諒其一腔忠愛，不後于人，責以不俟駕之義，諸臣其何説焉？」兵科蔡思充奏：「推用大僚如鄒元標、王在晉、祁伯裕等，輿論無間。今夷虜合謀，本兵偶疾，宜即趨令束裝。」户科阮大鋮奏：「涂宗濬、王在晉等皆夙抱經濟，所當再一行趣，共濟時艱。」山西道畢佐周奏：「帷幄重臣任得其人，長材不爲短馭。王象乾而後猶有王在晉、張鶴鳴、涂宗濬之偉抱，堪任封疆之急。」南道曹谷奏：「大臣之任，無過政府與樞臣與經略，試問崔景榮自視與王在晉、張鶴鳴何如？在晉樞機周密，鶴鳴膽力沉雄，定當決勝千里。中國相司馬，宋以是懾遼人矣。其能任者，斷然任之，此用人之宜斷也。」

兵部題稱：「主憂臣辱，兵事倥偬，豈臣子從容過家可以便安，而置君父于不顧耶？須嚴旨切責，并限王在晉速來，遲則重罰，無謂國法可藐也。」

吏部題稱：「國家日日用人，不得人用，遼、瀋羽書狎至，深怪大臣。張鶴鳴、祁伯裕、王在晉、王紀、許弘綱、孫慎行、包見捷等尚滯家園，未聞就道。懇旨嚴諭切責諸大臣，自無不仰體聖懷，竭蹶以趨者矣。」

科臣郭鞏奏：「樞曹例有四協，有事而蓄可用之人，不爲私憂。速責馬上行催，以備緩急。」尹同皋奏：「中外冗員應裁者多，惟兵部侍郎不必議減；九列應增者少，兵部侍郎似當議增。王在晉已奉明旨，旦夕即到，不必再贅。」郭允厚奏：「添設兵部侍郎恐亦撤桑之計，未至都門者當叱馭而來，馬上差人催取，共理部務。」李春燁奏：「添設樞貳，原以備緩急之用，若忽忽悠悠，首尾躊躕，則添設誠贅銜，而慷慨任事亦虚名耳。今馬上之催，宜勒期速至，以濟時艱。」劉弘化奏：「張鶴鳴、王在晉之屢奉催趣，而里居優游。」陳所志奏：「佐樞何官？張鶴鳴、王在晉、祁伯裕何以却步不前？」又疏云：「臣職曠廢可虞，亟諭簡用諸臣速來供職。」朱欽相奏：「許弘綱、王在晉併祁伯裕等屢奉明旨，俱宜速言夙駕。」史孔吉奏：「建官置屬，原有定員，惟督餉部院添設侍郎，相爭以爲不可動。祁伯裕、王在晉急宜趣之還朝，以需共濟。」蔡思充奏：「許弘綱、張鶴鳴、祁伯裕、王在晉諸臣皆當馬上嚴催，併行撫、按促裝，勒限就道，以赴同國恤〔一〕。」又云：「戎政尚書許弘綱、兵部侍郎張鶴鳴、祁伯裕、王在晉等屢荷温綸，百凡裹足，果畏奴患之剥膚，抑蔑君命于草莽？一併差人督催，令一一回話，毋使長安街上有『調兵難、調大臣更難』之誚。」倪思輝奏：「張鶴鳴、王在晉等皆當嚴旨以促其來，庶帷幄之共籌有人，即猝然有警，重地雄關之分鎮有托也。」明時舉奏：「今日所重者才耳，急簡人望所歸，以置要地。在籍者宜催之出，未任者當趲其來。皇上宜特出嚴旨，差官守催令諸臣刻期就道，後至者以故違論。」臺臣張玹奏：「張鶴鳴、王在晉、祁伯裕嚴限之兼程就道，共爲披髮纓冠。」方震孺疏：「王在晉、張鶴鳴之當速來，屢奉明旨，即三尺童子亦知當有馬上之催，何勞再議？」張論奏：「樞臣每日番報，類閉門之誦經；樞貳趦趄家園，忘越人之肥瘠。」鄭宗周奏：「用人一節，更屬禦夷急着，乃戎政尚書許弘綱、兵部侍郎張鶴鳴、祁伯裕、王在晉竝膺軍國重寄，猶然高卧家園，于不宿家、不俟駕之義謂何？」潘雲翼奏：「侍郎王在晉何以屢催不到？豈赫赫之簡書不足爲二臣畏也？」又云：「王在晉未聞單車之信。有謂張鶴鳴等宏才遠略，亟宜馬上催來贊本兵而分猷令。此誠有識之言，急公之議也。」浙江等道吴應琦等公疏云：「皇上宵衣旰食之時，正臣子卧薪嘗膽之日。如王紀、王在晉、祁伯裕等久奉簡命，必且星言夙駕，仰紓君父之憂。若猶棲遲里門，忍以虜遺君父，諸臣致身之謂何？尚可若此泄泄也。」欽限各官到京水程：張鶴鳴四十日；祁伯裕二十日；熊廷弼五十日；王在晉已就道，令其疾馳視事。

聖諭：「適覽遼左巡按報，瀋陽已被東夷攻尅，奉集既孤，遼鎮益危，防禦應急長策，着廷臣作速會議具奏。一面行文經、督、撫、按各官，集兵防守，聲援牽制，一切事宜，相機從事。戎政尚書併兵部添設侍郎作速催來到任，餉務方急，尚書李汝華即出料理，不得藉口侍郎且到，推諉悮事。工部買辦硝黄陸續運解，無悮急需。封疆事急，大小臣工同心體國，各抒籌略，共濟時艱。故諭。」又聖諭：「朕見近日風霾時作，日光晝晦，朕心深切儆惕。昨日覽遼東巡按御史張銓塘報，奴賊攻陷瀋陽，遼城萬分危急，該鎮各地方文武各官，職任封疆，全無備禦，疏防怠玩；應援各將擁兵結營，坐視陷城，威令何在？姑都着策勵任事。兵部便馬上差人傳與經、督、撫、按各官，作速挑選精鋭兵馬，各陳方略，相機拒堵，務保萬全。如有仍前坐視的，即以軍法從事。河西并關内各路守禦應援事宜一體申飭。邇來小臣議論煩多，無裨實用；大臣止畏譏彈，不任勞怨，紛紛杜門，成何國體？輔臣劉一燝、尚書李汝華都着即出視事，無以浮言介意。尚書、侍郎許弘綱、張鶴鳴、王在晉暨推用未任各官，俱着嚴催，刻期到任，不得稽延。故諭。」

御史侯恂言：「遼兵十三萬，以三百萬之餉餉之，原自不少，况又加以内帑之五十萬乎，太僕巡青二十萬乎〔二〕，客歲未完二百八十萬乎，截漕三十萬石可當三十萬乎，鹽局淘河銀兩更有四十萬乎。是皆實數，可佐新餉之不給者。請嚴其考課，重其參罰，俾督催刻期起解，覈實用之，二三年間當可支持也。」

督餉御史倪應眷題：「遼糧歲用折色三百六十萬、本色三百餘萬。本色一石，海運幾以二鍾致之矣。舟車脚價之費，非七百餘萬不可。國初以天下全力，海運七十萬，兹以山東、天津二處之力，而運二百餘萬，其能辦乎？登、萊明習運事，去年運發六十萬，遼人藉以無恐。天津惟恃道臣賈之鳳，今以病告矣，倘至後期，三軍立槁，諸臣能免悮事之罪乎？陸運原議值僱至遼陽，而又責運瀋、奉，以爲長運逼近虜穴，未免鳳鶴人情。短運易于弛擔，長運疲于奔命，動有趦趄，須以短僱更番之説行之，庶人心安而招募可行耳。」又曰：「軍興以來，部發銀一千一百一十八萬七千六百四十兩有奇，幾經清查，曾未一報聞之。蓋套米穀委積者，任浥腐盜竊，此斷斷乎不可不清者。各道任勞任怨，與餉司細心磨算，按季册報，一併奏聞，庶幾鼠雀無所因緣爲奸，而一絲一粒皆有着落矣。」

兵部奏「遼陽存亡未卜，河西救援宜周」。奉聖旨：「遼左望援甚亟，先遣兵將及昌鎮挑選兵俱着侍郎張經略督催〔三〕，星夜出關策應。京營事務暫着户部侍郎臧爾勸管理，宣鎮等五處領兵移駐聲援。傳示總督文球、巡撫薛國用用心料理，死守危疆，以安内地。」

遼東巡撫薛國用奏報②：「本月十八日，奴攻遼陽。二十一日以後烽火不通，音耗俱絶。二日四日辰時〔四〕，據援遼參將王興業投稟到職，稱：『十九日寅時分傳砲，至巳時，賊過代子河，經略袁應泰即督催總兵侯世禄、李秉誠、梁仲善、姜弼、朱萬良，參將周世禄等在教場札營，與奴對敵。彼時賊排七隊，先出黄旗來迎，相殺二陣，賊大敗而走。官軍追趕，賊内出白旗、紅旗、青旗各一路，火器齊發，擁衆衝殺，官兵稍敗。是日已攻小西門，未破，天晚在教場并城東、西、北面下四大營。二十日，衆拉砲車過河，在東山札一大營，東西相對，彼此火砲攻打，官兵逃散，賊因乘勝攻打東門，又以步兵于小西門從閘口進攻，官兵用火箭燒退。至申時，小西門火藥火起，燃及城上各軍窩鋪，城内草場俱焚，守城軍士潰亂。賊有攻東北城者，而小西門已開矣。經略袁應泰見攻城甚急，以紅旗令箭催各監軍道赴城外督各營總兵合力救援，即同監軍牛維曜出小南門衝出，被賊將牛道刀箭重傷，落水扶出，帶傷闖過重圍，四顧竝無各營兵馬。時見城内喊聲震動，遼城已陷，難以回入，復被賊追逐鞍山。本日見城兵萬餘，屯民男婦無數，一併擁聚東岸，争過河口。奈聯船塘板脱落，本鎮親詣督領守河官員整理聯船，先放屯民男婦。殘兵擁阻争渡，輒用弓矢亂射，幾成不測。』等情到職。該職看得：彼中情形，據此雖未真確，而遼城則已陷矣。本日午時，有經臣門官監生陳應階向職哭訴，經臣封疆之臣，應死封疆，見奴攻開西門，登樓引刀從容自盡。階從重圍走出，回首則已遍城火起。職聞之不覺痛哭欲絶，以經臣一腔忠義，死何足難？但死而無救于存亡，經臣死且不瞑矣。」

薛國用又奏報：「監軍按臣張銓聞收降夷，心甚憂焉，入遼城與經臣面争，又親詣瀋陽視賀世賢所統降夷，嚴爲申諭，秘授方略，又于它總兵官密訪之。及十九日，奴犯遼陽，按臣親與經臣袁應泰登城指揮兵將。經臣出戰，躬身督陣，則留按臣以守。敵不能攻，而我尚可戰，是以有戰勝之功。是夜，經臣卧營中不入城。至二十日，經臣聞步兵敗，攻小西門且急，遂入城與按臣東西分據，乘障守之，又出各監軍道于城外催督各總兵趨援。有馬賊復攻東門，東西夾攻，火器且窘，幾不可支。經臣、按臣與分守道何廷魁三人共在東樓，慷慨欲死，經臣謂按臣曰：『泰不才，徼尚方寵靈，故誓以身許。按臣無閫外專責，尚可收拾餘燼，爲退守河西地，泰死且不朽。』于是聞各門併攻益急，三人復分地死守。至酉，小西門已攻破，經臣登樓引刀絶項以死，按臣罵賊不屈，死之。何廷魁率其二女併妾金氏、高氏投之井中，而自縊焉。真可謂從容就義者矣。正貢生員臧思誠等亦赴明倫堂雉經。是時諸將統兵在外，見勢不敵，業已四潰，各監軍安歸乎？乘夜西奔三岔至海上，而賊且四出擄掠。蓋冒矢衝鋒，扳嶺踰崖，拼死而出。以將領言，瀋陽之戰，尤世功、陳策、童仲揆死矣，今則有侯世禄、姜弼、李秉誠在。以文臣言，瀋陽之役，運草同知陳輔堯、自在知州段展死矣，今有傅國、牛維曜在。而其他生死逃亡俱未可必。至于寬鎮道胡嘉棟，則已從遼陽隔絶，落在彀中。道臣康應乾與二三府佐又未知作何狀耳。」

寧前道王化貞題：「遼陽城陷，按臣張銓下城欲回署，從者不可，共擁出小南門後，竟回署中。比曉，李永芳入見叩頭，訴不得已之故。按臣謂：『汝爲我言，我對誰言？今無及矣。』永芳聞于奴酋，遣人來迎，共擁之去。本官面不改色，山立于庭。奴責以拜，本官大罵曰：『吾天子憲臣，豈爲賊拜！』奴謂：『從我，與汝八人轎坐。』本官復罵曰：『汝小醜，不久滅亡，吾豈肯從賊！願速殺我！』奴怒，令人持去，欲殺之北門，復呼之回，又以好言慰之，本官終不屈。有奴子自外入者，舉刀撲之，本官引頸以待，奴子手縮。奴因曰：『送汝歸，何如？』本官謂：『兵已潰散，力不能殺賊，無顔求歸，速死爲幸。』奴知不能奪，令以輿送之，不就輿。以馬送之，不就馬。乃令二人扶之馬上，送還署中，諸生及衛役從之者數十人。至署，望闕八拜，曰：『臣不能報國矣！』又遥拜其父母，四拜，遂縊死。奴遣李永芳棺而葬之。至今遼陽之人及奴部衆皆咨嗟嘆息，稱爲忠臣。」

海虞野史記：袁應泰舉火自焚。監軍崔儒秀、都指揮徐國全縊于都司，同知冒日乾亦自縊。銓爲賊執送李永芳，永芳曰：「跪我，我官汝。」銓叱曰：「反賊耳，何官！」永芳令驅之城外斬之。數日間，金、復、海、蓋州衛悉傳檄而陷。

初報張公銓之死，望闕叩頭，從容就義。後有從役逃歸，歷城人也。張公鶴鳴先任歷城縣，熟習其人，問之，謂張公初見奴酋及李永芳，勸其早降，張公叱之，且令奴歸順中國。奴不懌，擁出，後復邀至，奴仍前勸之，公仍前諭之，復擁出。是晚，張公宿于中軍所，不復回衙門矣。二十三日，再邀入，不復冠帶，以角巾常服見，語觸奴怒，旋被害。余唤歸役問之，語亦然。總之張公慷慨死難，被殺與自經一也。此與海虞所記合。

王化貞揭報：「二十三日，奴下令：民間馬匹財物敢匿者斬。括民衣，富室得留九件，中人五件，下人三件。又于東西教場聚貨物，分散西虜。二十五、六日，驅漢人從北城，屯民歸村堡，夷人乘機劫奪，大半裸體，婦女辱不堪言，多縊死者。添三衛掌印官，共八衛，分投筭民造册。二十七日，先令西兵出隸瀋陽二萬餘人。至二十八日，遼之商賈死者四五萬人。又籍東人之家，但有五人出三名，三人出二名隨營。給配賀世賢妻子。二十九日，復殺遼人之壯大可疑者，又遣叛將金玉河領千人南至海州，傳諭歸順人民先剃頭以待。獨東山礦兵與南衛堅不受命，有剃頭者，群擊殺之。」

涂公宗濬總督宣大，題疏中屢稱賀世賢之勇，其在遼戰每奏捷。乃瀋陽陷没，巡撫薛公國用疏云：「叛將賀世賢妻孥向在遼陽，自賣瀋逃去，擁降夷數千以自衛，結營犁木山。經臣屢遣人招之，不應，且紿之曰：『俟奴來犯，得當以報。』安知不觀望而投奴乎？」信斯言也，以世賢爲叛矣。及余爲經略，秋祭陣亡諸魂，世賢牌位在焉。問之諸將同事于遼者，謂世賢戰死也。亂軍中是非遝襍，忠奸莫辨，一至于此。今查寧前道揭，奴酋將賀世賢妻子給配，則世賢已死，是揭其明証矣。

東撫趙彦奏曰：「金、復、海、蓋原無重兵，即有兵亦不能守。賊由蓋州而絶糧道，在登州相望一水，三日可到。再或由旅順而繞登州，止半日之程耳。登、萊危急不啻然眉，已屢行登、萊、青三道將海防禦比常萬倍加嚴，海運糧船即行停止。已發運者，仍差人追趕，毋資寇糧。去後，今據遼陽以失，四衛望風逃竄，勢必來奪運船，投奔登州。即彼中道將俱出避禍，則人民兵衆可知，又安知無賊之奸細混入其中？如瀋陽攻陷，皆由降夷内應，其明驗也。又有吴金祖之餘黨數千人尚未平静，利于有事，倘從中爲難，其人不歸遼、不歸登，只以海船漂遊于海、遼之間，而人心即震動矣。臣嚴行該道，督副將沈有容駕船前往皇城島，耀兵設防，以壯聲勢，竝示彼無可乘之隙，以絶其闌入之思，期保無虞外，今准部文調沈有容水兵三千赴天津，則登、萊一千里海口與酋共之，誰爲防守？今廟堂之上止知遼左不守，薊門、天津逼近奴酋，有剥膚之患，不知登、萊盈盈一水，我可以運糧，酋即可以窺犯，既無重關之險，又無大兵之防，其關係國家安危，不在山海下也。沈有容應否調赴天津，再乞裁酌。除一應招兵選將制禦事宜，容臣查議，另行馳報。」

御史汪泗論上言：「今日只在收拾人心爲吃緊實着。臣嘗觀史，晉之壞不在太康之離亂，而在太始之清談；宋之壞不在靖康之蒙塵，而在熙寧之新法。大率國家之議論多而責成之，調停多而振刷之，體面多而直截之。自古未有法紀不整頓，人心不收拾，而能操勝制虜者也。」

兵部題：「袁應泰招降失機，焚身一炬，功罪都捐，不必深詰。至于主客官兵身殞沙場者，宜設祭以慰忠魂；瘡痍潰敗者，議賚恤以作士氣。」等因。奉聖旨：「張銓贈大理寺卿，賜謚，廕一子錦衣衛指揮僉事世襲，賜祭，立祠堂塋葬。尤世功、陳策贈少保、左都督，襲陞三級，仍廕一子本衛指揮僉事世襲，贈謚，立祠，加祭塋葬。崔儒秀、何廷魁俱贈光禄寺卿，廕一子錦衣衛實授百户世襲，賜祭，立祠。童仲揆贈都督同知，襲陞三級，立祠。張名世、吴文傑、周敦吉復原職，贈二級，襲陞二級。戚金、鄧起龍、秦邦屏俱贈都督僉事，襲陞三級，從祠附祭。陳輔堯、段展俱贈按察司僉事，廕一子入監，從祠附祭。内秦邦屏姊土官秦氏，特准加二品服色，給與應得誥命，子馬祥麒授指揮使，以示褒録一門存没忠義之意。陣亡主客官兵除行原籍優恤家屬，仍設壇祭，以慰忠魂。其餘死事大小各官，議查的確，一體題卹。」

禮部題：「劉綎等加祭二壇，并潘宗顔，祠名表忠。張銓加祭二壇，并崔儒秀、何廷魁，祠名昭忠。尤世功、陳策加祭二壇，祠名忠愍。」

遼事勘明，將罪言者。御史蘇述請普示包荒曰：「未勘以前之廷弼，不惟言者疑，即我皇上亦疑也。不疑而何以勘也？勘以後之廷弼，不惟皇上信，言者亦信也。不信而何以更不言也？從來無理衆口之豪傑，亦無不坎坷之世界。品經衆論而定，功以勘証而真，事固操于獨運，議不病于互參。自今而後以言爲戒，是視廷弼爲小丈夫，不以天下奇男子待之矣。」

吏部欽奉聖諭：「熊廷弼守遼一載，未有大失，换過袁應泰，一敗塗地。當時倡議何人，扶同何官，將祖宗百戰封疆袖手送賊。若不嚴核痛稽，何以懲前警後？該部院即將熊廷弼更换緣由及參論各官詳寫來看，隨將原論官查覆。」奉聖旨：「這查議熊廷弼更换緣因，及開寫御史馮三元等原本，倡議遼事，直攻廷弼解任回籍。後來料理疏玩，遼、瀋相繼陷没，斷送無萬生靈，慘毒異常，深爲可恨可憫。朕心日夜不寧，故着查議處。你每部院大臣，當時既不從公主持，今又含糊回奏，且求寬解。看來朝廷疆土人民、海内安危利害，不若二三小臣情面更重，大臣任怨，何得如是？馮三元、張修德、魏應嘉扶同排擠，致誤封疆，都着降二級，調外任用。姚宗文陰險傾陷，實爲禍始，本當逮問，姑從輕革了職爲民當差，永不叙用。」

福建道周宗建疏云：「當今用人，如熊廷弼之氣吞驕虜，張鶴鳴之僇力行間，王在晉之精折牛毛，涂宗濬之胸羅紫塞，熊明遇之奇翻八陣，李邦華之思入重淵，朱光祚之才足追風，楊鶴之忠堪矢日，俱可促而備緩急之用。此又今日一定之急着也。」

刑科毛士龍疏：「今日安集人心，鼓舞將士，摧剉賊鋒，如職所深知者，王在晉胸藏黄石，儘堪居中禦外。或令在晉主帷幄，張鶴鳴酌經略、督撫之用，熊廷弼鎮山海，文球鎮密雲，相爲聲援應用。」御史李日宣疏：「危遼告陷，怡堂可虞，催取王在晉、張鶴鳴、熊廷弼等自是急着，且恐緩不及事耳。」

兵部題稱：「奴氛日迫，羽書傍午，居中調度，事關重大。本部侍郎張鶴鳴、祁伯裕、王在晉、熊廷弼俱抱經濟之猷，繫中外之望，正當盡瘁報國，豈可久戀東山？合定欽限，令其星夜前來，勗勷國事。臣部馬上差人守催，刻期到任，以濟時艱。」

周宗建又疏：「臣前所舉如王在晉等，此其名世久歸衆望，惟在用之處當其才。樂毅以一人興燕，廉頗以一人存趙，郭子儀以一人定安史之亂，李晟以一人平朱泚之亂。軍國之主持宜定也。」刑科劉弘化疏：「强兵無術，仰干宸斷，先移咨各督撫，以待張鶴鳴、熊廷弼、王在晉、許弘綱等經過之日，速督隨行，兼聽沿途招募，總計優給。」南道何早疏：「頃者起熊廷弼于田間，催用王在晉諸臣于道路，帷幄得人，定有一番轉危爲安之妙。艱難不避、沉毅有謀者，無如王在晉也，宜專授以樞密重寄，使之居中以調度。威名素著、人望咸歸者，無如熊廷弼也，宜專置之關外，使之聯絡其潰散。」御史董羽宸疏：「熊廷弼、張鶴鳴、王在晉、祁伯裕等，中外所倚爲長城者也。君命臨之而弗應，科臣、臺臣大義覺之而弗應，何爲？」御史徐揚先疏：「王在晉、張鶴鳴、熊廷弼猶曰家鄉稍遠，祁伯裕不過數百里，嚴旨屢頒，藐如故紙，此亦當逮治者也。」御史楊新期疏：「張鶴鳴、熊廷弼等皆濟邊之才，可以永圖恢復，應嚴旨督催。」御史劉廷宣疏：「未來諸臣如涂宗濬、王象乾、王在晉、祁伯裕、張鶴鳴、熊廷弼，遠如西江之水。虜如渡河，廣寧、山海存亡呼吸之間耳。仍一面再下嚴旨，速催諸臣兼程前來任事，庶樞部有人，四夷咸服矣。」御史徐景濂疏：「今日人心皇皇，望樞貳車塵何當望歲。若謂張鶴鳴來，司馬門不閉矣；熊廷弼來，山海可封矣；王在晉、祁伯裕來，帷幄之籌借筯矣。胡明旨之諴邈如，馬上之催猶杳？規避而托雍容，巖觀而忘國恤，忠愛之謂何？法固不能爲諸臣寬也。」刑部侍郎鄒元標疏云：「侍郎熊廷弼業有優詔，杳無消息矣，英雄之氣安在？張鶴鳴、王在晉、祁伯裕數月不至，急君之義安在？三臣中夜深思，君負臣乎，臣負君乎？必有怛然不安于心者矣。」毛士龍又疏：「復遼要着第一在文臣能謀、武臣能戰，如馭將運籌不用王在晉、熊明遇、李邦華等，則無必勝之筭。

伏乞勑下該部作速議覆，不必襲會議套以致稽延也。」聖諭：「朕惟朝廷設官，各有職業，豈容曠廢？近來不諳典制，紛紛託故避事，列名仕版，棲遲家園，成何國體？朕冲齡嗣位，方期大小臣工靖共修職，而因循若此，豈朕委任責成之意？你部裏便查陞補未任官員，照水程勒限，催他到任。有違限的，照會典例查參。有官品未崇、例不疏辭的，通政司不得代爲封進本章，致滋瀆擾。其兵部左侍郎張鶴鳴，代歸已久，屢奉温綸，止知畏避人言，不顧君臣大義。兵部右侍郎熊廷弼，功著存遼，朕以洞鑒，朝議僉同，特兹起用。方今奴酋洊食狂逞，忠臣義士豈無枕戈擊楫之思？你部裏便馬上差官齎敕前諭本官，仍着彼處地方官敦趨，即日就道。如不顧君命，堅卧托辭，國有憲章，朕不敢貸。陞任尚書許弘綱，侍郎王在晉、祁伯裕，奉命已久，都着催促前來任事，不得仍前延緩。故諭。」

天啓初元春，侍郎王在晉即戒塗北上，聞户垣有裁減之議，遂具疏請告。奉旨速催到任，以後四奉聖諭嚴催，及屢旨勒限催督，即于四月八日整裝抵蘇，而瀋陽之報至矣。抵毘陵，而遼陽之報又至矣。差官奉勑諭絡繹於塗，九列大臣皆貤簡趣行，中外群情囂然如沸。乃從淮登陸，于五月望日抵京。聞熊公廷弼將至，候三日而與之同見朝。次日，上御講筵，輔臣道及遼事，謂二侍郎已密布方略。上曰：「昨見兩侍郎至，朕心甚悦，卿可令他們用心料理。」并諭邊臣加意防守。蓋上心驚遼事，焚香籲天，將二三姓名及水程粘貼御屏。此出自閣臣劉公一燝，語非虚也。二十二日履任，都人焚香簇擁入部，觀者如堵。次日面恩，臺臣丘兆麟有「樞臣才望畢集樞政料理宜新」之疏。又游士任云：「山海、天津地應竝重，天津改設巡撫矣，山海何獨不然？今倍道而來者，雄才不止一人，某協部，某薊鎮，某山海，須一一安置妥當，令人人可以安位行志，此山海以内所當究竟之一説也。」丘兆麟又疏云：「今遼變方殷，需人正急。祁伯裕原在近鄉，張鶴鳴何爲屢疏？倘係聞遼變而逗留，寧不對王、熊而慚怍？此當再申明旨，嚴諭起行。如再仍前怠緩，便當徑行削斥者也。」臺臣倪應眷疏云：「自東事敗衂以來，徵書日賁巖穴，如熊廷弼、王在晉、張鶴鳴等，人心豉望，不啻雲霓，今且漸次趨朝矣。不有居者籌與？運帷籌而建折衝之績。不有行者疇與？整師旅而張撻伐之威。斟酌而委任之，俾才適于用，用竟其施，自是秉銓者之職也。」劉廷宣疏云：「自遼、瀋陷没兩月來，我中國尚未做得一事，而召集船隻謀犯廣寧之報又至矣。幸樞臣王象乾業已受事，熊廷弼、王在晉又相繼入都，人心覺有所恃，與前番景象不同。」科臣汪慶百疏云：「半月之間，兵樞長貳慷慨急義者又相繼受事，天日清朗，人心漸帖，此誠『如祉如怒，亂庶遄已』之一大機也。」蔡思充疏云：「督臣文球病苦之情屢見乎詞，薊遼何地，夷虜何時，而苦留不放之身，何以震聲靈而展控禦？今兵部左右侍郎張鶴鳴、王在晉、祁伯裕等，人望俱屬，似當聽球乞身，就三臣中特簡往代，以新耳目，而重彈壓者也。」科臣周希令疏：「樞部才臣一時湊集，正宜連日講求一二石畫，如布碁已定，後隨變應手，勝于文移往返，此又臣已前建言之首及也。」吏科給事中成明樞云：「天下未嘗無人也。邇來朝見，本兵王象乾至矣，佐樞王在晉至矣，舊經略熊廷弼特奉命至矣。三臣皆有事于兵者也，應有奇策復我疆土。么麽小醜，一二叛囚，滅此何難？方宋仁宗時，歐陽修言邊事，言西鄙用兵以來，聖心憂念，韓琦、范仲淹備諳邊事，二人才識不同常人，宜加訪問，特賜召對，使之盡陳邊事如何處置。今輔臣亦當題破此事，令王象乾、熊廷弼、王在晉等面爲陳説，俾聖心豁然。此乃爲國家深處亦可實實做事，爲相臣者，亦有餘光矣。」

是時遼事孔亟，臺省苦無他策，惟以急催樞貳履任爲言。至于章滿公車，疊承諭旨，不可頃刻待。比諸臣先後入都，人情稍帖，籌畫樞務，同心共濟，拮据邊疆，數載稍寧。至于今，功令綦嚴，主者連坐，有可用之人而無敢推轂者，猶欲其入而閉之門也。讀前章奏，益切傷時之感云。

户科程註題：「遼事之敗，非今日始，自閲臣姚宗文出關，事事與熊廷弼相左，甫入國門，布散流言，無端羅織，必欲激盈廷之怒，張廷弼之罪而掩其保障殘遼之功，廷弼去而遼事已不可爲矣。袁應泰縝密小心，即其誓死封疆，亦可爲慷慨有志。而降夷一節，舉朝争之，遼撫争之，司道、將官争之，而堅執不聽，卒招陷城喪師之禍。又聞瀋陽陷後，前日降夷四人仍爲奴作奸細，潛至遼城，遼人執送，經臣竟置之不問。按臣因衆怒而誅之，懸首藁街。嗟嗟！破壞殘遼，熊廷弼任怨任勞，百計拮据，惟恐成之不足；袁應泰雍容坐鎮，養虎貽患，而一旦壞之有餘，豈非遼人一大劫數哉。」

遼東總兵李光榮准撫院手本：「奴賊攻陷瀋陽，西虜炒花等酋環邊窺伺。今貴鎮奉經院調赴遼陽，然廣寧精鋭業已挑選東援，所遺孱弱又分防衝邊，廣寧無一兵將可恃，萬一西虜乘隙入犯，何以拒敵？且河西一聞瀋陽攻陷，人心驚惶，不可不爲隄備。煩爲移駐西平堡，適中調度，兼防東西虜警策應，庶無顧此失彼之患。希示回照施行。」

兵部題：「瀋陽已陷，遼陽不守，遼左惟有河西一塊土耳。先是分遣總兵王威、達奇勛、王國梁、郭增輝等各調南北兵馬應援，去後，今撫臣告急，合將昌鎮兵馬再挑三千，星夜援遼；在宣、大、山西、延、寧、甘、固、保先調家丁，及每萬選調二百，火速入遼。合再行宣府巡撫領兵六萬，移駐昌平；陽和軍門及大同總兵領兵七萬，移駐宣府；山西巡撫、總兵領兵五萬，移駐陽和；山東巡撫領兵四萬，移駐境上；河南巡撫領兵四萬，移駐磁州。以上兵二十四萬，自足滅奴。其延綏、寧夏、固原撫、鎮，亦整兵秣馬以聽再調。先調援遼兵將遷延在途，臣部侍郎張經世親自督催，送至山海關，經世不敢候旨即行，其餘命下，遵奉施行。」

援兵觀望不前。王威加陞提督職銜，總領全遼援兵，勒限出關馳救。奉聖諭：「凡山林草澤之間，有素懷忠義、夙抱韜鈐、膂力過人、猿臂善射、可效一旅之用者，在京赴兵部報名，在外赴撫、按衙門驗實，起送來京，不次擢用。」

兵部題請卹典。奉聖旨：「劉綎以原官左都督贈少保；王宣贈少保，陞左都督，各襲陞三級，仍廕一子本衛指揮僉事世襲，賜謚立祠，加祭塋葬。杜松贈少保、左都督，襲陞三級，仍廕一子本衛正千户世襲，立祠，加祭塋葬。趙夢麟、馬林各伏原職〔五〕，贈二級，襲陞二級，從祠附祭。潘宗賢贈光禄寺卿，廕一子錦衣衛百户世襲，賜謚立祠附祭。董爾礪、張文炳俱贈按察司僉事，廕一子入監讀書，從祠附祭。江萬化、麻巖俱贈都督同知，襲三級。黄越、于守志各復原職，贈一級，襲陞一級。李某等二十員俱贈都督僉事，襲陞二級。喬一琦贈都督僉事，襲陞四級，與本衛實授百户世襲。俱從祠附祭。鄒儲賢等三百九十二員，各照本職上贈二級，襲陞二級。馬時楠復原職，贈二級。張奇策等三員各照本職上量贈一級。何懋官等四十三員各襲陞一級。萬邦寧等四十九員各量陞一級。朝鮮將官金應河等八十一員，移文破格厚贈，録其軍兵丁夷，俱照數行各鎮優卹祭葬，以慰幽魂。」

四月，吏部題兵部添設右侍郎孫承宗。奉聖旨：「孫承宗講筵啓沃，着照舊供事。添設侍郎另推素曉邊務的來看。」

是日，李宗延陞僉都，協理戎政，添設管事。初六日，薛國用陞兵部右侍郎兼僉都，經略遼東。王化貞陞僉都，巡撫廣寧。畢自嚴陞僉都，駐劄天津。王國楨陞僉都，駐劄通州，招兵練士。少詹事徐光啓即令回京。

總兵李光榮據正安堡。遊擊王牧民稟稱：「遼、瀋失陷，河東十四衛生靈盡爲奴屬，止存河西一線之路。人知大路有三岔河險阻可保河西，不知邊外水分數流，虜馬易渡。遼、瀋離西邊三十里，西邊外至鎮静等堡僅二百餘里，邊外猶近裏路。虎酋八大營離邊雖遠，春賞未曾差夷叩關領討；巴酋叔侄十營雖款，尚有親枝粆花父子十營，三年不肯叩關講加新賞。此酋狡猾百出，乃河西大患，遼、瀋既陷，粆與奴止一牆之隔，萬一奴還宰賽，再加財帛，聯結虎、粆等酋謀犯，何以待之？且正安等六堡單弱極矣，邊長一百八十餘里，邊外乃諸夷牧馬之地，日視垂涎，係廣寧北門鎖鑰，倘一堡有失，廣寧焉得無慮？鎮静、正安有虎、粆、巴、乃、丑、庫之挾，義州、大康有宰聞、色令台吉之挾，錦州有拱兔之挾，犬羊無厭，聞得河東失陷，必擁衆叩關要挾。堡中無兵，庫中乏餉，危在旦夕。伏望速爲議兵防守各堡處，賞羈縻款夷，以救河西生靈。擬合移會撫院，酌議施行。」

武選司主事周鼎往薊、昌、真、保，武庫司主事王繼謨往宣、大、山西，廖起巘往延、寧、甘、固，嚴催俱要刻期赴援。

錦衣指揮張懋中往通州、天津，萬邦孚往宣、大、山西招募精兵。

刑科董承業議調莊浪衛魯都督原額家丁三千名，雖兵已裁革，聞其族尚有十萬餘人，合宜查復舊額三千，并給安家行糧，調取備出關之用。

兵科明時舉議調勁兵，日者調四川土兵是也。乃甘肅兵、廣西狼兵俱驍悍，當並議調用。

監軍高出揭云：「遼、瀋相繼陷没，以皆有内應也。遼人巨族通李永芳者百餘家，約期舉事，而經臣又不聽職等固守之策，必欲僥倖決一戰。戰本敗，而又詐傳爲官兵大勝，以懈我守。侵晨合圍，至申刻，賊始攻城，而西城樓遽焚，遂内潰不支矣。職僅與一僕携關防冒圍而出。夫豈敢懼死，而寧死法不死賊，亦願有以爲國家計利害也。全遼獨河東不忍舍耳，既淪喪矣，河西又不能存，不如棄之，而以全力守山海關。乃河西又不宜棄諸賊手，似當明諭西虜啗之，以此地爲餌，使西虜相搆不解，而後我山海得守固也。職至海州，而城已空，聞三岔河賊已據，不得已至蓋州覓浮海之航，而海蓋道與張、陰二同知先艤舟待發矣。瓦解之勢若此，尚忍言哉！」御史劉廷宣云：「棄廣寧即棄山海，棄山海即棄薊鎮，恐當事不察，一惑此言，任經、撫之疾呼而漫然不應，即應之不甚急，天下事去矣。」於是高出被逮。

以後奴兵過河取廣寧，廣寧以西皆棄之西虜，西虜不利于得地。晉任經略，虜受款，悉以地歸焉。今之關外五城二十七堡，錦州、右屯、大凌河等處是也。晉與總督王公象乾密商：「結西虜，則廣寧可襲。」公曰：「難守，得而復失之，則難逭于罪矣。整五城以衛山海，守山海以衛京城，此穩着也。」通國亦以爲然。自樞輔代而哆談進兵，經營許久，所費甚奢，跓足猶然故地耳。高監軍欲棄地爲餌，使奴、虜相搆，亦未晰西虜之情也。

劉保，遼陽衛人，舊充兵部長班，再跟遼中撫、道有年，慣于作奸骫法、通賄賣官。遼陽將領藉爲窟穴，爰恃提塘。向與李永芳、賀世賢通好，每月送報至廣寧，擺撥赤哈轉送張都司，傳至李永芳，逐月報銀一百兩。伊子劉于簡供稱，親爲父答賀世賢書，内開：「宗功到，已知事體停妥，但三岔河兵馬不多，此時乘勝前來，諒必無敗理。如過三岔，廣寧更易，山海愈便，如或取勝，京都何難？目今兵馬畏怯，調赴不前，大兵速速前來可也。茲韓宗功回遼，忙中草此密報，如有示下另聞。」被中城御史梁之棟緝訪奏報。劉保凌遲，劉于翰斬首，傳示遼東，暴白罪狀。于簡及家人另議正法。

原任通判黄衣，廣寧人。經臣委收糧于遼城，城陷，剃頭投降。奴以大紅蟒衣之，與騾一頭。同三僕還，招摇市巷曰：「奴不殺遼人，止殺西兵與角者，川兵尤其所恨，拏獲川兵一名者，賞銀十兩。凡官民肯剃髮投降者，即顯用之。三日不剃降，殺無悔。」熒惑群聽，震怖人心。巡撫薛國用誅之，三僕梟示。

御史劉廷宣疏云：「廣寧望救如望梅，山海談虜如談虎。就近應手之人，可朝拜命夕抵關者，莫如原任尚書李三才，臣同官房可壯特疏奏薦。奉旨即議起用。其才諝氣魄自可籠罩一世，且肝膽照人，足鼓海内英雄。若止用三才而内謾不應付，所談者天下事，非一家事也，世廟丁汝夔、王忬之僇，必有任之者矣。」

按廷宣之意，急要用李三才，恐用之不早，任之不專，以丁汝夔等語嚇挾本兵，然而不果用也。晉爲經略，中外相安，即樞輔行邊，還朝報命，亦未決念易經略。久之，乃有道路傳聞一疏，疏中亦第云『博大沉雄之未能』耳。夫博大沉雄之未能，一見便自知之，豈待傳聞，又何須道路之口哉？説者謂此疏出于某某，其初心不如是，只是東林欲用三才耳。不知樞輔與閣鳴泰久要不忘，其爲鳴泰又急于爲三才。樞輔懼傷其意，乃以鳴泰爲正，推三才副之。以尚書陪少參，吏部之詭隨爲失職；且會推經略，而票擬點用乃巡撫也，閣臣之勉從爲失體。時經略未奉旨，裁山海巡撫亦未奉旨，設何緣任意紛更，舉筆遷就，狥私情，滅公典。中朝有黨，邊臣何以自立哉！

兵部題：「東征三載，調發頻仍。獨四川兵悍勇知方，瀋陽一戰，幾大捷而轉敗，非戰之罪也。臣方議厚恤其死亡，而又欲急收其忠義。已差官鄧茂官、劉之鼎、王洪、劉訓等調兵三萬，勒限六月中旬到京。今科臣明時舉、臺臣李達協志同仇，驅車共馭，率桑梓救纓冠，念六月王師之征，嗟萬里征人之苦。今照往例，會同撫、按，便宜調募，其安家行糧俱從優厚，嚴督疾趨，無捱時日。前湖廣調兵二萬，浙江募兵一萬，皆以兵到神速爲貴。二臣不憚勤勞，間關險隘，必有聞命遄趨、荷戈載道者矣。」

時都下人心震動，京官皆思借差避兵。川兵已先調矣，只憑撫、按自可相機調度，臺省之行，是亦不可以已乎？明時舉等之招兵，爲川兵召亂之始，二臣幾不免焉。即幸免，而身名俱辱。君子見危授命，何容心之有？

河南等道御史董元儒等爲宗社安危間不容髮，懇簡才望樞臣以戢禍亂：「先是，方震孺請罷崔景榮，而舉少詹事孫承宗爲代，公論韙之。其後以少司馬廷推，而皇上惓惓留，不欲使離講席，職等安得不仰承聖意，復有瀆陳。今事急矣，時逼矣，昨會議時，求一署印之人亦不可得，非暫借承宗以握兵柄，則天下事尚忍言哉？伏乞即將承宗陞授兵部尚書，諭令即日到任，不得例辭。仍舊供事經筵，凡有重大機宜，許其面奏請旨。俟邊烽少息，方解兵權，復歸館閣。庶中樞藉其調度，氣象爲之一新矣。」

按諸臣之請，欲承宗先兵樞，事平而歸館閣。乃承宗之意，先館閣大拜而兼兵樞，其遲于得旨，于出入將相之間一倒用之耳。

兵部上言國法未伸。奉聖旨：「邊事艱危，卿職司本兵，正宜殫力盡心調度，徒爾請死何爲？各督撫等官奉命調遣已及一月，尚無一兵出關，顯是蔑旨抗違，不顧國家利害。本都當逮治，姑着住俸戴罪，督催兵將，勒限赴援，仍報起程日期，有違悮的定以軍法從事。李瑾近報援兵一萬二千名，爾部查果否督發，如稽延，仍從重議。郭增輝托故逗留，律干軍紀，着錦衣衛差的當官旗拿解來京究問。」

五月，御史劉重慶題：「近見樞臣崔景榮一疏，自陳其破壞封疆，辜負任使，請速正典刑，以爲人臣誤國之戒，似亦自知其罪不容誅者。若相臣劉一燝之身，明譏暗刺，已無完膚，既進無鞠躬盡瘁之忠，又退無陳力就列之義，尚何顔居相位、辱朝班，而羞當世之士乎？」奉聖旨：「劉重慶降二級調外任。」再疏引病，削職爲民。科道汪慶百、傅宗龍、李應薦、安伸各疏救重慶，語侵首輔，皆奉旨切責，不許瀆奏。

時科道多人向樞部後堂群譁大司馬，首先攘臂者，方震孺也，禮貌都廢。本兵上疏請死，乃司官耿如杞代筆。疏上，而本兵始愕然，初不知其有此請也。

馬逢皋疏云：「崔景榮昏悖迴常，若不去官，必且悮國。部臣耿如杞等爲堂官求退一疏，首擬斬本兵，次擬逮本兵，又次擬斬大將。夫遼左失地，擬斬大將，何不自朱萬良等始？而以國家重典先用之援遼之人，徒亂其心而餒其氣，亦持議之過也。」

先是，兵部尚書崔景榮奏稱：「御史張鋐責臣四罪，何敢置辯？第謂臣巧于妨賢，臣實不敢。查得臣前疏乞求罷斥，即以少詹孫承宗陞轉本兵，臣未嘗不求去也。科臣尹同皋論臣五體俱具，一籌莫展，無論臣爲頑鈍可耻，而奴酋聞之，以爲本兵無人，且將啓戎心矣。乞早加議處，别選賢才以充本兵之任，仍嚴催張鶴鳴、祁伯裕、王在晉、熊廷弼兼程前來任事，庶樞部有人，而四夷咸服矣。」奉聖旨：「崔景榮解任回籍調理，王象乾奉敕行取，不必會推，便着回部到任交代。」

諭户部：「朕念遼、瀋變起倉卒，一時措辦不及，已經二次給發。茲再發帑金二百萬，給發該部公同確訂，陸續支銷，務裨實用。」

命議各鎮調兵限期：四川漢、土官兵三萬名，又李乾督兵三千六百名，限六月終旬；湖廣麻鎮五寨司等土官兵二萬名，限六月中旬；浙江調兵一萬名，限七月初旬。各選委廉勇將領及該土司、目把等官，刻期到京，分發應援。仍各委風力司道一員，監督催發。吏、兵等衙門會議：「經略之設，以爲遼也。遼事一日未寧，經略一日難已。廣寧業有撫臣，並建或難于調度；然山海原屬重地，扼要更易于控持。且一以連廣寧之輔車，壯先聲于後；實一以固三輔之牖户，捍外圍于内。寧非獨爲山海策利害也？議者以旅順一水盈盈，片帆可渡，且既設撫臣于天津，須增一撫臣于登萊，庶于廣寧有犄角之勢，而于山海爲臂指之資。此會議僉同，以爲必不可已者也。遼東、登萊、天津三巡撫所屬，俱應付經略節制，供其調遣。山海既設經略，薊遼總督自應仍回密雲。登萊既設巡撫，山東巡撫自應仍回省會。至于重地建牙，應有監軍道府，容另疏題覆。」

校勘記

〔一〕以赴同國恤　「赴同」疑「同赴」之倒誤。

〔二〕太僕巡青三二十萬乎　「三」疑「之」之誤，後句「客歲未完三二百八十萬乎」之「三」同。

〔三〕先遣兵將及昌鎮挑選兵俱着侍郎張經略督催　「張經略」，當作「張經世」。當時經略爲袁應泰。明熹宗實録卷八天啓元年三月戊辰條有「今議差兵部右侍郎張經世巡閱山海關，併催前調各兵星夜出關應接」，即指此事。

〔四〕二日四日辰時　據上下文，前「日」字疑「十」字之誤。

〔五〕趙夢麟馬林各伏原職　「趙夢麟」，原作「趙夢鱗」，據明熹宗實録卷八天啓元年三月辛酉條改。

底本眉批

①本條原有眉批「瀋陽陷」。

②本條原有眉批「遼陽陷」。

三朝遼事實録卷之五

辛　酉

六月，兵科等科蔡思充等題①：「三部軍需相關，分屬血脉未貫，懇勑議專設總理之臣，以昭畫一，以彰撻伐。」奉旨：「軍興，兵餉軍械相須爲用，事權自當聯貫。這所奏堂上官一員監督各部，該司官受事，深得權宜，有裨大計，科道官詢謀僉同，便着如議推舉貴州道掌道事崔爾進等。」刑科劉弘化、廣東道董翼、兵部尚書王象乾各具疏，懇「簡用大臣專督遼事，佐以户、兵、工三部司屬，聽其委任，此策遼急着，萬不容緩」等因。俱得旨下部酌議具覆。

吏部爲欽奉聖旨事：「該臣等看得，遼事之難，在于内外異事，彼己分營，當局未總成謀，分闠迄無勝筭。懲前毖後，科道諸臣所以有總理兼督之議也。夫兵、農、將作，各有專司，祖宗創制，寄意深遠。惟是事變至今，寖成底滯，故必職掌如出一手，而後痛癢相關；事柄合于一人，而後呼吸可應。專設總理一官，于以聯三部之脉而責其成，因以通經略之情而濟其用。撻伐機括，或出于此。其科臣謂不議增官，于分曹建官之規未嘗悖；而事寧即止，于權宜大計之旨爲益章。詢謀僉同，明綸具悉，臣部所當遵旨奉行者也。隨會同九卿科道等官，推舉得兵部左侍郎王在晉，克謀克斷，允武允文，巨器鼎可函牛，裕調劑于借箸；精心絲獨抽繭，妙經緯于當機。遡望二東之綢繆，不翅屈群策群力而收上筭；籍以三部之聯筦，必能合汝爲汝翼而奏膚功〔一〕。諸大夫皆以爲賢，在聖明自有懋簡，伏乞俞用，奉勑行事，東方之事一以相屬。至于一切稽核之宜及督轄之體，自在該部議妥，非臣部所容贅詞也。」奉聖旨：「是。東事兵餉、器械依議着侍郎王在晉總理，兼督三部各委司官一員受事，寫勑與他。」

兵部左侍郎王在晉題爲「籌邊正急，百弛莫振，百匱莫支，一官難以兼三，獨力何能并攝，懇乞聖明俯容辭免，以安職分」。奉聖旨：「王在晉以才望廷推簡用，着遵旨任事，不准辭。」

御史游士任題：「職領勑募兵，風聞江淮已有俠士聚數千人以待。若初到時便無銀應手，候至半月一月無可給發，則壯士興冷，健兒心灰，後必有窺左足而先應者。職心甚迫，職慮甚周，昨見聖旨，必欲王在晉遵旨任事，職踴躍久之。假使在晉早來一二月，將四百萬帑金收貯一處，一手握定，只供新募急用，則職安得效沿門持鉢狀，日請求受此苦惱也。請勑總理侍郎即日允發，毋再議覆躭延，仍將安家行糧船隻銀兩一併作速移文江淮各衙門，對會催處，則兵可立集，其於防剿定有實用矣。」奉聖旨：「募兵何得久稽？帑金即與先發，餘仍移文催處。」

薊遼總督文球咨大將李光榮：「遼陽失陷，不能救援，砍斷浮橋，竟截軍民歸路，人多飲恨，似當勘明議處。員缺，將援遼總兵劉渠就近改補。」兵部覆准更代，光榮革職聽勘。

户部尚書李汝華致仕，以汪應蛟代之。

張鶴鳴以黔功陞兵部尚書，管左侍郎事。

熊廷弼陞兵部尚書兼右副都，經略遼東，駐劄山海關，賜尚方劍、麟、玉、銀幣，晏都城外。

涂宗濬協理戎政，嗣後抵京見朝仆地，次日即殞。以陶朗先巡撫登萊。文球准回籍調理。

兵部尚書王象乾疏稱：「職視事二十餘日，課績則毫無所長，計心則一念獨苦。今左右侍郎王在晉、祁伯裕任事矣，張鶴鳴且見朝矣，涂宗濬計期當在途矣。是四臣者，久歷徼塞，茂著安攘，邊事夷情皆所熟諳，才力精神勝職奚啻十倍，必能仰副任使。伏望特簡一人俾署部事，使職得執役前樞，步經臣後，少備半臂之用，可仰答聖恩于萬一矣。」事下吏部議，查得嘉靖三十七年兵部尚書楊博出宣大，萬曆十六年戎政尚書鄭洛出西陲行邊，先朝固有事例。奉旨允行。

時議以熊爲經略，以張爲總督，晉爲户、兵、工總理。熊畏張之性嚴，而樂王公之坦易也，欲出之，王亦以目不能視，不願任中樞，故自請出鎮，以張公視部事矣。

巡撫王化貞疏云：「據回鄉及粆化所拏臺軍皆言，李永芳因逐韓宗功至江上，被朝鮮人打死韃子甚多，永芳亦中彈，朝鮮已聚兵江上矣。南衛之中，職已多方布置，聞吾兵至，便有執叛將而應者，即奴左右亦有機括。此機會之不易得者也。」

韓宗功彈打李永芳，皆係遼中訛傳。後宗功爲奸細，被擒市僇，其從奴有日矣。「奴再攻南衛，喪失數千」之語，總無實據。化貞輕信遼人，此其所以致敗也。

工科魏大中疏參李成梁，内云：「宗功者，成梁之愛婿，身爲逆奴招降南衛者。

又宗功之姻親，則如楨姻族，不獨失事，實與逆謀矣。如楨之罪無一而可原也。」

經略熊廷弼題：「原任監軍道今被逮高出，在遼三年，朝凶暮危，千勞萬苦，諸所爲修遼城，復瀋、奉，召寬、靉、鎮江地方，以至管理十餘萬軍馬，稽覈數百萬糧草，打造數十萬甲、刀、火器、戰車之數，始終拮据，獨出與邢慎言兩人。凡臣之勞，皆兩臣之勞也，而出又有奉集之功。今職已蒙聖慈體恤，而出獨罹幽縶，臣切痛之。望皇上赦此一臣，與臣作幫手，殺賊以終奉集前勞。海蓋道康應乾以三年之副使，歲運海糧百數十萬石，與車牛同勞苦，職曾有疏憐之。當南衛兵馬盡數調援遼陽，海、復、金三城士民俱已逃空，將責應乾爲誰死守？監軍道牛維曜以腿病卧床，竟以扶掖冒圍被創而出，奄奄關外，亦苦甚矣。此與康應乾俱當原情寬議者也。新餉郎中傅國，出納極清，纖毫不染，本官無城守之責，無可死之義，仍應以原官駐廣寧管新餉。寬奠在萬山中，監軍道胡嘉棟在彼屯守，僅存毛兵三千，急援遼陽；遼陽已陷，再返寬、鎮；寬、鎮已空，亟據四衛；四衛已降，勢自不得不航海以全師。而經過金州一路，擒賊搴旗，亦非苟然狼狽而奔者，所當仍照遼官監軍而用之天津者也。切謂今日遼官當分四等，曰死，曰歸，曰逃，曰降。降不足齒矣；太上死之；其次則束身赴朝以聽司敗，是名曰歸，原與外避賊誅、内避國法、隱姓變服、終不報而逃者不同，似難厚誅歸者，以堅逃與降之心。況武將皆逃免，而獨責文臣以死，將使武將愈畏賊如虎，而望風即奔；文臣愈畏遼如穽，而裹足不往，則訓勵之謂何？伏乞勅下部院，參酌議覆，殘疆幸甚。」部覆，奉聖旨：「高出降二級，胡嘉棟降俸二級，俱戴罪立功，原任監軍。」

熊廷弼題：「京營選鋒及提督協理標下精兵不下萬人，當于内挑選馬兵五千名，擇用謀勇將官薛來胤等三員，分作標中、標左、標右三營，各將下中軍、千、把、百總俱一一掄選驍壯者，隨臣標下，以壯軍容。其盔甲、兵仗、馬匹等項，俱要鮮明、堅利、肥壯，使人望而生畏。其本等月糧給與家眷食用，在外月糧、草料照援兵事例，一體從優散給。念時事急迫，不必覆議，伏乞明旨即日批允，以便遵行。」

經臣瀕行，與總理索大弓五千、箭若干。晉曰：「若用大弓，曷不早言？」兩相言競，適給諫霍維華至，謂無弓，當與銀五千兩往彼製造，工部曲處銀付之。彼時經臣如驕子，無求不遂。比至途，則營兵大譟；抵關，甲仗、馬匹俱去而不返矣。又多用馬千匹駝載輜重行李，皆付之何有？所給五千金不可問。營兵到關不堪用，發回，回者十之二三耳。經略失河西，奔往都城，外營兵回者往彼索在途未發錢糧，重重圍匝，思得而甘心焉。余令主事彭克濟往候，克濟將所乘小轎舁經略出，衆軍以爲彭也，而不知其爲經略也。索經略不得，久之乃散去。

在晉之爲經略也，不帶一兵一馬，不帶錢糧一分。彼時閻鳴泰補監軍，請帑，領兵部用存帑金數千兩，而經略未嘗請一金，單車就道，空拳應敵，以爲往而不返也，而得生，豈非天哉！

御史方震孺言：「三岔河亦不足恃。河寬不七十步，盈盈一水，一葦可航，全不見驚濤怒浪。河之不足恃者一也。聞奴斬木爲排，上浮以土，而用多人推之，即使巨津，猶如平地，况投鞭可斷。河之不足恃者二也。此河視代子河不甚相遠，奴酋公然渡代子河矣，我兵一十三萬不敢發一矢、放一砲，且今守河之卒不滿二萬，欲望其半渡而遏之，豈有是乎？河之不足恃者三也。沿河一百六十里，築城則不能，列栅則無用，且工程浩大，未見敵而先渡。河之不足恃者四也。我之地可修守而最冲淺之處如黄泥窪、張又站者，皆虜地也，我即欲修守而不得。河之不足恃者五也。轉眼冰合，遂成平地，即稀稀防守，猶得五十萬人，請問此兵從何處措辦？河之不足恃者六也。信如是也，遂將半塊殘遼拱手而聽奴之蠶食乎？是又不然。我以退爲守則守不固，我以進爲守則守有餘；我以河爲界牌則士氣已頽，我以撫順奴巢爲界牌則人心自奮。况天亡奴，奴自亡，種種景象，又有顯而足據乎。」

邢慎言改河南參議，遼東西路。錢士晉陞山東副使，遼東中路。梁之垣陞河南副使，遼東南路。胡嘉棟降山東僉事，管天津。楊述程調山東按察使，管登萊。高出山西副使，西平堡。牛象坤山西僉事，盤山路。各監軍。胡嘉棟戴罪立功。梁之垣宣諭朝鮮。

通州巡撫王國楨報：「援遼寧夏兵馬九百餘名一齊出城西歸，領兵官李永培等禁之不止。又，昌平二千名逼討安家，大譟，砍傷朱遊擊家人，幾致大變。訪得昌兵劉江等所至搶劫，甚于夷虜，不宜輕調。」順天巡撫李瑾報：「懷柔城將官郝繼高下家丁一百餘名，有高登舉等率領，横行搶掠，强索夫馬，應付軍役俱被打傷，搶去官馬，自大門至内室，窓槅門扇無存。」

巡按李凌雲報：「延綏守備陳應魁等所統家丁，枉道搶掠，碎門需索，鬨搶一空。最可恨者，挾妓于鄉紳之門，流連爲三日之飲。目中豈復知有法紀哉！」

兵部覆：「遼左盼兵、盼將不啻雲霓，而中途逃亡，實自陳愚直始。尤而效之，逃之愈多；鼓而煽之，流傳更遠。乞勑下督撫，將陳愚直發回陜西；撫臣吕兆熊以軍法議處；

其逃兵爲首者，嚴緝處斬，傳首發臨洺地方懸掛；餘分别捆責貫耳，以正紀律。逃回兵數照額補解。」

兵科蔡思充題：「臺臣傅宗龍募有精兵五千名，總兵楊愈懋召有新兵三千餘名，中願出關者不下七八百名，宜再行挑選，務期精鋭。西兵之札營于通州者三千名，雖曰入衛，中豈無投石超距、志存立功者？宜令道臣周起元諭以急公之義，欣以破格之賞，揀其勇往者，或一千，或一千五百名，令隨出關，俟兵少集掣回，則于入衛之約束不爽其議用。監軍道胡嘉棟領有毛兵八百名〔二〕，令札天津，毛兵習野馳驅，豈習水性？並宜領赴榆關，聽經臣指揮者也。兵食甲仗隸在三部者，有侍郎王在晉總理，司官三員分任，似綽乎有餘。經臣空拳而出，其睠睠反顧，在三部接應，而三部錢糧不敷，伏乞皇上自爲社稷計，再發帑金二百萬，總頓太僕寺，不許三部掯分，聽經臣計費派用。咨行總理分司督催，專應廣寧之急，庶有濟乎。」

西兵入衛期滿，兵部已題准放歸矣，經臣必欲挑選一半赴援。余謂明旨已下，衆兵歸心甚急，誰肯東行？强人心而爲之，且非所以示信也。科臣具疏，經略果行，西兵聞風皆潰矣。欲問奔逃之罪，則奉旨在先，無可行之法。經臣以爲縱也，而與樞部參商自此始矣。

經略題：「用原任主事劉國縉起陞登萊招練副使，佟卜年陞登萊監軍僉事，推官洪敷教陞職方主事，經略軍前贊畫。」

七月，總理户、兵、工三部侍郎王在晉題：「國家承平日久，諸務積弛。從臣抵都，與熊廷弼及同部諸臣密商方略，侵晨入部，竟日料理部務，漸有條緒，萬不敢仍前惰窳，以貽主上宵旰之憂。目前聊記兵數，内經部臣張經世親歷河西，得于見聞之最悉。兵士未必皆精壯，然其間必有可用之兵；器仗未必皆精堅，然其間豈無可用之物？撫臣王化貞身處危疆，力抗强虜，朝夕有觥甂之形，勝負係安危之數。如入山而遇虎豹，人無不疾呼求救者，當至危至急之時，誰敢爲彼己之異視？處極重極難之勢，誰敢爲畛域之分岐〔三〕？臣部即未奉嚴旨，而心緒憧憧，無一刻不馳關外也。然臣部不過調募兵將，調募不過行移文案，勒限嚴催。邇來徵兵之檄急於風雨，咎不在部署之遲發，而在各鎮之緩視。緩于發兵，此督撫之責也。自有逮處之疏，而咨報援兵起程者，踵相接矣。一經押發于途，而目兵到處觀望，領兵官到處遲延，郵傳則苦其索勒，地方則苦其騷擾，視遼如陷阱然，視赴遼如湯火然。出關兵已三萬四千二百有奇，而抵廣寧者僅二萬。咫尺之近，亦能躲閃，其在遐方者可知。此後援兵經行之地，逐日計程，今日至某處，明日至某鄉，州縣官用印鈐記，明註有無稽延、有無生事。倘大逾欽限，領兵官輕則經撫衙門捆打，重則論斬。其有依期早到、在途安静者，從優陞賞。此申飭領兵將官之法所當必行者也。臣部徵兵，有見解帑銀給發者，有三部移咨查扣本處新編及料銀充數者，又有調募兵多而銀數偶爾不敷、或新餉料銀不能湊手者。各省布政司及直隸府分不妨那用可動錢糧，從權暫給，報部扣銷。如藉口錢糧不足，以致遲留，司府正官及兵巡、兵備道悉住俸戴罪催儹，轉咨吏部停陞。此申飭司、道、府之法所當必行者也。蓋天下事非一人之事，一人任之則不足，衆人成之則有餘。府庫之財孰非朝廷之財？值非常之時，則不當執有常之法，通變可以成功，協心乃期共濟。臣願在内諸臣常如身在廣寧，莫厭河西之告急；在外諸臣常若身當三部，莫嫌臣部之苛求，則兵馬刻期而至，奴酋可登于俎，叛臣可繫于廷矣。臣又通查目前調募兵數，似浮於額，歲餉萬不能支。但河西之能守與否，總不可知，後手之兵皆當預備。倘如往歲兵馬一發無餘，事急而始招呼，近者數百里，遠者數千里，非兩翼生風，何能猝至？前事之疏，可爲後事之戒。至于經費大詘，三部皆持空釜待炊，米自何來，殆不可問。容臣等一一算明，另行題請以聞。」

王在晉題安家馬匹甲仗疏：「自東事決裂，而羽書狎至，檄天下兵誅鋤叛逆，轅蹄併集於塗，丁夫接踵於路，閭左何日不憂徵調哉？臣在山東，兵經三調，衆兵環泣，援例乞舊糧以安其家室，而臣不許也，第于本名遼餉内月扣三錢以給其家，而妻子不聞有流離之苦。兵去而缺懸，即募新兵以補缺，且計遼餉薄而東省之原餉厚，酌量節縮，另設北營於省會，添兵五百名，食舊糧而已足矣。何事西兵應調者即食本名之新餉，其家口又支本名之舊餉，是一兵而有二餉也。今舊兵不歸，懸缺不得不補，補一名又添一名之新餉，是一兵而有三餉也。夫遼、瀋既潰，援兵之去而不返者，逃耶，死耶，抑削髮以從賊耶？逃則爲失律之兵，無功有罪，難以顧其私。降則爲背逆之兵，家屬當逮繫，公餼豈宜養叛？即戰死，亦不過厚恤以復其家，未聞以名糧歲歲給死兵者。且援遼之兵，未必人人有家小，無家者餉存何處？又聞月支舊糧，亦有未盡給發者，貯存何用？不一嚴查，不將化爲烏有乎。臣又查萬曆四十六年閏四月募兵，安家近者三兩，遠者四五兩，盔甲、器械議給三兩。四十七年七月調兵，馬價十兩。今安家銀調者五兩，募者且十兩矣。安家云者，身奔走于危邊絶徼，背離鄉井，所以安其父母妻子也。若本地招兵仍留本地，廬墓安然，室家無恙，此不過給衣帽銀壹兩已耳。乃募兵本土有概給五兩者，又有應調之兵要挾以至十兩者，臣未敢實算開銷也。且邊兵既留舊餉以養家，家已飽矣，曷爲又給安家銀兩？此一兵者身價匪輕，明係金銀鑄就，不殺賊而爲賊所乘，何以兵爲？臣是以于安家之給有遺議焉。馬價每匹今發銀十二兩，募馬有價至十五兩者。夫調馬補價，以營兵騎馬赴遼，馬群一空，償其買馬之費也。然必有兵而後有馬，援遼者向來懸額不補，彼馬上之兵已虛無其人矣，買馬將焉用之？四十七年所發馬價，馬匹安在？無馬，則原銀安在？目前調馬又給價銀，先後累積，必馬有留良，而今不可問也。臣竊疑馬價之發，有漏卮焉。又募兵有盔甲、器械，軍容不可不肅也，兵仗不可不利也。然總計之，估價不過二兩，多亦三兩而止耳，而今且八兩之多矣。此器甲必官爲造給，則如林介胄可協于大同，未有人自爲製而使之不參差者。盔甲原無可買之處，徒給銀以責其買辦，里巷窶夫，市井窮棍，白鏹到手，立見冰消，安所得盔甲以遮身、弓刀以禦敵乎？如是不得不逃，給銀之日，即埋逃竄之根，併安家銀一去而不返矣。然則盔甲、器械給銀終爲非策，莫若于募兵之處責成于所司，鳩工製造、轉發之爲得當也。今天下兵雲屯鱗集，上等、中等、下等造給名糧，法應畫一，以示同仁，乃人自爲募，募自爲等，上等者爲家丁，用以衛身，而非用以搏鬬。人有私兵而國無私法，此處加增，彼處必當比例。減而增則衆心悦，增而減則衆志隳。且厚犒加于客兵，猶曰酬其遠戍之勞；厚犒加于近處之兵，何以愜彼遠人之望？王道貴于無偏，作事必須謀始。彼川、貴兵來自數千里，安家、器械僅十三兩之數，江淮、河南等處兵，遠不越二千里，而安家、器械有十八兩之多。臣初不得其解，或曰此募而彼調也，孰知土司兵我未嘗以餉饟之，安得與邊腹之兵同日語哉？且西兵沿途混擾，抱頭鼠竄，鮮衣怒馬之裝飾，勝于蓬葆漆幹之顔面，乃强弱異形，勇怯殊致。是澤癯終不如紈袴，而逋逃乃勝于瘡痍，此何以得人之死力？宜乎關内之七千所以決策西歸，而挽之不能留也。夫召兵幾千里外，而乃失之目前，捐安家之少半，定可遏其歸思。而多方撫輯，不加餉而加賚，定賞勞之格，行間出之恩，則在經、撫之善用其權耳。遼事未知何時結局，舛以承舛，敝以襲敝，不得不明言救正。將來如有調募，庶可量度折衷，以明功令。至于各邊舊餉果否盡給贍家，四十七年例發馬價有無見買馬匹，凡扣貯銀兩須查歸着，不得含糊回覆，再冒帑金。遼、瀋陷後，邊兵見在河西者若干名，如係見役，或念其經年勞苦，仍留贍養，以安軍心，或令其親戚、壯丁頂補名缺，以支原餉。陣亡者從厚優卹，其遺缺即行募補。逃兵革除。投降者自三月以後冒領，着家屬一一嚴追。通行遼東經、督、撫院及各路撫、鎮衙門逐一偵查，則存亡逃叛終難掩蔽，兵籍清而錢糧不致混冒矣。」奉聖旨：「這所奏調募安家、器甲、馬匹事宜，有裨軍國至計，着該部照款詳查確議，務求經久長便之策，毋得苟且目前，致誤國事。」

王化貞題：「死難總兵五員：陳策、童仲揆、梁仲善、楊宗業、尤世功。副總兵三員：戚金、曹登衢、朱萬良。參將七員：劉芳聲、夏國卿、李鎮中、張名世、黃正、吳文傑、王豸。遊擊八員：周敦吉、方承勛、李尚義、袁大有、彭振雲、李秀、趙宗周、王命詔。都司六員：張神武、鄧起龍、袁見龍、徐得全、王承祚、秦邦屏。守備二十一員〔四〕：阮承宗、鮑得功、劉應龍、雷安民、郭崇仁、金九階、王之謨、趙廷蘭、吳應昌、劉訓、王藎、朱恩、鄒昌、錢奇、徐一夔、龐世恩、曹栢、吳承宗、毛煥然、毛鳳文、郝鳴時、袁禄。千總四十一員：張郢、劉登謨、唐士林、冉呂、劉世俊、羅漢臣、何逢、白蛟龍、李應元、朱希禹、劉朝聘、王邦寵、羅仲文、黃立志、歐應修、高習年、高遷、尤大乾、周華、周維坤、牛繼先、金承化、袁護、劉時霖、彭忠、劉廷賓、周上文、陳上策、鄧時有、何成、何獎、周朝陞、彭廷諫、張威寧、丁福、顏宗正、林梁、徐忠、蔡從魯、宋允科、李承業。把總四十一員：黃光前、宗可勝、楊再枝、袁加春、何奇瑞、尚朝富、朱美、吳起升、吳應魁、劉文榮、全安、劉傑、向朝堯、馬凌煙、梅世芳、余一鵬、黎紹堯、周興、曹有才、周國才、李繼宗、黄允甫、周應選、張覬、陳葵、王建勛、周正剛、陳國奇、黄運國、羅恩、易胤孝、戴天恩、郭起龍、周成龍、蘇可畏、劉成、曹鑾、黑老虎、周密、曹興兆、程安邦。浙營千把總十員：朱騎、胡天祝、黄惟峴、吴龍、喻文遠、施廷用、龔汝勝、楊得勝、嚴用、蔡勝。土舍五名：李柯、彭宗卿、彭應勝、冉見龍、彭相舟。航海官五員：副總兵趙率教，遊擊魯之由，都司許定國、嚴正中、王化溥。見在官四十一員。總兵五員：侯世禄、李秉誠、劉孔胤、麻承恩、姜弼。副總兵三員：鮑承先、麻承宣、周世禄。參將九員：羅一貴、黄鐵、别鎮、王興業、黄璽、羅萬言、趙時雍、馮大梁、周守廉。遊擊十三員〔五〕：李滿倉、尚志弘、劉恩、孫慶、張世胤、高可及、左輔、王平、祖天壽、劉世功、盧養材、熊錦。都司坐營守備十二員：黄士英、崔承恩、金國佐、張萬化、史光裕、王化準、閆印、尤岱、談堯德、景國柱、李成龍、楊如栢。遼、瀋喪敗之後，降虜及死事各官功罪昭然，無容别議。李光榮赴援未見有功，斷橋致起多議。在李秉誠、麻承恩，前愆未贖，後功無聞，似爲有罪無功。其餘援遼將領，各有戎伍之責，難辭退縮之罪，似俱應懲治。其副總兵鮑承先，參將黄璽、趙時雍，遊擊馮大梁、周守廉、高可及、左輔、熊錦、閆印，備禦楊如栢等各有城守之寄，即依律重懲，亦不爲過。各查各官原奉鎮守調赴東援〔六〕，一聞遼陽失陷，即奔潰過河，尚屬有辭，似當稍從末減。夫遼、瀋之行，大衆同奔，其名爲逃，逃則皆當死。顧有未戰而逃者，有既戰而逃者，有戰敗不支而逃者，其情狀殊也；有當死不死者，有不欲死而死者，有城陷衆潰死已無益而姑去以圖後功，其心事殊也。即此而諸臣當有定論矣。以文臣言之，袁應泰、何廷魁名義所在，不容不死，二臣之見定矣。張銓可以不死，而竟死也，從容就義，爲國之光，此其最上者也。其次則崔儒秀之慷慨殺身，庶幾焉。段展、陳輔堯之死，禍起倉卒，而能不逃，死亦無愧于守官之義已。就生者言，康應乾雖兵已盡調，城已先空，其情可原，然奉命守土之臣也，今其土安在？應乾終欠一死，此不可不議處也。至于傅國、牛維曜、高出、張文達、陰象坤、李君簡等之不死也，所謂可以無死者也。胡嘉棟雖有地方之責，畢竟監軍之任，且創設尚無定居，奉調已至半途，聞變而返，則已胥爲夷矣，間關而南，執叛臣，斬夷使，人心幾爲嚮應，竟徒死猶無益耳。冒日乾先傳已死，後乃知爲人藏之得免，與經歷謝懋功、孫光榮陸續走回。以武臣言之，都司徐國全之自縊公署，聞何廷魁之風而起者，可嘉也。至于張神武聞難疾趨，直前搏戰，與家衆三百人同死，僅有存者，此其死可與張銓比烈。至副將戚金揮戰援止，童仲揆要以俱死，亦庶幾焉。其次則總兵陳策、梁仲善、楊宗業等，副總兵郭有光等，參將吴文傑、張名世、劉芳聲等，遊擊周敦吉、方承勛等，都司鄧起龍、袁見龍、秦邦屏等，守備阮承宗、鮑得功等，皆臨難不避，冒敵争先，無愧死綏之義，庶酬裹革之心。内梁仲善、秦邦屏之力戰不屈，爲尤烈；楊宗業之父子駢死不移，爲更慘，所當破格議恤者也。至朱萬良見敵而奔，竟爲叢矢所中，死不償責；賀世賢多謂其在瀋陽城西爲亂軍所殺者，想天假手以誅叛逆也。諸將中惟麻承恩最先逃，于二十日黎明即過河徑走芝麻灣，呼船欲渡，蓋于十九日出戰即行，原未見敵，此蓋不知有法者也。侯世禄受傷獨重，死而復甦。姜弼遼陽之戰率廣寧兵直犯重圍，奴衆辟易，經略于城上鼓掌大喜，以爲大勝者，即此戰也。本欲雪渾河之恥，成桑榆之收，不幸大衆俱潰，重傷不支，而竟被以逃將之名，公論惜之。劉孔胤丁馬久完，前罪已贖，因部參正罪，于二月内解兵謝事，候咨赴京，則孔胤已爲閑人，城破不死，夤夜出逃，既有代事之人，又有同行之侶，可以質問，似未可深罪之也。李秉誠原令守城，隨衆潰奔，罪無可原，但奉集之保雖高出指揮之力，而本官調度，與有微勞，西奔諸將杳焉無踪，而秉誠猶于二十三日蚤赴城下，見經、按、各道，照舊料理潦卒，則與衆逃者殊科。至諸裨或有傷，或無傷，既逃，均應議處。若周世禄之死戰得脱，殺傷過當，既已加陞示酬。此外則有柯汝棟、郎萬言、張昌胤、陳九圍、單進忠、楊于渭、閔正官、李大成、魏相、劉興祚、劉大宗皆甘心臣虜，爲之盡力，統候俘獲之日，另議者也。」

八月，王象乾以本兵行邊，給帑金十萬兩以佐軍需，賜蟒衣、銀幣，仍晏兵部，各部院官陪餞。

王在晉題：「我國家幅員萬里，聲靈赫濯，祇緣逆酋爲難，致開、鐵、遼、瀋、南衛相繼陸沉，二百年來生養横罹荼毒，衣冠化爲辮髪，名城遽爾丘墟，殫天下之財力，不能立制狂酋之死命。目前五空八竭之狀，有匪一言可悉者。蓋自金錢盡輸于塞外，上頒轉散于行間，決如甕泉，去如流水，而帑藏空。賦税既溢額以加編，暵潦又相仍而不已，煙寒環堵，月照逃亡，而田野空。少壯僉名以應募，丁夫僇力以從戎，比屋靡寧，窮鄉滋擾，而閭閻空。强者畢命于戈矛，弱者驚魂于風鶴，抱頭鼠竄，暴骨如林，而行伍空。青閨有勞人之夢，黄沙有夜泣之魂，婦子凄其藁砧寂寞，而家室空。三路北，而正、偏、裨將領死者三百一十餘員，迨遼、瀋淪亡，不知凡幾，而將材竭矣。撫順、開、鐵破，而姓名登鬼録者，五萬六千五十餘人，又殺戮人民不可勝算，而生命竭矣。寬奠敗，而馬、騾、駝死者二萬八千六百餘匹隻，又東運買牛，倒死數萬，而孳畜竭矣。飛輓飄零于渤澥，轉輸汗漫于滄溟，括同珠玉，委若泥沙，而芻糧竭矣。僱募則索艅艎于海澨，打造則僝材木于江皋，颶汛時侵，水濱莫問，而舟航竭矣。火藥、利器極萬輸邊，大銃、神鎗累千藉寇，我失其御，彼得其資，而器械竭矣。蕪湖之銅商不至，武庫之建鐵已窮，鑪冶空懸，採辦莫繼，而五金竭矣。敖骨之誅求未已，剜肉之償補堪憐，漁澤無遺，焚林幾盡，而民間之膏血竭矣。似此五空八竭之形，海内可勝僨頓乎？今之策遼者靡不以兵力單弱爲憂，乃兵不弱于寡，弱于兵多而不精。弱不可以勝强，寡不可以敵衆，此兵不足之患也。然兵聚而食指繁，勢必至于枵腹，此有餘而不能養之患也。兵聚而囂凌起，勢必至于跋扈，此有餘而不能制之患也。兵聚而影射生，勢必至于冗耗，此有餘而不能稽覈之患也。兵聚而群心涣，勢必至于離披，此有餘而不能簡練之患也。夫不足之患一，而有餘之患四，兵貴多乎哉？廣寧一片地所容納幾何，軍民雜處，人馬縱横，民失所安居，兵無可托宿。且三岔逼水，漠地沙黄，蘧廬之安堵難容，霜露之侵肌可慮，客兵之苦于無居，易知也。時入深秋，蟋蟀風凉于砂磧，寒蛩聲徹于荒皋，草野孤棲，褰裳單薄。入冬而嚴凝益迫，冰雪摧殘，手足瘴瘃，兵之苦于無衣，易知也。路狹人稠，商稀貨少，米珠薪桂，百物沸騰。束草價增幾倍，斗米貴至數錢，月餉未能周身，食力不堪糊口，兵之無以聊生，易知也。兵無以安其身，何能令其捨身以殺賊？我未以恩義結人之心志，何能以法令驅人于死亡？故今日廣寧十二萬之兵，未必人人皆一心。人心不一，衆亦奚爲？乃其所大可憂者，則在兵之衆而餉之難繼矣。南衛未失之先，海，我之海也；金、復、海、益陷〔七〕，而大海之險，我與賊共之。賊常覬我之往，我不能禁賊之來。奴衆既集，糧其所大覬也。我有一線海面可達廣寧，敵之所大忌也。彼如乘風破浪，直擣津門，窺其所大利，攻其所大忌，是爲引寇入門，而天津危。天津危，而登、萊，而江淮、浙、直俱危。河西乏食，可以立斃；山海無糧，何能久守？而京師亦危。此時欲取給于車騾之轉運，是以杯水救車薪，冀十數萬軍之果腹，此必不得之數也。且昨年以十五萬之軍取給于登萊、天津二路之海運，猶虞不繼，今兵馬浮于往昔，而登萊且罷運矣。蓋套既不可行，覺華島又去廣寧較遠，改卸于右屯海口，右屯止收七分，以二分卸芝蔴灣，以一分卸柳河口。柳河去天津千餘里，去右屯又三百里，以什一之糧給三岔守河之軍，人多而食少，路遠而運艱，三岔河上得米三合，便以爲非常之恩，枯腸借秭米而存活。於是有三岔不可守之説，不知三岔一衣帶之水，隔晝東西，可以限狂奔之馬足。向無此河，則遼、瀋之没，禍必及於廣寧，廣寧何以至今存也？虜騎至河，輒逡巡而不敢渡，浮橋一斷，河西遂得瓦全。然則三岔雖非天塹，而亦爲河西一路之湯池矣。獨念柳河東岸即爲虜地，架大砲以擊灣泊之舟，中國制夷之具反爲夷所用，長年望之而色沮。夏秋之際，風順波平，海塗得達，尚憂飢餒，轉眼秋深，北風一發，舟檝不能行矣。此時有銀無米，有軍無糧，庚癸之呼，勢所必至。故河西必有半年之積，而後可救冬春之饉；必有百萬之糧料，而後可活十萬之兵馬。海運望食於空虛，而陸運取給於實地。海運天司其柄，陸運人握其權。故海運不可廢而必不可恃，陸運不易行而其究必不得不行。無奈牛騾之難集也，車輛之難致也，丁夫之難覔也。今河西兵卒其中不堪戰者必多，或令之飼牛秣馬，捧車運米，築垣負土，轉無用之兵爲有用，則化不足之餉爲有餘。至於頭畜經寒，輙多倒死，馬牛力竭，須用節宣。牧養有人，則牲口不斃；安排有法，則運用不窮。三岔窵遠，先設更番守兵，次設遊兵，次設援兵，次設伏兵，念念必及于河，而河庶幾可守矣。轉餉間關，先用船運，次用車運，次用人運，次用馬騾馱運，時時計及於餉，而餉庶其可給矣。」

熊廷弼奏：「延綏人馬，臣親自點驗，每唱一名嘆一氣，驗一馬墮一淚，汰退一千三百有奇。律以新奉之旨，巡撫應降斥，總兵應逮繫。但撫臣張之厚素有才望，履任方新，應重加罰治。總兵杜文焕革去見任，永不叙用。其原調家丁及退換軍士，務選精兵，着伊男杜弘域親領來遼，代父立功贖罪。」

部覆稍寬，熊遂與張公鶴鳴大異矣。

兵科蔡思充云：「遼陽距鎮江八百餘里，且多崇山峻嶺，惟海州密邇，爲必争之地，可復則復。不然據鎮江，復寬奠，約結朝鮮，以俟大舉。」

奴戳金州〔八〕。旅順爲登州之咽喉、南衛之門户，金州又切近登萊者，是以奴酋截守，以隔絶往來之路也。

遊擊毛文龍報稱②：「卑職至朝鮮彌串堡，潛令鎮江避難人民暗通士庶，咸共響應。次日，千總徐景栢差弟徐六潛渡通款，且云佟養真選兵一百餘名，抄殺黄觜奴山，歸正人民去訖。職與王一寧議，謂鎮江兵止千餘，壯勇既出抄殺屯民，城中必空，正可搗其不備。即命守備蘇其民，千總張扳、李景先、張繼善、何舉禮帶領家丁一百名，屯民崔天大等百名邀截去兵歸路，隨令千總陳忠、王甫等，把總王鎬、召一學、張魁、毛承禄、尤景和、許悌率兵一百餘人，及屯民高大等一百餘人，直至鎮江城外二十里上岸。先令守備丁文禮暗通鎮江中軍陳良策，約爲内應。分布已定，雞鳴俱薄城下。千總張元祉、王鎬，號頭王承鸞等持鎗先登，衆人一齊登城，喊聲大振，一擁殺入。陳良策同弟良漢、蘇萬義等自内殺出，内外夾攻，賊衆盡皆膽落，四下奔命。佟養真率夷及家丁七十餘名迎敵，被我兵直前奮擊，養真被擊仆地就縛，其子佟豐年及家丁斬獲殆盡。收伏鎮江軍士四百餘名。當即進城安撫軍民，秋毫無犯。民皆大悦，羊酒迎勞者幾萬人，數百里之内望風來降者絡繹不絶。」

王在晉救援鎮江疏云：「邇聞遼東撫臣王化貞密委都司毛文龍收復鎮江，擒縛叛賊，四衛震動，人心嚮應。報聞之日，縉紳慶於朝，庶民慶於野。自清、撫失陷以來，費千百萬金錢，萃十數萬兵力，不能擒其一賊。此一捷也，真爲空谷之音，聞之而喜可知也。而臣則轉生憂慮，比來寢食欲廢，此豈異於人情哉。以接應之兵甚寡也，接應之餉甚難也，大海之隔甚遥也。當臣之撫東省也，屢疏爲山東請兵，而全不應也。又極口爲金、復、海、蓋請兵，以衛運道，以固東省之藩，而全不顧也。且有謂登、萊向不被兵者，臣將金人侵宋渡海，屢戰屢攻，旋失旋復，備述年月揭聞，當事乃以州縣不能招致之兵，量留九千爲東省防禦，而四衛之無兵自若也，運道之單虚自若也。當時若多添兵旅以固山東，則今日何難進取？若嚴兵以守四衛，則妖賊不敢聚群徒以謀叛，强酋不敢率一旅以收降，如山之積不至委棄以資寇盗，大海之險不至盡失以損藩籬。遼陽雖陷，經臣尚可走海、蓋以圖存，何至一敗塗地，辱國損威之若是哉！有言不信，臣知有今日久矣。臣于彼時知通國之論不爲齊而爲遼，遂亟亟以圖自爲，請戰將沈有容以守登萊。又知有容多收降寇，幕下蓄敢死亡命之士，臣又賫三千金召之，所挈五百人皆陷險如夷、善泅慣鬬者。於是擒僞官，收僞示，奪僞牌，破賊船，擄賊馬，獲賊械，救回浮海人民無算。賊不敢左足而窺登萊，不敢踞海州以興造作，且不敢長驅以渡三岔，逼廣寧而覷山海，懼登兵之襲其後也。登兵正勁，今據登萊撫臣疏，且撥兵二千五百名隨王紹勳往矣，部議又撥一千三百名隨梁之垣往矣。大將且踰海從征，以登萊爲孤注矣。登萊之水兵幾盡發，而内地無能爲守矣。蓋昔年添兵九千，陸居其七，水居其三，能戰之舟師幾何？行人問路，須問之識路之人。臣習於東，所稱識路者也。即之垣生長彼中，而兵數未能悉也。今欲大舉興師，動稱發水兵萬數，是隨筆寫意之兵，而非實在之兵也。廣寧兵數雖多，去鎮江則遠，不能逐晨風以飛渡；登、津水兵既寡，隔大海又遥，不能控長鞭以及腹。竊計奴酋聞信必大集兵馬，以圖報復，孤城絶地，勢難久支。南有海而東有朝鮮，文龍不患無周身之策，獨是鎮江皈依之衆，四衛效順之民，豈能堪此狡酋屠戮耶？文龍發之早，而涉海應之難，此臣之所以且喜且懼，而無遑寢食也。然臣之所憂不獨憂兵之不接，又憂餉之不接。兵渡海矣，舟中裹糧有幾，寬、鎮破殘，民間必無餘蓄，糾聚萬人，何以食之？即有銀，而米無從致也。之垣往矣，朝鮮向不貴銀，民間向不用銀，朝鮮使臣見在可問，即有銀，而米無從糴也。餉臣督餉，既西顧以急廣寧，又東顧以急鎮江；登萊撫臣，既治兵以圖進取，又治餉以贍軍興。民力已殫，物料難辦，即有銀而米無從致，有米而船不能給也。臣預知登萊之無餉，苦留十萬帑金以應之，撫臣以爲續命之丹也。臣又知天津之無餉，議户、兵二部發銀五萬以應之，諒彼中亦必以爲救急之需也。然大兵一動，所爲十萬、五萬者，亦大官之一臠耳，何堪大嚼？今所爲應急之着殆有十焉。人情處常則當求其備，應急則不當泥其常。登、津水兵固寡，然水兵僅能水戰也，仰而攻城及攖城以守，必藉陸兵矣。陸兵即不能蹈海乎，擇其有膽力者，挈之偕行，以助水兵之勢。所當急者一。登兵過海，沿海必虚。此際秋風漸勁，我去則難，賊來則易，恐擣我之虚，乘我之隙。陸兵縱不能防海，亦可防陸。天津陸兵漸集，憂在山東，凡山東通省之兵，悉聽登、萊新撫移會舊撫相機調遣，堵截險要。所當急者二。登、津與廣寧並急，户部亟宜三方並顧。天津近京，接濟頗易。登州則最遠矣，凡有緩急，聽其借動司庫銀兩，一奉公檄，布政司即宜那發，報部開銷。所當急者三。先是，津撫有借用運船之疏，臣頗難之。今事迫矣，有船可用，不妨暫借以應王錫斧之乘載。臣即催工部發銀修船，以補餉船之缺。所當急者四。經臣、按臣有三岔難守之議，陸兵且不可駐矣，水兵可獨守乎〔九〕？閱遼撫揭，有『津兵早至，揚帆直上，沿海一帶便當嚮應』之語，想王表、管大藩等之兵亦可轉移，以援鎮江之急，事在經、撫計之。所當急者五。梁之垣家丁三百，衣甲、器械工部且給發矣。今援兵渡海，在登、萊則熟練之兵也，天津則應調之兵也，隨身甲仗想多具備，如有不足，先儘本處那移，以待造補。此當急者六。廣寧距鎮江雖有崇岡峻嶺之隔，然既先期以舉大事，務宜後應以圖萬全。多擇智勇出奇、乘間盡力救援，興復之民必効死勿去。所當急者七。山東設兵以登、萊爲急，他屬可緩，應令二撫會議，登、萊、青添兵若干，濱州、蒲臺、武定等處分兵若干，除留新餉外，歲餉尚缺若干。户部速爲處分，勿使有兵無餉。所當急者八。近聞西虜移兵助戰，已駐境上。虜兵一動，我兵速宜渡河，賊東而我擊其西，賊前而我撓其後，彼必還而自顧，鎮江之圍可解。所當急者九。遼、瀋大户，四衛豪傑，東山礦徒，二百年來生養，必不肯甘心從賊。且遼陽將領、目兵降賊者衆，赦罪招來，乘機鼓動，結縱團聚，共圖滅賊。義兵四出，賊必自亂，彼亂而我乘之，奴可襲而取也。所當急者十。蓋兵者機也，機一動則不可遏；兵者氣也，氣一發則不可墮。談兵於鎮江未捷之先，策當從緩，緩以待我兵之大集，是爲穩着；談兵於鎮江既復之後，兵貴神速，速以應破竹之先聲，是爲急着。急不擇音，臣是以謬攄管見，仰佐廟謨。至于宣諭朝鮮，已奉成命，時刻難逭，逭則有任其責者。仰祈聖明裁鑒，勑部施行。」奉聖旨：「鎮江偏師取捷，保守方可圖功。策應聲援，前已屢旨，着經、撫各官料理。其兵餉事務，又在你部裏主持。奏内急着十款，悉中機宜，便會同三部作速區畫接濟，中外同心，務收勝筭。」

兵部尚書張鶴鳴題：「經臣三方布置，聯屬朝鮮，誠爲上計，梁之垣之使誠當急行。但經臣止請宣諭招撫逃亡，給銀六萬兩，未嘗請兵也，未嘗請餉也。之垣請餉二十萬，請兵三千，請家丁三百，請加一品服色，之垣登州人，請兼制登、萊，請府佐，請材官，皆經臣所未請者，何可不慎重？且此行全憑王紹勳，紹勳降夷，臣部已曾具奏御前。此何等事，又何不慎重？前在閣中同輔臣、九卿、科道聚，如聚訟然，厲聲抗色，殊非朝端之體。臣知會議之無益也。」

王在晉再題安家馬價疏：「國家有一定之章程，亦有變遷之時勢，勢偶偏重，不得不與勢推移，若今日援遼之兵是也。自清、撫失，開、鐵陷，而人情望遼惴惴焉。迨遼、瀋相繼淪没，而人益視遼爲絶地矣。人誰不愛身恤命？而欲捐其所甚愛，以使之赴刀戟之埸，此非以生道使民也。故有言百金買死士者，有用二十五金募一兵者，有議安家給銀二十兩者。千里馬未至，而千金之駿骨市價徒高，比往歲救朝鮮、征播州募兵事例，若相倍蓰，豈昔儉而今費，昨易而今難？以所值之時勢不同也。今調兵議給安家銀五兩，募兵議給十兩，亦體群請之苦，折衆議之衷，不如是則人不肯赴。蓋漁民以禦變，不得不以利爲香餌也。各路調募之兵，今或抵廣寧，或抵山海，或起發在途行矣，勢不能復裁其所與之金矣。惟是馬價銀兩，於中有當酌減者。均是馬也，調馬價銀十二兩，募馬價銀十五兩，又同一募馬而有十二、十五兩之殊。臣不知某營應分上駟，某營應分下駟，則失其平矣。彼在營之軍與在野之民，兵農異致，則調募宜分。乃營中之馬與民間之馬，價值相同，則貴賤奚别？如必以調良之騎與應募之兵，而以中下之乘補在營之缺，九邊皆重，安得重彼而輕此哉？查市價，十二兩儘可易一馬，則十五之數當裁，俾調募一律，於軍需不無少省也。此後招兵，凡招土兵防守本地者，照在京招募例，止給衣帽銀一兩，即收營食餉不得概用安家，俟有調遣，仍照例給發。至于遼東新舊兵，有御史方震孺給賞，兵數最爲覈實，廣寧原非無兵，但汰其冒濫，節其浮冗，則糧餉可繼；時加簡閲，時加訓練，則兵馬可强。天下無不可用之兵，未有不練而可使之用者；亦無常足之餉，未有不節而能使之足者。今機會可乘，便當刻期進發。若躭延時日，以待兵强餉足，當兹徵調四出、經費告詘之時，兵馬何時而强，糧餉何時而足？臣切有憂焉。臣等多方計兵，又多方計餉，凡動支帑金，每從節縮，用過銀兩皆不得不用，匪敢妄用分毫，時出而爲濫觴之費也。謹遵明旨，再三酌議具覆。」奉聖旨：「今後支用錢糧俱照舊例，有多寡不同的，亦須據例剖明，聽朕裁處。遼左用兵三載，内外帑藏所費不貲。今大兵雲集，豈得不預先計算兵馬錢糧數目？二部事均一體，仍着會同商確，務求長便，不得臨期倉卒，致誤軍需。」

王在晉題：「近緣鎮江報捷，臣部于本月初八日恭接聖諭：『朕覽文書，見遼東巡撫王化貞本内稱，毛文龍領兵收復鎮江，當陣擒獲叛黨解來，其南四衛亦俱望風響應。化貞指授有方，將士用命，遼事漸有次第。但王師貴在萬全，機宜難緩頃刻。你部裏即便移文天津巡撫畢自嚴、登萊巡撫陶朗先，着將原設援遼水兵星夜督發，從海道前進策應。其王化貞調度廣寧兵馬，相機征剿。一面咨經略熊廷弼嚴勒兵將，控扼山海，三方協力，務收全勝。該部也要將兵馬、錢糧、甲仗等項作速移催接濟，毋緩事機。特諭，欽此。』本日，又奉聖旨：『覽奏，王化貞指授方略，毛文龍收復鎮江，克著奇捷，朕心忻慰。有功人員，着即與查明優叙。該部還傳與經、撫各官上緊督兵，相機策應，甲仗、錢糧作速催運接濟，共襄大舉。欽此。』續該臣部題覆撫臣王化貞本。又奉聖旨：『鎮江奇捷，遼左恢復有機，但兵寡援孤。昨有旨登萊、天津水兵策應，廣寧嚴勑兵馬牽制賊酋，事在然眉，難緩時刻。該部便馬上傳與經、撫、鎮、道、將各官，同心殫力，互相應援，務保前功，以圖進取。梁之垣着刻期領勑，宣諭朝鮮分兵犄角，措發錢糧，及陞賞毛文龍等。催解馬匹、車輛俱依擬。欽此。』即馬上悉傳經、撫、鎮、道、將官，各官式承明命矣。隨據登撫陶朗先塘報内稱：本月初三日，奴酋將金州城樓垛口俱已拆平，其衙門、房屋、民居、鄉屯俱燬。又旅順口人張志剛報稱：奴酋燒燬房屋，上船抛泊近岸，將遼民老幼盡行殺戮，少壯者驅逐出牆，其各處糧米房屋盡行燒燬。等情。又閱王化貞揭稱：奴酋之情形，搜括盡歸新寨；南衛之情形，望兵不啻眼穿；西虜之情形，已歃血定盟；河西之情形，皆摩拳擦掌。又撫臣自己之情形，勞瘁不敢言病，身居虎穴不敢言危，且云：『經臣貽書，謂憨若進兵實實殺賊，自不得不進。』則經臣與撫臣之見合矣。又言：『鎮江一動，南衛大擾，管大藩舟師適至，王紹勳水兵俱集。奴分兵往禦，遼陽遂空，城門晝閉，則奴兵與我兵相持有日矣。』皇上念鎮江之初復，一旅之孤懸，策應如此其急，三方並進若不遑再計者。臣昨得登撫咨，知登州水陸兵不過七千，陸兵不慣涉海；而天津八千六百之水兵，其二千猶待借船以渡。若登岸相搏，須藉陸兵，得城據守，須藉陸兵，則非登、津所能辦也。廣寧不發兵，賊得專意于東。日來三岔河並無警報，賊之東向可知。毛文龍之一捷，適挑其兇鋒，而觸其盛怒，鎮江其能有幸乎？南衛之人心不忘中國，思反邪以歸正，吾安忍爲隔膜之視？奴惡其歸我，而燒燬房屋，屠僇生靈，腥血徧于鄉屯，毒焰熾于城市。遼民搶地呼天，投生無路。桑麻樂土，變爲刀山劍林；黄白遺黎，到處神號鬼嘯。萇弘之血化碧，忠義徒存；田横之客殺身，姓名不録。昔宋祖驚聞南漢之慘酷，曰：『吾嘗救此一方民。』〔一〇〕今聖主之仁遠邁于宋祖，而奴酋之惡百倍于南漢，即吾兵力未贍，決難堅壁坐視。矧趂此進兵，則盡人皆兵也，盡人皆奴之敵也。百姓與奴不並存，率其子弟以報父兄之讐，人心有堅甲利兵矣。夫用兵者，時不易得，機不再逢。臣計此時兵馬漸集，芻糧頗備，器械粗辦，目下又催發銀兩，押解戰車，以應急用。臣朝暮心焦拮据三事，冀少寬怠緩之咎。過此以往，天氣漸寒，海運暫歇，兵苦無衣無食，必多凍餒；馬苦無槽無料，必多倒斃；器甲經年踰歲，必多朽鈍。此時而再索兵、索餉、索器械，物力大匱，將來何以應之？臣滋懼焉。河水一合，策馬可渡，既無天險以扼其衝，又無金湯以持之久。進不能滅虜，退不能守河。臣甚懼焉。南衛未死之民，望救不至，勢必灰心。臣慮鎮江團聚之衆勢力不支，勢必望風披靡，王紹勳之孤軍何以全於虎吻，毛文龍之偶捷將不免于狼狽。此臣之所憂也。奴酋放歸宰賽，結納西虜之心；叛臣通賂素囊，潛湜勾引之計。延綏虜報日急，伺我之單薄；内地隱憂叵測，乘我之紛紜。此又臣之所深憂也。夫閫外事柄，經、撫操之；帷幄運籌，經、撫主之，臣何敢中堅旁撓？但四衛水火之民決不可不救，海外孤懸之旅決不可不援，登、津前進之兵決不可不應，東西合謀以思發難必不可不防。伏祈嚴勑經、撫諸臣，熟思審勢，悉心觀變。兵如可發也，則當大舉以張撻伐之威；如其未可發也，亦必潛圖以爲策應之計。毋徒委成功于一擲，置屢旨于空言，而第令水師之進取，置多用寡，以希不可徼之倖也。」

校勘記

〔一〕必能合汝爲汝翼而奏膚功　「膚」，原作「虜」，據北大本改。

〔二〕監軍道胡嘉棟領有毛兵八百名　「名」，原作「石」，據北大本改。

〔三〕誰敢爲畛域之分歧　「畛」，原作「珍」，據北大本改。

〔四〕守備二十一員　以下共二十二員，「一」疑「二」之誤。

〔五〕遊擊十三員　以下共十二員，「三」疑「二」之誤。

〔六〕各查各官原奉鎮守調赴東援　前「各」字疑衍。

〔七〕金復海益陷　「益」，當作「蓋」。金州衛、復州衛、海州衛、蓋州衛爲遼東南部四衛，即上文之「南衛」。

〔八〕奴戳金州　「戳」疑「截」之誤。下文有「是以奴酋截守」。

〔九〕水兵可獨守乎　「獨」，原作「蜀」，據北大本改。

〔一〇〕吾嘗救此一方民　「嘗」，當作「當」。續資治通鑑長編卷九開寶元年九月丁未條有：「延業具言累世奢侈殘酷之狀，上驚駭曰：『吾當救此一方之民。』」

底本眉批

①本條原有眉批「請設總理」。

②本條原有眉批「收復鎮江」。

三朝遼事實録卷之六

辛　酉

九月，巡按方震孺題：「遼、瀋繼陷，張神武零騎渡河，明知事必無濟，而不肯退步，即所部二百四十人亦知神武之必死，而不肯潰散，則非獨奮不顧身，其忠義孚結，更有足多者。夫獎忠之與查逃同歸一意，惟以神武未知名之將，灑血沙場，便登俎豆，則二三大帥抱頭而竄者，知七尺殘軀不如耿耿片魂，將慚愧欲死矣。」

毛文龍先在鎮江等處擒殺僞官，被賊大發兵于二十九日將鎮江等處男婦一概屠僇，燒燬民房不知其數。難民三萬餘渡過朝鮮梅海一帶存活。文龍先于二日前過朝鮮去訖。

史臣董其昌曰：「毛文龍以二百人奪鎮江，擒逆賊獻之闕下，不費國家一把鐵、一束草、一斗糧，立此奇功，真奇俠絶倫、可以寄邊事者。如此膽略，夫豈易得？使今有三文龍，奴可擄，遼可復，永芳、養性可坐縛而釁之鼓下矣。且可就遼平遼，鼓舞殘民，用其必死之心，練成精卒，不待四出徵兵，擾動天下，川蜀之亂可以不作矣。今棄文龍于絶地，委忠義于虎狼之口，力盡而不救，不資以器械、衣糧，使之坐斃以聽奴所魚肉，以爲養真報仇，佐奴酋而致疾于我也，豈不哀哉！豈不惜哉！夫舍殘遼必死之精卒不收以爲用，而遠募天下以致亂；棄奇策有效之文龍不救，而偏信一籌莫展之王紹勳，恐天下亂盡，尚不能越三岔河一步，而社稷以危也。伏祈嚴勅經、撫消融成心，亟圖救援，俾梁之垣冒險曲達，將所賫銀兩宣諭朝廷意，偏加賜賚，早收全遼，不至并壞天下，社稷幸甚。」

總理王在晉議覆刑科劉弘化本：「會同户部署部事右侍郎臣臧爾勸、本部署部事尚書臣張鶴鳴、工部尚書臣王佐集議外，看得：兵馬、錢糧、甲仗三部各有攸屬，向皆取諸額編，乃遼事潰而添兵、添餉、添盔甲、器仗，皆賦額之所不載者，國家原無此項經費，乘時之急，值用之窮，皇上廑念計臣之無措，而發帑金以應之。臣等多方撙節，錙銖必惜。惟時當遼、瀋初陷，遐邇驚惶，調募四出，人情直同沸鼎，政事有如執熱，只問徵兵，不問兵糈所自出。顧兵非吸露飱風之可飽，餉非量沙撮土之可充，目今鼇鼇要辦，粒粒難處，有不得不慮其終者。計從本年三月以來，邊腹共調兵十五萬三千一百七十四名，各省直共募兵十五萬二千五百九十八名；調馬五萬九千八百七十五匹，募馬二萬三千匹，又留山東本地馬五百匹：此兵馬之總數也。安家馬價，除山東增兵五萬，扣新餉銀四十萬兩，聽其自行召募開銷，又留本省馬五百匹無馬價外，餘共該安家等銀一百六十九萬二千三百六十三兩，馬價銀九十九萬四千五百兩：此安家、馬價之總數也。衣甲、器械、船價等項，除山東另行銷算外，餘共該衣甲、器械銀一百三十七萬六千兩，船價銀八萬四千兩，薊鎮車營造車銀九萬兩，又新舊水陸兵甲仗、硝黄、火器銀四萬兩：此衣甲、器械、船車等項之總數也。夫調募兵三十萬五千七百有奇，調募馬八萬二千八百七十五匹，而兵、工二部計費銀共四百六十七萬六千八百六十三兩，而户部之行糧、鹽菜、草料不與焉。又解發廣寧招兵買馬撫賞銀一百萬兩不與焉。經費浩大，萬不能支。于是臣部議停原題薊、宣等九處募兵二萬七千名、馬一萬三千五百匹、廣東水兵三千名。又以四川土兵不能多調，議緩二萬四千名。又因延綏虜警，議緩調兵馬三千五百名匹，可省兵、工二部錢糧一百四萬六千五百兩。此停緩于三十萬五千七百兵之内者也。山東增兵五萬，臣等議撥江淮水兵一萬、福建水兵三千填補數内。此減于三十萬五千七百兵之内者也。既緩且減，實調募兵二十四萬八千二百七十名有奇，此臣造報于册内者。乃册之所不載，查係食糧見在，又有加于二十四萬八千二百七十名之外者，雖邊腹調募之兵，未必俱到。倘一齊併集，連見在兵共三十一萬九千二百九十六名。天津尚缺水兵，未免再募。又尚書涂宗濬招募柯陳鋭士，廣東巡按王尊德招募武勇，各有次第。又南部臣何棟如招兵五千名。又御史鄒復宣招兵五千名。又四川盧萬邦、劉輔臣招選親丁殺手五百名。又各邊調發之兵留舊餉養家，再募新兵六萬四千六百七十四名，以補原額。又經略帶去營兵五千，留額糧養家，本名仍領新餉。是食糧兵數已盈四十萬有奇。昨年議十八萬兵守遼陽，已到者僅十五萬，共費本、折色及關外牛騾車輛計銀八百萬有奇，今日之兵數比昔多浮二十五萬，則一年所費當及二千餘萬，不待言矣。夫新餉之加編，除兵、工二部分用外，所存止三百六十萬九千九百九十兩，而本色即用三百萬以外，餘者皆索之無何有之鄉，即桑、孔重生，劉晏復出，無可奈何。且諸臣有志請纓者競言招兵，諸臣出關渡海者競言招家丁，愛身者只圖身伴有兵，不思口中無食。大抵兵日增而無日減，餉日減而無日增。兵不聚，所憂在邊塞；兵聚而無餉，所憂在蕭牆。國家以奴酋爲患，不知有兵無餉，兵即爲地方之患。臣是以憂兵甚于虜，而急餉甚于兵也。此外河西索戰車，海上索兵船，各路索盔甲、器械，即以天地爲爐冶，億兆爲工匠，鑿山取鐵，有時而竭；鑿地取煤，有時而窮；伐山取木，有時而盡，日日催取，日何能給？至于車夫騾户，苦無脚價；匠作各役，苦無工食；鑄作打造，苦無物料。鐵甲未完，又徵紙甲；槍刀纔備，又備布綿。造車窮日夜之力，推輓極道路之艱。即無盡之藏，不能供其索取；矧不編之額，何以應其紛求？臣與司空日相蹙額，無計可支，不得不哀懇聖明，再發帑銀一百二十萬，以濟工部目前之急。此皆萬分緊要之需，不得則赤身徒手不可爲兵，缺車乏船不可以戰。緩則誤事，非比泛常之請乞也。再照臣部原無錢糧，軍興之際，應酬如雨，日下止存解剩銀五千六百餘兩，猝有緩急，從何措處？然臣部不敢概瀆，俟有急用，方敢奏請。至于户部歲餉該銀二千餘萬兩，問之田賦，田賦不載；問之庫藏，庫藏久空。兵一日不停，則餉一日不止，利孔既竭，財源已窮。臣等憂懼，不知所出，疏册既完，正擬奏聞，而登萊巡撫陶朗先移咨臣，再請兵馬糧餉，咨開兵馬、船隻、甲仗暨大將軍、佛郎機等件，連安家行糧共算，合三部所需，不啻四百萬。取之者如滄海之波，汲之無盡，愈出而愈不窮；應之者若無底之卮，涓滴不留，隨取而隨告匱。蓋兵、工之窮，原無長物；而司農之苦，未可告人。堂堂天朝，臣未敢纖細畢陳，示窘于四夷，以傷國體。除户部經費甚鉅，百凡無處，應請銀兩聽其算明，另疏陳請外，臣謹先將調募兵馬、扣支錢糧及待用銀兩彙册奏聞。」

王在晉題：「初廣寧之請兵也，軫恤海内之民生，撙節國家之財力，兵數從減，舉朝靡不心服。然臣部慮東夷勢重難支，調募開除招集，合新舊兵十四萬，即見在之數，未經查覈。然據臺臣齎賞，兵數已十二萬有奇矣。謂兵不堪用，則當汰，而勿食我之餉；既食餉，即謂之兵，既謂之兵，則何不可使之戰？兵能習練，則市人皆可爲精兵；不練，則精鋭不能當大敵。設使典盔賣甲，則精鋭立化爲頽靡；倘其足食足衣，則懦弱可變爲强壯，顧所以養之者何如耳。今邊兵五萬，皆帶有隨身甲仗，舊兵及新募士兵、招來潰兵，未必全無遮身之盾。然解過鐵甲八萬七千五百副，又舊甲鐵葉可用者一萬副，盔八萬二千一百頂，内工部所造新甲極其堅整，而取諸京庫者俱經科道挑選，非真不堪用者也。或者道途之盤運、關門之堆積，不無損壞，而經臣咨部，謂京中所造多與邊上用不相宜，且多頑鈍而鮮堅利，故以前發遼東者必重新改造，方可給軍應用。今擬解工價物料于邊，就便分頭自爲打造。經臣身任兵革，必能加意鑪錘。獨錢糧難處，慮無以應。細查内庫盔甲堪用者幾無存剩，何以備京營之取用？輦轂重地，武庫空虛，猝有緩急，赤身裸體之兵可資捍禦乎？臣不暇爲遼左計，而先爲京師計。向來庫積甲仗原不解邊，今爲邊疆取竭，援遼器械押發如流，已稱足用，今尚有氈帽、布衫、執棍以立之兵，何也？將無故示凋憊之狀，以待挑選乎？官兵畏奴如虎，問兵則曰不精，問器械則曰不備，問鞍馬則曰不整，裝貧做老，只想回鄉，便保身軀性命。然則撫劍疾視，以無懼爲主者，恐無其人。獨念一兵出關，費銀二十餘兩，多者三十兩，斥一兵則前銀即化爲烏有。目前無用之兵，皆重價買來之兵，非可一筆塗抹者。撫臣自買馬萬匹，皆騰驤上駟；邊兵帶馬及太僕寺馬共四萬三千三百匹，步騎相兼，馬非不足，乃以馭馬無人，秣馬乏料，致多倒死。今天氣漸寒，倒損必甚，故必講養馬之法，而後可望馬之多，不然，雖多不能當損折也。河西一帶，米豆皆露積以待轉輸，人馬皆空腹以需草糗。昨奉聖旨，以遼運前派車牛煩費無益，科臣周希令所刊董搏霄人運之法，人人以爲可行，且昔年征播亦用人運，目前將科臣條議姑一試之，以待車輛之集，亦不失爲一時通變之權也。臣等與經、撫二臣誓心滅賊，凡外來奏疏一一依行，非敢互異。戰車已發五百六十一輛，續發者絡繹于途矣。宣、大馬匹久差官市買，營馬在關者悉聽撫臣之借用矣。盔甲之僅存者，臣同工部一一查發，運米車牛亦會題買辦矣。調募之兵，四川、湖廣、浙江皆起行有日，刻期可至矣。乃垂成垂就之功，忽轉而爲愈變愈危之局。臣等相顧詫異，豈西虜情形之中變乎？夫西虜可借以張我之勢，而不可倚以爲我之用；可結以散奴之盟，而不可藉以敵奴之衆。第使不爲我患，不爲奴助，奴不得假道于西，我得專意于東，即爲用夷之要着。其來與否，我不能知；來矣而深入與否，我不能知；深入矣，而力戰成功與否，我亦不能知。即幸而成功，而索報無厭，酬賞難遂。心無定嚮，餌之以利則趨；戰無定形，劫之以威則懼。今國威未震，而厚賄何從？既有飢攫飽颺之慮，又懷拒虎進狼之憂，御之善則虜爲我用，御之不善則我爲虜愚。故恃虜則虜操勝負之權，我惟自恃則我操常勝不敗之勢。臣所云西虜未可全憑者，此也。據劉渠塘報，佟養真供稱：奴酋見金州有水兵，又因鎮江不服，不肯進兵，定在十月冰凍，南船不能行，方可犯搶。然則河西數月之安，明係登萊水兵牽制之力，臣一入都即定此策。近見奴酋縱焚旅順房屋，正恐我兵之久泊。東兵一退，奴必西馳，廣寧阽危而京師震懾，此必然之勢也。頃見津撫疏云：深冬天氣冱寒，海河結凍，非利用舟師之日。停泊海上，既恐震盪之堪虞；逼鄰虜穴，又慮焚燎之爲患。屆期似當令各營收兵入津，休養鋭氣，整頓行伍，以待明春之大舉。撫臣憐軍士之苦，臣亦有同心，顧兵法必藉虚聲，而解圍須用旁擣。我兵常泊于旅順、廣鹿島之間，近之可以繫金、復、海、蓋歸順之心，遠之可以張鎮江、義州犄角之勢。萬一狡虜渡河，我兵即攻金州等處，一面傳諭毛文龍、王紹勳進兵夾攻；一面招致鐵山、長生島、朝鮮團聚之民荷戈幫助；一面密結蓋州豪傑，令敢死之士焚其積聚。賊必懼而内顧，而廣寧之危可解，山海之烽不急，都城之衆自安。臣所謂東兵未可遽撤者，此也。或曰：北風漸急，如三軍之畏冷何？夫旅順距金州甚近，原係泊兵之所，而廣鹿島亦可屯兵。防汛之師，海棲水宿其常也，泊舟于避風之灣，下椗于活水之灣，多給衣綿，時加犒賞，接應糧食，惟風火之克謹，更掩襲之嚴防。至于天津水兵，亦令其與登、萊分路艤泊，聲勢相連，首尾互援。而沈有容所統之福兵，檄令其分防各險，毋聚一方。倘各兵勞苦，輪次更番，不得潛離汛地。臣部嚴催江淮、福建水兵接應，仍行户部速爲處餉，以時給發。其義州一路糧餉不敷，路遠挽輸難繼，更祈聖諭再敕朝鮮暫時接濟，用過米粟通計數目，即於監軍梁之垣所賫銀補給；如不足，待春汛後補給。一遇天兵進發，或奴兵西渡，該國即進兵協擊，庶毛文龍、王紹勳之勢不孤，而我兵得藉應援以無恐矣。」

尚書張鶴鳴奏：「佟卜年爲經略舉用。今逆賊佟養真的與卜年同族，宜置之雲、貴，展其所施，以圖報效。胡嘉棟、劉國縉應置廣寧，立功贖罪。」

十月，户部尚書汪應蛟奏：「遼左用兵，三路布置，共兵二十六萬，併薊遼總督添募，將三十萬矣。前議餉止百萬，今增至千二百萬，或云當千五百萬矣。臣部歲入九邊額餉不過三百六十萬，尚不足以供歲出。年來所用遼餉搜括不足，不得已加派于地畝，然派止五百餘萬，民已告窮，而兵、工二部分去百二十萬。又順、永、保、登、萊、青六郡以勞役減免，臣部所藉口給餉者，僅三百六十六萬而已。即以千二百萬計之，尚不及三分之一也。幸蒙皇上俯念調募煩費，計發帑金四百萬，少紓目前之急。然兵、工二部分去安家兵仗銀共三百十萬，臣部所分以給行日糧者又止九十萬金而已。今臺省諸臣條議有未盡允行、令再議確者，臣今復與諸臣會議條款，務求法所可行、事無窒碍者，約計可辦之數，仰候聖裁，俾臣部遵奉施行。」

王在晉題：「邇接遼東總兵劉渠塘報，内稱：七月内有奸細報，奴酋説西虜助兵從黄泥窪進河西，大兵從三岔河并柳河進，水兵從金州進，高麗兵從鎮江進，奴酋甚是慌懼。又差王有倉過河探聽河西多少兵馬，糧草有無，在于何處堆放。又供：佟五分付各奸細，柳河口、娘娘宫一帶，凡有堆垛糧草處所，不許放火燒燬等；待河凍之日，分一枝兵從柳河口進入，先獲糧草，以備我兵吃用。又稱：奴酋共領真韃子三萬有餘，駐防遼陽。李永芳領遼兵三萬，俱住遼陽北城。各將近日新編許多鄉兵，戰車、鎗砲、火藥俱備停當，等河凍，馬、步、車一齊過河等情。續據登萊總兵沈有容禀稱：毛文龍自得佟養真後，避居龍川，請兵朝鮮。朝鮮一兵不發，且禁其市糴。又差張獻政往遼城内偵探，奴酋令李永芳守遼陽，盡將精兵領出海州及河上，一意河西，不復東顧等情。該臣看得：狂酋窺我虚實，決意渡河，合東西報，而賊情如券合焉。自古行兵，先謀截輜重，謀奪糧食，謀絶餉道，此不待智者而後能知之也。當海運初通，登、萊米豆盡積蓋套，暴露於風雨，腐浥于潮濕，狼戾殊甚。比蓋州陷没，充實之倉囷，露積之芻粟，守土之官不付之一炬，而盡爲盗資。奴之盤踞遼陽數月，不憂飢餒，且將壯丁遷徙蓋州以就食。臣每念及，輒拊膺長歎，而深恨當時之失策也。今覺華島、河東堡、船家務、柳河口等處堆積芻糧甚多，賊之生心久矣，遷延不運，以待牛車，車牛何能猝辦？即辦，何能猝到？即到，何能猝運？眼視糗糧之山積，而致令米價之如金；口需粒食以療飢，而頓使枯腸之忍餓。兵至十餘萬，山谷可平，江河可塞，矧以養生活命之物，令人搬運，節其氣力，均其勞逸，人情自當樂赴。豈真木雕泥塑，手足不能運動者哉？時迫矣，轉眼河冰將合矣，路遠者當用餉臣所僱之小車，地近者當依科臣所議之人運，或挑選軍士，挨隊以搬移；或增添脚價，覔夫以轉運。通限一月，將海瀕所積之米豆、各處所採之青草盡搬入城，以絶狡虜之垂涎，以杜奸細之窺伺。彼河西二百里荒瘠之區，既不得因糧于我，虜必逡巡却顧，至則堅壁清野，野無所掠，食盡不能久居，我以逸待勞，以飽待飢，用奇掩襲，必勝之形在我。仍令登、津旅泊之兵直攻金州，高麗、義州之師襲取寬、鎮，鐵山、長山島避難之民助我先聲，隔江彌串堡渡海之衆爲我後勁，賊必東西分應，左右支吾。我即不能大得志于奴，奴亦不能得志于廣寧，先時圖之，猶可及耳。昔遼、瀋繼陷，人情洶洶，幾無生路。今監司盈坐，將佐成行，謂宜群策畢舉，收功旦夕。乃諸臣諦觀時勢，憂心孔亟，未聞怒蛙之式，屢懷曲木之驚。兵士如林，豈盡不堪？盔甲成丘，詎云無用？硝黄、火藥，除山海等處支用者不算外，其解至廣寧者二十一萬四千六十斤，留貯永平者二十二萬三千五百五十斤。滅虜虎蹲砲共解過五百十位，各取實收附卷。若拒馬槍至微物件，豈以帑貲百萬不能分金製造，必待長安之轉運乎？兩軍對壘，三鼓作氣，彼見强而我示弱，奸細漏洩，益長黠虜之威；邸報抄傳，頓减我軍之氣。臣部馬上催兵，工部運車載料，日無停晷，何嘗少懈。目前緊事，只宜練軍選將，整器繕具，設奇置伏，修築城濠，堵截險要，嚴搜奸宄，廣行間諜。置遠而難行之事，舉近而易就之功，職兵者治兵，職餉者治餉。責有專屬，難辭後艱；任已克承，誰容肩卸？當卧薪嘗膽之時，勿嘹摩拳擦掌之氣。此臣所望于彼中之道將有司，協心以贊經、撫，共成滅賊之功者也。」奉聖旨：「據奏，糧草堆積浥爛，管餉各官如何不設法轉運？解過甲仗數多取有回文，如何昨本道臣高出等呈說一件也無？顯是欺玩，本都當拏問，姑着策勵任事。本内運糧策應等事，便行與撫、督勵道、將等官實心擔任，不得仍前推諉，致誤軍機。」

侍郎王在晉題：「微臣已補額員，三部不能兼理，懇乞俯容辭免。」奉聖旨：「王在晉任事精敏，着照舊總理。」

王在晉題：「奴酋舉動，必先布機關，潛圖協應，虛實之形頭頭熟覵，緩急之勢着着不差。我欲登、萊進兵，奴發魚皮韃子防禦；我欲鎮江協擊，奴築遼陽東一城阻截；我欲糾西虜合攻，奴放宰賽還鄉解散。此有謀，彼有備，隨方設間諜，是處有奸細。而我所以應之者，張皇靡定，錯亂無章，豈我之智顧出奴之下哉？奴之用人，信任專而謀慮一；我之畫策，衆口雜而意見紛。一言而衆撓其成，一事而兩持其柄。登萊兵寡，臣力言不可分，兵分則勢弱，勢弱則不能牽制一面，而使奴之反顧。乃朝鮮之役，群言噂沓，無不爲梁之垣、王紹勳請兵者，帶去精鋭水兵三千，止存揀剩兵一千五百。鋭師泊于外國，音信難通，應援不接。而切近如金、復一帶並無一兵，奴之縱男女回家，安心西嚮。萬一奴騎渡河，義州之師可能追躡否？萬一奴犯登州，朝鮮之旅可能撤回自救否？廣寧日望西虜爲前驅，而今且糾衆結寨，縱騎打圍。寧、前、錦、義之間，日憂蹂躪。臣前疏所云西虜未可前，全憑東兵，不宜遽撤，按臣方震孺貽臣書，有見疏一字一拜等語。蓋臣昔在東方，具晰形勢，要非浪語。登州距旅順，一遇風順，半晷可渡，即冬月未必無半晷之風候也。登兵雖寡，而合萊兵遥爲聲勢。津兵四千，雖于九月間策應鎮江，而鎮江已失，恐難停泊，不如撤而併屯于廣鹿。奴見海上有兵，猶懷顧慮。此未宜束手坐視，以聽其西馳也。奴留宰賽子女以爲質，宰賽欲報奴酋，以寬其子女，故虜部合縱，暗藏機構，倘奴渡河而西，虜必窺牆而東，前後夾攻，腹背受敵。當情形鼿陒之時，不能爲首尾相應之勢，遼事可憂在此。夫河西半載精神用于餌虜，虎酋恐傷宰賽之心，既不能爲我之助，然曾受我之約，或尚可離彼之群。謂宜用計調停，吹散虜兵，以絶奴之援，殺奴之勢，奴見虜退，必逡巡觀望，我無西顧之慮，而後可當東面之敵。即不然，必選擇名將，分兵以支錦、義，併力以障寧、前。奴之鼓衆，行不挈糧，馬不帶料，草枯水凍，人畜飢渴，野無所掠，勢必不能久留。我能善守河西，猶可瓦全。至于河西兵卒除舊兵在外，新兵已逾十萬，恐川、楚、浙兵併集，地面窄而難容，糧草遠而難繼。矧山海單虚，關門鎖鑰倍宜加謹，須將兵馬挑换，分守山海。一經挑换，人情誰不願入關門？莫如以薊、昌兵馬發回，仍守薊、昌，分布喜峰口、北桃林等處，以防窺關之寇。蓋以土人守本處，室家墳墓在焉，較之客兵其得失不相關、利害不相涉者，功相萬也。再勑督臣以原設之兵分守薊鎮；而以撫臣新補之卒及御史傅宗龍招募之兵，暨山西新到、陝西將到之兵，列營屯劄緊地，護衛陵京；而通州及天津陸兵，凡近京地面營兵，密爲整頓，以防入衛。中外臣工，務宜矢心協力，精神滿用于封疆，而口角之争、筆陣之鬭暫爾屏息。臣目前所幹辦者，催兵，催馬，催餉，催二萬胖襖出關，再請續發二萬；又催辦棉花、布襖，以救軍士之寒；再催發庫貯將軍等砲四百三十餘位，以備戰守之用。川、楚兵差官催攢，勒限趣程，勢同救焚拯溺，内應不遺餘力矣。至於軍中號令，有不獲不嚴行申飭者。生殺係人王之威命，賞罰爲御世之大權，勵衆勸功，必先法令。今河西兵十餘萬，全無固志，一望虜兵，即思逃遁。如此即募兵百萬，總歸無用；發帑千萬，盡屬無益。須再申命令：凡臨陣，一人退縮，斬其隊長，隊長亦得斬其人，總哨皆然。且明諭之曰：曩者遼、瀋失守，東則有海可逃，西則有河可渡。今生路惟有一關門及喜峰口等處，關門決不容逃兵潛入，而險要等處亦俱發重兵把守，不容逃兵驀越。既無可逃之路，須懷死綏之心。進一步封拜在前，退一步斧鑕在後。將官逃者，一概論斬；文臣逃者，必從逮治。稱病者悉置不行，提督即中風果真，亦令廣寧養病，不得進關。錢糧支銷不明，管餉司道先請革職，勒限查明無弊，方具題復任。朝廷有必行之法，而後無倖脱之心；將吏無倖脱之心，而後望生全之路。仰祈天語嚴飭，明著章程，則規避不生，觀望永杜，殘遼庶其得人爲用乎。然勸懲不容偏廢，而賞罰必須竝行。有投醪挾纊之恩，纔可鼓衽革裹尸之志；有解衣推食之惠，始可望沈船破釜之功。今嚴霜砭骨，而棲風之士單寒；半菽如金，而麤糲之食未飽。擁瓊林之積，而徒令削鐵于針頭；怡堂燕之安，而罔念加薪于厝火。三部之貧如洗，四方之苦堪憐。索費索逋，趾錯于堂，愧無隣之可乞；請金請帑，聲聒于耳，曾何計以支撐？天聽轉高，難排閶闔；而亂萌潛伏，憂在蕭牆。不先事而預圖，恐臨期之既晚。臣款款之愚，尠攄芹曝，伏祈聖明一裁炤焉。」奉聖旨：「這分兵防守，申嚴賞罰等事，悉中機竅。該部便行與經、撫各官便宜調度，鼓勵將士，共收成功。」

湖兵至通州，其帥張景珍潛入都中，營求加銜，所領兵部安家銀不即給散。毛兵後至，其帥田景坤不能輯下，沿途科索于酒肆，與湖兵遇，遂相格鬭。毛兵殞命，湖兵帶傷。御史梁之棟以聞。

逮舊撫李維翰。

巡按方震孺奏曰：「連日廣寧城中，大户盡數西奔。正在危急時，提督又偶中風，卧床不起，一切兵馬漫無頭緒。臣不得已，只得暫住沙嶺，而時往來于河張乂站之冲圍，而逐路挑選健丁，沙汰殘卒。有驛丞、典史之不屑爲者，而臣日從事焉，亦聊以固軍志而安民心耳。皇上速下一嚴勅，要見此番大將、偏裨不拼命與賊厮殺，若再望風先走，各照信地。各照信地，必殺無赦，將從前之玩習一筆盡勾。而廣寧、塔山地方係寧前副使張應吾管轄，亦宜宿兵一枝，專殺逃軍、逃將，使三軍之歸路絶，而生路可望也。臣不勝慟哭待命。」

十一月，方震孺題：「經撫心無不同，做手各異。臣初入遼，路迎經臣，即向臣言粆化不可信，虛着不可用，併言撫臣不肯做實事、説實話。及臣至廣寧，面問撫臣，言何常不説實話，何常不做實事。臣固知其機鋒不對，苦心調劑，其間不知費幾斗心血矣。然兩臣無疏，臣只合暗裏銷鎔，不當明言也。昨經臣責備撫臣疏中引臣書札，謂撫臣心慵意懶，此臣與撫臣時時面相質証者也。臣賚恤時，見撫臣精氣百倍，今則時時攢眉，謂愈變愈難，蓋緣撫臣鋭于滅賊，而一時賊未可滅，又一切兵馬、器具不湊手耳。大抵經臣之意，在以守而爲戰；撫臣之意，主戰而不言守。經臣曰：『守具即是戰具，今人飢馬疲，守既不能，以何爲戰？』撫臣曰：『正惟不能守，所以當戰。』經臣曰：『軍馬未動，糧草先行。今糧運艱難若此，既要進兵，當先備求運法。』撫臣曰：『我一過河，而海州之糧皆我之糧。』經臣曰：『王師宜堂堂正正，既過河，便當想守法，想援法；不然，亦當想退法。』撫臣曰：『我一取牛莊，而彼中自然響應，定有縛叛將以獻者。』于是諸道、諸將俱浮沉于戰與不戰之間，守與不守之際，笑啼不敢，而凡事牽制者多矣。」

讀此疏，而撫臣孟浪可知。世上安得復有痴人與之相合哉？

閣臣葉向高言：「廷弼、化貞作用既殊，而使化貞就其節制，舉朝皆謂難行。毛文龍所報擒斬即未真確，功罪可勿言。乞下部酌議，如遼事可以專委廷弼，則申飭將吏，一聽節制。」

王化貞揭：「輓運一事，自河東失陷，車牛盡没，止有車五百餘輛。職即行道多方搜括民牛，收買夷牛，又差官入關，四散尋買。乃請車牛銀十萬于户部，而户部不應也，曰『于解去新餉内支銷』。不知新餉久已斷絶，何處支銷？且造車無匠，趕車無人，遼之丁壯既皆從軍，而兵又不善養牛，西牛又不服水土，往往到斃〔一〕，牛軍賣兒賣婦以償之。昨歲出關十萬餘牛，不數月倒死殆盡，其報存者，皆遼人所償也。不惟物命可惜，抑亦民隱堪痛。故職自爲道臣時，即不敢多議牛車，價多者十餘兩，少者亦不下七、八兩，而部又即定三兩五錢，是猶以前日言也。遼民多殺牛以賣，謂殺則得牛之利，留則受牛之累也。是以職有顧覔小車之説，業遣人于山東集其魁問之，皆欣然願來。乃咨部請移文山東，留京運以作賃價，計旦夕可至。昨接督餉咨部文不准，無銀可給，竟成畫餅。至今天津并無車出關，又不得已，摘軍扶運。然河冰已合，奴衆躭躭欲渡，守城對壘又須多兵，左右支吾，無可爲計矣。」

買牛運車，晉曾有疏爭之。今牛盡倒死，省直解到者竝無一存，前言如券。僱覔小車亦可言而不可行之事，經、撫好爲苟難，于國事何濟？

王在晉題九邊兵餉疏云：「臣惟天下猶一家，然遼左，後門也；九邊，垣壁也；京師，堂奥也。今人人視殘遼如漏艦危檣，視九塞如金墉鐵壁，視河西如虎穴龍潭，視邊鎮如泰山磐石，此不深爲堂奥腹心之計耳。試諦觀之，遼與各邊均重，急遼而緩九邊，猶曰治標；因遼而弱九邊，則爲釀患。慨自遼、瀋繼陷以來，調兵選將急于風雨，其應命而至者，五萬之邊兵耳。川兵則觀望于去來，遥切家鄉之顧慮；各兵則邅迴于行止，曷勝道路之流連。藉非邊兵出關，河西所有者，僅遼陽之逋卒也，此奚當于勝負安危之數哉？顧此邊兵，非取之無盡之兵也，再蹶已苦于長驅，三摘且幾于抱蔓，去而不歸，調而不補，能必遼事之遽平、將來免于調發乎？即免于調發，而宣鎮闖邊之虜，延綏攻城之寇，甘肅入犯之羌，無兵何以禦之？詎獨奴酋能爲中國患乎？屢調之空邊，終日延挨爲苟安之計。問兵何以不補，曰留舊餉，養援兵家屬也，欲補必須新糧，無新糧則兵不可補也。臣一一通查援兵事例，亦自有不同者。如往歲山東應調之兵，臣即于本名遼餉内扣留三錢，以給其家。舊糧即補新兵，兵不減而糧不加者也。乃宣府、易州一帶，家屬即食原糧，而不給内顧；在延、寧一帶，則户部已給内顧，而不食原糧。然而内顧、贍家銀兩，有三錢，有六錢，此户部不一之規也；又有暫發四錢五分，有止發三錢，此各鎮不齊之例也；因其糧數有多寡，是以贍養有參差，此支給不同之額也。乃各兵未必人人有家小，未必人人盡給本名之糧，借名混冒。此不可不查者一。前次援兵逃亡者甚多，逃者當存額餉，死者止給優恤，舊糧必有贏餘。此不可不查者二。室家已贍，則原糧不給，而原糧貯存之日，未必即爲補兵之日，千軍齊發，未必千軍齊補，空月空糧，悉宜算扣。此不可不查者三。給贍家給内顧，兵缺仍懸而不補，則存一名之舊糧，又增一名之贍顧，兵虚而糧益耗。此不可不查者四。遼陽有投降之卒，而本鎮尚存援遼之名；河西多雇替之軍，而坐家食本名之餉。營伍隱蔽，哨隊朦朧。此不可不查者五。凡調邊兵，必帶馬匹，馬每匹，臣部給價十二兩。

前次調補馬價俱未清查，臣曾有疏矣。今次調馬五萬九千八百餘匹，補價七十一萬八千五百兩。有人而後有馬，兵不補，馬必不買，馬價將安貯乎？此不可不查者六。無馬則無料，馬去而料存，每歲草料銀兩，不在邊鎮，則在度支，節年未覈。此不可不查者七。軍中有火器，有盔甲，有衣鞋，有兵仗，有旗幟，有犒賞。軍在，則各項不可廢；軍去不補，則錢糧必有存餘。此不可不查者八。查果兵未補而糧存，則當報所存之糧數；糧已開而兵補，則當報所補之兵數。今一遇調發，輒曰無兵。既云無兵，又云歲虧數十萬之額餉。此各鎮額餉，臣在山東隨催隨發，愆期不解者，即開送經管職名聽參。既不解，又不參，釀成逋局，益不可問。然則邊臣之自誤，而非各省之誤邊臣也。臣蒿目憂時，邊餉必不容不嚴催，邊兵必不容不速補。援兵戍遼，贍家、內顧業有成例，勢不可裁。户部以措處之難，或聽其仍食舊餉；臣部因司農之詘，不即催補援兵。臣悉心籌之，今歲應調邊兵，除題留未到者，只筭實數六萬，其贍家、內顧銀兩，每名每月六錢，歲計當費四十三萬二千兩；如每名每月三錢，歲計當費二十一萬六千兩；二者相兼以折其衷，歲費不過三十二萬四千兩。而六萬之邊兵可補，九邊不至空虛，猝遇虜警，各邊尚可支持；即有調遣，各邊不憂難繼。此今日最吃緊事，不能以歲月待者。伏乞嚴勑邊臣通查所懸兵缺，即行召募。大家提起精神，極力整刷，以固邊塞，以衛皇家。臣於諸臣有厚望焉。伏祈聖明鑒納施行。」奉聖旨：「是。各邊額兵當補，這所奏極爲詳悉，着該部即行與各督撫官作速處置召募，毋得稽延。」

王在晉題：「頃蒙聖諭，户、兵、工三部發領帑金二百萬，以濟軍興。又奉聖旨：『帑金着發太僕寺，候有急需請用，仍着侍郎王在晉稽查酌發。』又奉聖旨：『帑金准留一百萬，專備東事緊急，爾部還與總理官酌量奏請給發。欽此。』該臣看得：遼左軍興，經費繁鉅。田賦頻加，取足于溢額之徵，漏卮難塞；外廷無措，仰給于大盈之積，待米成炊。其在司農，艱窘倍常，仰屋竊歎。聖明洞鑒，無俟臣言。若兵、工原無編賦，可應非常，乃互分職掌，致令竝困。荷蒙皇上慨發帑金二百萬兩，以濟目前之急，不啻枯苗之得雨也。然待用無窮，而分用易罄，如以十日之餧，而得一日之糧，此留則彼缺，前去則後空，有不得不從樽節者。如臣部調募各兵安家銀兩，有行文本處兑給者，今本處不給，而取足于近京地面，銀不發則兵不行，兵之所聚且有後虞焉，可須臾之少追乎？邇又議調標兵安家、馬價，均屬無處，則一十四萬一千九百兩之請，勢不容于裁減者也。以工部言之，募兵衣甲、器械未給銀兩計六十七萬，備開奏册，見在御前。此外如造船、造車、造火器，製甲、製襖、製兵仗，買鐵、買硝黄、買布花，僱車、僱騾、僱夫役，工匠兼日夜之力，轉運極道路之煩，萬分拮据，臣與工部共之。臣曾具疏代請帑金一百二十萬，猶懼不敷。然則今日五六十萬之請，僅當其半，豈云溢數乎？惟是帑金已奉明旨，專備東事緊急，着臣酌量奏請。臣再四籌之，當先發四十萬以救燃眉，餘者姑俟再議。總計兵、工所請，共銀五十四萬一千九百兩，皆係東事急需，將來逐項解發，明白題請開銷，必不敢分毫濫用。此外存剩帑金，除四川應發銀兩聽户部酌請，餘銀悉封貯太僕寺庫，以備遼用緊急，各部不得輕瀆，有一分當一分之實費，做一分之實事，庶不孤聖明之德意，而于邊事緩急有資矣。」

十二月，廷弼于十月二十三、四日連得遼撫書，要乘鋭出師。二十七日報巡撫已先二日往三岔河，二十八日廷弼出關，二十九日駐前屯，上恭報出關疏，請本兵催兵接應，總制各鎮彈壓。十一月朔，至中後所，得巡撫危疆固守實難一揭，力闢以守待戰之非。弼因移書閣部大臣專責而卒成之意，實以阻之也。十一日，巡撫化貞會廷弼于西平，一鎮三道皆來聚晤，相與極論。各道曰：「今過河不得，河上督兵設伏出奇又不得，事事依公意，部署亦歸到同處矣。」弼曰：「遲矣。」巡撫曰：「前實不曾依奉公行，今只當遼陽初失，惟公指教矣。」弼曰：「河冰阻而擺兵，河冰合而撤退，報賊虚而神飛，聞賊來而意索。今日講河上〔二〕，明日議西平，又明日而議鎮武。今日撤兵回，明日發兵往，又明日而復議留。無謀人之心，而使人備之，致將南衛、遼海百姓北驅殆盡，廣寧滿地奸細，城中聚謀，各立名號，頗繁有徒。未得彼情，先輸我實。况平日諜報，賊無兵、賊忙、賊急、賊怕我、賊斷不來、賊在遼陽者，何曾一驗？故勸公内防而外謝之，一味密密厲兵秣馬，儲糗治械，幹我正經事體，自隱然有不可犯之勢，遼東尚可爲也。」巡撫唯唯，各道鎮亦首肯不敢對。弼遂于十一月十四日回右屯衛，往返十七日，作出關見聞述。

述中所載者，廣寧撫、按、鎮、道、將書亦詬言，及地方兵馬糧草情形也。大意主守不主戰，聞于閣部臺省，明知其未可戰耳。

大學士葉向高疏云：「毛文龍鎮江之役，撫臣以爲功，經臣以爲罪，意見大異。臣切謂國家費數千萬金錢，招十餘萬士卒，未嘗損奴酋之分毫；而文龍以三百人擒斬數十，功雖難言，罪于何有？以爲亂三方布置之局，則此局何時而定？以爲貽遼人殺僇之禍，則前此遼人之殺僇已不勝其慘，豈盡由文龍？故文龍之功罪可勿談也。」

鎮江之捷，巡撫逕自報聞，不與經略衙門知會，遂生異議。黨熊者必欲詘其功，文龍幾逮矣。葉公出山，在途有疏，喜文龍之報捷，異論稍息。本兵欲告廟，余亟止之，以告廟則益張其功，愈甚經臣之怒，莫如平平處之，以消其忿爭。功罪勿談，意與此合。

遼撫昔曾爲經臣道屬，名帖不書舊屬生，熊畢竟以此銜之，王亦不少遜。嗟乎！國家事大，可以一字而生嫌隙哉？

王在晉題：「海戰勝負，全係船隻之好惡，船之不堅，是棄生靈于大壑也；而水兵出海，又須海道之習諳，兵不習水，是委性命於魚腹也。今查各船係重價買造，一船有一百三十金者，有百餘金者，少亦不下六七十金，是淮營船隻計價不啻七千金矣。七千金買船，俱不堪用，又借海運糧船載兵出海，工部一一議補船價。今因兵不習水，一旦付之東流，是一倍又增兩倍之費矣。以丐子而應篙師之數，以遊食而充把舵之人，舟人既望洋而昏眩，帆檣遂逐浪以飄飄。目今江淮正造船隻，正募水手，萬一仍踵前弊，不問人之習不習，即號長年；不問船之堅不堅，遽稱戰艦，臣懼塗羹之不可食，而海若之未可嘗試也。通查王錫斧船是否本官買造，係何有司經管，其水兵是否本官雇募，係何衙門選驗，嚴行淮揚撫、按提究，一一追賠，仍令將來不得以空名應數，庶人船可收實用，錢糧不至虛靡。

是兵船之虚餙，不可付之不問者也。大將爲三軍司命，勵必死之志，鼓身先之勇，匈奴未滅，奮不顧家，國讐未報，滅此後食。古有扶疾以視陣、裹鎗以血戰者〔三〕，彼獨非人也耶？薊鎮何地，視殘遼有安危與共之形；援遼何事，與山海有緩急相依之勢。總兵楊茂春身爲主帥，分宜捧檄先馳，乃當賊兵臨境之日，稱疾以偷安；榆關警戒之時，堅卧以謝事。未遇敵而先朒縮，屢奉令而若罔聞。朝廷之令旗不能强之一出，行邊之司馬無以誡於三軍。茂春而果疾也，尚有乖於損軀報主之義；矧茂春而非真疾也，其能逭於抗違節制之罪哉？自遼事興，而文武各官無疾輒云有疾，微疾輒稱痼疾，思臨難而苟免，遂托疾以欺君，獨不思官爲朝廷之官，則身爲朝廷之身？事如可爲，則百計以匡扶；事不可爲，惟一死以報國。今天下一統，河東之失，不過彈丸黑子之地，神明之福祚彌昌，天王之事權在握，豈不能行於武弁，而絶無忌憚乃爾！如茂春者，生則當謫居于廣寧城外，死則當葬骨于三岔河邊，萬毋輕縱之歸，俾懦帥效尤，以開規避之途也。此大將之推病，不可付之不問者也。今天下多事極矣，遼左戰守，三年卒無完局，其弊由于事事粉飾，象人塗馬，空勞調募之紛紜；人人推諉，弛擔卸肩，一味機關之簸弄。向使人無鑿坯遠遁之思，自有畫地奏功之效，則今日之紀綱必不可不振，法令必不可不嚴，人心由此而惕，國勢自此而强，東西之變，不足平矣！」

葉閣下與經略書云：「承教，遼事未可戰，自是確論，須當講求。三十萬兵勢必不能集，海內坐此騷動已極，若征調不止，其禍變恐不但蜀中，即使保得廣寧，復得遼陽，而天下事亦已去矣。且今廣寧之兵已十餘萬，而在事者僅以爲三萬可用，然則此三十萬者，即倍而六十萬，猶以爲未足也。試觀史册，一隅有亂，亦止于一隅，即孱弱如宋，以元昊之强，闢地萬餘里，帶甲數十萬，然其所蹂躪不過西陲數郡而已，天下晏如，無征調轉輸之擾也。今奴酋之横，其勢何如元昊，而海内糜爛決裂至此，果何故耶？大劄千言萬語，只是經撫不合。經撫合則遼安，不合則遼危。想其不合之故，只在不受節制之一言。生亦遺書力勸之，以聽指麾于門下矣。」

十二月，四川亂奏至。①先是，科臣明時舉捧檄起土司兵，誅索無厭。永寧酋長奢崇明令土目將兵一萬詣重慶，聽撫臣徐可求點閲。可求置不即點視，漫云數少。土兵伺候月餘，洶洶思亂，而可求杖其頭目各五板，欲盡黥土兵之面，以别記驗。于是統領人樊龍、樊虎一呼即起，亂殺官民。可求及道臣孫好古、駱日升、李繼周，知府章文炳，推官王三宅，順慶、叙州府同知王世科、熊嗣先，知府高選，總兵黄守魁，參將萬金、王登爵悉被殺；時舉等踰墻而遁。復尸遍地，幾不可數。二樊賊遂據城中，城門伏開，聽商民自便，船順流而下，賊惟痛飲日夕，不行焚劫。

遵義民米田自遼陽逃歸，假稱守備，催招新兵。而可求檄下各夷徵索嚴急，楊氏洶洶，思復故主。重慶既破，夷目羅象乾撤衆回巢，楊福等邀之，三路進兵，直擣遵義，署印通判棄城，亡走貴州。

石砫女官秦良玉起兵勤王。

賊略納溪，瀘州翁登彦、江津周禮嘉堅守不下，長寧、榮昌、隆昌、璧山官吏望風逃遁，賊遂進逼成都。

諭兵部：「川兵援遼在途者，領兵官押回討賊。」

張我續提督川、湖、雲、貴四省軍務。

後戊辰九月，兵部尚書王在晉題：「遐想奢酋作亂之初，一朝兵起，戕殺撫、鎮、道、府、縣、衛、所等官一百五十餘員，踞重慶，圍成都〔四〕，川東、川西、川南四十九州縣望風瓦解。安賊稱孤改號，辮髮束額，民俗立化爲夷。于時川省衿紳魚驚鳥竄，胼胝瘴瘃，家衆流離，叫閽叩闕，天日爲慘，此乾坤何等時耶！自古未有總理户、兵、工三部之官，舉朝因遼事倥偬，公推屬臣兼攝，而西蜀干戈同時竝劇。于是舉朱燮元、張我續爲督、撫，推楊愈楙、薛來胤、杜文焕爲總兵，秦良玉領兵義、夔，奢社輝把截烏江，川、湖、雲、貴土司合兵征進，沐鎮陳師畢節，各撫移鎮要區，霑益、永寧、歸、巴、荆、沅以及叙州二郎關等處，或遏其衝，或絶其援，或直搗以解成都之圍，或分守以當險隘之處。石柱、永順、保靖等兵則自下而上，鎮雄、馬湖、烏蒙、烏撒等兵則自上而下。楚兵遶其東，塞夔門以備策應；秦兵列其北，駐漢中以壯聲援。請内廷之發帑，督農部之儹糈，借工部衣甲銀于夷陵，運鳥銃、火鎗于蜀道，招義兵殺手辦鞍馬、衣糧。數月之間，手如沃焦，事同紛蝟，而蜀事始有條緒。成都解圍于臣署印之日，而賊據重慶，有岌岌垂危之勢焉，臣以經略出關行矣。」

兵部等衙門題②：「因經撫不合，奉旨會議。臣等於九月初八日會集九卿科道會議得：遼、瀋未陷以前，皆戰不成戰，守不成守，往事不可追矣。就今日論，離守難以言戰，離戰難以言守。執守之是而非戰，執戰之是而非守，皆不知兵機者也。主戰主守，經撫二臣議論略見參差，然勢有緩急，着有先後，言戰未嘗忘守，言守未嘗忘戰，二臣之籌議不惟不相左，而且相爲用矣。撫臣身任危疆，支撑數月，虜馬無一渡河者，不退怯于遼、瀋方失之時，豈退怯于兵馬既集之後？經臣奉詔特起，非常之寵前代所無。君命既有專屬，事體俱當責成，辟之同舟而遇風波，未有不同心共濟者。二臣安危相倚，必協大同，臣等何容輕議？彼中進取情形，定于吸呼，着一商量不得，有不能阻遏之勢。强敵在前，須專心併力以圖制勝。今日之議，舍『責成』二字，道無由矣。至于高出、胡嘉棟原係經撫共荐，業奉明旨，責令竭力建功贖罪，姑容使過，以須後效。臣等又願在遼文武諸臣勿惕威而口諾，勿匿心以面從，見在器械細細整飭，見在糧草源源接運，一心以佐經撫，勿兩可以啓紛紜，人心合一，勇氣自倍，奴酋可滅，而河東已失之疆可復矣。伏乞皇上嚴敕經、撫，齊心協力，料理戰守。如河東果可進兵，大兵渡河，經臣即多方調度，首尾援應；如虜中間諜未真，前隊未可輕發，即仍前畫地分守，申嚴功令，務須鄭重，以保萬全。建功之日，一體升賞。恭候勅下施行。」奉聖旨：「遼事爾每會議只是責成經撫戰守相資，自是正理，便行文與他每知會，務要着實遵行，不得違玩。其目前機會可乘，着多方調度，首尾接應。如偵探未實，還照經略前奏畫地分守，用心料理，相機進剿。經、撫受此委任，當共圖報稱，功罪一體竝論。道、將各官都着盡心立功報効，不得被此紛紜，自干罪戾。違的，着巡按官指參奏，重治不饒！」

遼、瀋死戰邮典：張神武贈都督僉事，襲陞三級。楊宗業贈都督同知，廕一子本衛正千户。梁仲善贈都督僉事，襲陞三級。俱從祠祭。郭有光復原職，贈二級，襲陞二級。劉芳聲等五員，各照本職上贈三級，襲陞三級。曹登衢等三十三員，各照本職上贈二級，襲陞二級。張郢等九十二員，各照本職上贈一級，襲陞一級。冉見龍贈指揮使。李柯、彭卿、鼓應勝、彭相舟各贈千户。侯世禄等依擬。

王在晉清查兵餉疏：「臣惟遼左軍興，歲經四易，經費繁浩，萬萬難支。只爲遼陽一塊土，括地之毛，敖民之骨，馬牛蹢躅，鴻雁哀鳴，所望將士犁庭掃穴，收復故疆。乃尺寸未復，而内帑之藏屢發矣，外府之積已罄矣。歲費千百萬，何嘗清楚。其催解則如風雨，頃刻難停；其銷筭則歸渺茫，半屬烏有。臣知其弊竇之多也，曾具疏請設糧儲道。部議添官多費，遂屬分巡道兼之，糧册必查，道號未有不由該道覈實者。今據經臣疏揭，始知河東月糧徑具白頭册領，未經掛號，詭名耗食，將無所不致矣。部院在外，凡事皆屬監司轉行。監司者，部院之耳目，將士之綱領也。將官虚冒，監司明則糾參，暗則劣考，或改駁以杜侵牟，或按法以罪書識。治兵而兼治餉，兵數既核，糧數自清。若徒責成于餉司，户部之精神雖貫，而部院之血脉不聯，何者？餉司，部屬也，京職也，糧官不親兵事者也，兵之虚實何從知之？經、撫有統而無屬，直指畝禮而不嚴，職不能併攝乎刑名，法不能通行於將領。餉司固不能上分經、撫之權，經、撫亦不能直窮餉司之弊。然則兵糧可不由該道覈覈，而逕行給發耶？遼陽、廣寧原係兩差，遼陽雖失而糧存，今以一官併理，新舊二餉歲用金錢數百萬，頭緒甚多，支節易混，非兩目所能悉照，兩手所能打筭，即精神滿腹，亦綜覈之難矣。各道挑精壯以爲親兵，將官養家丁以供厮役，名糧驟加頭等，影護皆無下丁。及至遇敵，反將中、下二等衝鋒臨陣，以嘗鋒鏑。各營家丁書記等役有名無實，替身以代點，虚掛以支糧，司道既不肯從實舉發，餉司何從執簿清查？部院之于司道，每顧惜體面，而不能盡言以救正；司道之于將官，又轉惜面情，而不能盡法以相稽。彼此相蒙，虚靡益甚。都中傳聞遼左多衣食不周之兵，而有囊橐充盈之將。將官既富，便惜身重命，見賊先爲股慄，言戰即爾膽寒，且懼營伍摘發弊竇，猫鼠同眠，不操不練。傅國不云乎：『食餉則多，計兵則寡，匿逃損不報，以無爲有，一人一馬，兩三處造支。』分影爲形，固行間宿蠹，而當日爲甚。至于每兩扣五分攤坐紙紅交際，院、道不能禁，餉司不敢禁。夫交際出于何典，可扣兵糧以充私餽乎？經臣面囑嚴查，第以神機等營委官樓文勝等開報，蓋有不能竟其詞者矣。臣閲經臣書云：『人倚狐城而難問，事忌鼠器而諱言。舍監司、將領，狐鼠將安所托哉？』遼東額軍已亡其半，而舊餉反加至二十三萬有奇；兵糧有四錢加至八錢，八錢加至一兩二錢；馬有一錢八分加至八錢者。糧料遞加，以人馬之堪用也。餉等于新兵，而不列新兵之數；料同於戰馬，而不入戰馬之群。有增餉而無增兵，將來何所底止？通計新舊兵共十三萬有奇，每月事故、脱逃，缺兵曠役爲數必多。計日查扣，營官報將領，將領報該道，該道叩明移送餉司支給，隱瞞作弊者必罪，此清糧之一事也。在遼聽用，多竊武生、把、備之名，給劄移咨，掛名食餉，有談天説劍之口，而無操弓挾矢之能。上之不可儲將材，下之不肯充兵伍。及今不一挑選，甚爲餉蠹，須擇其人果有智能勇技，方登糧册，不則亟爲汰革。此亦清糧之一端也。廣寧人馬數多，糧草騰貴，車力有限，轉運至艱。客兵之中，或分隊、分班輪守山海，既勞逸之適均，亦甘苦之同受。且有事應援，調發不難；而近地供輸，糴買較易。關門不苦無兵，河西不苦無餉。若一人抵關，即發一人出關，盡數不留，動稱未足，調募窮而供億勢將不給矣。至如在遼司道，寥寥有幾，强半稱疾，意懶心灰，延挨度日，皆緣功令不明，勸懲無法。逃而戴罪者，不妨少濡以希後効；勤而任事者，則當優異以待殊遷。彼邊道且一年算兩年之俸，有一級陞二級之例；今危遼與狼虎爲隣，其視邊道何如哉？各官陞遷須另設一規格，俸積勞深，邊疆寧謐，或加銜留任，或不次内遷，家關不至永别，玉門可以生還。庶盡瘁鞠躬，朝天有日；而異鄉孤侶，疾病不生。朝廷操陞擢之權，邊臣絶請告之念。其撫、按在外，憂危困鬱，以日爲年，宜有出格之陞，以恤勞臣之苦。將領科斂者，喜參論以抽身，甘罷官而保命，贓多則有尚方之劍，贓少則嚴戍遼之條。有能智勇出衆、廉慎持身者，部院薦舉，從優超擢。其新舊遼餉按月關給，務查實兵、實餉、實放、實支，通行登萊、天津、通州、薊密車營一體嚴覈。尾閭既塞，則滄海常盈；蟻穴盡除，則隄防不省。一分司農減一分之費〔五〕，民間受一分之賜。經臣清理一疏，爲養兵剿寇之先著矣。」奉聖旨：「遼餉虛糜多弊，這清查懲勸等事，俱切邊計，着該部逐款詳議，着實舉行。」

南科徐憲卿疏稱：「東事所係安危者，孰急于樞、經、撫三臣？夫三臣皆千百而拔一，肝膽嚮國，世以韓、白擬之者也。祇因血性未消，猶效穴中之競；才人負氣，徒爲蝸角之争。臣嘗服齊撫趙彦之改請五萬兵于登萊，司馬張鶴鳴之置經臣疏于不答。總部侍郎王在晉之夷氛正熾一疏，真大賢之舉動，而公虚之議論也。令人人若此，念念若此，當無不調之瑟，獨拍之響，而遼事不足平矣。尤願票擬者惟公平以服其心，主議者毋佐鬭以成其愎，庶不至前跋後疐，而塤篪之雅可奏，鍾鼎之業可成也。」

校勘記

〔一〕往往到斃　「到」疑「倒」之誤。

〔二〕今日講河上　據下文「明日議西平，又明日而議鎮武」，「講」疑「議」之誤。

〔三〕古有扶疾以視陣裹鎗以血戰者　「鎗」疑「創」之誤。

〔四〕圍成都　「成」，原作「城」，據北大本改。

〔五〕一分司農減一分之費　前「一分」二字疑衍。

底本眉批

①本條原有眉批「四川兵變」。

②本條原有眉批「會議經撫」。

三朝遼事實録卷之七

壬戌

天啓二年正月，熊廷弼奏：「撫臣自許六萬進戰，一舉蕩平，懇乞亟如撫臣約，乘水急進，併亟罷臣，以正摧戰士之氣之罪。」

四川按臣薛敷政奏報①：「藺賊攻犯成都，攝軍務朱燮元分遣將官冉世洪、雷安世、瞿英、周邦太、張愷各領兵守隘。邦太至資陽，與賊迎戰，不勝，降之，兵半隨半散。世洪至九泉，賊已營山上，乘高下殺，官兵不敵。世洪、安世、英皆死，唯愷未及行，而賊兵數萬已至城下，懸旌僭號，四面夾攻，燒城外寺宇、居民房舍，烟焰數里。城中僅有營兵七百名，調到松潘、茂州兵一千五百名，分布防禦；文武吏數員坐困圍城。賊旁掠鄉村，慘殺男婦，奪取蜀府莊田米穀，爲久困之計。」

奴衆臨河欲渡，總兵劉渠駐兵振武，飛書告急。化貞招虜萬騎至邊，遣同知萬有孚犒之。軍士號哭震野，謂已半年無餉。餉司傅國欲自經仰藥。化貞奏請速發新餉。

兵部題②：「近因經撫不和，奉旨差堂上官一員、該科官一員往諭。臣部既奉明旨，自應以差官職名具題，出關往諭。第事關軍機重務，臣等再三商確，未便差官，有不敢不聞于皇上者。蓋撫臣主戰，不欲示人以怯；經臣主守，不欲示人以疏。深求之，以兩臣爲不和；微按之，不過彼此争言戰守而已。朝紳雖見其有相左之形，而奴虜未見其有相睽之迹。廣寧奸細無日不有，内地奸細無處不有。忽見部臣、科臣乘傳遠出，招摇道路，必愕然詫異曰：『此爲經撫不和而出者也。』又必惘然驚疑曰：『此必經撫二臣不遵朝命，直待特遣大臣、諫臣宣諭，而後能和解也。』如是，則朝廷之體輕矣。朝廷之體輕，而逆虜聞之，益藐視中國矣。東夷耽耽思逞，窺釁而動，而我反示以不和之釁，則狂酋之氣益張；西虜勃勃嚮風，爲我而來，而我反示以内離之形，則助順之心益冷。且遐邇之聽聞易眩，而軍情之變幻無常。一聞宣諭，廣寧軍士人人知經撫之不和；薊、密邊兵及楚、浙抵關援兵人人知經撫之不和。若明詔于三軍，而傳聲于四裔，道將之猜疑互起，而宵小之交搆滋深，目前雖分左右之袒，將來益成水火之形。强敵在前，舉動宜慎，臣等所謂未便差官者，此也。夫君之尊，天也；其威，雷霆也。一字嚴于斧鉞，孰敢不欽；一言達于千里，無遠弗屆。廣寧非聲教不通之地，邸報抄傳，便當悚慄，豈如海外屬國，必待王臣之往諭哉？臣部傳奉綸音，移一咨文，馬上傳諭。再祈嚴旨切責，明諭二臣：身肩重任，若疆場未靖，必非卸擔之時；身到臨崖，必進取有功，方有轉迴之路。上方殊禮，予奪自君，非可逕繳。惟堅一心，以矢精白，弗恣多口，以闘玄黃。倘再有抗違，併各道、將等官規避交搆，不肯實心任事，外則監軍、御史，内則部院、科道，明白參處。庶紀綱克振，體統自尊，而諸臣不敢玩視矣。伏祈聖明裁鑒施行。」在晉具稿。

先是兵部會議，奉聖旨：「經略官言會議未盡群情，爾部還同大小九卿科道作速議確歸一，不得仍前含糊塞責。東事緊要，應否差官，還着并議來説。」

諭中外能擒奴酋者封公，擒酋子封侯，各叛逆封伯。

兵部奉旨會議③：「九卿、科道各有議單。臣細閱之：議主責成二臣，同以嚴旨戒諭，俾其竭力遼事、功罪一體者，張問達等三十四人也；罷經略，還劍帶，另推經略者，王紀也；專用遼撫，賜劍，許以便宜行事者，周如盤也；專責任經略，人臣不當不和者，黄克纘、周道登、李宗延、許維新、馬逢皋也；不許經略脱卸，應削奪職級待罪，以少抑其跋扈不臣之氣者，張鳳翔、董應舉也；責成二臣分任其事者，史弼、周希令等十人也；撤回經略，廣寧巡撫并經略者，王永光也；令各自任者，何士晉、孫傑、汪慶伯也；專責撫臣任戰者，太常林學曾等八人也；經臣別用，或移薊鎮，或召還京，或住山海者，兵科蔡思充、徐景濂、吴應琦、江日彩等九人也；經撫撤去其一者，侯震暘也；三説調停者，王遠宜、潘汝禎也；專責本兵出代經略者，惠世揚、周朝瑞二人也；登萊、廣寧二撫兑换者，徐揚先也；必不得已而去其一，須先撫臣，必不可輕去經略，經略亦不可藉口不和而委卸者，李精白也。諸臣之單，萬耳萬目，共見共聞，經、撫之是非，不辨已自明者矣。而皇上必欲責成部議歸一，臣等豈敢復以責成之説含糊不决，自取罪戾？切照經撫不和，必悞遼事，人人知之。臣部求所以和解之者，曲盡而亦屢窮，至重以明旨之責成，而其不和乃益甚。據經臣所形諸章奏者，其意必不能與撫臣共事矣。移閣臣書言，嚴君不能攝，慈父不能强，倘差官宣諭而仍不聽，不亦褻君命而悞封疆乎？臣等再四商確，經、撫既不相容，勢必重任其一。然早决而專任，即未必萬全，十分之中尤望四五；倘不决而兩存，則萬無一幸耳。夫以卑避尊，今日之事倘令撫臣退步，專聽經臣之所爲，然議者必以爲撫臣一撤，毛文龍必不用命，廣寧士兵必潰，西虜必解體而去。合無因撫臣之自請，便宜行事，而特賜尚方劍，加卿二職銜，廣寧之事一以委之。若經臣威望素著，受國殊恩，豈可遽聽優游，不以畢其圖報之志？是在廟堂斟酌推用，而非臣部所敢擅擬也。而王紀、張鳳翔、董應舉、王舜鼎、姚思仁、蔡思充、朱童蒙、蕭基、楊維新、李遇知、侯震暘、吴應琦、王大年、江日彩、徐景濂皆主此説。其餘議雖小異，無妨大同。事關軍國，原非獨見之可持；言發盈庭，並有二端之可執。善均從衆，採以上聞。仰遵明旨，歸一之説不敢含糊塞責者如此。」

遼撫王化貞揭：「方遼、瀋之陷，西虜乘機抄掠沙嶺、高平，軍民逃散，人心洶懼。職日遣使謂之曰：『吾且西從〔二〕，永與爾絶。』粆花聞之，因遣使要我無西，即許納款。蓋粆花之狡，屢款不服，今一旦輸情，故乘機羈縻，加賞銀三千六百餘兩，而定盟以去，人始有固志。虎墩兔憨遣其貴人桑阿思寒等來詢我，因言其殺奴畝血爲誓。其時正欲借其聲援，因而賞銀一千兩爲乾糧之費，受約而去。粆花聞之，亦率其五大營來，言助兵，亦領乾糧銀一萬兩，留候騎爲我哨探，要有斬獲。當時諸大老皆言：得虜不合于奴，雖重費不惜。審時度勢，不得不出于此。貞以身任此，料日後彈文少此一條不得。此用虜始末。亦因其勢而用之，無費許多：要結憨八大營領去銀萬兩；小歹青領銀二千；粆花五大營領銀一萬；粆花等增新賞四千餘兩，蓋以終前歲加憨賞之局；分外夷使往來犒享及賞有功之夷不過數千；通計三萬餘兩，一一皆有籍記，亦無敢輕百萬于無當之管，想告者過也。總之，用虜原非得已。黄泥窪一帶遠隔境外，非我兵所能守，而粆化之部落在焉，我不用，則爲奴所用。職疏曾云：『憨遠而難恃，可保其不合于奴；粆狡而貪利，今與之約，可保其不爲奴用也。』蓋奴入遼陽，曾遣西虜于卜思亥借助奴兵三千，殺傷數百，故索償耳，非粆花也。憨爲虜帝，忿奴之不共，欲滅奴之心殊鋭于吾，故先遣使來言。其視奴如以山壓卵，非所畏。若謂持兩情，及不利于我，則樂遼、瀋之陷，介馬而馳，何畏于我？尤俟吾與奴相持，然後就中取利耶？惟是堂堂天朝，方欲鞭撻四夷，不宜借力于虜，則耻聞命矣。除粆花駐養善木，去邊可二百里，其北憨部夷先到五千，後到一萬；尚有二萬將到，其憨率大部，阻雪未至。此時謝絶，尤未爲遲。彼一時也，虜不得不用；此一時也，虜可以不用。但奴之防我，止以精騎三千駐牛莊，其駐海州者，皆夷部也；乃黄泥窪却用精騎八千。以此知即不用虜，不可無此虚聲也。謹揭。」

督師王之臣疏：「昔年王象乾撫西虜，正爲復地復仇之計。乃虜見我兵不振，無志恢疆，因而涣散。奴即多方要結，不恤金珠、子女，與哈喇慎、察罕諸酋約婚姻，粆花等嘗已吞其餌；惟虎憨不屑受。譯審總兵王世忠係北關金台什之子，恨奴傾覆其巢宇，飲痛入骨，感天朝收録，一日未嘗忘奴也。且世忠之甥女得寵于虎憨，虎憨甚注意，已許助兵報仇。今鼓舞而聯絡之，賢于十萬師矣。」丙寅十二月

給事中侯震暘奏：「臣謂經、撫不和，大半繇登撫之誤。經臣三方布置，雖津門稍寬紆迴，登、萊去遼，一晝夜可達，出奇兵以綴四衛，聯絡朝鮮以助聲援，未嘗非是。而朗先欲居首功，迎合意旨，自誇變尾爲首，四路進兵，横絶海州，分搗老寨，剿滅可期，恢復唾手。不意毛文龍之舉竟亂成算，再難下手。夫果有成筭，豈其不密告廣撫，併無輕動乎？嗟乎，龍小小一捷，固自稱奇，何足深忌？乃偏信反覆之王紹勳，不爲救，而故爲催抑。人心不平，全在于此。今如罷朗先，逮紹勳，并查梁之垣何在，取其所賫二十萬金，及紹勳所統兵，厚資文龍，敕爲帥，以聯絡島嶼間狡黠之壯士、涣散之人情，自統遊兵一枝，出没變化，不受束縛，亦一奇也。」

王紹勳向擬降奴，勉强歸正。梁之垣冒領餉銀，以朝鮮爲市。朗先左袒二人，不能無咎焉。

王在晉半夜披衣具疏：「邇緣經、撫意見參商，上廑聖慮，再奉旨會議。廷臣各攄所

見，幾成一鬨之市矣。臣亦擬一議單，大要主于責成，參以經、撫分任之説。此非臣之含糊襲套也，廷議大約相同，臣固不能執己見以違衆議也。臣與同官正酌議具覆間，忽因科臣侯震暘之疏，欽奉明旨：『經、撫二官共事封疆，責任甚重，誼當協心報國，即意見異同，何妨商酌？乃誢氣忿争，屢奉嚴旨，全不遵依，至差官往諭，又恐不聽，成何法紀？會議久不回奏，科道官條陳也無定説，顯是彼此推諉。這本却説得直截。着吏、兵二部會同議擬，度量事勢，於經、撫中酌用一人，專任遼事；一人别用。陶朗先、毛文龍都着明白處分具奏。用人、用兵係二部職掌，不得遷就朦朧，以責成等語了事，限次日即奏。』欽此。臣部遂不敢復主前議，静聽會題。乃於本月十一日晚間接得劉渠塘報：據探役季雲龍供稱，遼陽一帶密探夷情，有奴酋將各處兵馬盡數發在海州一帶，要在本月初三、四日過河等情。又據劉渠塘報：撥夜陳榮報稱，牛莊東南起烟霧，五里寬，十里長等情。據此，虜之合隊謀犯情形，明于指掌矣。臣嘗料虜中習知我兵有三方並進之謀，所最慮在登萊水兵之渡海。今又有毛文龍之結聚，爲奴酋腹心之大患。目下止因天寒冰結，海風不便，我兵未進，少待清明時候，舟師便可渡海。合登、津之旅，以攻金、復、蓋州；約會毛文龍，以攻寬、鎮；再牽合朝鮮出兵協助。東師一動，廣寧兵即從西入，西虜之衆又從後應，奴雖有精鋭，而四面受敵，分兵支應，奴必不能當也。與其坐而待我兵之合攻，莫若三路未集，先一決戰，以襲我之未備，乘我之單弱。故今歲春防萬分緊迫，非可易帥之時。矧西虜來助，正窺我情形以決進止，而我示以内離之釁，寧無隳敢戰之心？經臣之駐右屯，調兵催餉，關上器械緊運出關，久爲戰守之具，雖口競筆争，而心實未嘗泄泄。當兩兵對壘之際，忽奉命更易，右屯之人心一動，奴聞之必躍馬渡河，而邊事不可爲矣。廟廊之上止當論功論罪，安論兩臣之和不和？和而建功，封拜酬其勞；不和而僨事，吏議隨其後。以經臣之才識高明，豈真閔不畏法，而威君不能懾者耶？細查廷議，有謂經臣當更置者。臣謂此非更置之時，一更置，到彼必須一月；初來任事，諳練必須三月。擇臣而使之，猝不能得當以副任使。即如科臣之議，或用本兵更代，而往來交代之間，内無本兵之主張，外無經略之調度，强虜壓境，臣不無杞人過慮焉。以臣愚見，凡致遠涉險，莫如仍用駕輕就熟之人。事到緊急，性命懸于呼吸，存亡判于須臾，誰敢復爲争競？目前乞嚴旨責成，萬分謹備，以防突犯。倘後再悁悁忿争，俟虜情稍緩，另議更張，於明旨不悖，於戰守不悮，而于疆場亦無損矣。」奉聖旨：「據奏，夷情緊急，着馬上行文與經、撫官用心防禦，不得彼此推諉，以致疏虞。其糧餉着立刻查催，如延緩悮事，責有所歸。」

十四日奉旨，二十日而虜過河，劉渠戰敗，廣寧隨陷。議更經略無及矣。

王在晉題：「本月二十四日，接總兵劉渠塘報：奴酋於十七日同第八子并叛將統馬步兵，各帶乾糧并攻城車輛、鈎梯及挖城鐵鍬，盡數西發，繇黄泥窪投進。又准總督王象乾報：二十日，奴酋從東來耿樂屯，對毛家寨過河；又從東夏郎二屯過河；又從通江過河，繇三岔河直抵西平堡；又從咬溝過河；又在楊林子從轉灣空過河。周守廉從空心樓出牆，達賊徑奔沙嶺，守備李正、蔡鎖、萬金各帶兵馬敵住，參將黑雲鶴帶兵馬策應。奴酋叛黨孟成勳、王朝玉等報我虛實，遂傾巢而來，聲勢甚大。劉渠親提主客大兵，見駐鎮武迤東，與賊相持。等情。續據遼撫王化貞飛報相同。該臣看得：夷烽緊急，我已陳師河上，轉睫春深，三路竝進，賊之得於窺伺久矣。奴知我之必東，勢必先犯我之西也。我之議論未定，而賊之謀畫已深。矧有奸人勾引，奴計遂決。然我必自勝，而後可以勝人。所謂自勝者何？經、撫之同心是已，將士之用命是已。惟經、撫不同心，而後將士不用命。今日之緊關處，全在經有謀而撫必應，撫有急而經必助，二臣合爲一心，而奴必不能久駐。蓋奴衆之來，所帶者乾糧耳，而乾糧易盡；野無青草，馬料亦易盡。堅壁連營，固守勿戰，而奴必返也。彼乘冰堅而渡河，冰漸解而奴必返也。我或出輕師以擾之，乘其惰以擊之，截其輜重以困之，俟其歸以掩襲之，賊未必能得志於我。顧所爲應急之着十有二焉。一曰防奸細。賊凡入犯，先藏細作，外攻内應。今回鄉之人衆矣，真僞還雜，孽孽潛滋，豕牙牛牿，譏防宜密。内難不作，憑城而守，賊雖衆，詎能飛越乎？一曰假權宜。經臣手握賜劍，軍心自惕。撫臣越在廣寧，安能一一請令？奉有朝廷專勑旗牌，即同上方之賜，偏裨以下不用命者，徑行誅僇，總以尊君之命，經臣不得異同。一曰緊接應。賊攻廣寧，右屯必發兵應救；攻右屯，廣寧必發兵應援，以至鎮武、寧前等處皆然。務期首尾必顧，唇齒相依。怠緩不救者，即坐以逗遛退縮之罪。一曰用西虜。邇聞西虜已臨近地，聽我指麾。奴既渡河入犯，彼中必虚，當發精兵，協同西虜直擣遼、瀋，圍魏救趙，奴必内顧，躍馬東馳矣。一曰謹關塞。山海係神京北門，虜騎縱横，北門震恐。當嚴敕總督及順天巡撫預整兵馬，謹守巖關。其薊門虜報頻仍，軍士三月無糧，速令户部那處解發，限日起程，以濟急用。一曰議調遣。薊、密新建車營，蓄養士馬，外之以備危邊之接應，内之以備都城之救援。今宜先期整頓，預備調發。其南兵部職方主事何棟如招練新兵，見在通州一帶，速宜催儹抵關，策應毋緩。一曰急兵餉。户部解發帑金，昨問塘報，人役尚在途間相遇。此時河西缺餉，望眼欲穿，亟須馬上差人嚴儹，仍着薊鎮發兵護送，至廣寧等處交割。其餉郎傅國具文請告，宜即令視事，料理兵餉，勿得稽延。一曰發水兵。臣面詢登州同知宋大奎，知登、萊水陸官兵已幾三萬。此時春風已動，若遇順風，一日可達旅順。速檄撫鎮發兵渡海，艤泊近遼島嶼，相機進止。奴如久屯深入，即攻金、蓋等處，以掣其尾，河西之圍可解矣。一曰通消息。登萊總兵沈有容素蓄敢死家丁及善泅兵役，乞傳令該鎮，密地差人，或繇海道，或從陸路，間道與毛文龍通信，發兵攻擊寬、鎮。奴顧巢穴，勢必回旋。蓋邸報五日達登州，重犒差去人役，無難一通信息也。一曰廣招諭。遼人從奴者迫於畏死，原非真心降賊。今與真夷相雜，合隊而來，此即其脱身之地。可明示招來，卸甲免死。河東降將，有乘機擊賊者，前罪盡釋，仍行論功。但不得收入城中，以釀内患。一曰定人心。虜兵過河，遐邇聞風悚息，矧當入覲計偕之時，五方聚會，聽聞易褫，訛言易興。廟堂之上，似宜鎮静，勿令輦轂近地人心惶惑，致有他虞。一曰省議論。今時病痛全在議論之多，一聞虜報，當事者精神只宜用之禦寇，若再分心杜謗，群言噂沓，恐壞邊事。至于嘉謨碩畫，應集衆長，諸臣條議可採者，票擬即行，以免部覆躭延，亦今日救時之一策也。以上諸款，卑卑無甚高論，緣時急事迫，聊助廟謨，仰備采納。」奉聖旨：「俱依擬作速行。」

遼東巡按方震孺奏：「正月二十一日，周守廉塘報至，稱奴兵已直抵西平，攻南門。

至次日午時報，奴兵五萬，又益以新練遼兵四五萬，車載火砲，其鋒不可當。羅一貴死守西平，城不得破。奴分兵一半攻西平，一半趨平洋橋。總兵劉渠盡撤鎮武之兵前往迎敵，連攻打三陣，奴兵稍却而復前，我兵跕立不住，大營遂潰，劉渠落馬。奴又分兵兩路，一趨廣寧，廣寧之存亡在呼吸間矣。」

總督薊遼王象乾馳報：「正月二十六日，潰兵滿路填塞。接經臣熊廷弼手書稱：『今番逃兵與前番不同，持刀騎馬，劫掠殺人，須放入關，以免激變。至于西歸，應盡數放入。弼罪過已極，若保得十餘萬生靈入關，亦足消禳。』本日申時，經臣進入羅城。臣與部、道諸臣語，大約稱：遼軍逃潰，總兵劉渠陣亡，廣寧城内人民荒亂，不順虜者奪門而逃，順虜者封府庫、封火藥庫，生員、百姓俱已剃頭，設龍亭，欲綁撫臣王化貞迎賊。有參將江朝棟聞之，急入化貞卧内。化貞方檢書，見之，大怒，呵責之。朝棟急拉化貞曰：『事急矣，快走！快走！』化貞趨出，所養馬匹皆爲叛賊盜去。有各將送化貞七匹，家人半多徒走。化貞有行李四箱，以兩駱駝馱之。行至城門，爲叛民所阻，曰：『你去不得。』奪去一馱。化貞曰：『此皆往來書札，無他物。』群賊破開，果無所有。叛賊照化貞打來，將隨行親戚一人頭面打破，化貞幸未之傷。有江朝棟等數十人馳至，持刀亂砍，賊散，化貞得免。其不從賊者，又與亂民厮殺，從化貞至閭陽驛。與經臣商議，務保此數十萬生靈入關，不忍以祖宗撫養赤子淪于左衽，異日化爲夷虜，且以益奴之强而樹我之敵也。沿途遼人數千，假扮西虜，且截劫于前屯、寧前等處，逃難遼民不得前進。各將領兵殺散，奪下被鹵婦女、財物，給與各主，及收拾沿途潰兵。所棄甲仗與逃民丢棄幼小子女不計其數。經臣恐軍民内藏有奸徒，刺關倡亂，身率親丁馳至關外彈壓，收其兵仗，以次放入。撫臣恐人驚摇，與寧前道副使張應吾特殿后。等語。又傳説廣寧、寧前各部道、將領諸臣俱陸續到關，容另查明再報。」

遼撫招募遼兵，出孫得功于獄，用爲遼人帥，化貞信之，倚爲心腹。熊經略謂奴不可戰，議論相左。乃廣寧之陷，奴未抵城，而遼兵盡潰，潰于頃刻，開門啓鑰，以龍亭迎奴矣。遼兵獻城，奴踟躕不敢入，盤桓于外者久之。已而知城中無他搆也，始入。晉抵山海，托來君斯行進獄，索遼撫手書招得功，多方設計間之。得功爲奴所疑，遂不免，不則永芳之後，又一永芳矣。

户部尚書汪應蛟題：「連日廣寧警報頻疊，臣部心切憂懼，蓋爲在遼兵將平日貪冒折色，不肯運糧。右屯衛見積糧料八十餘萬石，覺華島見積糧料二十餘萬石，臣部發過牛車銀十萬兩，餉臣又僱小車二千餘輛出關，將謂陸續搬運可支。今奴騎過河，我兵不利，百萬糧料夢中失去，盡賫盜糧，痛心不啻九死。即臣部有點鐵成金之術，餉臣有神輸鬼運之方，亦安能再竭中原百萬膏髓，而立致此百萬糧料也！」

薊鎮巡撫李瑾揭稱：「薊兵出防，索討未發預支錢糧，委曲諭散，遷怒薊州道邵可立，將該道擅扯下轎。臣移書計部，回稱即行起解。及接樞臣張鶴鳴揭，邵可立業已掛冠。士民號哭，恐本道一出薊門，百姓無主，逃命散去。則封疆所係，殊非細故。日來法紀波流，人情瓦解，戰兵望塵而奔潰，防兵甫行而譁亂。倘奴一窺，誰爲禦侮？則逼逐之罪，奚獨卒伍，并該將領當嚴行重處者也。」

御史夏之令疏云：「先是經、撫不和，行道之人亦傳爲口實。我兵屢衂，其創未復，乃欲以無能之將、未練之兵輕犯强敵。化貞雖劣，不應懵懵如此。固疑化貞之實不欲戰，實不欲進兵，而時時言進兵，以開廷弼釁争之竇也。固疑廷弼教化貞僞言戰，僞言進兵，而己隨争之，以爲異日互相推諉之地也。今廷弼逃，化貞亦逃。在廷弼若預知廣寧之必不能守，而先去以爲民望；在化貞若唯恐廷弼之不能稍待，而亦步亦趨。此若分罪，彼若效尤，一走不先不後。臣故因此而知二人前此之不和，非真也，僞也。」

撫臣之言戰，虚聲也，經略明知之，疏牘亦明言之矣。知其爲虚聲，則不必争，争之亦不必力，而經臣却借此爲卸擔之題目，其争僞也。撫臣僞言戰，不能愚經臣，而經臣乃僞争戰守以愚中外。此疏發出僞字，亦人心之靈不能終昧耳。

化貞從數騎走閭陽，適廷弼自右屯引兵至，止焉。④化貞向廷弼哭，廷弼笑曰：「六萬軍蕩平，竟何如？」化貞慙，尋向廷弼議固守寧前。廷弼曰：「晚矣。公不受紿慕戰，不撤廣寧兵于鎮武，當無今日。此時兵潰之勢，誰與爲守？惟護百萬生靈入關，勿以資賊，足矣。」乃整衆西行。

方震孺單騎走，監軍牛維曜、邢慎言隨之。高出、胡嘉棟、韓初命隨經略自右屯赴閭陽，尋隨進關。

兵部尚書張鶴鳴題⑤：「奴兵渡河，前兵不利，今日當關，雖有督臣坐鎮，有總兵孫顯祖將兵，而人心震動，必得大臣抵關視師。臣願以中樞至關視師，不敢以虜貽君父。淮蔡之功，裴度在行。臣雖不才，憑藉皇上威靈，親至山海，凡隘口之險夷，軍馬之多寡，經、撫之情形，道、將之邪正勇怯，一一查閲，以爲廣寧後勁，以爲山海扼要之計。然是行也，即以視師而往，尤須成師以出，出門不可無兵，請以何棟如所押兵六千六百名併臣部新招兵八百名，御史鄒復宣募兵三千二百名已至天津，并勑户部亟給之餉，星速抵關，俱聽簡練。再於防守兵内揀選二百，湊滿一千，盡以隨臣。有兵不可無將，請以副將王國樑加陞總兵，盡帶所蓄家丁，爲臣爪牙。有兵有將，而行軍機宜又不可無謀議之人，請即以何棟如加京銜，爲臣贊畫。夫有兵、有將、有贊畫，而無餉，則一步不可行，請於户部帑金内發數萬，付密雲餉司收貯，以聽不時之用。至于敕書、關防，廟堂裁定。如廣寧能守，臣回部復命；如廣寧不可測，臣暫駐山海，另奏施行。然此罔非徼皇上之寵，以效馳驅也。臣子髮膚皆君父所有，臣每痛恨食君之禄、擔君之爵，全無一毫爲國爲朝廷；而背公死黨，大惑不能解，比比也。臣是以不敢自愛其身，而爲皇上舒東顧之憂。臣部印信，有臣部左侍郎王在晉，正直忠厚，嚴毅精敏，委之署掌，必當機務，不悮國事。臣行矣，而朋黨忌臣者萬巧千險以中臣。伏望皇上乾剛獨斷，相臣極力主持，則社稷幸甚，微臣幸甚。」

廣寧失守報聞，京師大恐。是日雪甚。總理侍郎王在晉、右侍郎張經世入東閣議事。將午，大内忽傳上親御門召對。時本兵方卧病，令人扶之入。閣部共八人相向，在晉對大學士葉公向高言：「乘輿出則人心益震，可令中貴人奏止之。」上乃傳聖諭出，中貴人倉皇錯謬，失其常度，未及跪門叩領，而聖諭已傳至雪中矣。已而九列大臣、科道俱入，廷議龐襍，薄暮而退。詰旦，上視朝畢，群臣聚皇極門，給事中劉弘化大聲謂：「兵部主戰者即當斬。」蓋爲本兵而發也。本兵張鶴鳴忿恚搥胸，欲與鬨。侍郎王在晉云：「我兵過河東戰敗，則主戰者罪。今虜過河而河西陷，罪在不守，胡言戰耶？」舉朝是之，給諫慙甚。本兵遂言：「我不似經略愛頭顱，願抵關禦敵，須左侍郎攝部。其謀略才斷，我所不及，必能奠安社稷。不然者，事不可救。」給諫益忿。本兵出，涕泗交流，謂受國厚恩無〔二〕，請赴邊疆死難。上遂命本兵視師山海。于二十九日出京，蓋上所命之期也。時因行李未辦，少逗郊圻一日，而言官即有疏摘發，排擠本兵，而爲經略周旋靡所不至。蓋以奉輔臣劉一燝、冢卿周嘉謨指。臺省有數人焉，而劉弘化其尤攘臂者矣。

通政司右通政許維新、朱一桂，大理寺左少卿馮從吾，太常少卿董應舉，太僕寺少卿何喬遠爲奴兵過河，經臣先逃，懇乞聖明速行逮斬，以警人心，以保社稷事：「頃遼事告急，經臣熊廷弼主守，職等以爲能守三岔河，能守廣寧，庶幾可以少贖平日跋扈之罪。今奴酋過河矣，廣寧行且陷矣，而廷弼先逃至山海，遂使人心摇動，三軍俱奔。先是瀋、遼之陷，逃臣高出等不誅，以致人人效尤。今廷弼先逃，其誰不逃者？竊恐山海以内，再無肯守之人，再無可守之地，社稷之危在旦夕間。懇乞聖明即遣緹騎速逮，明正典刑，庶人心知懼，而社稷可保矣。」

御史馬鳴起疏言：「逆奴犯順，五年于兹矣，奈何世無可與之人，事無真切之謀，日復一日，悠悠泛泛，延至於今。兩日俱無塘報，聲息似乎斷絶，河西存亡已在呼吸，督史王象乾提重兵而鎮山海，未見發程。封疆何事？存亡何時？可濡滯觀望至此耶？宜急爲申諭，責令移鎮，以兵備張朴爲監軍。此萬萬不容緩者也。總督既鎮山海，則薊鎮、密雲爲虜寇進入之地，豈可弛防？須用謀略知兵大臣。黄克纘、王在晉選擇一人，行邊出鎮，爲山海後援，至一片石、古北口等處，各屯重兵，以備不虞，爲山海後勁。此又萬萬不宜緩者也。」

兵部尚書張鶴鳴以河西瀕危，自請視師，加太子太保，賜蟒玉、尚方劍。王國樑陞總兵，何棟如加陞太僕少卿，贊畫。發帑金三十萬兩，速解至山海關應用。

王化貞揭：「正月二十三日曾發塘報一封，猶報河上兵潰事也。至後城空民變，職倉皇出城，並無帶有紙筆及隨行書役，欲具疏報聞亦不可得。而事久時變，傳聞失真，即按院駐劄前屯，亦無繇核其真僞也。西平之守，羅一貴殺賊甚衆，但奪江朝棟之兵，而不令本官入城，又令黑雲鶴領遼兵出城，城中止一將。及爲流矢所斃，而城遂陷，不無遺恨也。對壘之際，衆未常不奔，但接刃未幾，即有先奔者，以致爲賊所乘，大衆俱亂。今遼人曰『西兵先逃』，西將曰『遼人不戰』，皆彼此交惡之言。細詢衆口，則共以爲先逃者，鮑承先也，蔡汝賢也，羅萬言也；共以爲鏖戰者，頗希牧也，劉定邦也。力戰冲入重圍，殺傷殆盡者，錦州、義州之卒，該將麻承宗、李茂春、張世顯并死之；而義勇死事者，遊擊趙啓禎也；部兵死者更多，劉徵同金礪等冲入重圍，劉徵手刺數賊落馬，劉式章被矢貫髀，見有中左所把總馮時昇在陣親見之。劉徵之死，則衆共言，獨一二忌者之口有異議耳。孫得功、黄進奮勇先發，亦衆共見之，高監軍亦爲職言之，未可以其叛而從賊，盡誣以不戰也。魯之繇、别鎮亦曾力戰。其餘則不必言矣。杜學伸車營行至半途，聞兵敗即止，堅避不動。高監軍遣人調之，職又遣人調之，始結營而迴。時鎮武兵已潰，民已逃，因遣人調高監軍回城，廣寧城守一萬六千餘人，一切守禦之具甚設，即賊至城下，未必可攻而入也。無奈人心洶懼，謂奴恨廣寧人甚，城陷必屠之，自十九日一聞過河，多奔避山中。是日則喧填街市，共謀斬關。關一啓不可復止，而守兵隨之以出，且多有自城縋下者。城既空矣，烟塵一起，狐鼠跳躍。于是張士彦、孔從周等公然爲迎降之事矣，封府庫矣。江朝棟聞而入告，職猶不信，因登樓視之，見城頭並無一兵，而砲聲連發，喊殺不止。職因將先人遺像并勑書、符驗包裹治裝。江弁頓足曰：『少遲，即禍及矣。』因留四僕同旗鼓把總撿點後行，職同二友、二僕先出。二門內繫馬數匹，僅餘其一。差二人傳各道、各廳出，并燒火藥局。而後出西門，友、僕俱相失，止江朝棟、陳一元、書辦梁應科三馬相從。頃之，一友人至，則已被人打破頭矣。而倪寵、張世胤、黄中順、汪翥、尚志弘、王楹、盧養才、李滿倉、達李二總兵俱至，其餘多有先行者。此情形之最真確，與風聞流傳者不同。除本職席藁待罪外，戰守各官之差等亦大略可覩矣。」

王在晉請賑渡海遼民疏：「伏念遼民渡海避難，蟻聚鱗集，比月以來，日益加多，其嗷嗷待哺，日益加急。斯民也，夫非祖宗愛養之民？而今且流落無依，藜藿不飽，凄風苦雨，半暴骨於溝渠；夜哭晨號，暫托身於草莽。且登州之山城如斗，而海邦之稼穡惟艱。食指既繁，米價驟湧。甚以客兵結隊，轂擊肩摩，土人尚苦奪巢，遼人何從寄跡？於是民無半菽，市鮮一廛。招練之使向駐郡城，而郡城不能容；今移駐濰縣，而濰縣益不能容。然則遼人將安所歸乎？獸多則鬭，人多則競，争攫之爲患。飢寒則盗心生，困窮則奸萌熾，竊劫之爲患。來路窮則行險而不顧，生意絶則拼死以圖存，叛逆作亂之爲患。逃歸中土者既不聊生，則潛伏海島者必將助寇，結連勾引之爲患。招集多則奸細易於夾雜，容納衆則城郭難以隄防，外泄内潰之爲患。此五患者，畢聚於衝邊絶險、帶水隔晝、一葦可渡之登州，臣於東方有隱憂焉。故有銀有粟，則此數萬皆化爲良民；無食無居，則此數萬皆釀爲隱禍。彼遼人不忘中國，凌波逐浪以求生；而我乃坐視煢民，忍飢受寒以就死。上年梁之垣出使朝鮮，且賫帶銀兩，以賑遼民之在外國者。若使渡登之民不及渡朝鮮之民，是朝鮮爲樂國，而登州爲苦鄉。明於遠而忽於近，皇恩溥於海外而且窘於海内也，有是理乎？遼民終朝盼望，望而不得，環擁招練使之門，麾之不去，群情洶洶，恐旦夕激成異變。外有强寇，内有流民，憂在蕭牆，急宜預弭。事迫時急，仰祈皇上立允發帑，無俟部覆，於旬日内即付登州同知宋大奎領解，以活數萬人之生命。遼人聞之，必懽呼踊躍，祝聖壽於無疆。其潛伏海島及削髮從奴者益堅向戴之心，必有陰圖賊以思報効者矣。然十萬金爲易盡之物，而遼人之待拯濟者無窮。臣細思處置之法，遼人既浮海而來，必能習海，選精壯爲兵，可備征剿。彼藉糧以活命，我得兵以爲用。然而老幼未可爲兵也，而其間有力能耕耨者，東土最多荒田，無人佃種，則宜散之於各郡，給荒田以使之耕。耕必授之以居，而乘屋製具等費無從出也。臣在任時，查有荒田充餉銀分屬巡撫衙門者，約四千餘兩，存貯司庫，臣不敢妄用分毫，此即可爲造屋、買牛、製器之費矣。耕必授之以穀，而播種覓工等費無從給也。臣在任時，查六府共在倉穀七十六萬石，係臣題准留備饑荒、留備海運，今當計歲遞增，履畝量給，此即可爲播穀雇工之本矣〔三〕。枵腹之民須煮粥以療其飢，露處之衆當搭廠以安其身，取足於前項之銀、穀，而又責成二撫，令州縣多方設處，以撫流民，是今日招安之一策也。青衿失業者，附名於庠；武職世襲者，列員於衛；軍士失伍者〔四〕，入糧於册；煢獨無歸者，收養於各社，是今日拊循之一策也。以招練而兼屯田，開墾拋荒地土，悉免起科；舊欠逃户錢糧，不得貽累。遼陽未復，新開田畝即爲本人世業；俟恢復功成，徙其民以還故土，而後稍稍起税焉，此又今日安集流離之一策也。」奉聖旨：「遼民流移可憫，着發帑銀十萬兩解賑。其招募開荒及動支銀穀俱准行。餘着撫按官悉心料理，以稱朕撫恤至意。」

荒田充餉銀，晉所存者，業被後官用去，因此疏取憎，所以平妖之功不叙也。

薊遼總督王象乾奏報⑥：「日來援遼潰兵數萬，填委關外，遍山彌谷，西望號呼者，竟日達夕。逃難遼民數十萬，隔于潰軍之後，攜妻抱子，露宿霜眠，朝乏炊烟，暮無野火，前虞潰兵之劫掠，後憂塞虜之搶奪，啼哭之聲，震動天地。職等以爲從征在逃，于法既難輕縱；開關混入，奸細或得乘機。矧兹不逞之徒，群行内地，必至流劫道途；堅拒關外，又恐變生呼吸。欲令舍馬棄仗，衆又自知奔北，疑懼不從，閉關不納者三日。會經臣至關下，力言此番潰兵與去歲不同，挾弓騎馬，槍刀火器無一不備，激之則必至爲難，斬關穴牆，勢所必有，不如放之便。職與諸臣皆以爲然。經臣諭令各釋兵器，留下馬匹，而職與部、道、鎮、路諸臣猶恐持刀騎馬者躝入，下閘僅使容身。潰軍復僂越踰牆。潰兵盡而後放遼民，肩摩踵接而入。經臣時出郊外及紅花店等處，跨馬隨便慰撫，以安衆心。又中前所叛民據城稱亂，藉殿後兵殺亂民五名，餘俱逃去。初一、初二等日，中前所等處報：遼西諸虜王四百騎尾襲遼民，劫掠殿後兵將。總兵達奇勛、李秉誠等率衆截堵，職亦發兵馳援，各兵先後斬獲虜級二十一顆，虜即遁去，遼衆得不驚散。今潰兵盡已入關，遼民先到亦俱進關，後至者皆入羅城，車、牛、牲畜亦盡隨入。職竊念進關之衆，忠義既爲可嘉；流離之狀，其情又甚可憫。慮其道路梗阻，職又分委都司馮乾、把總趙禄等統領兵馬，自山海至永平沿途防護，自永以西復咨行各巡撫、兵備道撥兵巡防，加意安插。兹關門已閉，塞外諸虜遠遁，山海城内士民帖然樂業，安静無譁。除兵數、民數俟查明另行具奏。」

王在晉題：「去年遼、瀋陸沉，逃兵悉容進關，或從一片石、桃林等處潛遁，戰亡者什之三，逃歸者什之七。嗣後議守河西，兵力單弱，遂紛紛招募，費數百萬安家、行糧、馬匹、器械銀兩，半年之後兵方出關。至今尚有遷延道路者，有未盡起程者，沿途搶劫殺傷之禍，要挾鼓譟之事靡所不有。海内騷然，人心思亂，釀成川蜀之變，東西支應，四顧徬徨，天下事幾不可收拾。當時若能禁遏逃兵，即未必可盡用，亦未必盡不可用，詎至招募之煩至此哉？今聞劉渠兵潰，各兵及流民人人思逃，誰肯臨陣效死？是未潰之兵亦將有奔潰之患。導之使逃，不可訓也，閉關以拒逃兵，是矣。然斷其歸路，勢必降奴以圖免死，不可無處之之法。臣閱按臣方震孺疏，知寧前僅五百兵，亦俱調發，則寧前虚矣。夫寧前，關門之藩屏也，何可虚而不守，棄之以資虜？莫若就近招集潰兵，擇其精壯者，俾守寧遠、前屯，責成道臣張應吾統率各兵，効死勿去。或曰廣寧不可保，守寧前無用，不知寧前去關甚近，便於策應，糧餉亦便於轉輸，多一層則增一層之障蔽，寧前未可棄也。其傷殘之卒及逃難之民，無非國家之赤子，難以盡戕其生命。聞關外羅城中尚可容納，暫時安頓，聽行邊樞臣及薊鎮督臣從長計處。仍嚴堵各口，毋容潛入，嚴查奸細，毋使混雜，則各兵當知死戰矣。京師爲四方之極，九廟在焉，皇居奠焉。河西雖危，尚有山海關可守；一軍雖潰，尚有各路兵可調。藉使人心不變，經費不匱，聖明在上，國事猶可支撐。何事都中流言滿播，一聞遼報，群情譸張。士爲四民之首，而會試舉人潛移出城，預圖避亂，此必有奸宄入城，簧鼓聽聞，揑造謡言，以思惑衆。須行五城御史細加體訪，遇有蹤跡可疑者，即行擒戢，審實正法。仍行各省直撫按廣捕奸細，敢有窺伺情形、造言生釁者，痛懲重創。一面曉諭在京士民，各安本業，勿得輕信輕移，自甘扞罔。如有京官家眷出城回籍者，五城各坊不得狥情撥夫，會同館、良鄉縣一帶不許應付，違禁者聽部、院、科、道參處。庶人人堅固守之志，奴患計日可消，而國勢安於磐石矣。」

聖諭：「朕覽章奏，逆奴狂逞，山海、薊、昌等處已嚴行防禦。其京城、畿輔官舍人等恐有皇惑動摇，該部便移文五城、廠、衛督捕，各衙門多方布置旗尉、番快人等，晝夜巡綽，密行體訪，緝獲奸細。仍出示曉諭，各宜安静。都重二城居住人民不許擅自舉放火砲，致生事端。如有不遵的，拿獲究治。仍令正陽等九門并永定等七門守門員役，啓閉照常，差官將各直門官軍查點，不許雇覓頂替搪塞。如違，從實參處。盤詰搜撿，各要加嚴，如有異言異服、面生可疑之人，即時擒拿具奏。與灰石砲銃等物，多行預備。所有外來及在京商賈開設鋪面，照舊貿易〔五〕，不得關閉思歸，以致遠近驚疑。廠衛城捕仍嚴行禁諭，各官有搬送家眷的，參奏重處。會試舉人私歸的，着禮部查奏除名。逆酋罪惡貫盈，神人共憤。朕仰承天眷，憑藉祖宗威靈，期與臣民力行殄滅。一切爵賞朕俱不吝，凡爾臣民，宜體朕意。故諭。」

二月，兵部署部事左侍郎王在晉題：「臣於二十九日退朝，諸臣環向謂臣，河西不守，臣部應指名立參，遲一日不得。臣退而思之，當焦頭爛額之時，須先救焚；值被髮纓冠之際，必先止鬪。今日潰兵數萬，流民數萬，因經臣入關蜂擁並進，於中細作必多。內有奸宄，外有強虜，岌岌乎殆哉。今時以盤詰奸細、嚴守關門爲第一着，以挑選潰兵、安撫流民爲第二着。至於防守京城，操練兵卒，分佈營屯，整頓器具，慰安民心，皆當緊緊料理。其討罪明罰，爲開篇大義，朝廷自有紀綱，通國自有公論，不獨諸臣知之，臣亦自能言之。乃退而糾劾邊臣者紛紛疏入矣，且奉有『熊廷弼着戴罪，用心防守』之旨矣。皇上廑念國患，愛惜人材，姑容使過，良有委曲深心，周詳遠慮。顧今日莫急於防守，言者衆，則以懼罪之心隳任事之心。廷弼即勉力任事，而一心以防方張之虜，又一心以防滋至之口。尚方之劍雖利，而三軍之氣不揚。有經臣在，則督臣必不操獨制之權；有樞臣至，則經、督又不能操專制之柄。甲是乙非，此推彼諉，多言亂聽，多指亂視，所從來矣。三人而牧一羊，有如亡羊，誰任其責？臣愚計之，樞臣視師者也，本關及各邊隘口一應調度，皆其責任。其經、督二臣，或一臣專鎮關門，一臣分管各隘。至於嚴搜奸細，拊恤流移，選逃兵以實營伍，急轉運以濟軍需，三臣各與有責焉。然樞臣到彼必須旬日，目前料理最爲緊要，分撥責成，仰候聖斷。若使三臣並駐山海，不惟地面窄狹，無可容身，將來事柄參差，必致掣肘。嗟嗟！山海一關，朝廷二百六十年來社稷係焉，億萬生靈及中外朝紳之性命係焉。惟所係之甚重，計慮不得不深。關外情形仍勑督臣差委精細員役從實偵探，一日一報，以寬聖懷，以憑調度施行。」

兵部題：「河西失守，人皆岌岌以憂關外，而臣獨日夕以憂關内；人皆岌岌以憂夷虜，而臣獨日夕先憂潰兵。今數十萬生靈併七八萬潰兵一齊擁入關門，固爲編橋渡蟻，實類開門揖盜。年來費盡金錢，招兵禦虜，不能禦虜，而見虜即逃，已無生法，矧未見虜而逃者乎？遼人，吾人也，急而投我，何忍拒之？然而良奸莫辨，謂此中無奴之心腹，臣不敢信也；謂入關不爲奴之間諜勾引，臣亦不敢信也。然既開關納之矣，數十萬逃亡聚於關内，米爲珠而薪爲桂，不問可知。此輩避難而來，徒步相攜，決無資斧。臣聞其在關外有殺人而嗜之者。今日窮一日，則日餒一日，餒則攫，攫則挺而走險，而亂萌生。臣以爲避亂之民宜分散各郡，沿途設廠安頓，煮粥療飢。其能爲傭作者，聽居民收養；習爲耕耨者，給閒田開闢；可克兵卒者，令州縣招募；向習藝業者，聽隨地營生。所用米穀，官爲發廩；所費金錢，官爲請給。什伍編號，分散各鄉，俾道路流離不爲餓莩。此安撫流民之法也。而其間有面貌可疑、語言可異，或曾削髮降夷，今乘亂混入者，令流民互相覺察，官司加意盤詰，查出奸細，即懸首藁街，則良奸不至混雜，而流民與地方俱安矣。各營潰兵，身無路費，回鄉實難，留用守關，實爲便易。彼倖免棄甲曳兵之罪，可復遂顧家戀土之思。瘡痍之卒應放歸田，精壯之丁選留充伍，即人多勢涣，有必不可留之勢，亦當明白諭之曰：『爾等逃兵皆當論斬，第念生命甚繁，姑從曲貸辟。如關門不闢，爾輩無路生還。今暫留目前防禦，事寧之日陸續縱歸。』人人各有心知，未必不可感動，何至七八萬人一朝盡散？兵已散矣，在途必爲盜賊，所至必行劫掠。又當正官入覲之時，佐貳安能彈壓？凡衝途孔道，須令守巡兵備官移駐，沿途發兵押送。飢而不得食者，亦以拊恤流民之法拊之；在途騷擾，即以軍法從事。此招撫潰兵之法也。而其間有願充兵者，歸里之後，仍充行伍，宥其奔逃之罪，勿令匿跡潛蹤，圖謀不逞。凡安家、内顧銀兩，於正月終悉令開除，不得重支冒領，則詭名可免影射，而錢糧與兵伍俱清矣。再照逃兵結隊，計日將臨近京地面。臣部已先移文通州巡撫預行阻截，不許一人潛入京師。更乞聖旨嚴行申飭，俾通州及各路巡撫遵守，設法撫安防範，庶内患可消，而臣等得專意調度，爲守關之計矣。」奉聖旨：「遼民避難入關，情有可憫，依議處置安插，仍酌量動支銀兩給賑。其潰兵招撫，俱如議行，爾部還出榜曉諭，以示寬恤。」

方震孺題：「臣前已逼關門，聞我兵大敗，尚欲疾趨廣寧者，實指望廣寧即不守，猶可支持；寧前作山海眼目，即寧前不能守，兵徐徐而退山海，猶存作准備也。不意寧前一帶西虜縱横，人盡逃竄，而撫臣亦西，廬舍盡焚，道路梗塞，則山海一牆之外即爲賊矣。安見山海之人必堅固，遂百倍于廣寧乎？眼前自經、撫以至諸道、將，皆席藁待罪，聽皇上誅遣，不敢視事，而臣以病危傷重，命在須臾，則防禦之人不可不急也。關上督、鎮兩營之兵，通計不過四千，殘兵七八萬業已盡散，則防禦之兵不可不急也。何以使山海脚根牢固？何以使山海之外眼目疏通？防禦之策不可不急也。」奉聖旨：「方震孺監軍失守，責亦難逭，着策勵供職，不得以病推辭。」

此時關上營兵不過四千，殘兵七八萬業已盡散；寧前一帶，西虜縱横，人盡逃竄，欲守無兵，時勢之難百倍于遼陽之初潰。此張鶴鳴所以不肯爲經略，而解經邦寧削職爲民不顧也。晉被命當關，首輔語之曰：「明歲此時關門無恙，即當封拜。」乃拮据數月，治兵置器，修城繕堡，百凡料理，巨細畢舉。朵顏、歹青、虎憨兔皆來受款，自關門以及松山二百八十里外皆歸版圖。樞輔襲其成，而召回自代。經始之功，詎能掩舉朝之公論乎？祖熊者謂山海非舊經必不能守，而今有人守之，言者滋愧。當時若再用廷弼，人心久失，勢必決裂。同黨之謀不成，則亦莫非天意也。

兵部題：「年來遼左喪師，已經屢蹷，中外勃焉思奮，大集兵戎，勉圖恢復，庶幾一旦收功，以洗三敗積辱。孰知調兵十數萬，轉餉二百萬，發帑數百萬，器械、火藥、盔甲、鞍馬、頭畜、芻料數十萬，盡付於奴酋；而四方驅車馳馬、海運陸輸，臣等目不交睫、手不停批者，皆以助狂夷之毒焰。靜言思之，憤懣欲死，慚惶欲死，目擊山海瀕危，勢同纍卵，又憂煎欲死。詎意諸臣責任封疆，隱忍不能就死也。昔清、撫、開、鐵之失，虜至，曾見其形；乃廣寧、寧前之潰，虜未至，第聞其聲。見形者，力不敵而敗，猶以身嘗；聞聲者，力未試而奔，誰云禍及。秖緣法律棄捐，人情懈玩，失城有不死之法，纍囚可用爲監軍；浮海有戴罪之條，檻車不及於敗北。是以敗爲常事，辱所同甘，千里已歎陸沉，萬靈盡遭塗炭。各兵曰：『將領且走，何有於兵？』將領曰：『司道且奔，何有於將？』摇摇入關之旌，全隊已無彈壓；烈烈憤争之氣，運筆未見消磨。西平血戰，沙場之鬼猶與劉、杜同號；山海叩關，地下之魂無與張銓覿面。主戰者戰已無功，主守者守亦旋覆，卒繇此道。萬一奴窺山海，有廣寧之走可以循塗，誰爲陛下守關門者？僨帥群奔，釀成瓦解；冲主孤立，孰任折衝？大小文武諸臣，百喙有難逭免，經臣控疏投劾，情罪自明。此外，凡棄地入關者，按法悉應致討，乞勑視師尚書及總督衙門，通查河西各官，某爲已死，某爲尚存，某爲率先，某爲殿後，某爲見逃，某爲前後併逃二次，分别議處，用示明刑。至于臣等碌碌因人，佐樞無狀，慨徒言之不信，致立僨以隳功，按法自糾，安所逃罪？緣樞務正殷，未敢杜門。伏祈聖明立賜罷斥，以存國法，統候聖裁。」奉聖旨：「年來紀法不行，邊臣偷玩，遇敵逃奔，罪在不赦。經、撫官姑依擬戴罪，聽候議處。高出、胡嘉棟已經再逃，着錦衣衛差的當官旗拿解，來京究問。其餘道、將各官，着張鶴鳴會同王象乾嚴查，明白具奏。」

兵部題：「山海一關爲神京鎖鑰，無事之時且嚴防禦。今河西乍陷，則一牆之隔，遂判華夷。畿輔近地，盡倚關門爲保障，可無重兵控扼，以遏狂虜之鋒乎？當潰兵進關之時，即宜挑選，留爲防守。雖係敗北之群，然以戰不足，以守有餘，奈何使之盡散也？夫不取足於眼前見在之兵，而欲取足於調援，是渴而問水於西江也。關門呼吸之勢可能少待否？據稱兩營兵不過四千，藉令奴虜聞之，益生輕覷；都人士聞之，蓋甚徬徨。臣謹查薊鎮於去年十一月開送秋防兵册，實在主客官軍一十萬六千六百六員名。往年薊遼總督文球題：「募山海關新兵七千五百名。」行邊尚書王象乾題：「設軍營兵三萬六千名。」浙江袁應兆領押官兵六千一百六十七員名，王佐才官兵四千四百九十八員名；湖廣張世卿領押官兵二千九百七十八員名，向世爵官兵二千九百六十八員名，田景受官兵五百員名；河南張性善領押義兵五百三十三名。」此皆陸續抵山海，未報出關者。關門一片地，恐不能容多兵，不患其無兵也。昨尚書張鶴鳴行邊視師，又請帶何楝如所募兵六千六百名，鄒復宣兵三千二百名〔六〕，京中新招兵一千名。近覆總督王象乾疏，又調宣大、山西兵三千名，天津兵三千名。臣部之分撥調遣，日無虛晷，即都中亦未盡知，按臣方震孺何從知之？今在關諸臣只宜細心密布，關上駐兵若干，某險隘緊要撥兵若干。領兵之官務擇人任使，無分晝夜，無分風雨，殫力嚴防。其有在途未到者，嚴催抵關；原闕未補者，速行召募。巖巖山海，屹然可樹金湯之險矣。」

御史王大年題：「經臣熊廷弼法亦當死，但事在危急，當關無人，或謂其才力尚堪任事，姑令戴罪立功，保固山海，以收桑榆。此朝廷使過之仁，非可侈然自得計也。抑臣猶有請焉，孫承宗人人服其明眼，人人服其熱腸。當此危急需人之時，即破格位置，亦不爲過，而况承宗之位望又相近乎？倘因國亂思良相，欽諭承宗即日入閣，專辦東事，承宗精力既饒，必有一番整頓。不知今日衆閣臣肯做此一段推讓美事否。」奉聖旨：「孫承宗着吏部即推來用。」

兵科李□□疏云：「頃見吏部會推孫承宗入閣辦事，一時中外咸稱得人。第其追隨綸扉，兵權未握，猶然不盡所長，莫若以大學士總理兵部事，禁中頗牧，出將入相，吉甫六月之烈，拭目以竢矣。」兵科蔡□□、御史施樑皆薦承宗掌兵部印務。

孫承宗陞兵部尚書，入閣辦事。

王在晉題：「自鎮武師潰，而四遠披靡，人盡以守關爲急着，視山海爲天塹矣。此關僅隔垣牆，丸泥可封，非若函谷、居庸有重巒疊嶂之可憑依也。矧一面距山，一面阻水，山則扳巖可渡，水則鼓棹可通。王者守在四夷，四夷不守而守一關，此一關又非天造地設之險，危哉！豈真在德不在險耶？臣以爲守關必外有城郭爲藩籬，有營屯爲犄角，有烽堠以嚴瞭望，有哨探以通消息，關門以外尚爲我之地面，然後可容佈置。今且扃關固守，域地自封，賊至而我不知，賊去而我不躡。縱目不能爲十里之視，傾耳不能爲百步之聽，舉足不能越尺寸之畛。如此而謂關之可守也，臣未敢必也。寧前一帶居民逃竄，城堞空虛，房屋燒燬，遂致人踪斷絶，音信不通，人有畏死之心，遂無直前之氣。倘乘此際虜騎未侵，急率兵出關，收復寧前，徐伺機便，以圖恢復，則可冀桑榆之功，庶免噬臍之悔。奈何縮首裹足，將山河輕棄，驚風鶴而疑草木乎？入關重臣尚須廷議，其司道、將領恐無生法。與其駢首東市，曷若統兵出關，尚聞活路。幸而成功，生可冀也；不幸而功不成，死亦正也，諸臣獨不念之耶？仰祈陛下嚴勑樞、督、經、按四臣，從長商確，發兵應援，立收寧遠、前屯，進則爲恢復之圖，退則爲守關之地。經臣以此自贖，於法可寬，必不以臣言爲浪漫也。」奉聖旨：「這經、撫、道、將各官都該拿問正法。爾部既這等説，便馬上差人傳與他每，責令出關防守收復，姑准贖罪。國法已寬，如再違玩，決不輕貸。」

兵部覆：「國家定鼎燕京，所爲左右扶風、輔車相倚者，保定等郡、紫荆等關稱獨重焉。而其捍邊守土，連屯接壘，樹畿甸之屏藩者，戎事稱最急焉。故養兵于京，莫若養兵于近京等處。保定之當添兵也，撫臣爲此一字一淚之談，兩疏同時而發，深心廑慮封疆，臣等詎容緩視？所議添兵五千，似當如數召募。目下逃兵入關，凡係真定等處援遼目兵，悉聽招補原缺，團練近地。如遇有警，即令整槊横戈，呼之即至。歲用兵餉，以援遼所存者敕户部分贍新兵可也。」

兵部覆:「賊謀屢試,靡不中藏奸宄,裏應外合。藉令外奸不入,内難不作,賊不敢左足而窺金墉也。今山海一關不能遏流民,潰兵狼奔豕突,勢不可禁,踉蹌道路者不知幾何人矣。臣部已條議撫安招集,又題委薛濂等收潰兵以充行伍,且嚴飭京城各門毋容逃兵闌入。所爲先事之防,不啻再焉。第都中五方雜居,又當覲試之期,人踪遝雜,彼或乘間零星混入,積少成多,爲害匪細。邇來嚴保甲、搜奸細之文,家喻户曉,而五城各坊未聞一獲,豈城中真無奸宄耶?豈潰兵之過通州者,四十里之近,竟無一人入京打探耶?亦人人玩爲故套,不用心覺察耳。頃接尚書張鶴鳴遺臣劄,謂關門一開,逃兵盡入,和尚不知幾百。夫削髮而降奴者,今且盡去其髮而爲僧矣。又貢夷五百餘名並入長安,華夷混淆,真贋莫辨。人心驚潰之際,一有舉動,便費收拾。此不可不精詳熟計者。一、敕禮部,凡貢夷入城,須着通事照名查數,一一辨明,放入所居館驛,多撥丁夫防守,外人不得潛通消息。一、令五城御史嚴檄各坊兵馬,多差眼快番役到處週巡偵察,捉獲真正奸細者重賞,各官紀録。一、着巡捕營無分風雨,無分晝夜,巡捕官親身查閘,替身及不到者重懲,捕緝有功,一體陞賞。一、令倉廠草場用心防範,徹夜巡邏,以防縱火。一、各門原派軍丁甚多，今俱折乾隱占，門官多係替身應名湊數，此後按日嚴查，備加防範，務洗積習。一、京營各軍有外縣居住，有遠鄉居住，今須盡集營伍，一有緩急，呼之即應，不得徇情寬縱。一、着九門凡遇面生語異、行藏閃忽者，務仔細盤詰，可疑即拘獲研審。一、着各店鋪不得容留匪人安歇，事發從重治罪。一、僧房、道觀凡雲遊僧道，細訪來歷，倘新祝發者，更加體察，不得互相容隱。一、長安左右掖門皇居邃密，當嚴夜禁，凡有聖諭宣召，須日間傳出，昏暮不得開門。一、邸報凡機密軍情，抄報人不許傳寫，以防洩露。一、上年因遼警，正陽等十六門責令勳戚、九卿、科道等官分派查點稽防。以上各款俱係緊行事件，而人情視爲漫常，合候聖旨重申嚴飭，預備不虞，居民固可心安，奸宄亦將膽慄。設誠致行，而于諸臣之條議思過半矣。臣又聞闗上人無固志，口有囂言，萬一强虜乘之，奸民響應，懦卒風靡，前車不遠，更爲可慮。仍勑視師行邊大臣，務宜鎮定人心，慎防奸叛，不宜輕信遼人，輕用遼將。流民聚集，綏恩軫恤；客兵久駐，加意撫循。庶内患不生，而意外之變預爲消弭矣。」奉聖旨：「據奏各款，俱係緊要事件，各衙門嚴行申飭。」

禮部主事劉宗周題：「春秋之旨，詳内而略外，先中國而後四夷，未有國中之賊不討，而可問外夷者。自奴酋發難以來，首陷撫順、清河，縱敵志，塗炭遼民，遼禍遂從此長者，巡撫李維翰也。棄開原而逃者，推官鄭之范也。通夷速禍，三路出師，全軍覆没，自此兵威不復再振者，經略楊鎬、總兵李如楨也。遼、瀋既陷，以封疆之臣航海逋逃者，監軍高出、胡嘉楝、康應乾，贊畫劉國縉也。逃而待罪於境上者，理餉傅國、監軍牛維曜也。身爲叛族，不自歸理，反以知縣陞僉事者，佟卜年也。無功而受上賞，遥制山海，巧圖卸擔，不能戢和，撫臣以敗，盡喪全遼之地者，今經略熊廷弼也。通夷起釁者，奸璫盧受也。以受之黨，復犯弑君之惡，漏網不誅，密得進用者，奸璫崔文升也。凡此諸臣，異名而同罪，異罪而同情，皆國賊也。麗以五刑而輕重之，又何逭焉？」

兵部覆：「御史蘇琰所陳蕭如薫、白兆慶挑選精鋭，各另設一營操練，業經覆准，其札營當於京城東、北二面受敵之處預定地界。城東馬房，議杜應魁之兵駐焉，軍、民、兵自爲營，踞勝地以成連鷄犄角之勢。此整旅陳師之大略也。先是廣寧報至，臣隨條議檄登、萊進兵，併令沈有容差人與毛文龍通信，攻擊寬、鎮，牽制賊兵。今據登撫陶朗先塘報，探賊於十六日到海州，二十日過河。奴兒哈赤至沙嶺與川兵交戰，鎗砲攻打一陣，李永芳繇牆外進，未知的否。該撫即於當日會同總鎮，發水兵七營盡數過到北岸，再添調青、萊兵，相機進止，牽賊内顧；併令梁之垣、王紹勛隨路進兵，不得觀望悮事。是登、萊兵業已渡海，既欲調而無可調矣。夫登、遼相距一水，旦暮可達，得信最真。奴已過河，李永芳繇牆外進，劉渠敗，羅一貴死，孫得功降，業成破竹之勢。而猶逡巡不進，無一兵直犯寧前，何前勇而後怯乃爾？夫安知非登兵渡海，踟躕内顧，未敢長驅深入乎？竊謂登、萊兵未可撤，亦未可減，存登兵爲奴之外懼可也。科臣李精白、臺臣余合中、部臣常康等各有疏，欲藉力於登、萊，批亢擣虚，以圖恢復，臣之初議亦然。今御史蘇琰議令沈有容分派防守，責成將官，以重師中之帥，可進可守，聽其指麾，即不能破奴，亦可擾奴。此樹奴之敵而張我之勢，不可不深長慮者也。」

兵部覆：「山海安則神京安，寧前存則山海存，未有舍寧遠、前屯而可獨守關門者。無寧前則中國無通遼左之路，西北諸虜無受款市之路，我欲進取無出兵之路，登、津夾攻無接應之路，賊捲土重來無哨探之路，賊結陣而往無追躡之路。於是關門塞，車馬絶，人烟斷，守關之事可裁，登、萊渡海之師可撤，朝鮮宣諭之使可回。賊知我之不東，安意以謀充拓；虜知我之不賞，專心以結建酋。奸商欲販貂參，必闖徑於桃林；細作欲窺中土，必鑿坯于片石；西虜不忘互市，必開釁于喜峰。我無處不備，無時不備，封疆之禍何時而已？夫寇至而棄封疆，曰力不敵也；賊來而急奔走，曰戰不勝也。試問廣寧陷後，有賊來寧遠否？有寇至前屯否？聞風而潰，見影而逃，只顧身命，不顧封疆，只思奔竄，不思捍禦。異哉，諸臣辱君命，負君恩，其寧有死所哉！寧前丘墟，趁賊未至，亟宜遣將分兵，及時據守。無論遼將、遼兵、客將、客兵，有能復河東者，即以河東封；有能復廣寧者，即以廣寧封；有能保守寧前兩三年不失、常爲我關障蔽者，即以寧前封。更當助以兵力，與之協守，當必有豪傑應命令以圖建豎者。至于哨探消息，二十日以來竟成絶響。世間如遇有心人，即雕齒文身之國，日生月出之邦，足跡可至；豈以三百里之遥，不能窺奴賊之行藏乎？廣寧果叛將所據也，命一二大將統一萬精兵爲前隊，一萬爲後應，乘夜疾趨，可襲而取也。廣寧果西虜所據也，犒之以銀幣，許之以封賞，剖明利害，可收而復也。廣寧果奴酋所得也，見各兵逃潰，必輕覷我，見寧遠被焚，必不備我。檄登、津擣其腋，朝鮮之兵，毛文龍、王紹勳之兵掣其尾，三路併進，前後夾攻，雖收功匪易，然而未始不可圖恢復也。奈何以敗北之神魂，爲墮地之心膽，既棄廣寧于不救，又委寧前于不守；既不敢直前以窺其影，又不敢潛地以探其聲。繇中前所而東，竟絶人踪；自山海關而外，遂成鬼國。人人愛此七尺，一至於斯，此則臣之所未解者。祖天壽聚衆萬餘，既在覺華島，相去不遠，島上之糧餉臣尚欲運回，何難馳一介往彼招諭。孫得功何以親而致叛，竇承武何以疑而不安。

前屯爲山海咽喉，是在樞、督二臣擇人委重，選遼民之精鋭以充兵，留其妻子以爲質，使之防守寧前。再發客兵戍守其間，或用更番，以均勞逸。城堞傾頽者，加工修築；公廨焚燬者，酌量繕葺。興墜舉廢，亦因乎人，豈可委祖宗二百六十年來之封疆，爲胡馬長嘶之地哉！」

山東巡撫趙彦會同督餉侍郎李長庚、巡按王一中、督餉御史倪應春題⑦：「萬曆四十八年至泰昌元年，海運已終。登、萊、青、濟四府通共運過米豆八十一萬六千四百三十石三斗零。看得原任山東巡撫、今陞兵部左侍郎王在晉，忠誠貫乎天日，謀略迅于風霆。運八十萬軍儲，取足于不測鯨鯢之浪；嚴二千里海徼，周防于有備貔虎之群。緯武經文，屹然籌邊韓、范；攘夷安夏，卓爾翊運夔、龍。膚功可勒鼎彝，駿業宜先帶礪。簡在宸衷，自有殊眷，非臣等所敢擅議也。」

兵部題覆⑧：「遼左淪夷，山海獨當鎖鑰，矧近邊諸隘逼隣西虜。薊鎮爲九邊最重之地，從昔已然。兹當夷虜交迫，其岌岌乎難支也，督臣不得不謀之預計之周，而臣部亦不得不慮之詳應之急。所據議守山海，議守南海口，議馬價，議實營伍，議入衛邊兵圍練兵馬，議存撫賞，議潰回武職，議守一片石、黄土嶺，議守永平、撫寧，議修築、設將、浙兵，字字吃緊，臣按款條議，無甚異同。惟是援兵在關，爲數不乏。若楚、浙、河南之兵，經臣入關帶回之兵，視師尚書隨行調集之兵，於中儘足分派某關某隘，發某營某隊兵守之。取之目前，無庸招募，日後爲常川久守之設。或漸募土兵以消客兵，或此處兵數稍溢而彼處兵數尚虧，裒多益寡，移彼就此，又在督臣之調度。總此新添四萬八千八百兵數之内，一爲轉移，臣部又不能執矩以求方、膠柱而調瑟也。」

方震孺題：「西平之戰，羅一貴有大功，殺賊數千，以身殉國，爲從來所未有。鎮武不守，緣守兵之盡撤；西平之敗，緣總兵之浪戰。廣寧内潰，因城内之無兵，以致叛賊封庫，謀執巡撫，則孫得功、黄進之罪通于天矣。寧前一帶聞廣寧不守，已自奔逃。又經、撫既許擁百姓入關矣，彼中人民豈能安堵如故？况闔門遭西虜之焚劫乎？然城郭至今無恙，道路塞而復通，但使有兵有將，依舊可守。令竇承武仍發前屯，則寧前未爲賊據也。至于要緊關節，經、撫尚有一二參差者：在經臣，謂我止有兵一萬，以史光裕等五千援西平，已復説留兵五千援廣寧。賊去廣寧遠甚，而城已不守，援將安施？韓初命之言亦如是。而撫臣又言，二十二日曾差人請經略同來廣寧死守，而經略不回書。牛象坤之言亦如是。此又須經、撫、各道面相質証，以定公案者也。」

兵部覆：「科臣陳胤叢、汪慶百之疏，大要在于附近護衛之兵，欲特遣一任勞任怨之臣查覈兵馬，詳開奏聞，必如此而後可以整肅人心，振起惰窳。一遇調援，發不逾時，慮患周詳，深爲有見。第海内民情擾擾，遣使分行，多一官則多一事。兵馬宜責成巡撫，而以按臣查覈，其間堪戰官兵令其開報。如都城有警，應援不至，或以懦師下駟虚應，撫、按並坐。臣部之求將如渴，庶幾旦暮遇之。然觀人不在于條陳，而取人難信夫口説。撫劍疾視，自稱爲大將者今不知幾何人，而嬰城自守者僅羅一貴，渡海進取僅一毛文龍。將豈易得哉？遼陽一塊土，斷送名將若干，駿骨徒存，而千里馬不至。豈其有人不用？亦欲用無人耳。廢將在京及杖策投用者，臣部擬合科臣約日考試，或試勇力，或試謀略，或試技藝，或試步占風角，或試閑習水火。果有片長，亦俱收録。仍行各省直多方搜訪山林岩穴，如有異才，即起送以需後用。但戰陣未顯，輒請加銜實授，臣部有繁纓之惜，虞爛羊之誚，未敢一一狥情以濫朝廷之恩澤也。」

巡按方震孺奏報：「前月二十日，據監軍道邢慎言等密稟，據回鄉言，奴賊四外搜糧。今覺華島尚有米豆二十餘萬，人民數萬，船隻、器馬無數。今祖天壽據而有之，旦夕與賊通，此山海剥膚之患。臣當時欲遣人撫之，有水兵都司張國卿稟稱事體重大，非撫、按自去不可。又奉報部密言，議此行只宜安静，不可生事。臣心服其言，于是浮于海，從芝麻灣漂船，寫牌十數道，一諭祖天壽，曉以利害；一諭潰回兵將，示以寬政；一諭島上士民，激以忠義。又訪聞祖天壽之胥吴良輔者，見在石門，臣自遣良輔同國卿往説之，且戒之曰：『脱有變，但曰按院在船上，爾等共往殺按院可耳。』良輔受命而去，一連八日無消息。至初十日未時，見大船十五，船自東飛來，則臣所遣張國輔也。據稱，奴賊已數遣人報致島上，一二叛民已造船欲往投奴，正在猶豫間，而我招撫之人適至。天壽一見良輔，且聞臣在舡上等候，不覺痛哭，生員數千百人見臣諭帖亦哭，遂糾衆投順。先用大船十五隻載天壽妻子、兄弟及士民千五百人至關，而天壽仍暫住島上，爲我搬運，以通判吴自科住島上監之，蓋遵臣之憲牌也。是役也，共救回兵十餘萬，人民萬餘，器甲無筭，牛馬千餘疋。皆樞臣之指授也。」

河西既陷，覺華島儲積頗多。祖天壽擁衆踞島，左右望以爲向背。按臣招之，猶居於島，静觀時勢。比晉當關款虜，毳幕西移，列隊守關，而天壽乃委心相從。用閻監軍議，仍令天壽守覺華，而家眷則安置于昌黎。天壽欲移家以出，而晉未之許也。閣臣馳書問：「天壽業已招安，何不奏報？」愚謂：「徐觀其意，察其所安，而後可聞於上耳。」彼時奴勢甚强，遼臣俱有叛心。至壬戌四、五月間，而關門支架，若猶可自存者，是以王紹勳始降而終順，嗣後劉愛塔亦棄奴而思歸。敗葉隨風，在我之自强而已。祖天壽更名大壽，魯之緜更名之甲，皆樞輔令其更正也。

是時，視師張鶴鳴屢請推經略自代。二十一日，推解經邦經略遼東。

宣撫解經邦因推經略，堅不肯任，屢疏，語侵冢卿張問達，「庇其所欲護，難其所欲傾」。疏下九卿科道會議，臺省交章論劾。奉旨：「解經邦托辭避難，甚失臣誼，着革了職爲民，永不叙用。員缺作速會推。」

白兆慶授都督同知，王世欽加署都督同知，分管神樞營戰兵；蕭如薰管神機營車兵。兵部覆：「臣從總理三部，催兵、催餉暨器械、盔甲、車馬，目不暇瞬，手不停批，比月以來，事事具辦。正月間，按臣方震孺疏稱『甲仗苦朽鈍，火器苦少』，今已鱗次出關，知總部催趲經營，神勞功大。昨見沈主事新解甲仗，尤其精好。綿甲翼虎砲，可謂良工苦心，急宜多造。是器械已無不備矣。糧餉堆積如山，任風雨飄零腐浥，臣累疏催儹搬移。乃在河東堡者尚存八十萬，在覺華島者尚存二十六萬，悉爲棄餘。則糧糗已無不備矣。車輛充斥于途，馬牛頭畜躑躅於路，各鎮兵馬抽調出關，擁隊如林，揮汗成雨。兵力已無不備矣。乃拮据經年者，委棄於一旦。昨見工部將發遼軍需刊成一帙遺臣，臣一見之，拊膺長喟，涕泗交流。向所云總部功大者，翻成藉寇兵、資盗糧之罪案。皇上即不罪臣，言官即不詆臣，而臣清夜自思，寧無疚於心乎？今河西陷矣，兵將奔矣，撫臣無一騎，而經略之兵亦多散去，見于按臣之疏矣。然前屯、中前豈無剩卒？而覺華島尚有萬人屯聚，可招練者若干，統領何人？此兵將之應交管者也。昨得撫臣王化貞書，知覺華島有糧料二十六萬。又臣部差官邵進忠回報，芝麻灣糧已喚人盤運，有馬者關支一石五斗，無馬者一石。又餉臣揭報，在關之糧，兵船帶運、小車帶運者，合計七萬餘石，豆居太半，今責何人搬移、何處存頓？此糧餉之當交管者也。至如運車、戰車與夫盔甲、器械未出關者若干，潰兵入關，先令抛戈卸甲，解鞍下馬，今收拾存留者若干。撫臣書云潰兵馬匹何啻二萬，不知歸之何處。莫主事極稱膽壯，將官收以實伍，换其瘦弱者報官，衙役猾弁藏留甚多。所報官者收養無人，又無草，聞多餓死。至各軍器械，精者歸於私，窳者歸於公，因而毁壞棄置者甚多，俱應一一嚴查，無容隱匿。此車馬、器械之當交管者也。臣昨得樞臣張鶴鳴手札，知何棟如、鄒復宣、王國樑所統之兵猶未聞有抵關之報。年來因援遼調募，海内虚耗，萬分難繼。收拾眼前見在之兵、見存之物，先議固守，後圖恢復，振方新之意氣，收已敗之殘局，此則樞、督二臣之事，料老成長慮，力饒爲之。臣正欲控聞，而臺臣温皋謨先已談及，於臣心甚合，所以不待科抄，而即據揭以覆，恐少延時日，經臣一回之後，人益生情，匿其所有，而馬匹、甲仗等件益不可問也。伏候命下嚴覈，務求實在着落，詭匿可清，而戰守庶幾有藉矣。」

兵部覆：「東夷强，西虜怯，怯不勝强；然西虜衆，東夷寡，寡不敵衆。廣寧爲東西夷虜隔畫之區，一戰而爲奴所有。在宰賽則因子女之受繫，挾之以不敢不從，然以西部之酋長，而爲東寇之纍囚，必非其心之所甘也；在虎憨則因宰賽之牽制，挾之以不得不從，然以一酋之被窘，而致全部之勉從，亦非其心之所安也。廣寧在，則西虜之藩尚存；廣寧陷，則西虜之膚已剥。奴得廣寧，而禍有不及於西虜者乎？蠶之食葉，近則必侵；而鵲之有巢，惟强乃踞。故奴之得河西爲競端，而虜之失河西爲禍始。虜初受遼撫之餌，在半吞半吐之間，迫之以害，而勢不得不吞；虜初應中國之招，在勿助勿忘之際，惕之以禍，而勢不得不助。再查諸夷大馬市在廣寧鎮静堡鎮遠關；小木市一在廣寧鎮夷堡，一在義州大康堡，一在錦州大福堡，一在寧遠興水縣堡，一在中後所高臺堡，俱朵顔衛夷人入市之地。

市之馬牛、木植皆有税，其酋長有小賞，賞以段布、酒肉之類，取諸税而足，不費官帑，而頗資其馬爲用，非若諸邊之撫賞馬市者。廣寧失，則市罷賞絶，市罷則土物皆歸于廢置，賞絶則老死而不見金繒。是我之失廣寧，不過甌脱沿邊之地；而虜之無廣寧，則失衣食養命之原。搏獸者，投之食必争，扼其喉必齧。因其争而利誘之，其貪可使也；因其齧而怒挑之，其憤可激也。今日不結虜，必將爲奴之所結。虜懼奴以相親，非我之利也；奴得虜以爲用，則我之害也。故西虜入我之戎索，則桃林諸口虜守之，而奴不得侵，我得專意於山海；西虜不受我之羈縻，則寧前一帶奴有之，而虜不能奪，我不得永守乎關門。乘奴、虜未合之時，急遣通事久要固結，封爵款賞所不靳焉，樹奴之敵以張羽翼，養我之力以衛本根，洵爲今日之急着，而樞、督所當及時撫馭者。至于諸臣死事，應通查明悉，照例旌恤；生入玉門者，勘明具奏。若收復棄地，發兵戍守，臣部屢疏得旨，當聽邊臣相機調度矣。」

逮高出、胡嘉棟。以閻鳴泰、袁崇煥監軍山海。

袁崇煥在部，忽連日不見，未知何往。歸而問之，曰：「往山海也。」渠自謂我一人便可當關，只要兵馬、錢糧耳。人皆信之，遂以爲監軍。其去，不奉旨，不辭朝。鹵莽如此，可用當關否？

兵部覆：「上年遼、瀋繼陷，遐邇驚惶，京師曾募兵矣。彼時聲勢甚急，豎旗挂榜，且責以三日一奏矣。乃兵未集，而僧寺旋毁，幾成異變。所募之兵多係各營汰卒，發京營而京營不收，遂令楊愈懋統之。今各兵見在，堪用與否，可問而知也。坐營陳煥章非疏稱素閑將略、克勝斯任者耶？今兵未出國門，先殺傷入貢夷人；甫至通州，即射毆劄委把總。禀揭見在，兵之堪用與否，又可問而知也。蓋京師應募之人，皆五方烏合之衆。領銀則人人驍勇，入隊則每每恇羸，聽調則步步退縮，東營點而西營應，此處革而彼處收。且輦轂之下〔七〕，多集新兵，未閑紀律，賊至未能防賊，賊未至必先防兵。然則招兵可遂已乎？兵者，不得已而用之，今亦不得已而招之。遼、瀋失，尚有河西；河西失，只有山海。藩籬漸撤，門户益單，二百六十年之社稷，止藉營軍護衛，臣之所未敢以爲安者也。故募兵之説，難於寢閣，得人委任之爲難。科臣舉陽武侯薛濂、錦衣萬邦孚招集潰兵，已奉旨矣。而潰兵已過通州、玉田等處，無從招也。招潰兵而不得，莫若令之招土兵。濂自稱平時結客養士，有精鋭數千，皆真、保間有根脚人，郡縣册籍可查。以義氣感召，幡然來附，已有數百。當即令濂募兵五千，萬邦孚募兵五千，查明籍貫，登記疤痣、年貌，各取保結，腰繫懸牌，分別隊伍，務選精壯驍勇，不得以老弱充數。募完之日，議擇相應地面屯劄，仍委臺臣一員一一查驗。凡散糧之日，户部委司官一員，照册唱名給散。如有虚名詭冒者，即報部嚴處。各兵仍不許擅入城門，倘遇調遣，衣裝等銀照例給發。薛濂所舉袁麟、柯仲炯即用爲參謀官，候有成効，另授職銜。各兵月糧聽户部酌議，所用馬匹、器械，候兵集之日查明，題請給發。去歲募兵，原未請勅，所用關防，刻期鑄造；應用錢糧，户部速行備辦，以便招募。再照二臣招兵，不必拘拘成數，濫收混補。應募多不妨稍溢，應募少不妨稍虧，必求實在可用，乃爲不負任使。即二臣之忠誠報國，於此概見，毋徒縻費金錢，爲有名無實之兵也。」

逮韓初命。

駙馬王昺請招練京兵。有旨允行，兵部不覆。

署部王在晉奏⑨：「臣奉命佐樞，不能調和經、撫，致損封疆，臣之罪也。臣奉命總理三部，日督兵馬、錢糧、器械出關，不能成功，因而藉寇，又臣之罪也。今國勢危於纍碁，獨恃榆關堵截。説者皆云關門依山傍水，阻山則舟可徑襲，阻水則陸可潛通。守關於關外，則關可守；守關於關内，則關不可守。蓋關門扃則樵援絶，烽堠廢則哨探絶，朝暮賊來，我俱不覺。故守寧前即以守山海。寧前未有虜至，我何爲棄之？迨虜至，而寧前必爲虜踞矣，驅之則有拔山之難，置之則受剥膚之害。故廷臣有言復廣寧者，有言先復寧前者，比比皆然，各據所見，以待議覆。然臣不取信於諸臣遥度之言，而取信於在事諸臣目擊之言。按臣方震孺不云乎：『寧遠城中，廬舍雖間有焚者，然無損於城郭。但有好兵好將，擇一人守前屯，當不俟再計。』此按臣之疏也。夫按臣爲朝廷耳目，不信按臣而誰信乎？按臣曰當復地，而樞部曰當棄地，義之所不敢出也。然而非獨按臣言之也，山海關主事莫在聲揭稱：『關以外宜復地二百里，庶可以哨探聲息，不然虜抵城下，未免手忙足亂，守何容易？』部臣非目睹關外之情形者乎？然而非獨部臣言之也，督臣王象乾書云：『關外尺地寸土，皆是祖宗百戰封疆，朝議謂不可輕棄，最是正論。但遼人反側不常，西軍驚魂未定，方欲聯絡屬夷以固山海，招諭西虜以堵廣寧，使逆奴、叛將無敢西窺，奸細、叛人無敢東行。事體既就，而後安兵設將，山海之守可以永固矣。』是督臣之議未嘗謂寧前爲可棄。爲人臣者，宜寫一通置之座右，庶幾卧薪嘗膽之意。今以正論爲游談，皇上聖明天縱，度此果游談否？且按臣題而部臣覆，此議原不自臣始，於臣何尤焉？以臣之愚，謂今日當力圖恢復，以振士氣，以遏寇萌；密守巖關，以嚴鎖鑰，以固根本，非舍内修而徒外攘也。内修急務，總不出督臣王象乾條陳各款，臣一一詳議題覆，俱係實在功夫，並未嘗少緩。又視師尚書張鶴鳴疏云：『寧遠、前屯衛必當復，必當守。』諸臣意見皆同，臣何敢獨異？若謂目前收復太難，非重兵不可，則督臣又有疏矣，疏云：『廣寧既失，獨守山海則耳目無寄，虜騎卒至城下，我亦難知。寧遠城圮不可守，去山海稍遠，急難應援。前屯衛去山海七十里，中前所去山海四十里而近，各應設遊擊一員，各馬兵三千名，家丁五百名，各設尖哨探報夷情，沿邊設烽墩，沿海設哨船，飛達山海。零賊則相機剿殺；賊勢重大，前屯兵馬退歸中前所，并力堵拒，山海、一片石出兵應援，賊必不能得志，又何敢越中前而抵關？是督臣之議守前屯兩地，所設兵丁不過七千名而止。今關上有兵，儘堪佈置，即不能遽及寧遠，而前屯、中前，樞、督二臣必將料理。臣草疏未畢，而督臣書至，知中前等處地方已命參將周於才等統兵哨守，目前似可無事。忠臣明於謀國，敢輕棄祖宗之疆土耶？臣不敢以粗心浮氣爲鹵莽滅烈之談，科臣熊德陽或有激而言，臣第據諸臣之疏揭，一一冒聞天聽，就事論事，非敢爲佞。封疆多事，臣佐樞罔効，論罪當罷，伏乞皇上先將臣罷斥，以爲人臣溺職之戒。」奉聖旨：「關外恢復原憑衆議。據奏，事理甚明，王在晉着安心供職。」

晉署部，議守寧前。比爲經略，而寧遠、前屯等處復歸版圖，有志竟成，如是而巖關得爲我有矣。以爲鹵莽滅烈之談者何居？

校勘記

〔一〕吾且西從　「從」疑「徙」之誤。

〔二〕謂受國厚恩無　「無」後似少字。

〔三〕此即可爲播穀雇工之本矣　「穀」，原作「殺」，據北大本改。

〔四〕軍士失伍者　「士」，原作「工」，據北大本改。

〔五〕照舊貿易　「貿」，原作「留」。明熹宗實録卷一八天啓二年正月乙丑條作「有外來及在京商賈開設鋪面，炤舊貿易」。據改。

〔六〕鄒復宣兵三千二百名　「名」，原作「兵」，據北大本改。

〔七〕且輦轂之下　「轂」，原作「穀」，據北大本改。

底本眉批

①本條原有眉批「藺賊攻成都」。

②本條原有眉批「請罷宣諭」。

③本條原有眉批「會議經略去留」。

④本條原有眉批「經撫奔潰」。

⑤本條原有眉批「本兵視師」。

⑥本條原有眉批「潰兵流民進關」。
⑦本條原有眉批「叙海運功」。
⑧本條原有眉批「部覆守關事件，事繁不及悉載」。
⑨本條原有眉批「議守寧前」。

三朝遼事實録卷之八

壬戌

三月，方震孺奏封疆失守。奉聖旨：「廣寧不守，失事各官情罪深重，國法難容。羅一貫只一裨將[二]，守堡殺賊六七千，至死不辱，勇烈可嘉。高邦佐以身殉難，足媿偷生。併祁秉忠都着查明卹録。其餘道、將等官姑着戴罪防守。經、撫仍候旨定奪。」

按：廣寧既潰，監軍高邦佐赴松山見熊經略，同事多諷以西走，不聽。二十四日夜，邦佐謂其僕高永、高厚等曰：「我受國厚恩，義不偷生，誓以死報之矣，好收吾骨歸里，以見吾母，即葬吾父墓側，使知有死事兒，不絶也。」高永等痛哭，勸之行，不聽，沐浴衣冠，西向拜如禮，遂自縊死。高永謂高厚曰：「主人待我等厚，我不忍主人獨死，無使令于前者，汝即負我，莫負主人。」言畢亦自縊死。高厚年十九，徒步入京，僅存皮骨，爲佐姪高世彦道之甚詳。夫邦佐無弱冠之兒，有八十四歲之母，慷慨赴難，從容就義，真烈丈夫哉！經略以柴千束并公署燒之，主僕尸成煨燼矣。

逮王化貞究問。熊廷弼着革職，回籍聽勘。

方震孺奏：「昨之失着，全因劉渠不遵前後計較，盡撤鎮武、廣寧守兵，僥倖一戰。蓋鎮武兵撤則藩籬空，廣寧兵撤則威權去，人心安得不亂？至于出城一節，實因遼將孫得功、黄進封火藥等庫，迎接奴酋，非江朝棟先知其謀，撫臣不免矣。至于諸道臣，有戴罪受苦而無功者，高出、胡嘉棟也；有聞廣寧不守，隨經略而西者，韓初命也；有廣寧人心既變，城内相殺，撫、道幾不免，隨撫臣出城者，牛象坤也；有策應廣寧，而廣寧已陷者，邢慎言也；有因西虜縱横，人民盡逃，而城廓無恙者，張應吾也。此番失事，變起呼吸，賊生肘腋，且相隨經、撫而趨，情似可原。然封疆既失，照律分别治罪，亦復何辭？」

兵部覆方震孺本。奉聖旨：「高邦佐贈光禄寺卿，廕一子錦衣衛，實授百户世襲，與祭立祠，還與謚，併張銓、何廷魁同祀。該省在京鄉祠，祠名『山右三忠』。羅一貴贈都督同知，襲陞三級，仍與謚祠祭。高邦佐父母誥命，義僕高永優恤，俱依擬。其戰殞將士祁秉忠併劉渠等，作速查明具奏。」

吏部尚書張問達等會議得：「岩關一綫，實係國家安危。據總督王象乾疏，似有深慮，相應移咨兵部，速具回咨，以便會題。隨准兵部回咨，稱：『督臣一疏極言經、撫未可出關，此爲出關而言也。至欲留經、撫于關内修工撫夷，以圖恢復，是時未見處分之明旨耳。今撫臣且被逮矣，經臣革職聽勘矣，經略員缺，着廷推速補矣，言官累疏，又申明前旨矣。緹騎星馳，逮者業已登途，行者必將解任，皇言一沛，有同涣汗。且經臣求逮，按臣請勘，朝議紛紜，盈廷聚訟，予奪生殺，惟命之從。其或軫念岩關，憐才使過，總候聖明裁斷。本部方控疏待罪，自請罷斥，其何敢擅議。』等因前來。該臣等會同署兵部事左侍郎王在晉等會看得：河西復陷，諸堡皆空，戰與守并失之，經、撫之罪，夫復何辭？王化貞已奉旨拿解來京究問，熊廷弼亦革職回籍聽勘，似無庸于再議者。惟覽督臣王象乾之疏，山海係神京門户，安危關係非輕，議欲姑留經、撫，待罪山海，修守撫夷，以戢定人心而保危關，猶或可收桑榆以贖其罪。此樞臣所謂軫念岩關，憐才而使過也。但恐明旨一到，毋論化貞已逮登途，即廷弼亦不敢不回籍聽勘，未審能追而還之以濟緩急否。極力綢繆，督臣晝之甚詳，當與視師樞臣悉心而共爲守關計矣。既接回咨，又伏商確，相應具題，恭候我皇上裁定，非臣下所敢擅便也。」

撫臣逮，經臣勘，已奉旨矣。總督之疏亦緣情面，發于未處分之先，斷無收回成命、復用經撫之理。乃吏部不肯任，而推歸兵部。時署部者，在晉也。冢宰同少宰于朝房會議，必欲强兵部議留，而兵部不允。少宰王墨池大譟，而兵部終不肯仔肩。冢宰張誠宇勒令在朝房寫咨，即刻據咨以覆。次日，周朝瑞上疏，閣臣復有熊廷弼留着用之票擬。上怒，令中使問輔臣，輔臣曰：「熊廷弼似勝王化貞。」中使如其言以奏，上曰：「熊廷弼走得快，果勝。」外廷聞是言，而留用經臣之議始息。然同黨不得不深啣兵部矣。

初二日三更，北門鎖連響三聲，鎖開落地。隨即窺伺，並無人影。

兵部覆科臣條議，着錦衣張懋忠操練班軍，領班都司、指揮聽之專制。

王化貞揭：「職失守封疆，罪應萬死，第不宜以職之故誣衆人。鎮武副將劉徵率金礪殺入重圍，劉徵刺殺數賊，中箭落馬；金礪不知下落。劉式章被箭貫髀，釘于馬鞍之上。見有馮時昇等證之，乃謂其先逃。孫得功、黄進先登陷陣，人所共見，高監軍曾爲職言，其回城順賊，必有計誘之者。蓋小人以勝敗爲向背，從古已然，何論此輩？其家屬出城至二十里鋪趕回，足知非夙謀也。」

高出揭：「賊攻西平，羅副將悉力防禦，打死賊尸幾平城之半，會藥彈俱盡，賊用雲梯登城，城陷。城上步戰與城内巷戰殺傷賊甚衆，羅一貴死之。各將所統兵與賊相持，至日昃逼賊，與接戰，孫得功等當前，忽開陣兩分，若納賊兵者，賊徧衝突左右諸營，皆西兵也。遼兵營開，李維龍、祖天壽等輒大叫而奔北面，鮑承先南面，蔡汝賢等一齊潰走，不可復收矣。出傳令收還鎮武，無一回顧者。及過盤山堡，亦盡空，遂還廣寧，與撫院商固守之策。豈意孫得功、黄進等入城倏忽之頃，百姓奪門而走，奸弁據門而守，滿城鼎沸，殺人劫官，遽而爲夷也哉。出是夜與撫院同至閭陽驛，次日又至大凌河，見經院共議，使撫殿後，經前行，仍傳諭各道沿途區處潰兵逃民，有諭帖見在，邢監軍可共質也。嗟嗟！奸弁之欲賣河西久矣。去冬奴既不肯來，百計誘我使往；入春我覺不肯往，百計誘奴使來。攘臂而送鎮城者，孫得功諸人也。事至今日，亦復何言？」

署部王在晉奏：「臣惟朝廷設立言官，值此封疆失守之時，持正者當定入關之罪案，謀國者當議守關之長策。至於閒言剩語，盡付東流，何必藤葛糾纏，爲此無益之搆鬬？初遼撫差官冷繼祖口傳遼報，乍聞之，在疑信之間。即巖關至重一疏，原謂口報不足深信，未嘗以爲確據也。今廣寧陷矣，守者奔矣，縱使教場劄營是實，何救於亡？走卒之言原無塘報，未能執券以相稽，舉朝之論自有公評，何必偏詞以定罪？乃科臣劉弘化累疏抗言，只爲『劄營教場，求討糧餉』數字，謂撫臣王化貞於失城之後即與衆同奔，未嘗劄營少駐，不宜以五十步笑百步也。夫封疆之臣不死封疆，自有明明正正之法。或二十二日而走，或二十三日而走，其走均也；或教場有兵而失地，或教場無兵而失地，其失均也。今惟按最大之題目以定諸臣之罪狀，何必屑屑然論走之遲速哉？若欲坐撫臣説謊之罪，而抹去失封疆之罪，是放飯流歠而問無齒決也，失輕重之衡矣。邇緣遼事潰敗，臣挺身越俎，力屏群囂，蝟集之案牘漸清，鼎沸之人情少定，怨勞獨任，百責攸歸，胡然而有卿貳縱横、極意逢世之語。當今世道已陂，人心大異，臣不能占風望氣，趨會附合，使骪髒之骨化爲繞指之柔，其側目於臣有日矣。今幸以無聊之語，不切之詞，枝外生枝，節外生節，所謂欲加之罪何患無詞者。微波一起，定有狂瀾，長年操舟，亟宜引避。臣知所以自處矣。」奉聖旨：「邊事正急料理，不暇口報，審奏既明，何必更辨？宜安心任事，不得引避。」

御史潘雲翼題：「今日招兵之官紛投，越俎濫觴，一至此極。政府招兵矣，豈非欲河魁在手，權奸惟其所作用乎？計臣招兵矣，豈非謂版籌在握，軍餉易爲呼應乎？陽武侯招兵矣，哆口當關之虎豹，而又云萬人止可護京城，却躭躭于厚餉重糈，何爲乎？駙馬王昺之招兵，甘心權門之鷹犬，已被公疏摘發其奸，輒狺狺焉抗疏肆辨，何説也？鋼輪、地雷等砲，有何不傳之秘，以中外謡言之李天臣，概閉之將軍教場，而任其造作；六丁六甲之陣，俱屬不經之説，以遠邇煽惑之藺國威，尚令其出入都門，而莫可究詰。諸如此類，難以殫舉，興言及此，殊可寒心。乞勑該部及巡緝衙門嚴行稽查，踪跡詭秘之輩盡爲訪拏，庶亂萌杜而神京鞏固矣。」

河西既失，京師勳戚各欲招兵。駙馬王昺疏先得旨，允其招募矣，疏下部，晉久之不覆。閣臣沈公㴶謂余曰：「年兄何堅執如此？」余謂：「本朝無駙馬招兵事例。且此屬盡爲身謀，一有緩急，止圖自衛，國家安所用之？椒房之戚，有耦猜之嫌，一下招兵之令，長安中奸宄盡入其門，輦轂之下將有不測。憂不在巖關，而在蕭墻之内也。」駙馬公見予大誶，輔臣固招兵者力爲左袒，予終置之弗應而已。

王在晉奏：「概自河西失陷，文武諸臣抱頭鼠竄，臣叨署部篆，自當按法參論。乃科臣劉弘化不以朝廷封疆爲重，而只争口報中『剳營教場』之四字，此四字有何緊要？明知其非緊要，而數數争之，謂遼撫之走不後於經略耳。同一淫奔之婦，不罪淫奔，而争淫奔之先後，異哉科臣之論。今日傳之海内，他日傳之國史，知天啓年間有此奏疏，不可無樞臣之一駁也。自有樞臣之一駁，而科臣語塞，不能措一詞，乃轉云樞貳之誤國。夫閫外之事，經、撫主之，守不成守，戰不成戰，自有任其責者。以樞貳爲誤國，當初何不廢經、撫而專責成於樞貳？微臣總理三部，兵不足，餉不敷，器械不給，則臣之誤也。兵足矣，餉敷矣，器械給矣，委而棄之者何人？非臣之誤也。非臣之誤，則非臣之罪也。至謂經、撫單留、兩留之議，爲樞臣所持。單留之議在正月望前，至二十日，而奴兵已渡河矣。數日間即御飈車羽輪，不能更换，此時欲議抽回一人，不幾於説夢耶？若論失封疆之原故，人人知繇經、撫之不和，而不知經、撫僞爲不和以圖卸擔，以掩失封疆之罪。『不和』二字可以欺庸人，而不可欺當世之豪傑。比其敗事，欲諉罪於内，而云稍悔前錯。夫部臣何錯之有？錯於推諉，而不錯於責成。豈協贊戎樞者錯，而棄城失地者反爲不錯耶？豈抗疏糾參者錯，而奔潰入關者反爲不錯耶？經略非累人之官，六科舉臣，臣不以爲德，亦不以爲憾。中府會議之日，弘化在焉，而謂未嘗先聞，意者添設借題、有警乏才之歎，此疏非弘化之親筆耶？今廷推不論才而論圈，計圈則當居後，論秩乃爾居前，此會推之異體，尚候聖明之裁酌。皇上未經點用，而科臣先設猜疑、釋憾之語，以爲異日呼號同類媒孽之張本。科臣此是科臣竟日車馬奔馳，商量計策，真爲得算，而未望臣之進步，先爲臣畫退步也。

後無贅言，而臣恐不得不言矣。」奉聖旨：「中外多事，正苦議論紛淆。王在晉佐樞任事，不避嫌怨，這所奏事情前後具明，無俟深辨。科臣瀆奏，已有旨了。」

御史左光斗題：「頃東師再潰，舉國震驚。皇上慨然允廷臣請，用孫承宗入閣矣，又用解經邦經略矣。外而封疆收拾有人，内而密勿贊相有人，一時似覺可觀，而中樞之地尚虛懸無屬，在當國者或自有説。惟是以至危至急之勢，而缺至要之官，人心洶洶，莫得其故。查景泰三年，于謙爲本兵，兼用儀銘。七年，謙因病在告，又用石璞。往時兼用兩人，而今不得一焉。偶爾有病且不能待，况併其官而無之者乎？竊謂朝廷既得救時之人，當竟救時之用，若如祖宗朝閣臣高拱出掌吏部、江淵出掌部故事，特命承宗兵部事，庶幾授之以事，假之以權，承宗必有以自効。而一日在閣，一日在部，參贊專決，亦各不相妨。救岩關而揚我武，莫有急于此者也，乞敕元輔早斷，以定大計，毋徒用其名而靳其實。至職方郎中耿如杞屢被彈章，義難就列，併乞速賜處分，毋徒滋人言而悮國事。如杞在户部時，職曾薦其可用；今日罪在封疆，職不能爲之諱。統惟聖明裁斷，宗社幸甚。」奉聖旨：「兵部事着閣臣孫承宗暫掌。」

孫公一日入閣，一日于兵部大房決事，左右侍郎力趣之，終不出堂。凡發一疏，更削數次寫本，人役甚苦之。部務如叢，日至壅積。予初總理三部及署部篆，晨入暮歸，無晷刻之暇；今得越旦進部，曠日悠閒，心熱于邊聲之至急矣。

署部事王在晉揭：「河西失陷後，人情洶洶，都人士莫不潛窺動静，以卜安危。若本部張惶無措，人心鮮不動摇，是以外示鎮定，而心實岌岌焉。每日戴星披衣，侵晨入部治事，漏下數刻方回。凡屬防守山海、薊門、京師、畿輔，及募兵練卒、調援入衛，緊急事宜，靡不畢舉。當本兵行邊之日，職方杜門之時，外急邊籌，内弭國患，心耨筆疇，頭須爲白，神稿血枯，而職且病矣。凡題覆疏百餘，字句冗長，報多不録。秖將目前緊件併山海、薊門兵數，聊述崖略，明開臚列。年來百事惰窳，即極力振刷，未能卒辦。若徒陳紙上之空談，緩急奚裨？惟中外百執事共圖之。」

在晉辨熊經略揭：「向來遼事因經、撫紛争，職調停極苦，議論極平，未嘗執意主戰，舉朝靡不知之。即熊芝崗以見聞述相遺，亦語職曰：『老公祖主守者也。』職何敢誣，手書具証。奈人情各異，混扯浪猜，中藏結搆，殊不可曉。援兵東行關門，點發悉繇經略，兵權在握，豈曰無兵？撫數談戰，明白以虚聲告，便當信其爲虚，何必扭之爲實？故不和而争，非以實争也。奴賊過河西而師敗，非我兵過河東而戰敗，戰守之罪，不知何居。職今決策東行，成履虎之勢，無騎虎之謀。一揭入都，其應如響，風狂浪急，而以破舟漏艦相加遺，汔濟與否，天下萬世必能諒之，職可無言矣。」

先是熊公揭有「爲東事而添設者，未經東行一步」，蓋指晉也。彼時以東行必無幸，驅之死地，不容其獨生。國事至此，真無可奈何，委身聽命而已。

大學士兵部尚書孫承宗題：「臣仰見皇上留心邊事，加意用人。頃銓臣擬宣撫解經邦爲經略，隨奉旨擢用，一時爲快，而亦有以慊爲惋者。不意經邦肋惜于北，膽落于東。頃若此，總緣敗衄相仍，纍囚接踵，故奮起功名之念，不勝其苟全性命之心。彼其黄金横帶，調經緩于杜門；白羽驚心，肆嫚書于山啓。不知國家養士謂何，而有此也。年來因循既久，誕謾相成，利則衆趨，害則衆避，無復羞耻，無復撿繩。若不立誅一切棄疆忍死之臣，更取諸奉命不忠、任官不效者立繩以法，恐魑魅公行，豺狼難問。凡食禄擔爵、有國家之責者，任其相護相狥，忍于負朝廷，不忍于負私友，此其保位全體寧滅于經邦，而尚敢訕笑其懦乎？且如四川招兵，科道明時舉、李達狗狠狼貪，既切傷桑之恨；藏頭縮尾，尚稽懸槀之誅。蓋臣兄川東道孫好古以二人之起釁而死，臣故知其貪狠甚詳，而西南半壁爲騷，何可不一問也？又如南路監軍道梁之垣，未棹舃舟，先邀麟玉，晝炫家園之錦，夙占海上之槎。方奴酋内犯，曾不聞一矢相加遺，而侈爾腰纏，居然曨瞶，是固與萊撫陶朗先同科，何可不一問也？又如招兵御史游士任，壯猷未結于北門，蚤譽先騰于蜀望。其兵幾何，其餉幾何？當主上憂勤之日，爲故鄉富貴之游，豈柱下之彈文，僅爲他人設也耶？何可不一問也？又如遼東監軍御史方震孺，時當泣水之蛟，情苦兩姑之婦，既厚師門，兼懷友誼。曾不思人臣一意公家，寧得曲狥同好？臣以公郵，曾勸其力爲明主忠焉，而不能用也。作好軍中，徬徨塞下，何可不一問也？又如薊州兵備邵可立，偶遭亂卒之變，旋來御史之言。即清謹有執，而未正畺陵，遽難展布，何可不一問也？又如經略熊廷弼、巡撫王化貞，罪可詳核，法當泣逮，撫字已難再入，剛愎詎可重來？而力護同心，各爲左袒，鶴表方殘，虎争正力。豈是非在城郭、人民之外，而以經邦裹足，遂謂天下無豪傑耶？何可不一問也？以上數臣，或雅負才名，或誓匡多難，而志有所不滿，力有所不能。總之視國不若其家，愛身不以其道，殆有視經邦過者。且其事盡關兵政，故臣得執大義以繩之。」

疏出樞輔，時望赫然。乃其所抨礟之人，後來輒多救援，代爲辨析，首尾兩端，如出二人之手，殊不可解。

吏部等衙門尚書張問達等看得①：「今天下事勢至危矣，廣寧失守，一牆之外即爲賊窟，所恃以遏方張之强虜、奠鼿黿之國步者，惟經略一臣是賴。故得人不得人，在昔也，利害止中于邊疆；在今也，禍福將貽之廟社。况舊任者既勘，續推者復斥，則選擇而使，尤萬萬不可苟且者。臣愚以爲，獨見有限，衆論難淆，倉卒則未詳，慎重則無悞，于初四日會集九卿科道等衙門于中府，每人給筆，使各註堪任職名。群議紛紜，至暮收單，命文選司郎中王洽手彙。臣再商之閣部諸大臣，又以爲舊歲中府會議添設兵部侍郎王在晉原以備經略之用，今兹舉者更衆，單圈可憑，則臣部又安得外會議而他求也？恭候命下，即令速赴山海駐劄視事，一以見國家尚不乏人，一以見臣等不敢專擅。臣非敢因噎廢食，而故爲此鄭重也。再照文臣知軍旅起自近代，而經略則昉于弱宋。才不必追韓、范，目不必識韜鈐，事急則强之節鉞，事敗則逮之囹圄，此猶人有膏肓之病，而以身聽庸醫試藥方者也。伏望皇上簡經臣之後，即勑令兵部亟選大將，推轂而任，速爲函關丸泥，勿專以軍旅責文臣也。今新經臣未定，山海無統攝之人，仍乞再頒嚴旨，令視師兵部尚書張鶴鳴同總督尚書王象乾將守關事物一一共行料理，以需新臣之至，不可使賊窺我虚實，而生其長驅之心。至新經臣，更望天語叮嚀，若其樹有成効，即加不次爵賞，庶足振勵人心，責之賈勇，封疆幸甚。」

三月，吏部爲欽奉聖旨事。奉聖旨：「王在晉陞兵部尚書兼都察院右副都御史，經略遼東、薊鎮、天津、登萊等處軍務。寫勑與他，邊事正急，着刻期就程，不必疏辭。」

解經邦褫削後，人無肯任經略者。閣臣沈公淮語冢宰張公問達云：「王憲葵有福相，其人似可當重任。」蓋司寇王公紀也。冢宰謂予云：「憲葵與公善，可往一探之。」予謁王公，告以故，公不辭不任，即以復冢卿。次日，王公會予于朝房，執予手曰：「此烏程以宿忿害我也。公向冢卿勿慫慂。」又一日，而王公疏參閣臣之修怨矣。人情之畏避若此，予如堅意再辭，豈不輕朝廷而羞當世哉？」

在晉辭疏。奉聖旨：「封疆重寄，卿以猷望簡任，宜一意肩承，用副委託。仍遵旨刻期就道，不准辭。」

在晉得旨即行。

通政許維新書云：「數年前，遼人掘得碑，上云：『又女木子欺日月，八牛九鼎堅如鐵。三門一土嶺頭看，腥山染盡冬人血。』此語天下通傳，至今一切符契。一土，王姓；三門，必閆監軍。奴自姓佟，想當膏斧染鍔于關山之外，非曲説也。」嶺頭，高第也。

御史楊新期書云：「前歲已傳有大將在吳之占，今其驗矣。顧近日亂視亂聽者甚多，堪集思廣益者甚少。語云：『閫外將軍制之。』可用則用，不可用則置之，總不必與争于筆陳也。奴賊飢則攫取所必至，第堅壁清野，彼窮極生變，亦理有自然。惟持重毖慎，至望。」

經略王在晉奏：「臣至譾菲，荷蒙聖恩，拔臣於儔儕，委以經略重任。今天下事孰有急于遼者耶？朝廷用人孰有重於防遼者耶？以社稷山河之重，而根基命脉寄于一丸泥，隄防疏密，安危立判。左山右海，人以爲天關地軸，而不知山海之無足恃也。關以外付之祝融，燒殘之餘燼徒存；關以内惕于風鶴，奔北之驚魂未定。鈍戈朽甲，委頓成丘；廢堞頹垣，凋零度歲。臣雖未履其地，而逢人細問，城未增而高也，池未鑿而深也，兵雖多而不知練也，將雖有而不堪任也。欲恃兵力，而兵力不可恃；恃人心，而人心不可恃；恃地險，又不可恃。臣之所恃者，宗社無疆之曆耳；聖明出類之資，瑞應河清，一人有慶，爲百靈之呵護耳。臣藉朝廷之福，撑架危疆，萬事身肩，無敢遜避。然必内嚴而外自治，内安而外不危，則今日之急，急于憂内。又微臣一念戀主之情不容自已者，請得而陳其略，可乎？一曰防内患。夫兵以弭患也，而不戢且滋患。當河西初潰，都民惴惴焉，以募兵爲急務。而臣知輦轂之下無兵也，招兵則閭左之豪、草澤之雄一時畢集，竊劫必多，争鬬必甚，焚掠必起，臣是以不肯多招，而又申嚴入城之禁。蓋無兵之患，患在虜；有兵之患，患在兵。虜之患遠而兵之患近，務宜督責招兵將領嚴加挑選，拳師搥手須用防閑，賭棍酒徒悉行汰斥。一兵爲横，一伍竝坐。凡暴戾兇惡之人無容混入，以致敗群。其有自關上逃歸及通、津食糧原兵，去彼就此，棄少就多者，押解歸營，仍以軍法從事。庶得兵之用，而不受兵之害矣。二曰詰内奸。奴自清、撫、開、鐵以及河東、西之陷，何者不繇奸細之潛伏？其用計最詭，用財最廣，用人最密。故破奴之法，莫要于查奸細。都城一載之安，殺劉保之功也。今長安之爲劉保者不知幾何，緝奸之人即爲奸細。故詰奸不在遠，求之左右，而其人在也。向來五城各坊未聞一獲，流民之中有蠹焉，潰卒之中有賊焉，城市之間有窟焉。腹地無奸，賊必不來，即來不深入。城内無奸，賊必不犯，即犯而城不陷。緝奸者，必精察而後能得之，必重犒而後能購之。一家容奸，即將本家財産盡給獲奸之人，知情者並斬，保甲容隱者連坐。臣於山海、薊、昌等處，即以此法行之，無敢縱矣。三曰飭内備。内備者何？積柴米，運磚灰，買煤炭。凡油蠟、銅鐵、竹木、皮革等鋪，遇警即搬移入城。凡倉庫、牢獄、僧房、水户等處，遇警即謹嚴稽察。凡弓箭、火藥、銃砲、刀槍等件，遇警即檢查整頓。凡軍民、匠役、丁夫、精勇等項，遇警即分撥坐派。營屯臺堡之急修，哨探守望之必謹。今都中緊事，莫緊于築重城，以重城可階梯而越也；莫緊于守草場，以草場可火箭而焚也。人莫侮予，則有未雨之綢繆在矣。四曰嚴内衛。洪武間凡朝參，午門先放直日都督、將軍及應直帶刀千百户，散騎舍人以次而入，上直官軍三日一易，于朝退辰時交代；凡内使、火者出門，必比對銅符，密加搜撿。今漸非其舊矣，班行業雜，防範疏虞。羽林佽飛，但消糧而掛伍；金吾力士，徒列戟以排行。至于虎賁龍驤，破衣敝履，皇城守衛值常朝之日，有疲卒數人持棍邀喝；至于等閒時日，查點不至，任其高卧。是以内地常虞失盜，而異奸未免潛藏。申嚴祖制，銷萌剔蠹，庶皇居邃密，可杜蕭牆之釁矣。五曰節内供。年來遼左軍興，供億繁浩，甚以川酋造孽，支應東西。新編五百萬有奇，而歲費且三倍焉，民間之力竭矣。外無可供，則不得不取給于内帑，而内帑非淵淵無底之物也，取亦有時而窮，用亦有時而盡。皇上欲恢復遼左，城郭、人民須從新肇造，芻糧、軍器須從新搬運，將來經費不可勝筭。即防守山海，而築城造堡、建臺修墩、犒軍買馬、整器治械，所費不貲。如欲聯屬西虜，歲費尤難預計，必非司農所能克辦也。陛下于燕閒之暇，須密密清查御帑，倘瓊林大盈之積易竭難支，百凡内庭供應、服御頒賞之類俱從節縮，以佐軍興。

臣亦當量力而進，不至束手無措，庶免尾大不掉之患矣。六曰急内應。關門駐劄兵馬，一應本、折色，芻糧、銀兩、銃砲、盔甲、車仗等件，悉取給于户、工二部。惟是外間待用甚急，而内事悉多躭延，疏發數日而抵京，三日而得旨，又遲一二日而得科抄，有抄到累旬而不覆者，有起解浹月而不到者。來者急足而馳，去者緩步而應，以呼吸之軍情，爲等閒之漫視。臣今又外出矣，將來恐痛癢不關，秦越坐視，臣深有憂焉。請與諸臣約：凡本章一下，公移一到，朝至而夕應；如過三日，即令科臣參奏，着所司回話。庶聲響相應，表裏協一，不至愆期誤事矣。之數者皆屬君心之運量、廊廟之主持，而其要又在皇上之清心寡欲，勤學好問，親賢遠姦，感格天心，以綿國造。臣願竭狗馬，盡力封疆，奴酋不足平，而聖世中興之業卜期可睹矣。忠臣去國，不忘其君，一得之愚，以當獻曝，惟聖明之裁督焉。」奉聖旨：「覽卿奏，具見深慮淵猷，着各該衙門用心料理。内供當節，朕知道了。卿啓行在即，特賜蟒衣、玉帶，還與尚方劍行事，勉建功勳，以慰朕望。該衙門知道。」

在晉請帶司官分理。奉聖旨：「沈棨素稱勤幹，着同卿前去委用。」

御史陳保泰題參：「贊畫何棟如，當遼陽報陷之時，募兵浙中；及今廣寧再陷之日，贊師關上。其自許慷慨，似有可稱，而孰知其不然也。何棟如領南部錢糧不知幾何，但聞其到浙中，住虎材書院，遊湖登山，酣歌嫖賭，月無虚日。聞與浙宦柴應楠一夜賭輸至三千餘銀，此三千之數從何來哉？皆南中攜來買兵之餉也。科臣蔡思充言其錢糧自領自散，難以稽查，事皆有據，言非風聞。且不但此也，夫富商不肯爲兵，船貨不可用戰，雖三尺童子皆能知之，而大開騙局入告，至疏奏之後，亡命虎棍徑自封船。臣鄉商人如張棟、洪喬宇等共三十餘船，每船各送銀千兩，乃潛放遁去。大盗禦人，白晝攫金，自杭城内外，居民行旅被兵搶掠者，又不知其幾千百矣。至買察將吴錦衣，假劄募兵，幾致激變，皆何棟如爲之也。彼其自謂二十年言兵，夫使棟如有奇謀秘計不可測識，臣不敢知；若言兵而欲招富商爲兵，改商船爲戰船，其昏慣誕妄伎倆立見，可堪贊畫否？以條奏之疏，爲開騙之局，大膽欺君，肆行無忌，此其罪可勝誅哉！臣望皇上亟罷何棟如，如科臣議，稽查募兵錢糧額數，并行追賍正法，庶貪臣如何棟如者可警也。」

經略王在晉題：「伏念東事離披，一壞於清、撫，再壞於開、鐵，三壞於遼、瀋，四壞於廣寧。初壞爲危局，再壞爲敗局，三壞爲殘局，至于四壞，捐棄全遼，則無局之可布矣。逐步退縮，至于山海，此後再無一步可退。故今之所稱經略者比前更難，而今之任經略者比前責任更重，人以此爲棄官之地，亦以此快報復之私。臣以駑材，責之千里，既鞭策漫加，忍視嶮巇之顛蹶；又羈韁緊扣，直令蹩躠之難前。不行則以國法繩之，詞嚴而義正；既行則以微言中之，謀詭而機深。甚則借事以綴名，無端而起訕，使聞聲者或併疑其人，而顧影者必潛匿其跡。不痛不癢，無所用其搔爬；若淺若沉，實以藏夫譏刺。平地忽生荆棘，暗中盡伏戈矛，真使笑啼不敢，行止皆難。此今日之時情也。即使奴酋捐金反間，亦難得此舛盭之人情。國家何負于群臣，必欲覆雨翻雲，顛倒簸弄，以人主爲孤注哉？臣歷俸三品，四閲年時，祇緣道路奔馳尚虚時日，未經課滿尚書循次，非若起家廢置、越次超陞者，試問通國人情，誰肯直任經略？臣若不行，使奴酋奸細聞之，是羞中國也，謂當世真無禦侮之士、滅奴之人，是輕當世也。臣不敢爲毛遂之自薦，亦不敢效王陽之逡巡，拜命即行，以壯本朝士大夫之氣。故知臣者與臣，憐臣者慰臣，而妬臣者思媒孽臣。臣當此萬難萬苦之事，未易求全；處兹至險至危之地，何難吹索。現前無罪可指，亟宜打透機關，矜全末路，倘逐臣而使之歸，臣之所大幸也。不然而陰謀搆鬬，禍移于國，臣之所不忍聞也。封疆告急，非臣子舌争筆戰之時。但願皇上默矚臣鄰中議論，孰爲正直，孰爲頗僻，孰爲爲國，孰爲爲人。邪正之分，是非之辨，自莫逃乎睿照。天下事决裂至此，尚不回心滌慮，急救傾危，而徒立户分門，互相攻擊，恐二祖十宗在天之靈必將昭鑒，非以愛國，亦非所以自愛也。臣行矣，不復深談朝事，一心以急邊籌矣。」奉聖旨：「巖關重寄，卿能一意擔承，中外倚賴，誰復求多？覽奏，忠計苦心，朕悉洞鑒。向來議論偏私，已有屢旨痛誡，大小各官當共以國家爲念，務令任事勞臣盡心展布，毋蹈前轍，期濟艱危。該部院還一體申飭。」

四月，王在晉題近京險要：「臣惟王公設險以守其國，以不可升爲天險，山川丘陵爲地險。我國家奠鼎北平，遼東左輔，所依爲險者也。遼、瀋没，退而守河西，則險失矣。乃河西又失，退而守山海。山海一關，不過防軍民之出入，稽商旅之往來。左爲山而右爲海，所以名山海，究竟則猶郡邑之城郭也。彼遼、瀋、開、鐵、廣寧皆東方之重鎮，且望風瓦解，豈一關所能獨禦哉？榆關既無險足恃，則自都城以達關門，凡可屯兵結陣者，俱當默察其形勢。辟之居室者然，藩籬以及堂奥，層層節節，俱有關鍵，而後盜賊無生心也，此有國家者所當亟圖也。近京者爲通州，州有新舊二城，頗稱堅厚，新兵幾及一萬，倉糧亦有數萬。臣以爲畜兵于京，莫若畜兵于通，相去四十里，一呼即至。京中得兵之用，而無養兵之擾。第通糧較薄，而京糈稍厚，厚薄相形，兩軍未宜竝處耳。過通爲三河縣，縣東十里有河通寶坻，冬夏水不涸。挑淤沙，濬之使深；壅河流，漲之使闊，阻上則沙可囊，潤下則水可毒。河之東有山可伏兵，距河多築土堡、藏火器，山中伏發，首尾擊之，敵勢必殺。即不能曠日相持，而少遏其狂鋒，亦可令近京一帶地方整備。三河以往爲薊州，山不甚險，然城郭依巖，又當孔道，設以重兵守之，賊不能過。玉田、豐潤道途平坦，非宿兵之地。第見流民接踵，哀哀乞賑，而各縣庫無長物，倉無餘粟。臣以單車就道，未經請帶錢糧，愧無以應，止令報名，批所屬查議賑恤，而無米之炊恐不能使流民之果腹也。行次永平城外，有山有水，山可設疑設伏，流沙旋繞，澗水潺湲。阻河而軍，擊其半渡，我踞其勝，賊不敢窺，關門以内所恃爲垣壁者。第隘口甚多，倘賊繇他處漫入，永平非必繇之地。而各隘守軍掛虛籍，冒虛糧，軍弁放班以取利，戍卒高卧以偷安，營馬因差役繁苛，草料騰貴，馬骨崚嶒，悉成下駟。所謂有可守之地，而無可守之兵，副總之設，當非過計矣。薊、永之間，物力大困，既開冶局，又設木場，既買豆料，又供芻草。草一束，連脚價二分五釐，而盤運交納，每束費銀一錢有奇。及至交收，各兵用以充薪，而不入于馬腹。民利于折乾，軍亦利于折乾，而馬死不問，馬不死而進草之人必斃矣。今軍械甚乏，取之工部，工部已虛；取之薊、永，必買鐵于它方，聚工于別郡，卒卒不能湊手。夫爲遼而空薊、永，今又役薊、永以防遼。推之昌平、宣、大各鎮，空虛亦然，遼不能存，而各邊有阽危之勢。甚以遼民充塞，釀成腹心之患，殆不可測，則今日之籌邊，亦未易言矣。自通及永，中路城堡如邦君鎮、沙河、深河，驛、堡俱新築，皆可以守。但蕞爾斗城，未堪堵截。惟榛子一鎮，可以屯劄千人，爲襟喉緊要之地。藉令民不奔而効死，是處可用爲防。其奈正官多缺，政事久弛，如永平一道，一年三易；昌黎一縣，缺官不補；樂亭、遷安，二令俱病。臣經行七百里，所遇止三河、盧龍、撫寧三縣令，通、灤二州守而已。烽火達甘泉，而州縣之堂闃無其人，乃山海一關，銅章墨綬之纍若，車輪馬足之充盈，益寡哀多，在用人者所宜急講矣。臣諦觀近事，人情隳于積玩，吏道敗于因循，紀綱頹于姑息，財用竭于供輸，武備弛于調援。厝火欲然，而燕安如故；漏舟將覆，而及溺不憂。日挨一日，幸其不來，來則惟有打疊行裝，急忙奔竄已耳。人心如此，臣即極力振刷，恐不能頓挽頹波，矧大敝之後，求治太鋭，勢虞中格，而邊情急于風火，又未可忽忽悠悠、須臾少緩者。目前百事必須從新做起，着分毫舊套不得。不識同事文武諸臣能委心以相從否也。」奉旨：「這奏内事情，各着該衙門作速料理，應奏請者即行奏請，不得躭延悮事。邊疆緊急，全賴大小臣工乘時協力，内外相應。若仍前怠玩，查出重治不貸。」

給事中倪思輝等奏曰：「三月十九日奉有駕帖二紙，一開杜茂等，一開佟卜年。科臣熊德陽當即僉名付訖，第虞『等』之一字開告訐之門，滋羅織之禍，特爲戒諭。尚書張鶴鳴有奸細已入膏肓一疏，内稱『科臣止許拿杜茂一人，如多拿，我上本參』等語。科臣隨蒙旨調外任用。夫奴酋發難以來，慣用奸細，誰敢以私縱之？但渠魁律應懲其奸，而株連法須防其濫。我祖宗朝凡奉駕帖，必付刑科僉名，自有深意，非徒防奸，亦以資駁正也。奸細杜茂奉旨逮繫，而『等』字不無多起葛藤。科臣仰體明旨『無得驚擾地方、波及無辜』之諭，再申約束。樞臣乃突出一疏，横肆挑激，且拾細人之口入告君父，是誠何心哉！伏乞聖度包荒，亟勑德陽照舊供職，人心國是永賴之矣。」

張鶴鳴題：「經略答應官孟承勳、舍人王朝玉九人渡河，挑奴進兵。十九日，奴兵過河，劉渠與監軍道高出在鎮武堡議，奴兵衆，宜守。又戒西平堡副將羅一貴嚴守，巡撫亦嚴令謹守，不可戰。參將黑雲鶴要戰，羅一貴不能止，二十日，將兵出戰，敗奔至西平堡門，奴兵追及，死之。環攻堡三次，城上砲石打死奴兵無算〔二〕，賊屍幾與城平。李永芳使人持旂大叫曰：『知道守城羅將是好漢，速降，同享富貴。』一貴大罵曰：『朝廷何負逆賊？』而反使人城上持旂招之曰：『賊速降，免賊死。』永芳大怒，併力攻之。矢石、火藥俱盡，城破，一貴死，都司陳尚仁、王崇信同死。二十一日，經略差王榮持高柄牌硃書：總兵官與將官不上陣者，與千把總同斬；千把總不上陣者，與軍兵同斬；一個不上陣者，一隊斬；一隊不上陣，一哨斬。又差人持旂發諭帖與總兵劉渠，渠見諭帖，面色如鐵，即上馬督戰，高出止之，渠但摇頭不應而出。此道、將同口一詞，與參將劉定邦、渠家丁黄雄所親見親供者也。總兵祁秉忠家丁督兵力戰，砍奴賊數千。前隊乃遼將孫得功、祖天壽等，先分左右退走，後面馬兵盡逃，二總兵死之。劉渠將印付家丁黄雄賫出，雄哭，欲同死。渠諭之曰：『全朝廷印亦是汝功。』雄出回頭，見渠落馬，賊圍數十重，死亂軍中。祁秉忠中二刀三箭，家丁扶掖馬上，殺透重圍而出，死于途。家丁爲收殮，扶櫬入關。主將既死，所損軍兵不知其的數。副將劉徵直衝奴陣，手刃多賊〔三〕。遊擊李茂春鐵鞭打賊，落馬不知其數，家丁搶棍殺死多賊，茂春中箭落馬。此二人者，死之最烈者也。都司趙啓禎、副將麻承宗、遊擊張世顯、守備楊春茂、千總王應舉俱同死于沙嶺。都司周思堯刀傷鼻梁，其中軍張中二箭，陣亡軍丁四百餘名。遊擊蔡汝賢已將奴賊黄旂兵一枝殺退，因遼兵奔潰被圍，腿中一鎗一箭，陣亡兵四百六十八員名。守備李永培中四箭，陣亡軍丁二百餘名。頗希牧頭重傷三刀，臉中一箭，陣亡軍丁七百餘名。都司僉書丘臣頭中一刀，頸一箭，陣亡軍丁六百餘名。其餘死者查有不的，須行原調兵衙門查核。此兵將血戰之情形也。」

又奏報：「西平潰陣者，爲副將李性忠，參將江朝棟、高國禎、李承先、别鎮、周守廉、黄鉞，遊擊劉恩、左輔、戴極、杜學伸、李元勳，都司李承先、鄧茂林、史光裕、尤岱、許子敬、張惟德、高岸、李慣、丘臣、吴登雲，共二十二員。自廣寧不守，出城而西者，爲副將王光有、倪寵，參將李滿倉、黄中順、王楹，遊擊徐璉、盧養才、陳京、杜芳、尚志弘、高從龍、張世胤、王藩、李朝棟、李秉春、汪翥、陳一元、劉雷，共十八員。都司張景珍、張大忠，守備楊九經，係督臣發援廣寧，止到二日，劄營城外，叛民從城上打銃，劄營不住，隨而西還，此不當以逃論者。自閭陽隨經略，爲副將孫謙、毛有倫、吴自勉，參將賀謙、平四知、王秉忠、侯一品，遊擊李逢恩，都司談堯德、景國佐，共十員。調援廣寧不守，半途而返者，副將竇承武，參將楊應乾、陳琚、王之棟、倪承勳，五員。守廣寧以西各堡，因經略驅民入關，各隨回關者，爲副將王牧民，參將周于才，遊擊朱梅，備禦劉源清、安邦、竇承功，共十六員〔四〕，俱無罪。内周于才領家丁數名力守八里莊，仍應論其勞者也。副將王光有守廣寧北面，至死不開門，撫院親筆寫『王光有速開北門』七字，光有始開。光有亦應免罪。而諸將如别鎮、盧養才、尚志弘、高國禎等，夙有戰名，宿將難得，斷不可棄。陳一元始終護衛撫臣，患難不離，義更可嘉。戴極在廣寧貪縱不法，被人告發，逃入關内，虜人妻女，不奉明文，擅招遼兵三千餘名，自劄一片石，人心疑懼，又經略單騎至一片石，人益危恐，已經職會同督臣拿問外，其他各弁俱有敗奔之罪。然法難加衆，宜斟酌議法，或許立功贖罪。至若參將賀謙、平四知，此二弁者，原統車營步兵，經臣令其押車砲徐行，二弁先奔，致車四百輛、大砲八百位棄置十三站道傍，然將兵四千名入關，無一人逃者，罪功應准除綑打貫耳。外如都司吴登雲、王謙亨，守備張効祖、王詔、李思賢，此五弁者，既望風奔潰，又不聽候處分，逕自逃歸，法當擬斬。張効祖入關領正、二月餉拐逃，此決不待時者也。劉渠署中軍事戚允成、内丁守備梁邦弼、内丁都司郁登雲，臨陣而逃，律有明文，法當如律重擬。外尚有不知下落者，遊擊李元勛，都司劉守清，守備沈松、夏國卿，四員名。又有叛而降奴，如參將劉世勳，遊擊孫得功、劉世功、金厲、閆印、高忠選、黑際盛、羅萬言、熊錦、楊可大、高鴻中、黄進、索萬全、李維龍、劉式章、王有功、劉元慶、蘇應科、岳宗太、朱世勳，共二十員。或素與奴通，亦有戀其妻子家業，遂甘淪于夷而不顧，總俟恢復，以正刑章。巡撫中軍祖天壽臨陣脱逃，藏覺華島，按臣使人招撫，待到，另行定罪。副將鮑承先，殘兵皆云戰死，關上人傳未死。鎖萬金，聞河上撥探死之，又傳降奴。至于入關逃將，守備而下極多，逃兵十有八九，一時稽查籍貫、姓名難的，俟查明，另行具奏正法。」

王在晉題邊情疏：「臣聞治天下者，内順治而外威嚴，順天下之情則治，拂天下之情則亂。臣奉命期於平定安集，必先察其情，而後默默以爲之調劑。顧今之所謂邊情者，不過民情、軍情、將吏之情、商賈之情、遼人之情、西虜之情以暨四遠之情而已。昨關外之民闖關而入者累百萬，婦子相挈，老幼奔蹌，舉足而廬舍盡焚，回首而城闉非舊，膽寒於傳吠，氣奪於狂奔。散逸之神魂，收歸不迭；亂離之夢寐，過去猶驚。强者思搶，懦者思逃。此邊境之民情也。西平積骼成丘，山海放生有路，操戈拒敵者亡，棄甲曳兵者活。兵未遇虜而懾虜之威，虜不見兵而促兵之步，不脛而自走，無翼而欲飛。此關隘之軍情也。守令故匿其長以求調，將士自呈其短以待參。三協路之内，被糾之將甚多；七百里之間，見任之官有幾？蓋以去危爲厚幸，以被論爲即安，青年巧圖托病，白簡甘就如飴。此近邊將吏之情也。澤梁之禁雖弛，水陸之珍不至，商廛久絶乎貂參，士女罔餘乎布粟。求之土産既不能供，索之遠鄉卒不能致。藜藿如金，何言珠粒；芻秣增價，安問桂薪。人集五方，市無一貨。此邊方商賈之情也。弱肉逃豺狼之吻，終宵爲鴻雁之鳴。待問家園，恨無情之野火；徒懷明月，無可托之鷦枝。身世流萍，如怨如慕；浮生寄寓，可夏可夷。眼前盡是蒼生，溝底將成白骨。此今日遼人之情也。挾我之賞，飢則附人；畏奴之兇，飽必颺去。結犬羊以信義，寧忘投骨之爭；置虎豹於卧側，或貽噬臍之悔。搬銅運銃關前，故示夫殷勤；借牧移屯口外，恐成夫久假。猛獸不咥，未可爲安；悦狙有方，聊存玩弄。此今日西虜之情也。若夫四遠之情，則尤有可異者焉。術士挾讖緯之誣，妄言禍福；妖人倡白蓮等教，謬托焚修。悲畿輔之役繁興，閭左有離鄉之生齒；羡京軍之糧獨厚，邊關有失伍之戎行。流民如蟻，孰爲逃難，孰爲奸細，其人莫辨也。飲食若流，食在則爲良民，食盡則爲寇盜，其釁難防也。昔之患在外防，今之患在内潰。欲施之恩，而恩不可繼；欲示之威，而威不可加。蓋自大衆奔潰之餘，生殺要無善術；而從關門一啓之後，進退未有全謀。此時欲爲守關之計，馬厩空、藥局空、車輛空、鋭砲空、甲仗之庫空〔五一〕；細問永平守、撫寧令，則銅鐵無、硝黄無、工匠無、芻草無、豆粟無；再問之沿途有司，則煤坑盡、秫稭盡、釘灰盡、車騾盡；民間槐榆等木，因造車、造營房，一砍俱盡。天下之苦同，而畿輔之苦獨；畿輔之苦同，而薊、永之苦獨。四方搬運，舍永平别無他路，即鐵爲輪、石爲轂，亦無不敝之時；關上應供，舍永平再無近地，即天雨粟、地産金，亦無不窮之理。故薊苦，而永始有甚焉。山海以永平爲根本，今般般剥削，則根本先摧；邊臣以永平爲室家，今人人思竄，則家室先泮。故欲守山海，必從軫恤永平始，使一郡之人心如家人父子然，患難相維，久暫合一，情固結而不解，變偶至而不驚。永平之民脚根站定，則薊鎮植其藩，而都城藉爲障。一切征輸不得不緩，歲課不得不寬，逋賦不得不免，倉穀不得不留，抽扣不得不蠲，參罰不得不恕。臣駐蹕關門，静觀時勢，默察人情，顯微盡是危機，上下皆無固志，無一物可就手攜來，無一事可隨心做去，巖牆已成獨立，破甑聊以相遺。拜命之日，傳書以囑妻子，慨後會之難期；强顏以慰僕僮，謂息肩之可待。而孰知難上加難，一至於斯也。伏祈皇上軫念時艱，俯憐民隱，少寬文法，容臣脉脉以運規爲，嚴饡供輸；俾臣急急以先料理，外有求而必應，内有應而必速。乘外寇之未臨，爲有事之先備。庶不負明廷之任使，疆場之臣可收功於尺寸矣。」奉聖旨：「覽奏，邊疆情形朕已具悉。卿還督率將吏，用心振刷，務合機宜，使戍守有備，以紓朕懷，且無負委任。」

視師尚書張鶴鳴報：「臣至關之日，八里莊以東人烟斷絶。督臣王象乾差通使從各口外跟同夷使東至廣寧，沿路探聽消息。據朵顔三衛三十六家頭目猍暈大、董忽力、煖太、貴英他不能、索只速讓台吉、哈那彦、不喇度台吉、哈那顔、蟒金、他不能、蘇不的、九旦、郎素，又罕孛羅勢等前後報稟，大都爲遼左全失，恐額賞無處出辦，要挾講折，其欲無厭。其奮然欲與奴戰，則我難憑；但得其帖然，不來作歹，不與奴合，則我之大利。何也？遼左全没，一牆之外，沿邊千里，無非虜穴。無論奴酋，即西虜一動，隘口可入者甚多，我防護不暇，敢言恢復？故今日東事，惟撫賞西虜爲第一緊要着數。今各虜俱上馬帶兵萬餘人，裹糧住帳口外，名爲拒奴，實爲挾賞。自寧遠、前屯衛以西，至薊鎮一帶，朵顔三衛之虜也。雖狼子野心，時有反狀，然彼利我賞，終就籠絡。自寧遠以東至廣寧，皆虎墩兔憨、炒花、宰賽等虜，元之裔也，部落雖多，其勢不聯，亦利我撫賞，屬我羈縻。然其心皆不可測。督臣在宣、薊前後三十餘年，各虜祖宗俱受撫賞。督臣發諭帖數十道，虜加額叩拜收受，以輕車熟路之恩、淪肌浹髓之衆撫之，亦似可籠絡。經臣王在晉初受事，虜情輕重，撫賞厚薄，明於指掌，諸虜相傳，胥爲傾服，臣不過從旁唯諾受成而已。」

又云：「芝麻灣等處尚多積糧，無人敢取，各虜運糧至關，與百姓糴買換布。關上糧貴，虜利其布，百姓利其賤，殊爲兩便。各堡尚有銃砲，各虜護送載回大砲九十二位，衆虜擡砲至海邊船上，一時效順，若可訓養。第夷性無常，難保其無虞耳。」

王在晉題：「臣從抵關到任，孤城如斗大，中藏𨈆𠩄之人心；百事如絲棼，外值跳梁之虜勢。繇東暨西，靡非强敵；自朝及夕，未卜安危。蓋從關門一啓之後，非督臣彈壓於前，樞臣監視於後，恐勢成破竹，焚及燎原，亦安望中外之安堵哉！先是臣未至，西虜重跰接踵，蜂湧窺關，往來八里鋪，一墻之外，皆爲犬羊。臣至，諭所部曰：『乞賞自有受賞之地，切不可令近關，今日引之使近，他日却難驅之使遠。』無奈往時頒賞，逐日例有支應；今自關以及前屯，虜騎充斥，人踪斷絶，與以牛羊，犒以段布，賞以酒食，非近關不能供給〔六一〕，是以就近餌之。朶顔酋首浪素、猍暈大等八人率諸酋百餘人，約諸部三十六家；罕孛羅勢大小頭目百餘家，漸次鱗集。罕酋意甚叵測，欺我之弱，妄逞憑陵；又恃彼衆，明肆要挾。其中有一種貧夷，見互市之途絶，貪貿易以資生，願我長有此土，乃其實意。故爲我禦寇者什之三，而乘機爲寇者什之七也。督臣王象乾深諳虜情，與樞臣張鶴鳴多方調劑。虜中强梗者，督臣馳檄諭之，歷數其祖父受恩受賞、世代恭順之狀，且愓之以利害，明白開悟。虜見諭帖而泣，有爲中國搬銅、送大砲以索賞者，有偵探奴情驀地來報者。乃督臣以離密雲久，彼中亦非無事，一聞臣至，遂發牌移駐石門。虜愕然驚曰：『經略至，賞事不諧矣。』亟欲解散。而督臣遣使諭之曰：『此經略與我同心爲朝廷者也，爾效順，我勸經略與我撫賞一樣。』於是諸虜搬運糧食，與山海之人貿易匹布，易米數斗，居人利之。

掘地得軍器，皆徐徐運來討賞。賊劫我之馬，各夷獲賊，併馬送還，且請正法。虎酋亦走使前來講賞，傳聞合虜衆十萬與奴酋相構。語雖未的，亦不敢不聞於上也。臣等非不知虜不可恃，款不可常，然不如此，則目前有闖關劫掠之事。奴之患在三百里外，虜之患在十里中；奴之患在山海、一片石等處，虜之患極衝有七十五處，次衝五十一處，全鎮通大舉五十三處，如破甕盛水，處處皆漏，急不可塞。失此一着，國之大事危矣。今講論已逾半月，因索勒太多，靳而不許。初七日三更報至，鐵場堡北烟火聯絡，週圍五里。我既不敢多與以開釁，又未可加兵以速禍。款事紛紛未定，邊情洶洶可虞。而督臣移鎮石門，樞臣見臣受事，亦擬復命。臣一人耳，才力未可當關，耳目焉能徧及？查各隘口邊墻未葺，器械未整，兵馬未足，錢糧未議，將官惰窳，軍士偷閒。臣即控守關門各隘，一有透漏，爲害匪細，須得大臣行邊整頓一番，可修築者鳩工，應添設者增置。臣獲寬心于各隘，亦得專意於危關。千金之裘，非一狐之腋，分任其事，乃可協贊其成。矧樞臣視師，奉勅專責查勘關隘各口，未閲，遽難報竣。中樞已有閣臣掌握正樞，臣從容復命之時，非脂轄趨朝之日。伏惟皇上亟勅督臣專管撫夷一事，仍移蹕關門，以便調度；樞臣巡行各隘，整飭兵戎，俟賞事成而後督臣還鎮，巡事畢而後樞臣還朝。臣雖不才，願與二老臣同心協力，共爲皇上擔任危疆，以副天子臨軒授鉞之恩。至于關事艱難危迫之狀，容臣續疏再悉仰干天聽。臣可勝悚息懇祈之至。」奉聖旨：「總督官着就近撫賞西夷，候事平畢還鎮。視師官查理各口，整頓明白，方可回部。該部知道。」

御史張應辰疏云：「頃聞奴酋欲攻山海，不軌奸民包藏禍心，瞋目語難。或潛往潛來，廣結死友；或揑造流言，煽惑人心。良民談逆奴而色變，望榆關而心愴，一聞訛言，舉國若驚。欲垂橐而往，徒手恐不能以聊生；將絪載而行，慮象齒因以自焚。索索矍矍，進退維谷，咸自擬于山頭之雀。似此景象，無論大敵壓境，即草澤間有崛起之奸宄，而離散分析之象成矣。故曰一無足恃也。」

王在晉題賑遼人疏：「臣欽奉簡書，有『入關遼民，務在撫恤防閑。沿海間田有可屯種者，即以安插其人，毋令爲患』等語。是生活遼人者，臣之事也。其奈天之降割於遼人也，有抛荒之田地而不得耕，有燒殘之廬舍而不得處，有破壞之城郭而不得居。降者已削髮而成禽，奔者且離鄉而爲鬼。老羸委身溝壑，少艾轉眼從人。臣一路經行，見其遷徙無常，流離載道。其流至真、保、山東、河南等處者，人數甚多，此皆挈有行資，稍能自活者也。惟是貧窶無歸、不能行路者，群聚薊、永一帶州縣，投狀、投揭於臣，動以數百計，其散居村落者且數倍焉。臣批行各屬照部行賑濟，然而各屬倉穀無多，在庫官銀久罄。所謂動支銀穀者，幾爲紙上之空文矣。塗羹但可爲戲，而畫餅未可充飢。人臣奉朝廷之德意，拯救生靈，不以甘言而以實惠，臣安敢漫視祖宗愛養之元元、暴露郊原之白骨乎？畿輔經春久暵，瘠土焦枯，近關土著多拋棄地畝，逃竄他鄉。有田者且不得耕，無田者安能得種？倘月間無雨，歲必無粦，土民百爾憂生，客民萬難活命。狡者化而爲奸細，强者變而爲盜賊，攘臂一呼，十萬人登時可致，黄巾、赤眉之事不在異代，而在目前；不在遠方，而在近地。臣即荷戈當關，且憂内地之滋患矣。今時急着，惟有賑濟。賑濟原爲户部之事，而計臣向與臣在朝面議，亦曾許諾，好生一念，諒計臣先得臣心之同。伏祈聖慈發銀拯救，容臣移檄薊、永、天津等道，查貧苦流民，分别等次，造册申報，令州縣分廠煮粥，以存孑遺。倘有積蠹侵牟，貪吏尅減，查訪得實，拏究參處。其遼生收附各庠，世弁收附各衛，俾各得所，以銷異萌。空閒田地聽遼民耕種，以爲永業。亂離中保全性命，以望太平，此王者無外之仁也，而臣愚可副撫恤遼民之專命矣。」奉聖旨：「遼民屢有旨賑恤，這所請銀兩准給發，但須嚴行查核，務沾實惠，不得冒破。」

三法司會審經、撫。②熊廷弼跪下言：「職起田間，復起經略，原議駐劄山海，並無駐劄廣寧字樣。」鄒都憲元標云：「失地喪城，功罪一體，難辭其責。况屢奉明旨，内云『提審』二字，又有『確審』字樣，公竟然不理。今日必須暫進刑部，是非自明。公不必抗旨，如此反得罪于朝廷。」廷弼言：「職奉明旨聽問，不是送問字樣，焉能將職下獄？」相争多時，王尚書紀説：「公不肯進部，叫錦衣衛旗尉暫時同到天仙庵住一日，職等上本請旨定奪。」鄒、王云：「請過王巡撫來。」化貞跪下言：「職苦，職自知一言難盡。」袖取一揭投上。鄒、王云：「公必須還有在朝班之日。」一躬而散。

廷弼自上疏云：「今初九日法司會問，職亦不欲多言。惟是前旨止于革職，職猶一解任官也；後旨止于着法司問，未有下送字樣也。未定罪而先送獄，未奉旨而先赴獄，法司之處職，與職之自處者，俱覺有所未便。夫法司待罪人之體，與朝廷待大臣之體，兩者俱不可不存，以重法司執法之體，兼重朝臣之體。伏乞勑下法司，以便遵行。」

審案大略云：封疆大臣破壞封疆，國有定律，百口何辭。乃會鞫之日，刺刺不休，若謂不宜與化貞同科。詎知功罪一體，明旨昭然，即廷弼與化貞書札，亦有「吾兩人同功罪禍福」之語，可至今日移異其説乎？廷弼試捫心一思，喪師失地同，抱頭鼠竄同，而其罪安得有差等？胡不引從前經略觀之也：比之楊鎬，更多一逃；比之袁應泰，反欠一死。若厚誅化貞，而廷弼少及于寬，罪同罰異，非刑也。不唯無以服天下萬世之心，恐無以服楊鎬、袁應泰之心矣。

王在晉題湖兵私逃疏③：「本月十三日辰時，署中軍官毛有倫傳報：防守北山湖兵紛紛下山，北山去城數里，不知何故。臣即傳監軍道袁崇煥查問，併令總兵王國樑、李秉誠往諭，始知爲湖兵五寨司莫大功、李應魁、向世爵、田應封下目兵。詢其故，曰：『今歲皇賞銀未給也，正月、四月錢糧未領也，經管官尅減給散不能如數也。關上百物騰貴，糧薄不能資生，願往京師就新餉也，是以相約同行。』夫今歲原無皇賞，明係托詞，正月潰關而入，錢糧尚可問乎？四月纔及中旬，安見其遲發乎？百物騰貴，詎獨湖兵受困乎？經管官扣尅，何不控告，而乃相約私逃乎？隨發令旗撫諭，招之使回。于中有二千人劄住，其大半竟行不顧矣。二總兵復差官禀臣：招之不回，何以處之？臣知土兵最悍，非言可諭，即發騎兵緊追，一面差官先往撫寧堵截，一面差官往前路預備糧草，以防追兵之困乏。逃兵就撫則已，不則立誅，首惡正法。各兵見騎兵邀截，張弓露刃，傷及人馬，當被都司丘臣、守備麻登雲即率家丁力擒。拒敵首惡廖老留、張友學二人斬首，又戳傷數人。各兵見勢不敵，遂下馬跪禀，願回原伍。二總兵傳令止殺，押歸原派北山地方屯劄。是夜，西關外又報，湖兵在飯店中因飲食起競，殺傷一人。十四日，因安砲相争，又戮傷兵一名。相争相鬭無時不有，官告兵，兵亦告官，官被革而兵無主，兵被創而官益驕。易置總把，則士兵不習于他將；仍舊統轄，則號令不信于三軍。當楚兵之應調也，脱巾于中路，鼓譟于出關。每遇朔旦，川、湖兵燒紙望南而哭，挑動各兵懷鄉戀土之情。平時梟勁蔑法，今又結夥潛奔，紊撓軍律。留之不爲我用，益重地方之憂；殺之恐及無辜，致滋决裂之禍；散之則各軍效尤，釀成瓦解之勢。處置之難，無有甚于斯者。先是遼民同潰兵進關，良奸混入，人情洶洶，伍有虚兵，人多冒食，事權不一，嚮背各殊。有所惡于此，則逕投于彼，傍竊以逞其威，雜出以樹之黨。道、將之肘既掣，軍士之情益詭。湖兵瞋目語難，軍中諠傳爲奸細引誘，挑禍以激之變。無奈城中防範嚴密，中堅不動，兵不可撼，傍觀者遂惕息而不敢前。自非劫之以威，四千人狼奔鼠竄，永、薊騷然，而京師且駴聽矣。逃兵歸伍，不終日而底定，則總兵王國樑英鋭直前，李秉誠恩威並用，師武臣之力居多焉。此間卒徒叢聚，釁孽易萌。當臣受事之初，即小試强梁之狀，爲三軍榜樣。萬一膽寒氣怯，必入套中，縮朒不能行法，經略一日不可做，山海一日不可居。西虜交錯于關外，驕卒狂呼于關内，安危之機立判，潰散之勢即成。線索一提，繇人舞弄，乘易動之人心，爲挑撥之隱術。臣于此而識奸宄之人情矣。向來兵驕卒玩，五步之內不聞以頸血相濺，心神只想狂奔，足跟曾未着地。有兵如此，即百萬，總歸無用。國家空費金錢蓄兵，轉憂釀禍，當年數千里之征調，是亦不可以已乎？俟款事少定，容臣一一清汰，兵寧寡而毋襲充伍之虚名，餉寧增而毋蹈濫觴之積弊。其必不可留者，我操斥革之權；其不堪久戍者，旋議更番之法。人心安，軍紀肅，庶幾長有斯土乎！除將元惡首級懸掛號令，其各營將官鈐束不嚴及格鬭傷人目兵，暨軍中撥置奸徒兇犯，聽臣徑行拏處外，伏祈聖明裁鑒施行。」奉聖旨：「五寨各兵仍着原領官統轄。其核兵足餉併汰留更番等事，便作速議行。」

初，湖兵下山奔竄，擒其爲首者鞫之，云：「某鄉宦有書招之入京，保熊經略也。」某思此事甚大，嘿嘿諱之。及閱邸報，太僕少卿滿朝薦疏云：「湖兵臣郡辰州應募者，廣寧失陷，郡人在陣日久，每以桑梓求見，臣故得訪遼、廣失事之詳。」云云。蓋山海耳目甚多，叛兵之言一吐，便飛達京師。先以微言隱隱辨釋，其意甚深，而予終付之忘言，不然熊公必于此時被僇，太僕其能有完計哉？

王在晉題參逃將：「照得廣寧之陷，經、撫、道臣逮問者五，而總、副無一被桁楊者，四五賣菜傭無足膏斧鉞，且東逃西竄，未能就縛，令人有餘憾焉。祖宗朝于守邊將士責成甚重，法律甚嚴。今以文臣比武臣之律，其究且以武臣用文臣之法，恐非本朝立法之意，而文臣終屬有詞，率繇此道。將領臨陣望風，終得不死；而文臣身不跨馬，射不穿札，其能賦詩退虜乎？今在關武官，多從關門遁入，然有腐心刻勵以圖報効者，其罪可原也；有才略頗優而未經委用者，其過可使也；有備員奔走而未可責之以大義者，其情可宥也。惟是因敗以爲利，借逃以脱身，玩弄王章，閔不畏死，非殺之則逐之，三尺可容寬假乎？内參：總兵達奇勳應褫奪。中軍都司王藩、遊擊盧養才、都司史光裕分别議處。總兵孫顯祖已經提問，應追馬千匹，以還山海。總兵竇承武從入關即流寓于天津、真、保之間，應行彼處巡撫押解來京。水兵都司保世寧當拿問。浙江領兵參將袁應兆應行浙撫拿解究問。固原遊擊陳愚直亟令彼中巡撫斬首，傳至京師號令。」奉聖旨：「該部作速議覆。」

王在晉又參：「管關同知張文達任内放過軍餉七十餘萬，當量追銀一萬四千兩，行陝西撫、按勘産嚴追，解山海關爲修城築堡之費。」

大學士葉向高等奏：「臣觀邊報，遼人避難入關者至二百餘萬，彼其倉皇奔走，既不能有所挾持，即有微貲，亦隨手立盡。糊口之計既窮，走險之謀必起。自來流民爲亂，殷鑒昭然。宜令倣古屯田之意，分布逃民，量給資本，使之力耕，二三年後可變荒蕪爲成熟，亦可聯保甲爲戎行。然須專官督理，所需錢糧預爲設處。即捐二三十萬金，亦勝于坐觀其亂，爲費更不貲也。年來議論紛囂，人情厭苦，廣寧失事以來，業已兩月，章疏如山，半爲經、撫爭論，而一切戰守兵食事宜，併未見着實料理。言當做者，即是不肯做之人；言肯做者，又不必做之事。其究只是爭門户、角意氣，國家不得議論之利，而反蒙其害，此其爲禍甚于干戈盗賊。今經、撫已俱送法司，三尺之刑書具存，千秋之公論難掩，亦何用嘵嘵爲哉？今日催科太急，禍變愈生，内帑所積亦自有限。臣等再三籌畫，無計可施，惟將十庫錢糧稍可緩解者，盡行折色一二年，以濟軍需。其蘇、杭各處織造，自供應袍服及賞夷段匹外，大加減免，俟事平之日仍照舊例。雲南貢金道路已絶，征之無益，亦宜傳示免解。至于内府一應宣索，雖常例所有者，併行節省。使天下乂安，何患無財？有如危亂，積金盈斗，亦安所用？至于目前緊要諸費，不得不有望于内帑者，尚須給發，以救然眉。總之，爲天下國家計耳。」

以太僕卿董應舉兼御史，管理直隸、天津至山海關等處屯田，安插遼民。又發銀十萬兩賑恤之。

興屯田，安流民，折内庫，充軍實，此俱在晉所條奏者。惜乎天津屯種董太僕虚冒其名，實銷其費。發銀十萬兩，晉力請得之，而付之不可問。今流民所種之屯安在哉？内庫錢糧，省直編額甚多，量折可充經費，然皆中貴把持，例索鋪墊，誰能扼其吭而奪口中食也？

王在晉題删冗懲貪疏：「竊惟朝廷設官，以治事也，乃官多而事益亂，蓋職掌分則無專成之效，事權析則生推諉之端。邇因遼患作而設多官，謂藉衆謀衆力以存遼，而遼卒爲多官所斷送。一事而互生異議，必至爲三年之築；一方而群使其民，寧免夫九牧之嗟。且新設之官，厮隸皆從傭募，則體統輕；邊徼之地，供應責其周全，則物力敝。廪給心紅等費，門皂書役工食，皆取足于新餉，增一官，計一歲所費可養二百餘兵。且各分募家丁，凡精壯多托身標下，有事未必操戈以臨陣，無事則徒糜餉以偷安。將領伺文臣之色，極意阿逢；文臣掣將領之肘，故爲抑勒。彼此牽合，遂喪厥功。今山海一片地，兵至六七萬，事事皆無條緒，般般未有法程。向來止一管關主事，一管關同知，即山石道皆爲冗贅，何有于監軍、司道哉？臣介然處此，從來無額編之供應，從來無答應之人役，建牙于蓆棚草舍之間，與馬牛同混混而已。先是樞、督二臣將官兵分爲三部，守護邊城：中部屬山海道，今有副使閻鳴泰在焉；南部屬西路監軍參議邢慎言；北部屬遼東監軍僉事袁崇焕。

此三道者，斷乎不可少者也。然錢糧、草料之出納，水陸舟車之轉運，馬匹、駝騾之牧養，須得一監司之兼督。而寧前一路，雖虜騎充塞，俟西虜講賞既定，擬發游兵哨守前屯。而目前所撫之夷，皆寧前受賞之夷，則寧前兵備其何可缺乎？張應吾雖經樞臣勘擬降用，然當遼、瀋之初失，本官慷慨而直前；比廣寧之既陷，本官遲回而殿後。青燐忽驚遍野，雖無保全疆土之功；而黃壤猶存故墟，要無失陷地方之罪。時遭異變，情屬可原，似應免降，以期後効。再照遼東雖失，而我未可一日以忘遼，則西路監軍邢慎言應帶遼海、東寧等處職銜，遼東監軍袁崇焕應帶開原屯馬職銜，寧前兵備張應吾應帶廣寧等處及糧儲馬政職銜，登萊監軍道應帶海蓋等處職銜。至於經略之監軍，及西平堡、盤山路、中路、南路、廣寧路及出使朝鮮南路監軍，盡從裁減，登萊監軍亦止存其一，天津遼餉併歸兵備道，似可兼管。山海關府佐應留應減，容臣查議停妥，另疏題請。一年之間，可省餉銀二三萬；裁去各道家丁等役，可養兵四五千。此皆節浮省費之實事也。」

南道劉之鳳題：「今日榆關一線，呼吸存亡專在于此，守山海正所以守陵京也。欲保守得固，須要人心站立得定。臣以爲欲固未固之人心，當先明未明之法紀。如新經略王在晉近參總兵達奇勛縱王藩、盧養才侵剋多贓，明是貓鼠同眠，以軍糧爲谿壑。總兵孫顯祖殺屬夷以報功，廣寧失陷，魂摇膽落，午夜放妻孥、放軍過關，奪良馬幾千匹、槍刀弓矢器械，攜戲子沿途歌唱。總兵竇承武冒餉幾千金，廣寧既陷，遲留觀望，似欲効孫得功之故事。都司保世寧詭兵冒餉，縱部殺兵。參將袁應兆領兵不肯出關，僱覓流丐充數，虚扣行、月二糧。遊擊陳愚直業經部覆，出關之日，賚緣免究。以此等武弁馭士卒，方且疾怨之，唾駡之，群起而告訐之，不敢詰問，尚望其能行法于行伍，而使就我約束哉？人但知大兵之潰敗者，起于法令之壞，而不知法之所以壞而不振者，因貪將之自壞，而不能固人心也。若不一一參勘，即爲處分，何以振綱飭紀、剔蠹懲貪？願廟堂之上早計而力行之，庶人心早知儆惕，邊事早知振刷，所全于危疆者大矣。」

刑科張鵬雲題：「職在刑言刑，竊見法度凌夷，至今極矣。從來閫外之事，將軍制之，廣寧之潰，倘有二三大將提師督陣，奮不顧身，豈遂决裂至此？而望風犇逃，諸將與經、撫同；遼、瀋失而逃之廣寧，廣寧失而逃之山海，則諸將較經、撫更有甚焉，胡以置諸將于不問？職方欲具疏特糾，適見經略王在晉有查參奔逃貪縱將官一疏，殊快人意。抱頭奔來，贓私狼籍，而止于削籍，不適遂其奔願乎？主將不固守如達奇勛者，何以解于此律？豈法可行于經、撫，獨不可行于武弁乎？恐天下謂朝廷從此無法也。」

御史潘雲翼題稱：「河西潰陷，全遼陸沉，以至重之地，處至危之勢，當至急之時。經臣抵關以來，戮力劻勷，嘔心籌畫，行將漸有次第。據其前後諸疏，矢口迫切，累牘艱危，蓋有不勝累卵之形、棼絲之歎者。皇上誠思以山海之勢若此，奴酋之勢若彼，幸不來耳，來豈有幸哉？職爲今日之計，志宜定而不宜亂，則莫若畫地而守；兵貴精而不貴多，則莫若簡兵而練；權宜重而不宜輕，則莫若選將而任；事宜實而不宜汎，則莫若擇人而理。山海斗大一城，官如蝟集，事若絲棼，蓋維官多以致事冗。今日不苦無官，而苦多官，不在官少廢事，而在官多壞事。此誠有見之言。經臣刪冗一疏，謂遼患作而設官多，欲藉衆謀衆力以存遼，卒爲衆官所斷送，語更痛切。職目擊時艱，中懷長慮，國勢人心日見危疑杌揑之狀，邊籌廟算不改因循延緩之常。握火抱冰，其何容已？亦以眼前救急之籌、中外實落之圖，要無先此。誠能防守力爲圖維，兵將大爲整頓，夫然後羈縻西虜，方無玩我之心；聯絡朝鮮，益堅効順之志。又將在内一應軍馬、錢糧、甲仗、火器等項勤施不匱，以濟急需；在外一應修城、濬壕、建烽、築臺等項明作有功，以收實効，則山海重地丸泥可封，而蠢茲逆酋，又豈上廑聖主東顧之憂哉？」

兵科朱大典疏云：「竊惟古者寓兵于農，平居則爲比閭族黨之民，有事則爲伍兩卒旅之衆，田野倉庾之積蓄，即征行士馬之芻糧，制甚善也。今榆關一牆之外便爲虜穴，經臣王在晉遠見定識，力汰冗兵，所省糧餉不貲。見在實兵六萬派守，猶虞不足。誠于近畿郡邑各練土兵數千，以壯聲援，節節設防，處處扼要，彼虜騎安得奄然長驅哉？伏乞嚴敕各撫、按督率守令，勒期舉行，所裨于防馭征剿不淺矣。」

王在晉題撫賞諸夷：「其屬夷來守關外也，始于罕孛羅勢之窺犯，一時聲勢甚大，塞上人心悚悚皇皇，若朝夕不能自保者。臣差加銜都司閻守信、通官王擒胡往諭，又差番僧喇麻王三吉八藏、遊擊守備等官張定、王朝宗再往諭，宣布皇上威德，罕酋憣然省悟，懷我好音，自云：『我家祖父老把都、青把都、白洪大等受了天朝撫賞厚恩五十餘年，今遼東欲剿殺奴兒哈赤，我願出力報効。』發帳房三百頂，傳調朵顔、猍暈大等帳房一千頂同去，哨守山海關外。此屬夷守寧前之因也。臣惟廣寧既陷，數百里間虜騎充斥，路無行禽，河西音耗不聞久矣。自各夷入邊以來，遊騎來往，遠哨連山，皆諸虜爲我引導；寧遠城中卷案册籍、銅斤大砲，皆諸夷爲我負載；米豆、高糧灌輸榆關，人無枵腹，皆諸夷爲我搬運。其最切要者，樵採、燒造、修築、挑挖，斧斤尋于山林，畚鍤狎于原野，不可謂非諸夷力也。猍暈大于諸酋中最稱驍雄，而諸酋亦咸聽其頤指。戍守關外，發蹤者雖罕孛羅勢，而追隨者狹酋之力居多。但其初來也，只言報効朝廷，絶不道及賞之一字。既則討接風、祭旗矣，既又討舊賞矣，繼又討新賞、討部夷月糧，且欲比招募之例矣。夷性犬羊，谿壑無厭，臣等概不之允，諸夷請討不已。四月十五日，臣與督臣進諸夷演武場，宣布我皇上德意，許以舊賞，其新賞與諸部夷之犒賞，一絲一粒一分一毫概未敢許。夫舊賞者，載在册籍，歲額之撫賞也。迎風、祭旗，各堡軍民懼其蹂躪，箕斂之私賞，相沿已久，亦舊賞也。新賞者，哈喇慎諸部台吉與朵顔諸酋之子若孫向來無賞，而朵顔之裔婚于哈喇慎者皆得稱，倘不浪昔也幼，今也壯矣，昔也卑，今也尊矣，無者蕲于有，有者蕲于多，涎垂頤朵，遞相加也，曾何厭之有？臣再惟新賞雖不可加，而亦終不可截然終止者也。部落窮夷雖不可盡如所請，而月犒以獎其勞，亦情之必不可終已者也。譬之養鷹，可以翩然懷我，亦可以颺去依人，懷我則肯爲我用，依人則將爲人用。至于爲人用，而天下大事不可復收拾矣。狼子終是野心，鳩目竟亦難化，一去一來，介在呼吸，不可不慎者也。臣度虜情形，又度我時勢，不得不借虜爲用，又不敢必虜之終爲我用；即終肯爲我用，而我亦何可終恃虜以爲用？斟酌於緩急輕重之間，如魚者之鈞，吞舟惟牛爲餌，投于萬仞之淵，一入其口，欲吐不肯，欲去不能，而後操縱在手，庶可以制其死命而惟我所用。雖然，薊鎮三陲環二千里，隘口數十，虜騎在在皆可躝入，爲我腹心之患，奚酋山海諸酋之舊賞、新賞，部夷之移帳犒賞，亦非虚擲。不徒禦外侮，亦以杜内萌也。况諸夷之來也，枕戈卧甲，亦云勞矣；露宿風飡，亦云苦矣。酬其勞苦，量與些微，譬之飼犬然，投骨于地，欲其司守而吠盗也，脱也不投，且有噬指之虞。已，諸虜之來，名雖恭順慕義，豈其果出真心？無亦利漢財物，姑帖耳摇尾乞憐于我者乎。就其來而羈之，爲力甚易；待其去而招之，爲費滋難，蔑克濟矣。狹酋之死，無足爲異，第其來也，保護關門，爲王事而來也；其殁也，死于軍中，爲王事而殁也。借其効勞之名，量示優恤之意。彼既護我藩籬，我亦何惜帷蓋？卹其死者，勵其生者，亦今日當機一着也。」

西虜運河西棄米，經略復差官括各島存糧抵關，軍餉不絶。其夷人發遼民窖藏米粟，聽山、永居民以布易之。失風濕米賑濟遼官、遼生暨流民入關者，多寡量給，關内難民俱各安堵。其大將軍、滅虜、虎威等砲，銅鐵遺械，及衙門卷宗等件，夷人俱送至取賞。款虜護關，聲勢大震，奴酋膽懾，亟築新城以圖固守。遼將祖天壽向踞海島，亦聞風思附。

河西失陷，經、撫爲仇，其視中樞亦如仇，各分門攻訐，晉以抗言取憎。其推經略也，必欲置之絶地，謂萬分不能自免也。晉亦失心拼命，慨然直任，不請帑，以矯其用帑之多；不請兵，以矯其調兵之衆；不促餉，以矯其耗餉之濫；沙汰冗員，以矯其用人之襍；設局鼓鑄，以矯其轉運之煩；誓衆堅守，以矯其棄地之失。大爲時請所嘉與，遂爲群黨所側目，必欲與敗同事，而後始快其夙心。孰知彼蒼憐佑，諸事瓦全，獲逭罪戾。其始湖兵之鼓亂，本兵張公執訊戎首，謂長安某某貽書，情事甚確，而予隱忍不發，以消大釁。於是妬我者無計可施，而簇擁樞輔行邊，襲其成事，害其成功。人謀如此，遼寧安得不決裂哉？

經略設局開平，委主事沈棨鑄造軍需，就近取煤，以省運價。

南科徐憲卿奏稱：「年來最病痛處，在多設監軍，多則徒使將領分心，於文移營精於迎合〔七〕。昔李、郭不世出之將，一監以魚朝恩，而猶不免敗，況庸將乎？新推經略王在晉，雖不以揮霍哆口，凌厲示長，臣知其品端心慎，決不以封疆爲戲者。臣見正月間奴酋過河，關上去廣寧有幾，塘報斷絶，購探無人。今中前屯、所等處猶未陷没，近報朵顏、西虜俱往住牧，雖曰借名守邊，恐非持久長策。則關以外，我無一人一騎敢出矣。此何等地，何等時，尚不蚤爲之計耶？外陶朗先報奴子被殺，或借以文其不能進兵之失，而未必真報。梁之垣鐵山島壞船，不過爲支銷二十萬餉之地，而未必確。此總於遼事交關，當查催以助毛文龍之一臂者也。」

校勘記

〔一〕羅一貫只一裨將 「羅一貫」，本書或作「羅一貴」。
〔二〕城上砲石打死奴兵無算 「算」字底本空缺，據北大本補。
〔三〕手刃多賊 「刃」，原作「刀」，據北大本改。
〔四〕共十六員 以上共六員，「十」字疑衍。
〔五〕馬厩空藥局空車輛空鋭砲空甲仗之庫空 「鋭」疑「銃」之誤。
〔六〕非近關不能供給 「給」，原作「結」，據北大本改。
〔七〕於文移營精於迎合 「營」字疑衍。

底本眉批

①本條原有眉批「會推經略」。
②本條原有眉批「法司會審」。
③本條原有眉批「戢逃止亂」。

中國史學基本典籍叢刊

三朝遼事實録

下

〔明〕王在晉 著
李東皋 點校

中華書局

三朝遼事實録卷之九

壬戌

五月，王在晉題接濟東江：「准兵部咨題稱，毛文龍招集從義之士尚數千人，久聚海濱，未費朝廷升斗，今日應量給銀五萬兩以濟其匱。勑登萊撫臣發福建領兵官侯鋭同、王一寧帶去，交與毛文龍接濟應用。等因。業經奉旨下户部議覆。臣知皇上之廑念文龍，德意周至，文龍有不感恩思奮者乎？臣奉命聯絡朝鮮者也，蒞任之初，當通文告于朝鮮，併探文龍之音信。而有遊擊蘇其民、加銜都司僉書張攀，向與文龍同破鎮江，擒佟養真父子，見在臣標下，臣即令二將同加銜守備蘇其國、張五福于本月二十日給與月糧、盤費，偕壯士四十餘人行，令登萊撫、鎮發船、發器械同往。臣移朝鮮國王咨併諭平安道咨内具言本職奉命經略遼東、薊鎮、天津、登萊等處軍務，欽奉勑書，内云：『朝鮮雖阻海外，實聲教所曁，應聯絡作我援助。兹當莅任之初，擬合移會國王知悉。去年八月，題差南路監軍副使梁之垣賫捧詔旨，宣諭貴邦。奈渡海阻風，深寒結凍，避颶島門，棲遲卒歲。今逾半載，音問不通。副將毛文龍向以收復鎮江，孤軍寡援，退處朝鮮地界，糾聚遼民，旋圖進取。其得無糧畜衆，藉資貴國，獲助良多。惟是隔江一旅，聲勢單弱，進則必仗前茅，退亦全須後勁。狡酋雖陷廣寧，實我叛臣爲之内應，兵未臨城，遂致奔潰，非奴之力有加于中國也。然而西平一戰，奴死者數千人，積骸填城，義、錦等州百姓結壘北山，死不降賊，而寧前一帶乃我之所棄，非賊之所乘。今西虜款關，爲我設帳防守，搬米運銃，以濟軍興，胡越一家，威靈大振，少需整辦，即議進兵，東西夾攻，全望王國。倘奴渡河窺關，希即發兵以助文龍，力圖牽制。貴國久懷忠義，欲報興復之恩，須興問罪之旅。矧奴勢甚强，養癰爲害，必肆侵淩；併力剿除，乃握勝算。其或察幾審勢，未可猝擊，保獲文龍，以期後舉。軍資、糧餉、火藥、銃砲，萬惟協濟，無德不酬，請俟異日。』等因。又諭朝鮮平安道云：『奴酋狂逞，侵我上國，皆緣叛臣勾引，潛肆憑陵。天朝一統全盛，聖主乘乾，仁明先物，聲施四裔，似此小醜，旋當殄滅。昨歲副總兵毛文龍攻克鎮江，因衆寡不敵，越居鴨緑，團聚朝鮮，萬里孤屯，志在興復。惟王國率賓效順，事大殫忠，倘機遘可乘，希振一旅，以助王師。緩急所需，百爾協濟，事平之日，當圖報稱。皇帝已遣監軍副使梁之垣宣諭國王，久惕風濤，致稽踰海，想朝命既達，無俟中言。兹者差官通訊文龍，預畫戰守，特此附音。』等因。併檄監軍副使梁之垣，副將毛文龍、王紹勳，諭令同心協助。去後。伏念人臣之義，交不出疆，而臣奉天語以移文于海外，不敢不奏聞於陛下。續于本月二十七日，有保定參將平四知、營兵趙五自大凌河逃回，聞廣寧韃子有調遣河東，征討高麗、毛文龍消息，則文龍之行藏動静不可不差官偵探，而俟闖兵到彼，恐致遷延。夏月南風盛發，過此則往來無及矣。臣正具疏間，于二十九日，據專理遼餉副使錢士晉塘報，天啓元年十月十八日，有廣寧王巡撫差糧船六隻，裝載稻米、兵器，送赴東江營内接濟，毛副將見接濟糧到，收淚爲歡，即令陳中軍當日交卸，所有印記實收存照。等因。該本道當拘白惟學并同差守備趙成功、賈天剛等，隔别研審。據各供報：毛副將自擒解佟養真後，南來舟師斷絶，聲息不通。一向在于義州城彌串堡、龍川諸處往來駐劄，標下止有王撫院原撥廣寧兵二百名，并避難遼人十餘萬，内中挑選精壯數千作爲義兵；餘人寄住江東地方瑣川、固城、安州、定州等處。兵士别無分毫錢糧，及今十個月都借資朝鮮，米萬餘石，布千餘疋，與士卒甘同艱苦。士卒感其忠誠，無有叛志。江西舊有擺渡小船，本將俱收過江東，奴故無舟可渡。去年冬月冰堅，奴于十二月十四日提兵過江追襲，十五日與毛將交戰于林畔〔一〕，遊擊吕世舉、中軍丁文禮戰死，毛將力不能支，退保安州寧邊，奴亦撤兵回巢。毛將隨還林畔過冬。今年三月内聞梁監軍將到，毛將帶領部兵前往彌串堡，于初十日相會，遂用梁監軍銀二千兩少充兵餉。梁監軍于十五日往朝鮮，至京。去訖，參將王紹勳坐監軍來船，放回鐵山住泊。有天津畢巡撫所遣應援參將管大藩等兵船在江東各處，與毛將水陸犄角，相機戰守。廣寧王巡撫發來丁守仁等運船四隻，裝載糧石、軍器，俱照數收完外，有登撫委官陳汝明所押木寨糧船四隻，裝載豆石，守凍石城島，適遇梁監軍過海，帶往彌串堡，亦交卸與毛將。但兵多糧少，人給斗升，支放不敷，顒望轉輸接濟。故差學等來文投遞公文，請給兵餉，以便相機恢復，因附運船後先到津。等因。三十日，又准登萊巡撫陶朗先揭報，朝鮮國王咨稱：奴賊傳書，内云：『南朝十三省兵大會遼陽，尚且失利，國王留一毛文龍何益？若不見與，明春更有大于毛文龍者來。孤亦不與彼相較，只惱國王承當他國之事，亦聽之耳。』又據副總兵王紹勳報稱，三月十九日抵彌串堡，闔營隨幫停泊。于次日，毛副將帶領兵丁數百從定州而至，管參將駕唬船數隻自鐵山而來，合兵一處，彼此慰安，圖維防守。及備詢麗人，并據避難遼民等供稱，虜窺伺江東，見我兵至此，連日不見動静。今卑職會同毛副將、管參將駐劄彌串、義州等處團練，相機行事，以張聲勢，牽制奴師，爲此揭報。等因到臣。看得：毛文龍以二百人糾聚十萬，挑選精壯數千，無糧而聚兵，遇敵而不懼。去年十二月，奴急東攻，故緩西犯。人多以廣寧塘報爲虛揑，今始信其非誣矣。自有此報，而兵部之請銀接濟、臣之差官通信皆適中肯綮。伏祈再勑户部速發前銀，解往登州，渡海接應，仍令登萊撫、鎮即發船隻，選差的當慣海員役，同蘇其民等刻期過海。如王一寧已到，即與同行；未到，令蘇其民等先往，毋稽時日。一面令登州整頓舟師，停泊近洋，倘彼中有舉動，即往協助。朝鮮借過米萬餘石、布千疋，應差武職一員賫勑，着差去使臣梁之垣宣諭，優奬國王，補還原借米布，仍勑該國發兵，共圖滅賊。再念毛文龍、王紹勳、管大藩兵集三哨，五萬金支用不敷，尚當續發，以備軍中月餉，從中協濟，桴鼓相應。庶毛文龍聲勢不孤，心膽益壯，而相機以謀恢復，山海之安，可藉其一臂之力矣。」

兵科朱大典疏云：「兵必以堪戰者爲實，而無取充數。按練兵之法，首言練膽，有膽而後遇敵不奔，方可收技能勇略之用。自握符者侈言數多，召募者務求足額，如何棟如之兵，半空于七千之内，安家之破冒難稽；賈祥之兵，矯擅于五百之外，沿途之搶攘最酷。而淮兵之到東省者，既不受登撫之節制，又不聽天津之調援，殊爲二東隱憂。如是以爲兵，即有如林之衆，何益也？」

王在晉奏參何大僕云：「何棟如于四月初九日引疾起程，與臣相值不過旬日，彼此面會不過二次。蓋初到山海，百事如蝟，非臣之疏棟如，以冗極，接談無暇也。棟如何常有選兵三萬出關，先據八里莊、中前、前屯之議？乃云新經略中各道之言，皆執不肯從耶？又云面告經略，經略不以爲然耶？棟如請告疏中，有選兵二萬，分據前屯、中前，專意訓練之説，是時棟如將行，臣往謁之，則已杜門不相見矣。前屯等處因房屋破壞，西虜充塞于途，所差參將周守廉、遊擊左輔領兵哨守，日往來于寧前之地，此棟如所知者，不待棟如之畫策也。棟如雖爲視師贊畫，而事事徑行，綑打將官，挑選兵士，動支帑銀，未常受制于尚書。臣初到，亦未常有一事之掣其肘。如城中兵馬可挑三萬，將官承認者不下百餘員，棟如曷不先自出關，曷不請命于樞督，直待臣至而後趑趄不進耶？如東西二虜講和，于四月初八日共圖大舉，棟如有任事之勇，受朝廷之命，正當以身排難，曷爲于次日即行，而畏虜如虎耶？湖兵欲往京應募，久蓄二心，棟如又責革管兵都司張世卿、田應封收用惡兵。楊大勝等各營官兵抱憤且久，又因棟如招集遼兵，奸宄夾襍，爲謀叵測。棟如拏獲奸細劉一巘、劉得功，明言『招遼民爲内應，他們向裡斫，我們向外斫』等語。棟如具由，移送于臣，已自知遼人之必變矣，一聞贊畫啓行，人得而甘心焉。初八日半夜，移書求救于樞臣，樞臣復差人擊鼓傳書與臣會牌。亟令三總兵多發家丁護衛，消此異變，且令袁監軍統攝其兵。臣等之愛護棟如，可爲周至。于次日擁護前行，離關既遠，臣等始得安心。如此行境，又安敢率兵于關外也？湖兵恐查究根，因于十三日潛逃，被臣發兵追趕，立斬首惡二人，又射傷九人，旋復收回，則臣已有疏奏聞皇上矣。東西虜交構搶關之説，不敢盡信其無，有之，或爲小歹青及廣寧之虜，必非宣大朵顔之虜也。奴酋用海船裝載遼人，帥大兵十五萬要到八里鋪，如此信果真，臣等在關所幹何事？乃寂無一語奏報君父之前。何敢以無稽之語，輕瀆聖聽，摇惑人心？且棟如起行在四月上旬，而曰四月將盡，尚未放三月糧，以致衆兵操戈思逞，兵糧一日不可遲，無隔月不給之理。山海一關聚天下之滑稽遊棍，而奸細又乘人之輕聽，譸張奴勢以懼之，霹造流言以亂之。妬人之見用，雖賢必毁；投人之機窾，雖奸必録。是非顛倒，流入京都，伏戎可慮。今四月初八日過矣，端午已届期矣，西虜到關已受賞矣，而奴兵十五萬杳無的耗，臣深幸其言之不信也。然其可信者，則在『山海關毫無可恃，雖有智者，亦莫如何』之數語。關門如不可守，罪在年復一年徇私用人，敗乃公事，而于旬日之經臣無預焉。先是棟如有疏，謂山海關危如壘卵，非王在晉力所能辨。棟如與臣同鄉，非有夙憾，只恐臣稽核其所用之錢糧，先下一綱，微微譏刺，以爲將來巧飾之地。不知鄉人存心甚恕，無樂乎盡發其幽。伏祈皇上將棟如用過銀兩發巡按御史查覈，勿以此事屬臣，以來横口之反詆。守關一事，臣已爲棟如所料，力不能堪，亟將其所舉文臣廷推速代，免誤封疆。臣當造棟如之門，叩首百拜，以謝其保全性命之德，於棟如又何尤焉？」

王在晉題關門形勢疏：「臣聞兵之道，以豫勝也；豫之道，以懼勝也。足莫蹷于登山，而蹷于履垤，故苟競于步，雖險亦安；苟易其行，雖夷必險。臣之守山海也，能知懼而不知豫也，以時且及而不可爲豫也。夫山海之防亦艱矣。奴之煽禍，攻無堅城，戰無勁敵，聲勢甚熾，而又雜之以西虜也。來不來，往不往，款非款，寇非寇。予之而靡厭其欲，拒之而恐失其懽。一心以防奴，又一心以防虜，可不謂艱乎？奴虜交訌，而又雜之以遼人也。懷之而非可懷，遠之而非可遠。飛鳥有依人之意，飢鷹萌攫食之思。昔以防外，今以防内，可不謂艱乎？内外多虞，而又雜之以奔卒也。養之以恩則玩，樹之以威則懟。同舟已成敵國，蕭牆潛伏隱憂。兵以禦患，今且貽患，可不謂艱乎？内患正殷，而又雜之以奸細也。始以疑而用間，繼以信而生奸。我不能得彼之情，而彼能盡得我之情。遠不在郊圻，近即在肘腋，可不謂艱乎？居新設之衙門，事事草創；守破殘之疆土，在在顛危；馭捏抓之人情，時時防變；收奔逃之魂魄，刻刻驚惶。器械盡已拋曳，馬匹俱經倒換。黃沙赤地，關河無草色之青；羶土腥風，灌莽滿骷髏之白。數萬人皆野棲露處，詎任祁寒；萬千間葦舍銜棚，曾無土壘。草料無方可買，而軍士竊以充薪；物價凡百沸騰，而錢糧更加節嗇。關上皆浮寓之民，大家久已遠避；關前多散漫之虜，虜酋又爾淪亡。我惟幸奴之不來，一聞奴至，恐潰散之形立見，而離披之勢遂成。此時即有孫、吳督陣，管、樂談兵，而疲卒不可使强，敗氣猶難立振。矧以臣之寡昧無聞，智能盡索者哉？然此猶以人情事勢爲憂，而未談及地理也。臣請以山海形勝言之：臣所居者一掬之城，週圍雉堞相望者也。乃南北邊牆依城而築者，亘延二十餘里，其南則海，沆漭連城，極天無際。虜如合騎登舟，掛席乘風，鳴槳破浪，瞬息直達。即以千百船艤灘泊岸，直滄海之一粟，而今所稱千百之舟師安在哉？昔呂頤浩謂虜必不乘船，而金蒲盧渾駕船直犯明州，復犯温州。臣不效頤浩之愚，以海爲無足慮也。城北爲角山，山脈從居庸、古北、喜峰迤逶千餘里，沿山設關隘以障朵顔諸夷部。關城枕之，繚垣于山，是爲邊牆，而峰巒更高于垣數仞，賊如憑高擊下，何能站立？左山右海之間，中關爲關，乃歡喜嶺蜿蜒綿邈，緊抱關門，嶺高于城。張弧決拾，矢達城樓；登嶺下瞷，一城盡在目中；若架大砲，樓堞何能遮蔽？高嶺有乘墉之勢，斗城如鍋底之形。昔武侯云『地勢者，兵之助也』，不知戰地而求勝者，未之有也。奴有戰地，而我無守地。山海一關，不過通貢夷之道，嚴遠戍之防，有兩河爲保障，何夷虜之足憂？而今且以爲衝邊絶塞，此豈有形之天塹成不拔之金湯者哉？臣與同事諸臣謀之，有欲築敵樓，先據高山高嶺者。夫敵樓孤峙，能擊遠不能擊近，倘爲賊所乘，則益助其憑高搏擊，而我失其所控禦矣。有爲再築邊城，從芝蔴灣起，或從八里鋪起者，約長三十餘里，北繞山，南至海，一片石統歸總括，角山及欑喜嶺悉入包羅，如此關門可恃爲捍蔽。第計費甚鉅，而民夫當用數萬人。夫國家爲萬年不拔計，何恤一二百萬金？獨是數萬人夫復招募于畿輔之地，薊、永之民不堪勞役，柴米益貴，而兵民益無所安處，是召亂之端也。欲用兵爲夫，而兵不習工，即多加工食亦不願赴。且廢其操守，離其行伍，而虜騎猝來，大衆奔蹌，有汗漫不及收之勢。矧内城止有向南一面，從新整餙，而東、西、北三面皆零零落落，俱未脩築；羅城跛羊可越，尚未增高，而乃舍近圖遠，似非得策。然外牆畢竟當築，不築則關門必不可守。此非旦夕之功不可若是其幾矣。臣子身任事，知危不避，見險不懾，斬温禺以釁鼓，血郅支以染鍔，決不以虜遺君父。惟是地利人和全無倚藉，直抒情景，泣無一字之欺、一言之謬。倘夷鋒突犯，攖城莫禦，彼時百喙亦難自鳴，身命所不必言，而社稷爲重，臣敢不控聞宸聽，爲先時内備之計哉？所爲内備之計，不在募兵，而在訓練實在之兵；不在添將，而在選擇有用之將。夫兵之難散也甚于招，而將之難知也先于任。今徒以名取，而不以實求，則失人；徒藉兵之用，而不虞兵之患，則釀禍。京師有募兵之令，而邊軍驀地從之；邊軍逃而缺伍，又牽引守關之士從之。彼爲趨利，此爲避害，人情有不樂京師之安，而樂邊塞之危者乎？有不願就長安之新餉，而就邊隘之九錢及四錢五分之餉者乎？今薊、密、永俱有增糧之議，萬一求增不得，邊軍立潰，則都下之招兵爲之嚆矢也。添一官，增一官之費用，其費在公家；添一官，增一官之役使，其苦在軍士。營路積弊，一經查閱巡視，先科公費。差舍、差官祇奔波驛馬，令旗、令箭但驅使錢神。威愈嚴而愈添狐駕之焰，體愈峻而愈藏兔窟之奸。尚方之劍雖利，不能斬斷藤蘿。今而後，始知冗耗之繇，而鑒潰離之轍。蟻聚烏合之兵，即爲狼奔獸散之兵，雖多，亦奚以爲？薊、永之間，通、津之地，流民叢聚，腸胃久枯，亟宜令彼處撫臣消萌彌患。輦轂之下，賸伏奸細，李永芳、孫得功之黨廣行間諜，窺我虛實，人面獸心，妖言鬼技，暗中結搆，挑楚兵之急走，致西虜之乍驚，訛語繁興，群情惝恍。陳平有捐金之智，趙括無膠柱之聲。詰奸之令宜嚴，緝奸之案早結，朝議息而邊患息，庶可救危邊之一綫乎！臣薰沐拜千，惟聖明少垂鑒焉。」奉聖旨：「封疆事重，卿還悉心籌畫防禦，餘着該部議行。」

吏部奉旨：「給事中魏應嘉，御史馮三元、張修德、劉廷宣原以言遼事降調，今重言既驗，併給事中郭鞏亦因遼事降處，都准復原職。」

山東鉅野縣白蓮教頭徐鴻儒作亂，流劫曹州鄆城縣，據梁家樓。鄆城陷，破鄒、滕、夏鎮，大掠河上。有紙人四個，號四大金剛。

王在晉題發水兵：「今邊塞之兵習驕習玩，事事倣樣，種種效尤，一人譁則衆思譁，一人竄則衆思竄，一處增餉則各處盡思增餉。僻處且然，何有衝邊？內地且然，何有遠戍？自援遼募兵，未嘗得兵之用，而海內受兵之害極矣。人思添兵，而臣獨思減兵，以苦兵甚於苦虜也，御兵難於御虜也。彼登萊所急者水兵耳，陸兵安所用之？青齊之勁卒甲於縣宇，彼江淮之兵又安所用之？臺臣之往募也，謂江淮之人之習海也。乃見海而惕，望登而避，懼奴而縮。萊州原非衝海，駐兵於此，恐至登而受巡撫之節制也，無節無制之兵可用乎？恐至登而屬總兵之訓練也，不訓不練之兵可用乎？恐至登而乘船出海，爲奴所攻，爲風濤所泊也，不習舟不習海之兵可用乎？遊擊孟淑孔者，臣不知其何許人，市井梟棍，竊非分之官階；灶下中郎，逞凌人之氣岸。抗閫外之專命，不往不來；邈天子之憲臣，不參不謁。器械、衣甲銀每名已給八兩，胡云赤手空拳？安家銀每名已給十兩，何以思歸若渴？東兵之放班，起於防汛，防汛者，防倭也，倭非汛不來，汛過而兵可放，奴若來，豈待汛乎？有兵無餉，撫臣不得已而放班。土著之兵，或春來而秋往；調援之卒，或此到而彼回。若夫應募而來者，則爲常川戰守之士，彼處未嘗有更番之兵，此間安得開放班之例？四方烏合，原無統攝，誰能追其既往，必其將來？朝廷費幾許金錢，二千里召募，未到登州一步，此兵緣何而招？未見撫鎮一面，此兵緣何而返？猥云勞瘁已極，鄉關入夢，豈山海之兵不勞，九邊之兵不夢耶？此説一創，邊關解體，領兵官不斬而奚待焉？今時畏兵如虎，曰斬虞其變也，獨不觀楚兵乎。彼土司之兵也，不知有朝廷之法者也，足甫動而臣之令箭已及於前途矣。邀兵截於前，追兵躡於後，當日如用大砲一擊，四千人立成齏粉。臣不忍爲長平之坑，僅爲藁街之示。歸伍之後，復擒領兵土把鍾天爵賫尚方之劍矣。彼以如熊如狼之衆，兵數逾萬，俯首就縛，何有么麽一孟淑孔，以監院之官自相雄長哉？若江淮應募者，多係臣鄉人，聞風蟻附，原非强敵，奈何駴視之？今惟有離群散黨，分發青州、武定以防海，發泰安以防山，發濟寧以防運，發臨清、德州之間以防入衛，老弱充數者以漸清汰。各兵如不願往，發回原籍，嚴追安家、衣甲銀兩。如狂逞作亂，則逮其父母妻子，繫之圄中。孟淑孔先行削籍，倘不遵號令，則着巡撫、總兵拏淑孔到京處斬。彼不受成於二百里之撫臣，定不受制於二千六百里外之經略。嗟嗟！名器不可以假人，威權不可以下逮。彼徒手之兵，且挾之以自衛，敢於劍戟叢中取悍將驕兵之首哉？登州之添兵也，爲三方並進也，今廣寧一方已無進兵之路矣，徒欲取勝於登、津，舍夷而就險，舍實而就虚，此爲不得之數也。毛文龍固請兵矣，而欲江淮之兵接應，陸兵不能汎海，登、萊向苦無舟，此又未必然之事也。今而後，東三郡止留二萬之水兵、八千之陸兵，而舊營仍存其額，則戰守可支，而供輸易辨〔二〕。茫茫大海，不能化飛騎爲游鱗，戰馬其猶可省乎？伏祈勑下該部議，將募臣游士任所募水兵三千駕所造船隻及時渡海。再查江淮陸兵中有習水者，量行挑選，接濟毛文龍，協力以圖攻取。餘議分發各地方防守，仍節浮汰冗，無貽地方隱禍。其遊擊孟淑孔亟行議處，庶邊兵不敢比例，安登萊即所以安山海也。」

昔爲經略者只求增兵，晉爲經略只思減兵。游侍御所募之兵，東既不能渡海以禦奴，西又不能剿賊以平妖，棍弁如孟淑孔者，擁兵自衛，不遵調度。晉發憤言之，而廟廊之上平平應之。尚方之劍雖利，不能行于節制之山東。委金錢以填谿壑，令人有餘恨耳。

王在晉准出鎮行邊總督王象乾會稿①：「三月初二、初三等日，據撫夷遊擊朱梅報稱：哈喇慎大酋罕孛羅勢、伯彥黄台吉等差中軍打打户、歹彥恰等，又朵顔衛屬夷三十六家酋首速不的、煖太等先後各帶領兵馬，於寧前、中前等處列營駐劄，爲我遠去哨探，爲我送還東來回鄉人口，爲我馱負運送器物。若柴木、米豆，雖彼自爲興販，而關上地狹人衆，薪桂米珠，諸夷柴米源源而來，正濟軍民一時急用。自山海至連山數百里間，西夷趾錯於道。臣等與諸虜約：衝鋒勒尾，犄之角之，因形制勝。先據番僧所報，罕孛羅勢願自出帳房三百頂，又傳屬夷共出帳房一千頂，爲我哨守寧前一帶地方，謂是皇爺肉邊牆，語非虚也。朵顔大酋猍暈大偶爾物故，諸酋煖太、速不的等皆其兄弟子侄，護喪北歸。煖酋諭其二子夜不收、卜他什力曰：『朝廷豢養我家二百餘年，我生你二人一場，爲人當盡忠盡孝，寧要名在，不要人在。』臣等於撫賞時進而詢之，皆如前語，皆以忠孝自誓，語意恭謹雅馴，不類而夷人〔三〕，一段赳赳桓桓之意，固自躍如。臣等給之冠帶、傘蓋賞物，慰勞而勸勉之。諸夷數數喋喋，又告討新舊賞物。臣等再四思維，舊賞載在册籍，其當與也，無庸多贅；新賞則哈喇慎大營各台吉之賞，與朵顔三十六家新婚於大營、號爲倘不浪者之賞。

彼皆領有兵馬，出有夷帳，以忠順爲名，以剿逆爲詞，堂堂天朝撫育萬邦，何可不少灑涓滴，使漠外氈毳之群涵濡於皇仁浩蕩之中乎？守邊夷人移帳攜家，裹糧跋涉數百千里遠來，能不仰給於我？雖不必盡如所云照募兵例，安家、行糧、衣械、馬甲之類，但其來也，爲我守邊而來，爲我出哨而來也，中國募兵，人費數十金，猶且時索犒賞，時索厚餉，一或不繼，脱巾呼癸，可獨靳於外夷乎？臣等較量於緩急輕重之間，計之蓋已審矣。不然諸夷之來也，已逾兩月，顆粒未果其腹，寸縷未被其身，猶然哨守如故，雖内地齊民尚且難之。語云『無衣無食，雖慈父不能保其子』，况外夷乎？逮其勢極情迫，明以要我而後增之，惠不由我，而彼亦不以爲德，其於中國馭夷之大體亦堪褻矣。臣等數四宣諭諸夷，遂於四月之三十日寫立漢字、番字罰約合同，令諸夷鑽刀説誓，永爲遵守。五月初一日，臣又與經臣及鎮、部、道文武諸臣同至歡喜嶺，進諸夷而諭之，使得各盡其意，可聽者聽，不可聽者姑存之；可從者從，不可從者姑已之。譬之養狙，朝三暮四與朝四暮三非兩也，而狙有喜有怒，狙公雖善養狙，不能不賦狙，而令群狙喜而無怒也。以小喻大，今日之事，例賞固斷斷必不可靳者也。諸夷既聞宣諭，怡然色喜，寂然無譁，歡呼羅拜，真是胡越一家。而煖太二子隨從漢官威儀，率領諸虜望闕謝恩。諸部夷人環而望之，靡不願其酋長早來戍守，幾幸如煖太二子而得與冠蓋之榮者。臣再維保障固圉，要在自强，何至藉資諸虜？而好音之懷，亦昔人所不棄。彼之來也，既抒款誠以内附；我之撫也，自宜駕馭之當機。雖賞以金繒，不無少費，而我得乘暇簡練兵馬，修築臺牆，製造器仗，收輯人心。當震風零雨之時，爲綢繆牖户之計，期以剪滅逆奴，雪耻除兇，酬百王而報千古，此基之矣。况環薊鎮邊牆二千餘里，大虜屬夷，處處皆是比隣；結駟聯鑣，在在皆可闌入。今日之撫使諸夷既吞我餌，如馴犬然，卧護籬下，不獨安遼左，實以衛薊門；不獨藉資諸虜，實欲修我内備。臣惟此事輪軫寸衷，不啻一刻九迴，秤之停之，必不可已，而後敢陳於我皇上之前者也。先是，臣具題留督臣撫虜，欽奉聖旨，着就近撫賞，事畢還鎮。今諸虜雖受漢索，而聞虎酋欲率衆前來討賞。虎酋爲虜中之長，其族繁，其勢大。奴之所懼在憨，我若結憨，廣寧終非奴久居之地，關可守，廣寧可襲，其舊賞必不可裁。但舊賞甚厚，與哈喇慎、罕孛羅勢等之賞不同，講説調停，非督臣不能辦此。督臣雖暫還鎮，倘關門别有聲息，尤望皇上勑督臣刻期到關主張是事。臣自知才不如人，而同心協力，彼此相成，雖爲之執鞭，所欣慕焉。再照廣寧既陷，群情涣散，百事支離。督臣獨力當關，樞臣接踵繼至，房謀杜斷，持危定傾，以收人心爲主，以安社稷爲悦。臣至關，而始知二老臣之功大也。昔遼東、廣寧禦虜，止禦一路。而東夷狂逞，西虜合縱，山海、永、薊之間各禦分路，非督臣、樞臣多方劑量，則山海危於纍棋，而西協同於漏艦。今諸虜立盟，甘爲我守，奴酋聞風惕息，馬首欲東。款虜一着，雖萬萬不可恃，而各隘無虞，我得藉此以圖修築。此爲行邊視師之功，而臣則隨二臣之後，因人成事者也。至於司、道各臣嘔心籌畫，竭力講讐；出塞各員役，首犯虜鋒如喇麻僧王三吉八藏、加銜都司守備閆守信、通官王擒胡等；出入虜庭如遊擊張定，守備龔秉正、黄應節，武生郝興宗，通官王朝宗，通事擺賽等；與撫夷府佐將領等官隨事效勞，固其職分。然當兹草創之初，又值頽靡之後，鼓其向往，以收群才，揆之時勢，亦事理人情之必不可已者，容臣等查明，量行叙録。伏乞勑下兵部施行。」奉聖旨：「這款虜犒賞併經、督控馭等事，俱有旨了。該部知道。」

御史張文熙疏稱：「山海一牆之外，尺寸非我有矣。試想廣寧不守之時，是何光景。風鶴一驚，舉朝魂震。上公車者，但得馬首回南，勝似春風得意；點闈中者，一聞燕臺選驥，不覺泣對牛衣。借差去國者，望眼欲穿，苟出春明一步，即爲放生之場；當事借箸者，手脚徒亂，求緩長驅一時，猶爲延死之著。試想從昔，何意有今日也。奴假我以可爲之時，我終日爲待斃之計。職以爲有爲莫若同心，同心莫若做實事。安插遼民，專委已有人矣，而嚴搆奸細一事，必慎必勤，勿使數十萬生靈懷反側之心，亦是安插之實着也。款和西〔四〕，羈縻已有方矣，而嚴備喜峰等口，分將分地，無使我堂堂中國終落犬羊雲霧之内，則亦經略之秘計也。」

山海整頓，無調兵請帑之事；内地已安，京師有講學之會。此疏提醒人心。

南道王允成奏：「自用兵以來，經略凡五六推矣。竊謂誤國之罪，閣部、臺省均當分過。三路一敗，神氣盡耗；河西一陷，元氣盡亡。袁應泰素亦沉潛有謀，有鑒于熊之被參也，遂不問長短，盡矯之而不顧；解經邦素亦饒有經濟，因激于戰守之争也，遂不敢叱馭，寧棄官而不恤。今王在晉往矣，臣謂宜專任之，前後葛藤均當割斷，無預爲責備，而使日與人角。在晉直前擔當，前人之是者仍之，不必矯之爲非；前人之非者更之，不必矯之爲是。虚心做去，庶先有濟。想廷弼自出京至入關無日不上疏，照顧人情尚無暇，而暇理戰守耶？則在晉之當專任可知。或有應議，不妨書劄秘商，何必以封疆爲作文之題目，而聚訟無已時哉？近讀贊畫何棟如疏，恐將來與經臣又不相合，熊、王故事，廟堂諸臣亟爲之討，遲則噬臍無及矣。」

王在晉請接濟海外疏云：「建州，奴之巢穴也；新踞之遼陽，奴之浮寓也。奴之巢穴，奴之所爲家者也，人情莫不顧其家。今欲從廣寧攻之，廣寧爲所得矣；欲從登州攻之，旅順爲所據矣。惟朝鮮達奴巢爲較近，今有毛文龍在焉，所謂置之死地而後生者也。兵法計險厄遠近，上將之道。憑鴨緑之險，居隔江之近，文龍得其所矣。奴欲長驅，而肘腋之間有蠆毒焉，奴一動而毒發，屢攻之而不能去其毒，其天意留之以制奴之死命者乎？頃有真定人芟興居牛莊許久，遁歸進關，臣詢之，備述奴之畏文龍甚也。臣使文龍以牽其尾，率西虜以控其頭，奴必蠖伏龜縮，保郛殼以自完。臣得乘暇時，畢餘力以圖整頓，數月間以恩義結人心，收其奔北之神魂；以威令肅軍伍，消其螂蟷之意態。裸體者有甲胄以遮身，徒手者得干戈以禦敵。葺傾頹之雉堞，銃砲不驚；肉峻嶒之馬骨，馳驅可範。奴即來，臣亦有所恃以無恐。哨馬日往來于前屯、寧遠之間，擾其耕牧，出關三百里，田無五穀，賊不得糧，進無可資，退無可食，奴將棄廣寧而畫河以守。我即不能長有廣寧，而西虜得之，猶勝奴之踞之也。如此則邊境安而國家安矣。再審差來守備董世富、千總蕭玉麟等稱：去年八月至歲臘，渡江者十餘萬，遼人靡不食朝鮮之粒，每人每月給米三斗，至六月而止。則六月以後之糧，須待登、津之轉運。而大海之隔，運米甚難，問其差官，若齎銀到彼，亦能轉達國王買米。一面檄登、萊、天津裝載米粟往彼接濟，一面再發銀兩往彼買羅。本官又兩次具詳，亟請火藥、軍器，臣移咨工部速行造辨〔五一〕，隨船附帶前去。獨登、津船隻不能猝備，有兵無船，有米無船，躭延時日，恐至失時誤事。是在彼中巡撫多方措置，以濟軍興，户部治餉，工部治器，登、津治舟隻、兵糧，以夙夜匪懈之心，篤同舟共濟之誼，庶窮海之孤軍有所託乎！朝鮮夙稱忠順，贍我兵民，貸我粟帛，若非皇言之慰勞，安望好義之有終。勑諭褒嘉，仍施予賚，似不容已。至于獲功死敵之臣，應行監軍、副使逐一查覈明的，生者紀録陞賞，没者優恤加恩。激勸明而後人心奮，而海外之功可成矣。」

經略復朝鮮國王咨：「爲軍務事，准朝鮮國王咨：『爲照一自遼路斷絶，消息難通，奴賊形勢、天兵進退了莫聞知，舉國臣民徒切憤悶，西望雪涕。今准來咨，始審皇上赫怒，大兵齊集，約期舉事，共圖剿滅。若值王師東出，進薄遼城，敢不鼓動忠義，同讐共憤，遥作聲援，以用犄角之勢。』等因。轉諮前來。該本部院看得：奴酋恣行兇暴，惡貫滿盈，我朝世守封疆，决難輕棄，時下聚集大兵，擬圖恢復。惟是奴之巢窟密邇貴邦，總兵毛文龍駐兵近地，遥隔大洋，登、津應援猝難立致。張大兵威，爰整義旅，防其叵測，濟其不逮，俾偏師遠泊，守能自恃，進可圖功。幸有與國是資，賢王永賴，念我遼人流離飄泊，身世如萍，終朝噂𠴲，借食米粟，郵傳供應，來往滋煩。雖軫切于仁賢，或取憎于邊吏。惟虞虜患，不伐賊謀，賊勢益張，彼此受害。王宜戒諭邊臣，同心禦侮，全我避難之民，植此孤屯之侶，始終不靳夫拯援，將來自展乎報圖。再查王國移諮在去年六月，今將匝歲，而尺一始達于中華。頃亦走役浮海，咨會貴邦，風汛難齊，天涯云邁，今昔宣心，祇于協助。倘師徒合一，立殄猰貐，王國無肘腋之憂，中朝有唇齒之賴，茂昭義順，併著功能。惟帝優嘉，於昭簡册，幸希鑒茹，務竟其成。爲此咨去，煩爲查照施行。」

王在晉題築城②：「據山海分理軍務主事沈棨，會同各道閻鳴泰、張應吾、邢愼言、袁崇煥，贊畫軍需舉人孫元化，副將孫諫，參將施洪謨等親出關外，相度築城地面，估計工費等因。該臣看得：千金之子，坐不垂堂，有中人之産，必高其牆垣，扃其門户，豈以九鼎至重，而屑越視之？龍之神在淵，虎之威在山，不淵不山，則人以爲可狎，其居使之然也。夏、商有泰、華、孟門之險，漢、唐有崤、函、秦、隴之固。至于宋，而立國之規模弱矣，然猶有天雄鞏其北，大河經其南，陳師拒河，可遏奔馬。而今竟何如者？遼左陷，而神京所恃，一關耳。此關北倚角山，南濱大海，城築于山根海滏之間，關落于高嶺長坡之下。臣前疏具陳形勢，賊如躡層峰，傴僂以俯瞷；又如踞高嶺，搏顙以馮陵，仰而承其矢石，近而當其砲銃，牆堞不能周身，介胄何堪禦侮？不待雲梯高架，而守者必神搖膽奪矣。故山海必非易守，即守，而單牆單壁必非可恃，勢不得不于關外再築一城。初擬築于中前所，策地面遼廓，難於接濟；物料堆積，難于搬移；人夫遝雜，難于安頓；工程繁浩，難于稽查。臣與諸臣再三酌議，循行阡陌，相度地形，無如八里鋪者。蓋關門南北邊長十七里，而從角山寺繞而東又山城二十里，山城高低起伏，隨其巖阿岌嶪，周遭周折。今傍三道關起脚，逶迤至海，畫地築牆，建臺結寨，造營房，設公館，分兵列燧，守望相助，不惟十七里之危邊前有障蔽，而二十里之巑岏岝崿大半收括囊中。歡喜嶺在新城之内，凭高遠眺，賊來而我懸鏡以矚其形矣。夫非常之原，不可語于黎民；而道傍之舍，每至淆于衆議。成大事者，不惜小費。是役也，功成有十二便焉：關外有關，牆外有牆，賊不得輕覷我，便一；民棄田不稼，我收之邊内，必復業歸耕，便二；野無草色，馬不放青，今關外數里儘堪孳牧，便三；移兵出關，内城安堵，居民得寧其廛，便四；兵屯郭外，臨敵扃關，奔逃無路，便五；土民聞築重城，層層謹護，俱有固志，便六；互市夷丁漸移遠地，不至逼關，便七；中前所聲勢聯絡，人益肯居，留爲外護，便八；芝蔴灣去城較近，可以挽泊，便九；城市寬廓，商賈必集，物價漸減，便十；哨探之兵，外城可納，賊至不驚，便十一；款關之虜，我能自立，消其叛心，便十二。有此便益，不獲不爲一勞永逸之計。計招募，臣惟檄永屬之民，願赴工者，子來趨事，勿僉派以擾之；各營有遼兵，勒其出關應役，給工食以安之。計安插，則搭棚八里鋪，蘧廬可托宿也，人衆不能容，則分其半以入羅城，蚤暮可往來也。計物料，則打柴、開窑、燒磚、斲石以次舉焉，夯土、掘塹、灌灰、墁頂以漸及焉。綜核則有四道臣；調度則有主事沈棨；料理銃臺則有贊畫孫元化；專理則有副將孫諫、參將施洪謨、魯之由、金冠等；經管錢糧則有永平府同知徐廷松等；分管則有將官侯一品、盧養材、李慣等諸臣。臣則時時往閱工程，以稽勤惰。蓋關内、關外工作一時併急，如脩舊邊，則磚灰、石料、壘砌、加堵，悉責成于班軍，幫土、築口、建鋪、造房，則責成于守堞擺圍之兵，皆優厚加其工食，而後匆忙可辦。工程當百弛百廢之時，爲極冗極難之事，汗流氣喘，手癉足繭，物料全無一備，器具靡不從新，人人有黧瘠之形，刻刻如焚溺之狀。豈待廟廊之上申嚴功令，而邊臣始知所趨事哉？目前至急之工，第一爲脩舊邊、加堵堞；其次爲造窩鋪、造營房。然舊邊雖葺，而人以爲未足恃也，則又莫急于築外城。如此興作，非財不舉，估筭工料，約用銀九十三萬兩，而雜工所費犒勞獎賞之需不載焉。當此三空四盡之際，皇上自爲社稷計，伏祈允發帑金，陸續解赴山海，聽臣及時鳩工辦料，亟圖興築，此城一建，則關可守。俟明歲于中前所再築一城，則關可固。關門固，奴必不來；即來，我自有所憑依，賊亦不能得志。如此則鐘簴不驚，宸居永奠，而皇上東顧之憂可以少釋。臣赴關，不請兵，不請帑，擇其至緊者，方乞恩于皇上，而事之最急莫尚于此。年來爲東事不知費多少金錢，未占實際。而關門一片土，係四海九州之命脉，此項實在工夫，爲千萬年不朽之事。臣于錢糧分毫不敢經手，動支必檄道、府，經歷幾處衙門，在在有案，節節可查。工成之後，聽巡關御史查核奏報，以清靡濫。臣才短于防邊，而心切于報國，倘任事一年，清查節省，便足少資築城之費，必不漫焉以負朝廷之委任也。昔史起之引漳，惟襄王之獨任，乃成其斷；充國之留田，有漢武之篤信，遂奏其功。聖朝一統金甌，詎宜以尋丈之牆垣委之殘兵奔卒，僥倖於嘗試？非忠臣之謀國，亦非聖主之自爲謀也。」

西虜受款，關外各城堡俱收復。哨馬至廣寧界。

户科周希令題稱：「欲固京師，必須山海據險于遠，以聯絡二鎮。莫若從中前所海口直接薊鎮黄土嶺止，依山脩築，計工僅十七里。皆據險而建，可循城而守，其茂林豐草皆我所羅，可以置援遼兵將星列其間，使無逃，必爲死守芝蔴灣，運糧以給之，庶免輓輸之勞。退可久守，進可漸築，計無出此者。乞急勑經臣決計，廷臣擔當，陛下不惜四五百萬之金錢，以固金湯，以圖恢復，不待職言之畢矣。」

兵科沈應時題稱：「臣聞衛京師者，邊關爲急。今遼東失而外邊失矣，華夷分界，盡在山海關。頗聞關門形勢，歡喜嶺高于城樓，而角山崔嵬，邊牆遶山阿，峰巒特出其上，是果可守之形否？加以邊牆單薄，羅城低小，盡危道也。非亟爲增崇壯麗，屹然有難犯之勢，不足禦虜長驅。此目前至計。倘河東、河西未易猝復，欲恃山海關爲正邊，必如經臣王在晉議，或從芝蔴灣，或從八里鋪，築起邊城，約長三十里，北連山，南至海，將一片石、角山及歡喜嶺一概總括包羅，足爲山海屏蔽一説也。又如同官周希令疏，要從中前所築起，直接黄土嶺，尤爲詳密周備。三議皆百世不拔之計，亦一日不容緩之計也。費誠浩大，但五年來邊事倥偬，金錢費千萬，盡委泥沙。誠得乘西虜受款、爲我防守之時，早爲區畫，而圖之後來，兵有所恃而不逃，民有所依而無懼，邊疆安，京都亦安矣。他日徐議恢復，亦爲有基，恐不得惜小費而忘大利也。」

視師尚書張鶴鳴題稱：「臣在山海關，查山海路，數至南海口，勘驗極確，其增加城牆、挑濬城壕、建築樓臺、引海水至北角山，皆極緊要事。見今趲脩，臣前疏已詳悉入告。近經臣王在晉與督臣王象乾議在八里莊東築外城，尤爲桑土至計。已蒙諭旨，諸路工程視其衝要議建，視其頹壞議脩葺，皆萬不容已者。如議脩築，以壯金湯之險，而蓄虎豹之威，邊關可以永固，京陵可以安寢矣。」

兵科賴良佐題稱：「國家定鼎燕京，而環以九邊，祖宗良有深意，大都漢唐故事，欲令天子居安思危，自爲守也。然攷漢之都咸陽也，去匈奴幾千里；唐之都長安也，去回紇、吐蕃亦幾千里。自全遼覆没以來，山海一牆之外遍染腥膻，神京左臂業已中斷，自關以西，平原廣野，並無雄塞鐵壁可扼奴騎而殲之。頃經臣移職書云：『關外高嶺三道，環抱羅城，登羅城之樓望嶺，樓失其高，而嶺居其上。虜得吾大砲甚多，萬一憑高而擊，誰能駐足？至于角山，則崔嵬聳峙，堵爲巖牆，上則繞巒岫，下則落山隈，險具在奴而不在我。』形勢如此，大可寒心。經臣議從三道關築一邊牆以至于海，刱爲山塞，衛以銃樓，以爲防守先着，待來年内城工畢，再集班軍于中前所築一邊城，再添一重鎖鑰。大都採職同官沈應時、周希令兩臣之言而兼用之。如此巨畫，不減金城方略，獨恨其不蚤耳。今業已報興工，伏乞皇上多發帑金，責令經臣趁時修築，勒限報峻。是在當事者蚤爲覆行，萬毋秦越視之，泄泄應之也。」

戊辰，王在晉任本兵，疏稱：「近因南京兵科給事中錢允鯨論樞輔孫承宗逐臣在晉，而爲重將權之説，盡付馬世龍，全無實着。等因。奉旨嚴切，以致承宗疏辯，鋪叙前事，數指臣名，雖無詆毁之詞，然而枝節横生，藤蘿糾結。臣生平出處所關，安能默默已耶？當天啓二年廣寧被奴攻陷，軍兵盡潰，山海關門四晝夜不闔，軍民潰入者且二百八十萬矣。于時京師鼎沸，遐邇訛傳，應朝官吏束裝思奔，會試舉人移寓出郭，勳戚請兵而自衛，商民棄業以逃生。臣猶憶雪中傳出聖諭，朝儀雜亂，舉動失常。是時廷推經略督兵禦虜，誰敢身任？有三疏以求削免者。諸臣集中府會議，同詞舉臣以往。臣歎曰：『國家養士二百五十年，無人肯赴國難，不幾辱朝廷而羞當世乎？願以身殉。』舉朝壯之，盡人憐之。不意至今尚存食息于人間，談兵説劍，以備熙朝之顧問。回憶遼難初起，鋭不可當，任遼事者不以山頭望廷尉，即以廷尉望山頭。沙場之骨嶙嶒，獄底之魂慘戚。徼天之庇，藉國之靈，以有今日，豈非厚幸哉？臣之抵關，適當潰敗之極，事事無中做有，人人繇死得生。截留逃兵，手無寸鐵，身無片甲，百凡料理，從新整頓。葺頹垣，飭戈甲，煉火藥，造弓箭銃砲，建行伍營房。先款朵顔，後款虎墩，收復關前三百里地，漸次屯守，邊境帖然，人心已大定矣。衆議關前歡喜嶺高于城樓，賊至必凴高俯擊，乃卜地于八里鋪築外城，收歡喜嶺于内，鎖三道關于前。科臣周希令議費四五百萬金以固金湯，而科臣沈應時亦亟議築起邊城爲山海屏蔽。

臣檄道鎮估工計費，謂須銀百萬，蓋併造衙舍、築銃臺、建營房之費盡入估數中。臣以爲多，駁批再議。未幾而樞輔自請行邊矣。至則謂八里鋪太近，當築寧遠窟窿山，其規畫在關門二百里外，而迄今無一磚一石之堆積也。兩議俱罷，而督師王之臣去年議築芝蔴灣，去城十九里，折衷地面，亦祖臣之初説耳。無奈道傍之築各自無成，而山海無重門深扃之勢，深悔當年浮議之嚻訌，敗乃公事也。樞輔還朝，初疏並無一字訾臣，且謂經臣不可驟易，臣甚感其相成之雅。無何，忽有旨改臣南樞。臣不知其故，而樞輔承宗與臣交代矣。臣回未幾，總兵江應詔亦回，馬世龍登壇授劍，率意冥行，變亂成法，兵無不虛，餉無不耗，將無不貪。臣初議止用兵六萬，馬萬匹，欲清舊遼餉以養兵。乃忽議添兵十四萬，馬數萬，遂竭海内之力以供餉。功既無成，財物大匱。柳河之敗，止存兵五萬八千。即如樞輔疏以十二萬言，此六萬二千之兵歸于何有？非失機陷陣，則虛籍掛糧，世龍百喙何能以自解也？遼臣僨遼事、失遼疆，未有壞朝廷之紀綱者。乃世龍輦金一入，紀綱從此壞矣。世龍拙于料敵，巧于逢迎，其伶俐聰明悉用之于欺公盜餉，明結逆璫，暗操朝政。而又有滑稽詭譎游揚變幻之茅元儀，藉先世之餘貲，爲權門之結納，舌尖如火，筆底藏鋒，投賄營陞，夤緣未遂，生情羅織，謬溷津塗。臣爲本兵，痛心于虛兵虛餉之當懲，决念于去詐去貪之是急。五月十五日，有『邊事日虞潰敗，債帥尚爾逋誅』一疏〔六〕，糾參世龍、元儀，爲舉朝公論所快。世龍以敵國之富，元儀以通天之智，二人之怨讟深矣。臣又疏參關内道張春，更增一敵，結連奸弁神棍，保留營幹，搆黨興譏，必欲移本兵之席，以陰售其私。臣一身真成孤注矣〔七〕。臣讀樞輔一疏，謂臣先年抵任，屬道袁崇焕及兩贊司移書故輔葉向高，言『王在晉去關八里，以一百萬之費，築二十里重城，群議鬨然，欲臣抵關一閲』等語。夫所謂群議鬨然，形之章奏者，即周希令、沈應時之疏也。二臣謂城當築，並未謂築城當止。今自樞輔一閲，城工罷矣，錢糧未動，臣可無言。獨是築城一事，係監軍閻鳴泰同袁崇焕及二贊司相土度地，計議詳確，而後奏聞，安得有後言以聞于舊輔也？如舊輔必欲閲城，止令科道一行足矣，何必閣臣之親往哉？皇上命臣與袁崇焕同心受事，而此疏若挑之隙，所係于交情者小，所關于國事者大，臣不得不剖析明言，以白底事之無他。樞輔之疏不至，臣不敢借事生情。自有此，而臣不安其職矣，臣之歸計决矣，此生何日以報皇上之恩？得君如此，時局自不能容。興言至此，可勝長喟，下情甘昧瀆懇，伏祈聖明裁察焉。」奉旨：「覽奏，舊事始末自明，邊疆多事，卿與督師正并膽同心，共圖戡定，何必以浮言介意？朕前已面諭，不得再陳。馬世龍如何久不逮到？着法司勒限嚴催。」崇禎元年九月疏。

按南科錢疏：「奉旨：『孫承宗偏任貪將，致壞東事，本當議處，所惜國體，姑不深究。賞功銀三十萬兩作何關銷，着據實回奏。』」自此而枝節旁生，謂經臣之逐，繇監軍之移書、舊輔葉公之示意矣。

張鶴鳴爲視師復命，内云：「自遼患以來，經略死難繫獄，纍纍匪一。故任此官者，爲捐軀赴難之官，忌其人而慂之；爲此官者，爲洩忿納罟之地。今日之經略難于前日之經略萬倍矣。王在晉鐵骨赤心，雄才遠略，識見如照燭觀火，肩重如迎刃理絲。但秉正不阿，人醉獨醒，獨臣與在晉兩人耳。爲奸人所睥睨，如劉弘化、周朝瑞、熊德陽輩與之爲難久矣，其黨與實繁有徒，其冷語揶揄、暗地掣肘、吹毛索瘢以中傷之，全不顧國家安危。雖孫、吴之智，韓、白之才，亦無濟矣。在晉不足惜，如遼事何？此今日釀遼事大禍根也；此臣之不顧嫌疑，不顧讐害，爲國家大計而吐肝膽于皇上之前也。」

六月，王在晉題清查兵：「據將領呈遞，兵數共計六萬六千五百一名。職知其數之非核也，於四月間即出示，屢諭各營，凡係虛名，不妨開作逃亡事故，已前冒餉，悉置不究，倘倩人代點，必置重法。於是漸報開除，而與前册稍稍異矣。一人一日止堪點兵三四千名，若分日查點，則此更彼代，僱替滋煩，欲查兵而且爲兵之所愚矣。臣約部、司、道、鎮、府、佐分爲十六路，又恐班軍代點，分爲六路，先取年貌、疤痣、文册分散各官，伺日侵晨赴點。守城者照堵分列于城，守邊者照部分列于邊，守山者照隊分列于山，守海者照船分列于海，哨兵序立于八里鋪，步兵、馬兵序立于西關外，以官就兵，不許以兵就官。向來惟道將家丁、雜役最難稽覈，所謂『河南、南陽不可問者』。臣親詣教場，逐名查記，壯者、病者、老弱者、有兵而無馬匹者、無盔甲者、無器仗者一一分明，大抵有盔甲者什有一二，有兵仗者十之七八。而器仗不足以衝鋒，盔甲不能以護體，以此殘兵敗卒交付于臣，朽甲鈍器交付于臣，臣亦付之無可如何而已。是晚收各路點策，彙筭冒頂姓名及臨點不到並老弱者，合之前後，陸續删汰，共開除兵九千一百七十一名，實在兵五萬七千三百三十名。此山海關之兵數也。乃一片石、青山口、石門路、義院口，分布山、石二路、黄土嶺等處，又共汰去四百五十八名，計實在兵六千一百一十六名。則在山海關兵數之外矣。如此點法，兵可稱實數乎而非也？如此汰法，兵可稱精壯乎而非也？病兵頗多，久病者當革，而偶病者不當革。蓋海瀕風氣，五月猶綿。日飲牛馬之溲，無鍋無灶，多就食於飯店之中；夜結蝟蠨之牖，無室無居，盡扼處于蓆圈之内。人生處此，不病實稀，絶其餱糧，是驅之死也。此法之不能盡汰者也。臣立法不用遼人，遼人無食，苟得籍民爲兵，何暇計月糧之多寡？將官利于侵扣，流民樂于藏身，妻室相依，勾奸起競，紛紛擾擾，孽孽潛滋。自西兵而外，各營夾雜，南北混淆，而浙營爲甚。臣念遼人貧苦，不忍加威，乃所至驅逐，如失巢之鳥，驚飛四竄，苟可偷生，必將觸網。昔照烈于當陽、長坂之間〔八〕，命懸呼吸，而猶不忍自棄其民。民者，天之所生也，民歸而棄之，是絶於天者也。今在關遼兵，臣令其赴工脩築，日給銀七分，可聊生矣。擇其精健有家室者，發參將周守廉、遊擊左輔哨守前屯、中前所，處之亦盡善矣。而猶有不願就工、不願出哨者，須立法挑選，另立遼兵一營，便于稽查，又便于調度，蓋於難處之中爲權處之術。此又法之不能盡汰者也。有兵無盔甲，猶可用爲守；若有兵無器仗，則不成其爲兵矣。目下設局開爐，買銅聚鐵，鳩工命匠，時刻靡停。而物料難齊，堆積無所，盡人力爲之，寧有濟乎？見在兵有雜役，營路兵有薪水，甚之司役下隸，半列簿書；狎客頑童，盡食官帑。即如山海鎮兵四千，各衙門占役甚多，廪中之餉日消，紙上之兵安在？朝廷竭民脂以養兵，豈爲打柴挑水而設者？向使本關不駐經略，三十六里之邊牆誰人與守？由此推之，凡舊設各隘之軍，皆有名無實之軍也，若非澈底清查，何自窺其徑竇哉！見兵至五萬七千有奇，未可云少，然挑選簡練，精兵不及三萬。此三萬之中，舊存者驚弓而疑曲木，見賊膽寒；新來者履虎而恐撩鬚，聞風氣奪。敗局幾不可收，而頑局牢不可破。向無訓練之律，釀成偷惰之風。自清查之後，督令道將按期操練，務令進止步伐一閑于度，有不恪者，定以軍法從事。臣於督工練卒，百事身先，語不違心，事惟循實。未信爲厲，既信或不以爲勞矣。第念飢軍疲卒，薄糈難于果腹，常懷奔竄之心；厚犒乃以作勤，可奮超距之勇。欲行一定之法，須施不測之恩。蓋加餉則人思比例，而加賞不可以爲例。餉之多寡，民可使由；而賞之多寡，民不可使知。軍前支用，百費如叢，必餉餘于兵，而兵可足，亦可使勤。若膠柱而望瑟之調，刻舟以求劍之獲，臣終不能以甘言諭衆，空令督人，而徒爲先勞無益之事也。仰祈聖明俯允臣言，遂著爲令，每歲于餉銀外另議操賞公用等費，庶不掣臣之肘，而有勇知，方可資防禦矣。」奉聖旨：「汰冗兵以省虛餉，是今日急務，知道了。其操賞等費，着該部便議定來説。」

王在晉題汰冗員：「照得全遼兵餉，搜括窮海内之脂，剥削戕生靈之命，人以爲耗於兵也，户部但計兵筭餉，亦以爲耗于兵也。即臣昔總理三部，頗知耗于兵併耗於官，而不知官之耗食一至於斯也。臣初抵關，查聽用官甚多，其間虚掛家丁食糧者不少，遂着部道開報，查據官評，斥革：參將李滿倉等二十一員，又千總高大才等二十四員，把總李俊等十一員，督陣總哨等官二十一員。又臣標下聽用官臣革退徐可行等三十九員〔九〕，聽用承舍革退張文諒等六十四名，袁應兆名下裁去千總等官唐志斌等四十一員。又題准將材守備喻良籌、葉文魁、馮夢周、丁天懋、章世賢操弓未中一矢，試文罔識一丁；張時化、韓施勝在遼防河有議，文藝無長，以上七員，歲糜廩給家丁銀三千兩，均應汰回追劄。又臣陸續批革都司王藩等四十餘員。又湖兵脱逃鼓衆首倡元惡千總鍾天衢、楊大勝、董朝位三名以次擒來，梟斬示衆。其他從關外逃歸守、把、千總，以來投用，審無異能，悉行迸斥者，不可勝紀。如此鉿鍅之屬庶幾一清矣。及至送册查點，尚有副、參、遊、都、守、把總、哨、中軍、旗鼓等九百五十四員名，臣一一裁革，又删去八十員，每官有廩給、有家丁，管兵官有薪水、有馬丁、有醫書、旗健、雜役。有一官廩給兼二十名兵餉者，有兼十餘名兵餉者，有兼五六名兵餉者。凡遇犒賞，亦增數倍，支用盔甲、器械、鞍馬所費不貲。各官不能臨陣，何如省養官之費以養兵？各兵甚苦餉薄，何如裁無經之餉以增餉？查經略標下有加銜遊、都、守、備、答應、旗牌等官二百餘員，今未出征督戰，止用數十員，至足矣。至於承舍，每名月支銀三兩，臣到關，並不用一名，驛遞之苦少蘇，夫馬之勞可節，省一人則省一人之費，而又可省一人之害。此非軫恤時艱之最急者乎？慨自遼事興，而閭左少年取官如寄。人各舉其所知，而所知或緣于囑託；人各售其夤緣，而夤緣遂可以得官。招兵之使，或討部劄數十張，不由部劄而督、撫、監軍徑劄者，不知幾何也；將材之選，每見類題數十員，不由題請而以異棍充武生、以武生冒官者，不知幾何也。文臣之出身以漸，乃浮譽一張，而白丁已都閫矣，市井遂參、遊矣，俳優諸色人等忽冠帶矣。驄馬鏈錢，盡長安之遊俠；鮮衣紈袴，詭霸上之軍容。及其見敵狂奔，行不顧影，河西之潰，人以爲不在兵而在官，不在文官而在武官，不在尊官而在小官。多官鬨然先遁，而大衆從之，此輩之肉未足食也。且其雌黄之頰，蜚聲最遠；而簧鼓之舌，流訕滋繁。毛文龍之建功，惟恐其勝；羅一貴之死敵，誰悼其亡？習走無常，與敗同事。蓋其怯敵懼虜，夜夢猶驚；而浪逐狂奔，遊魂未定。不下删除之令，益增糜爛之憂。汰兵、汰將、汰家丁、汰雜流、汰薪水，腰下之横金漸少，則廄中之上駟得存。合之減兵一疏，一年所省可幾四十萬，足當築城之半矣。」奉聖旨：「覽卿奏，汰革冗員，具見實心任事。該部知道。」

此時臺省建言多係熊王罪狀及兩河失事諸臣舊案，關兵漸次招集，西虜運米换布，永平一帶居民亦到山海轉糴。晉在關，日事操練，脩築鼓鑄，謹嚴防禦，廣示招徠，事事躬親查覈，百務稍舉，言官條議頗稀。

王在晉清查馬匹：「照得援遼調集邊兵五萬有奇，皆給馬價，皆帶馬匹，又遼撫自買并京營留用者不啻八萬，而今僅存什中之一矣。自官兵奔潰，馬腹無料，又長鞭急控，馬肉無皮。關外殺馬療飢，折箭充薪，以八日之奔疲，爲一夕之倒死。入關馬斃日以數百計，間有存活，復爲貪弁竊去。今之充下乘者，皆死亡之剩數，而攘竊之棄餘也。邇緣關門無草，日給銀六分，而草無可覓，馬數仆僵。臣親至教場點閱，查馬軍尅料致馬匹羸瘦者，逐一加責。而滿街之馬骨頗稀，以駑駘之猥惡，而當胡騎之飈㷊，安望歷塊騰空，收戰功于馬上哉？西北之兵，長技在馬，臣欲以步兵制虜，而軍中不以爲然，若謂步兵無足筭者，蓋長邊哨探，晝夜奔馳，而沙磧駊騀，天荒徧跋，非騎不能。兵盈五萬七千，須馬步相兼互用，則據道將酌議，取數二萬，亦因草料之難，而故從減嗇也。臣之不即急請者，以黄明臣之買馬，原充山海關之用。今忽接部文，將黄明臣買馬之銀挪發二萬兩，與馬世龍自行召買，則關門之懸望，復爲永平分去矣。目今馬市正開，過此則馬匹漸少，買馬一事萬難延宜，伏祈勑部速發太僕寺銀十五萬兩，内將十萬兩發黄明臣上緊召買，勒限押解前來，以備軍中急用。又關上有馬商駢存信等時往宣、大買馬，到關驗收給價，乞將五萬兩解發山海關，以備馬商領用，庶分路招買，馬廐可充，而危邊得藉馬兵以衝鋒布陣矣。」

王在晉奏西虜情形云③：「今歲從正月後，廣寧五百里之間，西虜隔晝，音塵遂絶。自虜設盟爲我嚮導，哨馬達于前途，而回鄉人口紛紛至矣。初聞奴酋一子墮馬死，臣以爲好事之言，無足述也。乃山西人祁天禄、保定人趙五俱係我兵逃回，備言其事，臣又以爲口傳之語，未敢報也。比有棗强人芟興從河東回，而始言死者爲奴之孫矣。再合之登萊之報，而臣始信其真矣。祁天禄等之言曰：『奴子領賊兵搶關，至十三站，馬驚兔而墮地死，用紅氈包裹，隨行之虜皆流涕，奴以爲不祥而罷兵。』或子或孫不可知，其裏尸也，則祁天禄等所目擊也。斯時也，潰卒離披，人疲馬倒，萬一賊乘其後，何論山海，豈復有薊、永哉？夷善馬而馬蹶，皇天后土念我祖宗之功德，冲聖之仁明，惟呵護於百靈，乃奮怒于一捽。此無異於博浪之擊，立挫神魂；殺胡嶺之羓，旋催鬼録。我明萬世無疆之祚，即此已窺天意之默定矣。彼亂臣賊子，敢逆天以速滅亡之禍哉？嗣後頗聞賊兵在十三站等處殺遼人之不順賊者，賊挑少壯奪妻子，以哨聚於林箐，是山谷間奴亦不能盡殺也。近有保定人王愛逃回，順帶錦州生員趙啓禄禀詞，始知錦州城南雙堡、十山等處遼人結聚者甚多。

賊在東屯大凌河住，而有李世英、劉承功等自廣寧滴水寺逃回，寺距城十里，夜望城頭燈火達旦，以防西虜之掩襲。又有樂清人王國自遼陽蘇胡子堡逃回，知奴酋住新城，李永芳住遼陽舊城。奴發兵一枝守鎮江，防鮮；發兵一枝守南衛，防登、萊；又發兵一枝守廣寧，防西虜。至五月二十六日，又聞李永芳向在遼陽，今渡河來廣寧。奴差四遼人賫多金進邊，偵探關上兵馬若干，今又調何處兵，打聽内邊怕我否。向聞奴之子在廣寧，今叛賊復與之俱，非無意窺關者。奴銃多、糧足、草長、馬肥，而我城郭未完，人心未定，終朝有戒心焉，此夷情之得于傳聞者也。今之款關受賞者，爲哈喇慎大酋罕孛羅勢〔一〇〕、伯彦黄台吉及朵顔三衛諸夷來、莽二大部，暨三十六家，爲薊、宣之西虜。守關一事，臣未敢藉其力，亦未可必其終。惟是目前得其大濟，蓋遼人藏米於窖，虜發窖得米，日運米八里鋪，關上居民以鸁布易之，民得不餒。虜中有答喇明暗、歐兒計台吉，有王燒餅部落不受賞，答喇乘覺華島之解馬，欲圖搶掠，今諸夷亦勒之使受款矣。王燒餅射殺一哨探家丁，搶馬五匹，今諸夷亦拉其好人使之受罰矣。惟是虜中小歹青最貧、最横，奴乃賫黄金二百兩、銀若干、貂數參駝以購〔一一〕，歹青必欲與之婚，煖太子侄爲歹青之婿，臣令煖太間之，未知得間否。奴之購虜金銀甚廣，而我寸絲寸縷、一分一文不敢妄費。鬭財鬭力，皆奴之不如，貧虜爲其所賺，或結款于奴，所不可知。西虜之近廣寧者爲虎墩兔，虎，虜中之王稱憨者也，而昏於酒色，無遠志。其叔腦毛大專權得衆，又老而不能自强，奴不購憨，而購歹青，豈謂憨之不足與耶？抑憨先爲奴所中耶？五月初旬，報憨來勒兵駐寧遠，到關索賞矣。久之而不果至也，必有阻閡之情。憨來而設帳之虜不敢不避，避其王也。憨之歲賞甚繁，臣喚通官副將王牧民詢之，歲賞二季，每季約費銀十萬。今必連去秋之賞要索，其來無以應也。遲一日則有一日之供給，其費不可言也。憨貪二十萬之賞，且金繒蟒段皆取給于我，必不與我絶，第虞憨與奴陽離陰合以嘗我，又虞奴借憨索賞以乘我，其來也，不得不嚴兵自衛。其嚴兵以備也，不得容其逼關，此又關門一難處事也。又哈喇慎三大部白言、黄台吉、韓不世台吉恨奴之陷全遼，藐視天朝，誓必復廣寧以洩忿，欲差人往永召卜、火及諸大酋糾衆攻奴，其志鋭，其言確。臣與督臣議，虜勢離而難合，其合也，靡常而不可恃；其離也，立涣而不可收。虜來，我必大費，費無所出。即得廣寧，而人民已散，城郭傾頽，亦終難守。且虎酋近而白言遠，近者坐視，遠者競功，我未收漁人鷸蚌之利，而奴且效卞莊刺虎之法。萬一挑釁以速之兵，渡河而不可遏。潰離之後，計非萬全，顧叛賊重至廣寧，有捲土重來之勢，則多方以亂之，分其力，伐其謀，亦先發制人之策。而邊臣之審時觀變，踟躕未敢自決者，此也。今已差官密探虎酋之情，而勵哈喇慎之氣。萬一哈喇慎討賊之師果動，而虎墩兔索賞之約重來，臣在關門，既不能空言以應酬，又不能點金以償費，倘不先期以奏聞，勢必臨事而束手。其在今日，備兵以戒不虞，備財以應多費，有萬萬不能緩者。又聞奴之所畏在毛文龍，我不得不竭力應之，以成其畏。天津已治柑裝糧，褰裳拯溺，登、萊如不發兵策應，年來招兵選將、留餉請帑，所幹何事？嚴正中等分兵出汛，所建何功？試問江淮招集之兵，今日不用，更待何年取用？盡人操不貳之心，則天下無難爲之事。至於户部錢糧用之切當處，萬不可愛惜，萬不可推諉，蓋緊要關頭，爲社稷安危所繫，呼之即應，乃克濟事。若夫騙錢騙官，輕譽輕諾，多言多指，用人于所不必用，用財於所不必用，用兵於所不必用，用心於所不必用，反其當用乃加靳焉。因其所不必用，害其所當用，甚矣，往事之多舛也。及今圖之，猶可及耳。」奉旨：「這所奏夷虜情形甚悉，該部看議具奏。」

王在晉摘陳行過事宜：「慨自廣寧潰後，山海一關危於呼吸。臣蒙陛下任使，若以擔重而卸肩，因地險而却步，不惟負國，抑負生平。故矢心不主於鑿坯，而勵氣每存乎擊楫。無奈初抵巖關，事事紊亂，人人驚惶，有朝不謀夕之思，廑載胥及溺之恐。一關之外，獸蹄鳥跡交錯於塗。寧前、中前之間，哨馬一出，西賊披猖，人烟欲斷。驕虜呼號黨類，日肆要挾，今日索迎風，明日索牛酒，此部之酋長方來，彼部之好人又至。通官足繭而不能竟其成，臣等唇枯而不獲窮其説。講至四月中旬，纔有頭緒，諸酋必欲親見。臣與督臣王象乾盛陳兵衛，介冑環列，止令酋長數百召之。始見，而在關奸細忽播流言以撓之曰：『此行殺汝也，毋往。』又挑動在關居民曰：『此來必搶也，急逃。』臣欲往，而山海諸生扣馬力諫。既開誠以諭虜，又寬言以慰民，半日之間，費幾許調停，而始見信。虜至，班班羅拜，匍伏轅門。犒以酒食，賞以段帛，竟日而虜始退，退復争多嫌少。又講至五月初一日，而諸酋始願受成，鑽刀説誓，年至八九十者俱扶杖前來，欲望漢官威儀，老死而不恨。設誓後，臣等往關外勞之，捧足擁膝，席地而飲，極其恭順。而最狡如罕孛羅勢者，原圖搶掠，亦化鷙爲馴，而狺狺之聲息，且列帳於中前等處，以守關門矣。日晡回帳，臣令其望闕謝恩，教之以尊君敬上之義。此亦前代以來所未有之事，而臣仰仗明主之威稜，以存中國之大體。此撫賞夷人之大概也。湖兵久懷異意，時走奸徒入京，斡兵符，搆同黨，而叛兵楊大勝等訐其土把，彼此交訌搆鬬。臣未入境，而土兵之長張世卿、田應封皆被革矣。大勝糾結多人，歃血飲酒，夥聚西關外，抗不歸伍。時樞臣張鶴鳴在關，語臣曰：『我雖行，此事必須結束。』臣亦憂之。乃四月十三日，湖兵率衆而逃矣。以在關最悍之兵，狼奔不顧，衆有萬餘，一動百動，倘鬨然闖入都門，涇原之釁在於瞬息。臣招之不至，發旗卒窮追，斬其拒敵者二人，戳傷九人，逃兵始懼而歸伍。歸伍之後，日與馬兵爲仇，臣復擒其首惡鍾天衢梟斬，而楊大勝等猶然結黨也。臣諭總兵李秉誠曰：『湖兵爲梗，何以令于三軍？即使湖兵果叛，我力猶能制之，奈何養癰使潰？』秉誠于是差役擒大勝等六名，解至，立斬楊大勝、董朝位二名；餘四名各細責貫耳。當日即驅逐群黨，不許容留一人。反側子雖未盡安，而震慴于威，屏息不敢動。此平定湖兵之大略也。河西戰士如林，統兵而出，失地而回。乃緹騎累及於文臣，而斧鑕不加于大帥。雖治亂用嚴，而律無正法；即原情莫貰，而國有常刑。臣之論劾，債帥大者擁兵二三萬，次者擁衆三四千，破無情之顔面，而張不漏之網羅，三尺凛於波靡風蕩之餘，而萬軍慴於股栗足摇之後。且逆知竇承武之必逃，先檄津撫擒之，候旨解奪，則諸弁之憾臣者深矣。軍中號令雜出，將不奉令而樹兵，兵不歸伍而食餉，若棍徒鄧子龍、周良馭、鄧金勝、陳光祖、李世卿、朱鎮華、金文進等，各樹幟招遼人爲兵，各三四百名。差人擒緝，輒擁亡命以自衛。問渠奉何軍令，則曰：『何太僕之招招之也。』〔三〕今諸棍雖陸續就縛，而多兵不能以解散，中藏間諜之奸，外伏勾連之計。

只用一何棟如，而人情有千變萬化之形，軍伍有四分五裂之勢。臺省之論列多功，而棟如之脱身倖甚。然其恨臣者切矣。遼餉之漏卮難塞，邊計之叢神孔多。人來領餉，不知兵自何營；銀到花消，究竟人歸惡有。買物買料，亂離之册籍多亡；問斬問軍，遼廣之囹圄已潰。賍吏之貲盈槖，積胥之膽包天。錢糧明扣明除，關廳真爲利藪；掛號可遲可速，道書靡不鬻權。今關門積蠹纍纍繫獄，而納官納吏逃入京都者，不知伥伥何之。貪官罷歸原籍，已作富家翁，欲收而付之法吏，其啣恨于臣者至矣。營兵領糧而不支本色，米豆轉運，積如丘山，風雨飄零，化成灰土。奴在右屯搬糧，迄今未已；而我之打船雇車、服牛驅騾，悉爲奴實倉囷以充居積，奴益富而我益貧，奴益飽而我益飢。值此米珠之際，轉添狼戾之嗟。臣下令，各軍月支米五斗，准銀四錢，不領米者斷不給銀。今五月糧餉本折兼支之法已行，司農之匱乏庶其可支乎。軍中馬匹瘦損不問，倒死不問，奔潰之後，既無毛齒之可查，亦無印烙之可驗。以病馬易上駟，已斃尚領芻糧；以嚙駃換空群，經久僅存皮骨。兼之乾草一束重八斤，用價六分，無草既不生膘，減料又難茁壯。臣至場親查馬匹，凡極羸者，馬軍加責；次羸者，姑令加料餵養，以俟再驗。滿街之馬骨庶其漸少乎。向來糧銀任將官之支領，憑總哨之分散，先除兑折，又除公費，既多科斂，又多侵尅。今册到即令監軍之發號，號到即令餉司之給發，監司無勒措之弊，官軍免守候之煩。各營鑿鑿，逐名包封，抽來親驗，發銀者既不敢居虧折之名，散銀者亦不敢襲扣除之例。此法從臣創始者也。君子營中食上廪者要無白丁，充假官者悉多金帶，以爲群策畢舉，必有奇謀異能保全疆土。而見虜魂飛，聞風膽落。其在關外也，各兵未逃而彼先逃；其入關内也，各兵已去而彼不去。今復四至求容，蟻附蠅集。即如將材守備韓施勝，絶無寸長，名下影射家丁二十名，何嘗有人，何嘗操演？每月支元寶一錠，每歲冒銀六百二十四兩。有一官則騎一馬，又多乘馬之家丁；多一馬則增一料，又增倒馬之官價。上之不可云將，下之不可充兵。臣於各將投用者，盡發監軍考試，不濫收一員，凡冗食之徒，悉聽别尋道路。各營加銜將官分爲三等，有兵部、總督、經略衙門劄付者爲一等，巡撫者次之，總鎮練兵、招兵御史、部司、司道者又次之，一一分别，不容混冒。此又從臣創始者也。向爲遼事徵兵，從來清查兵數，領糧則有其名，臨陣則無其人。將官之富厚充囊，軍士之貧窮銷骨。今盡數清查，虚詭迸斥。官軍久不習操，未聞戰陣之法；總哨向不習射，全無貫革之能。今令守邊守城者日習銃彈，在營在任者日習槍棍，馬步軍兵先令道鎮操演，陣勢已明，分布既定，臣自到教場操閲。操畢較射，官軍射藝生疏，遠不能及八十步，射不能中九矢。以此而當强虜，猶蹇兔之遇韓盧，敢謂當關之虎豹哉？查射不及式者，一一加杖；各兵以槍、刀、棍、棒、牌筅、跌打呈能者，盡人給賞。此後遂成規格。官軍之知有操練也，亦自臣創始者也。至于各局物料，向係委官暗收，有無多寡，何從稽考？匠多而料少，則束手以待料；匠少而料多，則恣意以開消。製器未必皆工，虛名悉多耗餉。今責成主事沈棨之精核，而造器必無苦窳矣。錢糧向有部折，軍士每至呑聲。若餉司駐撫寧，往來支放，猝難查對。臣令新餉司移駐山海，糧銀之有無朝夕可問，營伍之支領咫尺非遥。蓋有主事白貽清之廉慎，而出納可期清楚矣。此外如空營、大砲、地雷、木虎等件，暗藏機械，俱責將官分任。奴知之，可消其入犯之謀；奴不知，可遂吾罔取之計。目下脩葺城垣，又卜築新邊，鳩工僝木，日無虛晷。倘得錢糧應手，軍士同心，仰藉祖宗之靈，或可陰褫强奴之魄。惟是奸細潛踪，訛言滿耳，南國之鳳乃是山鷄，周人之璞實爲腐鼠。兼之被褫盈千，吠聲極萬，當兹世局分途，時情任臆，或以流聞而起訕，或以繁言而害成。此非惡影疾走之時，亦非處陰休影之日。不揣者以爲亟亟自明之疏，疑有皇皇求聞之心，詎知知不知在人，於我無傷；信不信在朝，於國有損。且有日伺臣之門而求過者矣。嗟乎！身居虎吻，日懼張牙；暫據鵲巢，原非安土。身於何屬，名於何有，惟仰恃聖明遠照萬里，矚及幽暇，聽邊臣之展布耳已。更念微臣規爲運量，乍祛積習，忽樹新條，拂衆願之狃安，或群情之謬盭。須申重天語，可無替於初終，將責成於久暫。文臣武帥恪遵功令，揭日月而行之矣。」奉聖旨：「覽奏，具見卿駕馭夷人，料理邊務，軍政一新，朕甚嘉悦。卿還安心殫力，督帥文武將吏竭忠報國，同建大功，不必他慮。」

工科郭興治題④：「目今防守機宜，撫剿可否，與夫兵餉之措處，皆急在眉睫，大費商量。總之今日大事，不出安攘兩着之中。當此危急存亡之秋，干戈倥偬之際，即禮樂潤色，性命微言，切以爲不對時癥，無裨短長。而况於憑恃意見，恣逞胷臆，一人立標，衆人吠聲也耶？又豈其不記廣寧初陷時耶？送妻子者夜遁宵奔，謀差假者朝乞夕請，真若河朔一片地，世界轉盼即見陸沉，而豈料其有今日耶？幸有今日，是祖宗社稷之有靈，而留此綢繆之一日也，所當何如警醒、何如愛惜者。顧仍偷千金之寸陰，快一夫之恩怨耶？吾聞『兄弟鬩于牆，外禦其侮』，今比肩事主，何異兄弟？下民之侮極矣，鬩牆尚不可忘耶？吾恐盜賊、夷狄不識時局，不畏要人，覆牆投河，自取滅亡，徒令後世咄嗟曰：『中原搶攘，諸人不得不任其咎。』則千秋萬世之臭，有不可湔除矣。伏祈皇上勑諭諸臣，自今以後，各從公家起念，各從職掌着手，仰想君父之焦勞，俯思生靈之塗炭，上何以分憂朝廷，下何以有辭天下，勿蹈尚口之窮，自取噬臍之悔，庶議論省，成功多，而天下事可漸爲矣。」奉聖旨：「這本説的是。以後大小臣工都着洗心任事，共濟時艱，不必紛囂争論。」

經略在關，沿邊烽燧不絶，通宵刁斗相聞，邊臣勞苦，收拾破壞封疆。九邊無調遣之煩，内地無招募之苦，田畝省加編之税，中外稍得寧息，休養元元。于瘡痍未起之時，乃廷臣不脩實政，但脩恩怨，輒圖簇擁權黨收功，掀翻世局，轉眼便忘廣寧潰敗、避死逃生光景。所謂「奴急併急，奴緩併緩」，豈虚語哉！

王在晉題巡行近邊：「臣職在守邊，衙門之卷案無查，左右之典故未習，百事師心，從頭做起，月來稍稍有緒。向聞有奸細在關，故爲陳師進取之狀，潛露糾虜合擊之形，因間用間，離其腹心，嚴督東師渡海協助。奴如聞報，將必自疑自駭，無敢生心。弟念一片石等處最衝最險，不一親往，則取信于耳聞，未取証于目擊，揣摩尚隔玄虚，而調度不由實見，兵不可若是其嘗試也。臣欲盡力薊邊，而關上人心未固，不可遠離，乃從近關各隘一往閲焉。按山海住城至角山關十二里，角山至三道關十二里，三道關至石門路交界十七里。其自角山而上，皆山城也，山城北折爲横嶺，嶺高而趾落，環堵中虚實，馬上能盡見之。謹嚴陳設，仍樹疑兵，以示有備。過此，山徑轉深，越數里而一片石之橋城如長虹跨空，鐵關石洞横亘於白沙黄土之間，隱然在目矣。其形口闊而喉窄，遇雨則山水建瓴直下，泉飛百道，頃刻成渠。以橋爲關，下有九門通水。關不甚高，流沙衝急，則橋虞中坼。一片石之稱險者，以此。然兩山彭峙，設有烽臺，賊至，銃砲能遠擊，而副將吴自勉挑濠築土於傍，頗能布置。初，戴極擅招遼兵三千三百有奇居此，極爲樞、督二臣所亟，而遼兵不能散，臣甚懷猜。今問自勉，謂遼兵皆挈家而居，願死守。又有五寨土司莫大功、田應封兵一千，近經調發，彼亦惕自勉之嚴，潛消其跋扈。臣召把目問之，亦安於是土。共計將四十八員，兵丁五千六百三十四名，馬八百二十八匹，兵足守矣。臣又欲調兵一枝駐此爲奇兵，賊如扣關，一片石伏兵從腰衝出，或截其後，或擊其歸，賊必顧忌而不敢前。至於片石雖險，然路徑迤逶，賊須瞻前顧後，進此爲天穽，我得用奇殺賊。賊豈舍坦平之大路，而由車不並軌、騎不成行之險道哉？過片石二里而爲廟山堡，又八里爲黄土嶺關。登關南望，正對鐵場堡，堡係新葺，今居民盡徙，已城墟矣〔一三〕。此處宜設兵以備外援，弟荒堡孤懸，居人鮠隴，徐布方略，乃堪持久。黄土嶺外，地界開敞，往歲虜數犯關，此爲要衝，不後于片石。然當關踞嶺，高而可憑，不似片石環橋，低而易踰耳。守備路元寧領官九員，軍丁八百九十一名，馬一百七十三匹，今又分莫大功等土兵之半守之，守備往來片石，以聽調度。蓋片石距嶺匪遥，烽火相連，不移時而可至也。黄土營結于山下，不過三家之市，邊城之稱營堡者，皆斯類耳。越黄土營，過坑兒谷二十里而爲大毛山，山落于嶺後，出董家口六里而爲城子谷。大毛山提調李魁春領千把總六員，軍丁六百五名。出谷爲水門寺，十五里而至長谷，駐操營延綏入衛兵一千六百四十八名寓焉。入衛兵向居山海，至萬曆二十一年始移駐操營。彼地甚僻，應照舊調居山海，而量撥土兵以守之，事之不煩再計者。北折爲平頂峪，兩壁中開，積水潺湲，匯成大壑，水涸時介然成路。然高山峻嶺，團圝周匝，關外林木蒙茸，兼之亂石參差，胡馬頓難歷塊，路雖衝而非憂兵之地也。平坦至板場谷，越二十三里而義院，孤城落山窪間，右爲水關，辟四門，又右爲撫夷廳，廳倚牆，牆上有樓，牆之外有坐門。夷人見臣，至拜于樓下，以羊酒犒之。凡得夷情即來報。本關擺設空營火砲最稱奇捷，馬至伏發，聲震山谷，火遶林皋。臣在山海所埋伏皆穴地伏軍，候賊至而發火，賊騎如飛，馬過而不及發者有之，伏軍于地窑，先爲賊覺者有之。火發烟起，賊即奔馳，行過數十步而聲烈，臣以爲非精技也。惟義院關火砲不用火燃藥線，虜馬觸機，火即噴爇，賊不及避。臣即喚砲手到關，如式製造，賊聞之，必不敢馳逞以行不測之地矣。駐義院官二十一員，軍兵二千六百一十二名，馬八十八匹，兵力已强，不必增設。距院三里許爲拏子谷，又三十五里至石門寨。營都司梁柱朝領官七員，兵丁二千十九名，馬五百六十三匹。石門落于平坡，無甚險阨，去義院、大毛山、黄土嶺皆適中之地，結營以備應援，桑麻遍野，太平時爲樂土，避難之遼人錯趾焉。旋至山海，僅四十里，臣即回關。所過之處，烽臺相望，俱先年戚繼光所脩葺，或因舊臺而築新臺，或棄舊邊而設新邊。沿邊烽堠星羅燧列，間有傾欹者，臣即檄所司脩之。飭舊整新，儘堪防禦，不必更張以滋煩費。再查山海關原備西虜，非備東夷，東夷向有三韓隔絶，風馬牛不相及也。萬曆十一、三十四等年，虜衆犯遼，直抵關下。又十九、三十六等年，虜衆大舉，驚潰薊鎮。故本關居民知有西虜，不知所謂建酋也。西虜向稱爲巨敵，今巨敵化而爲我之藩籬，牆外四望，皆草木菁葱，沃野千里。成祖文皇帝靖難，以兀良哈從征有功，遂以大寧地與之。大寧既徙關東，横入虜地，寧前不絶如綫，虜騎出没，道路多梗跡。臣所履南海口至横嶺邊，長八千五百七十六丈；一片石、黄土嶺、義院、石門交界，邊長一萬三千三百十二丈，何處不可入犯，何處不當固守？虜如不靖，即添兵一二十萬，添餉四五百萬，東西支應，疲于奔命，亦無救于空疏。乃知無形之險，固于人心；而先事之防，周于人事。雖有智者，必不能舍款之一策，以爲目前彌縫補救之計。因款虜而忘備不可，因款虜而脩備，則化無備爲有備矣；備西虜以守關，不可使西虜之不攻關，則化有患爲無患矣。今石門、義院口外之虜，皆與我設帳前屯之虜，守籬之犬，未必能噛賊，然賊至而聞犬吠之聲，亦黑夜窺人牆壁者所望而走也。東夷可犯之處，只有一片石、黄土嶺，遶而西則漸入虜地，而馳羊腸九折之坂矣。惟是虜性何常，見利則嗜，虜嗜金，而奴括遼民之黄金以餌之。其見於毛文龍之揭報者，與臣之前疏合也。彼以精鏐，我以粗段布匹；彼以實賄，我以空言説合，豈惟愚虜，抑亦自愚。邇據哨探周守廉、左輔報，稍哨至塔山地方，有拱免營，王達子説稱奴酋用財帛哄歹青、都令要做親，聞説在八月間謀犯抵關等因。隨接督臣王象乾書云：『西虜款事，成與不成，宗社封疆之安危係焉。得報，小歹青、抽扣兒諸酋爲逆奴所誘，欲與媾婚。又誘長漢都令、敖漢等相率以從，不覺駭愕失措。是日獨石報罕孛羅勢病故，山海之守，其議創于罕孛羅勢，而猍暈大以身先之。今猍暈大死，罕孛羅勢又死，罕酋之族丹舍台吉者聞助兵，踴躍而前，稱忠順，今又死。此時着落撫夷遊擊張定、朱梅託煖太、多奈滚吉，務令招誘歹青、抽扣數酋入我緣縱，勿被逆奴誘去，斯爲萬全之策，速行寧前道與各弁亟圖之。』又貽臣書，速議委官買賞夷段匹。督臣深憂歹青、抽扣與奴酋合，臣亦慮之。書未至，而臣已着朱梅差人往説矣。都令爲歹青之子，其父遺好人先爲奴酋所拘繫。虜中極重好人，挾之以不得不從。抽扣者，虜中之最黠，虎墩、炒花五路、拱吉皆與爲仇，兵强悍喜鬭，與歹青部落居錦、義之間。我今西結朵顔宣、大，東欲結虎酋，而歹青、抽扣從中隔畫，既不得潛師以襲廣寧，又不得駐兵以保寧遠。好兒趂與憨有不共之仇，激之使鬭，不可謂非奴中之撥置也。一使仇以絆其所忌，一用賄以結其所親，俾設帳守關之虜，音塵不及於西平；攖城死守之賊，遠顧無虞於山海。虎酋欲來，而有以尼其行；歹青、抽扣欲款，而先以吞其餌。我之款虜，人或以爲疏而弛備；而奴之搆虜，則見其巧而多謀。臣等于憨，非不知王世忠之關親，然不患無通虜之人，而患無款虜之物。虜最難合，亦最難調，此急而彼緩，陽附而陰離。彼來而與之款，則不追不拒，有易厭之情形；我往而强之來，則多索多求，有難填之谿壑。藉以空言要結，張定、朱梅即喙長三尺，靡濟于事，此蘇、張不能收功，而孔方多能見效者。若徒期事之克濟，而不惜重費以招之，無論經費無出，功成而吏議隨焉。世局紛囂，無中生有，誰容邊臣之展一籌也？惟是虎酋舊賞萬不可缺，而此費毫無措辦，俟其率虜前來，當關要挾，然後請於朝而與之，往來至速，亦須浹月。一月之供應，不啻幾萬金，而關民素畏西虜，虜至必驚，驚必竄，而我思歸之士、習走之兵，見影聞風，足脛先動，豈必奴賊至而後能爲山海患哉？此真係邊塞之安危，而廟廊之上，所當亟爲計處者。蓋寧可賞備而虜不來，不可虜來而賞不備。臣是以條述虜情，而先期以請命焉。惟明主蚤見而亟圖之，封疆有厚幸矣。」

巡撫李瑾會題：「關上鎮守，止當統領關兵，管轄山、石二路，兼理寧前、前屯、八里莊一帶。永平鎮守，即當駐札永平，專練兵馬，分管燕河、建昌二路。應當關者，得專力于一面，而後勁亦克濟乎前茅。其三屯鎮守，仍舊駐劄三屯，專管中、西二協，以爲永平接應。則布置不疏，而統轄亦明矣。」

薊鎮三協有十二路。東協：山海、石門、燕河、建昌。中協：太平、喜峰、松棚、馬蘭。西協：墻子、曹家、古北、石塘。諸路中，又有各關、各隘口。向來三協共一總兵，駐三屯營，以便東西應援。今議割山、石、燕、建屬山海總兵江應詔，臨軒授劍，予之勑矣。乃三屯與遵化又各設一總兵，六十里之間有二鎮守焉，且所居中協而遥制西協于二百里之外。三鎮既分設矣，而孫祖壽又推薊鎮總兵兼永平、山海等處，所領勑書仍照舊稿，三協將安所適從耶？樞輔入部，立意紛更，而其懵懵貿貿，大率類此。諸此事不得不題。比經、督、撫會疏一入，深銜暴白其短，稱疾求罷不允，遂請行邊。諸事紊亂，到底諱疾忌醫，邊事安得不壞耶？

孫承宗疏云：「方今天下第一大事惟兵，而兵家第一大事只在中樞，必不可朝更夕改，暫借于未聞軍旅之人；亦不可叙齒挨資，强加于徒具形骸之輩。若職承宗，書生伎倆，何敢決籌？即頃分轄一事，果職言之非也，則如此小事，尚致鶻突，而其才可知；抑職言之或是也，則如此淺事，尚致紛嚚，而其望可知。才望既有未堪，而况疾病纏連，肌骨盡銷，真病真衰，即心志欲揚而氣力爲抑。伏乞急勑吏部，從公會推，務在得人，以授司馬之托；職之衰病，憐而放歸，以全帷蓋之私。可勝激切之至。」

兵科朱童蒙等題⑤：「竊謂遼事以來，兵部尚書凡三四易。既而皇上加意東顧，自爲宗社生民計，眷注孫承宗，以閣臣帶行部事，從在廷諸臣之請也。今接閣臣孫承宗揭帖：奉聖旨：『近關防守，宜及時料理，經略官用心修備，已有次第。卿欲親詣關門，相度商議，具見爲國忠猷，朕甚嘉悦。鹿善繼、宋獻准隨卿行；其犒賞會同經略官酌給；印着張經世暫署。卿還作速還朝。欽此。』職等讀未及終，不勝私憂矣。夫以政本而溷以戎務，以綸扉而抑以樞座，祇恐不得久寄軍旅，還歸黄閣。所以前陳居恭出將入相之諛，職垣直糾之，正欲久任此老成重臣彈壓内外，運籌緩急也。今日之行，居恭之言驗矣。臣等參詳原揭，倘亦有厭勞就逸之思乎？」

初，晉推經略辭朝，首揆葉公面語曰：「我從來未到邊，不識韃虜。公扺關事定，我來一看。」晉答之曰：「閣下行邊，振朝廷之靈爽，此邊疆之幸也。」然言之未必果行。葉公偶以此語同事，孫公愕然曰：「門生見掌兵部，須某往。」詰朝而揭已上矣，葉公不能挽，悔之無及，一言而起無盡之紛紜。後葉公罷相歸，而晤晉于吴門，具道所以追悔，而未嘗諱言也。錦衣陳居恭爲樞輔之里戚，預測其深衷，所以有入相出將之疏。是時樞輔非次拜相，人言藉甚，須借掌部行邊以厭時望。一聞葉公語，即發不留行，恐首輔之先着鞭耳。

校勘記

〔一〕十五日與毛將交戰于林畔　「與」，原作「于」，據北大本改。
〔二〕而供輸易辨　「辨」疑「辦」之誤。
〔三〕不類而夷人　「而」字疑衍。
〔四〕款和西　「西」後疑少「虜」字。
〔五〕臣移咨工部速行造辨　「辨」疑「辦」之誤。
〔六〕有邊事日虞潰敗債師尚爾逭誅一疏　「師」疑「帥」之誤。

〔七〕臣一身真成孤注矣　「孤」，原作「狐」，據北大本改。

〔八〕昔照烈于當陽長坂之間　按「照」通「昭」，「照烈」即「昭烈」，指蜀漢先主昭烈帝劉備。

〔九〕又臣標下聽用官臣革退徐可行等三十九員　後「臣」字疑衍。

〔一〇〕爲哈喇慎大酋罕孛羅勢　「哈喇慎」，原作「哈唎慎」，據上文、北大本及明熹宗實録卷二二天啓二年五月壬子條改。

〔一一〕奴乃賫黄金二百兩銀若干貂數參駝以購　此處疑有缺字。

〔一二〕何太僕之招招之也　「之招」二字疑衍。

〔一三〕已城墟矣　「城」疑「成」之誤。

底本眉批

①本條原有眉批「朵顔受款」。

②本條原有眉批「築城」。

③本條原有眉批「搶關天殄」。

④本條原有眉批「論講學」。

⑤本條原有眉批「樞輔自請行邊」。

三朝遼事實録卷之十

壬戌

七月，王在晉題聲援朝鮮云：「毛文龍托身于朝鮮，而朝鮮力弱，不能接濟，矧堂堂中國無專靠朝鮮之體。我如不盡力救援，則文龍必難自立於朝鮮；而朝鮮不納款于奴，亦必轉折于奴。是我棄一文龍，而又棄一朝鮮也。朝鮮于山海有首尾之形，而於登、萊有唇齒之勢，萬一朝鮮不能存，奴無所顧忌于東，必狂逞以肆力于西，以水師擊登、津，而以鐵騎攻山海。彼兩路進攻，我三面受敵，奴之入犯，必瞻前而顧後；而我之應敵，輒顧此而遺彼。臣又聞其造船，而人或謂其怯水。彼各島之人豈皆乘馬者？如其果怯水也，則以我之長攻彼之短，焉知奴之懼舟不如我之懼馬耶？福建官兵共三千一百五十員名，福船六十五隻，陸續到津，舡隻具備，兵精船足。兵依于船，萬無舍舟登陸之理，亦萬無枉折入齊、救援東兖之理。津門且厭兵矣，又萬無留守天津之理。明旨招揭，自應恪遵成命，刻期渡海，仍令津撫勒限開船，不容少逗，違者以軍法徑處。其米豆、布疋決非三萬金可以充數，若待淮揚水兵到津再行續發，恐淮兵無到津之日；即到，而秋風已厲，不能乘船破浪，坐需以失機會，其誤事匪小。此事爲朝廷之事，萬一置文龍于枯肆，則必招虜馬于巖關。天下無無價之米豆，亦無無價之布疋，以三萬銀而買三萬之布疋，又買三十萬之米豆，此真爲紙上之布粟，而江東之兵可裁雲以作衣，飡風以充腹否？恐十五萬金之請，户部必不可裁，亦不必舍已到之閩船，而待未到之淮船也。」有旨：「作速看議。」

尚書張鶴鳴奏奸細。奉聖旨：「毛文龍因拿佟養真，佟卜年遂投陶朗先處監軍，讒害毛文龍拿到劉一巘、杜茂等。刑部官縱容通同，改口不認前招。着三法司上緊問明，擬罪正法。劉一巘等身邊奸細在各處甚多，邊上見有劉得功等，錦衣衛便差的當官旗密訪拿來，送法司從公嚴訊正罪。刑部等官狥私賣法，悮國欺君，通不上緊問理，着因將話來。」

刑部尚書王紀乞恩認罪，革職爲民。

王在晉題守寧前云①：「關外地方，先經督臣王象乾委參將周于才守中前所，而于才病故，遂委參將周守廉、遊擊左輔領兵哨守。向緣前屯一帶城垣未葺，房屋多燬，官軍日劄于城，往來哨探，夜則伏草間歇宿，使賊不知將官所在。彼時西虜紛紜，不獨畏奴之掩襲，亦畏虜之作歹也。邇來虜部受款，路徑已通，哨馬時過寧遠，奔馳不已，臣遂檄關外監軍道袁崇煥移駐中前所，料理前屯，以監周守廉、左輔之軍。然出關之兵需馬，而馬甚稀；需器，而器甚少；需銃砲，而銃砲且盡；需盔甲，而盔甲全無。急而辦之不得，徐而俟之不可。且寧、前二城荆棘蒙茸，瓦礫徧地，空堦惟存鳥跡，破屋但有寒灰。欲重新整理，費財費力何可勝言。當全遼未陷，尚設一副總、五參遊，連營結寨，兵馬如林，矧破殘之後，整頓重新，設兵二萬八千人，斷斷不能少者。關外之軍履險陷危，每名月給銀二兩，向來已有成例，馬步相兼，臣與總兵江應詔議調關外，須用買馬二萬匹，計一年所費糧料、銀兩不啻一百四十餘萬，而甲仗、銃砲之需不載焉。爲朝廷復此二百里之疆土，計費不貲，必先議餉而後議兵，先議兵而後議守。此收復寧前之大概也。或曰：曷不分在關之兵，又議增兵乎？關上兵雖幾及六萬，有襍役，有公差，有馱夫，有車夫，有局匠，有薪水，食兵之餉，而實非兵也。水兵守水，山兵守山，哨兵巡哨，以三十六里之邊城，設守兵，設游兵，設援兵，設銃砲火藥之兵，設傳烽瞭哨之兵，臣猶以爲少也。繇前屯而寧遠，則去關漸遠，去廣寧漸近，兵必用壯，馬必用多，纔可抵敵。增兵易而增餉難，此事在廟廊從來計畫，非臣之所敢擅矣。」

王在晉題救遼民疏②：「臣惟山海一關，習逃之卒，心如不椗之舟；狂逞之兵，氣似不羈之馬。惰窳之法令，玩愒之人情，懵懵如不醒之夢。而臣一一挽圖整頓，無規矩而求方圓，即未竟其成，亦稍引其緒。獨是處遼人一節，迄今未有成畫，隨衆蚩蚩，日夜圖維，終無善處之法。臣有不能自諱者，既空言無以市恩，而苛法難于調衆也。蓋遼地甚腴，遼人甚富，故其生齒甚繁，至今地穴有發不盡之糧，爲西夷所搬運，故不能耐貧耐勞，受寒受餒。今一朝而諸苦集矣，失巢之燕繞梁，無食之烏攫肉，臣慮其必生變也。乃請賑于朝，發金各郡，於安插之中寓分散之意。此臣處遼人之法也。欽奉聖旨：『遼民屢有旨賑卹，這所請銀兩准給發，但須嚴行查覈，務沾實惠，不得破冒。該部知道。』欽此。欽遵，臣即刊示曉諭，令其就賑。無何，將銀十萬交付太僕寺卿董應舉屯田，仍會臣通融行。夫安插、賑卹原非二事，屯田所以安插也，微獨廷臣言之，臣亦條議及之。但屯田必築舍、製器、買犢、播穀，分土而稼穡，計畝而收穫。此爲終歲之計，而遼人不能爲終日之計。百里而外，婦女老稚即不能行，欲其挈挈而往，挈挈而耕，恐田穀未成，而種田之人先填溝壑矣。且各處疾遼人如仇，驅之惟恐不遠，今見無銀賑濟，遂叢聚于關，自永平以至山海，不啻二三十萬。衛官向臣索俸，師生向臣索廩，飢民向臣索食，曰『有賑金十萬在也』，而臣無以應之，則詞窮。日來西路一通，遼民之在虜營者奔歸無算，西虜送還華人例給賞，我非以得遼人爲幸，而虜得以送還人爲功。歸一人，增一夾襍奸人之慮，無髮可辨其爲回鄉人口。乃貴英、狫暈大等營不削遼人之髮，歸而混于華人，奸良無以别矣。凡遼人歸，臣一一細審，遞解遠方。置之近則喜，發之遠則懟，若姑置之關門，則地無所容，而禍且不測。間有老幼不能行路，匍匐歸來，而遠斃之則有所不忍。遠之不可，近之不可，而臣之術窮。關門兵馬雲集，遼人又搆廬芟舍，塡塞其間，或賣奸造酒以聊生，或打草砍柴以度命。兼之西夷互市，糧米頗多，故遼人樂居于關，而遠方不能安，遼人益動其赴關之念，從之者如歸市也，日來蠅聚蟻集，驅之不去。昔贊畫何棟如有『遼人三日不徙，盡行殺僇』之令，幾至激變。乃化爲繞指，樹旃立幟以招遼兵，而遼兵之在各營者遂深根固蔕而不可拔。臣不得已，乃有另立遼兵營之説。遼人之難處如此。邇緣胡越一家，音聞得達，或父母在虜營，而呼子弟以取贖；或妻子在遼地，而思挈眾以同奔。衣食難周，既萌偷生之想；故鄉入夢，輒懷臣虜之思。既防外來之虜諜，又防内逸之奸民，招之不可，絶之不可，而臣之術又窮。蓋天下惟恩威二字，而今則恩無可結，威無可施；爲政惟寬猛兩端，而至於寬則養奸，猛則生變。臣之所以待遼人者，真窮于法矣。彼東省之民有室家廬墓，有父母妻子，然一夫作難，萬姓如狂。矧此無食無衣之衆，思歸思叛之民，不蚤計而預圖之，有不釀成異患者哉？然其所最難處者，則又在于十三站、大山等處之民矣。據通判吴士科審錦州人劉登科供稱：『十三站大路南十三山有軍民數千在山，奴酋攻尅數次未下。』大、小凌河各屯莊削髮難民數千不肯順虜。』又錦州生員趙啓禄等寄稟于回鄉人，内云：『義州戚家堡、錦州城南雙堡、十官兒屯等處共有遼民數萬。』又據十三山、大山避虜民人陳天成等寄稟云：『大山等處還有男婦老幼二萬，閭山一帶還有許多人民求救。』又據哨探把總王守志等帶回遼民，千總宋景陽、遼人聶友功到臣審供，李永芳于五月間到廣寧，帶佟有貞攻大山，山坡下殺五六百人，山頂飛石打下，賊不能上。婦女見我哨丁而哭，乃奴騎遥望，即往廣寧飛報矣。右屯添一將，乃鹽夫頭劉三兒。河東之賊調過河西，河西之民趕過河東。走回人説，聞關上練兵嚴謹，未敢來。今大山有七百人黑夜潛偷下山，至海邊渡上覺華島，嬰孩都害死。問其何以害死，曰：『恐兒啼，賊來追趕也。』臣聞而惡之，遼人之人理滅矣。又問其何以往救，曰：『山高不能即下，須得官兵拒虜，方可策應。』夫以四十里之山四圍接引，非得數萬人不可。關門防守未定，大兵何可輕發？山上之民，其爲釜中之魚矣。究而言之，山頭之百姓，本朝之赤子也，赤子顛連，我不得不救；又遼左之義士也，義士效死，我不得不救。日來屢揭請救，其勢急，其聲哀，我不得不救。不化而爲鬼，即化而爲賊矣；不驅之以入奴，即驅之以入虜矣。此數萬人者，即將來叩關之勁敵也。不以義收之，而以忍棄之，恐從此益失遼人之心，而益堅其從賊之願。然其收之也，可復令其入關乎？二百八十萬人且無容身之地，而又安所置數萬人于衽席也？無地可容，其患一。在關遼人窘而乏食，可令嗷嗷枵腹之民，方以類聚乎？無食可養，其患二。關門正憂奸細，今率衆來歸，奸宄混雜，其患三。虎狼倦息，而我以兵先之，挑之使來，激之使鬭，其患四。臣念全遼陷没，而山頭尚有効死之民，初欲存有虞之一旅，布德以兆其謀；借田横之五百，聲義以聞于衆，以爲奴之外懼，而今不可存矣。遼民之不可存也，身無甲冑，坐無鞍馬，不可爲兵；左手挈妻，右手挈子，不能遠遯。立而視其死，爲不仁；彼不忘漢，而我忘之，爲不義；然岌岌爲關外之民，而不顧及關内之民，以速禍，爲不智。無已，則惟有使之潛遁，我以兵船接濟，安頓于覺華島，徐收而置之，或散之遠方，或使居于前屯、中前所、鐵陽堡之間，修城郭以使之居，割田畝以使之耕，挑精鋭以使之守，既不速禍于關内，又可畜衆于關外。此爲萬分難處之中，商一可行之策。然飢民一入空城，無粟以充其腹，飢而死，與守山頭而死，其死均也，則臣前疏所請允發賑銀十萬兩須全付於臣，以活在關之衆併續至之遼民。其太僕寺卿董應舉屯田賑恤銀兩另行議處，乃爲並行不悖。伏祈聖慈憫此孑遺，以續元元之命，嚴勑各處巡撫，凡有遼人流寓，一一安插，不許有司驅逐，仍照原題發穀賑濟，死者葬埋〔二〕，病者醫藥。凡無髮遼人，查係臣衙門遞發者，勿以奸細擒治。遠者不來，則近者不聚，而岌岌之危關，可免蕭牆之隱禍矣。」奉聖旨：「賑恤遼民，係屢旨申飭，各該撫、按官設法安插，毋致失所。其應留應發錢糧，該部作速議奏。」

王在晉題：「查得正月間遼兵潰入，一應器仗俱抛棄關外，間有折竿薪以炊馬肉者，兵皆徒手而入。臣查點各兵，或手持鎗棍，多係自買，皆鉛刀不堪一割者也。臣令主事沈棨南北分局，通宵打造，五金之屬，錙銖愛惜，向計日支餉者，今按工給銀，俾無曠冒。且清查掛名食糧，不知工作局匠一千六百餘名發做泥工，又在臣所汰目兵九千六百名之外。關上食糧人數，真無一之不清，而棨之精心料理，則臣遠遜之。無奈工力勤而物料不繼，造作寡而取數太盈。以數萬人之待用，必非關門所能處給也。臣猶望更番調援之兵必手持利器，而各路兵有赤手而來。若將取足于關者，是增一兵且增一兵之累。不授之以器，惟有開口食糧而已；不予之以甲，惟有見賊躲避而已。去年支用帑金，委官收買焰硝、鐵鋼、布疋、弓箭等件，多者領銀數千，少者領銀數百。從臣到任，並無一件解到，豈惟銀不可問，併其人而無之；其在河西者，且併册籍而無之矣。終日飛檄嚴查，索之何有？然則臣所删汰之多官，非徒爲冒餉而來，皆爲騙銀而來者也；不惟騙銀，而且悞事。欲食棍徒之肉，其可得乎？邊疆大事，豈一處所能辦？不得不取給于四方。亦豈一人所能辦？不得不取足于庫廠。枽先任工部管廠，今其所開陳者，皆工部所能措處者也。發之少，則無以備當關之用；發之遲，又無以應燃眉之急。各匠袖手以待，臣不得不仰面而求皇上之立發。伏祈嚴勑工部查給，刻期解發關門，以備秋防急用，邊疆幸甚。」

王在晉題：「臣因巖關牆低土薄，舊邊止三丈二三尺，今加高至四丈；土幫止八九尺，今填闊至二丈二三尺。牆則磚灰堅砌，土則夯杵併加。雖南北二部尚有一千八百丈未修，而已修者粉堞崔嵬相望矣。城外鑿濠，濠外掘品字溝，溝中下暗簽，溝外間一擺空營。衆工畢舉，竊意計期可成。又于八里鋪築新邊，已完土牆二百餘丈。臣不時往返，身先調度，勤者賞勞，惰者加罰，終日兢兢，如臨大敵。其在舊城也，有九仞垂成之勢；其在新城也，當一簣初覆之時。孰意雨師爲梗，連宵累旦，滂沱傾注，自十七晚至二十二日，而城内外水溢成渠矣。山海一城原落于角山歡喜嶺下，山之窪處，水之聚處也，山水一發，衝壞水門，建瓴直下，數萬軍兵、一二十萬遼民席舍蘧廬，隨風逐雨，防兵無一笠之遮身，流民無寸瓦之蔽壘。城垣傾頹，土幫是處剥削。闢土燒窑，而窑破矣；範泥爲磚，而磚壞矣；傍城爲樓，而樓倒矣；鑿地爲濠，而濠有衝塞者矣；搆巢爲窩鋪，而鋪無存立者矣；築土爲新邊，而新邊有剥蝕者矣。遼人三四日無米可食，無竈可炊，無薪可爨，臣乃買胡餅給之，得一二可幸須臾之不死。嗟乎！天何使遼人一至此極也！臣見城牆傾倒於大雨中，立命諸將推戰車上城堵塞決口，即以葦席苫蓋車上，使軍兵宿守，城不浸者三版，沉竈而民無叛意。噫！亦危矣。幸二十三日天光開霽，鳩工集料，先葺頹城，而濬濠造鋪，以次漸及，一歲之班軍不啻兼兩歲之工作。此東省所以聞風而却步，而願留本地以殺賊也。顧不得班軍，何處覓匠？何日竣工？此係皇家之社稷，豈但關經略之功名，同心體國者，必念及于斯矣。臣聞中前所頽敝至極，即于二十五日策馬渡澗，至彼查閲，破壁蕪苔，陰房鬼火，真神人之俱慘，信焦爛之堪傷，將立于污泥糞土之中，兵宿于灌莽殘灰之内。臣與道、鎮班荆而坐，同几而食，風景不殊，舉目有河山之異，奚啻新亭之灑淚耶？然則寧前一帶，非數十年不能遽回元氣，非百萬金不能粗整規模。即使河西再復，亦知防守之難矣。亂離之後，荆棘叢生；而兵燹之餘，水患踵至。精神力量，不得不急其所急，而緩其所緩。關以外烽堠頹廢者，臣一一葺之，以有限之物力，欲舉無限之工程。天人交併，繁累轉增，惟難上之加難，苦中之更苦。萬一奸細漏聲，戎心益啓，舟已罅漏而索衣袽，户未綢繆而思桑土，當田禾喜雨之日，而來軍民苦雨之憂。轉喜爲懼，而天心之感召。引咎負咎，不知其所自矣。」奉聖旨：「大雨爲災，城垣摧剥，卿還用心料理修整，毋致疏虞。應發錢糧，該部作速議處。」

山東巡撫趙彦疏云：「臣見湖廣道吴之仁請留廣兵三千、福建兵三千名鎮守濟寧張秋，以防漕運，憂深慮遠，深所敬服。再請暫留班軍，以靖妖氛。」

閩、廣兵及班軍皆爲遼而徵調者，經略留之以靖東妖。矧東省爲經臣所節制，兵不足，又留江淮兵八千協平遼賊，何叙功之不及耶？

王在晉題：「昔日之遼陽專心于禦東虜，兵馬足，則禦之之具備矣；昔年之廣寧專心于款西虜，錢糧足，則款之之費備矣。禦不兼款，款不兼禦，邊臣猶可支也。今則東西合併，夷虜交訌，山海一區，真千瘡百孔之地，而經臣之左右皆難，非昔之經、撫可同年而語，明矣。虎酋之來款，臣不願其來，來則虞其向我多索也；亦不願其不來，不來則虞其與奴相合也。今虎酋騃騃有先至之聲矣，酋爲虜王，其來也，諸部落從之，一部數千，諸部合而聚于關門之外。無論山海戒嚴，薊、永一帶寧無震動？關内有無數之遼民，終日思父母，思妻子，思鄉井，欲亡命奔蹌，以合東西二虜。臣既圖捍虜于關外，又圖捍流民于關内；既畢力于前門之拒虎，又分心于後門之進狼。此何時？而廟堂之上，尚忽忽悠悠，不發一錢，不決一策，怡堂奥之安，而忘邊塞之苦。臣等將安所控籲哉？往時河西各堡居民懼虜，各設迎風、祭旗犒賞，今寧前一帶餘燼煨殘，白骨暴露，既無牛酒之迎，必長炰烋之氣。而關門多駐一日，則有一日之飲食，我民未得充腸，彼虜何能果腹？人飢馬渴，勢虞犯搶，關外毫無可掠，寧不計及于闕内耶？臣前任浙杭，凡撫夷段疋，必隔年定織；買賞物官，有經年不得歸者。彼蟒紗、蟒段非賞夷，誰敢多織？去歲安知有山海關講賞之事，今委二同知就近招買，何方可辦？臣再三問撫夷官，謂虜酋就講，全爲蟒金、衣着等件，必不肯折，然則三十萬金之賞尚可乞恩于皇上，而三千餘疋之蟒段，臣安能邀泉室之鮫人，組綃于立就哉？臣愁多思亂，鬱火上炎，手臂瘋麻，背頂臃腫，恐不能爲陛下了邊事。日下秋風轉勁，當驕胡馳騁之秋，而宿雨摧牆，異飈汩浪，舊城東塌西倒，長邊此缺彼傾，戍卒爲魚，關門成沼，流民極哀號之苦，愁雲結慘淡之容。天意如斯未可測度，臣憂極，不知所措矣。先是督臣王象乾會稿，有撫賞金錢難辦一疏，部覆下九卿科道各衙門會議。會議者，議插漢、哈喇慎諸大酋並剿奴酋之費也，議插漢兵一萬守廣寧、哈喇慎兵一萬守寧前之費也。先是，臣與督臣密商，有用虜復廣寧即用虜守廣寧之議，是以前疏及之。今奴酋未必能即剿，廣寧未必能即復。傳聞插漢、哈喇慎等在八月間起兵，其果來也，我之儲糈儲賞不可不備，備不可不議，議不可不早。乃若虎酋之賞所從來矣，當三韓全盛之日，尚欲結其懽心；今值兩河剥落之時，何可拂其來意？彼欲求新而未許，我圖減舊而不能，事之無待于議，刻期用之、刻期需之者。至于撫賞段疋無計逼索，併勑部從長酌處，查往歲賞夷段絹有無存剩可充急用。俾臣等得藉手以完款事，庶虜騎不久逗于關門，可解嚴以圖修築矣。」奉旨：「即看議來說。」

王在晉題辨三説〔二〕：「臣奉命而守山海，辭朝之日，皇上臨軒賜勑授劍，邊疆之事惟臣主之。山海安則社稷安，山海危則社稷危，誰人與臣分責任，誰人與臣共功過？用臣則當行臣之言，用其人而不用其言，猶弗用也。不用其言，至僨事而加之罪，臣弗受也。臣抵關以來，軍律不隳，將士用命，軍民業已相信，華夷幸爾敉寧，所望中外同心，有呼即應。詎意機關巧搆，柴栅横生，意有所援引，則眼前或忌其成；心有所擠排，則背後樂形其短。褒中帶貶，聲響在不寒不煖之間；筆底藏鋒，語意在半吐半呑之際。訛言採于塗説，道聽雜于流傳。彼海内之神奸流棍畢集關門，其來也，立圖貴顯，謂副、參、游、閫，一條陳，可持券索也；立圖富厚，謂每月八十餘金，一收用，可探囊取也。孰知臣嚴查迸斥，望門投止，遂謂將應選而不選，某可用而不用。忠勤任事者反來譏訕，懦怯無能者輒被游揚，顛倒是非，混淆黑白。不用者疑選用者相妨，汰革者與存留者爲敵。且營窟爲護身之符，媢竈工獻諂之術，明挑暗聳，遠交近攻。兼之關門弊役多置囹圄，而漏網奸徒潛竄都市，奴中之奸細無地不窺，而叛賊之捐金何術不售？既無顯過之可摘，遂爲蔓語以相加。惰我之心，謂關門爲不必守；誘我之人，謂廣寧爲即可圖。理外之談，臣漠然不動，不意此語流入長安，臣閲邸報，乃知都中有三説：一曰城不須築也，以地利不如人和也。攷之皇初邃古之世，標枝野鹿之民，尚以師兵爲營衛，都邑爲徙倚。彼棄甲曳兵之後，驚魂墮膽之餘，臣有何術而能頓使人心爲保障乎？角山巍而且偪，滄海蕩而無津，長邊易瑕，高嶺合抱，此非守地，臣不敢自悞，亦不敢悞陛下之封疆。此皇上之當裁斷者一。一曰虜不必款也，以夷狄之無親也。款則虜爲我用，不款則虜爲奴用。爲我用，則我借虜以制奴；爲奴用，則奴借虜以攻我。薊邊諸虜，我無厚賞；設帳守關，我無厚費。至于虎憨諸部厚賞矣，而賞非從今日始，賞于無事之時，格于有事之日，是明驅之使與奴合也，是明激之使與我敵也。萬一虜王合數萬衆而來，將荷戈與之鬬乎，抑長揖使之退乎？臣不敢自誤，亦不敢誤陛下之封疆。此皇上之當裁斷者二。一曰錢糧不可多發也，恐効前事之乾没也。夫一人之偷爲竊，衆人之盗爲刼。自收自放，夷清無以自明；衆目衆証，蹠貪亦有所畏。若批發自經、督，轉行自司、道，給領在府、廳，支用在管工撫賞之武弁，此有一文案，彼有一卷宗，雖有百萬，直清到底。臣自拜表東行之日，止將圖書數卷、疏稿數帙歸而遺子，以存手澤，身已浮漚視之矣。臣未到關七十日，而費餉銀七十餘萬兩；臣既到關四五月，僅費餉銀二十五萬七千兩。儉於用餉，必不奢於用帑，帑不發，發不豐，而修築、撫賞兩事俱廢，臣無以自存，亦無以存陛下之封疆。此皇上之裁斷者三。天下之事易言，而惟封疆之事不易言，言者即爲任者之分擔。識未定而言，聽未確而言，反爲任者之藉口。此時用不得虛無之議論，講不得尋常之道學，抄不得襲套之文章，着不得揣摩之意見。辟之奕然，全局之輸贏，在此一着，乃執當局者之手，而任從旁之點掇，一有差錯，當局者寧不反唇而相懟相訕乎？此三種異議，幸有科臣林宗載爲臣剖晰，更請速發金錢濟急，深感同舟之誼，臣可無言。顧臣當局者也，局未成而有害成之心，害及于臣者小，而害遺于國者大。微言以中之者，臣不得不深言以明之。至于兵不成兵，將不成將，從遼左發難以來，向有是言。今朝廷已命將矣，此中偏裨各獻其長，不至二卵棄干城之選矣。標兵、馬兵每月六操，每日輪流打射，銃砲之聲聞于數里。川、浙兵每月九操，凡遇初二、十六日，通將各標下及部兵合營大操。至于水兵并城守軍兵，亦以三、六、九日操演兵器，風順仍演戰船。總鎮各道不拘日期，同各該將領親行教閲，務令人器相習，拳、棒、槍、杈、刀、劍、鞭、棍、藤牌、筤筅一一訓習，從前委靡之習漸次振刷。臣朝乾夕惕，未明披衣，日出而視事，日昃而退食，人知之，人見之。其爲干後開門者，台臣必有所指，俾聞言而知惕，提醒夢覺之關可耳。人生而勤惰各分，清濁互異，或此然而彼不然，或昔然而今不然，或事理固然而時勢不然。此一時也，安危係于一綫，利害淆于兩可，是非判于多岐。以臣爲可任，則任之；以臣爲不可任，則去之。任則同于負棘，去則埒于放生。萬一擬議分門，推敲迭出，則蚊聚而成響，羽積而沉舟，讒憎之言售于當道，則決裂之禍及于疆圉。臣不能一心以防賊，又一心以防謗，仰祈聖明立賜乾斷。如謂城不必築，虜不必撫，即用不築城者以守關，不撫虜者以禦賊。至于錢糧不發，明明斷送危疆，奔潰流離之禍即在目前，雖有百經略，無濟于事。此一言而關天下之安危者，勿以祖宗血戰之封域輕於一擲也。」奉聖旨：「封疆重任，倚藉惟卿，無根流言深爲可恨。内外緝事衙門多方密訪，凡有造言生事者，送法司重究。卿宜安心料理邊務，不必介懷。」

御史帥衆疏云：「自河西失陷，寇逼山海，諸臣之借箸者幾無遺策矣。乃今榆關以西，無不厚之防，無不修之險；榆關以外，增城以爲蔽，假款以爲藩，天險人險亦既櫛比而不疏矣。是守法之不可無，而非其所以守也。蓋善守者必以戰，非以驅之戰也。謂以料敵之心料守，而守乃固也。臣按關上諸隘，獨一片石一路無抵關之阨塞，謂宜重兵宿將預屯此路。奴從此入，可挫其大舉之狂鋒；若趨關，可爲關門之犄角。所謂攻我之堅，而瑕者亦堅矣。」

御史吴甡題稱：「今皇上勞心焦思，東顧而憂者，非奴酋乎？封疆壞矣，止餘一綫巖關矣。將不成將，兵不成兵，如一局殘棋，着着俱錯，雖有國手，救正寔不易也。是故袖手傍觀，不免視肥任瘠；抵掌談議，何難畫地指天。而經樞一身肩此大擔，如當局布子，一着差則全局俱輸，一着穩則全局俱勝，此其關係又何如也！唯下手難，故當局類多躊躇；惟關係大，雖賢豪未免退遜。若夫擇而用之，信而任之，則在皇上矣。臣伏見經略王在晉當廣寧既陷之後，人人畏奴如虎，逃者逃矣，辭者辭矣，獨在晉以身當之，到關半年，手口拮据，竭盡心力，即成敗利鈍未可逆覩，而任勞任怨，有臣如此，亦已難矣。近見在晉屢疏，似有憂讒畏譏之意。嗟乎！左書右息，管氏所歎；三至投杼，曾母亦疑。灰任事之心，掣當局之肘，此亦古今之通患也。彼議者豈不曰『吾爲封疆借箸耳』，而人各有見，喙各争鳴，築舍紛紛，此於封疆何利焉？臣愚竊以爲既委之以甚難，則不當責之以太易。夫哆口議天下事易，實心任天下事難。伏乞皇上念軍國重務急在得人，諭輔臣孫承宗專理樞務，經臣王在晉專理關務，不得諉于賢勞，摇于衆議，各求卸擔，致悮封疆，則山海可守，而奴賊可圖也。」

候補給事中郭興言題：「臣見經臣王在晉疏，請究逃將達奇勛等，而縮頸偷生者正法矣；參同知張問達等，而尅餉自肥者痛懲矣。澄汰冗員，省無益之虚費；稽覈軍丁，絶冒濫之夙蠹。允文允武，有嚴有翌，三軍易慮，行伍改觀，此後備禦諸務不難次第舉行，庶幾無負我皇上特簡之至意哉。但此時賊勢既以漸而逼，防禦當以漸而備。山海一帶修戰修守，誠事勢之不容已者。想經臣料理自有方略，不待臣之呶呶矣。」

御史周宗建題：「臣伏見河西陷没以來，京師震駭，舉國張皇，若凜凜有不能及夕之慮。至于經略一推，有同赴穽，撫臣解經邦固雅有物望者，且謂此天下古今第一重任，而一疏再疏，疾呼求免，豈不謂榆關一線宗社所倚，惴惴焉有不能自必其勝任者哉？乃近者經、督兩臣同心協濟，關門形勢稍有端緒，中朝之人驚喘少定，正須迴首追思，長見此艱危在目。而兩月以來，似已稍有易心，側聞人言，且有輕談守關之易，而逆料奴之必不來者。果如此易，不知會推集議之日，何以相顧而却步；而衆人推轂之會，何以反憾爲相傾。又不知廣寧游騎何以往來未退，三岔河浮橋何以不日告成。前此開、鐵之後，數月而入遼陽；遼陽之後，數月而入廣寧。當時諸臣豈不亦謂奴終戀巢，未必深入，而卒然一舉，逃潰不支。然則今日之策奴者，亦遼陽、廣寧之已事也。所謂本危而安狃之者，此是也。至於奴賊設謀甚險，布着甚巧，近見經臣疏稱，奴且數遣人與歹青、都令議婚，又數遣人與抽扣諸酋議和。諸酋且明言，姑且從之，而願効守哨；如猍暈大、罕孛羅世、金台吉者，復又相繼物故。是虜款既未可固，而奴計終不可測，卒之犬羊同類，勢必相投。虜且陽爲好言以愚我，陰受奴利以賣我；即不然，而中收兩家之賂以弄我。而我乃日在虎狼交噬之中，將暗入其牢籠而不自覺。而論者乃曰奴虜勢必不容，必無引賊自禍之理，是必予虜以劉備、孫權之智，而不逆虜以虞公、齊王建之愚；必保虜以日逐、呼韓之親附，而不料虜以吐番、突厥之反覆。其果智且忠也，我能恃以自固；其或愚且譎也，我又何所恃以自堅？所謂本深而淺忽之，此是也。而臣尤有異于内應之緩者，曰：經臣王在晉之請班軍助工也，議請修築障塞也，既不敢爲大聲之呼，又不敢如科臣幾百萬之議，但一據實以陳，而班軍則撤之東省矣，經費則限之二十萬矣，且有謂邊牆之築爲多事者矣。夫以九廟神京最危最吃緊之地，而絜輕較重，反不若捕盜賊者之緊嚴；問所給發，反出逍遥召募、坐糜三十餘萬者之下，其何以服邊臣之心，而副危疆之望哉？臣嘗查遼陽之役，不至年餘而至數百萬；廣寧之役，不及十月而餉亦至數百萬。其時經、撫尚時時有罄竭之告，而人不怪之。今者賊患日逼，修備日嚴，幾幾以天子守邊，以重臣守户，而廟堂之上所以應之者，反不如遼陽、廣寧之什一焉。臣所謂本急而緩視之者，此是也。臣竊以此有感于今天下事之難爲也。游談無根者，大言可以誑金錢，而節約者或反疑爲冒費；虚憍恐喝者，危言可以聳君父，而鎮定者或反見爲平常；招摇樹交者，朋言可以脅朝廷，而孤孑者或反忽爲易與。以今經臣在關，夙興宵寐，無事不親，聞與道將相商，往往漏下一二三鼓而後别。近又閲其循行山海一疏，指畫關隘，跋履甚周，此亦其鬌枯血盡之時矣。脱使當事者猶然視爲泛常，不思急爲呼應，將使老成之實事，反不若欺罔之空言；盡瘁之勞人，反不如推避之巧智。邊臣一身不足惜，其如皇上之國事何哉？伏乞皇上灼然遠覽，亟勑班軍仍盡赴山海修築。即云二東妖賊滋蔓，料此輩白徒決不至如東奴西虜之毒；縱云剪滅貴早，亦無取此荷鍤持版之徒。此之當决無煩再言。至于所請帑金，仍乞皇上酌其所請，更賜多發。聞經臣每事節縮，如近日汰官四百，汰兵盈萬，早已省却朝廷幾十萬之内帑。即使其所請者盡數予之，亦似一半出其節省。當軸大臣又何不以此直言告皇上，顧猶僅僅以二十萬示耶？至于款虜之費既難驟減，又難太奢，現經廷臣集議，自有定則，斷不宜持太平之話，專主譏駁。而虜情叵測，通事難憑，往歲助兵之故轍難信，恐所云進兵給餉之説，未可遂持爲實數也。臣自己未入京，初經三路之敗，人猶志存痛忿。迄今兩年，敗警似已相習如慣，漸已成忘，臣恐從此再壞，而天下大事去矣。故臣敢略述邊臣之急，追遡會推之難，爲泄泄者下一鍼焉。若夫立今日之規模，收天下之大勢，爲國家久遠之畫者，則臣又有另疏陳之，惟皇上立賜垂擇，見之施行。」

兵科林宗載疏云：「臣讀經臣王在晉循山海一疏，要歸爲築城、款虜二事而請。或者曰：『無形之險在于人心，遼、瀋、廣寧夫豈無城？而見敵先逃，有城反爲奴據，築城似爲不必然之計矣。』顧地利誠不如人和，而并咎地利也。假使遼、瀋、廣寧舊無堅城，虜騎充斥不待今日矣。孟子云『與民守之，効死勿去』，亦必先以鑿池築城，則經臣之議築城，勢不可緩者也。或者曰：『夷狄無親，款不足恃。』夫款誠不足恃，然當其急時，諸葛亮亦云

『東結孫權，北拒曹操』；秦欲取楚，先結于齊，恐齊之議其後。今日藉款虜以備奴，是亦東結北拒、親齊取楚之機也。不然虜不爲我用，必爲奴用，或單力以犯我，或併力以圖我，不待智者而後知之。則經臣之議款虜，又勢不容緩者也。顧處不容緩之勢，而莫必夫捐金之朝請夕發，工料無資，能空言而役胥靡乎？餌虜無物，能甘言而縻屬國乎？不能也。或曰又曰〔三〕：『朝廷捐千萬金錢，徒爲盜臣白騙，今山海之請恐爲若續，故不妨慎重耳。』不思已前之騙金者有穴可藏，有家可入，有航海之漂没可以藉口；若經臣，則守山海計入爲出，何處可以埋没？且山海存則身存，山海亡則身亡，果獲從所請，而不以築城，不以款虜，是悮山海而并以自悮也。經臣不若是之愚也。且臣觀其議築城也，丈尺若干，夫役若干，灰炭、磚石若干，逐項開載，種種有緒；其議款虜也，不過因仍舊例，非有溢于例外，則非溢糜金錢於無用可知。臣以爲築城之金即未給其全，亦當速給其半；款虜之金即全給之，令彼處預蓄以待其來，庶可有備無患。今皇上勑該部并看來説，則業允其請矣。但有發必速，毋爲遲留，以失事機；有發必濟，毋施沾勺，以隳成筭。今日有餉金則發餉金，不足則以帑金繼之，此外别無長策，過此亦難後時。臣故曰亟從經臣之請以固危關者，此是也。」

王在晉題：「自六月中旬，陰雨連綿，山海城垣坍塌，臣已奏報，此閣臣孫承宗所目擊者。七月初三日，臣隨閣臣至一片石、黄土嶺時，則烟籠山谷，雲滿巖阿，海氣溟濛，接天沆瀣。歸而越日，大雨如注，至十一日始晴。關城原係洪武年間卜築，其來久矣。即逐年繕修，亦隨方挖補。今城加高而下虚，土加築而基坼，一遇宿雨，浸淫灌漬，沙土不耐淋漓，濕灰未經粘合，銃臺傾墜，雉堞欹邪，南北邊城且相望焉。夫邊牆畫水連山，如宛虹之掛空，而醉蜺之飲海，迨霖雨滿盈，魚龍跳躍，不知孰爲雲而孰爲山，孰爲天而孰爲海。灘瀨有翻騰之巨浪，城市起汎溢之洄瀾。頹牆敗屋之聲終朝震撼，而滴霤翻瓢之勢徹夜滂沱。人事之勤渠，累日成之而不足；天心之未順，一朝墮之而有餘。十萬軍丁夫匠身無寸蓆，而闔城官民商賈灶有寒灰。公舍强半傾摧，圍牆靡不坍倒。至于繁陰密結，瀑漉瀰漫，或以爲沙場戰死之魂悲鳴鼉鼓，或以爲陰邪閉轄之極黯黮天關。此亦人事之未修，難云氣運之偶值。臣側身恐懼，益惶惶于屋漏之中；而胼胝圖維，轉亟亟于雨餘之後。輓戰車以當城堵，恐盜賊之憑陵；計尋丈以鳩匠工，詎版築之敢後。當關煩苦，真爲火上添油，而戍卒之艱，遼人之阨，即木石因而霣涕矣。今日之恤兵救民、捐金助築，臣連章累牘，叩籲重閽。日來平陸成渠，郵報斷絶，傾耳俞音，遠同萬里。惟望天心見憐，旋奏旋發，以解倒懸之急，幸甚。」

王在晉題撫賞云③：「頃接邸報，兵部爲會議事。奉旨：『西虜既爲我用，賞賜不給，何以固結其心？這撫賞事宜既會議明白，着于額内緊急錢糧先發應用，餘俟續發。便行與經督官用心料理，毋誤事機。』欽此。欽遵。西虜之當撫賞，聖明已見之審矣。先發緊急錢糧應用，餘俟續發，皇上已不惜其繁費矣，臣宜付之忘言。然而有不得不言者，不暢言其情事其究，必謂邊臣之愚而孟浪也，必謂邊臣之費而寡益也。撫夷不如養士，款賞不如内備，督臣與臣亦具有心知，其靈惺一竅，豈遽出諸臣下？不知言撫言賞，必不可忘戰守也；即言戰言守，亦必不可無撫賞也。蓋奴强虜衆，强與衆合則危；奴遠虜近，遠與近合則危；奴在兩河，虜在九邊，兩河與九邊同時爲寇則危。當廣寧之既陷也，寧遠以東爲東虜，寧遠以西爲西虜，中道隔絶，即欲得奴中一信不可得，即欲出關門一步不可得。于時罕孛羅勢耽耽謀犯，今化謀犯爲輸心，可乎不可乎？打刺明暗、王燒餅等酋明明作賊，今化作賊而甘受罰，可乎不可乎？諸虜講賞不得，便思搶關，今化搶關而爲設帳，可乎不可乎？西虜之設帳守關也，大敵至，臣不能保其不奔。然虜中之消息，奴地之情形，非坐門之夷人不能偵探。各關各隘皆有坐門夷人，坐門夷人皆有賞。守關者，坐門之遺意也；月給布米者，坐門賞之遺意也。借守門爲偵探，借偵探爲羈縻。若竟恃夷人爲防守，而遂弛我之武備，邊臣豈若斯之孟浪哉？當紛紛攘攘之際，索舊添新，争多嫌少，兩月囂然，知非通官所能決。臣等盛陳兵衛以懾其心，又明曉利害以折其辨，信義既申，恩威並洽，於是鑽刀設誓，事竟成矣。又虜通官之剋減，下情之煽惑，臣等復親臨給賞，馳馬關弓之桀驁，轉爲望闕叩頭之恭謹。彼所謂五帝不能臣，三王不能制。以秦皇之鞭撻，帶甲四十萬，不敢窺河西；以漢祖之威靈，擁衆三十萬，困於平城七日不食者。今合薊邊、宣鎮之虜，同詞效顧，不露爪張牙，而俛首摇尾，昔爲我仇，今爲我守，此秦漢以來所僅見之事。中外聞之，以爲不知費多少錢糧要結夷虜。臣行撫夷同知李增計算，自二月十二日起，至六月終止，陸續賞過各酋喫食段疋等項，僅費銀一萬四千六百六十六兩有奇耳。臣不敢濫費朝廷之錢糧，節約乃爾，此不當山海六萬兵三四日之費，何事而辱盈廷之過計哉？至于歹青、拱兔等，所居在河西襟喉之地，東向與奴通，則直闖關門，無煩後顧；西向與我通，則密邇寧前，可作前茅。黠奴下香餌以釣歹青，歹青幾吞其餌。臣不憂虎酋之不款，而憂歹青之中梗。初因煖太以通歹青，繼欲因歹青以通宰賽。歹青通則宰賽、拱兔、抽扣、青歹青、粆花五路聞風而應，而醉生夢死之憨，來則賞之，不來則聽之已耳。今歹青來矣，願受款矣，虜情難測，其操陰陽之術爲向背，所不敢知，然猶勝于操戈以相角也。虜不假道，虩終不可伐，奴來而我兵當其前，歹青諸部乘其後，奴能無懼乎？歹青等爲寧前受賞之虜，舊賞卷宗尚在，通官不得以意爲增減也。虜之受賞，向給一印票，廣寧之卷宗雖失，而虜中之票或有存者，王牧民之單即不可據，不有同知萬有孚可質乎。督臣與臣帳下之通官匪一，此不能瞞衆耳、掩衆口者。唯是廣寧、寧前之賞十倍于朵顏諸部之賞，臣等是以亟亟然請命于皇上耳。若夫哈喇慎自有受賞之地，而其來也，非臣等邀之而使來也，彼蓋爲討逆而來者也；非臣等藉之以爲援也，彼蓋慕義而思援者也。奴酋侵我疆土，以受恩之屬夷，敢侮嫚天朝，狡焉狂逞，所謂人人得而誅之者。彼以討賊來，而我可謂賊之不必討乎？彼以好義來，而我可謂利之重于義乎？向有先至之聲，未必有果來之實。如其來也，經費雖詘，不得不獎賞鼓舞，以示勸于四裔，盍聽其自來自止，『王用三驅，邑人不誡』而已。臣常熟審戰守之機，默察安危之勢，山海不穩，神京終屬可虞；廣寧不復，山海終屬不穩。今日之廣寧非真不可取者，取之而思以守之，則臣無策矣。守土曰民、曰兵、曰財、曰餉、曰器械、曰城垣，而今無一焉。四海之財已窮，萬民之力已竭。已窮而復窮之，既竭而復竭之，窮之竭之以復廣寧一片土，而此土不能長守，則天下事不可爲。遂不得已而思用虜，以夷攻夷，而我無所失，俟奴力疲，而我乘而攻之，則廣寧可襲也，遼陽可圖也。即西夷得之，而猶勝于奴之得之也。此用虜之深心也。不然而款自爲款，守自爲守，此兩字原並行不悖。臣終日所抵掌而談者，戰守之事也；所淵默而籌者，皆借款以爲戰守之謀也。昔唐臣陸贄有言：『夷狄强盛之時，圖之則彼釁未萌，禦之則我力不足，安得不卑辭降禮，約好通和，啗之以利以引其歡心，結之以親以紓其交禍。縱必不信，且無大侵。』雖非禦侮之善經，蓋時勢亦有不得已而然也。夫以唐之强視今日何如？以今日夷虜之交訌，視土蕃何如？贄爲唐之名臣，而卑辭降禮、啗利結親之説，當時不斥其非，贄而處今之世也，臣不能爲贄解嘲矣。守邊部夷二萬之月餉三十六萬，爲且然而未必之詞，而舉朝多認爲實事。若費銀二三百萬復得廣寧，費銀數百萬常守得廣寧而勿失，臣固甘心任之，聖明亦未必嚴訶拒之，而今其可冀乎？今日之事，守無常形，而款有實費。終日修備，而人或以爲未修；每事惜費，而人或以爲妄費。嗟嗟！此邊臣所以難於任事也。臣亦恃有皇上之英明，獨操乾斷，不惑于兩是之言，爲宗社生靈計長久而已。」

大學士孫承宗奏④：「臣以六月二十六日入關城，城有四面，其中曰中部，從南北生兩翼，北接山爲北部，南際海爲南部，關外爲羅城。臣以是日從輿中閱中部，彈丸地日聚十餘萬人，珠貫繩聯，直多于市人之言語；然而酒簾食肆，不減通都。故餉不樂支本色，經臣令本折兼支。又申飭訓練法行矣，而大將初來，尚在調度。若夫風雨泥淖，無可駐足，而日夜低回荷戈于頽簷之下，若不蚤建營房，則苦不可處，寧待聞警而走乎？又次日，閲北部，則樓臺矗矗，真快雄襟。經臣指點城外，爲濠，爲品坑，爲空營，等等有條，而袁監軍崇焕輩統湖兵分堞而列其上，其窩鋪盡以兵用官料建之。其執刀杵而軋軋作苦者，班軍也，經臣每言一磚一石盡出其手，而班軍之爲益甚大。但東省之留無益，而此中之題請來遲耳。又次日，閲南部，循城曲折，遂際于海。登樓遠眺，浩淼無涯，正恐鐵騎衝關，而白衣摇櫓從大海西下，將一旅亦足爲釁，勿謂舍車騎龍舟楫爲不善用短也。至于津門之警，大而爲緩矣，故上備覺華，下備月坨，未爲迂計也。岸有積倉，在四虚之地，經臣令爲内倉儲之矣。次日閲羅城，城如半月，繞民廬爲之，而往來廬中者盡兵也。時浙兵列營城下，爲試空營，出不意，真可殺賊。總三部之大勢僅十餘里，而極高深之險，于南北各以膽智之將統節制之兵以爲正，而更借高深之險以爲奇，主以待客，逸以待勞，關城可守也。是日遂閲八里鋪之新城，八里中崗阜纍纍，無一不與城相窺，而歡喜嶺爲甚，是宜有砲石之虞。而夷車載道，辮髮擁輿，曰守邊之西虜也。南北可二十餘里，土築可什之一，蓋築成而益以重險，頓可收歡喜諸嶺于城，不爲敵用。且邊人惴惴一垣，而得此城，乃漸歸也。臣時執偏見，謂經臣議誠然，獨是八里爲兩城，而舊城之坑壕、空營當在三里外，而新城之守卒法當四萬，則四萬之退步跟將及之，而一不戒，將城下之備盡爲我人設；且北山南水，既無爲旁出，而賊方擁此四萬于舊城之下，開關延之不可，閉關謝之不可，將城上之備又爲我人設，而城中驚潰無問也。經臣曰：『于山建山寨三，以爲退守計，而三道關俱可入，蓋法云「置之死地而生」。』經臣言邊兵之善走也，即殺不能止，况大勢散，誰復爲殺者？故爲兩城以固其心，而實置之死，以勵其必死之氣。臣遂無以應。是日以久雨土濘，不便版築，徹築役以并力舊城。後乃議帑金二十萬未能磚包，且工費繁重，未可時計，姑先爲土城建臺，以不守守之，功速費少，而藉力亦重，且無臣所妄意之虞，衆殊欣然也。又次日，閱中前，臣便服乘馬，見西虜擕胡雛膜拜馬頭，諸講款夷人相率獻羊酒、獻馬，臣與經臣亦稍稍慰犒之。然而梟音何可懷也，所過荒落，井臼依然，户牖盡撤，易廬舍爲氈毳，而穢氣腥風，衝人數里之外。即不敢爲新亭之泣，而城郭是，人民非，不能不嘆遼鶴也。入中前，尚有公署。與諸臣登城四望，蓋曰曾殲千人焉。其祠廟有如新者，而民廬俱可料理。獨夾城兩崗下瞰，城以内似非守地也。臣等相顧潸然。衆議姑於此練車兵，袁崇焕即駐此。張應吾以寧前道當出，而移哨馬於前屯，待中前實而移之前屯，則哨馬可及於寧遠。臣意欲會諸臣之議，而以築八里者築寧遠之要害，更以守八里之四萬當寧遠之衝，與覺華島相犄角。而寇窺城，則島上之兵傍出三岔，燒其浮橋，而繞其後以横擊之；即無事，亦且驅西虜於二百里外，以漸遠於關城，更以收二百里疆土於宇下。諸臣謂孤軍在二百里外不能自存，而工料不能遠及。張應吾曰：『大寇來，未有能應者。』邢慎言謂：『議是，先後緩急當辨。』蓋臣有先後緩急之説也。臣又謂孤軍不足應敵誠然，倘我不守，而我以一兵據寧遠，寧以一兵據覺華，是將急之乎，緩之乎？是即可緩，而十三站之義民且三四萬，可緩乎？臣初與督臣象乾計，欲以五千兵據寧遠，令義民望之以爲歸，而督臣更欲發西虜之勁者三千以爲護，使諸人西來，而我稍東迎，得西虜不爲要劫，而更得其護，然後可歸。歸而安插之寧遠、覺華，擇其强者爲兵，餘即屯牧。不然，亂賊既不得遽誅，而忠義又不能援，數萬之衆盡化爲東西虜，而益之勍敵矣。此崇煥議，而臣與督臣更議之，衆亦謂然。而邢慎言謂杏山不可上，亦不可下，不能猝來。而經臣謂當從覺華入大凌河，以舟接之，歸是議也。獨覺華島之千五百兵，議在臣未至之先，已從閻鳴泰之議，以邢慎言覆議；而袁崇焕守寧遠之議，氣勃勃欲起，蓋兩人深相結，而欲互相犄角，實互相生也。永平道岳和聲、主事沈棨、舉人孫元化議與兩人同，而邢與張兩臣持之意覺多〔四〕，而邢欲量緩急，張欲待兵力。蓋前五人即守中前，若不滿其意；而後兩人即守中前，似亦非其心。總之經臣謂以守寧遠之備修之中前，而大將軍應詔曰：『兵馬齊，總兵官自出，寧待道臣？』爲蓋局中之見，其于緩急先後自審。而傍觀者持一着之奇以爲得，或未窺全局之大，此經臣所爲精詳也。是日經、鎮請臣點兵馬閱操，臣謝不能。餉司白貽清遺臣以餉兵數七萬，而中有匠役等，未盡兵也。臣謂當各開之以清其數，特令統兵官於臣出門時踏營於途一閱之。其馬步分操，各自成陣，而練膽、練心、練氣藝尚未細及之。大將初來，即諸營未合，或官多而兵少，或官少而兵多，經臣已盡付之鎮臣，而鎮臣尚在料理，故臣不欲閱操也。臣謂鎮臣修守備，自當在關以内，而提掇全鎮之精神，當令無一人無一念不在關以外，日爲教射打、教奇正，時領一大隊出乎北山南海之間，熟其險易，以爲他日出奇制勝之方。而更望經臣既以沉雄博大之才，用其端謹精詳之慮，更以虚活提掇道將之精神，使其人人在戰，事事在進，勿令局足於十六里之内，而目不外窺，趾不外及，乃爲善守關也。蓋不能戰，决不能守，而以戰失守不可，以守忘戰不可也。是日同經臣閱一片石，又次日閱黄土嶺。一片石深可十里，其入口闊可六七里，以漸而狹，兩山夾其傍，有敵臺，可下擊之。即隘處爲九道水關，未甚高峻，而山腰高臺下臨峽嶂，蓋險地也。獨黄土嶺之巔似平，南望鐵場堡非遥，蓋時有大舉入寇者，今即西虜爲守，亦足虞也。然兩地有萬餘人，而得一勇將可守。是日别經臣而西，晚與鹿主事善繼、宋中書獻相會于途，而議衆臣之議。大約兵六萬似已稍調服，亦有練者而未盡合法；馬有八千，當撤青之日，臕亦殊壯。而舊城之修已有次第，可及秋防而完其新城之築。中前之守，覺華之議，及東通毛弁，北聯西虜，種種皆守關遠計，而造器甲、造廬舍，至標下之兵亦付之總鎮。蓋經臣之在朝也，面色潤澤，而今且蒼然欲老。乃安坐千里者，或責其不做專守，得臣詣邊，而盡悉作苦之狀也。即諸道將分猷宣力，亦自殫竭，而臣更有議焉。蓋邊人習于逃，而久未操練，不生其畏法之心，不奪其畏賊之心。經臣殺逃卒數人而亂兵定，即鎮臣入殺悍卒一而衆心帖然，斯亦賜劍之效也。獨是逃不在兵，而在道將，哨馬回而道將相率而逃矣。是在經臣精簡其人，自非真可爲將而不逃者，盡調之别用。更乞勑令兵部，盡選拳勇有膽智者，以上贊大將軍之壯猷，而下鼓三軍之意氣，邊事尚可爲也。總之西虜之幕必不可近關門，杏山之衆必不可遺西虜，百萬之金或當爲遠大之圖，中前之修守竟當作寧遠之計。外防大將先有專守之一意，則懦而近熟者以慎重，蓋畏奴之心，以老成示迎主之意，久之精華果鋭之氣盡銷于懦夫之口。故不盡破庸人之論，則主帥之聞聞見見不清；不盡驅逃潰之人，則幕府之是是非非不正。臣非謂袁崇焕輩之慷慨，而不疑其喜事也，蓋再三駁其議，以盡其任事之心。而中前之議，臣猶恐河東、西之奉集、西平也。然其議可遠，其氣可生，臣欲經臣借此以提掇天下之精神，即時未可便如其言，而乘機遘會，無得苟且，幸奴酋之不來，遂以爲安；而又無聽懦夫之口，謂激之怒而召之兵也。以上諸事，皆臣與同行二臣再四與在邊諸臣斟酌商確，無敢强以意主之，無敢强以意駁之。蓋一事而各爲兩主者，評駁之以盡其議，乃從途中合兩臣爲疏。而臣病矣，語無次，瑣屑以陳。其遼人、夷情及諸兵事，另有別疏，爲此除具奏外，理合上聞。」

此樞輔行邊復命之疏也，疏甚冗長，不能悉載。然語語爲經臣斡旋，意甚周至，且云「經臣既以沉雄博大之材，用其端謹精詳之慮」，蓋與之矣。後乃惑于誑官誤國者之言，疏云：「經臣王在晉精勁有餘，而沉雄博大之未能。」二疏如出兩手，經臣之召歸以此耳。迨後叙防一疏，又云：「原任經略王在晉心量確切，綜畫精密，當舉世縮足，而抵關于奔潰之餘，才甫欲行，時未及展。乃其確然必不可拔之氣，自是名卿，似當及時起用。」云云。是其所不滿于經臣者，特沉雄博大之未能耳。沉雄所不敢居，而樞輔任事竟壞于博大，經臣正其對癥之藥也。疾不知醫，樞輔將無自誤乎？其稱舊淮撫李三才之挺拔，可備經略之用；於閻鳴泰，則稱其沉雄博大有之，端謹精詳有之，然而成色未滿八分。夫未有成色不滿八分之人，而可任封疆之重，首先薦用者。比至臺省交章論列，而閻撫之成色畢露，寧免于失言失人之悔耶？

京城新兵焚掠。奉聖旨：「杜應魁新兵即刻勒限統領前赴山海，李懷信有兵都調赴山海，與杜應魁公同江應詔、馬世龍置之要地，同心訓練以堅三軍，共圖料理以守疆土。」

户科羅尚忠題：「臣惟經略自遼、廣繼陷以後，舉朝之任，莫此爲艱。令經臣果漫無膽略，則寧棄一官，前此亦有能自量者；而挺然自任，絶無一語見避，何爲者？則邇時經邊諸政，未可以其詳慎當葸縮也。今經、樞兩臣非有有主之衷甚大參商也，然當此東奴西虜共肆噬虎之貪，而懦將驕兵人懷風鶴之懼，雖識見僉同，呼吸關應，猶恐無濟。即稍見參商，其何能堪？而況我之意向一岐，漸成水火之形；人之揣摩日生，終開左右之社。經、撫往事，詎非殷鑒，尚可不圖畫一乎？臣願兩臣之猛省而早決之也。如：一、將領也。毛有倫以慎重蓋其畏敵之情，徐永增又似以喜功鼓其勇敢之意。則任將臣之見不一。一、道臣也。邢慎言等，經臣信其才而用之，樞臣短其才而疑之；袁崇焕等，樞臣爲其慷慨而不疑其喜事，經臣若爲其喜事而併不許其慷慨。則任道臣之見不一。一、款虜也。經臣謂奴强虜衆，不可無款；樞臣則謂不能省兵，何以虜爲？經臣謂奴遠虜近，必募以守關門；樞謂西虜之幕必不可近關門。則用虜之見又不一。一修築也。一欲爲兩城以固人心，一欲釋新城之役以併增舊城，似樞臣用易而經臣用難。一欲沿關設備，一謂上備覺華、下備月坨，未爲迂計，又似樞臣用難而經臣用易。則修築之見又不一。如樞臣實見得是，非執一家私議，寧涉意氣；如經臣實見得是，雖君命有所不受，庸爲失和。豈其苦于岐同事之見，而恬于分同敗之罪；怯于任舉朝之疑，而勇于悮聖明之托者，曾是兩臣見不及此也。然而猶有要焉。樞臣前日之出關也，果料邊防尚疏而出而救失耶，抑揣關事就緒而出而觀成耶？非居一焉，則其出無謂矣。臣故謂出關之初意，樞臣宜還按之入關之情境，經臣宜逆籌之也。樞臣固遠識雄才、允兼文武無忝者，經臣亦精心沉略、剔歷中外有聲者，計將安出？臣故願兩臣之猛省而早决之也。要以汰冗消冒，籌撫議款，經臣之慮甚悉；練心治氣，畫險用才，樞臣之見尤長。勿狥情面，速圖畫一，臣不無厚望焉爾。爲此仰于聖裁，亟下部議覆行。」

大學士孫承宗爲經略遽難得人，請身親督理關城兵務事，內云：「經略王在晉清辨嚴明，公忠詳慎，意在守關，自是滿朝定論，業蒙皇上召還矣。然而代者實難其人。今舉朝皇皇，若天下之大，無一人可應其求。臣再四思維，與其以天下之重付之不可知之人，而並以身從，何若以身任之。即天下以爲不可知，而臣猶得以自竭其力。臣願以本官赴山海督師，既可以用道將之長而棄其短，臣亦可以爲道將用而補其所不足。是臣所以忠皇上而報神皇帝、光皇帝之生成也。」

王在晉題：「臣之爲遼人，封事屢上，筆枯而款禿矣；皇上之軫恤遼人，明旨申重，詞繁而意篤矣。今問賑金何在，無有也；應留應發錢糧，未覆也。無錢糧何以安插遼人？不安插何以保其不爲亂？若徒以空文空令責之撫、按，必如大禹時雨金三日則可，非此則必請于朝矣。而朝廷之議賑貸，亦非易言也，流民之在畿輔者不啻百萬，每人一兩，須銀一百萬；每人五錢，須銀五十萬。若僅僅發銀十萬〔五〕，則人得銀一錢，此一錢銀未足供尺布斗粟之用，今日飽而明日即飢矣。向緣各處驅逐，無所容身，傍關皆結草而居，其聚于關門者甚衆，其不能工、不能匠、不能兵者何可勝紀。不能自食其力，而欲寒授之衣，飢授之食，堯舜其猶病諸。今西夷縱歸遼人，趾錯于途，臣無日不隨到隨審，隨審隨發。有在虜十餘年而得歸者，有在虜三四年而得歸者。髡髮垂辮之民郊坼充斥，華言夷服，身帶餘腥。若欲招募爲兵，則司農無餉之可繼；老弱者督令耕田，則關上無田之可耕；若散而之四方，須人給路費，轉睫又望關而投止矣。蓋蘧廬托處，關上能容，而它方不能容；割草斫柴，關上易活，而他方不能活。野麋塗豕，隨群溷溷，非招之而使來，亦未驅之而使往。今西夷米盡，粒食頗艱，而天氣將寒，衣單可念，此真智盡能索、無可施其伎倆者。又十三山、大山頭目陳天成等，筆架山頭目宋景陽等，各屯頭目李應魁等，各持避難遼民稟帖及賫奴酋僞勑。奴子及叛將諭帖告示八張，多方招降，衆不肯就，驀地赴關求救。臣一面發水兵一千三百名，着遊擊金冠統領，赴覺華島防守，發船接應。又參將祖天壽向居覺華島，臣已招之率家眷進關，安置昌黎。今據山海道議，仍委本官招集遼人爲兵，住居該島，俟天寒冰結，奴騎可驅，兵船難泊，或暫移于寧、前之間。蓋覺華島去寧遠城二十里，凍則履海如平地，非遠洋巨浸之可擬也。島無薪無水，不能容多人，且人多船少，難于接濟。臣又檄朱梅、周守廉等撥發哨兵暨勇健家丁，以夷人爲引路，護導前行，留駐前屯安頓。挑選精壯，訓練爲兵；存留老弱，撥田使種。蓋遼人性命時刻難存，而如解倒懸，萬方無已。天子爲億兆生靈之主，仰體聖朝德意，自當救民于水火。倘能接引而來，安插關外，則頹城破壁，繕修以使之安居；枵腹赤身，顧恤以周其生養。米無一粒，先議輓輸；

房無一椽，旋圖苫蓋。發器藥以資捍禦，議月餉以贍兵戎。耕牛、穀種在所必資，銛畚、鋤犁靡不待給。臣一人耳，庫無養士之錢，廪無贍飢之粟，左右之肘俱掣，内外之應皆難。關内之流經略以調度兵戎爲事，關外之遼民無遼撫，則臣當任之巡撫，以撫安百姓爲事。民有薊撫，則撫臣當任之，按數分撥所屬地方，發倉粟煮粥療飢，擇有閒田曠土，使之比屋連疇，習于農業。生員查數造册，寄庠肄業，衛官有號紙，來歷分明者，題准分發北直、山東各衛，俸糧于該衛支給，俟遼東恢復，仍歸原衛。其分發關内賑銀，徑發巡撫衙門，臣不敢預。有司驅逐遼人，不加軫恤，任民顛連、倒死道路者，聽巡按御史不時糾劾。其關外抽兵拊衆，務期速發錢糧，纔可着實做事，此非一篇奏疏可了勾當，亦非照常票擬下部議覆可濟急用者。至于關外調度，臣已暫令遊擊魯之由領兵駐前屯，相機料理。邊情時刻變幻，敢不從實報聞也。」奉聖旨：「遼民屢旨賑貸，何久尚無次第？這所奏關内關外分救、抽兵、屯種等事，條宜明悉，依議與督、撫、冏寺各官上緊料理，賑銀前後發帑通融湊用，併前部議應發錢糧速與措處。其關外避難多人，發兵護引安插，卿還作速調度，無負義民望救之切。」

王在晉題更番調遣云：「自昔建酋蠢動，守遼陽議兵十八萬，守廣寧議兵二十三萬，而合遼兵及四方調募之兵共三十一萬九千二百九十六名，此臣總理三部時所查之兵數也。臣居平浩歎，以爲竭海内之力必不能支，而户部之蹙額告窮，工部之縮手罔措，無一毫之虚假。迭請瓊林之積，屢蒙頒發之恩，即聖明廑念時艱，不厭再三之瀆，而請者亦自覺其顔之厚矣。臣深知經費之詘，物力之殫，是以受命當關，不請一兵，不請一帑，合在關將士，甘苦與同，艱難與共。從楚兵逃竄收回之後，五月以來寂然無譁，刑殺不廢而人見懷，力役無休而衆不怨。然五六萬之兵皆零星湊合，或以一二百人而爲一營，或以五六十人而爲一隊。敗殘之後，行伍不整；奔潰之餘，神氣靡揚。或有盔而無甲，或有弓而無箭，或有刀而無靶，或盔甲、刀槍、弓矢俱無，手持一棍而依牆守堵者種種也。關城開數局，而聚料甚難，運煤不易，外造而造不可得，内取而取不可繼。故今日有兵之名，無兵之具。且川、湖殘卒日日思歸，漸漸清汰，而邊兵之入關不遁者爲奉法之兵，奉法之兵日困于窮邊，經秋歷夏，孰無懷歸之想，久無縱歸之期。是逃者爲得策，而留者爲失算，蔑法者鄉井偷安，奉法者終歲勤動。朝廷有不行之法，則天下無不逃之兵。先經督臣王象乾具題，兵部議覆，通行宣、大、山、陝各鎮備查逃回各兵，姑開一面之網，仍舊牧伍食糧，養成氣力，督令更番入衛。每鎮潰兵分爲兩班，半赴山海防援，半留本鎮操練，歲一交代，勿令愆期。而見在西北各兵應聽班兵至日發回,業奉旨欽遵在卷。惟是原題數目未定,得任意多少,以致臨期推諉,或託言邊警而議留,或藉口餉缺而求減。不知山海一關爲九邊之命脉,須山海安而後有九邊、有天下,諸臣不當以山海視山海,而以陵京根本視山海;不以山海之安危應經略,而以天下之安危應經略。蓋山海原未設兵,不以天下人守山海,孰爲捍禦?今欲爲久安永守之計,須嚴飭功令,更番之衆如期畢至,一有差池,即聽參處。不以精鋭應調,而以老弱充數,挑選發回,斷不濫收糜餉。領兵官於路賣放更換者,三十名以上即處斬,二十名以下綑打。在路脱逃,查人數多寡,分别照處。通查援遼兵馬,其從前調發者無論矣。即遼、瀋没後,宣鎮原調馬兵一萬五千,大同一萬五千,山西六千,今照原題分爲兩班,半赴防援,半留操練,則三鎮應調馬兵一萬八千名。蓋宣、大壤接,往來便易,與他鎮不同。延綏原調馬兵一萬,而年來延鎮中虜,量調四千。寧夏原調馬兵一千八百五十名,甘肅原調一千二百名,固原原調二千四百五十六名,調數原少,不得議減,當以是爲更番之額。合七鎮,不過馬兵二萬七千五百六名匹耳。至于真、保原調兵五千一百八十二名,馬九百十九匹;薊、昌原調出關兵一萬一千四百八十六名,馬八千一百三十五匹;天津于廣寧失事後,調兵三千,此在臣所轄境内,無事則聽其更番,有事則長川戍守。蓋必有兵，而後關可守；必有源源相繼往來不絕之兵，而後關可常守。所調之兵，必該將領標下家丁健卒，延、寧、甘、固多選砲手，整隊整營調發，即以原管將領統之，庶將識兵心，兵知將令，上下同情，緩急相倚。馬匹必擇驃壯，盔甲、器械必要精堅，不得零星抽取，臨行雇募。更番之期，應照入衛班兵之例，一年一换，無論程途遠近，俱以到關之日爲期，見面交替。其在路隨行，兵器俱綑載面前，領兵官到關分派，不許手持寸刃。馬兵無馬及無甲仗者，本關不收，發回另補。其在路行糧、鹽菜及到關糧料，則有先行之例在，而各兵毋容過計矣。近准宣大督臣董漢儒、大同撫臣高第咨議，欲將班兵挑選，立爲防關營，閑日則操演，及期則赴防，照秋防入衛例，不許妄討安家。其盔甲、器械、馬匹，或兩班兑用，或每班全去全回，亦定爲成例，事體畫一，便於遵守，各鎮可通行而無異議，則已得臣心之同矣。再查科臣尹同臯題稱守關軍士必須十萬，科臣曾令密雲，洞晰邊事，最爲折衷之論。欲固守榆關非十萬人不可，欲恢復廣寧非三十萬人不可。乃部疏所稱杜應魁、柯仲烱之兵不下萬餘者，奉旨頻催，並無起行消息。若俟過秋防，徒來食粟，安用是兵爲矣？臣在行間細觀兵隊，非西兵不可戰，非浙兵不可守。乃賈祥之兵留之昌平、通州，雖云近京地面，設防似屬少緩，不如調發山海，分守邊牆，極爲得用，則又今日所當酌議者也。」

王在晉題：「臣聞之兵法云：『衢地合交。』毛文龍所處者，衢地也，而朝鮮在援而不援之間，則其交難合。『死地疾戰。』文龍所處者，又死地也，我兵在應而不應之際，則其戰難疾。故勢危則救之宜急，黨孤則助之宜衆，地遠則發之宜早。今危而緩應之，孤而寡助之，遠而徐發之，是欲棄文龍也，棄文龍即以棄朝鮮也。若朝鮮併入于奴，而登、津、淮陽片帆直達，不必守山海，而有中虚直捷之途矣。奴若習舟，而山海一牆不能東連蓬島，西接津門。關臣所憂者山也，嶺也，而水併急焉。謂奴必不棄長而就短，有時短長之互用，究且水陸之難支，請以臣言爲左券可矣。淮兵抵萊者將匝歲，所選五千兵未發也；閩兵抵津者且三月，所調三千兵未渡也。今日曰無餉，明日曰無船，再日曰無兵器。餉安有足之時，船安有備之日，兵器安有悉辦之理？此怯海者之常談也，此懼奴者之故套也。少俟秋風轉急，則逕泊海邊，曰非敢後也，風也。矯首而問青天，則風伯當其辜，而海若不能效其靈矣。國家費如許金錢調集兵將，而不能得一臂之用，不有領兵官之可問乎？朝廷試嚴飭功令，限定時日，如八月中旬兵不發，九月不到朝鮮，着登、津撫、鎮即取領兵官首級回報。若出海之後躲避島中，不與毛文龍合兵者，將領一併處斬。至于大兵渡海，糧餉不給，勞人險地，士不果腹，何能驅使，徒俾懦將頑兵藉口逡巡，日望秋風過候，海汛愆期，裹足藏頭，苟全性命。國有依違之號令，軍無震烈之紀綱，風靡波流，將何底止？今登、萊新撫蒞任，正改觀易聽之時。又天津運餉，夙夜急公，同心競濟，舟師並發，賊膽可寒，我功可奏。所請火藥、鎗銃、弓箭、盔甲、皮蔴、油鐵之類，如登、津有之，即量撥，隨船帶去，無則令工部買辦，運至登、津，俟有便船，陸續裝載。兩路之師須與文龍會合，併王紹勳、管大藩俱聽登萊撫臣催督，結縱連衡，相爲犄角。其劉國縉所練之遼兵，可發檄令渡海，以合遼民，俾奴酋見之，有登、鮮合擊之狀，遐邇並進之形。則諸島未降之民可成聯屬，奴雖强，有不自顧其巢穴者乎？再查毛文龍所報戰功，勑下兵部一一紀録，俟後功成，併從優敘，則將士聞風思奮，人人磨礪，以思殺賊，而狡寇之滅亡有日矣。」

王在晉題：「伏念山海一關依山傍海，日見鯨波鼎沸，夜聞鼉鼓雷鳴，不風而風，不寒而寒。時當入夏，尚爾衣綿；節未交冬，必須裘煖。矧高山插漢，上結蘧廬；而曠野連雲，居無蓬壘。至南牆亘入海中，戍卒皆居水面，倉廩則結囷于島岸，兵舸則艤泊于沙灘。昔守三岔，不過中流之一水；今居南海，倍占沆漭之無津。軍士單寒，難挨冬月。查得去年題發冬衣、銀兩起解稍遲，遼撫先給每軍皮襖一領，舊經臣又另給馬軍六錢，步軍五錢，分爲差守，與按臣各有犒賞。彼時臣部先請發胖襖二萬，又續發二萬，又催辦綿花布襖，匪一而足，其軫恤各軍寒冷，有例存焉。再查山海路食糧，軍士每名布三疋，每疋折銀二錢五分，花一斤半折銀九分，共該銀八錢四分，每年八、九月給賞，又有例存焉。臣與道將議，既憐各兵冬月之無衣，又念軍興經費之大詘，今歲無撫按衙門之賞，又無布襖胖衣之給，折衷往例，每軍應給銀一兩，以備禦寒衣服之費，皮襖不必重給。再查胖襖係各省額解，佐領等官鑽謀管造，内俱黄綿敗絮，不能當風；而去年起解亦多未至，軍士視爲塗羹，無裨實用。窮邊寒色忽侵，九月授衣，勢難再逭。伏乞勑下户部，即于新餉銀内動支給發，則三軍挾纊，庶免冰雪砭肌、寒風墮指之苦矣。」

王在晉題⑤：「覺華島初議設兵，即以避難遼人充之，謂其有米可食也。孰意大雨浹旬，一而至再，城市已變爲江河，而島嶼有不翻成巨浸者乎？於是堆積運殘之米悉付洪濤，而島民之不隨波漂蕩，亦偷生于虹梁鼉背之間矣。島上已選壯丁八百，無米可飡，飛牘徵糧，不能立應，而義州等處渡回避難遼人又一萬一千六百有奇。各民潛地下山，與西虜相搏，互有殺傷，虜掠其騾馬頭畜。正在格鬬，而我兵領夷丁適至，爲之解紛，議各給犒賞，還其騾馬。而金冠等已艤舟相候，衆遂得渡。臣日夜操心，約期並進，而釜中之魚得活。然其在大凌河以東者，爲積潦所隔不知幾萬人也。遼民之不能盡西，以此；奴兵之不能追躡，亦以此。俟水涸再逃，而山民必及于難矣，奴必率衆趕殺，而禍恐中於寧前矣。救民於水火，爲德必竟其成，而無奈天之絶其路又絶其糧也。臣得覺華無米之報，隨撥兵船載米三千五百石、鹽十擔、鍋三千口、蘆蓆四千領，一面裝至覺華島，一面裝至前屯。又慮魯之由勢孤，復令都司尤岱往助之。雨後，查前屯城垣、房舍存者什無其一，墻壁悉被雨傾，闔城皆長豐草，關厢民房罄盡無餘。蓋野火燒之，積雨摧之，潰壞至此。今徙民爲兵，欲得房以居，未也。一人日食米一升，萬一千人日食米百十石。關内爲活地，人可趂工營生；關外爲死地，惟藉官糧。官養人多，何以給之？欲得食以飽，未也。海氣漸凉，秋風飄飄，男子裸體，婦女衣單，蓬跰避難，行不顧影，欲得衣以煖，未也。兵須給弓箭、器械，今弓人治弓，函人治甲，關上物料無一湊手，欲得器以應敵，未也。闔闠傾頽，城闉充塞，非三里之鞏固，無百雉之憑依，欲得城以死守，未也。虜兵一犯，藜藿無可充腸，鶉衣不能蔽體，徒手以相格鬭，步行以當蹂躪，弱肉免于虎吻，未也。臣又恐前屯一奔，靈動及于山海，有活人之心，而無活人之術。蓋未雨之先，覺華有米，另是一議；積雨之後，覺華無米，又是一議。旬月之間，時勢變更若此，人其如天何？奴聞關上有兵七八十萬，必鼓行而東，志圖恢復，故奴子四人、李永芳、佟遊擊、祝遊擊領兵到廣寧者甚夥，思以衆敵衆。孰知我所有者，五萬慣走之兵，而三十六里半頹之城郭也。興言及此，不知社稷何所倚籍，而臣之一身藐乎其小矣。今前屯集衆既有成議，仰祈勑部亟議招兵。歲需糧草，一面行督餉部臣添運本色，器械、盔甲、馬匹一一備辦。目前救濟遼人，分外定須發銀發餉，字字切實，無一虛浮。若徒空言空應，臣之責盡矣，將來僨事，豈獨微臣之罪哉？聖明必能原之矣。」

王在晉題拏奸細云：「遼陽、廣寧之陷，悉由奸細潛伏，先時偵探情形，届期内外合應，動如發機，令人手不及措。然奸細不托身于公門，則踪跡易露，消息不真，故左右近侍有盜賊焉。臣纔出京，而即有奸僧石化遠自認爲同土，願投聽用，一不察，幾爲所中矣。夏時彊爲撫院承差〔六〕，日在臣衙門前探聽，欲串通吏書，夤緣結納，無可下手。適有回鄉人報稱奴酋有四奸細入關，臣大索之，而時疆遂糾衆十人，歃血謀竄奴中，投李永芳報效。幸而事敗，被哨丁擒獲，蓋亦有天意焉。王正邦者，爲舊經略聽用官被革，假臣硃筆諭帖，偏查三協大砲。奴之所畏在砲，砲稀處所可攻瑕擊虛，導奴入犯。借曰意在誆騙，則何事不可假，而必查大炮也？王應龍異常險棍，屢犯作奸，久逃不知何適。頃從西虜送來，問其到西營幾月，曰僅十餘日，則十日之前其在奴中可知。彼謂人從奴酋來必不納，從西虜來則納之，許銀九十兩、馬一匹，托西虜爲引進之地，而西虜且爲其所誆，並無一物相酬。變幻閃爍，真不可測識。倘其來不問，其去不知，則我之情實盡洩于奴，而勾之使至爲意中之事矣。至如傅友功爲孫得功家丁，頭戴賊帽，手托賊旗，爲奴報信，被小歹青部夷所捉，解來討賞，則設帳夷人亦有寸功可録。蓋凡出關人口我不能譏察，而行至中前、前屯一帶，夷人每能致之，執以告我，此用夷之明効也。各案招情長冗，臣删具崖略，仰塵聖覽，乞勅法司正法施行。」

王在晉題：「海外諸弁協助毛文龍，屯兵聚衆，經年旅泊，渡天塹，履寒冰。身無一縷，而抗志以扼氈裘；食無半菽，而虚腹以揮戈槊。國家有無籍之師旅，聿彰撻伐之威；司農有不餉之兵戎，無用征徭之累。蓋以名義思討逆，而以孤憤效勤王者，當予之以官，以作其氣。伏乞勅部查議，將宋鵬舉實授遊擊，陳繼盛、張繼善實授守備，仍給劄加銜治兵。劉可紳實授都司僉書，參畫軍務，有功之日另行優叙。則海外諸臣聞風鼓舞，各以功能自樹，可羽翼大將以成功矣。」

王在晉題辨寧遠築城疏⑥：「守覺華島之議，始于道臣閻鳴泰之呈詳；守寧前之議，本于監軍袁崇煥之屢揭。由中前以至前屯，俟前屯整頓有緒，以漸而進，規圖寧遠，閣臣未至之先，臣疏已聞于上矣。閣臣欲以此提掇天下之精神，而總結之曰：『即時未可便如其言，而乘機構會，無得苟且幸奴之不來，遂以爲安。』此閣臣運筆之妙、用意之遠，以虚用實、以戰爲守之深圖也。天下時而已矣，時可爲而不爲，則失之緩；時不可爲而爲之，則傷于驟。六月初間，光景較之閣臣到關之時異矣，異于大雨之頹垣壞壁也。閣臣離關之後，較之今時則又異矣，異于積雨之頹而復頹、壞而復壞也。天氣將寒，而土木伊始；孟秋已過，而班軍不來。即舊邊無修完之日，而言新築乎哉？即咫尺覺防禦之難，而勤遠略乎哉？各屯避亂之民，義不當坐視其死，援而使之來也，不得已也。然所以必置之前屯而未及于寧遠者，部疏所云『去關門稍遠，而去杏山稍近』，兩言蔽之矣。去關門遠，則接濟艱，供給艱，應援艱；去杏山稍近，則氣焰逼，灾害逼，挑搆逼，日日防寇，日日防鬪，日日防勾引。我不去，彼必來，地無毛，孰與食？手無器，孰與敵？身無甲，孰與蔽？居無完城，孰與衛？此猶驅跛羊而傍虎穴也。若謂覺華島犄角，島去坼二十里，隔洋之兵，其登岸也須船，其開船也待風，城中緩急，弗能救也；水步當騎，弗能戰也。島駐兵止可禦水中之寇，弗能遏陸路之兵也。部議以百萬金錢築寧遠之要害，臣請竟其説。凡邊外興工，打草、斫木，必先架梁。架梁者何？先領馬兵擺列，以防奄至之寇也。此在八里鋪且然，而况于去關二百里之外乎？寧遠架防，必須精壯馬兵三萬，做工一日，則擺設一日，虜至即鬬，鬬必勝而後可保軍夫之命。再加做工軍夫萬人，則四萬矣。四萬人之食何從致，三萬之馬何從買，馬料何從辦，居舍何從搆？今在關夫匠無處可募，以待班軍，班軍貪緣規避，在路脱逃，以山海爲絶地，而望望然去之。臣因此遂成嘔氣之疾，何况寧遠？此集夫之難也。築城必須版木、舂槌、夯杵、繩索、畚鍤、梯架、樹條、桊把。取足於一掬之關城，轉運於二百里之險路，無此車輛，無此馬牛，無此人力。此製具之難也。築城必先造磚燒灰，磚灰必先開窑，開窑必須打柴、鑿石，打柴、鑿石必入叢林深谷，跓足犬戎之域，委身豺狼之鄉，地遠勢孤，力疲膽怯。此辦料之難也。一片莽蒼，虜之所棄，若整頓規模，必須死守，萬一委而棄之，適爲盜資。此正東西腰站之處，人馬安頓之區，糧草接濟之所，城池定要堅固，兵馬定要强壯，器甲務期犀利，錢糧務期充足，方能站立。竊慮塞外孤城，距前屯百三十里，聲勢既遥，誰爲策應？此固守之難也。治家者必先急堂奥，而後及于藩籬；樹木者必先植本根，而後及于枝葉。就關門而論，兵力微，軍需缺，經費匱，人心摇，似堂奥未固，根本未植。臣不敢謬言以傾時聽，謂山海之斷然可守也。今日不可有忘寧遠之心，而實未可有築寧遠之事。文武諸臣當勃勃以奮其氣于關外，而亟亟以固其精于關内，俟脚根立定，纔可縱步，亦可疾趨。是舉也，關天下之安危，而非一隅之安危也。閣臣與臣接衽而談，亦是疏中大意，要無異詞，所云『罷敗局以提元神』，頂門一鍼，深中今時之病痛。獨是敗局釀于五年，而元神潰于一走，瘵痼疾而定驚魂，其須以漸乎！山陲水際，高深爲險，崗阜纍纍，與城相窺，此閣臣得于目擊者。萬一中國之長倒用，則巖關之勢瀕危。山海即不築新邊，而銃臺城堡必不可不建，短牆深壍必不可不設。畢臣之愚，欲如閣臣所議，先築臺堡土牆于關外，一應急工及時修備，然秋色中分，計期無及，恐竣工爲明歲之事矣。中前所已經整頓，俟填實前屯，抽兵演練，撥田安插，踏定一步，再移一步。倘寧遠可築，相機布置，請百萬之金錢，築一方之要害。然揆時度力，恐興工爲一二年之事矣。臣必不敢輕擲朝廷之疆土，亦必不敢浪費朝廷之帑金，上體天子好生之德，以救遼人，下體閣臣振刷之意，以飭惰窳，庶于明旨爲不悖，于邊務爲兩全，虚實互用，戰守因而並舉矣。除諸將之懦怯無用者，容臣漸汰，其監軍道臣張應吾、邢慎言已經離任聽調外，邊情重大，先將戰守方略備細奏聞，伏候勅旨，遵奉施行。」

樞輔寧遠築城之疏已經部覆准行，此疏不得不發。疏發而議論益盛枘鑿矣。

巡關御史梁之棟題：「臣不肖，暫襄監軍之役。據聞山海危形恫心駴目，所恃者經臣慷慨當關，自能聯絡道將，爲皇上守此一塊土。乃一時將吏心心有主，臂指不聯，言戰難，言守亦難，守關外難，即守關内亦難。方草疏陳請，適接邸報，見經臣奉旨回部矣。又接塘報，聞奴以八月入犯矣。夫閣臣身任天下之重，一更一置，山海之得失、神京之安危係之，當必有勝其任而愉快者。然山海非蘧廬，用人非傳舍，與其用而後議，如借病以試醫；何如議而後用，先按醫以療病。倘一不當，無論臨敵易將，兵家所忌，金甌已缺，再堪掌上玩弄耶？擇經略宜慎，願閣臣之身肩之也。試看從來推用經略，大家向背，各隨恩怨。或欲用其長，而堅護其短；或先擬其敗，而且觀其成。用人向背之時，即分後來左右之袒。使任事者瞻前顧後，氣亦約結而不伸。破恩怨，破臆見，任經略宜斷，願閣臣之參決之也。推舉一定，稍寬文墨，無掣其肘，需以歲月，徐觀其成。夫靖康數易宣撫制使，先後舛逆，李綱謂其必亂。試看奴酋用兵以來，其任用之人，聞時有更換否？用經略宜專，願閣臣之力主之也。」

昔之經略繇于在廷之公舉，今之經略繇于閣臣之私擬。昔因推經略而始擇其可用之人，今則先有其人而後易經略。廣寧陷後，薦李三才爲本兵；今日之推經略，樞輔意在閻鳴泰，東林意屬李三才，故以少參爲正推，而南大司農爲陪推。此向來未有之規制也。東林因不點李三才，必欲樞輔自爲經，而樞輔亦雅欲居功，故會推經略，而奉旨僅加陞巡撫，亦向來未有之奇事也。巡關御史已窺其意，故欲閣臣之慎擇經略，必勝其任而愉快。乃以國家大事、封疆重臣玩弄于掌上。樞輔不能善其始，且併遼撫不能善其終，與靖康數易制使，先後一轍。關臣之言於是乎驗矣。

吏部等衙門會推經略。奉聖旨：「閻鳴泰陞都察院右僉都御史，巡撫山海等處地方。」

會推者，經略也，而所陞乃巡撫。彼時巡撫久裁，不請復而即推，不會推而即點，有是體乎？只憑一人意見紊亂朝政，其在邊關可知矣。

原任吏部尚書周嘉謨疏稱：「左次端門之説，臣亦不能記憶，但臣每宣言于朝曰：經撫不和，是非無兩立之理，國是一明，朝廷便可處分。且每云熊廷弼多得一尚書、一蟒玉也，要送還朝廷纔可還家。張鶴鳴所聞，或即此語。至于朝天宫習儀，臣委向鶴鳴問曰：『聞遼撫欲渡三岔河，取海州。若取了海州，第二着當如何策應？』鶴鳴未有以對也，但忿色曰：『熊經略怕死，若是我出去，决不怕死。』臣曰：『死須有益于國家，徒死何爲？貴部若肯去換熊經略進來，暫署印也好。』鶴鳴曰：『他如何署得？定是王侍郎署印。』蓋指今經略王在晋也。是時諸大僚皆在，獨刑部侍郎鄒元標厲聲曰：『把國家事看做兒戲，如今如何戰得？』遂怫然而别。是鶴鳴所深恨于臣者，在此耳。」

王在晋奏⑦：「臣年望六，夙沾狗馬之恙，日漸增劇，幾欲控訴陳請。念我皇上臨軒專命，恩禮異數，巖關一綫上繫九鼎，此何等責任，何等事權，而敢言病乎？秋防戒嚴，天驕凌兢，奴衆有秣馬右屯之報；且虎墩八大部赴關講賞，而宣、大之虜聲言助兵，統衆臨邊，明肆要挾，多奈滚吉、打喇明暗等酋又率諸部索討新賞。夷稟集如叢蝟，通官急於走雨。督臣王象乾又以西協告儆、毛滿窺邊，不得臨關調度，而撫賞金繒雖蒙頒給，杳無音信。關上二道臣先引咎回籍，凡目前委任之將，以被劾爲全生，以脱身爲僥倖。臣孑身當關，此何等時候，何等虜情，而可言病乎？頃得邸報，大學士孫承宗題爲據道路見聞等事，未見全抄，第欽奉聖旨：『覽卿奏，具見籌邊大略，體國公忠，朕心悚豁。時事交迫，卿既畫一條奏，何可需延？經臣王在晋扞禦危關，猷勞久著，准召還擬用。王國楨才望素優，着即令推用。其贊畫、道、將等官更置委任及練兵均餉等事都依議行。奏内各官堪任經略的，着從公作速推舉。帑金給發已多，卿奏衝邊急需，特准發五十萬兩，仍着開款，務濟實用，毋得虚糜。全遼淪没，畿輔震驚，朕日切憂勞，賴卿謀猷，參决廟算，一切緊要事宜，應令各部或本部徑行，不必覆奏。一意擔承，務振從前玩愒之習，早奏固圉恢復之功，用副朕倚重至意。該部知道。』欽此。臣一見之，望西遥拜，喜出更生。自有遼事以來，死者爲沙場之鬼，逮者爲縲絏之囚；即幸而得歸，皆被彈受刺，身爲射的。臣之挺身獨行，原無生還之想，貽書以别妻孥，謂與家鄉永隔，而不意得完封疆，以完軀殻，復被召還之命。無論微臣喜出望外，即臣之妻子終夜焚香以告天者，得報不知何如懽慰也。第念臣素病腸血，庚申正月十四日晚得頭風之疾，鼻淵額痛，三年不愈。今左項臃腫，半體風麻，肩背木彊，左臂發一漏孔，流水不已。閣臣行邊，已憐臣之憔悴，别後更添雨潦，濕氣炎蒸，胸膈飽脹，焦心之極，至于夜不成寢，是以未明即起。人謂臣以勤補拙，以勤勵惰，而不知臣之不寐，病也。病至今支離轉甚，每一登堂，以手捧額，强粧無疾，以壯三軍之氣。而面顔日削，有目者皆能見之矣。伏祈聖慈憐臣病苦，放歸田里，併賜削職，以爲不能終事者之戒。或念闕門無失，姑從寬政，予臣休致，永不叙用。關上兵需軍實交付督臣專管，兵馬交副總兵江應詔調遣，免臣候代，俾不令之身得告休于旦夕，極艱之任幸稍逭于曠鰥。天恩成就，直與覆載而爲三矣。」聖旨：「卿守關有勞，已經改用，遵旨赴任供職，不准辭。」

副總兵毛文龍制奴滅奴疏曰：「奴酋發難，皆爲市井無賴所激。西虜反覆不常，宜待以羈縻。登、鮮聯合，實爲恢復要着，然自各島布置始。旅順東距三山島三百里，請以遼兵三千、兵船七十，用遊擊陳大韶居之。三山東距廣鹿島二百里，以遼兵二千、兵船五十，用都司王學易居之，入守金州。廣鹿東距長山島五十里，兵船五十，用遊擊居之，入守復州。長山東距石城島二百里，以遼兵二千、兵船五十，用都司劉可伸居之，入守海州。石城沿近小松島，以遼兵二千、兵船二十，用都司林茂春居之，入守蓋州。石城東距麗島二百里，以遼兵三千、船二十，用程攸居之，入守岫巖。麗島東距鮮、鎮、寬、靉二百里，用遊擊張忠、守備尤景和，相機直入奴寨。速給臣餉三十餘萬，挑選遼丁二萬，募浙兵精火器者萬人，給盔甲、器械分往各島，以襄恢復至計。去冬奴賊至，江東無兵，是以安心過河攻廣寧。今又無兵，則山海必成孤危，而神京豈能安枕？遼人多爲賊用，如先據各島，則登、萊亦成危局矣。」部覆行之。

校勘記

〔一〕死者葬埋 「埋」，原作「理」，據北大本改。

〔二〕王在晉題辨三説　據下文所述，「辨」疑「辯」之誤。

〔三〕或曰又曰　前「曰」字疑衍。

〔四〕而邢與張兩臣持之意覺多　孫承宗集以守修戰疏「持」後有「重」字。

〔五〕若僅僅發銀十萬　「十」，原作「千」，據北大本改。前文「流民之在畿輔者不啻百萬」，發銀十萬恰好「人得銀一錢」。

〔六〕夏時疆爲撫院承差　「夏時疆」，北大本作「夏時疆」。下文亦稱「時疆遂糾衆十人」，疑作「疆」是。

底本眉批

①本條原有眉批「守寧前」。

②本條原有眉批「救十三山難民」。

③本條原有眉批「歹青等虜受款」。

④本條原有眉批「閣部行邊復命」。

⑤本條原有眉批「前屯聚衆」。

⑥本條原有眉批「駁寧遠築城」。

⑦本條原有眉批「召還經臣」。

三朝遼事實録卷之十一

壬　戌

九月，王在晉題：「竊惟遼之亡也，在于人情之各異，議論之煩多，人人面向心違，口甜手辣，比至壞事，以經、撫頂罪，而其禍卒貽于封疆。職爲此虚心延攬，並無偏枯膠滯之病，俾人人各效其能，事事必中于窾。若逃官、逃將，職亦憎之，然自全遼屢衂，而天下知名之將多罹惡煞，目前卒未得可用之人，不得不暫用入關之將。然用其人，未嘗盡用其言也；即用其言，亦未嘗遽信其人也。兵部原未嘗選將發山海關聽用，則所用爲逃將，所斥亦爲逃將。用者固未盡公勤，而斥者豈盡爲忠計？悠悠之談，其何可信乎。關上情形，數月未能悉窺，一覽詎能歷覩。職居關，無一事不做，無寸長不録，武備漸脩，軍民安堵。藉使奸宄潛消，内患不作，即强奴窺犯，自足支持。少俟數月，便可轉弱爲强，徐圖退步。何事流言廣布，聽睹混淆，若有呼吸難支之狀，遂生憂危憒憹之談。職即識量未優，同事諸臣亦何可坐觀成敗？且一將之用，必諮訪于司道；一將之革，必揭報于司道。司道以爲賢而不用者何人，以爲不賢而用者何人，經略總其事權，監軍分其責任。監軍有申文停閣，罪在經臣，職無越宿不發之批詳；監軍有籌畫相左，罪在經臣，職無强執不諧之意見。關上之兵有浙營，有湖營，有川營，有騎兵營，有水兵營，有哨探營，有火器營，營各有將，兵各有伍。惟是入關敗殘之兵及各邊剩存之兵，零星雜湊，職于六月初二日行牌道、鎮合併成營，且將標下家丁暨各道諸將家丁悉付總兵江應詔編成隊伍，操練兵革之事悉以委之。各營操練，教習技藝，某營逢三，某營逢六，某營逢九，據山海道印揭開報甚明，一不操而職即行提各營將領查究矣。練兵與脩築各不相妨，非因築鑿頓忘訓練也。乃新邊估計，悉由部道，去者不可問矣。今猶有二贊畫、二監司在焉，職據原詳題請，職名可查。彼時質之衆議，如以爲可已，職曷爲不已？如以爲可減，職曷爲不減？工部覆准之後，司道築土興工，絶無異同。今工甫興而議止，職奉旨召還而帑金始至，職得超然免于評論，則職之幸也。然而關無重扃之固，依山靠嶺有憑陵之勢，非國之福也。大抵山海事情，做一事則生一議，議本同而故異之，理本合而故岐之，皆緣遊説棍徒巧託叢神，奸藏兔窟，以冒糧爲得計，以聽用爲真官，黄傘滿街，金聲耀日。未遂夤緣，遂生怨謗；每懷擠軋，敢肆譏嘲。只云將不簡兵不練，以一二年前之舊話直串到今；又云用逃官用逃將，以十數萬人之罪案扭成一片。致令黑白混亂，頓成口舌戰場，俾任事精芒陰銷陽鑠，飛塵翳天，浮雲蔽日，覆轍相尋，流禍何時而已耶？關臣疏稱：『異路同舟，眼前碍難呼應，一片戾氣塞破山海。』自有遼事以來，無處不然，無時不然，氣運所關，真足異也。若論眼前真光景，只是兵勢未强，人心不固，然三敗之餘，理勢必至。廣寧潰後，原未嘗招兵募卒，安所得精兵鋭卒而用之？此當以徐挽，而未可旋圖。目下原無可戰，言戰者，不過虚虚提惰窳之神情，遠遠布恢弘之着數。非决計進攻，非立地進攻，而人遂疑之。疑則生駭，駭則思竄，故目下之人情不似往昔之人情。今日開章大義，須以安人心爲主，而練兵、繕器次之，脩堞、造房次之，積草、儲糧次之，興屯、播穀次之，恤流離、禁虚冒次之。心思在恢復祖宗之故疆，而寔事在嚴謹關門之斥堠，要見出屯關外，正以嚴守關門；而今之嚴守關門，即爲他日出關進取之地。輸攻墨守，作用相須，而自勝勝人，原非兩事。若見山海小小矗安，以爲可戰而忘守，則非言戰之指。職寧受才力不及之名，不敢以封疆爲嘗試。職從受事至今，案牘充楹，悉心料理，收復破壞之封疆，安插殘敗之兵馬，完全交割，並無缺欠。若以半載之辛勤，而留將來之罪案，功成既無可紀，事敗則有所歸，職雖愚，不敢受。職身將隱矣，存此疏以待公論之定。只恐公論定，而國事不可爲耳。」

先是，奴酋托西虜根根兒通稟乞和，晉甚惡「和」字，語之曰：「當乞降，降則還我遼東土地、人民及諸叛臣，乃題請。不則惟有剿耳。」揭達閣部，不敢聞，乃奴中叛臣阻之，事遂寢。比袁崇焕爲督師，于御前力任五年滅奴，且矢誓焉；後知奴不能即滅，乃陰許奴和，有通官參將張定者進京至兵部，與奴講款。余時爲本兵，立叱之。知余之不可紿也，崇焕乃致語冢宰王公射斗曰：要邊上做事，須易本兵。」王公密告余，旋圖避路。而奸黨搆謀，借惠安勑書事，侍御吴玉與余爲難矣。余歸，而崇焕得信心行事，中奴之誘，先殺毛文龍，除奴肘腋之患。己巳，虜遂從薊鎮深入，薄都城，舍山海，而以薊、宣爲屢犯之孔道。向使崇焕不使吊通奴，西夷必不叛，夷不叛，則西路不可行；不殺島帥，則奴顧巢穴，必不敢長驅而入犯。此雖崇焕之賈禍，亦由中樞把握之無人也。

王在晉題①：「職讀史至於秦伐趙，廉頗堅壁不出，趙王以爲怯，數讓之，應候得行其反間，而趙遂危，未嘗不廢書而歎也。夫兵何常之有，兵可進宜强，兵不可進宜怯。昔清、撫之敗，起於輕敵；三路之敗，起於輕進；廣寧之敗，起於輕挑。『輕』之一字，遂以亡遼。然清、撫敗，猶有遼、瀋；遼、瀋敗，猶有廣寧；廣寧敗，只有山海。此山海者，二百五十年之宗社攸關，非可輕於一擲者。職非怯敵者也，怯敵則出都之日必請多兵自衛，徘徊瞻顧，而不敢行矣。書生未聞軍旅，然職始爲僉事，兼攝沿海四道，與倭戰于海，獲功陞級，受欽賚；歷遊楚、浙，無非兵事。甚矣，兵之未可輕言也！諸葛亮見知於昭烈，知其謹慎，遂寄以大事。而所以知其謹慎者，以亮不遺於細事，而始知其可受大事也。職屬袁崇煥膽魄稱雄，志力並矯，且其澡滌之襟期、光明之心事，迥迥逸群，職心重之愛之。及崇煥嘗對職曰：『我不惜命。』職應之曰：『性命與封疆孰重？』職令其往前屯安插遼民，四鼓入城，夜行於荊棘蒙茸、虎狼潛伏之地，職未嘗不壯其氣，而深虞其輕進也。勇如賈復，光武以復深入，希令遠征常自從之，故少方面之勳。彼時名將如雲，而光武鄭重如此，今如崇煥者有幾哉？職嘗與主事沈棨言，今歲宜力脩戰具，俟氣力全、甲兵備、糧糗足，明年伺奴之隙，疾趨廣寧，則廣寧可襲也。然必有復全遼之力量，而後可復廣寧，必有滅奴之力量，而後可復全遼。不然，雖得之，必失之，啓無已之争，遺不了之局，而竭難繼之供。故職之亟亟守關者，非以關門自畫也。如以關門自畫，則三十五里之中前，七十里之前屯，二百里外之覺華島，職不發兵守之矣。然職雖發兵關外，而所憂更有甚焉者。中前所城落於崇岡之下，登高而窺，大如一掬，中有頽垣敗壁耳。虜如大至，兵力不支，必奔潰。奔至八里鋪，小而不能容；奔入三道關，險而不易上，此兵安歸乎？勢將扣關，而關不敢開也。此一可憂。前屯城郭不完，居舍未備，糧糗告詘，甲仗全無。遼人中可選兵三千，袁崇焕欲領兵居之，合所部可共得兵七千。欲駐兵，不得不急脩繕；急脩繕，不得不緩訓練。以烏合之衆，居狼狽之鄉，居平且難存活，遇變何以自持？此二可憂。覺華島距岸二十里，冰堅可渡，島無薪乏水，既欲運米，又欲運薪。島中房屋甚稀，風雨無可遮身，雪霜必至砭骨。人盡言宜夏而不宜冬，宜舟師而不宜屯戍。遼人有乘桴泛海之苦，逃將有聞風凌霄之志。此三可憂。十三站等處之民歸矣，大凌河水乾，逃歸者必踵繼，奴中奸宄定竄入其中。我既不容進關，而關中消息自當透露，窺我之虚，乘我之暇。一刻未可弛防，四時皆當嚴備。此四可憂。各屯遼民初盡降奴，皆已削髮，祇緣析其妻子，離其骨肉，遂各登山據險逃命。萬一奴中少寬法令，勾引招來，當此衣單食詘之時，孰無戀土懷歸之想？此五可憂。前屯安插，自米鹽、鍋竈、葦蓆、碗瓢之類，丁鐵、磚灰、木植、器用之類，靡不自關中買運。至於銃砲、火藥、甲仗、弓箭，一時何能湊辦？竭關中之力，以供萬人之用，索取甚煩，勢虞不繼。此六可憂。關内遼民久已安心避難，今聞中前、前屯選兵給餉，内之貧寒者思出，外之狡黠者思入。縱之出，則以中土不能賑恤，每欲化而爲夷；縱之入，則内地何可收容，勢必釀成隱患。此七可憂。奴之不輕突犯，緣向來嚴拿奸細，凡過八里堡即擒治，守帳夷人亦時時獲奸報効。今由關門以及前屯，爲人跡通行之路矣，職雖諄諭守將盤詰，然人多易混，路遠難稽，遊之乎無何有之鄉，聽之乎不可問之地。彼之間諜得行，而我之防維漸解矣。此八可憂。遼民入關，向多失所，欲樹之兵，則無餉之可給；欲離其黨，則無策之可驅。廟議重於誅逃，凡逃將逃兵，人人解體。魚避網，而恐至於無魚；鳥避繒，而恐至於無鳥。風急枝摇，人心愈動。此九可憂。海内邪説浸淫，群妖疊見；東省殺人如麻，血流成渠；而畿内中州狡焉思逞，一呼百聚，勢成瓦解。萬一關門少有折挫，則中外震撼，遐邇離披，顧此遺彼，何能收拾？此十可憂。職任抱關，如身居敝艦，日懼沈淪；手捧漏卮，心勤補塞。職之自視智力已竭，曷任其競競；人之視職作用未恢，似隣於泄泄。此任事之難，而喙長三尺，不能向通國之人一一自鳴其苦衷也。嗟乎！都城今日之安，誰實貽之？去帷之婦，恥談家事，然終不敢忘陛下臨軒授劍之恩，遂多饒舌。職自此可無言矣。」奉聖旨：「邊關事宜慎重，覽奏，具見老成長慮，知道了。」

王在晉題：「國家財力東西支應，萬分無措。典兵者不恤司農之苦，司農不得已，必不恤百姓之苦。向來用二、用三，今且加編、加役，邦本日瘁，國勢難支，職滋懼焉。人知經費之匱耗於兵，而不知其耗於官。職到關，曾裁去冗官四百餘員矣。此四百餘員者，皆遊食寄名，毫無益於兵事，而大爲治兵之害者也。數月以來，雖多憎惡之聲，實消嚼嚙之費。然細查兵册，有兵不滿千而設把總數員者，有兵僅數十而設中軍哨把者。既名爲官，手不習戈矛，身不任力役，目兵歸其領攝，公私任其科歛。且出入乘馬，官爲給料，此銷兵之兔窟，而耗餉之叢叢也。官一名，食廩比兵糧二三名，又占役五六名，守備、千總占役十二名。自非立定規格，一一清汰冗員，濫食何可勝筭？通計在關三部及南水營、北山營并各標下，通共應留守備、千把總等官四百九十六員名，應革守備、千把總等官四百二十三員。其年力精强、可備驅使者，仍留在伍，支食兵糧，不許支廩。職以去事之身，不辭任怨任謗，爲朝廷以清兵食，行伍爲之肅清。藉令九邊各鎮悉照此法，一歲間裁節兵餉不知幾許。去其蠹兵者，而兵自壯；去其靡餉者，而餉自豐。此今日養兵戡亂大緊要處，挈其要而圖之，主計者不蹙額而愁懸罄矣。」

經略王在晉恭報虎酋受款，併陳塞外夷情，以嚴防範事②：「照得西虜以憨爲主，憨之順逆，西虜所視爲向背，亦東夷所視爲重輕。故講賞惟憨之費鉅，而主款惟憨之撫難。當憨使初來，越三日而通官始與之見，以少折其炰烋之氣。貴英恰者，虎酋之倖臣，而其人則桀驁，其言則滑稽，其舉動則貴重，而不與諸名王狎。奉憨之令，先索去年秋賞，併今年春秋二賞。臣思輕予則多索，始不慎則終必濫觴，使通官告之曰：『廣寧爲受賞之地，廣寧失，何以賞爲？去年誆萬金，而虜部未聞大至，以致廣寧没，憨實誤我，何以賞爲？我兵當關數十萬，尚欲殺奴，何有西虜？不款有戰耳，何以賞爲？』如此者往復論折，虜不能難。即一季之賞，臣亦未許，而通使委曲調劑，僅與今年秋賞，以寓羈縻之意。而貴英恰復索往歲王猷之賞，而臣復諭之曰③：『猷何在，其誰與賞？』又索王巡撫收過進馬一百六十六匹之價，而臣復諭之曰：『馬何在，其誰與價？』酋使語塞，而始就盟。八月十三日，令山海道閻鳴泰、關外道袁崇焕同撫夷官李增等出關，俾令鑽刀插血〔一〕，立有盟詞，願助兵滅奴，併力恢復天朝疆土。若奴兵到，憨兵不到，斷革舊賞；倘奴酋通賂，背盟陰合，罹顯罰。蓋指天爲証矣。然而夷之狡不可御也，夷之貪未可厭也，姑與之而深裁之，虞其有後請也。是舉也，副將王牧民先約朱梅、張定、喇嘛王桑吉叭⿰口藏自爲盟，而後與虜盟，所以通官無所剌謬于其間，而浮費絶，浮議亦絶。牧民老且病，無子，心真爲國，口枯舌敝，千迴百折，而款乃成。其究連食費、段疋等件，所費不數萬，蓋以來人之多寡爲盈縮，來少則食費少，臣不欲其多來，而先使人力拒之，故費省。奴聞之，延頸縮首，畏憨之助我，足欲動而次且矣。臣欲完賞事，而聞召還之命，恐夷情中變，立趣督臣王象乾來。會閣臣孫承宗督關之命亦下，臣令通使少候二大臣至給賞，而貴英恰等不能待也。臣稍稍與之，而徐徐給之。此外又有錦州大康堡、開元鎮安堡之賞，屬廣寧；興水縣高臺堡之賞，屬寧前。又歹青雖係憨族，而不與憨同賞，然其賞有數，不若憨之費矣。鎮安即宰賽，而聞粆花亦願來受款，蓋粆花切近于奴，奴動，粆花必先知之也。奴地距關三百里，若不結西虜，必不敢深入，故今日以款虜爲急着。而謂其不當款者，虞其費之奢也。費不奢而入我之戎索，恐舉朝亦不以爲迂矣。然西虜雖款，而其間隱隱必至之情有足虞者。抽扣爲虜中最悍，與拱兔、歹青爲一黨。抽扣當設盟之日，不肯受約，曰：『憨即受一季賞，我必要三季賞。』憨使不敢争，而抽扣代之争，其攘臂爲八大部先。即强使之鑽刀，而其心終未已也。可虞者一。先是督臣遣使至歹青、拱兔所，適與奴使會，群食于帳中，奴使讓我人先食，是我欲勾虜，奴亦勾虜。我之歲賞不能勝奴之多金，虜畏其威而更懷其利，念或他岐而交或不固。可虞者二。憨貪我之歲賞，見我拒之力，姑與姑就，然去歲廣寧進馬寔未償價，而諸部爲之撥置，藉憨爲牆壁，恐前闕思補，而後求且繼。虜盟雖訂，未必甘心一秋季之賞。可虞者三。虜雖狡，朴野無文，而今則番揭番語皆通文理，用遼人爲主謀，虜無别情，而遼人教唆，化無情爲有情。今朵顔諸部亦漸生需索。昭明信于犬羊，責寒盟于羶貊，難爲久要不忘之事。可虞者四。哈喇慎、白顔台吉原非薊鎮之虜，乃罕孛羅勢窺我之弱，率衆要脅，初心不善。比其亡也，厥部借助兵之名，以索臨邊之賞。夫臨邊止數百騎耳，此數百騎者烏足剿奴？而先索賞，其來也爲賞，而非爲助兵也。助不可常，而賞遂爲例。臣峻拒不與，究必生倪啓漸。可虞者五。初，五路頭目妻子被貴英恰所占，頭目負憤投粆花，粆花不能養；投奴酋，奴酋用之守廣寧，而以真夷雜之。頃奴中聞我圖恢復，遂盡遷五路投降之虜于海、蓋間，而悉用真夷渡河以居守。萬一用投降之虜相混，我以爲款虜也，而不知其爲降虜也。我能用計以餌投降之虜，可布機略于彼腹心之間；奴如用計以混受款之虜，亦能興禍患于我肘腋之地。可虞者六。款之可虞如此，故款虜者，羈縻之術也；戰守者，自强之策也；用虜者，通變之權也；自强者，制勝之經也。臣今解任矣，籌邊滅虜，廟謨自有定筭。至于竣虎酋之賞，併叙文武效勞諸臣，閣部、督、撫大臣當竟成之，臣可藉手以寬聖明之東顧矣。」奉聖旨：「西虜受款，知卿控虜有方。其効勞文武各官,統候事竣録叙。」

内閣沈公書略云:「正月之潰,湧關而入者至二百餘萬,其爲民爲兵,爲好爲歹,爲奴奸細,皆不可知,每念凛凛。今幸而無大譁,而西虜且爲我防護藩籬,而我可徐圖自固之策,此功不細矣。扶老攜幼,面見那顔,距躍曲踊,年兄此舉,即汾陽單騎見虜何殊焉?虎酋若來,欲駐寧遠,則奴未必與争地,舊賞雖腆自不可减,惟當機裁酌,此中無不照應也。」

經略王在晉題:「臣在關,臣不惟百用樽節,即以兵糧計之,向以七十日而費銀七十餘萬;今合九十日費銀五十萬,是三閲月而臣所省已四十萬矣。以一年計之,所省不一百六十萬乎?臣無他能,而爲皇上惜財力、惜民力、惜物力,半載間不聞調募追呼〔二〕,而獨殫其精力,整頓破壁頽垣、殘兵敗卒,四顧瘡痍漸有起色,留其餘以備東省、川湖、雲貴之用。夙夜靡遑盟心,以報聖主殊常之遇。自有東事,惟臣爲獨完,意亦蒼蒼之表其能昭鑒乎。除臣造册送督理閣臣及新撫臣存照備查外,理合奏聞。」奉聖旨:「覽奏,具見節省,知道了。該部知道。」

經略王在晉題:「職叨聖恩,授以經略重任,拜表即行,拮据受事。於時身披草莽,躬歷沙場。十萬奔潰之餘，人無固志；三番戰敗之卒，盡爾銷魂。職一切調停，多方布置，日行事件，衙門既無卷案，承行又乏吏書，僕隸爲徒，楮筆共事。凡封章上聞，邊情入告，羽書傍午，靡不親自削牘，手腕欲脱。關門撫夷來非一部，講非一事，拒之則勢不格，予之則欲無厭。日日談兵，相商禦侮之方略；刻刻憂虞，詎忘恢復之遠圖。以至遼民絡繹入關，盡人必由親審；戍卒辛勞守塞，何時不用隄防？蓋所值爲最難最窘之時，而所處又至危至險之地。恩猶未報，夢懷山海以長驅；臣本致身，生入玉關爲厚幸。有繼職而至者，事爲有諸〔三〕，端亦可尋，倘能毖慮精心，自可隨事見効。至于文武二途，例宜有薦疏，第在關共事多由河西奔入。蓋自廣寧陷後，原未銓除更換，而見用武職皆由兵部覆擬，或更調以勵後功，或降處以期新効。其中儘有才勇可録，而彼時未經領兵，未有地方之責，是以與衆同奔，有難曁論。古來識于城于二卯〔四〕，釋檻車于屢敗。時當用人，何可盡棄？倘欲盡棄，必兵部另選一番名將，如此大敵，須得戰將百員，目前何能得百人以充任使乎？文官如在關府佐，勤苦異常，才識儘練，心惕危關，誰人有戀官之志。職固勉之而使留，非去之而不欲也。泥一逃字，則倖深任久者悉不敢薦。若舍終日相與之人，而薦遠方兼轄之職，則借公牘以樹私交，職有所不敢矣。是以併部屬方面之多賢，悉聽于朝議之採訪。職自揣無知人之識，所不敢居于薦賢之義，亦薄劣所宜然耳。」

揭開④：「一、脩理中前所城郭，委參將周守廉、遊擊左輔領兵戍守，兼管哨探。一、救渡義州等處遼民一萬一千六百一十七人，續救四十三人，住居前屯衛，委副將趙率教、遊擊魯之由脩葺城垣，挑選遼人爲兵，使之居守。嗣後有遼民回鄉者，俱發前屯，不許進關。一、覺華島切近寧遠，發水兵二千一百六十一名，委遊擊金冠等守之，又委參將祖天壽選遼兵二千名屯劄。一、寧遠距關頗遠，勢孤難守，乃令左輔、周守廉領遊兵更番迭往巡守。哨至松山，時通間諜，計殺孫得功，復關外地方三百里，五城二十七堡俱歸版圖。一、鐵場堡去關四十里，城堡頹殘，房屋燒燬，並無一人居住。本年六月親至其地，見山圍合抱，逼近西虜，凡打柴、伐木、刈草取足于此，係山海樵採之區，不可輕棄。已委竇承功經理，因虎酋夷使畢集，本官協管撫賞，另議委官尚未就緒。一、虎墩兔差貴英恰等百餘人及拱兔等八大營到關講賞，盡力裁抑，今已鑽刀説誓，情願助兵。一、朶顔三十六家及薊鎮諸虜俱已受款，設帳守邊。一、歹青等部與奴私約婚姻，今悉勾致受賞，不復爲異。一、抽扣兒、打喇明暗、王燒餅等虜向甘作賊，不願受款，今在邊有犯，每令守邊夷人擒捕，賊首受罰，搶劫漸稀。一、兵馬分南、北、中三部，守内城，守羅城，守邊城，守北山，守海口，守中前所，守前屯衛，守覺華島，守沿城大砲〔五〕，守水旱關銃臺、鼓樓。又有遊兵、哨兵、墩臺兵、關外遼兵、關外駐防兵、關外擺空營兵、各邊駐防兵、各門擺圍兵、邊内脩工兵、各局官兵、匠役、標下及各道鎮家丁俱編入行伍，一體操練。一、東省白蓮教攻陷城池，留山海班軍一萬二千防守，又調閩兵三千、廣兵三千、淮兵八千助勦，妖黨悉平。一、守邊守城兵習銃彈，在營在伍兵習槍棍等器，北兵習弓馬，南兵習牌筅，各營逢三、逢六、逢九操練，各有定期。一、南北二部邊城長十六里，原高三丈四五尺不等，今接高五六尺，共高四丈。土築裏口收頂，共寬三丈二尺。自根至頂高三丈五尺，用方磚墁頂二層，築完裏口，漸次加垛。未派脩者，南部四百二十丈六尺，北部六十七丈八尺，俱有舊城可守，但未加餙增高。一、住城脩完裏口三百九十七丈。一、羅城接高七八尺不等，共高三丈，脩完三百五十八丈九尺，將完一十一丈五尺；未脩者六十四丈六尺，見派班軍脩築。一、八里鋪議築新邊，一以護衛關門，一則借脩築以工食賑濟流民。今議停止，衹築完土邊二百三十丈，未築高者二百二十丈，擬圈成土邊，劄兵防守。一、沿邊城濠俱已挑濬。一、關外烽臺俱委總兵李秉誠撥軍匠脩理。一、城外擺設地雷、火砲，城上擺設灰瓶、擂石、大斧、銃砲等件。飛石、木架總兵江應詔見在製造，濠外品字溝挑掘未完。一、大雨摧倒城牆，兼工併作，俱已脩完，但于八月二十五日移駐撫寧候代，傳報羅城東面倒十七丈。一、實在米二十四萬八千九百四十五石零，豆二十三萬二千六百八十八石零，高糧、小麥九千三百一十石零，俱收貯囤積。一、前屯衛二次發米六千石。一、覺華島二次發米二千五百石。一、向來本色米各軍不願支領，以致米糧堆積右屯、覺華島等處，浥爛散失，今俱按月本折兼支。一、覺華島向委通判吴士科看守米豆，救渡遼人，陸續渡過官生士民五千三百一十一員名，每官生一名給銀三錢，百姓一名給銀一錢，俱發樂亭、昌黎、天津等處安插。一、回鄉人口進關，查係某省人氏遞解回籍，沿途每縣驛各給米一升。如係遼人，押發所屬州縣，州縣俱經親審，察其面貌，審其言語，酌量遠近，照前給米。進關者甚衆，不可勝紀。一、前屯衛發官丁屯劄後，凡係回鄉遼人，俱不許進關，每人給米一斗，解發前屯。若係異省人氏，照前入關遞解。一、各船有失風濕米存，則給發遼東避難生員濟飢。一、各營兵數向多虚冒，于五月間分爲十六路查點，除去虚兵九千一百七十一名，又汰革掛名冗匠二千三百餘名，川、湖兵老弱者漸次汰歸。一、各營食廪官太濫，汰去官四百餘員，止存八百六十七員。近又立定規格，兵若干立中軍千把總一員，復革去守備、千把總等官四百二十三員。一、驛遞煩苦，經略標下承差舍人向設六十四名，悉革去不用。一、聽用各官，實授與給劄加銜一概混支，部院之劄與鎮道同，以致錢糧冒濫。今俱分別實授名色，給劄者查某衙門劄付，各分差等，以定廩糧數目。一、毛文龍在朝鮮三次差官渡海，奬勞二次，移咨朝鮮國令助兵，屢疏催闖兵、淮兵應援。一、催天津運米料一十一萬七百九十二石，户部解發銀五萬兩。又天津買布二萬疋，大弓二百張，大箭二千枝，腰刀五百口，三眼鎗、攢竹鎗各五百桿，火藥二千斤，接濟朝鮮軍兵。一、招安祖天壽領兵防守。一、向來糧銀俱發各營將官分散，致有扣減等弊，今俱鏨完包封，解驗秤准給發。一、覺華島載回馬、騾、牛、驢四百二匹頭，銅七萬斤，生鐵二百五十九塊，鉛一百三十四大塊，銅、鐵、槍、砲九十四位件，桐油六簍，鐵錨一百六口，車一十四輛。一、覺華島載回米豆三萬五百五十六石五斗，新建遼船二十四隻，接渡遼民。一、山海將官如分守三部、守各邊，撫夷、哨探皆因材器使。近來堪任之將皆被妬口擠排，致令彈射。然能勝戰陣者，尚有十餘員。一、永平所屬向因造作、搬運、採辦、調募，不勝疲累。自抵任以來，並無一事騷擾，止運煤稍艱。今又移局開平就煤打造，民間不知軍興之苦。一、三月間抵關，景色蕭條，四民奔竄。今因西虜受款，客兵無擾，商賈畢集，繁盛如都會。雖酒食店頗多，然因蓆舍中難容鍋竈，不得不從客兵之便也。一、湖兵四千結隊私逃，追回原伍，斬爲首五人，綑責四人，黨惡二百餘人悉行驅逐。一。參劾大將竇承武、達其勳、孫顯祖三員〔六〕，裨將保世寧、袁應兆、陳愚直、孟淑孔四員，分別逮處。一、參劾管關同知張文達一員〔七〕，訪拏關廳弊役十餘人。一、拏問不奉軍令、私自招兵聚衆棍徒鄧子龍、周良馭、鄧金勝、陳光祖、李世卿、金文進等，解散三四千人。一、訪拏奸細夏時疆等、王應龍、釋化遠、傅有功、王正邦等五案。一、題准發銀十五萬，差官往宣、大選買馬匹。一、浙兵營蓋造官房，軍器、火藥、庫糧儲倉，連營房六百一十二間。一、右掖營備完木料、土坯、蘇蓆等件，已經興工，蓋造營房三百間。一、南部脩完雨淋鋪房三十九間。一、北部造完鋪房三十七間，沿城下造完鋪房三百四十三間。一、爲建造營房缺少木植，牌行總兵江應詔各營撥發軍兵出口，共採辦過檩、椽、山角柱木植共四萬五千七百一十八根。一、本關議養馬二萬匹，歲計召買草八百萬束，向無草場。今買得居民穆齊斗地一十一畝、房三間，李倉地一畝二分，楊啓泰地八畝，翟自明地一段、房三間，孫好美田地一十一畝四分，郭從明地一畝六分，李丙明地二畝二分，分建草場廠三處，週圍牆垣五百一十丈。每廠大門一座，廳房一座，俱給價興工。一、脩理南局，作房八十四間。一、郭家園蓋火藥局廠房十七間。一、龍王廟蓋火藥局廠房十三間。一、新建北火藥局，開工伊始，止先造完房九間。一、石門三官廟局造房三十二間。一、石門教場局造房二十五間。一、石門盔甲局造廠房七間。一、造火藥庫房一百間。一、造成綿紙盔甲一千五百九十頂副。一、造鐵盔甲、腦包二千三百八十六頂副。一、行山西造甲一萬副。一、造火藥一十四萬二千八百八十五斤十二兩。一、造火線一十二萬四百四十條。一、造成戰箭一萬一千六十枝。一、造戰車六百零三輛。一、發銀撫寧縣造車四百輛。一、造火箭七千一百五十枝。一、鉛彈共二十七萬八千六百七十七斤。一、造大將軍、三將軍、百子大銃、木母神飛將軍、威遠砲、馬砲、天武神威將軍、鐵神飛將軍、滅虜砲、木發熕、木炸砲、隨母子砲、追風銃、三眼鎗、鐵板斧、鳥銃、長刀、腰刀、長鎗、月斧、刺馬鈎、鐮釵、斬馬刀、尖鎊斧，鐵鑹、地釘、釘板、鐵蒺、鑄鐵鈷鐮刀、鐵鍁、鐵钁、牆扡子、鋸牆、板木夯等，各具數目。一、提净硝黄十五萬觔。」

王在晉改南京兵部尚書。大學士孫承宗督師山海。

内閣葉公書略云：「自有夷難以來，封疆之吏無一得善其去。臺下不避難，不誤事，真可謂完名全節。而至與我相左者，乃所以相成矣。獨惜功已有緒，廢于半途，有志未竟，于尊懷不無耿耿，亦朝論之所共歎也。」

韓公書略云：「向者全遼淪失，台臺一身肩承，而涖事以來，調行便宜，次第奏效，凱陽還闕，殊有深念。初擬還部，以凱陽新命，仍令改擬。台丈名實不虧，進退有道，目前善後事宜，安危所關，愼勿避嫌，正見急公耳。」

史公書略云：「神京所託重僅一線巖關，廷推材力之選至再三，而不敢拜命，獨門下毅然仔肩，無幾微見顔色，其氣已蓋天下，而聲足震醜夷矣。抵關以來，民狎其居，虜維其喙，夫莫非門下底定之力。若乃仗劍而出，揚旌而入，即今之甚有口，竟無能加于廝養之毫毛，此又從前疆理之臣所絶無而僅見者。不肖且藉爲同籍寵光，而翁亦差足自慰矣。」

原任經略今改南京兵部尚書王在晉奏⑤：「臣素禀孱弱，五年以來實爲遼事焦心如燔。昔在東省，計竭于防邊，力窮于飛輓，蓋自庚申正月，臣得頭風之疾，百藥未能調愈也。嗣復總理三部，爲自古未設之官，獨力難兼之事，而臣蚤暮以圖報効，俾米粟如山，甲仗成阜，乃心傷往事，盡歸于浩歎矣。今年發憤賈勇，往而當關，孰知怒螳終壓于車輪，而井蛙僅窺乎湫窟。癡心任事，而來傍掣之揶揄；鋭意前驅，而成半塗之限畫。志氣既灰于邁往，病魔遂至于牽纏。左臂漸歸不仁，濕熱竟成皮漏，肩背頓添臃腫，血疾更帶腸風。兼之胸膈飽盈，每食必嘔，精神耗盡，徹夜常醒。蓋以年來治事之困憊，甚而今歲抱關之憂瘁，愁日增一日，則病日深一日。馬牛有力竭之時，而金石有精銷之日。南兵何任，以病夫正席其間，官必曠鰥，事將叢挫，臣之所爲跼蹐而不能以自命者也。伏惟皇上俯念勞臣，深憐病苦，俾遂乞骸之請，獲就歸田之賦，則恩義兼成，生成加篤，擊壤以頌堯年，而三十年來許國之身得自全其頂踵矣。」奉聖旨：「卿當東事危急，署部行邊，勞苦中外，留樞新簡。乃連章控陳，情詞懇激。特體勞臣雅志，准暫回籍，以需召用。該部知道。」第三疏允歸。

樞輔孫凱陽行邊，詢之同事，凡言不可戰者必斥。監軍邢慎言，寧前道張應吾，副、參吳自勉、毛有倫、別鎮皆以是而歸。總兵江應詔則面叱而加之辱詈矣。余言邊事如此，三年後尚不可戰，此所以與樞輔而相左也。孫元化獨倡驅遼人出關撥田耕種之議，樞輔擊節歎賞。余謂種田必給耕牛、穀種，造房築堡，且不能禁賊夷之竊取也。諸事未辦，而驅民與東西夷虜，增數十萬之兵，乃樹敵耳。若不東不西而聚于關外，解散無術，我必爰擇爲兵，遼人非可用也。樞輔不以爲然。比督師更代，余尚在永平，而遼人被逐之苦不可勝言。老羸之轉溝壑者過半矣，壯者叢集不散，挑選以充行伍，而又嚴苛以督九邊應調之卒，邊兵多散，而爲盜行劫近京地面，關兵從此弱矣。

勤王則欲入都城，援凌卒至于召亂，剿寇則習于奔逃。王化貞、孫元化、袁崇煥之死，皆遼人誤之。熊經略謂遼人之不可用者，乃灼見也。至于關外之田近而可耕，膏腴之土皆被遼官佔去，磽确窵遠者屬之遼人，遼人何嘗得耕耘之利，亦何曾減軍興之一二哉？

禮科張惟一云：「榆關之外，是處膏腴瓜田彌望者，皆鎮將霸爲養廉；遠而磽者，始爲軍屯。薄野荒蕪，小民始拼生而取利焉。必仍而不變，屯種之利在武弁而不在國矣。」乙五十一月疏。

十月，大學士孫承宗題⑥：「臣以至愚極陋，仰荷天恩，私自凛凛然，誓與文武將吏同心戮力，仰副皇上籌邊之盛心。然而誠不能動，才不能支，以致天人示儆，灾患頻仍。蓋臣以九月初三日視事，月未匝而悚然爲之儆者三矣。九月雷已收聲，雨亦稀少，正令兵改建營房之日，忽于廿二日雷電交作，風雨晦冥，而雷更迅，歷寅、卯兩時始晴朗融和。蓋當雷收聲之日，而奮尋常，以爲不當雷而雷，其戒淫威也。臣思臣至未敢爲威，天或惡臣之尚循舊格，而爲此昭昭也。且欲臣之兼惠煢人，而無爲此嗛嗛也。蓋殘卒縱弛，庸流困窮，兩俟恩威，而臣又待罪輔弼，其敢不雷動日暄，仰播皇上雷霆不測之恩威也。臣用是日爲凜凜，不敢自安。至次日午時，復有聲如雷，有煙如雲，偶起西城外。當得江應詔報，有丁守備與張愷試銃于寺，延燒大寺。寺中舊貯兵器，臣已令沈、杜二主事查明，今諸物未失，獨遺火藥二萬斤，一時盡毁。火藥有五火局，而沈主事又新造一局，此係造成尚未入局者。臣初聞，疑有奸人爲謀，再四審核，供報相同，而張愷輩皆死于火藥之傍，則其情果屬真也。此則天實厭臣之罪，豈斗大一城，日聚十餘萬人，一寺觀輒有數百人，兼以人情怠玩。臣等每單馬巡行，各相交儆，似有奮心，而忽然遭此天變，皆臣之大過也。除巡捕員役嚴行究處，而臣更益凜凜焉。至次日，聞十三山之報，先有報來未確。是日，水兵遊擊金冠等報接濟過十三山遼人三十四名口。據難民口報，奴酋自八月十五日圍十三山，至九月初六日山民被陷。此一事，臣從七月間與督臣議于檀，督臣許爲臣諭密出兵三千，防東西之患，臣更欲從衆議，以兵屯寧遠，稍近迎之以爲依，而竟不能得。今接之無多，忽爲所陷，此中關係甚大甚遠，臣用是益爲凜凜也。夫百務方興，秋防正急，天出雷電之儆，臣何敢謂遠不可憑？而况軍之急需，即秋毫不可捐，而二萬捐殘于一炬；中原之赤子，即孑遺亦可憐，而萬千遽敗于久圍。此其天心之愛轉爲嚴切，人事之疏更屬惕勵。除臣與合鎮文武痛自脩省外，伏念臣督理一方，所關甚重，而臣，輔臣也，天人之變又不專于一方也，懇乞大奮乾剛，嚴核邊政，立罷疏庸之臣，以謝天人之儆。臣可勝悚慴待命之至。」

强奴所畏者，火藥也。火藥焚燒，我失禦奴之具矣。説者謂關撫領銀設局，置造火器，破冒實多，故付之一炬，了不可問，矯誣天變，是耶，非耶？十三山負固之民，晉接濟渡海，收集覺華及前屯者甚衆。今閣臣坐視不救，彼失其援，以死殉之；我失其衛，乃生棄之。向使經臣不易，十三站之民，雖至今存可也。嗚呼！數萬之民，一朝屠僇，長平之慘豈過是耶？殺運未終，逃生路絶，田横之客今猶有生氣矣。

左都御史鄒元標奏：「國家大事，惟在憂虜，策虜者何慮數千百人。以臣愚見，視定守之一局。夫粟不過數萬車，而帶甲不滿數十萬者，未易言恢復也。即恢復矣，其誰與守？陛下無輕信諸人急恢復也。臣嘗思遼之失始于李成梁，成梁封伯，遼之諸人各有雄心，輒殺熟夷上首功，家家萬户侯者。然酋不解之仇，尤于殺其祖、父，故今稱戈不已。次壞于高淮，淮在遼東，地皮欲穿，人人思亂，而遼遂不可支矣。三壞于鎮臣，往者遴才而畀，近半皆門生故吏，無敢死之卒，而諸鎮臣自囊人參、貂皮外，別無奇策，惟聽李成梁鼻息以取功名，而以全遼畀奴酋矣。今言之可爲豎髮，陛下豈盡知乎？」

平東總兵楊肇基塘報⑦：「照得賊首徐鴻儒自鄆城發難，鄒、滕、嶧三縣相繼陷没，本鎮荷撫院二院會題督剿，隨同兖東道徐從治于六月初九日發兵，十一日恢復嶧縣，解剡城、曲阜之圍，遂次師兖府。七月初七日奉部院，同監軍道王從義、徐從治誓師大會，與諸將戮力同心，剿平三夏店、紀王城、嶧山等處剿穴〔八〕。續天津監軍道來斯行統領援兵七千餘名至，相與復滕城，平錫山，救豐、沛，殲餘氛，計大小三十餘戰，俱經塘報訖。鄒縣圍久未下，職自錫山旋師，賊大怖，賊首僞都督侯五、僞總兵兵魏七等據城乞降〔九〕，拔去旗幟。奈徐鴻儒狡計百出，高尚賓、歐陽德、酆九叙、許道清等三百餘人復行死守，本鎮與諸將分地督攻，衆賊慌懼，始擁鴻儒出城就擒，馳獻軍門。本鎮同三監軍點名給票，于十四、五日安插各州縣之民，十六日安插鄒縣在城在鄉之民，共二萬七千餘名，造册呈報。收過馬騾、器仗等項，俱經縣官驗明，收貯城中。百姓俱焚香結彩迎新縣官，反側之地復見漢官威儀。賊首徐鴻儒等皆械繫府獄。真所謂殲厥渠魁，脅從罔治，亂萌塞而皇仁廣矣。」

巡撫趙彦題：「白蓮妖孽糾衆倡亂，僭號改元，一舉而陷鄆城，再舉而陷鄒、滕、嶧縣，雷焰薰天，南北梗塞。元兇徐鴻儒始稱雄于梁家樓，爲我兵所敗，逸過河東；繼竊據于紀王城，又爲我兵所敗，逃入鄒縣，結納死士五千人，廣布走馬數百匹。群賊效死，善能守城，我兵多傷，故攻取鄒縣三月之久者，以此賊爲之祟也。今妖氛已靖，城池已復，殘賊之逸入齊豐者，又復追剿無遺。而隣封之北直、河南并無一賊之擾，征討之局已完矣。」

南兵科袁玉佩爲天下有不容塗飾之功績，臣子有不宜冒溢之寵榮，懇乞聖明于肅法誅罪之後，再激冒功失事之實賞，以快人心，以重國典，以振邊疆，參兵部尚書趙彦冒功，内云：「當東省初告急時，經臣王在晉見兵力單弱，急調淮兵、閩兵、廣兵與山海班軍以遏賊猖獗之勢，權宜區畫，業經題疏。後因經臣謝事，趙彦叙功疏于登、津撫臣皆叙入内，而節制統轄之經臣獨無一字叙及。一岡山首衝賊陣，死戰重圍，殺傷過多，皆南兵之力。後南陽護漕生擒王繼芳，大獲全勝，亦皆南兵之力。而彦故分南北之見，凡北兵功次陣亡俱叙，恤陞贈二三級，南兵功次陣亡止陞贈一級，或併不恤不叙。夫此又孰非故没人功以爲己功乎？」乙丑九月。

三法司會審，佟卜年流三千里，杜茂、劉一爋、劉得功等俱斬罪。竇承武擬斬，達其勳等釋放立功，革逃任總兵薛來胤回衛聽勘。

贈袁應泰兵部尚書，給與祭葬，廕一子本衛正千户世襲。

贈彭象都督僉事，彭象周、彭鯤翔、彭天祐各都司僉事〔一〇〕。援遼一門戰歿。

十一月，御史梁之棟奏：「奢酋謀叛，觀變于援遼，發難于重慶，未出江門，而何若海之輩幾倖有成。撫臣徐可求、鎮臣王守忠催兵援遼，爲王事也。變起倉卒，白刃臨頭，撫臣厲聲罵賊而死，鎮臣義不就擒而死，道臣孫好古、駱日升、李維周監軍督餉，亦爲王事也。或肝腦塗地，義不反顧而死；或引頸受刃，赴難如飴而死。至如循良之章文炳，死之日諭戒子弟，以身翼之者數圍，即逆酋叩頭膜拜，尚有悔殺廉吏之言。再如同知熊嗣光、洪應科，推官王三宅、知縣段高選蹀尸淫夷，冠履枕籍。再如兼督援兵、臨陣戰歿者，灌縣知縣左重也；結連土司、解厄成都者，推官郭象儀也，功尚未賞，死更堪悲。慷慨殺賊之楊愈茂尚責其輕進，倘危城一解，援兵從敘、盧擊其歸路，此時賊可就擒，則愈茂之搗巢，臣猶悲其尚晚耳。鄉官董盡倫無城守封疆之責，倡率義勇，力捍孤城，功已着于合州，再救重慶，身死逆賊之手，即破格卹録，猶無足慰忠魂。其他先後與難大小將吏，仰惟勑部查照按臣原疏，一併破格優恤，其激勸人心非淺鮮矣。」

兵科林宗載疏云：「相臣孫承宗之始行邊也，道路紛紛以相臣與閻鳴泰親，以爲將易經略而行耳，此固妄想忖度之語，未足遽信。迨回朝，而果以閻鳴泰易王在晉也，亦獨信綦真不爲偏黨者乎。至慮鳴泰難獨任，而不憚以龐眉皓首主張帷幄，則慎重戰兢，真得師中之吉矣。庸衆可與樂成，難與慮始，即有元老壯猷，雷霆積威，直須一月三捷，奴虜永不犯邊，人始知其奇耳。但今嚴冬沍寒，防邊甲士衣無數重，糧無餘貯，屋無長椽，啼飢號寒之聲起，而枕戈對敵之志灰，即下令堅守榆關，無戰勝之志，守未必固。相臣鼓舞自有餘恩，無用以規爲慎也。」

御史劉廷宣疏云：「臣入都，所聞大異，有謂樞輔孫承宗居王在晉見成之功者。夫有功可居，自應首及政府，次及大司馬，而何必屈樞輔之尊于虎狼之穴也？有謂私閻鳴泰葭莩之親者。鳴泰資望不淺，邊疆久著勞勛，開府建牙自其應得，彼即愚，豈不能夤緣内地，而顧躭躭于解經邦拼死不就之缺哉？如此薦法，尚可認作香火情深？或者于山海累卵之危未及深知耳，知則不爲是言矣。甚有倡被圍墮馬之説者，夢語耶，醒語耶？何山海之人不知，而都中偏知之耶？此出忌者之口耶，抑逃將逃兵畏其嚴明布此流言耶？臣竊恐奴酋之善用間也，大抵絶無影響，絶無干涉，此必出奸細無疑。嗟嗟！左袒在晉者，不難含沙相射，而決非在晉之心。在晉亦賢者也，沉靜妥練，自是司農、司空之妙選。伏乞勑下大小臣工，減省議論，勿輕傳布流言，中奸細之暗間，冷語相嘲，微言點綴，致灰任事之心，隳宗社之計。一切更置文武將吏，令得軒然獨斷獨行，勿從旁撓。庶旌旗改色，而膚功可立奏矣。」

廷宣于遼事一味把持，斥廷弼、更督撫，皆其調度。其爲人堅僻强梗，血性男子必不與之相合。崇禎初年，有薦舉樞貳暫署闗門之疏，言官大鬨，遂無顔乞歸。此真遼事之一大蠹也。

御史練國事題：「臣聞理亂得失之故繫乎人才，不知兵而强言兵，可戰守而不能戰守，則封疆之人非也；不預爲措餉用人之計，坐失乎是非刑賞之機，則廟堂之人非也。以遼事言之，樞輔之制禦誠爲有方，奴酋之窺伺者或裹足而不敢前，然而未可恃也。新練之將士，非經冲鋒破敵，終未見其可用也。樞輔原不同于閫外之官，已屢奉還閣之旨，臣不知還閣後，此任可盡付之撫臣者乎，抑當别議也。夫能爲恢復之人，即能爲防守之人，止于防守者，恐并其守而不足，則不忍言矣。今能爲恢復之人，恢復之計將安出乎？祖宗百戰之封疆，任其淪没而不之耻，几幸山海旦夕之安，忘其遠慮而不之籌，未見廟堂之有孫公每以口説見功業，此疏言將士非衝鋒破敵未見可用，恢復計將安出，極中肯綮。

人也。」

十二月，遼東巡撫閻鳴泰題：「自有東事以來，我以堂堂中國與么麽小醜相持，五年矣。成敗胡爲乎相懸，則兵馬之虛實使之；强弱胡爲乎相懸，則兵馬之强弱使之；虛實又胡爲乎相懸，則法紀之嚴縱使之也。職拜命以來，夙夜焦勞，寢食俱廢，兵馬虛實之數，營伍欺誑之習，與夫左支右吾、神出鬼没、不可方物之情狀，職夙習之、痛之，而豈異人任也。于是先時布令，不憚力申，遂督同鎮、道列營南郊，按册逐隊一一清查。其最虛冒如遊擊宋鴻儒營者，職爲之戮其一哨官、一百總、一隊長；復虛冒如都司田應宿營者，職爲之戮其一百總、一隊長，而禁令始行。至餘將士之綑打，僱役之梟耳不計焉，自十月初六日起，戴星出入，至十七日止，共點過在關客兵官軍四萬三千九百一十員名〔二〕，馬七千二百七十二匹；又點過山海鎮山海路主兵官軍三千一百六十三員名，馬八百九十九匹；又點過在關各局打造官匠一千八百二十二員名。尚有副總兵杜應魁并駐防一片石及前屯、中前所等處未點。而職以多語傷氣，多怒損心，心氣虚怯，幾不能語、不能食，于是分委山海道臣袁崇焕、廣寧道臣萬有孚代出點之。崇焕奉職令，亦戮守備莫大功營内私僱頂替者兩人。至十二月十三日始竣事焉。除革過不堪外，通計關内外見在主客官兵、匠役，共六萬九千四百五十三員名，馬一萬一千七百四十三匹，或居關左，或居關外，調撥分防，各有信地。正經在關兵馬，則職所自點之數並新招遼兵五千六百七十員名，其的數也。此外覺華島遊擊金冠水兵一千二百七十六員名，參將祖天壽遼兵八百七十五員名，海水冰結，舟楫難通，稍俟來春點之可也。此職所謂選兵之實數也。除職招募遼兵漸集漸練，以實汰過空虚之額，各邊應調兵馬容職續查續請，以備進取之用外，頃者相臣所請，擇以諸路官丁一萬二千五百員名，更祈嚴旨督催，俾星夜前來，以濟急需。職地危責重，思苦憂深，寸腸百結，不知所云。統祈聖明裁察，幸甚。」

關城斗大，聚兵五六萬，點兵之法，劄營列隊，畫地站立，同日同時委部、司、道、府分行查點，彼此不能移動，不能更替，虚實纔見分明。初六點至十七，移東就西，左支右吾，出神没鬼，何所不至？遼人願充兵者，故粧精鋭；邊兵願回籍者，假作疲癃。汰去者未必真老弱，留用者未必真勇壯。欲祛弊而弊乃滋甚焉，此關上虚兵耗餉之所自始也。

大學士孫承宗題稱⑧：「關城有兩總兵，可當大敵，而撫臣閻鳴泰與臣周旋久矣，其才允堪大任。此時臣宜東向登、萊召大兵，宣揚聲勢，蓋賊來當在冰堅之日，而回在冰泮之時，冰泮則必懼臣之到。而臣已留沈有容，着簡選水兵；更移令天津撫臣李邦華，登萊撫臣袁可立，各多備水陸諸兵；又檄招練道劉國縉備遼兵四千，悉心操練，備臣來春之用。蓋登、萊之聲勢不揚，則東之鎮江爲孤，而鮮人相倚力薄；西之覺華島爲弱，而關人獨當其衝，故此行正西以守關。而關人或不欲臣去，都人不欲臣來，但恐臣一離關，必謂臣懼春防而去。然臣在此，亦不過任此數將以殺賊，而循臣之條理，固自可爲。臣與關臣將吏計，皆謂當然。蓋臣此身業已不顧安危，不顧利害，獨是兵機似應若此，故敢及之，而不敢必去，以仰負皇上東顧憂勞。懇乞聖明鑒臣愚款，俯賜酙酌，定不敢告艱告苦，以虚聲爲實事，使邊臣有不任事之人，遂致有不得人之事也。伏候聖裁施行。」兵部議覆孫承宗本。奉聖旨：「關事倚重輔臣，朕知道了。仍聽酌量行海防事宜。着天津、登撫、鎮官用心料理，聽輔臣調度，爾每即行文與他。」

閣臣到關料理數月，便欲脱身登萊，豈以建臬置郡便可了行邊實事耶？疏云「閣嗚泰允堪大任」，相與且久，尚不能測其涯涘，讀巡關諸臣之疏，覺駟之難追矣。

校勘記

〔一〕俾令鑽刀插血　「插」疑「歃」之誤。

〔二〕半載間不聞調募追呼　「載」，原作「戴」，據北大本改。

〔三〕事爲有諸　「諸」疑「緒」之誤。

〔四〕古來識于城于二卯　前「于」字疑「干」字之誤，「卯」疑「卵」之誤。孔叢子居衛：「今君處戰國之世，選爪牙之士，而以二卵焉棄干城之將，此不可使聞於鄰國者也。」

〔五〕守沿城大砲　「大」，原作「犬」，據北大本改。

〔六〕參刕大將竇承武達其勳孫顯祖三員　「達其勳」，當作「達奇勛」。明實録、國榷等文獻中皆作「達奇勛」。下同。

〔七〕參刕管關同知張交達一員　「張交達」，北大本作「張文達」。本書卷十有「參同知張問達等，而尅餉自肥者痛懲矣」，與此張交達似爲同一人。

〔八〕剿平三夏店紀王城嶧山等處剿穴　後「剿」字疑「巢」字之誤。

〔九〕僞總兵兵魏七等據城乞降　疑衍一「兵」字。

〔一〇〕贈彭象都督僉事彭象周彭鯤翔彭天祐各都司僉事　第一個「都」字前當少字。明熹宗實録卷一七天啓二年十月丁丑條有「加授湖廣保靖土司宣慰使彭象乾都督僉事，贈彭象周、彭鯤、彭天祐各都司僉書」，則少字似爲「乾」。然所叙不同，熹宗實録彭象乾爲生者加授，後三者爲死者追贈，本書皆爲追贈；「彭鯤翔」熹宗實録作「彭鯤」。

〔二〕共點過在關客兵宦軍四萬三千九百一十員名　「宦」疑「官」之誤。後文有「又點過山海鎮山海路主兵官軍三千一百六十三員名」。

底本眉批

①本條原有眉批「刺袁崇焕輕進」。
②本條原有眉批「虎酋受款」。
③以下叙事原有眉批「革姚崇文之賞」。
④本條原有眉批「經略行邊事宜」。
⑤本條原有眉批「經略予告」。
⑥本條原有眉批「樞輔因灾請罷」。
⑦本條原有眉批「平蓮妖」。
⑧本條原有眉批「樞輔請往登萊」。

三朝遼事實録卷之十二

癸亥

天啓三年正月，大學士孫承宗題：「天下招兵者，臺省先之，勛武次之。今盡踆踆謝不敢，蓋無不相戒于杜應魁、賈祥與何棟如、游士任之喜事，而更戒于蜀中之禍。臣在兵部時，交薦應魁者以爲大將，心頗疑之，不虞其材難統馭，輦下沸騰，於是盡欲逐其兵將于關。今其兵逃故二千三百有奇，馬逃故三百有奇，一旦削其官，追逃兵、逃馬之數，恐應魁一拏，而兵馬之見在者將盡逃亡。臣議姑削其副總兵職銜，准以守備管事，以聯絡其見在兵馬，仍陸續追賠其逃故兵馬錢糧。外如何棟如招兵，費繁兵雜，多口謬論，信手狂費于先，不免餙辭謬遮于後，似當明覈其實而從末減，無以僞才阻天下真豪傑任事之心。外如游士任俠氣深心，雅抱鳴轂之恥，獨其所信諸妄男于任誕，遂至蕩費公金；又以親老書游，幾至盡散八千。然費雖多，而兵殊可用，似當清查其錢糧，責其所令之人，無令盡没其善。蓋臣歷閲諸招兵者，獨鄒復宣、郭允厚、傅宗龍稱省便而適于用；若蜀中明時舉、李達，初則蜀人盡怨之，今則蜀人盡憐之，似不必過執法以佐數，乃若論死。參將賈祥兵五千人盡以爲可用，既不若諸人以五方雜遝之衆入伍，其錢糧分明，又未盡如諸臣虚冒不可解，臣謂祥可寬也。外若遼東監軍方震孺，當疆宇方顛，正師友交鬨，業已圖存，寧責殿後？至其招疑弁于負固，載棄困于流澌，竊謂張御史之死，既陷同城，義必不可求脱；方御史之生，總未聞賊，勢尚可以姑全，要不得與張可同議者。再照臣抵關，雖未敢議誅逃將，而心頗嚴之，如原任總兵李秉誠，數月來練火藥幾二萬人，其勤敏有精思，是當録叙其新績，不必從前追詢其舊過，庶令臣所爲操縱諸將者，將人人可鼓也。臣又念錦衣衛指揮陳居恭嚮議移臣居外，爲臺省論劾革任。居恭係臣同鄉晚輩，或過信臣爲力可當關，而語無倫次，未必信人指授。況今臣既抵關，似宜復其原任，無令人謂臣一入綸扉，侵及邑子，又天慈所以庇臣也。」

何棟如、游士任、方震孺、明時舉、李達，樞輔所論之人也，今且爲之寬解。熊廷弼，樞輔所糾以收之獄者也，别疏屢爲之揄揚。關上之逃臣，樞輔所欲盡殺者也，今每每爲之引援。何自言之自悖之，後先成兩截耶？蓋前在中樞決于獨見，以一疏收名，今在榆關親暱畢從，以多門漁利，故議論相懸如此。然此篇大意欲救陳居恭，故借諸臣爲起講，市恩私以聯黨局。居恭爲樞輔鄉人，其知樞輔之心久矣。欲俟經略事壞而後身任邊疆，入秉中樞，出膺關塞，文掌端揆，武當帷幄，儼然爲本朝人物第一，其樞輔無窮之心事乎？舉朝推用經臣，天子臨軒授劍，專命鄭重，無端而遽易之，徒爲引用私人之地，且以遂其出將入相之謀。自古權臣當國，不顧天下萬世之公議。此爲本朝二百五十年未有之事，亦前代迄今所僅見者也。

遼撫閻鳴泰報：「據駐劄前屯衛副總兵趙率教塘報，奴酋差八箇王子帶領步夷八萬，于十月内每王子分米一百三屯，俱搬運牛莊、海州下卸。又有八箇王子帶領有馬真夷并漢人約有二萬餘騎，駐扎右屯衛，步夷挽拉戰車五千餘輛，每車上裝帶鑿眼木二根，擺列城外。又説河東十家編軍一名，朋出馬一匹，隨營發有馬夷人在杏山一帶往來游走。等情到院。又河東堡看囤老民董仲仁報：八個王子帶領馬步夷人，將右屯衛堆積米囤一千八百囤各處撥運，至三岔河岸，又着河東人接搬至遼陽城，復差真夷馱運口分。又從廣寧推來戰車三四百輛擺守右屯城門，城内一個道理同四個遊擊帶領三千韃子在内駐扎，仍差夷人哨探。比至杏山，撞遇西虜馱糧，被西虜將哨探東夷殺死六名，往東跑走。各路台聞風放砲舉火，接至廣寧城，東夷接放大將軍六位，以當西邊人馬。後查西虜截殺東夷，其積囤米糧一半馱運，一半抛散。聽聞運糧畢日，將人民盡行東趕。等因到院。看得奴酋一面且向山海，且狼顧東江，思甘心于毛文龍久矣。向聞我關上軍聲大振，又懼我之乘其後也。今既移積粟于河東，復推戰車于右屯，分兵駐防，擺糧哨探，意欲何爲？將乘冰合之時，永圖以絶後患乎？我兩月以來，盔甲、器械之需由海東發此極多，在毛文龍已自不乏戰備，關上人心已固，即來，已有以待之。而西虜部落漸集在杏山一帶，奴或不敢驟越而之西也。除申飭將士嚴加隄備外，理合塘報。」

兵部題：「遼陽以百度廢弛之日，當一朝竊發之奴，撫順彈丸倉卒告變，當時道臣顧頤以戰則無兵，募則無餉，躊躇四顧，計畫無復之，竟爾縊死。至今傳其題壁十六字曰：『邊疆失守，臣子何顔，無力報國，甘心九泉。』此雖不得已而殉封疆，視彼聞敵渡河抱頭奔竄、竟棄職守者，大有間矣。合將顧頤贈太僕寺少卿，廕一子本衛正千户世襲，賜祭，其父母仍與應得賜典，以報教忠。」

兵部題覆：「視師張鶴鳴、經略王在晉咨疏，除陣亡麻承宗等另疏優恤外，内叛將劉世勳、祝世昌、羅萬言、胡遵義、趙時雍、王朝亮、閆邦、熊錦、劉式章、李維龍、王有功、李國臣、王化傳、岳宗大、高承宗、李世勳、黄進、鎖萬金、何世延、孫得功、劉世功、金勵、高中選、黑際盛、楊可大、高鴻中、劉元慶、蘇應科、索萬全，應行原籍地方拘其家屬，依律處治，仍俟剿平之日爲藁街之懸。其逃將郭登選、馮大梁、李繼業、蔡汝賢、黄士英、吴登雲、王謙亨、張效祖、李思漢、王紹、戚允成、梁邦弼，行原籍地方撫、按嚴拿到京正法。至不知下落張應龍、越效忠、嚴進忠、保國忠、李愈茂、孫光禧、劉麒、王國勛、鮑承先、莊安世、張萬化、郭世藩、王化準、蔣紹芳、張夢麟、楊國柱、沙宗海、杜國楣、吴登高、桑秉平、高鳴鶴、董弘基、劉芳聲、陳一元、劉元清、李正蓁、胥國相、安邦、李元勛、劉守清、沈松、夏國卿，或爲河邊無定之魂，或爲故里逍遥之駕，仍應行山海及各原籍查勘存亡，分别處治。至見在與在關楊肇基、王光有、倪寵、王紹勳、李性忠、王牧民、張大道、平四知、祖天壽、楊應乾、王之棟、周守廉、魯之由、孟淑孔、徐漣、張思任、朱梅、蘇其民、許定國、成斌才、景國佐、田應兆、王表、葉時新、劉雷、朱大用、左輔、王永禎、談堯德、王勣、李成龍、吴有浩、周應乾、陳應魁即陳彦魁、盛忠、趙忠浩、朱釧、高如嵩、竇成功、孫懷忠、夏京、雷起潛，及告病王威、侯世禄、戴熚、劉光祚、楊元吉、陳琚、姜弼、麻承先、馮應魁、焦恒、李登龍、周義、杜學伸、王佐才、孫慶、揚汝福、桑仲金、李春秀、鄧祖禹、崔承恩、胡廷栢、劉應登、陶進諸將，曾與廣寧之役者，或可收孟明之功，或難逭穰苴之法，均應聽督理閣臣簡汰稽核。總之法期必行，行期必確，久玩之人心，或者其知警乎。」

二月，山海關築壇，拜馬世龍爲大將，厚贈金繒、兵馬、錢糧，事悉以屬之。

大學士孫承宗奏①：「臣抵關以來，惟有操縱將吏，以提掇其心志，而厚儲其氣。頃者仰蒙皇上以馬世龍爲主將，以王世欽、尤世禄左提右挈。馬世龍管中部，當以建昌路隸之；王世欽管南，當以燕河路隸之；尤世禄管北部，當以石門路隸之。三路三轄仍以虎符爲重，故南北兩部皆在世龍節制之中，而三路兼統于中部。且世龍既佩平遼將軍印，特賜尚方劍，爲皇上神武遠謨，謂大將軍專制閫外，非專生殺無以制三軍，臣何敢輕爲世龍請。然竊意皇上或不爲世龍靳，世龍事權既重，似當重其章服，去其署秩，實授府銜，官不加增，可資彈壓，可以榮及其親。蓋御將之道，不予以輕則權重，不奪其重則權專。伏望皇上俯察臣言，勅下兵部，擬以實授府銜，予以應得制勅，或特恩賜尚方劍以資彈壓。尤世禄、王世欽各予以制勅、關防，分轄兩路，而節制于中部。勅各該督、撫、司、道與各該將領共事者，當精簡其庸懦，不得鄙夷其人而輕制之；當力助其強梁，不可過疑其人而抑之。其權專則其氣不挫，其氣厚則其心不紛，于邊防未必無補矣。」

築壇拜將，淮陰之後，一再見之。世龍無它長，惟工伺喜怒以投所好，而樞輔遂以兵馬糧餉生殺予奪之權授之。將非賄不用，罪惟賄則免，月有進奉，扣公餼以充私橐，將相之門，黄白充斥，兵虚而不可問，餉耗而不可核。柳河一敗，始論罪而終議賞，邊關既無兵馬，朝廷并無紀綱。籍名食餉者十四萬，而究竟則五萬八千人而已。于是六使並出，鎮守關、寧，稽查兵實，而因及于諸路，權歸内監，文武皆爲肘掣矣。

巡關御史潘雲翼題：「慨自遼變以來，五年于兹，東西南北無有不調之人矣；公帑私藏，無有不括之財；兵車甲仗，無有不製之器；水運陸輓，無有不需之物矣；往來符檄如雨如雲，子午輪蹄乃穿乃裂，無有不備之苦矣。是舉全付之精神，悉付閫外，而乃鰓鰓然帷籌幄算，不能應笳笛之數聲；堂堂乎大纛高牙，無當彼馬鞭之一指。豈非彼畏法之心，卒不能奪其畏敵之心哉？咸切齒于罪經罪撫不即懸首藁街，逃將逃官尚多偷息梓里，爲是國法人心不加振勵，請爲皇上誦言之。自撫順變起，而清河之失隨之。張承胤之戰亡，蓋繇于李維翰之輕敵，其間死事死法與夫被論諸臣雖已昭然耳目，而用李維翰以撫遼，用楊一桂以按遼，用顧頤等以司遼者誰？則冢臣鄭繼之之愚昧、樞臣薛三才之機巧，其罪當不在通夷激變之下，不可不爲今日之鑒也。自三路敗衄，而開原之失隨之。楊鎬之喪師，豈得諉杜松等之違制，其間死事死法與夫被逮諸臣雖已確有定案，而用楊鎬以經略，用周永春以巡撫，用陳王庭以巡按，用李如柏以大將，用潘宗顏等以監軍，用鄭之范以署開原者誰？則樞臣黄嘉善之悮國，科臣趙興邦、亓詩教等之擅權〔二〕，其罪當不在催戰失守之下，不可不爲今日之鑒也。鐵嶺之失，誰初任而不救，非熊廷弼乎？誰先去而陷城，非李如楨乎？其間借招兵以逗遛，倚贊畫而攘利，雖各難逃清議，至會議以用如楨，推薦以用廷弼，則吏部趙焕等之一悮再悮，科道官應震、李徵儀等之一疏再疏，又今日之一鑒也。遼、瀋之失，孰收降而收叛，非袁應泰乎？孰監軍而棄軍，非高出、康應乾等乎？其以大將而死難，以巡方而死忠，以同道而死節，雖各有光青史，而輔臣受面諭于講筵，漫無主持；樞臣奉明旨于有赫，一籌莫效，則劉一燝之依違，崔景榮之庸闇，又今日之一鑒也。至于廣寧之失，更可嘆焉。昔人言奔潰者曰望風而靡，時何風之在望？狀驚惶者曰鶴唳風聲，時何聲之可聞？遼山遼水之盟，不堪逃臣之一擲；如雲如雨之衆，坐令鬨然而四散。於是乎熊廷弼、王化貞等之罪不可勝誅矣。然而經、撫之不和，皆繇中外不令勘明入告，致有起用之諸疏，則樞臣張鶴鳴之剛愎、臺臣方震孺之扶同，又非今日之一大炯鑒哉。嗟嗟！前事不忘，後事之師。今山海以咽喉一線之地，保障畿輔半壁之天，不但封疆得失所關，抑實宗社安危所係。幸輔臣赤忠擔荷，戮力匡勷，國法賴以昭彰，人心因之底定。惟是既倚樞輔之重，詎可久當虎豹之關？而督臣復以倦勤之年，思卸節制之任，則進退之際最爲吃緊關頭，而保舉之法要求成效大驗。此須勘破情面，擺脱因循，務以洗心滌慮之圖，别立旋乾轉坤之業，自非皇上威靈震疊之，又何望焉？臣以巡關之役，職掌所係，用是時夜之鳴不能自已。伏乞皇上大奮乾綱，申嚴巽命，先將僨事諸臣分别察治，再將當事諸臣嚴加責成。此不惟遼案結而察典公，且可令國法伸而人心奮，其于懲前毖後、内安外攘非小補矣。」

此疏陳遼事罪案，歷歷詳明。末云樞輔詎可當關，良有深意。

附屯田都院董應舉書此書載在新刻文集。

今年盜賊縱横，自二月劫固安後，縣縣被劫而不報，即武清城門亦晝閉矣。都城内兵拆侍御之屋，城外搶侍御之擯，此何等光景？邊卒策馬投虜，關外遼人剪髮投夷，其在内者洶洶有惡言，又何如光景？御軍無法，募之爲盜；給軍不時，汰之爲盜，天下不危，蓋無幾日。當事欲裁諸撫，以各道兵權盡歸總兵，不問總兵爲何如人。榆關一動，不降則走，不走則爲亂矣。經、撫既驅遼人入關，今又哄之出以餌虜，反戈不難。遼弁不散之各衛，遼士不聚之一學，蓄憾既深，藏奸不測，吾不知其所終。門户既立，彼此遞攻，人不論善惡，入者爲徒；事不論是非，黨則爲善。權之所奔，駛於國命；舌之所附，勝於王言。巧者换數面以取官，拙者抱孤貞而見棄。嗚呼！唐宋之禍，戒之哉！

孫承宗題②：「臣念天下邊方大計，不過曰守、曰款、曰恢復；然而又念合天下痿而思起、死而乞生、來而求去、怕而冀苟延者之心，無論恢復之不能，而款守頓失其據。昔裴度自督師也，督其見在之師，直入淮蔡，恐心不一、力不齊耳，未嘗招調訓練，復以進取，制于旁議也。臣之自請，竊比于度，夫亦制其訓練爲恢復，以奉皇上之勑旨。蓋皇上勑臣曰：『寧遠、廣寧及河東土宇漸圖恢復。』今觀天下大議，似專在于守關以内。夫守則何取于督師？以主守而恢復不必計，則又何取于臣？然而臣知棄遼東非皇上之心也，以遠在萬里之黔，尚不肯失；近在門庭之遼，詎可不問？臣以爲遼東不復，天下不安，而欲復遼東，則關以外必不可不屯兵，屯兵必不可不修築，而寧遠、覺華之議必不可輕罷。請以守言之：凡客兵利速戰，主兵利久守。今關城聚秦、晉、川、湖、齊、梁、燕、趙之衆，盡號客兵，而額糧之外，曾不能加毫末于其身，徒責其捐墳墓、棄妻孥、嘗固結于我，豈不稱難？而況糧料不繼，即其繼也，稍得固結其心，不遁不譁，而坐食便至坐盡。蓋以速戰之備爲久守之謀，欲進則不足，久守則必變，故議兵必在土著。然薊鎮土兵，而守關以内，遼兵亦客也。故隨遼人之便，安插于兩衛、三所、二十七堡之中，以兵以屯，曰『以遼人守遼土，以遼土養遼人』，使關外之備稍足，則關内之防稍減。然舊之土著餉少，今之土著餉多，行之十數年，天下當自不支。而況竭天下物力，歲養十數萬坐食之人，既難久戍，更苦更番，時可烏合，時可烏散。師老財匱，事久變生，天下之安危寧獨在賊之來不來？而況守在關以内，則内備殊覺淺薄；而守在寧遠，則山海已爲重關，而神京遂在千里之外。且其用水用山，計萬全于室外；以款以復，力百倍于關門。今天下亦嘗計及此者乎！再以款言之：臣之初抵關門也，翠幕旃車遝𧞣，腥膻之氣撲人，日報劫殺，時傳烽火，議遠撫場，而通官難之。得廣寧道議合，初移之中前，爲四十里；再移之前屯，爲七十里；又再移之中後，爲百里；又再移之寧遠，爲二百里。然地屬衝腹，賊仍劫掠。近總兵官以兩協提路，將分之信地，仍以撫夷，將統兵任邊堡、立市場，隸以鄰堡，即撫即防，而脉絡分明，支節貫注。

更以中右之役揚兵議剿，而部落暫遁，劫掠稀聞。倘得市貨稍真，通官不假，自可爲防。今議撤關外之防爲守關内，則虜仍入關爲撫，而八部三十六家仍環聚于關門；其坐門貿易之夷，仍交集于八里之内。廣寧有道，寧前有道，鎮曰遼鎮，撫曰遼撫，而安插于遼人寧前〔二〕，却曰惹禍。無論十餘萬生靈何地安插，將西虜爲實封，遼官爲僑立，遼人爲流寓乎？再以戰言之，賊迫寧遠，則以置亡置死之兵，合與亡與死之衆，心堅敢死，氣勵無生，而外無可掠，中無可希。礮矢既倍，兵民既齊，兼以海出其後，山峙其前，奇伏間出，定可殄賊。即或越一城而前，寧城已綴其後；即或合一城而守，各城已扼其吭；即或直抵關門不顧，而前有堅城，後有勁兵，自可立見摧靡；又或妄希及海，則覺華島之駐師與望海臺之泊船相控，而長鯨必授首于波。臣又或下關城之精甲，進圖恢復，則水師合東，陸師合北，可戰可守，可發可接，水陸之間，奇奇正正，出没無端。故拒賊于門庭之中，與拒賊于門庭之外，其勢既辨；我促賊于二百里之外，與賊促我于二百里之中，其勢又辨。廣寧我遠而賊近，寧遠我近而賊遠。我不進而逼賊，倘賊不退而逼我，則山海之于寧遠，何如寧遠之于遼陽？不見宋之割地使乎？與而又與，遂至無可與；退而又退，遂至于無可退。假令一與一退，狼野可格，一埤一塊，蝸縮可保，則旁觀者尚欲居平，當局者何敢冒險？惟占往察來，知夷狄之慾必不可厭，則祖宗之土宇必不可失。關外五城二十七堡盡撤，則西虜環關門而爲款，洎城下，何以應之？天下亦嘗計及此乎？故臣妄謂天下之安危係于關門，而關門之安危係于遼左，是以謂遼左必不可不復，而寧遠、覺華之議必不可罷。蓋凡水陸舟車，馬步將卒，細及矢砧、錢糧，無一不約其目；而彼己情形、山川險易、天人相湊之幾微，亦已略其彷彿。夫師徒未備而漫言戰，是擲也；師徒不備而猥言守，是坐困也。然而戰具當備，軍需當速，獨弦不拊，一掌不拍，惟議異則力分，惟衆合則事舉。誠念客兵之久戍爲難，閭左之長供匪易，我人之忿怨可乘，奴賊之暴促可扼。臣豈不知苟延歲月，與世浮沈，可以解衆人之近憂，可以脱此身之後患。但臣既冒天下之安危，而今日避忌不言，誰爲皇上言者？他日皇上責臣，又誰爲臣言？肝膽幾裂，伏乞皇上立賜決斷施行。」

西虜受款後，寧遠未嘗不守，款虜亦不在關前。孫公哆言恢復，大約用閻撫之議，聚兵于覺華，築城于寧遠。乃窟窿山之築，三年未覆一簣；而覺華島之守，海中致陷多兵。遼亡之後，不可無此議論；督師以來，未嘗有此事功。

三月，遼撫閻鳴泰題：「遼地自關以東平川相望，惟寧遠首山突起海上，形勢最高。

首山而下爲窟窿山，兩峰横亘，二關中開，此咽喉之地也。對山而南爲覺華島，蹲跱大洋，通臨北岸，此腹心之所也。水路相去僅二十六里，若關門之雙眼。然覺華一島，又若天設之以爲寧遠佐者，萬一此島爲敵所乘，則守關工夫俱付空地矣。今日安危機竅緊關在此。去秋已經前經臣令祖天壽率遼兵、金冠率舟師運糧餉、火器，收拾屯島以爲家當。近與寧遠人煙往來，生機活動，非復往時甌脱蕪穢之場。關西遼人聞之，無不奮袂攘臂，争欲出關以就者。首山能瞷杏山六七十里，吾置烽火其上，時勤瞭望，使敵知我有備，必不敢率意長驅。乃乘間于窟窿山口亟築邊牆一道，以横截之。此口凹凸相連，僅十餘里，版築夙具，不日可乘。凡山側可通戎馬者，或築塹，或築牆，相機行之。此牆一成，寧遠之勢屹如鐵壁。而後遣大將繇前屯而東，步步爲提，重兵火器以乘之，一切埋伏隄防，整暇以待。如奴不來，别圖制人之法；如奴一至，則神器碎其首，伏兵刺其脇，水兵襲其尾，奴有不狼顧而奔者，臣不信也。」

閻撫籌邊無它奇策，只城窟窿山、守覺華二事耳。覺華島去寧遠二十餘里，賊繇陸，水兵安能阻？賊攻城，水兵安能救？此遼生王一寧之條議，而閻撫以此取世資，耳食者遂深信之。不知覺華春夏可守，而冬不可守。虜踏冰而過，島中爲絶地矣。

丙寅春，賊犯寧遠，不聞窟窿山出一奇、設一伏、殺一賊。「其言之不怍，則爲之也難」，于閻撫而益信。

後閻撫被論回籍聽勘，御史智鋌薦云：「閻鳴泰屯覺華島，據首山嶺，鑿鑿可行，猶稱萬全穩着，所當亟爲昭雪，以儲大用。」又御史楊維垣薦云：「舊撫閻鳴泰守覺華、窟窿山之議何等慎密老成，在我無孤注之虞，在奴無破竹之勢，即直擣黄龍府可也。」鳴泰遂借二疏而起官矣。目不睹邊而言邊，所云耳食者，此也。

孫承宗題：「關城東，前屯與寧遠爲兩大城，可屯聚，而寧遠當先，據以良將統重兵，而仍以驍將統水兵。從覺華而北，賊抵城則我之水兵當繞其後，而寧遠之兵當擊其首，湯泉、瓏山與首山之伏可攻其脇，而曹莊、寨子山更爲遠勢。頃撫臣議于覺華遣驍健通東方，良有深意。合登、萊千里之水面并爲方略，而相機覘勢，自可爲奇方。臣與諸臣日所苦心悉力，唯是兵馬；而安排出關之計，即在安排城守之中，日計守即日計出，以提掇兵將精神。臣初不敢驟爲嚴，而今不敢概爲寬。見今任事有人，兵亦漸集，凡一切訓練攻守，俱責將領；飭綱振紀及徵發供應，俱責撫、道。臣自覺案頭無事可做，亦自覺胸中無奇可施，不過以見在遼田安見在遼人，以見在遼兵守見在遼城，稍清畿內之紛囂，漸圖淪失之土宇。即兩撫臣與諸將吏奇謀異計，亦自此展布，原非虚冒恢復之名，以餙聽聞。蓋兵力粗有推敲，着數粗有部署，而成敗利鈍未能逆睹也。」

寧遠之守，非從今日始。樞輔謂覺華地虚活，可奇可遠，必不可不據，此撫臣得力之急着。然則孫公之爲督師，閻公之取巡撫，舍守覺華，其寧有他策乎？奴踰陸，水兵之不可繞後也；奴用騎，舟師之不可技擊也，不待智者能辨之。百事尚無頭緒，胷中已自無奇。覺華既陷，智盡能索，虚冒恢復之名，寧不爲英雄掩口哉！

五月，刑科尹同皋題③：「自有東警以來，竭海内之物力，無寧地，無寧人，止因當其事者不從實地作根基，專以虚恢餙耳目，故一敗再敗，失全全亡。今宗社安危屬于山海，山海倚重屬于薊門。如以朽索而繫千金之寳，見者咸嗟息思扶，未有反齧而决之者。如近日撫臣閻鳴泰、岳和聲，作用有可商者焉。職生也晚，兩臣生平未嘗習，特其履任以至今，條上方略稍一剖之。夫遼左始終以戰敗，非以守敗，途人能言之。爲遼撫者雖是選將練兵，固人心、揚軍氣、保山海之鞏固，爲第一義。今鳴泰不曰『軍兵揀練已精』，則曰『火器教演已熟』；不曰『防範謹嚴』，則曰『偵探綿密』。且言奴有事榆關，自行授首也；又言覺華島在前，可以即據也。兵家之道，虚虚實實，以此外示恐喝，内示鎮静，未爲不可。獨其矢口爲談，視奴酋若孤雛腐鼠，而弄之股掌之上也者，使其兵力果能如此，亦能當機慎重；若止聽回鄉諸人之言，知時勢之可前，而不知吾力之不能前，所關利害大矣。職願鳴泰再商之也。薊門三協，咫尺虜幕，向以匹馬不入爲功，所轄有主客南北軍兵，原自足用，因與遼鄰，征調空虚，軍民俱用〔三〕。山海有警，薊門首當其衝，爲薊撫者亦惟是選將練兵，以固人心、揚軍氣、聽山海之聲息爲第一義。今和聲不曰『水陸營之並開』，則曰『奇正兵之互用』；不曰『奴或懼而悔罪』，則曰『奴不量力而犯逞』。且言鐵礦、銅礦之宜採也，累累若若並薦也。兵家之道，變變化化，以此廣樹聲援，高占地步，無所不可。獨其抵掌而談，視用兵若弄丸承蜩，别有不傳之秘也者。使其識力果能如此，亦宜照管家當；只憑一念之慷慨，如吾局之當舉，而不知時勢之不能舉，所關利害亦大矣。職願和聲之再商之也。山海、薊門關係宗社安危，職先年以選將練兵、力翻前局爲言，而人無聽者。今二臣自履任來，從不聞將如何選，兵如何練，兵將之堪戰者若干，兵將之堪守者若干，兵將之器械、馬匹所有者應否堪用，所無者作何造辦。總惟翹然見奇，欲以手搏猛虎，足蹋修蛇。職不知二臣操何術，而遂神奇若此也。」

御史徐吉疏云：「樞輔孫承宗業奉明旨優留，自宜以全副精神一意操縱，相機爲犁掃之計。若撫臣閻鳴泰，年來漫無尺寸之效，其才幹之闒茸不濟，固已窺其大概。第當此安危針芥之際，何得荏苒優容，以明蹈覆轍，而使其藉口病之一字，便想結關上之局也？」

御史胡士奇奏：「國家自有東事以來，一悞豈容再悞？以人之國圖僥倖，如撫臣閻鳴泰其人，職安得無説而處于此。鳴泰謀國無能，奉官無狀，遼東狼狽，已屬破甑。祇緣榆關多事，行且露才揚己，欺世盜名，遂蒙皇上不次之擢，授以節鉞。豈徒使之高牙大纛，統馭三軍？誠望其感激思奮，與樞輔同心勠力，定有一番全付精神辦封疆之事。試問鳴泰部落營伍作何以招撫得來〔四〕？積衰之士氣何以鼓舞得起？乃貪殘横肆，無鉛刀一割之用，迨事勢窮促，手忙脚亂，上疏求撤，而以未了之局付之他人。夫榆關何地，巡撫何官，積怠生玩，自稱胼拇，豈朝廷之法不能制其死命乎？蓋鳴泰剛愎過廷弼，孟浪過化貞，黯懦過楊鎬，豈有聽其竊位騙官，攘攘而來，悠悠而逝，而朝廷不一問者乎？或者謂鳴泰係樞輔薦用，恐傷承宗知人之明，職謂不然。樞輔一片熱腸，見鳴泰浪有才名，或不負所舉，寧獨樞輔信之，舉朝以爲當關虎豹，非鳴泰不可。詎意倖國恩而羞知己，樞輔此時斷宜妙選才力膽智堪代鳴泰者，不妨明白更置。蓋昔日以虚憍而悞信其所長，今日以敗露而直暴其所短，始終爲國家起見，德怨總不關情，乃見樞輔公忠于皇上之職分也。」

巡關御史潘雲翼奏爲輕率偏謬，撫臣不堪巖關重寄，謹摘目前諸事，列狀上聞：「慨自東事決裂，覆轍相尋，若撫若經，豈皆才力不逮人哉，又豈故喪師失地、損威辱國，以賊虜遺君父、以性命嘗司敗哉？蓋以虛驕臨事，輕忽當撫，或自用而不能用人，致武臣力之罔効；或見偏而不能見全，即才情氣魄之難憑。蠢爾逆酋，遂因而得志于我。試觀自李維翰之督戰敗潰以來，楊鎬則以四路進兵而不利，袁應泰則以自撤城守而不利，王化貞則以日議過河而不利，封疆之寄，節鉞之權，則全于撫臣是賴。若關撫閻鳴泰者，果何如哉？彼其起廢家園，尋推開府，豈非謂其任遼最久，知奴最深，以期一當，聊以此日而肩此任耶？以此日而肩此任，當不知何如慎重，何如公忠，與樞輔同心，與鎮、道協力，猶懼不勝，而孰知其大謬不然者。僅就臣耳目所聞見最真，合鎮指摘所加，與樞輔告戒屢及者，爲皇上陳之。大抵鳴泰本無恢復之才，祇欲大言欺人；亦無出關之志，藉此虛名進秩。觀其所力薦之將才，如王紹勛、陳猷、張大本、徐勇曾、劉九何、丘壘、藍相、于化龍等，非監生則諸生也，非更名則易姓也。臣考察之，曰『莫可究詰』，甚有奉旨提問者，一概收之軍前。彼參謀即需有人，亦何至若許？且方巾色服，出入無忌，走憲府如騖也，豈以犁庭盡在入幕乎？觀其所委用之私人，如秦希曾、强應元、徐敷奏、張斌良、丁國用、駢存信、胡伯灝、朱平東等，非僞官則犯弁也，非流棍則奸徒也。闒門之人舉爲畏途，甚有閣部法革者，仍盡留之標下。彼聽用自不乏人，何需若輩？且城狐窟兔，實煩有徒，至籍指官爲叢也，豈以心腹即爲爪牙乎？招兵誠爲要務，然兵必須將，而漫爲丘壘、藍栢〔五〕、徐敷奏、徐樹聲輩，以不到詭名冒餉，大半充囊。至于營官張大本，並委招募矣，然卒不得一兵之用也。非樞輔嚴行交割，將何所底止？宜其有折乾進院之疑也。買馬誠爲急需，然委必得人，而漫用尚志弘、張世胤、李横花費馬價，任意嫖賭。至僞官駢存信復營鑽買馬矣，然卒不得一馬之用也。非樞輔嚴爲解驗，又何所稽查？宜其有名馬行賭之疑也。查點營伍誠是也，乃往來十二三日，能必其無東移西竄者？此屬非法。至以年貌不對，輒斬其百總，絪其將官，不亦太甚乎？乃許子敬、張斌良、楊慶玄等之營虚冒尚多，又何以不問？非樞輔日歷諸營，則各官打點之説，不惟查其弊，抑且增其弊矣。打造器械誠是也，始終用一張大本，能必其爲日省月試者？此已涉于私。至畏懼查核，輒用火燬局，猶庇之，不已太縱乎？而又用之營建，用之陸運，復用之招撫，種種承委，又何以責效？非樞輔正法徐燿，則一人十事之謡，不惟無以復侵没之辜，抑且無以償被焚之命矣。至于踪跡詭秘之祖天壽，聽其私攜男婦出關，更帶軍器渡海，樞輔梟仇侄而羈其弟，大寒叛逆之心，而鳴泰則仇其發覺之將俞大亮，拘而版打之，是何肺腑？說者謂其迷于金珠之投獻，恐不虛耳。至于變幻百出之胡惟寧，聽其詐降之奴以行，且載硝黄爲贄儀，樞輔發其覆而折其萌，殊奪奸弁之魄，而鳴泰尚爲掩耳之鈴，仍將寧力爲信任之，是何作用？說者謂其溺于參謀之孅口，信非誣耳。葉成龍偷盜庫金二十錠，乃欲出之獄，而委以招兵，是賞盜也，樞輔已行究問，而猶賄脱，彼錢神即靈，其如此法網何？保世寧虛冒空糧百餘分，乃欲釋其罪，而假以事權，是府辜也，樞輔當行責革，而猶欲投用，彼賄賂即熟，其如此軍令何？朱平東從賊，故名用爲千總，委之巡捕，以致非刑詐跌，鞭行兇杖，斃朱、王等及遼民三十餘命，苦死屍親，關門爲之重足，以樞輔有市棍淵察之禁〔六〕。秦希曾、强應元以惡棍結黨，倚以耳目，應名天罡，以致窩住流娼，專問賄局，毆死西兵楊天仁等餘命，人莫敢問，聞者爲之寒心，是以樞輔有制驕平忿之法。縱公子遍拜營將而索參貂，同登將臺而閲視操演，無論防閑，即從來建牙，曾有此體統否？縱内丁横騎官馬而公行劫掠，賞持紅票而賒取紬段，無論危關，即承平地方，能當此擾害否？關門斗城，即軍民無以棲止，而娼優混雜不禁，戲館開張不禁，日借此聯絡軍士也，甚而胡令捕官月課常例若干，不幾計月平分乎？關外甌脱之地，其遼民間欲佈種，而置産于内者逐，受廛于關者亦逐，曰以此恢復寧遠也，甚而行之各處，盡欲迫勒出關，不鴻鴈爲仇乎？尤可異者，督臣抵關撫賞，見問曰『來此何事』，又問曰『何日可行』。夫撫局即所不詳，不宜屑越若此。藉令舍此羈縻，而別求所以制虜之法，恐又有所不能矣。更可嘆者，問其向輔臣曰〔七〕：『我乃活閻王，無我不能東滅奴酋。』夫奴滅即在指日，亦不宜狂妄若此。藉全就其夢剿，而實求所以滅奴之着，亦恐茫然矣。種種舉動乖方，事跡污穢，臣未敢盡入白簡，以混宸聰，以傷雅道。但就目前撫關之狀有干清議、大拂輿情者，摘發若此。總之，鳴泰以虛恢自用，以偏昵用人，惟其知奴未真，所以輕奴，欲大殺一陣，未免以易心嘗天下事，豈邊城可爲旦夕之功乎？語曰：『奔車之上無仲尼，覆車之下無伯夷。』蓋言其慎也。是以樞輔于寧遠，姑令練兵于内；于祖天壽、胡惟寧則曰『撫臣之議』，蓋有深意存焉。然而事齟齬而人枘鑿，又不但此。即頃者，輔臣對臣亦惟有焦勞怨嘆，苦更替之難其人耳，豈其初志哉？然臣以更撫臣于樞輔在關之日易，以人心之有所向背也；而更撫臣于樞輔還朝之後難，恐大勢之有動摇也。此又在主持軍國之臣酌議而力行之何如耳。臣草疏畢，按鳴泰自行請撤一揭，大關撫、按之臣，安攘攸系，不啻重且急矣，祇有議更之人，又舉有議撤之撫。今鳴泰此言，尤來物議沸騰，上負朝廷起用之恩，下失同寅協恭之誼，而節鉞爲所騙也。律以考功之法，即削奪亦不過，乃云『以不東不西之官，居可有可無之地』，又曰『可以用，免以私心失天下人』。然而用人偏恐不能，用人而反爲人所用，從來覆轍不甚相遠，今日殷鑒又何執迷？豈國家之氣數實然哉？抑臣因是而重有慨者。自廣寧失陷，奴酋棄而不守，西虜望而不居。近西寧一帶室户雖盡，城廓依然；田土雖荒，膏腴尚在。恢復之説誰曰不宜，恢復之心又誰人不有？哨探者且竟蹈廣寧城，並見東夷拾得破敗文卷數張，番字銅錢五文，以爲執照，則今日不惟寧遠可復，即廣寧易耳。然必如輔臣看詳一疏，措置安排，繇近以及遠；前後左右，繇正以出奇，纔爲萬全之計。若不收拾關門以内，而精神全用之覺華島，曰『據此即爲腹心之取也』，豈海上爲奴必由之地？若不安插寧遠以西，而工力頓用之窟窿山，『築牆即成鐵壁』，似此非理之語，豈猶欲僥倖温綸于萬一哉？伏乞聖明睠念巖關，大伸乾斷，將撫臣閻鳴泰即加褫斥，仍勑該部另擇堪任者速行推用，毋令道想撫而撫想經，方可斥虚憍而收實效。至于詐僞之弁、貪殘之輩，如陳猷即費陳猷並張大本、丘壘、藍相、秦希曾、强應元、駢存信、胡伯灝、張斌良、朱平東即朱虎，關上所稱『十惡』者；又如徐勇曾、徐敷奏、徐一俊、徐樹聲，關上稱『四徐』者，勑閣部嚴行查究，俾關法招而人心惕，習玩爲之一袪已。」

御史周汝弼題:「慨自逆奴不逞,狡焉啓疆,費國家多少物力,戕邊腹多少性命,畢竟全遼淪于異類,祖宗無缺之金甌,秪供叛將逃臣之一擲。痛哉!所存榆關一線,實係宗社安危。若撫臣閻鳴泰有大可異者。職生也晚,初不習鳴泰生平。據其疏留樞輔,盛稱方略,固今日之至計,而中外之同然也,宜也。獨奈何于樞輔則乞留,而于己則乞免,是豈樞輔終當任勞,而在己得任受逸哉?近來因是騙官,未見一官做事。今且借臺臣言事之口,爲己身卸事之地,獨不思三朝培養,高牙建纛,皇上何負于鳴泰?而鳴泰敢于負主命,負臣誼,并負此節鉞哉?試使清夜自思,前已巧脱于遼陽,今復思巧脱于山海,有無令績?其始終欺誤,當與解經邦之明抗同也。伏乞皇上嚴勅戒諭,令鳴泰與樞輔僇力疆事,共圖萬全,毋貽東顧之憂。固撫臣之爲國家計,而亦自爲身名計也。如樞輔、鳴泰俱果不能支,尤在銓部着實圖之耳。」

兵科倪思輝爲邊局遞換,邊情愈危,乞急選關鎮重望,以保封疆,以伐狡謀事。内云:「一月之間,樞輔孫承宗以病乞歸,撫臣閻鳴泰以贅官求撤。夫鳴泰起自田間,濫膺節鉞,氣頗粗豪,心欠沉細,同趙括之談兵,類馬謖之輕敵,腹心爪牙不聞熊羆猛士,金湯壁壘虚誇萬里長城。即守覺華、守寧遠等處,犄角聲援,出奇扼咋,亦口頭話耳。關臣同事地方，其所論列聞見必真，而僅僅一回籍了事，恐國家無此功令也。若閣臣慷慨行邊，出將入相，倚毗匪輕，忽爲負擔之弛，前功盡棄，伐斲誰攻？竊恐付託未得其人，猶是樞輔未卸之擔、不了之局，願樞輔熟思之也。其鳴泰罪狀，樞臣亦當據實回奏，削去巡撫，還其故物，逮治四徐、十惡，明正其罪，以爲騙官局錢之戒，則封疆幸甚。」

兵科周之綱疏稱：「樞輔業已慰留，見嚴兵政一疏條奏，遠近布置，水陸井井大計。若關撫狼狽，已經彈射，想慎擇新撫，以佐閣臣臂指之用，自當朝不待食矣。職未閑軍旅，得與聞封疆之事，故陳葑菲之見如此。」

御史張文熙疏云：「平日負震世之名者，亦未能實做旋乾轉坤之事；往日有賣國之罪者，尚且爲吞舟漏網之圖。其何以服天下之心耶？即如關撫一事，名次更置如易小兒。若非皇上慎重邊疆，留神清問，幾敗乃公事矣。」

御史沈猶龍題云：「樞輔以身任天下之安危，其作法與人迥異。試行邊大主意謂何？良有見于經撫分岐，政事龐雜，爲之裁經置撫，獨至調度，暫請一行以安人心、整家當，即返斾以讓撫臣之行事，其爲計最簡且便也。而今似不經不撫，隱住樊籠矣。苟有利于疆事，即使黃閣老臣勞病寖尋，亦當捐此七尺以報天子。而其如大計之不爾乎？」奉聖旨：「督師輔臣，朕非不念勞苦，但封疆事重，還藉料理，沈猶龍如何輕議？姑不究，餘着該部議行。」

户科陳良訓疏云：「樞輔宰相行邊，古今不多見。近復有酌議督撫一疏，何其壯也。無亦是向來紙上之甲兵，未堅兩軍之對壘。今奴狡焉思動，則樞輔籌之兩年，運之一日，勒石燕然，正其時耳。皇上亦宜下一檄慰問之，弗問奴酋來不來，但問人心固不固。其士師相衛，能如子弟衛父兄、手足捍頭目乎？其隊伍自相保，能晝戰目前則相救，夜戰聲聞則來援乎？以此堅壁，以此長驅，衆志成城，何賊不滅。萬一人心不定，風鶴驚疑，有如向時一鬨而逃，一擊即散，粟米兵革委而棄之，樞輔兩年關上又謂何？至樞輔今日所不宜言恭擬還闕、入覲天顔，日竟請罷歸以省議論。往此經略之所以敗，亦惟是計較太多，分别大勝，口角之嘲戲，筆端之怒罵，戰守不專，身名俱失，樞輔可引是爲前車。樞輔一身任天下，社稷實皆賴之，其心苦，其身危，皇上鑒之，舉朝仰之，誰是揶揄？或此一二商量，比于以石攻玉。樞輔集思大度，目可點鐵爲金，而言還闕也，奴酋方動，何以樞輔欲静？兵機呼吸之秋，豈堪忽焉行邊，忽焉揆席如歸家。而戎馬在郊，優游林卧，世得無謂與閻鳴泰同類而並訊之？而游移轉徙，設立名色，離却關門，先去爲望，則萬非計之得耳。」

御史楊芳盛奏稱：「遼撫閻鳴泰罪應逮治，廷議苦無代者，首鼠兩端，至連疏而不能決，又將啓諸臣以聚訟之階矣。自邊儆以來，大家坐視，不圖禦敵，只管添官，皇上亦安用此印纍綬？若衣冠土木者，空費長安之米哉。夫言者置身利害之中，任事者須置身利害之外。如徒引類呼朋，輕率而無所忌憚；騙官竊位，規避而不敢擔當，言責一隳，官守俱敗，蹇諤師濟之盛，且爲狡汗闒茸之風矣。」

大學士葉向高奏云：「輔臣孫承宗以病懇歸，臣心憐之。今已奉旨諭留，何容置喙。閻鳴泰任關，或言其與承宗不合，臣亦密問之承宗，而承宗殊不謂然。無奈口語日多，臣無以應，故亦下部酌議，意部中耳目稍廣，當有定論耳。御史曹守勛復罪臣以模稜，則有之；若以兩可之説而臆斷鳴泰之去留，臣又無此力量也。伏望皇上將臣即賜罷斥，勑問守勛以朝鮮當何如處置。閻鳴泰應否裁易，守勛胷中必有成算，不俟臣之佐籌矣。」

按關撫如此行事，口語日多，而樞輔不聞，是不智也；知而諱言不合，是欺君也。狗所親而易經略，如此大錯，恐樞輔亦難自認矣。

刑科張鵬雲奏：「職觀東事之壞，大抵皆我不能乘奴，而偏爲奴所乘。以楊鎬之躁也而進兵，奴遂得乘之以挫我鋭；以袁應泰之闇也而收降，奴遂得乘之以陷我城；以王化貞之癡、熊廷弼之愎也而兩争不下，奴遂得乘之以虚聲恐喝，而烏驚獸散矣。日者樞輔當關，巖關可恃無恐，不意數日内，樞輔且以病請，撫臣亦以病請。識者方抱杞憂，旋奉明旨，于樞輔則隆遇有加，于撫臣則下部酌議。煌煌天語，業已洞鑒彼中之情形矣。職以爲閻鳴泰之當去，可無煩再計者也。向來狼狽之軀秉鉞邊關，久不滿于人望；近日虚憍之狀嘖嘖道路，更爲大拂人心。所願當事者幸無以『酌議』二字，變作調停，徐俟樞輔之裁酌，徒滋築舍之紛紜，開將士觀望之心，啓逆奴窺伺之端也。至于樞輔承宗，仰體皇上眷注之殷，俯矢人臣致身之義，有任無讓，奚俟職言之瀆耶？當多事之時，却少任事之人，職願當事與封疆任事之臣，務要洗腸滌胃，各秉忠心，大家齊矢報國之誠，共收蕩平之業，而宗社、天下俱安矣。」

御史吴甡題：「近見邸報，朝鮮擅自發兵，識者僉謂奴酋狡計，欲斷毛弁牽制之路，爲併力窺關之舉。時勢至此，亦孔亟矣。關撫閻鳴泰外示强陽，中實庸憒。即其舉動乖舛，言詞鄙謬，上負國恩，下負知己。若不早爲褫斥，終必敗壞封疆。當事大臣必不襲姑留之套，以遺君父之憂，無俟臣之贅矣。」

又題：「閻鳴泰恣心妄言，視天下事太易，臣素輕之。及讀科臣尹同皋責成兩撫之疏，未嘗不嘆服其識之早也。語曰：『亡羊補牢，尤爲未晚。』當事大臣鄭重此舉，必且虚公擇人，不拘資俸，不採虚譽，務得其實經濟之才，使今日可爲關撫，他日可爲經略，他日即可爲經略以代樞輔，庶不至一悞再悞，付封疆于一擲耳。」

御史沈猶龍奏：「職接邸報，見遼撫閻鳴泰爲樞相勢難遽旋等事，大意陳輔臣之偉伐，誇邊政之有成，復謙謙而不居，終斷斷于一去，非任非讓，若公若私，何其婉而激、任情而自便哉！鳴泰故遼東一參議也，非有汗馬之勛、死守之烈，徒以經、撫兩敗，追念因遼解綬之臣，起用山海，不數月而躋位開府。乃相臣留，則爲優游之撫臣；相臣歸，則不肯爲補塞之撫臣也。槐階禁近，原非塞上之官，豈支持艱危，作錦游之夢，何其不倫也。從來有緣邊重地争先决去之大吏否？奴酋眈眈虎視，經年遠跡，徒畏我虚聲耳。今侈口賊歸，明明自獻其短，不但貽歎于敵人，必且召侮于一旦，委棄前勞，流害不小。屬虜乞款，乍歸乍叛，趙率教力致首功，几貽口實；鳴泰多投黄白，方解兵端，庸獨不知虜情之玩我乎？一撤而乘虚薦窺，誰司捍禦？致使後人無可仗之同心，臨事有不終之敗局，皆鳴泰之爲也。鳴泰才伎已窮，中藏盡露，猥借題于臺臣疏語而卸擔于東道主人，則數撫關竟有何事？彼八旬大衰，蒙犯風露，中朝雖資其望，而未嘗不重憫其衰。祗以款事未終，難議更置，歷疏乞休，未遂首丘之願。而鳴泰知難而退，獨爾見機之明。即方今吏、兵二部奉旨酌議去留，竊謂鳴泰以填撫爲贅，原官、副使則非贅也。或削去新銜，聽歸初服；或監山石，留試鉛刀，一成退讓之高，一飭國家之紀，即以方未任先辭之解經邦尤爲寬政矣。職痛心積敗，憤覆轍之難回，妄謂人主恩威當決之早。如苟且優容，薄責後效，必待僨轅折軸，群喙争鳴，而後始奮雷霆之震，則明罰盡出于下，而苟倖無禍之人心，難望其畏法而死敵也。」

南太僕寺卿朱吾弼疏云：「接邸報，樞輔以病告，遼撫以去辭。病爲托辭，去爲卸擔，無可疑者。職不覺失色，發憤長太息曰：皇上何負于臣子，而臣子敢于騙官，私身家負皇上乎？夫承宗之薦用鳴泰，出鳴泰毛遂之自薦，承宗誤信，有識士夫無不料有今日。第經略難繼，而樞輔毅然請行，皇上推轂而遣彼鳴泰，以破甑開府。爲知己者死，承宗必獲桑下餓人之報，豈鳴泰一旦喪心至此也？則鳴泰亟當逮治。承宗之在山海，爲皇上所倚之韓、范乎！賊滅則朝天有日，賊在則歸國無期，一段忠悃，承宗所當自矢。當隨發鳴泰奸狀，堂堂正正，如伯鯀先用後殛何妨也。」

御史林一柱疏云：「自古帝王之治天下也，必用天下人之心，而後可用天下人之力。

情者所以感其心而使之動，法者所以悚其心而使之震。情不足以動，法不足以震，則人各自爲心而慳其力，是聖主無所恃以用天下。是故主勢孤而國事危。皇上今日之于樞輔，殆情有未至歟？何孫承宗之以病告也？當廣寧殘破，兵民蕩析之秋，廷議必王在晉而使之出。在晉儘力料理，亦駸駸有緒矣。承宗掀然請曰：『非臣不可。』皇上壯其志，嘉其忠，臨軒以送之，劍玉以優之，公孤以寵之，馳貂張以錫之，出藏器以需之。其尊之則師保也，其愛之則手足也，其無竭不報也如一體之交相爲用，其無計不從也如魚水之交相投。臣謂皇上愛承宗有禮矣。國仇未報，主恩日重，此荆、離之所以燔家滅族，聶使之所以决面屠腸者也。承宗何爲而以病告也？承宗之病不病，臣不敢知，然當其初時慷慨請行也，豈曰此行庶幾無疾病乎？又豈曰吾無病而行有病而返乎？必將曰『鞠躬盡瘁，死而後已』，孔明之所以報先主也；必將曰『賊亡則朝天有日，賊在則歸闕無期』，如裴度之所以告憲宗也。成則爲元濟之擒，不成則爲仲達之走，言行相顧，終始無他，大臣之告其君，其道固如此也，承宗何爲而以病請？得無謂我獨賢勞，廷臣皆有還朝之議歟？夫承宗亦度其能任與否耳？夫且謂天下事非我莫能爲也，而愛一身之逸，貽主上之憂。爲此説者知有樞輔，不知有皇上，情面之言，臣願承宗勿聽也。又得無謂布置已定，聊藉此以結報效之局與？夫承宗亦自視其曾當奴否耳？今日之布置猶是遼陽未陷、廣寧未破時之布置也，未見單行之一面，終未報主恩之一毫。爲此説者知有樞輔，不知軍國，是又情面之言，臣願承宗勿受也。必謂還朝之體，重于行邊之臣，更不以爲然。臣讀出師表云：『獎率三軍，北定中原。至于斟酌損益，進盡忠言，則攸之、禕、允之任也。』時平貴于坐論，世亂急在持危，置安危之係，而伴中書之食，解武侯之職，而退就攸之、禕、允之任，人之許之，與承宗之所以自許者，于輕重大小何如也？昔甘茂伐韓，與秦王盟于息壤，已而王欲罷兵，茂曰：『息壤在彼，彼有負臣之君，且無負君之臣。』今息壤之盟未寒，而宜陽之旆先返，使承宗上不得爲武侯、晉公之効忠，次不得爲甘茂之自効，何古今人之不相及也？嗚呼！任賢者不賢，既以不賢而嗾之去；賢者宜任，又以不終任而贊之去。情緣二字久入膏肓，定欲以虜遺君父，禍患遺國家，是誠何心哉？若以臣决言之，則肝膽者君之所受，軀命者義之所輕，少年天子爲封疆而損其所愛，黄耇老臣負期許而重其所輕，于心安耶？所謂始終動樞輔以情者也。若乃閻鳴泰何如人也？溝中之斷，飾以銀黄，欲巡撫則巡撫矣。馬革裹尸，豈異人任？而一則曰贊，再則曰贊，不言贊于未爲巡撫之先，而言贊于既爲巡撫之後也，豈其爲山海之巡撫則贊，爲居家之巡撫則非贊乎？以一口之誇張，賺一方之牙纛；

而又以一味之驕縱，招一篇之彈文。巧于攖巡撫，而又巧于卸山海，鳴泰之去逃，一間耳。臣嘗謂躍馬西歸，殺人放火，遇撫臣而嘻笑，遇關臣而嫚罵，廷弼之逃，逃而豪者也；踉蹌出走，涕泗流連，化貞之逃，逃而巧者也。鳴泰而倖入榆關，則熊、王亦可出囹圄；熊、王如不宜出之囹圄，鳴泰亦不得倖入榆關。夫亦以誤國繩之、以靖室待之而已。而或者謂繩遼撫非所以安樞輔，是又不然。街亭之敗，武侯揮淚而斬馬謖，引咎責躬，布所失于境外。樞輔而遜武侯也則可，樞輔而爲武侯也，方上疏自貶〔八〕，以身擬法，而又以法爲鳴泰私乎？臣固知其不然也。噫！皇上今日之情，前此所未有之情，此而不足以感焉，則情窮；今日之法，後此所視效之法，此而不足以震焉，則法窮。臣恐後此無人不病，無人不贅，而爲巡撫者逃遁之後開一變局，無不人人恣睢，以圖僥倖，博一聽勘之巡撫以去也。朝廷之上，年年議巡撫、勘巡撫，山海吏卒日日送巡撫。奕者舉子不定，不勝其禍，而况能勝奴酋也？危矣！臣不能爲皇上計矣。伏乞聖明裁察焉。」

户科陸文獻疏云：「竊自經臣王在晉拮据于廣寧風鶴之餘，輔臣孫承宗牖户于山海苞桑之日，後先規畫，如出一人，角徵互調，鹽梅共濟，異同之端，幾乎泯滅。而旁觀者見關臣潘雲翼論列關撫閻鳴泰，又覩按臣林一柱挽留孫承宗，不免微有異同之猜。職則以樞輔之與王在晉未嘗異也，與閻鳴泰未嘗同也。迹而猜之，經臣意在守關，輔臣力主恢復，守關者疑恢復之爲虚，恢復者疑守關之爲怯，以至易置之際，似有參商。實而按之，覺華之將兼南北，前屯之收拾城池，經臣原非局蹐于關内；營房之旗布關門，大帥之旌麾不動，輔臣亦非輕議于關外。精神印合，何嘗有不同哉？惟是經臣之抵關也，任事不數月，料理各有頭緒，無奈搶攘之閹監軍輒思掣其肘而撓其權，經臣無事不力行，監軍無事不停格，甚至共議築牆，而歸過一人，陰持陽阻，經臣始不得行其志矣。輔臣之初閲關也，常重其才，憫其勞，而又念其志之不得盡行，故以留樞，需其後用。是急代經略非輔臣之本意，迨改其秩不改其政，則輔臣之虚衷也。彼鳴泰以監軍而躐巡撫，輔臣當日即謂成色不滿八分。惟其不肯以成色不足之人嘗試封疆，故願撤黄閣之尊崇，而危邊之彈壓〔九〕。此時此念真致身許國之悃誠，而帥先鳴泰之極思也。及鳴泰行事乖張，舉動狂躁，苞苴塞路，法令凌遲，輔臣默喻之而不記，顯禁之而不悛，以汚關臣之白簡。關臣之論列，固已先得撫臣之同。然輔臣于鳴泰之用舍曾不聞其有介介也？昔宋臣韓琦、范仲淹同任西事，琦主戰，仲淹主撫，持論各别而不礙和衷，竊謂輔臣之與在晉事政相類。諸葛亮以國士遇馬謖，迨街亭之敗，揮淚斬之，其于鳴泰，夫亦有是心乎？然而關臣之疏，論鳴泰止據其貪穢之迹，而未及戰守也。戰守之宜，經臣謀其始，輔臣處其終，嗚泰原自無初，曷聞有終？乃其破犁敗轅之狀，已自不堪枚舉，特耩條自輔臣，尚未到喪師辱國爾。如是而復謂櫛風沐雨，收拾二百里之封疆，將誰欺乎？以一人手掩天下目乎？試問所收拾者何處，所櫛沐者何功？以爲能選將耶，則保奸藏匿，且爲逋逃藪矣；以爲能練兵耶，則虚名冒餉，且爲橐中實矣；以爲能布置耶，則寧遠築牆，且貽畫餅，罔効涓埃。幸邀皇上聽勘之旨，少寬鈇斧之誅，猶復潛踪匿跡，四布流言，恐以此開異同之端，而灰後來任事之意。始而悮國，既而悮己，終而壞人，貽害豈渺小哉！」

初，主事沈棨致書長安，謂參論遼撫不必説起舊經略。蓋此時樞輔已心服舊經略，而深惡遼撫之冥行。若一路牽纏，益甚其慙、觸其忿，而于舊經略有所未便。此臺省之交訌止言遼撫，而未深言前事也。林公在差，有所未知，叙及始末。政府見是疏怫然，有「不必多言」之票擬。乃天啓年間一段公論，藉是疏而存矣。

又户垣陸給諫疏云：「輔臣之初閱關也，常重王經略之才而憫其勞，又念其志之不得盡行，以留樞，需其後用。是急代經略，非輔臣之本意。迨改其秩不改其政，則輔臣之虚衷也。」政府見疏，謂改其秩不改其政，則經略不必更，樞輔不必出，面語陸公二句，觸目可駭。當時忌言，中外回護，往事之失着，明知之而明諱之矣。

附沈職方與侍御周來玉書

株守危關，久疏候問，每瞻光範，不任神馳。關上事體，甥久欲言，恐有礙閣部，未敢啓齒。竊以王經臺多方拮据，百事就緒，即今日所憑而藉者，莫非彼之規畫；所未得盡行其志者，每爲閣撫、袁道不肯奉行，遂成廢閣耳。二公既假手閣部而擠排之，已藉閣部力而躐顯位，則并閣部而慢易之。按疏出閣部大是不堪，所不詥言之者，亦如待江總兵例，欲臺省明指摘之，而已不相回護耳。如不肯任袁以關外，不肯假叛弁祖天壽以權，不肯主張築牆，此皆顯相齟齬處。至撫、道行事乖方，如任游棍四面招兵，徒靡餉而兵無實藉；山石道中軍朱平東藉勢恣意殺人，而關人側目；下教場，袁監軍不用閣部命而擅斬人，幾至鼓譟；受病廢張斌良囑而薦之閣部，欲閣下題授副總兵，及見閣部，令兩人扶掖而上；撫臺公子徧拜營將而索貂參。凡此皆章人耳目者，閣部亦未嘗不洞悉也。曾歷此地，亦莫不聞，即倪吉旋馬劬思，俱可問也。二公但知逞臆肆行，至於料理經制，毫無寸長。累卵危關，豈堪當此决裂？二公舉措係國安危，苟有人起而破除之，亦救時第一着也。然此舉不可出自舅父，臺省中有臭味同者，不妨慫慂成之耳。閣部機神最圓，行事極細，其所張設不求速効，亦爲近。與二公意趣既殊，參商已見，故一意西還，以通中朝之血脉，固非假此以卸擔者，恐以後言事不必過求也。王經臺被擠，海内亦多爲之不平，第暴白即涉嫌疑。今二公自多紕繆，直一揭其肺肝，則經臺心事不暴而白。但欲爲經臺地，更須照顧閣部，閣部與經臺行徑殊，而意見未嘗不合，指摘一及閣部，則于經臺反有礙矣。至如東虜情形，我無釁焉，彼必不動，似亦不必煩廟堂憂勞也。

南道黄公輔云：「遼撫閻鳴泰非以一參議蒙我皇上特拔而授之節鉞、付之東事者乎？自知才力不任，何不及早控辭，而騙官到手，託詞卸肩也？彼解經邦猶自不敢騙官者，以規避削籍矣。而鳴泰止以一勘脱身，且嘵嘵逞辨，如此大便宜事，誰不肯爲乎？無怪乎今日効尤者多，而又何以服人心也？此刑賞之宜平者一。臣誠念疆事一失計，其害至于敵安而己危；刑賞一不平，其弊至于殺人不足以爲罪，爵人不足以爲功。如此，而臣又安能隱忍而不言之哉？」

南道張錫命疏云：「口舌得官之閻鳴泰，公然衣繡還鄉；而登、萊陶朗先浪擲之金錢，竟付之水濱也。」

吏部覆科道張鵬雲、周之綱、潘雲翼、樊尚燝、周汝弼、練國事、沈猶龍、胡士奇、劉四端各論：「遼撫閻鳴泰及孫承宗求罷本到部，臣會同尚書董漢儒等酌議得：榆關一線，實係天下安危。自樞輔孫承宗慷慨仔肩，威靈丕振。今逆酋不敢西窺，而中外屹然安枕者，皆其力也。御史潘雲翼親授方略，疏留久任，以爲大將非樞輔無以提掇之，道、鎮非樞輔無以責成，營伍非樞輔無以整練，城守非樞輔無以綰結。其他過使用正用奇諸所區畫，關上不可一日離樞輔者。昔裴度之督師淮蔡也，辭曰『滅賊則朝天有日』，終擒元濟；韓、范之經理西夏也，行間日久，乃能使元昊稱臣。樞輔忠義自許，豈遜諸臣？知必寢乞休之思，勉遵慰留之命也。撫臣閻鳴泰起自廢閑，驟躋節鉞，聖恩隆重，謂當如何報塞。乃榆關何地，巡撫何官，此時何時，突然一疏請撤贅撫，則大可異者。臺省交章罪其卸擔，臣等正集議以酌去留，而巡關御史潘雲翼之疏至矣。據其耳目所及，見聞必真，合鎮指摘所加，與樞輔告戒屢見者，種種罪狀，上負主恩，并虛樞輔惓惓共濟之意，豈可不議更置，以悮軍國大事？相應先令回籍，其關臣論列事款，仍勑樞輔具奏。撫臣鳴泰祇候皇上處分，遺下員缺容臣等即從公會推，以聽聖明簡用。樞輔素孚三軍之心，大寒逆虜之膽，一應機務，專任成功。俟防範無虞，恢復有緒，皇上召還之日另議經略，以收全緒可矣。」

校勘記

〔一〕科臣趙興邦亓詩教等之擅權　「亓詩教」，原作「开詩教」，誤。按亓詩教爲晚明大臣，見於明實録、國榷、明史等文獻中。據改。

〔二〕而安插于遼人寧前　「于遼人」疑「遼人于」之倒誤。

〔三〕軍民俱用　「用」疑「困」之誤。

〔四〕試問嗚泰部落營伍作何以招撫得來　「作」字疑衍。

〔五〕藍栢　前後文皆有「藍相」，疑「栢」爲「相」之誤。

〔六〕以樞輔有市棍淵察之禁　據下文「是以樞輔有制驕平忿之法」，「以」前疑少一「是」字。

〔七〕問其向輔臣曰　「問」疑「聞」之誤。

〔八〕方上疏自貶　「自」，原作「目」，據北大本改。

〔九〕而危邊之彈壓　「而」後疑少一字。

底本眉批

①本條原有眉批「築壇拜將」。

②本條原有眉批「築寧遠，守覺華」。

③本條原有眉批「此後俱遼撫被彈、樞輔求罷」。

三朝遼事實録卷之十三

癸亥

六月，南科徐憲卿疏：「自關上抵寧遠、前屯二城，其間一堡止可備烽火，未可備攻打也。而覺華一島去城四十餘里，水陸懸絶，于虛勢最妙，于實援恐未即得力也。又謂廣寧城不可守，而山海可守，然廣寧兵潰，不西走虜則東走夷，其逃猶難，若關内一潰，東西南北絶無阻限，其逃更易。若于關外東去二三十里内再築一重城，南可引海爲阻，北可倚長城爲靠，過此則南北無倚而繕築無從施矣。城之自南亘北，長止二三十里，計費不甚多，而内可壯軍士之膽，外又添一鎖鑰之固，且仍以守寧遠者守關門，屯覺華者援寧遠，庶萬全矣。」

爲國寧邊不可好奇爭勝，不可鶩遠貪功。舍關門之近，立㙲初築之功；，鶩凌屯之遠，以興難竟之役，只起于好奇貪功一念，徼萬不可必之天幸耳。

閻鳴泰回籍聽勘。會推韓策等四人，上命再加詳酌。疏再上，以張鳳翼爲右僉都，巡撫遼東。

巡關潘雲翼爲兵虚冒餉太多事。奉聖旨：「該部移文嚴行查核。」議兵科參：「看得年來東事孔棘，凡借名招募，騙官騙餉實多，奸黨更倚牆壁，雖緝拿之檄日下，而抗驕之焰轉熾。法紀至此，國家幾無三尺矣，心切恨之。乃何物募練營兵守備有如杜應魁者，虚負匹夫一劍之勇，無投石超距之能，招兵壩上，名雖八千，一查於山海道，而虚冒者二千有奇；再點於關院，而隱替者又五百有奇，月計歲計糜餉幾數萬金。以烏有之軍糈，飽一己之谿壑，心無屬饜，恬不畏法，貪弁中有如此膽大包天者乎？况縱放軍人上盗行奸，殺人放火，若此無等，豈稱有勇有謀？復再置之關外設防，豈能冲鋒禦敵，爲封疆出死力哉？必須稽查兵數，究核侵欺，明白筭結，而後使過可也。至於柯仲炯以咿唔公子談兵説劍，招結黨棍；如吴文耀等領兵五千，强半逃亡；陳政以賈祥幕客呼朋引類，虚冒逃兵；周弘祖等矯命雄行，潛匿京邸，應究核者究核，應提挐者提挐，則又所當迅行嚴追，無事停留以長奸宄，可也。至於糜餉行劫，法自難貸，又非職言所敢越俎矣。」

杜應魁以廢將舉薦招兵，每兵月餉三金。因其餉厚，團營兵及邊兵皆更名應募，行伍皆虛，市棍無賴投充者賭盜日聞，潛行劫掠。更值汪司農之兵縱焚都市，而柯仲炯所招集者俱游徒混集，侵冒無用，悉驅之關、永。科臣郭允厚、傅宗龍所招者，乞總督王公象乾領去，散之薊鎮。薛祥招致三千，至吴江而兵譟，逮祥擊獄〔二〕。大學士沈公潅之兵，僧道夾襍。獨臺臣鄒復宣募金華、義烏兵三千，在關頗得其用。山海兵威嚴重，群不逞至此不敢復肆。舍此無藏垢納汙之地矣。侍御游士任一片熱衷，因招兵論遣，而科道明時舉、李達召兵卒致川中之變，是招兵不能弭亂，反至于招亂也。經臣在關，既虞强虜之逼，又慮横兵之叛，非公平廉謹，恩威並濟，何能使衆心之讋服哉！

禮科郭興言疏：「近來人情玩愒，法紀凌夷，作奸犯慝，比比而是。如管大藩之逗遛海上，而寬梟示之誅；陳天叙之夾帶硝黄，而緩逮問之條。去年之募兵拆毁楊都司房屋，大駭聽聞，汪應蛟每兵給黄錢四百文而去，是賞亂也；今年之營軍聚衆鼓譟，大肆凌轢于總督吴汝胤之門，而不一問，是兒戲也。長此安窮？害何底止？職有激于中久矣，敢因論關撫一事，而併及之。」

當時募兵苦于乏餉，汪司徒用厚餉私自樹兵，卒以釀變，兵可輕弄耶？

聽勘巡撫閻鳴泰辨疏云：「内如遼人出關一節，人争逐之，職力禁之，揭示通衢，萬目共覩，至今州縣及營路壁間尚有粘者，乃反以爲職逐之也，不亦異哉？是豈言者忍于相左，恤緯熱腸陰中于冷口，遂誤以爲真而不及察耳。」逐遼人出關，耕田不得，抽選爲兵，彼時以爲得計，而不知其中禍之深也。遼人用，而兩河故土無恢復之期矣。入衛則匿身于薊城，援凌則兆亂於東省。誰倡其説主其議，必有任厥辜而莫可逭者。此際已矚其倪，閻撫不得不辨。

大學士孫承宗勘三御史情罪①：「看得論遼患者，曰有封疆之寄可以死，無封疆之寄可以不死。臣謬謂巡方御史當封疆未壞，尚有封疆可巡，法可以不死；當封疆可巡，義可以不死。然法可不死，而義未嘗慎其死；義可以死，而法未嘗繩其必死。三御史苦心悉力，適遭事窮，其風力不得不減，而情事尚有可原。獨戰有功，御史爲榮；戰無功，御史安得不辱？然遼事至一桂危矣，至王庭又危矣，至震孺危而又危矣。三御史之于邊事，且有逮白可案，今所責于楊、陳者尚輕。獨方震孺，臣不必責其不調經、撫，而當責其不糾經、撫；不當責其不死於既失之封疆，而當責其始雖獨往，終與同奔，竟不能以一語圖存未失之封疆。即震孺自言曰『封疆至此，皆臣不能直糾經、撫之故』，其駐八里鋪不入，曰『我遼東巡按，今遼東何在？我死此，死甘心』，則震孺未嘗不欲死也。故統三御史較之，自楊而下，爲時愈苦；自方而上，爲罪漸輕。獨是楊、陳兩御史事，臣尚里居，方御史又中朝共見，而必以臣愚昧妄爲詳騭，殊未敢執爲定論耳。」

御史吴尚默題稱：「關撫之更置無常，邊計之籌筭易摇。戰守之策，歷來經、撫各持之而互争之：快雄心于一逞，則用戰；迨一敗於李維翰，再敗於楊鎬，又再敗於袁應泰、王化貞，乃悔戰而言守。然而守未易言也，一切布置尚當再三布置，再三酌量。樞輔明以守之一着申飭，新撫堅心耐意，歲月圖之，無如曩者以操戈入同室，以築室成傳舍，日壞邊事而不可收也。嘗思宋之夏元昊，條邊事者攻守不一策，獨范仲淹始終意在招納，堅執按兵不動，以觀其釁。即老識如韓琦，亦曰此二十萬兵只守界濠，用兵當置勝負于度外。迨至敗蟣相尋，潰喪塗地，而琦亦屈於淹之策，卒用招納收功，獲其誓表，願奉正朔。以樞輔之威望，果能勤習陣，充軍實，嚴政令，明賞罰，齊耳目，一心志，威畏德懷，如韓琦之後，其心破，其膽寒，而奴不納款聽命，吾不信也。」

七月，督餉侍郎畢自嚴奏②：「原任推官孟養志、前任經臣袁應泰題起用援遼前餉臣李長庚，經臣王在晉咨會相同，續因廟議欲發勑宣諭朝鮮，本官遂兼賫勑之役。今於六月之杪倏然歸來，賫有朝鮮回照。乃彼國篡立之詳，則亦可得而言者。李暉原以前王李昖次子得立，素稱仁柔。李倧其親侄也，走馬試劍，謀勇着聞，眉豎耳垂，姿表偉異，常在李暉左右用事，掌管札之役。入春，因見李暉有疾，遂起逆謀。先令心腹陪臣建議將平山節度使李貴發練兵馬五百調赴王京防禦，又密約繼母王大妃於三月初九日在於宫中舉火爲號，李倧率李貴等指以救火爲名，領兵入宫，綁縛李暉，投烈焰中以死，并其世子、宫眷及左右親信之人俱行殺僇。議政府有自盡者。本月十三日遂請王大妃仗義執言，數李暉之不忠不孝而暴其罪。是日李倧遂即王位。又差官立誅平壤守臣朴燁并鴨緑江邊鄭遵，數其元年冬月暗通奴酋、引賊過江、戕遼人而謀毛帥，是所藉口以報中國者也。李貴今爲李倧親臣，日侍其側，而又宿將張曉爲總兵以守鴨緑，用内戚韓浚謙爲本國都總兵，以鎮王京。又令通官傳語於孟推官曰：『向來舊王不併力遏奴爲恭，今我正不以縟儀爲恭，而專以助剿爲恭。』查李暉之事天朝，殫心竭力，彼國老臣有被倭難者，皆所概從；而少年新進之徒，或多不欲。兼以供億頗煩，國人苦之。今春偃卧日久，有以爲真病者，有謂知禍之將及己而深居以避者，乃不虞其竟以不免也。此臣喚集差官任國輔等反復查問，而得其大概若此，非盡出於孟推官之口，其他則謂鮮人語言不通，詢訪難悉，亦實情也。近聞李倧請封之使業渡海而來，抵登而北行，且匍匐闕下矣。臣竊以爲李倧之事，其不必議討者有三，而其不可遽封者亦有三。李倧篡主自立〔二〕，雖犯無將之戒，然爲李昖之孫、李暉之侄，枝派頗正。且其假義，國中臣民卒多歸向。今若輕言廢置，必當先議興師，航海萬里，勝負難必，窮兵遠黷，非力所及。是不必議討者一也。通奴之顯迹未著，尊王之常禮未失，且其即位教令頒布國中，咸以恭順天朝爲念，以協力助兵爲辭。豈其以此翹前王之罪過，而躬自蹈之萬一，更不得其人。違順即逆，厥計良左。是不必議討者二也。李倧篡立之後，每有公移與毛帥往來，固非大有協濟，亦覺別無齟齬。近聞毛帥自用銀往安州糴糧五千，亦未遏糴。總之毛帥之居皮島，四面皆水，與駐宣川時依倚朝鮮大是不同，可無他虞。是不必議討者三也。惟是君父大倫，炳若日星；亂臣賊子，宜膏斧鉞。李倧以臣弑君，以侄弑叔，既逭天誅，遂叨封典，煌煌綸旨，驟加匪人，彼箕子禮義之邦，將無爲有識者所笑。是不可遽封者一也。李暉之事天朝也甚謹，既助兵於四路進剿之時，又助餉於毛帥駐師之日，其有功於天朝也甚鉅。彼國教令，所謂『欲加之罪，何患無詞』也。若中國不爲一言昭雪，而輒封弑逆之人，幽冥之中，未免負此忠順外藩之臣於地下。是不可遽封者二也。李倧素稱狡猾，語言應對之間不失恭順天朝之意，而其處心積慮，尚屬叵測。據其咨文，雖稱權署國事，而居王之宫，服王之服，行王之政，全無辭尊居卑、拱聽册封光景，誠恐别有肺腸，遽難方物，大虜觀變，向背倏忽。是不可遽封者三也。以臣愚見，固不必窮治其簒立之罪，使其挺而走險；亦不可遽與以封爵之榮，使其狃而成玩。俟其請封使至，止收其表箋，一切方物姑寄别所，即令來使言旋，順賫明旨詰問，要見李暉是否當誅，李倧是否當立。俟其輸服請罪，往返再三，而後許之；不則俟其進兵剿奴，功績昭著，而後封之。庶幾操縱在我，剛柔互濟，不以恩掩義，不以權廢經，天朝之綱紀大伸，而屬國之邪萌自戢矣。説者又欲遣官前往查勘區處，未爲不可，但官卑則不足以示重於外夷，官尊又恐負固不服，反有褻於國體，似未爲得策也。至後中國之使其以公務入朝鮮者，寧希勿多，寧簡勿煩，仍令謝絶一切交際，毋得黷貨，致輕中華。此尤吃緊要着，亟宜申飭者也。」

八月，大學士孫承宗疏稱：「關城之缺餉者，四閲月矣，臣扶病而請命者，半月而三上疏矣。臣頃見舊撫閻鳴泰之去，相次參劾者不浹旬而十五六上，臣未嘗出一語曰不和；

而至於體貼臣意，爲臣驅不和者數數爲言。察中朝之以臣爲妄爲擔承，往冒他功而沽名自喜，或幸臣之自罹其禍矣。臣去年曾向諸臣言曰：『與其以天下之大付之不可知之人，孰若以天下之大付之所可知之我。』臣於是時不敢自顧其身，而安敢顧人？然而人猶曰，臣以北人用北人也。適萬僉事乃向臣言曰業有後命，謂某人譖舊撫去而以某人來，是又以西人用西人也。果若此言，則去一人必有一去之同類，伺所代之人，時反脣爲稽，時鼓舌相向。蓋臣見舊經有防，舊撫有防，果如僉事之言，則新撫又不當防舊撫乎？臣身已無餘才，而衙門既分，則中外之心各有所屬。皇上試問從來相譽相毁，曾有不分群類而各爲其地者乎？乞准臣之疏，得賜歸里。更望群臣諒臣危苦深心，無謂中外之人心爲未合也。」

是時冒功沽名，妄爲擔承，人言藉甚。身無餘才，自諒亦審。以天下之大付之所可知之我，今而後見其可知矣。

登萊巡撫袁可立報：「三年二月内，復州僞總兵劉興祚即愛塔欲反正内應，使金應魁賫送密禀，求登撫免死，加銜牌票。登撫以因間用間計給與之，命總兵沈有容於三月十三日率兵出海，相機接應去訖。四月内，賊登見兵北來，毛帥之兵又交相接應，疑其攻襲，將金州沿海兵民掣驅復州。及劉愛塔又差張應科通約獻城，求船接應，大抵言七月來歸也。五月，登兵與島帥布置相應。六月，續有復州劉愛塔、穆允文并金州生孫應武、王國佐等各差人同原差哨探回鄉高飛等，仍通款訂期，已會議於六月二十五夜先取復州，仍令高飛約定愛塔。不意有復州備禦王丙貪暴，愛塔具揭，憨怒將王丙縛去，丙仇口，首愛塔内應情事。憨發夷兵三萬圍復州，縛愛塔等去。其復州居民勦殺不盡者，趕往北去，并將永寧、蓋二城男婦盡驅北行。南衛四百里膏腴之地，奴一旦棄之。聞奴已將劉興仁、王丙斬訖，心腹潰而羽翼剪，諸僞將當人人自危矣。此可乘之隙也。」

遼撫張鳳翼疏：「臣受事後出關，由前屯以抵寧遠，又循嶺而北，遵海而南，地無所不守，則兵無所不分。奴全隊衝鋒，而我以偏師拒敵，即極精極鋭，猶虞多寡之數難當。乃器械不充，强半是執挺持竿之衆；盔甲不備，大都皆赤身露頂之人。且馬匹以水草之非宜，而莫由問富；糧餉以内地之告竭，而屢見脱巾。最可慮者，城被燒殘，在在皆頹垣敗壁；人當挫衂，時時驚鶴唳風聲。雖輔臣極力綢繆，苦心率勵，然八城畚鍤，非一年可竟之工；六載瘡痍，非一時可甦之病。倘天不悔禍，奴復窺關，四顧旁皇，誰爲衛、霍？所爲鰓鰓慮、凜凜憂也。故今議勦不能，言戰不得，計惟有拿定一守字，庶幾安將膽而固軍心耳。」

初余意主守，樞輔必欲戰，而頓易經臣也。今孫公到關且匝歲矣，而僅僅言守耶？一年間所幹何事？欲踐其言，難矣哉！

九月，麻羊島守備張盤收復金州。③六月中，奴以劉愛塔之故，將金、復等處遼民盡行殺戮，逃難人民甚多。守備程鴻鳴等帶領舡隻，俱往青山嘴接渡。盤招撫遺民男婦老幼共計四千名口，並無尺布遮身。挑選壯丁，列有三十五隊。因哨探金州城内有達賊五六百餘守城，亦有鳥鎗、火砲等器。再探的確，於七月初二日統領該部島兵，并帶壯兵三十餘隊，以及老幼遼民助張聲勢，黑夜上岸，晝伏夜行，於初三夜三更時分齊至金州南門城下，各舉火把，一齊吶喊放砲，軍聲振天。賊從北門逃出。天明進城，安撫居民畢，又於南城丁家寨搜糧，得穀二三千石，當時給散各兵。前後共得大小炮銃一千零十四位，硝黄連藥五百六十斤，大小鉛炮子七千三百零二個。因帶領兵丁住劄金州城地，但船隻少，力量薄，火藥少，糧食寡。申報毛鎮乞奏，請劄付銀牌等項，大發兵將，協守金州。等情。毛文龍塘報云：「看得：金州地方廣闊，田土肥饒，城高且堅，又臨海畔，洵恢復四衛之首地。

今張盤率所部之島民，統新編之順卒，能用計以取衛也，人有膽而矢心守此金城，實恢復四衛之首功。况金州至南旅順口一百十里，形如葫蘆，既得以扼要，則西南之奴島，正南之旅順口，東之三牛壩皆爲我有。因城南之一百二十里俱可以聚兵糧，招撫屯種，即登解船隻往來，都有停泊處所，兼無大洋之患。東可圖復、蓋二衛，西可通廣寧等處，是進取之有其基。臣向用間招叛，圖取金、復，全爲此着，唯是無險可據，不敢嘗試。今城南二十里地係是葫蘆之頸，兩崖距海中，乃山脊闊僅一百步，其處設立重關，而金州防守又得方略，便可站駐，足保無虞。然餉不援，兵不繼，而舡隻又少，火藥、器械其在江東者尚不供用，何能以望渴之請作無米之炊？是在當事者酌量急要情形，速爲接濟之也。」

十月，逮登撫陶朗先。

孫承宗關東情形疏云：「寧遠去關遠，去虜近，覺華島去岸十八里，龍宫寺地瀕海而肥，土人附夾山之溝而居，可五十餘家，地蓋六百餘頃。舊城遺趾可屯兵二萬，令龍武兩營分哨覺華，而於山巔爲臺，樹赤幟，下泊遼船，北望黄毛山，南望劉家山，相對如兩門。其南麓入海，可爲堡，屯萬餘人。北之孤起者曰望海圈，樹赤幟，置炮於上，艤沙唬舟於下，海門天設，片帆不能飛渡矣。寧遠東陸行，黃沙白草，墩臺宛然。二十里至雙樹堡，蔭水猶存。十里至連山堡，城垣已盡。十里至罩笠山，可立爲炮臺。望大紅螺可百里，東南去鎮倭堡三千六百餘步，海環其三面，東南有徑而險。堡南有葫蘆套，西有瓦窑衝海山之間，可爲疑爲奇。如以寧遠爲關，此地可當前。第北爲塔山即中左所，又東北爲店山，平衍難守。谿椴木衝而西北爲紅螺山，西南抵威遠山，其東接康家山，折而東南爲蠟子山，遂至首山。其西則白塔谷，歷興水以西通於一片石。臣擬從望海臺北接首山立關城，中有平原，河水環其下，可爲堡，直接康家山，以戚繼光修薊門法爲臺垣，約可六千餘丈。地當險要，可以盡收形勢於内，而外截東來之路。蓋據大勢於首山，而山海關在重垣之内矣。開屯之議，趙率教以修守之餘試之而效，總計五城三十堡，兵民不下十餘萬，而田之地當有五千餘頃。儘民力可占種者，許以三年起科。而因煤以鑄錢，因地以煮鹽，皆關門稍行之而效者。令袁崇焕經營寧遠，查國寧督水兵於覺華，臣與鹿善繼得以備關城者備前屯，以守爲戰，以貽永逸。」

毛文龍報牛毛大捷，斬級二百三十有奇，生擒四人，獲馬九十四匹，器械二百三十件。

又報烏雞大捷，斬級二百八十一顆。

大學士孫承宗奏：「臣接平遼總兵毛文龍呈解，屢獲首虜，隨行關外道袁崇焕逐一查驗三次，首級三百七十一顆，俱係真正壯夷；當陳生擒虜賊四名，俱係真正韃虜。差令中軍官集將士於衙門外，三砲三爵。臣時在寧遠，適春賞夷人，虎酋等部俱到，特令各官解其首虜經各賞夷部落，乃抵寧遠，不獨風示邊人，抑亦見天下尚有殺賊之人，賊自有可滅之日，一時人心殊覺感動。因念文龍以孤劍臨豺狼之穴，飄泊於風濤波浪之中，力能結屬國，總離人，且屯且戰，以屢挫梟賊，且其志欲從臣之請，牽其尾，搗其巢，世人僎懦觀望，惴惴於自守不能者，獨以爲可擒也。真足以激發天下英雄之義膽，頓令縮項斂足者愧死無地矣。」

關寧十數萬兵，不能有殺賊之人，而藉手於海外，以此誇耀賞夷，適足啓西虜之輕覷耳。

李維翰等朝審，出入長安門，械扭悉令家人手持。該科劾奏，詔查監者，罪之。

十一月，朗素臨邊索賞。官軍敗績於僊靈寺，守將王楹被殺。

兵部趙彦據總兵馬世龍報：防奴酋西窺，命將王威等分備喜峰、古北口、桃林界河。

且言薊鎮臺兵始於戚繼光，皆義武丁壯〔三〕，今改募北人，成法盡廢，守望無人。昨白馬關之警，數十里烽燧不傳，何以預備？

十二月，奴酋遷其民于海上。

毛文龍奏其贊畫王一寧罪。逮治論死。

校勘記

〔一〕逮祥擊獄　「擊」疑「繫」之誤。

〔二〕李倧篡主自立　「篡」，原作「纂」，據北大本改。

〔三〕皆義武丁壯　「義武」，當作「義烏」。明熹宗實録卷四一天啓三年十一月丙子條作「薊鎮臺兵始于戚繼光招設，皆義烏壯丁，虜懾服而不敢動。今因糧餉之厚，改募北人，成法盡廢，守望無人」。

底本眉批

①本條原有眉批「勘三御史」。

②本條原有眉批「朝鮮篡弑」。

③本條原有眉批「收復金州」。

甲子

天啓四年正月，吏科許譽卿題①：「今海内用兵，所在騷然，而最急者莫如薊、遼。九邊開釁，無處足恃，而最吃緊莫如薊遼總督。自督臣王象乾以艱聞，蓋兩月于兹矣。廷臣方議推，而督師輔臣忽議裁。今静聽又二旬矣，而啓事杳然。倘謂督師輔臣意難重違，則職又有説焉。從古自任任人，事無兩可。職讀輔臣前疏有云：『居密不居東者勿推，任薊不任遼者勿推，同功不同過者勿推，以及畏勢要、顧局面、愛便宜者勿推。』則是輔臣胸中再四熟籌，明明有一當推之人，輔臣何不直入告於皇上？所謂不自任則人任，可兩言而決也。乞敕督師輔臣自擇，立刻會推，務令遄往，庶撫局可終，防着亦固，巖關可轉危爲安矣。」

御史劉璞疏云：「師中長子如樞輔尚矣，三師者樞輔之所置，非樞輔恐易器之不能操也。樞輔獨力擔承，一片苦心，令人隕涕。然樞輔之不可離關而來薊也，勢也。今既冀擔督撫之任，而息朝議之紛紛，事權歸一矣。國家雖設九邊至重，孰過于東邊？處處用大臣接應，前茅、中權、後勁寧可缺于此時，而令人驚耳目之驟易耶？」

是時樞輔回朝不得，當關不可，欲留密雲爲退地，故停推總督。夫薊鎮豈必以閣臣爲重哉？不得已而思其次也。

總督薊遼王象乾題爲諸虜已就羈縻，巖關藩籬有藉，謹叙文武官員，以勸殊勞、收後效事。疏開：「經略尚書王在晉，鴻材八柱撑霄，餘力六鼇負軸。刃遊盤錯，縱横萬變，而神自閒；筆走烟雲，經緯八埏，而文日炳。指點輯土崩之險，席衽陵京；笑談清鼎沸之瀾，金湯函夏。連衆心而作障，氈毳承風；啖甘餌以呼雛，犬羊入拉。撫事皆其經始，功不可泯。且其精神才力正裕經營，相應及時起用，以竟厥施者也。」

二月，大學士孫承宗奏：「該臣議合款防爲一，以督臣、撫臣分任薊、遼，緣皇上不聽臣去，特借此以合其任，待臣去之日，仍推總督。臣前所請于皇上者，正臣所以承此任，皇上若不從臣，而令臣坐困于空卷之帷下，則臣之愚不獨誤身，而遂誤天下。關撫明而有幹略，可謂有材，予之以權，何不可辦？獨其議守與臣同，而所以議守似與臣異。臣既不敢自是以異于撫臣，而又不敢謬附于撫臣。察撫臣之意，既以抱有爲之材，而謙不肯見；又似當難爲之局，而慳不肯承。或以見在之具無一足恃，使一着手，便分其咎，不如盡諉之爲往事，而身不與其責。又或以入手則未立見合着，則局難結，姑爲異同以相激，而釋難勝之任以鑒前車，留抗直之名以爲後藉。近有以撫臣問臣者曰：『畫餅乎？囊錐乎？』臣茫然無以應。首輔，臣師也，亦撫臣師也。首輔謂臣：『既言新撫佳，何不任之？不勝于任弁流乎？』臣駭然。而撫臣述其言，撫臣未有應，後乃自名爲五字巡撫，以『候閣部詳行』也，又面向臣自名爲贅。道臣向臣言，撫臣見臣『薊撫居薊，遼撫居遼』之議，恚曰：『何乃殺我，何乃教我充軍！』至責臣以總督衙門與薊撫，以寧前荒塞與遼撫，此可不言。獨其恚臣，以正月三日詣寧遠曰：『國家棄遼東尚是全盛，如大寧、河套盡棄，何嘗害爲全盛天下。今舉世不要遼東，他偏獨要遼東。』臣聞之，心楚不能語。臣來而經、撫去者二矣，邊事重大，臣豈能盡持之，而謂同事者盡不如臣？即邊事亦何堪屢以異同重壞？夫臣所托，重在三撫，而關撫尤重。今其意若此，則臣何以佐撫臣之末議也？昔科臣尹同皋念臣任事，而謂舊撫虚恢，臣雖無嫌于舊撫，而實躂科臣之言。今臣之一身，舊撫以爲拘攣者，今撫却又以爲虚恢，假令舊撫與臣同其後，又令今撫同其前，皆可有爲。而無奈時地與兩臣相拗，而臣遂無以得兩臣之力，徒覺才力淺薄，無能結交天下之豪傑，而有自用之羞。伏乞勑下廷臣雜議，使撫臣展布四體，爲國遠謀，勿使之有不盡之才，而臣又蒙不合之誚也。」奉聖旨：「軍國大計朕已任卿，與卿所自任，中外具知，有何嫌疑？兵餉、戰守等事，卿前後條奏，審的時勢，聽便宜行，不必廷議。撫臣意見不同，即卿云有才，恐不便共事。該部便看議具奏。」巡撫張鳳翼旋以丁艱回籍。

閻撫初任監軍，樞輔所用也；其舉經略而改巡撫，樞輔所薦也。斷金之交，忽焉按劍，何有于張撫哉？張撫控疏自鳴，有「張鳳翼既經指陳，何必一一剖辨」之旨。樞輔來而經、撫去者三矣。彼二臣者異而異，一臣者同而異，可見樞輔之于人無所不異也，而後來之喻撫亦無以自全。其獲全者，獨一馬世龍始終不易耳。其所以得全之故，豈待言哉。

樞輔急于恢復，竭天下之財力，養十數萬坐食之兵，無論遼人不可恃，而事久變生，人衆食寡，識者已憂尾大矣。彼時大將馬世龍坐擁高居，買姬博笑，而以大言哄樞輔，樞輔信之，遂至柳河之敗，言不可若是其幾也。經略王在晉守覺華之議，原以三月發兵、九月收兵爲期，而主者卒違初議，洎兵久戍。丙寅正月，虜兵踏凍蹂躪，島中軍民三萬餘人無一得全，領兵遊擊金冠剖棺僇尸，其子抱尸以殉。有逃難殘兵數名，袁撫給批南還，道由南中，備述其詳。渠俱混死尸中得免，然皆手足摧殘，其形已廢矣。守覺華可能恢復否？以喻安性巡撫遼東。

刑科解學龍題②：「自廣寧潰散，中國何曾探得彼中一消息。而田有倉等分布偵探，出入無人之境。今有倉雖就擒，然先有倉而颺去者，不知凡幾矣。朗素不過彼中一部落耳，公然率零星之寇，殲我將士數百人，而我不敢問。小路不防之處，皆奴躭躭之地也，此宜何如綢繆拮据，實做工夫。乃見在鐵衣曾有的數否？聞撫臣欲點閲，而各帥不應。收買馬匹、硝黄、盔甲曾經驗過否？聞各道、鎮將交歡結契，修飾情面，試問馬匹、盔甲，必茫然無以對也。兵馬操演未嘗不修其故事，然不過千把總領百人在教場放砲納喊，辰集未罷已耳。彼大將不借病以偷閑，則稱觴爲樂事，近且遣人于南部置買美女，三帥領銀一萬二千兩爲治第之資，令人駭愕。出關之總兵伴作家丁，在中前所强奸民妻，本婦喊叫，反拿其夫綑打，坐視奸宿而不敢言。大帥之營逃亡倍于他將，有由口而入于虜地者，有在豐潤、玉田、三河等縣見爲響馬行劫者，自知逃亡日衆，而拿一做工班軍梟首警衆，何不仁之甚也。營房每間領價六兩，鎮將自侵，每間所費不過五六錢，用兵爲工、築土爲牆而已。馬之草豆，各弁視爲奇貨，十扣其半，倒死又不即查。日日呈報開除錢糧，遷延爲冒支之計。國家有多少金錢而堪浪擲也？嗟乎！以奴之情形若彼，以我之備禦若此，諸將領且大袖高巾，晝夜聚飲，沉湎于金谷，流連于青樓，弓矢器械十無一有，惟望奴酋一到爲散場，天下事尚忍言哉！」

巡關御史潘雲翼題稱：「今日關門之事，督師輔臣以一肩擔承，而輔臣更有所任以爲萬里長城者，則大將馬世龍是矣。世龍拔之傳宣，授之節鉞，龍泉烜赫，鵲卵煇煌，威權更誰出其右者。統五部之戎麾，表諸營之節制，軍馬糧餉悉禀其成，委用授除盡出其手，其事權更誰出其右者。奈何兩載于兹，不聞選一將、練一兵，軍日見其逃，馬日見其倒，營伍之虚冒如故，弁流之冗雜如故。人心且時有摇動，大衆至安排散場。近若黄泥窪之戰車，果爲喜峰之買路是矣。恐東酋數萬對敵之兵不敢望，大寇臨門，誰能攖城固守之者？名高萬人之敵，望先百將之班，當關者詎可自悮悮人，並悮軍門？此當嚴爲責成者也。」

自樞輔筦關，無人敢置一詞。林一柱以片言外轉矣。關院身親見之，言之無裨邊事。從壬戌以後，詎可問哉？

巡按潘雲翼奉劄簿勘原任餉司傅國：「兩任遼陽，收放甫七越月耳，除正項外，節省還官銀三萬有奇，積羡餘六千五百有奇。其廣寧收放甫四越月耳，除正項，節省還官銀二千九百有奇，自積羨餘銀五千四百有奇。俱經報部查核奏繳，並無奸弊。復經細查，本官苦心，實爲稱枉。至何棟如盜餉一案，已經前任關臣梁之棟查勘明悉，卷册昭然。乃久未結正者，衹緣舊司農以香火情重，遂致不能得之。按關者欲得之，撫關者破甑久甘瓦裂，名已掃地，行更滔天，指稱聽勘，赴關復爾横恣詐騙，各營將領之爲吞噬者，又不知幾千百也。則此一臣安可一日留于在關？不早追之八萬有奇勘確之贓，以之充餉乎？」

傅國因軍糧告訕，有飲藥圖自盡之語，大爲汪司農及餉司所憎，借察以罷其官。何棟如淫蕩銷餉，人盡知其貪污敗檢，事已明，勘已核，而轉輾爲不結之局，清濁混淆，是非倒置。此疏亦當時之公論也。

南工科徐憲卿題稱：「三輔近地，同時劫奪，説者謂濟濟盡是關上逃兵也。内帑之涣發幾盡，而未見實有歸着；用兵之數目已夥，而未嘗清其實在。三十六家之乞賞，雖明知其挾，而我不得不撫；四百里相去之薊門，雖暫停總督，而此官終不可罷。且其虚布而宜參以實者，則臣築城一議是也。就關門之勢言，寧遠爲首衝，寧遠卜築，分守覺華，猶虚布之着也，總不如于八里鋪或芝蔴灣建一重城爲實。蓋以三十餘萬之遼人縱之出關，資生無策，安頓無所。奴騎一動，勢必匍伏降奴；扣關不開，又漫山度嶺，轉爲奴嚮道。惟此城築，既可安插遼人，且壯關門膽氣。然山海之西更無山海，如之何不再添鎖匙？我皇上堂堂天朝，不知費幾千百萬之帑，而獨不辦此乎？」

樞輔從閻撫之議，于寧遠築邊，舍近圖遠，罷八里鋪之工役。今閱歲矣，而寧遠無一磚一石，功何由就？向使樞輔不行邊，則關外之新城已建，軍民有所馮依，巖關增鎖鑰矣。後督師王之臣同鎮守内監力主芝蔴灣築城之議，疏入報可，决策興築。芝蔴灣去八里鋪數里耳，智謀之士所見略同，何樞輔之獨異也？

御史饒京疏：「臣聞山海關外，傍城多山石巉峭，尚有平地一段，直去不滿八里，即名八里堡。此處當扼地之衝，須築堅城一座，以爲山海外障。城内相其地勢，連環交錯，高築幾堡，若星羅棊布，直與關門相接，使八里週遭練成一塊天塹。又芝蔴灣又築城，相爲犄角。庶關門堅實可馮，而奴不得衝擊矣。」戊辰六月。

三月，兵部請亟推薊遼總督。

兵科都給事中李精白題稱：「皇上之于樞輔，言聽計從，委任非不專矣，故樞輔所不用，即才猷震世，且量移也。至于總督，尤所稱一體共成、互相交濟而爲應者，前樞輔有停推之議，非得已也。有鑒于剿撫異意，于其十羊九牧〔一〕，不如兩柄一操，毅然以身任之耳。皇上業諭督臣以料理候代矣〔二〕，未知候以何日，代以何日也。在督臣爲欲去未去之身，在樞輔爲雖任未任之事，遂于新歲出防寧遠之地矣。在朝諸臣鰓鰓過計，謂薊鎮數百里空虚，彈壓無人，亟以仍設總督爲請，一以遵祖制，一以慮馬腹之鞭遠不相及也。惟望皇上速諭銓臣虚心諮訪，着意推敲，欲其才幹足以了當遼事，其臭味又于樞輔相投。樞輔虚心籌畫，調度宜周，庶不負朝廷之委重任矣。」

是時樞輔在關駹廆，欲避居登萊不可，欲留密雲爲退步，故議停推總督。科臣許譽卿、李精白、程註、徐憲卿，臺臣黄尊素、張鑛、劉璞、徐吉等皆以爲言，樞輔乃有慎推督撫之疏。奉旨：「薊遼總督聯合三鎮，主持大計，委當慎擇。該部便推堪任的來看。」而吴用先始以宣大改推矣。

吴用先以侍郎總督薊遼。

孫承宗疏云：「近日刑部咨，稱臣傳將要殺王喇嘛。見今喇嘛日在羅城，原爲張經世從宣鎮招來，而督臣用之款虜，每見臣，時有賞慰，何曾要殺，何曾在逃？大約反側之窺伺，豈其無因；而番快之捶楚，何求不得也。」

御史徐吉疏稱：「自戊午夷狄内訌，干戈騷動，了無息肩之日。逆酋得計，勢必狂逞，東夷西虜觀望風息，蠢蠢思動。近日西事以勝局而轉成敗局，東事以殘局而視爲頑局，説及東事，便悠悠以爲可無事矣。然『無事』二字遂能了巖關斷送一局乎？不設督撫，誰與撐持？既設督撫，又愁水火，恐敗了公事。試想東奴一逞，撫臣、經略相繼而死者凡幾，朝廷之重臣、大將寧堪此淪没乎？邊關逃將勿使以慣逃一脉再拋棄疆土，東西文武將吏毋仍前彼此枘鑿悻悻用事，作暴虎馮河之勇，貽主憂臣辱之事。其或大方絪載金幣子女以自累，豢歌兒舞女而亡兵凶戰危之計者，罪無赦。諸夷有不戢威而賓服者，職未之聞也。」

御史劉其忠疏稱：「國家之禍實始于遼，自三軍陷没，累歲兵連，天下日以多事矣。今日山海之十餘萬兵，即昔日遼陽、廣寧之十餘萬也。從召募初起，兵至關上輒稱逃走，而餉額不聞少減。即近日畿輔之劫賊，詢之道路，或言逃民，或言逃兵，安知非在籍而糜公帑者，夫獨不可清查而核其實乎？又不獨此也，兵餉一增，自永平、天津、登萊、薊鎮等處，歲共支新餉亦不下百萬，職非謂盡屬漏卮，而數年之内實用無聞，不過分穴而居，畫地而守，則國初額設之兵豈真不慮今日之削弱單寒哉？清兵則可以練兵，清餉則可以減餉，餉減則可以寬小民一分之征，此諸臣之當爲皇上計者也。」

順天巡按彭鯤化題：「陝西逃兵二百餘人將解運錢糧一車搶去。薊州道差家丁追趕，拿獲六十名，其餘逃去。數日之内報兵逃者，寧夏調兵逃去二百餘名矣，宣府調兵逃去一百七十餘名矣，延綏調兵逃去七百餘名矣，別營兵馬不知又逃去多少矣。」

時各路承制，驅逐遼人淮陽之間，巨室來棲者各遭奸徒侵掠，子女投溺纍纍，慘不忍聞。江浙奸民汎海逐利者，悉投毛文龍，得入建州互市。海虞野史。

守金州都司張盤探得復州奴賊摽掠恣淫，于三年十月初五日夜半領兵襲之，奴衆奔竄，永寧等堡俱下。奴憤，益衆來攻。盤領兵伏于山間，俟其入城棲息已定，復兵圍之，斬獲無數，器械、銃砲俱擲棄而奔。以兵少糧乏，不敢回復州，隨移兵于旅順三山海口。偶有風，損南船，得浥爛豆米一千餘石，賴以存活。本年正月初三日，賊又率萬騎來攻旅順堡，我兵奮擊，賊不能下，遣一使來招降，盤即斬之以殉。守禦火藥砲石將盡，盤設伏南北兩山夾攻之，奴兵大敗而去。

四月，御史徐吉疏云：「邊廷多事，兵馬了無息肩之期，如蜩如螗如沸羹，此其時也。乃債帥虚報，老弱充塞，僉報百名者不及三五十名，僉報千名者不及三五百名，中間隱射逃竄、耗蠹那移，不知幾許。不亦難乎，其爲朝廷間左之膏血哉！清查之法，無如按籍稽兵，按兵核餉。蓋兵清而餉自足，庶不至踵壩上、棘門之兒戲，免司農仰屋之歎，可也。」

五月，薊遼總督吴用先題：「臣惟薊門爲神京肩臂，遼左爲山海屏藩者，故今之守薊不獨重在薊也。山海不固，則薊門虓虓而神京不安；遼左不復，則山海孤懸而薊門難守。樞輔孫承宗慷慨直前，毅然以天下爲己任。樞輔真見遼左爲必不可棄，而志圖恢復，誓雪國恥，一洒數百萬將士生靈之冤也。久之而議論參差，意見岐路，或有謂聚兵之太衆，或有謂需餉之過糜，或有謂用人之未必當，或有謂居心之未必虚，或欲分剿、撫爲二途，或欲判薊、遼爲兩橛，浮言日生，鬨然不定。豈群情之求多於樞輔？亦無非忠愛之心，欲求萬舉萬當耳。臣向者身在局外，且抱憂危；矧今負兹重擔，履薄臨深，何足爲喻。故抵任十日後，即閲歷昌、薊諸路，星馳山海關，急謁樞輔而就正焉。所幸休休相度，開誠布公，氣味相投，議論相合。臣竊慶遭逢不偶，庶幾可竭愚畢慮以佐下風矣。」

孫承宗題③：「人臣任事，視其力量何如，力有可爲而避寒怕熱，固屬奸巧；力不可爲而貪位戀名，亦屬庸愚。假如不病而稱病，當做而不做，法當逮問，立置誅譴，以爲推諉之戒。又如真衰，不獨爲社稷大計，自不當以病廢之人濫冒封疆，即出入勞逸，亦當恤其狗馬之力，無令其溘死流亡于長途。臣此時病苦已極，皇上忍不憐念，以爲督師當用，代臣無人。臣既以未學軍旅，致有沉疴，又何敢冒舉軍旅未熟者徒以脱臣？比見兵部尚書趙彦，剿殺有東省之功，撫摩有西邊之効，况關城係天下安危，概屬中樞之事。而百聞不如一見，以彦之練達，躬親閱歷，則可可否否，臣所爲歷年不敢自信者，得彦以裁决。即彦亦借此行以益練其識，而不至同衆人爲踰度。且身與此同安危者，必不忍以天下之安危徇天下之耳目，又何忍視邊事爲邊人之事，而遠其人遂遠其事？况王象乾、張鶴鳴俱以尚書行邊，即臣亦以攝兵部出請督師。如謂樞部不可無人，則于問臣量遣一人兼攝其事，如以臣署部之故事，放臣稍得回籍調理。倘半年之内未遽填溝壑，則臣仍當再効馳驅以代彦。臣自來不敢扯人同患，真以病勢已極，邊事爲急，只得哀鳴于皇上之前，以求無悮大事。如謂關門一無足恃，便宜亟請皇上嚴譴愚臣，另選名賢；豈宜明知邊事之壞，而徒詢皇上之悮任以悮天下？臣非萬分病苦之極，决不致爲此言。總望皇上憐念而已。」

六月，左副都楊漣參魏忠賢疏，有云：「東酋未靖，内外戒嚴，東廠紡緝何事？前韓宗功潛入長安打點，實往來忠賢司房之家，事露始令避去。假令天不悔禍，宗功奸細事成，一旦虜薄城下，忠賢固爲奴酋首功之主矣。」

七月，平遼總兵毛文龍題：「臣自上年秋冬兩次牛毛寨之捷，敵愾倍增，於是部將營兵鼓舞練膽，率之深入，冬底有烏雞之捷，今春夏金州官屯、上下把官寨、鹽堡、妙家峪、甜水站、高嶺、復州東南二門、海州刀兒嶺、靉陽柴皮峪、分水嶺、横頭寨、班勃烈寨等地之捷，復地自金州至永寧堡、旅順、蠍岫〔三〕、蓋州以及清河、寬奠、靉陽、湯站、鳳凰城併鎮江一帶，計地千有餘里，已經遣將分守設防。數月以來，即奴有報怨之舉，我兵先發制人，屢挫其鋒，先後共斬首級七百二十六顆，生擒活夷十四名，夷婦五名，叛黨奸細一名。金重德據有劄付符驗一併驗確，除備開功次首級外，伏乞皇上俯念海外效悃抽腸、血戰用命諸士，亟賜俞允，勅下該部速爲題覆其陣亡官兵王德柏等共三百三十八員，所當優叙以表幽魂者也。」

承宗叙關外勞臣：趙率教當加總兵官；滿桂同授總兵官，仍管寧前衛事務；其它先後出關防守諸臣如魯之甲等，宜酌資論俸，量爲加陞。

九月，諭發内運庫及新造軍需甲仗，差太監劉應坤、紀用、陶文、胡良輔、張守誠、金捷等七十七員賫至關門驗收。仍諭大學士孫承宗行邊二載，拮据勞苦，特賜蟒衣、彩段、銀二百兩；文武將吏行間奮力，犒御前銀十萬兩，各樣段匹一百五十匹，聽不時賞功。凡軍國大計一切情形，機宜不時入告，仍照閣中奏揭封固，逕送朕前，朕時竚望焉。

孫承宗奏稱④：「臣惟取邊臣之法，文與武異，凡武臣，欲其進無畏于前，退有畏于後，故有死之心，無生之氣，合以制勝于天下。乃若執糾武之法以繩文臣，武臣尚有立功之路，而文臣頓遭必死之法。故邊吏不獨畏外，而先畏内；不獨畏公法，而先畏私議。蓋臣與先後以遼事得罪諸臣，殊有未慊于衷，而不敢不言者。昔宋韓琦好水川之役，以任福違其節制而貶官。臣以爲杜松、劉綎自是猛將，而實違經略之節制，則楊鎬當從末減。至于熊廷弼、王化貞以兼制設官，而臣于二年來履其地、用其人，每悉其心力，俱極艱苦，夫亦欲爲國家圖大功，而意見不同，佐鬬者更迅，遂至決裂不可爲。然迨今軍中無一不服廷弼之敢決有氣力，而感化貞之能拊恤。乃若西虜八部三十六家之部夷，每繞臣馬頭爲化貞請命，無不激切泣下；而一語廷弼，又無不囓指膜叩，亟稱其威信不可犯。向在講筵，曾言感者當留之以係其心，憎者當去之以快其志。年來數累累者過蒙寬政，未即行法，臣以爲諸臣當概發遠戍，無令久繫長安，以恣口舌。蓋諸臣在長安，衆多欲貸其死而未敢言，故凡邊政之不便于諸臣者，便生議論。一旦執而殺之，或過且令夷狄生心，而惟遠去長安，則可以靖長安之議論，即可以靖邊方之議論，且以沛皇上如天之仁，而朝廷之法自在。蓋周殺樊何未爲快，而唐殺封長清亦未爲得。臣再四躊躇，非敢于今日脱罪臣以市恩，遽違天下懲憤事之忠言也。臣入政府輒有疏，重武臣之權，輕文臣之罪，且歷邊既久，深知邊臣之事，更念邊臣之率衆口而不得自行其志。即如臣忝冒帷幄，荷蒙皇上注念，邊防似可展布，而年來疾呼不應，有所條奏，頓以不格格之，乃真見經、撫不可兼設。而廷弼、化貞正兼設之爲害，以至兩相牽而不得盡。向使付一人以責其成，而事不中制，人不多言，彼一人其何説之辭？蓋邊臣苦心未必盡諒于人，而臣始悔向來閱關未盡後經臣底裏，而遽觀其成，正以爲時無幾，而先後次第尚未盡及。總以邊方之事，日爲之日有不足，日成之亦日有變。以局外之人，不問其前日之不足，而徒見今時之未盡善，則雖立變旌旂之色，亦局中之人知之，而外人不知也。至于道臣之失事，律有應得之條，似未可從主將之死。而年來爲遼事出力者，似當從臣前疏，概從末減，以留鼓舞豪傑之路。至于佟卜年，姑付臣爲招降之用，如其事有可議，臣從軍中法易易耳，此更係軍機，未可盡語。凡臣所言，苟無益于邊方，決不敢爲煦煦之談。于軍興之日，伏望皇上憐念邊臣之苦心，俯從臣言，將楊鎬、熊廷弼、王化貞等概從末減，以清長安議論；而先後有事于遼之諸臣，事迹既辨，錢糧既清，仍當及時任用，勿過抑以灰天下任事之心。今天下見大敵而怯，既以驚心；鑒前車而戒，更爲斂手。皇上試觀一平善之缺出，則人人高品；而一推遼、黔，便費推敲。凡以好爵之人，不勝其畏死之心。今天下脊脊多事矣，當事者未可執必死之法以懲後，反令覓乞生之路而懲前也。臣體念國恤，乃敢不避嫌忌以請，伏乞留神省覽施行。」奉聖旨：「覽卿奏，纍繫各官體念真切，不避嫌忌。卿推誠秉公，朕自鑒信，有何市恩？但今南北用兵，軍紀宜肅，不得不爲封疆深念。楊鎬、熊廷弼、王化貞等情罪各殊，卿奏懇惻，朕姑待以不死，俟東事稍平另議。佟卜年爭果係軍機，卿再密奏定奪。」

書從内出，故疏從外入。其請寬熊經略之死，乃以速其亡也。于是閣臣韓爌逐，楊漣、左光斗死，而東林之被禍慘矣。

刑科顧其仁等題：「邇樞輔遠纍臣一疏，誠不知何心。皇上爲封疆深念，欲大肅軍紀，特以樞輔情辭懇惻，如待以不死，知非法也。若法不必行，心存幾幸，進或輕一試，退有不忍言者。皇上封疆重，斯臣僚之情面輕；朝廷紀法嚴，斯臣子之功名顯。河東之失，尚知有死城死綏之義。自高出、嘉楝逃後，廷弼、化貞用其逃，因與俱逃，而死事者僅高邦佐一人，士氣蕩焉如掃，安可更襲其敝？恭繹明旨，謂『南北用兵，軍紀宜肅，不得不爲封疆念』。爲封疆肅軍紀，一旦赫怒，縛鎬等僇于市；若待以不死，亦無以服李如楨等之心。且皇上奉社稷以從樞輔，關外事一以聽之；若中朝生殺黜陟，太阿自握，廷論自參，不當復以此分樞輔之念。樞輔一意圖奴，毋令天下鉅細鯱鯱未遂者胥走關門如鶩也。」

御史袁化中等題：「今奴酋未息，遼土未復，乃樞輔倡此未減之説〔四〕，使朝廷廢法。皇上之待樞輔，可謂寵異之至，挈蟒玉錫之，竭内帑與之，即古捐金不問之意，樞輔宜何如慎重？不思法之可廢與言之能行與否，而概以廢法事望之皇上。幸皇上天縱聰明，以『姑待不死』數字默杜其非，諸臣自是骨慄，自是感德；使四夷聞之，猶知中國有聖明也。萬一皇上重樞輔，因從樞輔之請，將文官放寬，武臣寧肯甘死？紛紛乞恩者又接踵也，囂争何日息乎？樞輔到此當亦悔其言之過矣。前朝審時見失事諸臣俱注『候旨』二字，敢合詞上陳，非求多樞輔也。臣法官，知法當如是而已。」

孫承宗上言：「臣於九月初八日遣鎮臣馬世龍、王世欽，道臣袁崇煥率水陸馬步兵丁一萬二千人東巡，至廣寧，抵北鎮祠，歷十三山，抵右屯，以陸營屯賊東二十里，遂入舟師，應三岔河二家溝，以都司楊朝文探蓋州。其鎮、道泊高墳，登桅遠望，約有賊騎三千據廟，正縱舟欲前而去。是役也，練我膽志，通我間諜，凡三州情形，兩河地勢，水陸機宜，兵馬虛實，頗得其大。時臣住寧遠，而撫臣喻安性同鎮臣尤世禄復歷錦州，抵右屯，遂與諸臣安哨兵於錦州、松山，以堵西虜，接歸正之民。更以兩前鋒輪駐中左所，而兩營之兵番分哨于松、錦之間，蓋去寧遠凡二百里，而哨探既遠，耳目既明。諸臣以十月十三日旋寧遠，晤臣于中右所，相與計恢復大略，無一人一語不欲同心僇力，滅此朝食，盡以爲時機決不可錯，而撫臣更急于爲備，蓋從來議論合一、志氣奮揚未有若此者。臣念今天下唯此一事爲最重最大，當邊人心意未一，何敢語及天下？即今邊人心意既一，而中朝議論或有未定，又何敢拗執于邊人？臣行令鎮道嚴防精練，務踐所司，且得撫臣提掇督促。適督餉右都御史畢自嚴來關，遂與商議，但苦糧料無資耳。」

　　廣寧可復，議論合一，樞輔正當力任以收厥功，何爲尾疏趨朝，亟亟以圖諉卸哉？

承宗又言[5]：「臣繇石門寨閱歷薊邊，完臣八月欲行未行之意。顧蓋喜潘石、古北東警爲訛，臣不敢不兢兢，而關門之議雖同，薊門之意未見。且近議薊門有當加之餉，衆議薊明有可減之兵，事體重大，未敢臆裁。當繇通州、永平仍詳該路可汰可借之兵以回山海。因念奉違天顏三載，今去京僅數十里，而時當普天嵩呼之日，臣以帷幄近臣，不勝瞻戀依依，遂擬以十二日入都門，隨同官恭賀萬壽。仍乞于另日准臣而奏機宜，出文武衙門商確可否，面聽諸臣教言，遂可以稍解群疑。即以事畢之日，繇關門旋寧遠，以督諸臣爲大計，而論所未備。伏乞皇上念臣真切，准臣暫入班行，謹差官賫奏以聞。」聖諭：「遼土淪亡，乃皇祖以來三世之恥，朕在廟堂，痛恨于心。督師輔臣孫承宗既膺重任，駐守榆關，一身所係宗社安危。兹覽所奏，知遠探已至蓋州，登桅曾見虜騎，奈何未奉明旨親歷薊、遼，且以朕壽節爲名，欲入京隨班申賀。又以爲糧餉不接，欲面與該管商量，往返之間，須曠時日，寧不啓夷虜窺伺之狡謀，致沿途百姓之驚駭？兵事不可踰度，固老成詳慎之體；然無旨而擅離信地，非祖宗法度所容。况三朝仇恥，緩不共戴天之大義；壽節躬賀，乃平常臣子之儀文，猝急重輕，明白易曉。倘中途有意外之變，關門有倉猝之虞，其一應相機謂度將屬誰乎〔五〕？爾兵部即馬上差人傳諭樞輔，馬首速東，亟還山海，候犁庭掃穴，盡恢已失之封疆；斯飲至策勳，明著度河之偉績。就或真有密計，何妨便宜封進以聞。朕志以滅奴爲期，必不肯從中牽制。爾部即宣布朕意，慎勿再有托陳。」

十月，吏科許譽卿題：「職見孫承宗一疏，心竊訝之。幸聖明有楊鎬等『姑待以不死』之旨，大哉王言！神武不殺，常刑罔赦，備載是矣。又見五防叙勞各疏，舉前後大小將吏無一遺焉，毋太濫歟？臣猶謂樞輔或借此鼓舞人心，共圖滅賊，是亦一道也，故未敢據職掌駁正。而不意病苦懇放之疏同時至矣。就樞輔近疏亦曰：『皇上以漢諸葛亮、裴度勑臣矣〔六〕，請即以此効他山之石可乎。』諸葛武侯食少事煩，爲敵人所料，猶鞠躬盡瘁；裴晉公削平淮蔡，始奉身以退，開緑野之堂，故至今人一惜之、一榮之。樞輔之病未必如亮，或奴酋一日尚在，斯亦淮蔡未平之日矣。昔之超同列而宣麻者是何特恩，今之懷萬邦而錫命者是何殊寵，而草草以一病結局，夫豈當年慷慨督師之初志哉？」

御史李蕃題：「昔者唐有淮蔡之變，宰相裴度請身督戰。樞輔以東事自請督師，庶幾裴晉公之義，即樞輔亦每云『賊滅則朝天有日，賊在則歸闕無期』，儼然以裴晉公自處矣。不知何不預先請旨，倏忽入都，迤邐沿邊，逼輦轂，距皇居僅十數里，而途歸拜疏，始以嵩呼爲名也。十日前諠傳樞輔西下，人情洶洶，莫測所謂，而職以爲斷無是理，且論樞輔所任非可離之地，所際非可離之時，即以祖宗之法度論，雖一命官員、百里小吏，亦未有不奉君命擅離職守、任情自恣者，豈樞輔而見不及此耶？自古擁兵閫外恐喝朝廷，如王敦、李懷光諸人者，方去來自如，不遵朝命耳。奴酋滅，封拜可必，即有皋、夔，誰居其右？若猶未也，恐出將而罔功者，或入相而冥頑矣，豈樞輔飽萬卷、冠百僚、統九軍，而智不及此耶？頃天語叮嚀，當必爽然自失，東望榆關，不介而馳，想亦深悔于此行也。職以爲皇上之于樞輔知之深，故任之重，責之功，樞輔只宜一意承當，勉治軍旅，務保無虞，以慰聖懷。若復妄生猜疑，惟圖巧卸，則樞輔其無以自解，人亦不能爲樞輔解也。」

十二月，御史周昌晉疏稱：「人心玩久不振，涣久不屬。如樞輔自請還朝，以封疆爲兒戲，所幸明旨中格耳。在位諸臣泛泛如不繫之舟，情面之意多，故乏擔當之骨力；私鬭之念重，故懈公家之精神。積玩成弛，積涣成軋，私局牢不可破，國事日以蠹灰。今宜率作鼓動，另頓起一番精神，修明政事，清理兵餉，支撑搶攘之天下，毋狃處堂而致胥溺，則艱貞之説也。」

户部奉聖旨：「游士任募兵尅餉，擅自回籍，并奸弁孟淑孔、張思任久拿未到，成何法紀？都着錦衣衛差的當官旗扭解來京究問。其何楝如侵冒兵餉也，着該部院查明，回將話來。」

登撫袁可立題⑥：「奴酋逆天順犯〔七〕，于今七載，賴毛帥倡義，屢獲奇捷，大張撻伐之氣。據所報功級解驗，前後大小三十餘戰，斬首共一千九十七級，數逾上捷者共五次，總獲器械、弓箭等件共五萬。當我聖主宵旰之時，人心危懼之日，海外有此奇功，其應陞、應賞、應卹之官兵，相應敕部行巡按御史覆勘，再爲議序，以候俞旨施行。」

毛文龍以李永芳招叛私書上奏。奉聖旨：「毛文龍孤軍海外，屢建奇功，昨以不行反間升秩賞賚，兹從優再加左都督，仍賞大紅蟒衣一襲，銀五十兩，加銜參將。陳繼善、汪崇孝加銜遊擊。陳希順、李鉞、時可達、王輔、朱家龍、文承禄、程龍加銜都司僉書。許武元、項選、李鏕、張舉各准實授參謀。葛應貞、王命卿各加都司僉書職銜。解俘官周世登、蘇萬良各實授守備。陣亡官兵查明優卹。歲運糧米務各二十萬實授數目。朝廷以滅奴復遼爲重，毛文龍還厲兵，相機進取，以奏成功。」

先是毛文龍奏報：「七月初二，忽有奴酋咨文移龍求和，又接李永芳手札，將龍在遼族屬未遭屠戮者盡行優待，誘龍同叛，中分土地。等情。乞發餉以濟戰守，并宜内防，以備其西來。」連奴酋來使暨李永芳惡札星夜差官緘封護送進呈，故屢膺隆眷如此。

校勘記

〔一〕于其十羊九牧　「于」疑「與」之誤。
〔二〕皇上業諭督臣以料理候代矣　「候」，原作「侯」，據北大本改。
〔三〕巑岫　疑「岫巑」之誤。
〔四〕乃樞輔倡此末減之説　「末」，原作「未」，據前文及北大本改。
〔五〕其一應相機調度將屬誰乎　「謂」疑「調」之誤。
〔六〕皇上以漢諸葛亮裴度勑臣矣　「裴」前疑少「唐」字。
〔七〕奴酋逆天順犯　「順犯」疑「犯順」之倒誤。

底本眉批

①本條原有眉批「樞輔自任薊遼總督」。
②本條原有眉批「糾馬世龍」。
③本條原有眉批「樞輔舉本兵自代」。
④本條原有眉批「請貸纍臣」。
⑤本條原有眉批「樞輔擅還」。
⑥本條原有眉批「東江叙功」。

三朝遼事實録卷之十四

乙丑

天啓五年正月，皇帝敕諭平遼總兵官、都督同知毛文龍：「邇登萊撫臣以爾所報奴情具聞，朕已勅樞輔、督、撫諸臣申飭警備。念爾海外孤軍，尤關犄角，數年以來奴未大創，然亦屢經挫衂，實爾設奇制勝之功，朕甚嘉焉。兹特賜敕諭，爾其益鼓忠義，悉殫方略，廣偵精間，先事伐謀，多方牽制，使奴狼顧而不敢西向，惟爾是賴。其所需器械，已着該部即與餉臣酌量接濟。朝鮮形勢相依，恭順素聞，已喻中外，所請先准王封、聽行國事，尚需特遣，以答忠勤。爾其宣示朕意，俾與爾協同心力，以制狡奴。軍興有年，兵機宜審，爾及將吏酌審情形，便宜從事，務殄兇逆，用佐天誅。朕不愛異數以酬爾將吏。欽哉，故諭。」

兵科陳維新題：「今日在籍名賢，如王在晉之縝識通猷，識者共仰其出，蒼生倚以爲安，伏祈立賜起用，則舉錯公而民心服矣。」

大理寺丞徐大化題稱〔一〕：「科臣陳維新所舉王在晉等，俱矯矯名賢，英英物望，臣不敢再瀆云。」

二月，大理寺丞徐大化疏云：「臺臣李蕃曰『始終願樞輔爲裴度』，斯言殊有深味。臣又進之曰『始終願爲韓、范』。夫賞必以功，爵必以漸，古今用人之衡量也。有如無尺寸之功，而遽膺推轂之任，此自漢淮陰以後一人而已。今幾三年，何不見有淮陰之分毫也？且併尚方之劍與樞輔等，則權不得駁矣。無寧留餘地以存節制。徒使驕蹇自矜，道臣不得關其説，監軍無可效其謀，則亦始事之過也。國家不幸，有喪師失地之事，人臣公憤，義不容已，何乃聚黨十餘輩，横身營救？手握重兵之輔臣，何以呼之即來，不奉詔而至？黨人之力，至此極矣，不可復加矣。」

當時衹知重將權，不知所任之非將也。將非淮陰，尚方劍何可輕假？久假不歸，權在總制、巡撫上矣。同一劍也，經略以之振兵飭紀，總戎以之招賄市權，遼事孰舛於斯？督師閣臣不奉朝命，直抵國門，震驚大内，夜半召樞臣奉聖諭，逐還山海，取司官執結抵通，而聖意乃安。其始而行邊也，孰趣之？既而還闕也，孰召之？樞輔事事率意以行，裴度、韓、范其寧有此耶？

三月，兵部題①：「自奴酋煽禍，遼土沉淪，而南四衛屏翰之邦悉屬腥羶戰争之地。惟金州東聯海、蓋，南近登、萊，爲奴之防我所必争，亦我之伐奴所必取。遊擊張盤以孤軍雄據其地，而兵力單弱，旋爲奴兵所攻，退保旅順，欲圖恢復，而孤懸不可恃也。登撫前議城，南至旅順口一百三十里，三面距海，唯北面狹束，東西相距僅十里許。挑斷此地，引海水以自固，設墩堡以防守，則百三十里沃壤可屯可耕，即可團聚遼民數萬人，金州以南旅順以北遂成不拔之基。已經覆議允行間，户部會議減登餉十萬兩，該鎮因挑濬之費無所出，尚未舉行，胡遽有旅順之失乎。張盤駐師旅順，朱國昌駐師長行島，曾有功駐師三山島，皆毛帥所撥守，百里棊布，鼎足傳烽，自以爲可保無虞，以待三方興師爲聲援。何物奸弁如曾有功者，不奉撫鎮之命，擅約張盤、朱國昌破土興工。及二將至，而有功違約不來。即有虜騎猝至，重圍我師，張盤力戰被擄，朱國昌罵賊陣亡。惜哉！忠義之將爲有功誘陷，一至此也。奴兵復至旅順，破城殺將，血塗遼民之慘，不忍見聞。曾有功潛匿四日，坐觀諸將之死，竟不出一師爲救援，又扁舟至旅順長城，焚其火藥，擄其婦女。細觀前後情節，有功之罪上通於天矣，應行登撫會同毛鎮設法擒捕，立正三尺。張盤之被擄，必無生理。死節之朱國昌，俟登撫查報，從優議恤。逃難遼民流離可憫，通應亟行賑濟者也。」

奴破旅順，遊擊林茂春等邀擊其歸路，斬獲有差。

工科郭興治疏：「樞輔慷慨視師之時，豈不欲唾手三韓，功成一戰？乃國家歲供百萬之餉，養十四萬之衆，財盡民窮，莫知所終始。況又不盡入征戍之腹，徒半充貪弁之囊。夫剥百姓之膏脂，供此輩之吮吸，人心不平，軍民疾痛。故今日之事，輕言召回樞輔非計也，重言召回樞輔亦非計也。惟祈勅大小臣工從長商議，勿持兩端，含糊莫決。庶事體畫一，料理有人，以戰以守，恢復可望矣。」

王在晉起南京吏部尚書。

聖諭毛文龍②：「朕念遼土未平，逆酋鷙伏，尚緩策勳，時懷旰食。惟賴爾文武大帥殫力竭忠，設奇制勝，埽清夷氛，用雪國恥，匪頒厚賞，何勵純忠？爾提孤軍駐窮島，將兵時出，奇捷屢聞，使逆酋狼顧，未遂鴟張，已三年矣。惟爾之庸，朕寔嘉尚，又思各將士僇力行間，暴露良苦，朕囊於督師輔臣有錫賚矣。兹遣内臣司禮監管文書内官監太監王敏政、忠勇營副提督御馬監太監胡良輔齎捧詔諭冕服，册封李倧爲朝鮮國王。道經皮島，特賜爾銀一百兩，大紅蟒衣、膝襴段紵絲一百二十疋，畀爾以備賞功之需。爾尚益矢壯猷，秘籌勝筭，結聯屬國，獎率三軍，養我全鋒，制奴死命。使封疆克復，即帶礪可盟，朕不食言，爾其仰體。欽哉，故諭。」

按新餉額放折色，山海每月連馬乾用銀二十六萬三千九百四十六兩，薊、密、永、通、天津每月用銀八萬八千九百一十三兩，計一年共該四百二十三萬四千三百三十兩。今東、兗、登、萊解運，計一年該用六十五萬兩。又山海本色計米八十五萬八千一百七十八石，除截漕外，餘該用銀五十三萬四千二百九十兩。計豆六十一萬六千四百石，内除屯堡高糧搜括外，其餘該用銀一十一萬七千二十兩。計草三百萬束，該用銀一十六萬八千兩。計米豆水陸運脚價該用銀三十六萬三千八百兩。以上合本、折計之，通共銀六百二十六萬七千四百四十兩。去年額外代工部發山海器械銀十四萬，又代兵部銀七萬發毛帥，而去年之額外代工部發山海器械銀五萬，黔中供應支廣東銀二十萬不與焉。及查新餉派額，除湖廣、四川、雲南、廣西一半改黔餉外，實該解部銀三百六十四萬兩，新增鹽課、蘆課、鈔關約該銀四十三萬，及省直襍項約該銀一百八十萬，又遼東舊餉三十萬兩。以上共銀六百十四萬，即令全完，已虧額十二萬七千四百兩矣。乃核其實到部之數，自天啓四年止，僅共解四百四萬三千六百兩。又浙、直等處扣買米豆，登、萊處新兵備用，約銀九十五萬，共實得銀四百九十九萬三千六百兩零。其餘總計一歲額欠遂至一百二十七萬三千有奇矣，則加以額外出辨之四十六萬〔二〕，不欠至一百七十三萬餘兩乎？

御史崔呈秀題稱：「當奴酋犯順之日，諸臣言兵食，惶惶競爲危急之談；及奴緩，亦與之俱緩，日爲結黨排正之計，職業不修，漏舟甘處，殆至臨渴掘井，則何益矣。榆關何地，樞輔何職，身肩重任，屢疏告休，關門兀坐，豈奴酋乃卧理之所能奪其魄乎？至於恢復之議，不過寬皇上東顧之憂耳，七年之教，未能一日之用。何望紙上空談，口中浪語？實爲誑上、爲欺君，職之所不忍言，賈誼所爲痛哭流涕長嘆者也。」

四月，御史張鑛疏稱：「空言騙官、利口卸擔之閻鳴泰，褫職原不爲過，而乃聽其解綬回藉，逍遥晝錦，致令説鬼説夢之曹，即借事揄揚，圖燃既死之灰。又如陶朗先、劉國縉賍銀，又經計部題准抵還軍需，然非嚴責撫、按，恐終付之逝波。又如何棟如一案，按臣梁之棟查勘已確，尚未見作何追解，其究必至於朝廷之賞罰無權，言官之糾彈不靈，上下相蒙，養成頑鈍之世界。天下事尚可爲哉？」

户科孫紹統疏云：「三韓淪陷，寇逼門庭，邇陳十餘萬之師於榆關，詎不欲一舉而殲兹匪茹，奏捷恢復。然恢復之事，如其知彼知己、能戰能勝，我備而奴不來，奴來而我能禦，昔日聞風披靡、委而不守之城，果能進一處隨守一處，制奴而不制於奴，旦夕底定可期，一朝夷氛全滅，雖國家虚耗已極，或發帑，或權借，尤可辨此幾百萬金錢〔三〕，一費永省，誠爲上願。如其風鶴之際，兵心未堅，攻取之間反爲奴乘，而且未有變計，日侵紙上之兵，徒作谿壑之填，是江河實漏卮必不得之數。再一二年，奴戈不必西指，我國家不知如何景象矣。」

吏科玄默參兵部尚書趙彦③：「以山東開府，幸妖民之亂起，躋樞筦之職。撫臣身任地方，先事不能剪遏亂萌，臨變又復妄殺無辜，謂爲罪案可也，即以功罪相準可也。乃受事以來，與職方郎中方孔炤毫無善狀，武官非賄不陞，其子開倖竇，近日開鞘賄金之事，業已昭昭在人耳目，真令人愧死無地矣。」

御史王珙參趙彦：「以妖功而獵宫保，邀賞世廕，受恩已過厚矣。登司馬之堂，未見嘉謨可佐邊防，惟側聞長安喧傳，有謂陳獻謨、許武元開鞘盗銀，曾賄送本兵千金者；有謂本兵曾批執照，許令二犯開鞘者。使非緝訪之嚴，發覺之早，不幾委聖恩於谿壑乎？以司屬邊關具瞻之一彦，而本之不清，雖欲邊無債帥，將不剥軍，賊不内犯，不可得矣。」

九卿科道奉聖旨會議樞輔去留。④吏、兵部等衙門會議得：「樞輔三年之内，東夷鷙伏，西虜獻琛，疆圉敉寧，允稱壯猷，勞績詎可泯乎？乃議者不勝鰓鰓過計，謂兵有逃曠而不可問，不有養癰之憂乎？餉委逝波而不可清，不有沃焦之憂乎？將士猜忌而不奮迅，不有風鶴之憂乎？然以樞輔得君專而任久，兵之宜簡宜練，固其素所規畫者；餉之宜減宜增，固其素所裒益者；將之利恩利威，固其素所節制者。操之縱之，慮無不可咄嗟立辨，但恐自此遂無變計，則轉輸苦于不繼，而疏虞出于意外，不能不煩當國者深長慮耳。皇上倚重樞輔，無請不應，屢奉聖諭，奏凱歸朝，煌煌聖謨，宜竟成功。况地稱臨敵，時在防春，一切舉動未可輕易。伏乞特頒温綸，獎其前功，更圖後効。兵之老弱者汰之，餉之虚糜者清之，將之窳惰者斥之，俾轉輸不困於司農，而征求少紓乎民力。尤樞輔衛國之忠謨，舉朝之仰望於樞輔者也。奉聖旨：「樞輔慷慨督師，志切吞胡，今未有底績，何可驟即召還？關門重寄，簡將、汰兵、清餉、相機進止，皆樞輔之責，便着速出任事，整理軍務，恢復防禦，不得他諉。」

户科郭興治參方震孺。奉聖旨：「方震孺黨比熊廷弼，失陷封疆，削籍爲民，逮治。」

吏科黄承昊言遼事：「國計空虚，有朝不謀夕之勢，豈堪持久？兵多潛竄，餉仝漏卮，司農方懷衿肘之慮，而海内已見皮盡骨枯之狀。若守此而無變計，數年之後，不待犬羊窺闕方爲大患，又恐脱巾之戍卒、斬木之窮民，皆是起而爲我難者，安得不爲之寒心也。職謂必嚴核兵餉，廣開屯田，然後可以持久，而其要莫先於選擇將領。蓋兵精則一可當十，十可當百，兵減則餉省，故曰練兵即所以省餉，將得其人，則一切練兵、汰兵彼自有勝筭，何煩廟堂之上緦緦過計耶？」

工科虞廷陛疏⑤：「今日第一着數莫重於當關，第一擔子莫重於樞輔。年來兵餉掣肘，揀將用人之際，每推誠相許，恒不得其用。如大將馬世龍，人謂其魁梧，體貌似亦一望偉然。顧昔日起家何績，今日蟒玉何功？常晤廷臣，率咨嗟相對，虞不克任；職留心潛訪，更聞嘖有煩言。當此危疆呼吸干係宗社安危，非真正謀勇相兼、出人幾步者，恐不足提三軍之命，操閫外之權。此又成敗安危與樞輔相終始，而何可不慎之？向者閻鳴泰口舌任事，旋以虚恢見罷。至於勤王仗鉞，豈宜輒許淮陰，又何必三麾並樹，使權掣而費糜哉？」

户科薛國觀疏：「榆關何地，今此何時，一懈馳宄將，欺蔽而莫可挽回，即撫道豈不欲極力整頓，精心綜核？聞節制無權，動作有礙，竊恐日玩月愒，將帥隳心於戰鬬。曾歲月之幾何，堪此優游稽誤也？」

浙江道莊謙疏：「頃年兵多虚冒，餉盡侵漁，甚至秉鉞者徒懷賣官報爵之私，登壇者全無枕戈待旦之志。嗟乎！是誰司鎖鑰，獨不爲之寒心哉？諸臣議兵餉，職請議樞輔之去留。此何時，可容貪庸剛愎之輩爲之將？得其人，然後可簡兵清餉，於張撻伐而勒鐘鼎，斯無負皇上春留樞輔之意耳。」

五月，御史門克新疏：「自三路敗衄，遼陽奔竄以後，孰有能戰者？侈口進兵，皆欺人惑衆，以餙觀聽，而所用者守之一念也。夫守則守耳，兵多則不精，餉多則難繼，時多則變生。此數萬之衆聚之一關，樞、撫二臣聚之一隅，有此馭敵之法乎？計莫若汰冗兵而募死將也。」

御史李燦然疏云：「向者趙南星柄政，有耿介不阿，屹如山岳，其當年百折不回之概，真足以障狂瀾而挽頹波，爲國家柱石者。頃聖明乾斷，起王在晉等諸臣，真可謂端方偉品，足當明堂巨棟矣。海内臣子孰不首額稱慶乎？」

六月，御史何廷樞題：「遼土且戰且守，則樞輔不宜卸擔，故恢復封疆之寄重矣。但彈丸草昧，閣、撫並臨，雖萬無不和之疑，終作兩姑之婦。似宜歸併責成，使之久任成功，然後不負北門鎖鑰矣。」

遼撫在關，每事不能專主，况閣臣寵眷有加，既不能如督師之尊重馬世龍，尚方在握，又不能如總鎮之威嚴。斗城之中有三大焉，督師足矣，又奚以巡撫爲哉？

兵科陸文獻疏稱：「大將馬世龍五載行間，原無所豎，一旦上方假以節鉞，而登上將之壇，集十五萬之兵於塞，用七百萬之金錢以餉之，可謂非常之寵矣。計宜發憤殲奴，滅此朝食，以報君父，以答知己。不謂虚具表儀，全無紀律，貪穢之形久著，彌縫之術偏工。餉爲養兵而設，不用以享貔貅，而用以肥囊篋，多官之用、多金之入也，每千百之口難防矣。兵爲防禦而設，家丁不以禦寇，而以爲寇，指揮唐堯、通判柯仲烱其被劫之尤者。昔奴在千里，今奴在几席，將與軍俱有狼吞虎噬之形。平時無挾纊投醪之恩，臨事豈有赴湯蹈火之勇？何以寵蓋十五萬軍諸將領之上？古有街亭顯戮，無損武侯之重，樞輔採輿言而更置之，何難作諸將久弛之氣，而一新壁壘之色乎？武官在麾下求安，每藉朘削之利；文士在隙中相鬬，争談出塞之功，徒以倉皇口耳，僥倖一戰，則亦河西之故智已。」

御史張鯉題：「關上馬草，每草一束折銀七分，兵得其四，官得其三，銀皆囊橐，而馬任倒餓弗問也。從來紙上虚兵，以至家丁之占役，各軍之買閑，差遣之影射，種種弊端，難以枚舉。善乎職同官楊新朝關兵養驕一疏，切中關門之弊也。」

户科周洪謨題稱：「樞輔當關，三四年於兹矣，徵兵徵餉，竭天下之力以養十餘萬之衆，犁庭掃穴望眼欲穿，而不聞一展妙筭，有確然之議爲刻期恢復計者。樞輔受皇上之殊恩，膺海内之重望，無俟傍人贊決，然職竊有慮焉。一營而數將，十羊而九牧，懦怯者媮旦夕之安以飽其腹，勇悍者增瞻顧之心而索其氣，不陰不陽，若進若退。夫奴酋悍而且狡，我緩則彼故急，我急則彼固緩，而我徒奴緩亦緩，奴急亦急，以墮其術中。去歲航海既窺要領，今又發遊兵於寧、前、錦、義之間，事在必争。乃旅順一城一簣未築，而虜騎突衝，張盤不保。萬一奴心叵測〔四〕，席捲前來，樞輔自揣能站得定、殺得去否？切不勝杞人之憂矣。伏乞皇上申飭樞輔并撫臣、道將〔五〕，切同舟之誼，各剖心捐軀，有死無貳，以報陛下。至若樞輔自做樞輔事，不得留熊廷弼爲活案；廷弼自服廷弼法，弗再圖樞輔以解分，職又不得不再三言之者，爲國法、爲封疆也。」

御史楊新期題稱：「寧前數百里城堡幾何，大師數萬屯駐何所？兵即有之，當亦歸附。遼民就食無數者耳，可列之行伍，見敵不驚，置之前茅，衝鋒取勝乎？如未也，則當令兵歸士伍，習我戰陣；民歸農田，事彼稼穡，待機會乘，再圖大舉，無認四百萬爲固有，按季取盈。今遼帥馬世龍且憒然請調關前，一任點查，何驕蹇無人臣禮也？夫億萬億千花名，非旦夕可竟。年貌、疤痣，寧甲乙分明；令珠連環轉，則數萬化爲數十萬。各軍有信地分布，此數百里間當令監軍、司帥諸臣各於曠野約日齊點，務期一旦而盡，以防冒名無數。如官不足用，則取就近道、府、州、縣精明各官，尅日尅時，勿相參錯。勿謂十數萬兵便可挾人以莫能稽核也。」

御史王珙題稱：「虛冒莫甚於榆關，兵多積老累弱，十未得五，戍卒苦無安土之期，客兵益切故鄉之念。稍有聲息，得不爲賊足矣，安望其不潰哉？故今之餉已爲關門消耗殆盡，若兵則力疲心渙，未可漫言大舉，且怨望思去，正宜汰簡。汰簡之法，當分戰、守、屯，爲三等，而糧之厚薄即因之。所餘老弱，去之務盡，則强者捍禦，弱者固圉，疆場無一虛糜之人，國家省數十萬之帑。從是生聚教訓，漸圖恢復，以成目前穩着，夫亦何不可爲？而乃悠悠忽忽，尚思渡河，以人國僥倖也。竊恐所關重大，慎無易言可矣。昔職承乏華陽寺臣顧造語職以關門之役，謂爲好大喜功，行私罔上，靡財蠹國，終必焚身，職嘗心服之，而卒無不驗。固知爲人臣者，果從封疆起念，不爲名利薰心，則天下無不可爲之事矣。」

七月，户科陳序題：「邇來將帥忠勇無聞，訓練罕睹，即飽食而不思圖報，若此不益重其玩弛也耶？目今溽暑漸去，轉盼秋高，胡馬正肥，防禦計將安所？且奴非無意忘情於我者，聞在三岔河一帶地方高築長牆，此其意欲何爲？一則扼我哨探，使不得窺彼蠢動情形；一則欲長驅，而恐西虜生心餌其後耳。迨門牆完固，一意西窺，未可知也。又有點兵十萬、西虜迫郊之説，我聞戰守不能，寧無恐哉？」

直隸巡按洪如鐘題稱：「榆關官兵自四月核實而後，稱一十二萬有奇，馬騾四萬八千有奇，每月該領餉銀二十萬兩，而四五月加草折銀尚不在焉。本月二十五日接關撫喻安性揭，謂中後所軍有食野菜中毒而死者，有因飢竊逃、獲而梟示者，以至奴酋點十萬之兵，傅於興水；西虜點數千之衆，迫於近郊。職驚怖不知所爲，惟有准撫臣之揭，具牘上陳而已。」

兵部覆兵科陸文獻疏云：「張盤失事於金州，曾有功實爲内誘，而奸宄之伏于蕭牆，則海外之釁可慮；揭竿設防於沿海，毛文龍正藉應援，而成局恐壞於擾亂，則登鎮之釁可虞。薊門爲神京左臂，各隘之設險布兵，豈滋糜耗，而舊督久已灰心，新推又未叱馭，轉眼不慮秋高乎？榆關宿重兵十數萬，馬世龍受鉞登壇，如何隆遇，而虚冒已經彈射，凌厲更費調停，諸將不慮效尤乎？此皆掩耳盗鈴，上下相習爲塗餙，徒竭四海之膏脂，罔聞三方之結局。此科臣痛切言之，以襄撻伐之一助也。伏乞嚴諭責成樞輔及該撫、鎮等官，各振奮精神，力除疏玩。至如馬世龍，則宜痛自策勵，上報國恩，下終樞輔之知遇，毋謂人言不足恤也。」

兵科陳維新題稱：「職竊禄兵垣，痛心廢箸。若馬世龍，通國知其必壞，而職有知不以上聞，如封疆何？如縱卒劫盗，一月十一案，而世龍内丁輒有七案四十犯焉，又百計庇護，致州縣不敢搜捕，苦兵之患甚於苦虜。如此而欲使兵獲實用，胡可得也？又輕率收降，以致奴兵襍處，致令探息颺去，不思詐降奸細，向來奴狡惟此，奈何慕納降之虚名，而甘惴惴於内地不測之變。此之關係尤非渺小。嗟嗟！世龍縱忽若此，貪饕若彼，才智既無一籌，朘削已工百出。樞輔一腔熱赤，志切吞胡，初欲隆武臣之遇，以重事權，不知房琯雅以功名自負，一用劉秩，而萬有餘喪。天下諒樞輔之心，而轉恐樞輔之心未盡白於天下，故賊來既無足恃，不來而歲費十四萬之兵，四五百萬之餉，可再堪一二年否？今日出屯錦、義，明日出屯寧前，又恐進逼之虚聲，祇爲挑釁之實禍。萬一興水之十萬果真，西虜之數千果逼，戰法守法兩者安據？職何得不中夜傍徨，願樞輔之早决成局也。」

八月，吏科黄承昊疏云：「憶壬戌之春奴陷廣寧，京師大震，挾貲去國者趾錯于途，挈家還南者肩摩於道，主上焦心，臣僚束手，惴惴乎有朝不謀夕之勢。此等景象宛然在目前，曾幾何時，而遂泄泄若此也。我皇上年來未嘗不以東事爲惓惓，特以當關有樞輔。今樞輔所信任而依命之大將，乃一馬世龍。夫世龍之驕悍奸惡，屢掛彈章，更聞其躭於聲色，漸成臃腫。如是而望其斬將搴旗以禦勁敵，不亦難乎？蓋舉朝皆知其不可用，而樞輔獨信之不疑，或者樞輔有獨知之契，如蕭何之奇韓信也者。但恐世龍悮輔臣，輔臣因以悮朝廷，祇自誤耳。夫以祖宗百戰艱難之天下，竟依命於驕懦之馬世龍而無更變，不以國家爲兒戲、爲孤注乎？今日事勢，如同坐漏舟之中、燒廬之下，人人知其必危，乃人人狃目前而忘遠慮，臣切爲陛下危之。伏望皇上自爲社稷計，急與閣部大臣共商安攘之策，無貽後悔可也。」

奴陷廣寧，中外仳離景象，人所共聞共睹。晉出鎮關門，旋修武備，撫安西虜，邊疆寧謐。樞輔自請行邊，任用匪人，兵虚將惰，貪黷之風一倡，夤緣之竇靡塞。尚猶誇大以餙聽聞，其寧免衆口之抨礮耶？

御史安伸題稱：「遼疆久淪，奴患叵測〔六〕，榆關戎事，皇上實一一委之樞輔，即屢有指及馬世龍者，而樞輔獨信其可使。皇上重嚴其責成，則力去虚驕朘削之習，猛奮秣馬厲兵之勇，當不俟終日矣。况奴之請和最狡，我之收降更愚。儲邊才以需後勁，實不可不預圖焉。宋時金兵引退，上下恬然，置邊事於不問，李綱獨以爲憂，數上備邊禦敵之策。此時而有奮不顧身任天下之重，如綱其人，真社稷之臣也。即以應金甌之枚卜，作禁中之頗、牧，可矣。」

兵部爲營軍鼓譟，奉聖旨：「是便行與樞輔轉行撫、道各官嚴查，首亂梟示。其激變情節、係何將領，另行勘明具奏。封疆之臣最要體恤軍情，恩威兼濟。若非平日基怨，豈得以馬乾給發少遲頓起鼓譟？以後有仍前播虚尅扣的，樞輔不時參處。待秋防事竣，樞輔亦不宜久暴於外，仍移住關内。關外宿兵與各阨塞防兵衆寡酌發，不得獨少，致有疏虞。」

鎮撫司爲緝獲事，奉聖旨：「熊廷弼失陷封疆，難逃三尺。蔣名陽心兇膽大，乃與其子出入監禁，營謀叵測〔七〕。即其授受妖書，演習兵馬，不軌之迹顯然，着送刑部從重擬罪。」

大學士孫承宗題：「川、湖兵極難約束，四月中有前屯戢武營之紛譟，七月以來寧遠遊擊徐璉報稱所統川、廣兵繞寧前道呼號矣，松山參將樊應龍報稱寧武營所統南兵閉城門矣。又報喬桓所統武中營係去年招募，三月抵關，迄今未領一錢，衆心徬徨，仍作偶語。乞念危邊將餉銀立賜給發，庶人心可定。臣卧病右屯，謹力疾以請。」

關内道劉詔報：「樊副將受兵凌辱，行李盡搶，將官周鎮、盛忠亦被挫辱。乞將見在銀糧速爲給發。」

户部主事楊呈秀揭：「據寧前道報：川、湖兵以索餉殺人毆將，結隊不散，蓋因馬乾二三分之短少，概稱三月無餉，非職全未給與也。若不預呈，或疑職不速發，取禍非輕，不得不一言以明之。」

軍中缺糧則兵餓死，缺馬乾則馬倒死，止缺馬乾三分，兵何以譟？蓋樞輔急欲進兵，兵畏出征，藉口索餉爲逃散計。而以爲飢軍鼓譟，則近於欺矣。甚矣，邊兵之難御，而樞輔之不度時審勢也。

以張春爲永平道兵備僉事。志叛始也。

春歷任，至戊辰加銜久任，諂事魏璫，奸險兇悖。在晉爲本兵召對，面奏春惡，再上疏糾參，奉旨逮問，反被其糾黨馬世龍、茅元儀等陰賂言路攻擊，晉解任歸里，春僅鐫秩三級，旋加太僕監軍。樞輔長山一敗，春叛降奴，代其上疏請和，大爲中國之辱。

兵科羅尚忠題稱：「樞輔當關三年於此矣，以爲有罪，則數年拮据，關門無恙也；以爲有功，則恢復全局，依然未結也。馬世龍何人，斯偃鼠之飲，業已滿腹，更何所求，而不驕且貪耶？據臣所見聞，殊有出人意表者。總之樞輔於世龍，至此亦莫可誰何，而信匪其人，所傷實多，其象爲比；關事日壞，兵則有兵橐，馬則有馬耗，其象爲蠱；爲將領者，恩不足以結兵心，威不足以攝士志，其象爲渙；爲撫、道者，肘掣而莫克展其技，見異而無自關其忠，其象爲睽；司農與餉司爭餉，中樞與關門爭兵，其象爲訟；舉朝亦明知事之必壞，而苟且偷安，亦明知人之不可用，而姑倚以爲親，其象爲需。夫然，則奴來而窮於應，奴即不來而窮於供，國家於是岌岌乎有困之象矣。言路交章，不啻縷悉，豈大帥近狀舉朝知之，樞輔獨未之知耶？恐樞輔他日無以處世龍，并無以自處，故願樞輔之熟思而猛省之也。」

工科顧其仁題稱：「東圉有事已八年矣，奈何日日延捱，事事破壞。揆厥所由，馬世龍尚可一日容於堯舜之世乎？世龍名爲大將軍，實乃真罪孽。樞輔意所欲爲，秘授其指於世龍，遂迎而合之。樞輔曰此先得我心者也，而且爲神授，而且爲意曙，以故世龍全副精神不用以練兵簡將，而用以獻媚行私；通身氣魄不用以殺賊殄兇，而用以嚇人攫利。指有所染即轉達某可參將、某可遊擊，不難總戎而侵司馬之權；意有所營即託言某宜駐札、某宜恢復，不難置重臣於極危險之地。甚者總收降賊，明留卧榻之虎狼；藐視中丞，暗使同舟而胡越。其他罪狀罄竹難書。皇上嚴責樞輔，如馬世龍必不可用，即與尤世禄、王世欽等概行斥逐，將兵馬、器械等項整頓料理，件件妥貼，莫再輕言恢復，輕離門〔八〕，庶山海可恃無虞，神京亦免震動矣。」

御史陳世埈題稱：「慨自遼左淪亡，中外震恐，皇上以閫外之寄，推轂而授之樞輔；樞輔以國士之知，推心而委之馬世龍，天下之安危係之。今樞輔之巡行也，飢兵所在，紛囂告矣，馬世龍終以屢旨策勵留矣。夫兵而飢，六月前之解餉何居？餓而囂，數年來之訓練謂何？聞以兵而割參將之耳，何止囂也？聞奸弁主使兵囂以要挾，何止兵也？且獨囂於樞輔出關之後巡歷之地，亦匪僅以餉也。猶今日歷中前，明日歷寧遠，明日歷錦右，當此秋防，督此悍卒，奴有興水十萬之報，移駐瀋陽之報，暗結西虜之報，渡河西犯之報，萬一乘間掩襲，如旅順故事，驕悍貪罔之馬世龍能統遊棍賄買之偏裨、率二萬象人塗馬之兵衝鋒陷陣乎？世龍暴横淩蔑，撫臣撫鎮已有水火之形〔九〕，他日恐作玄黄之戰。此樞輔之入關萬不可俟秋防竣事。若足餉止囂，已奉嚴旨，不敢贅矣。」

御史周昌晉疏稱：「職閱邸報，見關上川、湖兵因索餉挺刃迫道臣之門，而松山、杏山之兵亦復煽動。樞輔與撫臣疾呼請命，餉司曲爲給發，僅得解散。以如是之兵，而猶出關至右屯、至寧遠，謂乘其鋭乎，擊其衰乎，或移兵以就餉乎？知兵之不可戰而第言進剿，以謝中朝之口實。士卒苦於暴露，馬匹疲於道途，轉餉愈遠，取數愈奢。徜徉數月，便可按轡入關，曰吾餉不湊手也，此其心路人知之矣。鎮臣馬世龍驕而且懦，朘削無厭，凡部伍中無骨氣者，既竭趨承以奉款；即有才力者，亦不能越阿堵以自豎，舉朝知之，而樞輔若充耳也。或者期許之過，慮傷知人之明；且繾綣之深，内牽難割之愛，姑爲是隱忍，不能共功名，聊與共富貴乎？不知緣縱入手，羽翼已成，今日樞輔之精神命脉已有不得自制者。前之請科道出關點兵，猶是謾語相欺；今之聚衆索餉，直以危機相挾矣。職故憂將之不能用也。嗟乎！玉關人老，燕然未勒，以積老積苦之身，處不進不退之地；用極驕極懦之將，成非戰非守之局。皇上無狥情面以悮朝廷也。」

御史汪裕題稱：「日者關餉告匱，内外參差，司兵不知餉數，司餉不知兵數，以致解不及期，給或非額，而兵譟。一二先倡，千百隨和，環繞道門，露刃結隊，將官不能行法，惟叩首流血以求解散。嗟乎！如是謂之兵乎？不用之禦虜而更以滋亂乎？如是謂之將乎？不能以約兵，安望以平虜乎〔一〇〕？大將臨敵，誠不可易，第英雄之謀略未彰，貪横之形跡屢露，何論有負皇上之推轂，並樞輔節制之體亦爲不光。伏望敕諭樞輔，任將勿一意姑容，練兵必嚴加節制，斯曰戰曰守，有堅而無暇矣。」

順撫申用懋奏：「薊鎮自東而中而西，忉營有三，路有十二，關口有一百五十餘處，邊長幾一千七百里，先年督臣譚綸、總理戚繼光之舊一一可攷。倘循其舊蹟，邊事儘可支撑。條上吃緊八事，曰：酌緩急以均調撥，議舊餉新餉以示畫一，撤回班軍以勤修築，裁南兵將領以省繁費，久任將領以課實蹟，弭内盜以安其生，寬徵輸以紓其力，議處馬户以示休息。」奉聖旨：「八款皆安攘石畫，該部從長酌議具覆。」

前鋒營總兵魯之甲統領官兵，於二十一日右屯衛起行，會同錦州駐防前鋒營參將李承先，俱於二十五日抵三岔河。⑥原奉馬總兵傳調，各營遊擊金冠等船隻限二十七日作事，累差兵在二家溝催探，並無消息。魯之甲見大船未到，用小漁船六隻，每隻止渡七八人，不能多渡，先發該協。千總馬吉、周守禎等統領有馬官兵二百五十員名，李承先發過軍備張文舉、郝自演等統領有馬官兵四百五十餘名，生員劉伯鏹帶領回鄉難民二百三十名各過河，先往耀州。總兵馬世龍於二十六日自右屯起行，次日抵柳河口，見魯、李二將已發兵馬過河，隨差定武營都司張邦才統領後勁左右并衝武營及該鎮標下兵前往耀州應援。魯、李二將先於二十八日帶鎗砲手八百餘名過河，在東岸洲子鼎設備營壘，結聯葦橋進兵。赴義難民周生員等數萬止候探丁至城，便將叛將奴賊擒斬。及至耀州攻城，奴早知覺，烽火一傳，伏兵四起，我兵旋散。賊兵追逐到河，魯、李二將營未下定，葦橋未成，賊突至，連放數砲，李承先亦手執鳥銃打死數賊，因泥水深陷，頭中二刀，面中一刀，身中一鎗而死。魯之甲亦被殺傷，相繼投水而亡，中軍錢應科亦落水而死。」

大學士孫承宗奏關外哨探巡河陷没大將。奉聖旨：「馬世龍調度失宜，輕進取敗，軍法具在，姑令戴罪立功。樞輔身膺重任，着一力擔當，督、撫、道、將嚴加守備，務要萬全，不得屢疏稱病。」

按陸兵可以程計，水兵不可以日計。水陸約期，於二十七日舉事，水兵並無消息。世龍料理如此，焉得不敗？耀州非奴酋緊要地，勝亦不爲功，矧大敗耶？

關内道劉詔查報，魯之甲原爲東哨接渡難民，其欺罔之甚至此。

兵部題稱：「先據傳聞，樞輔、馬鎮守率領兵馬渡河攻海州等語。本部看得：今秋防正嚴，西虜已顯肆挾逞，而奴酋又久蓄狂謀，内地爲急渡河之舉，萬不可輕動。業馬上致書樞輔，并札行馬總兵急宜停止，還當回至錦州，講折西虜，嚴爲防禦。去後，頃於初六日早，據山海傳言，馬總兵令李承先等領兵過渡，自己領兵西，旋被奴將官兵盡行殺傷等情，聞之不勝驚駭。夫在我戰守，向來原無實着，豈可輕動過河？今挑奴，奴酋殺戮官兵，致開大釁，萬一奴騎乘此長驅，則寧、錦等處能保其無虞？而山海關城係於安危極重，前聞在關兵馬甚少，又何恃以守乎？合令總兵馬世龍速將關外各兵急選精壯者，多方調守關城，加意禦防，務期萬全，毋得仍前忽視，致悮大事，自干軍法也。」

巡關御史洪如鐘題：「柳河陷没之故，分明誤聽奸細擒賊歸天朝之語，以貪必不可成之功。乃不度彼己，不審進退，貿貿兢渡，直趨耀州，欲僥倖以掩其不備，而不知已落奴彀中矣。以致伏兵四起，堅城在前，大敵在後，狼狽失措，張皇奔北，半爲追殺，半爲淪没，如驅群羊以餉餓虎，其悲慘慙憤可勝道哉！夫遼事之不能進戰也，人人皆知之，人人皆言之，即職曩者關門師久餉窮一疏，亦有『毋張恢復之名，毋忘固守之實』之言。况屢奉明旨申飭，而竟不遵也。頃職在關門，樞輔自右屯遺職書，職因勸其入關，更以重臣處危地恐非所宜爲囑。蓋以兵不皆精壯堪用，而布置遠地，備多力分，皆屬可慮，故職簡汰兵馬疏中曾及之。且聞其人心不和，事權不一，上下相蒙，彼此相忌，又有西虜挾賞，往往於寧前各處作梗，正恐奴來，脚跟不定，力不能支，奈何奴不來而自送死焉？喪師損威，虜益生心，冒進喪敗者，雖云馬世龍使魯之甲等爲之，而之甲原守右屯者也。樞輔之駐右屯，亦匪朝夕，豈其無所商度，而一旦爲此？無田單復齊之力，類馬謖自用之愚，其敗宜矣。」

遼東罷巡按，邊事總屬巡關稽核。關院此疏深切著明，其言遼事不可戰，與晉言脗合。樞輔整頓已三年矣，戰而且敗，當經、撫潰敗之餘，便嗤晉之不戰，此時何可戰耶？晉在關，人心和，事權一，所以保守殘疆，漸圖恢拓。癸亥以後，關内外另是一番光景矣。樞輔身在右屯，魯之甲由右屯差遣失事，而諉罪將官，何其無丈夫之氣也？

兵科李魯生題：「柳河覆没，羽書旁午，樞輔有疏，鎮臣有報，概其指歸只一回護。道路所傳，有劉伯鏹者報稱，四王子住在耀州，虜兵不滿三百。我師過河，遼民既殺王子，殲其衆以歸。當事者輕信，便欲邀此奇功，以爲撒手之局，而不知其中敵人之計也。兵至城下，寂無一人，城上鼓掌大笑，四面伏兵盡起，我師奔逃，無敢戀戰。有言喪官兵幾萬、好馬數千者。我氣既喪，戎心必起，天語輝煌，岌岌乎有一重門限之慮。乃東方之禍害愈甚，樞輔之告病愈急，輔臣獨非人情，而善病至是耶？」

工科陳胤業題：「頃柳河之役，樞輔當我兵新挫之餘，人心未定之日，宜竭股肱之力，濟之以忠貞，成敗、利鈍、生死付之天命。人情不平則奮，夷奴之計陷我軍，窘辱天朝，樞輔得無有奮心乎？事有弗如則恥，逆臣永芳，中華無有與之角者，樞輔得無有恥心乎？巖闕安，神京亦安，即樞輔之廬舍亦安，不然退處何地？急欲卸擔，保全於一身得矣，而以大事遜人，即寢食必且不寧，而入里亦覺無色。願樞輔憬然動念也。」

户科吴弘業題：「馬世龍徼功失事，樞輔特疏參之，諸臣屢疏劾之，奉有明旨，差御史從實勘明具奏，以憑處分。忽奉温旨，諭以不必以小挫自阻，且望其嚴備禦而蓋前愆。噫！是不惟樞輔獨任偏聽，悶悶昏昏，俱被世龍顛倒；併令廟堂之上，威命靈爽，反反覆覆，又被世龍顛倒矣。夫封疆利害，不論所失之多寡，當論所係之輕重。使奴衆乘此敗巇，渡河而西，長驅直搗，則鋭氣先喪，風鶴皆驚，不知誰爲堵截，誰爲應援？世龍之肉豈足食乎！而但謂之小挫，可乎？即樞輔素偏護世龍，已知其神氣俱銷，號令不行，無能爲矣，尚望其嚴加備禦，使奴酋聞之，不輕我中國之無人一至此乎？職請急下明詔，着令世龍暫解兵柄，聽勘明處分，斷不宜濡滯不決，再貽疆場之誤也。」

從來武弁作用無有如世龍者，反覆顛倒，任其簸弄，總由虚兵尅餉，線索通神。邊事大壞，實自世龍始。

貴州道張樞題：「職見樞輔有哨將巡河陷没一疏，不覺驚汗浹背，毛骨悚然，因嘆關門事急矣。大都今日之計，守關爲要，須設重兵於此，以爲堅壁固壘之用。其寧前、錦州雖不可虚無其人，亦須斟酌量移，不可使前出而後空也。至於軍中糧餉，絶不可多積遠地，以防藉寇。此關門根本之慮，而遼、瀋已事之鑒也。」

貴州道楊春茂題：「鎮臣馬世龍等纔一渡柳河，而覆軍殺將，慘不可言，樞輔之能已見於天下矣，恢復謂何？以臣愚計，必毋嘗試、毋掩襲，凡寧前、寧遠處處練兵，處處積餉且耕，安插遼人以固吾圉，結連西虜以繫戎索，纔可以雪耻除兇，繫奴酋之頸。此戰守之機，宜所當早決者也。」

湖廣道温臯謨題：「經、鎮兩臣急於邀功覆過，以國事徼幸。今舉朝皆言樞輔宜聽其暫休，馬世龍宜解其兵柄矣。然舉代甚難，計不得不責問於樞輔，數年綜覆，夫豈夢夢？誰堪代世龍，樞部與廷臣參定之，尤愈於局外之傳響也。」

樞輔胷中只有一世龍，既謂其當休，又何必問。

兵科羅尚忠題：「竊惟樞輔誤信馬世龍，舉朝杞憂無已，而樞輔寵怙不衰。今亦曰世龍失事有罪乎？曰任用非人有罪乎？訓練不足，剥削有餘，飢兵質弓矢以爲飱，則無過河之料。舟楫不備，結營東岸，而喧競於河凡四晝夜，敵安得不乘其疏？則無過河之筭。前鋒之將先期而冥行，水營之船後期而不至，誰制閫外，號令安在？則無過河之律。且發營兵，且發降卒，祇因彈射交加，姑欲殺降當賊，襲功掩罪，以塞人言。則無過河之志。總之，世龍之罪不在輕進取敗，而在多方蒙敝，任意貪横，全無報主之心；樞輔之罪不在誤任匪人，而在狥私庇奸，養虎貽患，釀必敗之局。則今日併差御史勘明，誠不可不詳核其實也。」

雲南道楊維垣題：「用兵之法，要在審勢，不謂任邊事者乃頑冥蹈之，一何醉夢至此。世龍言隔河而行，何以忽踰河？言萬無一失，何以不應其口？草草而往，貿貿而去，是何筭計？不意國家敲骨吸髓之餉，止養此無用之兵。樞輔所違衆深信之馬世龍，仍只一無能之將。而朝廷上所倚之爲范、爲韓、爲裴晉公者，亦作此等成色也。平時談天之藻，炙轂之辨，且一切高閣束之，步步從實地上行，件件擇緊要處做，日日切覆亡之懼，隱隱培恢復之基，亡羊補牢，未必爲非策耳。」

山西道劉洪光題：「職邸報中見東巡敗没一事，不勝甚駭，而且嘆也。群十餘萬之兵，費千百萬之餉，從未見斬將搴旗，有一勝着，纔一探足，即遭覆衂。此時將何功之圖，何計之從也？惟是急採賢良，需次大用，而夾袋乏宿儲之彦，群議鮮推轂之英，此其故何也？年來門户操權，異己即黜，所藉以居要而任重者，非其故吏，即其門生。所稱矯矯力特、不隨風逐流者，幾何人哉？職以爲賜環諸臣，宜擇其聲先而望重者，即當推用。當此中外多事之秋，或亦任賢圖治之一道也。」

門生故吏等語深切時弊，迄今十餘年，邊事用人皆係一脉，稍立異則斥去矣。

兵部題：「關外鎮守、設防、哨探各兵不過三萬，而關門又止二萬八千。柳河之衂，總兵、監軍實壓河而營，全師以歸，豈二弁隨喪數萬？又何糧餉未聞報減也？宜聽經臣從實核報，以憑查處。」奉聖旨：「上年減汰兵餉以八月初一日爲始，是時額兵報十一萬七千，今報見在數止五萬八千，實少一半，其餉安在？便着巡關御史從公覈實，於五年分逐月清查，扣筭明白，毋使内外互争，有誤給發。」

順撫申用懋題：「臣莅任以來，三月於兹，適值柳河失事，恭聞皇上有關門止隔一重門限之旨。臣仰天而嘆曰：思深哉，其殷鑒乎！於是星馳到彼，登高涉險，備歷諸要害，相度形勢。或謂依山依海，關門誠金湯矣，而關外一片石獨不有間道乎？臣謂一片石形勢委蛇，外寬内窄，外寬則我兵可屯，内窄則寇無可掠，必不敢入。入則黄土諸口拒其衝，石門新練兵邀其前，而關東鐵場堡兵截其後，入則當立殲之盡耳。虎豹在山，真有萬夫莫開之勢焉。」

人憂一片石，愚謂虜必不由險地，入則囊中物耳。此疏得之。

都察院左都御史王紹徽題⑦：「柳河之役冒險失利，大違軍紀。事若濟，則以恢復張皇；事不濟，則以哨探藉口。合遣御史徹底清查，肅國憲於既往，懲夙弊於將來。查得御史練國事雅負精忠，兼饒幹濟，堪以差委。伏候命下，令本官會同巡關御史前去，將失事情節從公會勘回奏。」

毛文龍獻俘，解活夷七名，稱中路逃去二名。行至廣鹿島，文龍另解六人，將前人换去。科臣楊文岳言：「俘夷重事，忽然解來，忽然换去，前解者不知何以處發，後换者不知何處得來。一生一殺，倏更倏替。生既不重，死亦不威，如此事情真同兒戲。」不報。

聖諭⑧：「朕惟踐祚以來，日夕兢兢思復祖宗封疆，奉行祖宗法度，共與二三大臣及諸百職事三令五申，至諄切矣。念目今逆奴内犯，遼左戒嚴，我皇祖特起熊廷弼於田間，援以經略，賜之尚方，賜之蟒玉，寵極人臣，義當盡瘁。乃廷弼欺朕即位之初，始則托病卸肩袁應泰，而遼陽亡；既則剛愎不仁，望風先逃，而河西失。當是之時，不知費國家幾百萬金錢，喪軍民幾百萬性命，而征兵西蜀則西蜀變，風聞山東則山東亂，至今黔中尚岌岌未寧，斯其罪難擢髮數矣。迨三尺莫逭，復百計鑽求，其最甚則有周朝瑞十日四疏以救，有顧大章妄謂罪屬可矜，而又托奸徒汪文言内探消息，外入楊漣、左光斗、魏大中、袁化中之幕〔一一〕，囑令遺書求解。諸奸受賂動以萬千，又安問祖宗疆土與祖宗法度哉！朕深切痛恨，已將楊漣等置之於理。頃八月二十一日於文華殿日講畢，卿等五員獻刊行有像遼東傳一册，出諸臣袖中，合詞奏曰：『此廷弼所作，掩飾誇功，希圖脱罪。朕親覽之，豎髮切齒。此蓋廷弼奸謀不得肆行於朝，今又敢以流言煽惑於野，且心懷不軌，辱國喪師，惡貫滿盈，罪在不赦，而又刊書惑衆，情益難容。況屢經言官郭興治、門克新、石三畏、周洪謨等形諸於章疏，再四詳繹，宜亟加兩觀之誅，庶大快萬民之憤。卿等既擬諭來，具見獻書忠懇至意，朕甚嘉焉。卿等即傳示刑部等衙門，着便會官速决了，以爲人臣辱國偷生、罔上不忠者之戒。特諭。」

刑部奉聖旨：「熊廷弼罪惡貫盈，既已正法，還着傳首九邊示衆，仍追奪誥命。家屬人等着緝事衙門及五城兵馬即時驅逐出境，不許潛住京師。如有疏縱，一併嚴究不饒。」

時魏忠賢以妖書謀逆等事坐蔣應陽，乃徼獲奸之賞，而廷弼之死速矣。

校勘記

〔一〕大理寺丞徐大化題稱　「丞」，原作「亟」，據北大本改。

〔二〕則加以額外出辨之四十六萬　「辨」疑「辦」之誤。

〔三〕尤可辨此幾百萬金錢　「辨」疑「辦」之誤。

〔四〕萬一奴心叵測　「叵」，原作「巨」，據北大本改。

〔五〕伏乞皇上申飭樞輔并撫臣道將　「上」，原作「生」，據北大本改。

〔六〕奴患叵測　「叵」，原作「巨」，據北大本改。

〔七〕營謀叵測　「叵」，原作「巨」，據北大本改。

〔八〕輕離門　「門」後疑少字。

〔九〕撫臣撫鎮已有水火之形　「撫鎮」疑「鎮臣」之誤。
〔一〇〕安望以平虜乎　「平」，原作「乎」，據北大本改。
〔一一〕外入楊漣左光斗魏大中袁化中之幕　「袁化中」，原作「表化中」。明熹宗實録卷六二天啓五年八月辛丑條作「外入楊漣、左光斗、魏大中、袁化中之幕，囑令遺書求解」。據改。

底本眉批

①本條原有眉批「旅順破」。
②本條原有眉批「册封朝鮮」。
③本條原有眉批「糾趙彦」。
④本條原有眉批「會議樞輔」。
⑤本條以下敘事原有眉批「此後俱糾馬世龍疏」。
⑥本條原有眉批「柳河敗績」。
⑦本條原有眉批「勘柳河失事」。
⑧本條原有眉批「殺熊廷弼」。

三朝遼事實録卷之十五

乙丑

九月，兵科王鳴玉題：「職接邸報樞輔『哨將巡河陷没，大將調度失宜』一疏，慨然廢箸而歎，語同官：『疆事破壞一至于此。』夫馬世龍武夫耳，智以利昏，貪而弗檢，此不足責；不幸而敗則死于虜，幸而免則死于法，此不足惜。獨是樞輔何人，封疆何事，乃偏聽養奸，致有今日。此則昔人所謂大臣誤陛下，而大臣所任者誤大臣者也。夫世龍之必無成也，中外知之，樞輔獨不知；諸臣屢言之，樞輔獨不言。即我皇上未必不心疑之，姑優容之以觀其後，而樞輔獨言而不疑。夫督師一官非皇上設之，樞輔自請之也，專閫重權則攬之己，殘局敗着則推與人，此君子所不爲。但以衰殘爲辭，罷去塞責，何以答數年特達之主眷，而謝中朝沸騰之物議乎？大抵樞輔之在行間，名爲慷慨，實已狼狽，堅于自信，闇于知人。始養世龍爲驕子，前掣後曳，明知其倚叢營窟之奸；繼聞人言如充耳，苟且糊塗，覬幸爲覆罪蒙功之舉。樞輔曾有言曰『舉世不念，堪憂』，臣今則曰『樞輔不念舉世，堪憂』。夫無事則便其身圖，而有急則償以之國土〔一〕，此武夫之不忠者也。」

刑科蘇兆先題：「臣聞朝氣鋭，暮氣惰，衝風之末不能起斷蓬，其力弱也。樞輔一疏再疏，輒云某處置兵，某處置物。臣歷幾防臣事漸畢，蓋翻然動歸想，于是語語酸楚，言言苦病。此時形神不束，而關門即聊且塗抹，已忽然有離披不振之象焉。又其後欲辭不得，欲歸無路，情迫無奈，遂言出關，言渡河，言兵飢，言兵變，語語張皇，句句憤激，對人成怨，觸口皆恚。此時關門真兵不成兵，將不成將，其景色始結爲泛然莫主、潰焉欲決之形，雖無俟今日，而識者已憂其必有今日久矣。彼如渡河東哨是何等事，不聞有一番精明約束，不見有一段激厲威稜，止榻前咿嚅數語，聲氣不揚，旌旗削色，其何以壯軍聲、作士勇，而欲其不敗，得乎？願樞輔整頓末路，以性命身家當此危關，勿慢焉神茫意亂，而以危關爲孤注也。至諸臣從長計議，自不可緩，蓋昔之難代樞輔者，非直以代之難其人，直思昔誰代受功，誰實未成而代受收功；今誰代受罪，誰實必敗而代受實罪。不知此從樞輔起見，不從封疆起見也。失律喪師，不可謂無大罪，即可定樞輔功罪輕重之案，便可定朝廷恩威輕重之案矣。」

御史曾應瑞題：「自樞輔之任馬世龍也，約五部大兵歸其節制，世龍亦儼然自稱雄長，號召諸軍，在樞輔且不啻干城倚之，腹心置之矣。無奈世龍貪而且狡，庸而且懦，威不立于上，而令不行于下。至大將畏偏裨，偏裨畏士卒，魚散獸陵，莫可收拾，勢不至覆軍殺將不已者，今復何如？設問誰司約束而令至是，世龍應得何罪耶？如謂其可堪策勵，轉敗爲功，則世龍不過一席寵怙貪、昏憒無知之徒耳。世龍納賄營私，比匪罔上〔二〕，中多羊頭犬尾之輩濫珥貂蟬，自少鷹揚虎賁之雄不堪鞭策。以故世龍用諸將則諸將敗，是世龍以諸將殉；以樞輔用世龍則世龍敗，是樞輔以世龍殉；遞相殉而遞相敗，將以國家殉。是役也，豈徒料敵智短，大類金注之昏；乃由貪功庇奸，妄希歛袴之予。故樞輔久駐右屯，無非進取爲謀，要皆世龍倖功一念悞之。今決裂至是，可輕縱乎？萬一奴賊乘勝躙入寧前一帶，風鶴皆驚，山海關泥丸難封，雖縱食世龍之肉，竟屬無益。即令之堅壁固圉爲贖罪地，則敗軍之將令愈不行，軍心滋玩，勢難圖矣。是世龍宜以軍法從事，革職聽勘，徐議正法追賍者也。」

兵部題：「關門兵餉虛糜，營伍玩愒，臣部慮之久矣。今當秋防戒嚴，西虜挾逞，乃不綢繆山海以實根本，保護寧、錦以固藩籬，輒欲過河以鶩恢復之虚名，衆論皆知非策。臣部前已馬上致書樞輔，并扎諭世龍，冀其中止，促回錦州，未見回覆，而兵將陷没之報至矣。第兵馬將領存亡數目尚未明報，應行巡關御史會同該撫委嚴明司道查勘的實，以憑參處。夫中樞與在關文武諸臣表裏封疆之責，須外閫關白，同心共圖全勝。今輕師東渡，臣與撫臣不一與聞，置當事于局外，視飛檄爲故帋。今臣言不幸而中矣，爲鎮守者可仍泄泄而誤封疆哉？伏候聖裁。」奉聖旨：「關門將士糜餉如流，平日料理何事？一舉輒遭陷没，大貽國恥，反啓戎心，深可痛恨。你部便馬上差人速催新將楊麒等及總督王之臣星馳到任，仍移文樞輔統率撫、鎮、道、將諸臣，亟脩戰守實事，毋鶩進取虚名。至于本兵重任，尤宜朝夕儆備，中外同心，共圖全勝，不得徒托空言。其失事情節，即着都察院差風力御史一員，會同巡關御史從實勘明具奏，以憑處分。」

遼撫喻安性爲哨將巡河陷没事。奉聖旨：「馬世龍輕進喪師，罪莫可逭。喻安性同事封疆，何得諉于不知？姑策勵供職，悉心防禦，俟勘明處分。」

喻安性着改推用。

楊鎬三路敗衄，所喪軍丁四萬五千八百七十餘名。今以十二萬兵而存五萬八千，則比鎬之喪師更甚焉。一筆塗抹，以欺朝廷，國法可逃，此心何可昧耶？

工部主事門洞開疏云：「年來只因帶罪二字斷送封疆，復歎今日尚爲情面一言賣玩法紀。今日言清餉，明日言清兵，兵餉誰清？進不成功〔三〕，退不成守，戰守無據。議論多而成功少，徒滋紛爭；黨與盛而主勢孤，莫破錮習。食毛踐土，不思報朝廷之恩；借譽養交，惟知便身家之計。悠忽汎泄，釀成不痛不癢情形；詬誶囂陵，漸見若醉若狂景象。勢極重而難返，法屢伸而輒弛，即一可以例其餘矣。」

浙江道御史莊謙疏云：「東事至今日而極矣。終日言兵，不計兵之可以戰可以守；終日言餉，不問餉之靡于將靡于兵。無故思徼倖以成功，一遇小敵，輒干戈之不任，而枕尸之相接。天下事尚可爲哉？」

刑科霍維華題稱：「自古閫外之寄專畀一人，未有一權而兩操者。古人文武出于一，今之人即遠不逮古人，文武并用可矣，何至文與文耦大其柄，武與武衆制其權，如今日乎？遼東之壞，已事昭然，烱鑒不遠。關門近日之事不幸復類前局，四載綢繆，一朝挫衂。亡羊補牢，因敗爲功，正在樞輔自爲策勵，既萬不可聽其去，惟有裁關撫一員耳。關撫裁則三軍之耳目心志并萃于一人，前後之功罪禍福慮切于一身，翻然振起之氣象或可再見也。至撫臣喻安性義當分過，事非專制，與其兩存之而開推諉之端，何如别用之以收桑梓之效也〔四〕?」

御史倪文焕奏傳聖旨：「夏之令極詆毛文龍，幾誤封疆，差官逮治。吴世科冒濫兵餉，拿送鎮撫司追贜。」

十月，工科楊所修題稱：「自遼疆淪没以來，揆厥所自，率以經撫不和敗，以文武棄逃敗。以關外議戰議守，朝臣袒左袒右，卒致牴牾，俱成畫餅焉，而終敗。頃者柳河之失，又以欲倖功掩罪而竟至没將陷兵，大爲逆奴所竊笑，覆轍固歷歷在也。夫知其所以敗，則知其所以勝也。往者經撫並設，勢可相軋，各所轄將士不無偏向，而在朝之人情又時有向背，人人代爲兩，人立城府〔五〕，即以父子兄弟爲之，不相謀矣。從前屢屢僨事，豈容再誤?望皇上與閣部大臣商確，關外似宜止用一人，以經略銜兼巡撫事。語云『用人勿疑』，凡道將等官聽其揀擇委任，併力同心，從新做起，如理家事者然，庶可望桑榆之收矣。」

吏部會推經略高第、王在晉、張鶴鳴。欽點高第。

高第薦職方主事徐日久爲軍前贊畫。

賜高第蟒玉銀幣，經略朝鮮。

巡關御史洪如鍾題稱：「關門重地全以事權歸樞輔矣，然關撫之設，正樞輔所爲運指背而賴緩急者。職歷榆關時，曾問遼事，説者謂前事皆因經撫不和而敗。今樞輔、撫臣固稱一心一德之雅，而所見亦微有異同。若任樞輔，似不必用撫臣；用撫臣，似不必煩樞輔。凡部臣、鎮道臣對職無不言此者，此職所據爲事權不一者也。如柳河之役，撫臣謂絶不與聞，意自見矣。至諸弁中固多意氣相投，惟是委署者每以信任使氣勢，而部陛者又以實授薄虚銜，各不相能，遂起睚眦。即前日飢軍鼓譟，敢以群卒凌主將，而同事者或擁兵而不救，或緩頰以示恩，豈非相顧相忌之一念與？是居平原無同袍同仇之風，臨陣定無必勝必克之理。故渡河之舉纔一動而立見敗衂，豈所謂胸有成畫、見而後進者耶？既失虎豹在山之勢，又動風鶴草木之驚，宜何如振起者？亡羊補牢，此其時矣。」

巡按直隸御史焦源溥題稱：「職巡至北平，抵榆關，轉石門而西，見畿東一帶編民車户爲榆關運米、運金、運草、運豆、運器械火藥，而逃累者十已八九。以爲士馬何如騰壯，軍伍何如精嚴，及至關門，則軍丁蕩遊無所繫屬，諸將領半多驕縱，城池守兵俱弛，祇有山石道所編居民列爲鋪兵，執干守垛而已。職見之不勝駭異，緊要一關狼狽如是，尚敢輕率出兵，儌倖於萬不可得之功哉？柳河之衄，所喪者挑揀之兵馬，所殞者屈指之猛將，落膽驚魂，又似三年前光景。關係豈渺小，何以平常視之也？至於事敗互相推諉，職不能爲運籌諸臣解也。撫臣對職曰：『款事可成，守實不難。』此其中或自有妙用，非職膚淺所測。倘不更易一番常調，洗滌一番腸胃，振起一番精神，關門事未可知也，則守亦豈易言哉？」奉聖旨：「關門情狀，這本說的甚真。以後着力加振刷，務保無虞。」

十四日，樞輔孫承宗允請告回籍。

職方司主事徐日久疏：「切見山海關總兵馬世龍本一市井庸徒，虚有儀貌，總戎不爲不久。我皇上徒以邊疆在念，悉心委任，竭天下之物力，罄累朝之積儲，贇運轉輸。至於九邊調到家丁，類皆各處將官畜養健兒，選十得一，糜費困頓，有識寒心。今試問世龍：此曹安在？營房安在？器械、馬匹安在？柳河之役自動自靡，然則平時所爲訓練安在？偵探安在？韜鈐勇略一無可言。三年以來道路流傳，惟有貪淫驕縱諸狀，不堪聽聞，不可殫述。第我皇上矜于使過，亦既屢屢策勵嚴旨。世龍顧囂囂自得，無戰兢恐懼之心，而益務旁蹊曲徑之術，平時無一善可稱，據法無一毫可恕。若復優容，冀其後効，雖上之聖意淵遠，而下之觀聽混淆，即經略新猷，亦似難于展布。臣晝夜思惟，不能已已。按祖宗成憲，凡守邊將帥與賊臨境巡哨之人失於飛報，以致損軍者，應得何罪？依條處置，不少寬假，國法既伸，公論條暢，必能使人心震動，邊務肅然。若以五防勞叙，墨跡未乾，亦應令其解任聽勘。即今楊麒已至，臣雖未識其人，度朝氣新鋭，必能獎率三軍，旌旗改色，彼此虚心，可用商酌。若馬世龍短長已見，臣若冒昧與之同事，懼再辱封疆。不勝憾忿，斷斷乎以此舉爲贊畫先着，不然，臣豈求多于世龍者哉？」奉聖旨：「經略到關，灼見情形曲直，自然奏請定奪。况封疆所係不小，徐日久如何逞臆妄奏，摇惑軍心？且詞語傲慢，甚無人臣禮。着削了籍爲民當差，仍追誥命。」

柳河之敗，朝廷震怒，馬世龍待罪聽勘，不得不亟圖營脱。疏中「益務旁蹊曲徑」一語觸其所諱，故雖以新經臣力舉隨行贊畫之官，逕罹削奪，欲借此以箝言官之口云。

御史袁鯨疏稱：「年來爲一塊遼土，尺寸未復，而中原民命脂髓久枯，在事諸臣惟有愛惜金錢，刻求實濟，爲當關第一義。無仍效樞輔悠悠歲月，浪擲金錢，幾以國家大事坐誤于冗員貪弁之手也。」

自贊畫徐日久明指馬世龍之罪，疏入即削，貪弁之氣長矣。經臣高第請裁馬世龍之權，反賜優容，經略之體傷矣。嗣是無人敢指斥者。袁侍御寥寥數言，切中肯綮。樞輔用人誤邊防而壞朝廷，一至此哉！

御史洪如鍾奏西虜要挾。奉聖旨：「西虜挾賞，歲費至二十餘萬，仍致復來要挾，皆因處置失宜，有名無實。便行與經、督衙門責成王牧民相機裒益，早結款局。仍嚴修内備，以消窺伺。其户、兵二部額銀務要按行給發，如故意稽遲，致滋多費，聽巡關御史參奏，以失誤軍機論。」

經略高第題：「榆關捍蔽神京，防禦宜急，邇來糧餉虚縻，營伍不實，又以渡河取敗，益廑宵旰之憂，特旨專設經略重臣總理。微臣自本兵出鎮，賜尚方劍一口，豈非欲臣彈壓文武，爲封疆計哉？職家頗近，竊聞其概，武官剋軍尅糧、貪肆不檢者十有七八，文職侵尅官銀、私折糧草者十有六七。律以軍法，極重者當正法，少輕者當綑打追贓，罷斥究遣。臣灤人也，所統轄者父母之邦，必請旨申明，然後法行而權不褻，庶無負于簡書。人之知我罪我，其聽之矣。」

時榆關貪冒之習牢不可破，誰實釀成，經臣之疏有明徵矣。

寧前兵備袁崇焕揭：「據管錦右糧屯通判金啓倧呈照，錦、右、大凌三城皆前鋒要衝，倘收兵退守，既安之百姓復罹播遷，已復之封疆反歸夷虜，榆關内外更堪幾次退守耶？呈詳到道，據此爲照。兵法有進無退，錦、右一帶既安設兵將，藏卸糧料，部署廳官，安有不守而撤之，萬萬無是理。脱一動移，示敵以弱，非但東奴，即西虜亦輕中國。前柳河之失，皆緣若輩貪功，自爲送死，乃因此而撤城堡、動居民，錦、右摇動，寧前震驚，關門失障，非本道之所敢任者矣。必如閣部言，讓之又讓，至于無可讓而止。今只擇能守之人，左輔守大凌河，樊應龍等守右屯，更令一將守錦州，此城大于右屯，然稍緩矣。三城屹立，死守不移，且守且前，恢復可必。若聽逃將懦將之做法，以爲哨探之地，此則柳河之故智，成則曰襲虜，不成則曰巡河，天下人可欺，此心終是欺不得。則聽之能者，本道説一聲明白便去也。」

柳河敗衄，風鶴皆驚，已復之封疆便思退舍。袁道此揭亦有氣概，未可以人廢言也。袁與樞輔一心，此心終不可欺，乃曰哨將巡河失事耶？

吏部會推兵部尚書王在晉、王永光、黄克纘、張鶴鳴。欽點王永光。

閻鳴泰陞兵部添設右侍郎，署兵部印務。

經略高第請餉。奉聖旨：「額餉三十萬，着户部作速措解，以便軍前給發。其另請募兵犒賞之需，着户、兵二部湊處十四萬，不得遲誤。」

王永光疏云：「會推大臣，有正有陪，幾經銓部之推敲，參以僉同之衆議，先後較然，不可易也。中樞居中調度，厥任惟艱，自非久歷邊陲、曉暢兵事者，不與此選。惟兹爪牙喉舌之司，宜得緯武經文之佐。如王在晉之英敏識力十倍于臣，輒敢循例疏舉以代。伏乞皇上念兹四郊多壘，欽點以膺斯任，軍國幸甚。」

在晉見忤于魏璫，頻推不用。始推冢宰，點崔景榮；二推兵部，正陪俱不點；三推經略，點高第；四推兵部，點王永光；五推左都，點周應秋；六推工部，點董可威；七推兵部，點馮嘉會；八推兵部，疏無崔呈秀而傳旨用之。正推則點陪，陪推則點正，或正陪俱不用，其受抑于璫甚矣，而孰知不用者乃所以全之也。

十一月，吏部題爲危關失事，致廑聖懷，敢申用人之議，以圖萬世之安事①：「文選司案呈本部題：伏禮部尚書兼大學士丁紹軾題請命六部、九卿、科道各舉所知堪任經略、邊撫及邊道，取之兵郎。等因。奉聖旨：『朕覽卿奏，具見忠良爲國至意，朕心嘉悦。今封疆多事，經略、總督宜夙儲待用。該部向來但徇私情，不以國事爲重，如兵部侍郎原爲經略添設，只朦朧推舉，臨期竟無一人堪任，緩急何賴？今後樞貳、邊撫務要慎選邊才，以備經督之用，毋得輒行遷轉，以致欲用無人。即着九卿科道官各舉所知，吏部斟酌具奏。責實一節，尤且時弊〔六〕。各衙門凡差委，必待事完奏繳，方准叙升，未完者加銜久任。各倉口出入存留，户部精核實數奏覽。其餘的俱着各該衙門一一如議、着實遵行者具本覆奏。如或仍前怠玩，視爲虚文的，聽該科指名參來處治。』欽此。遵照明旨，發單九卿科道諮訪，各舉所知去後，今該各衙門陸續開送堪任經、撫、邊道職名前來，相應彙題，并保舉姓名疏上請。等因。案呈到部。除復加斟酌外，臣等非敢謂天下文經武緯、堪任邊事止於如此數十員，亦非敢謂九卿科道精核嚴舉，搜盡天下之奇才。第竦之以功令，則舉薦不濫；加之以連坐，則遴選必精。臣部上遵明旨，下稽輿論，彙得百有數十員。復與都察院及各官詳加參酌，今止擇得備任經略以下、邊道以上兵二十五員〔七〕，俱堪以次擢用。如別有的見實迹、堪寄封疆重事者，不妨續請。總之，以臣子至公無私之心，上承朝廷用賢圖治之意，使見舉諸臣超絶塵世之營，專圖帷幄之算，事變以日鍊而彌熟，韜鈐以日究而彌精，將真才畢萃于廟廊，而恢復可收于邊塞矣。計開備任經略尚書二員：見任南京吏部尚書王在晉，保舉官四十二人。原任兵部尚書張鶴鳴。保舉官二十人。」奉聖旨：「諸臣既公舉，准備不時擢用。」

登撫武之望題：「旅順爲三方扼要之樞，斷不可不守。祇因其地懸于四山之中，無險可憑，故向來守之不能堅耳。今登撫官兵竭數月之力，躬胼胝之勞，業已就工，則春、夏、秋三季可以駐兵無虞；惟冬月虜騎可通，難以支持，且彼時運道不行，無所事防，即退居皇城島亦無不可者。此臣等之愚見，即該部覆疏，亦謬許以爲然矣。惟東鎮近日疏揭屢屢及之，既以爲其地不必修，又以爲冬兵不可輒動，稱别有調度，另有方略，且謂期年可以屯插，兩年可以計復廣寧、駐兵三岔河崖，刻期恢復遼、瀋。果爾，則收拾全遼易于反掌，旅順真不必脩，而冬兵信不必撤矣。全旅既獨任之而不疑，登兵必盡裁之而不用。則區區二工，登鎮能保其成，不能必其用；能設其險，不能專其防。是在廟堂亟定所屬，無復使爲築舍之謀也。」

旅順爲三方扼要，既云不可不守，又云冬月難以支持，退居皇城亦可，我退，奴獨不可據乎？據而圖復，復而遇冬則退，是攻守相尋無已也，然則脩工爭奴而設矣。海外情形，畢竟毛文龍勘得透，彼此爲守旅順〔八〕，卒致内議交訌。海外之功不成，邊臣謀國非心虛而識遠疇，能勘定亂略乎？

兵部酌議旅順駐防定畫。先是，登撫武之望題「旅順漸成可守」，該部覆云：「頃撫臣以張扳之節制屬登，而爲額餉慮；以南關之挑築責登，而爲經費籌。科臣王夢尹、臺臣汪裕亦鰓鰓難之，科臣李魯生又切切然急之。夫文龍者，以爲征剿之大兵，而冒險以窺老寨，則誣也；以爲招撫之地，而護難民無使爲奴盡，則不可少矣。文龍實置旅順于度外，而又乘部題之改屬以揜其棄，可無問也。其南關姑且停工，令兩鎮會哨；其餘信地悉依原餉原派，不必更張。曾有功罪止援遲，聽該鎮自行軍法。」

毛文龍解俘夷三名，有旨免告獻。

太子太保兵部尚書王在晉題：「慨自壬戌河西罹陷，軍民潰關而入者二百八十萬人，關門不閉者經四晝夜，關前西虜充斥，塘報迸絶，幾無關矣。廷推經略，無人肯任，再推以及于臣，臣拼命願往。先帝喜動天顏，臨軒授劍，立命臣行。臣但知有國，不知有身也，于時收拾敗潰卒，結隊守關，身無片甲，手無寸械，從新做起，夜以繼日，卧薪披棘，艱苦萬千。數月以來，百事有緒，西虜受款後，收拾關外三百餘里殘疆，五城二十七堡復歸版籍，東至朝鮮，西至白彦諸虜，皆受臣聯屬。長安中函書往來不絶，並無一封書帕進京。部道將領亦皆潔己奉公，恪遵禁約，立定脚跟，做成硬局，爲朝廷撑持世界。故歷臣任内所省兵餉頗多，所費帑金最少。是時着着皆真，事事從實，並無虚兵虚餉；廷臣交譽，並無一言指摘。即樞輔孫承宗行邊復命，纍纍萬言，亦悉憫臣之勞，憐臣之病，再疏有『清辨嚴明、公忠詳慎』之褒，有『意重守關，爲舉朝公論』之語。以曁叙防一疏，謂臣『心量確切，綜覈精密，當舉世縮足，而抵關于奔潰之餘，其確然不拔之氣，自是名卿』。則樞輔未嘗不知臣也。孰知就裏機關，倏焉更變，奉旨將臣召回，旋改南樞。臣不知其説，或以爲好事者亟圖進取，欲攘已成之功，而臣審時度勢，終未之許也。無故召還，爲臣厚幸，然從此而成局忽更紛紛多事矣。彼馬世龍者何人乎？其人一妄男子耳，塊然血肉，僅能食粟，見敵則心驚，乘馬則鼻衄，巧計惟工窺瞷，深心一味逢迎。淮陰之後未有築壇登拜者，自世龍始。兵馬錢穀悉歸掌握，生殺予奪全憑指麾。兵不宜遠發，遼陽、廣寧之覆轍具存，乃分發各屯，而耳目不能及矣，行伍虚實不能稽矣。東奴勢逼，緩于東防；西夷受款，偏爲西守。將士習于偷閑，軍兵怠于操練，武場之草棘蒙茸，軍營之仗甲朽鈍。名設千人，實無數百，暗扣虚糧，明行餽送。諸將設立常規，各營皆生弊竇，屯田籽粒抵作兵糧扣除，折鑼開屯衹益私囊。司農何曾減餉，買馬銀數至三十二萬，委官黄明臣、駢存信各置一美姬，送入世龍衙内，并銷馬價，安問裹蹄。午後即排筵設樂，飲醇酒，弄婦人，以消遣時光，何暇計及軍中事務？比至物議沸騰，言官糾劾，輒圖借功掩飾，無端發兵過河以攻耀州，正墮奸細劉伯鑼誘兵之計。迨至兵臨城下，黠奴鼓掌大笑，投入陷中，任手屠僇，殺兵無筭。惜哉！李承先、魯之甲爲臣所用之健將，身膏草莽，湮没無聞，猶曰哨將巡河失事。吾誰欺？欺天乎？柳河失事報聞，先帝震怒，立命二御史勘問，紀綱赫然，皆謂世龍不保首領。乃捐金買命，賄賂通于輦下，賄入即曰世龍無大失。贊畫徐日久明目昌言，立行削奪。巡撫喻安性心抱公憤，則曰『如何放砲開門』。黄金有靈，是以白簡無色。最可怪者，初罷世龍回衛，旋改世龍回府，復令隨朝盛頒寵賚，錫之誥命。後因公論難容，給假歸里。孔方作用善能變幻若此。奸臣受世龍之金，曲庇世龍，不知此非世龍之金也，乃海内熬脂削骨、杖頭血比之金也。自柳河敗，而錦州、右屯、大凌河三城費多少金修葺者，擺設完備，盡爲虜踞，且贈海運儲糈數十萬以藉寇糧。食我之食，攻我之城，至于兵連禍結，釀釁無已。柳河勘案未成，而奉命之勘臣先削，消磨前件，大話小結。世龍一人耳，始何以令人怒，繼何以令人喜；

始何以明討其罪，繼何以嘉賞其功，豈關内關外尚存殘兵五萬八千爲世龍之功乎？夫食糧之兵十三四萬，食糧則有，臨敵則無，天語昭然不爽也。以爲戰没乎，則當問其喪師之罪〔九〕；以爲虚掛乎，則當問其侵欺之罪。舍此不問，而糊塗了事，成何法體？臣嘗爲之説曰：廣寧之陷，邊疆無兵馬，朝廷尚有紀綱；柳河之敗，朝廷無紀綱，邊疆亦無兵馬。當寧遠之被圍，關門無甚兵卒，以至欲援不能，欲救不得，此以人國爲徼倖者也。先帝灼知關門兵虚餉耗，乃遣内臣鎮守，專核兵糧，内臣出而事權掣肘，軍律棄捐，降志通夷，惟圖封拜。于是四裔聞風思侮，高麗被猝至之兵，西虜起背盟之漸，都令、色令與奴締姻，款事因而遂壞，用人之失，禍流罔極。向慮臣之有言，結連崔、魏，多方扼臣之進；比臣進，而奸弁若喪其魂魄，乃陰使多財多智之茅元儀潛入長安，輦金三萬，多方媒孽，必欲臣之去中樞、解兵柄，而後諸奸乃即于安。蓋元儀久居山海，大壞遼事，向與馬世龍狼狽相倚。即其善鑽善諂，高明每爲其所惑；而其毒心毒口，忠良屢被其所傷。元儀一入長安，海内遂無良將。茅山人之見刺于言路，邸報中纍纍見之，猶不匿形斂跡，魍魎魑魅見于青天白日之下，營求不遂，隱肆含沙。夫臣之生平，見人不見金者也，渠雖家比陶朱，不能動臣之一顧。以朝廷筦樞之大臣，而憸夫小輩敢以讒鋒舌劍去其所忌，敢以黄金白鏹結其所歡，是明與奴酋爲奸細，而與盜賊爲腹心，無將亦甚矣。内賊不剿，外賊何由得除？伏祈皇上大奮乾綱，將馬世龍行撫按衙門逮送法司，正其喪師之罪；仍將茅元儀革去副總兵虚銜，勑五城御史遞解原籍湖州府，責取收營，禁錮終身，不得潛寓南京，陰謀不軌。其餘黨在京令緝事衙門密訪，盡數驅逐，庶奸宄潛消，而公論亦爲之大快矣。」奉旨：「覽奏，知舊總兵馬世龍敗壞東事，幾致不可收拾，深可痛恨。爾兵部即行該撫按衙門逮送法司，究問治罪。茅元儀已有旨了。」戊辰五月。

馬世龍大敗于柳河，財賄之結納，權黨之彌縫，竟不深究。晉任中樞，深憤僨帥之壞邊事也，遂有此疏，大觸高陽之忌，以來吴玉之攻。玉兩任高陽隣邑，托身門下者也。

上傳遼撫：「奉旨裁革，喻安性即當謝事聽候改用，如何放砲開門？」遼撫喻安性稱疾。奉聖旨：「冠帶閑住。」

經略高第復薦户部主事田吉，改職方司主事，贊畫隨行。

大學士孫承宗題：「該臣念關門兵政事權既一，而文武諸臣有應去應留者，更宜早定。如總兵馬世龍、兵備副使劉詔，皆臣于東事紛紜之日謬爲推用，緣臣才自庸碌，故未能及天下豪傑之選，而頻年以來棄短取長，未覺其失。近馬世龍屢被指摘，而詔亦有言，此皆臣任用失宜，故臣之罪當亟爲斥逐。臣憶天啓二年舉世驚慌，不獨文官縮足，即武官却步，人人視關門爲死地，視總兵死官，謂但得守關門半年，便成良將，便有不次之擢。于時衆薦世龍可將，遂推爲三屯總兵，爲之調關門。柳河之役，身爲大將，彈無完膚，諸將已不聽其約束。臣不憂世龍之罪日深，而邊事之躭延日甚也〔一〇〕。劉詔七年邊塞，備極勤渠，然指摘既多，自難展布，應准其回籍調理，病痊另用。馬世龍酌量處分，决不宜仍在關門。庶邊政可嚴，而臣亦免于以人誤事之罪矣。」

總兵馬世龍報：韃賊于松山、紅螺山打圍，官軍奮勇，斬西虜十四級。

　世龍推用在關門守定之後，非武官却步之時也。三載統兵，不能致一奴賊，而殺西虜以要功，且以掩柳河之失。邊釁一開，安能左右顧而固吾圉也？

刑部爲逮臣贓私已完事，何棟如發遣。

上傳馬世龍：「向來戴罪杜門，准他回衛。」

兵部推楊麟以原官掛印，鎮守山海，經理遼東、燕建四路地方總兵官。

登萊巡撫武之望稱疾。奉聖旨：「武之望有旨調用，不必請告。」

十二月，吏部覆薊撫申用懋議留賢能官員本。奉聖旨：「劉永基居心不浄，浮説偏工，虚冒家丁，傾軋同列；喻安性受其諂媚，朋比爲奸，都着削了職爲民當差，仍追奪誥命。申用懋薦舉不當，冠帶閑住。」

薊撫申用懋疏陳：「臣因柳河敗衄之後，妄欲力返覆轍，以障危疆，因揭留道臣劉永基共效干輒，竊不自知保舉之不當也。即欲具疏請代，而東奴渡河之報旋至，因一面督發宣武、灤陽、威虜等營馳赴山海、永平防援，一面嚴督將吏整兵馬，飭臺垣，固城守，練鄉兵，修戎械，戒備奮勇，摩勵以須。第得警蹕無虞，邊疆無恙，臣之身名性命何足慮耶？」

馬世龍自陳。奉聖旨：「即回府隨班朝參，以候叙用。」

經略高第上言②：「我國家居中制外，邊鎮攸分，一鎮必設一大將以統練兵馬，鎮守本轄地方，于别鎮無相牽制。自奴酋犯順以來，因將遼道兵馬人衆潰散不一，暫擇其老成者，量加總督二字，以爲衆將之領袖者；其鎮守遼東掛印總兵照舊，而未加總督二字也。不意山海中都總兵又濫加以節制五鎮及經理名色。夫惟督師樞輔及經略重臣開節制五鎮之特勅，以專遣將調兵之大權也，豈聞以一鎮總兵而節制別鎮總兵者乎？不過假此名色自道曰『吾爲武督師、武經略也』，居于巡撫、總兵之上，非惟獨擁驕敖，不肯屑屑任操練兵馬之實職；且總攬兵官，致院道顧忌而不得稽查兵領，衆將畏憚而不敢自展籌略，更于封疆防禦之專責兩相躭悞矣。從今削去節制經理濫銜，止用平遼將軍鎮守山海等處總兵之銜，庶職掌明而封疆有賴矣。至于每一鎮設總兵統練兵馬，又設經督軍門，正爲彈壓大將計也。蓋大將出身武弁，與文臣不同，握兵馬重權，每易爲驕蹇，故舊制，總兵初見軍門，必披報參謁于平時，抑其驕悍，而不敢恣肆；臨陣遵其紀律，而不敢抗違。祖宗朝立爲額制，必有深意矣。自往年總兵江應詔入京，夤緣議禮，見軍門用官銜拜帖，不披執行禮，軍門送出門看上馬。在大將必曰：吾與軍門平交，安肯受其節制也？比變壞祖宗之額制，即經督軍門不能以軍法臨大將，其體褻，其權輕矣，又何以威肅華夷而提綱文武哉？從今當查照原定舊額，盡革去近來弊轍，凡總兵參謁，披執行禮，舊文俱爲改正，體統正而紀律不紊矣。」

初余爲經略，江應詔已腰玉矣，然始至，必戎服跽見，見後與部司同進，此從來總兵見軍門之定禮也。乃樞輔旋定儀制，用官銜拜帖，經略送出儀門上馬，總兵從此尊重矣。然威令不行于三軍，余出巡石門等處，飛報浙兵鼓譟，余曰：「江總兵既加經理之銜，又握尚方之劍，必能定亂。」然亂終不可定。直至余返關門，而渠魁乃就縛焉。安在將權之足重乎？應詔猶其近愿者，若馬世龍則築壇登拜矣，樞輔將兵農錢穀之任、文武將吏之權悉以委之。大權既屬，睥睨恣睢，自附爲督師之腹心，竟潛通中外之線索，虛兵靡餉，釀成敝習。嗣後重武輕文，體統褻越，兵憊而不可用，將驕而不可制，邊防墮頓，耗蠹叢生，皆重將權之説誤之也。

登撫武之望題：「毛帥駐師東江數年，兵馬之供給易之鮮人，遼民之耕種資之鮮土，不惟聲勢相倚，實爲軍興是賴，誠唇齒輔車之勢也。邇因遼人耕牧漸廣，侵掠漸甚，鮮人厭之苦之，久有怨言，職等風聞而未敢言。至李适等之叛主，韓潤等之勾奴，事未可知；而奴之將發兵以攻襲鐵山，職等微聞之而未敢信。第毛帥自五月以來營室于須彌島，今改爲雲從島者是也，自是鮮人聲言復遼當入遼境，何爲退據我土，職等亦微聞之而未敢信。今自十月中，盡徙兵民商賈于須彌島，止留遊擊李良梅以三千人移駐喬麥島，而鐵山之地遂虛無一人矣。故朝鮮各道疑其有逼己之嫌，漸至布兵以防之，差官石玄中及東來各官面對職言，非風聞也。今該鎮以李暉之黨從貢使尹義立之内應者，其真僞虛實與離合向背關係非輕，信之則益重鮮人之疑，不信則恐貽後來之患，所當萬分詳慎者也。今稱奴兵將犯東江，毛帥饒有方略，又退據深島，或保無它虞。唯是鮮人之背叛者，果李暉之黨耶？抑有所託而然耶？及今不速爲之議處，萬一奴兵直衝于前，鮮人擁持于後，爲毛帥者進退無路，不將爲粘壁枯耶？而欲藉牽制之力以掣奴之後，不可得矣。伏乞勅部細審陪臣尹義立等，令供吐真情，庶屬邦無疑貳之隙，而疆圉獲安寧之福矣。」

朝鮮臣李适叛其主，韓潤、尹義立應之，國內大亂。登撫武之望檄毛文龍救之，文龍以守土爲言。之望奏海外情形微變。兵部覆云：「李适等之叛主也，該鎮撫不憚出偏師躡其後，以撲滅之；韓潤等之勾奴也，何難出多方以誤之，而誘其來？若猶是退據深島，使鮮之人日嫌于逼，必不其然。至于尹義立之爲內應，臣部即移文禮曹四夷館查報，義立並未來京，無憑譯審。至云聲東擊西，此真毛鎮慮患之周，不得不預防者。况近者柳河之衄，事同一轍，敢爲泄泄乎？」奉聖旨：「聯絡屬國，牽制奴酋，此係毛文龍事，韓潤、尹義立輩着朝鮮自行處分。登萊撫、鎮務與東江同心共濟，仍嚴飭內備，譏察非常，以消窺伺。」

御史吴裕中再糾輔臣。奉聖旨：「次輔丁紹軾，皇祖初起熊廷弼，即首論廷弼，蓋已具先見之明，足徵實心爲國。今廷弼既伏厥罪，神人之所共懽，吴裕中乃以鄉戚兒女之情，輒敢趂空乘機，逞其報復，欺肆枉悖，詆辱大臣，與廷弼一樣肺腸，與廷弼尚在何異？似此擾亂，本當從重嚴鞫根究，與廷弼同誅，姑從輕，着錦衣衛拿來午門前，着實杖一百棍，革了職爲民當差，仍追奪誥命。」

裕中斃。

校勘記

〔一〕而有急則償以之國土　「以之」疑「之以」之倒誤。

〔二〕比匪罔上　「罔」，原作「岡」，據北大本改。

〔三〕進不成功　「功」疑「攻」之誤。

〔四〕何如别用之以收桑梓之效也　「梓」疑「榆」之誤。

〔五〕人立城府　據上文「人人代爲兩」，「人」後疑少「人」字。

〔六〕尤且時弊　「且」，當作「切」。明熹宗實録卷六三天啓五年九月丁巳條作「責實一節，尤切時弊」。

〔七〕邊道以上兵二十五員　「兵」疑「共」之誤。

〔八〕然則脩工争奴而設矣……彼此爲守旅順　「争」疑「爲」之誤，「爲」疑「争」之誤。底本二字爲鄰行，皆爲首字，且二字似有重刻之狀，疑重刻時顛倒誤刻。

〔九〕則當問其喪師之罪　「則當」，原作「當則」，據後文及北大本乙正。

〔一〇〕而邊事之躭延日甚也　「而」後疑少「憂」字。

底本眉批

①本條原有眉批「廷舉邊才」。

②本條原有眉批「議裁將權」。

丙　寅

天啓六年正月，左副都御史徐大化題稱：「自奴叛，八年喪敗無筭。毛文龍以劄付都司，潛至鎮江，襲城擒將，聲威振起，其云滅奴止需百萬。職聞而壯之，已三年矣。司農近擬薊、密、永之裁，登、津新兵之撤，湊百萬以成其壯，職且喜且懼。夫八年來糜餉三四千萬，國帑懸罄，民髓枯竭。今取償百萬即可奏功，文龍而能此，奚憚不爲？先是三韓陷没，都門震驚，集在廷之議，簡任事之臣，將卒、器具一時改觀，人心恃以無恐。邇來上下恬熙，守禦廢而不講，若奴酋已滅者。即奴誠滅，忘戰必危，處不兩立之勢，志豈一日忘中國，可泄泄不爲之所乎？近聞京營之士火藥不宿製，臨時用錢數文買之；又聞選鋒禦奪於國門之外，行旅不敢出途，此皆節制不嚴、控扼無法所致也。指揮萬邦孚先年乘奴亂招募山、陝家丁，虚冒錢糧，曾不得絲粟之用，每數十人爲群，行劫於都城内外，民間不得安枕。賴聖上神明，褫奪邦孚，稍解萬民之恨，此風稍緝。而飛屋穴墻、陰聚把結、白晝搶奪以爲民害者亦復不少，臘月彌甚，不知京營巡捕多官安在，漸可長乎？」

順天巡撫申用懋奏：「薊鎮邊垣連年坍塌，興工修築。」

兵部塘報。奉聖旨：「奴報緊急，即着總督王之臣同經略高第守關，商議行事。其道、鎮等官或出關防禦，或調兵固守，俱着相機策應，同心戮力，務保萬全。仍着該部馬上差人星夜傳與毛文龍襲後搗巢。果能滅敗雪恥，朕豈愛通侯之賞以眷勞臣？」

巡關御史洪如鍾題：「奴酋原非須臾忘戰者，乃蟄伏三年餘，而卒不見犯順之實跡，或者聞重臣出關，調天下之精鋭以爲應援，奴未測我之虚實，不敢輕發也。無端有柳河之敗，自示之弱，奴因而輕我，遂思以圖我。無人不慮冰堅可渡之時，恐奴入寇，而今果然矣。經臣以方新之意氣，收難結之殘局，旌旗生色，何有于奴？第恐新舊相代之際，爲時未久，威望未遽遍孚。務彼此一心，大家戮力，必出萬全之謀，不蹈往時之轍，則疆埸有賴，是在當事者之熟計也。」

兵部題：「奴哨松山，則寧遠近矣。前因柳河之敗，舊鎮倉皇撤防，右屯、大凌止供哨將憩息，不爲信地。今所急者寧遠也，哨兵歸保，鎮兵出援，聲勢自壯。督臣奉命東行，京後藩屏全屬薊鎮，新撫未得交代，勑令舊撫申用懋加意料理，庶不以諭事卸擔。而臣部亟推衝口將官，亦策應之急務也。」

柳河一敗，撤防棄地，罪何可宥？

大學士顧秉謙等揭帖。以閻鳴泰巡撫順天。調遵化兵四千赴關門，宣府兵四千至遵化協守，限十日内到附近，督、撫、鎮將俱整兵候調入援。

聖諭：「朕以渺躬，纘承祖宗統緒，夙夜兢兢，志期保有疆土。而遼陽淪陷，未見恢復；柳河之挫，蓋用痛心〔二〕。朕是以更置經、督、鎮臣，政期一番振刷，立奏膚功也。迺今逆奴且有將至右屯之報，其山海勢已迫近，一重門限，能無凛凛然是懼？皆爾經臣、鎮臣、督臣之責。爾等受命方新，籌畫必豫其務，殫心料理，畫地分限，第應守則守，應戰則戰，毋得輕舉，毋得觀望不前。度兹小蠢之情，不過爲搶奪右屯糧草之計，而藉兹爲餌，政逆奴天亡之日也。向所患者文武不和，今其一德一心，毋相推諉；向所患者望風而逃，今則申嚴軍法，逃者盡斬。其樞臣亦屬特簡，在内如何策應，糧草、器械作何區處，不得怠緩從事。迨膚功既奏，凡在事文武、大小將士封爵重賞，朕所不靳。如仍前泄泄，致有僨事，祖宗憲典凛如，朕决不爲爾姑息。着該部馬上差人傳與經、督、鎮臣。欽哉，故諭。」

兵部會議照得：「主憂臣辱，莫甚于寇在門庭；集思廣益，尤先于根本大計。臣據單次第覆核就中事款，不能詳舉入告，謹摘其大端。如尚書李思誠議統轄關内，備衛京師，清野伐謀，主于重内，而及開溝設伏，以遏長驅。徐兆魁議多添援兵，直趨寧遠，申飭戰守，勿事因循，而及分門守器，以資固守。董可威選器製藥，磨礪以須，而更欲以防練機宜兼責之于郡縣，通倉積貯半運之于京庾。左都御史周應秋緝究防奸，督察綦密，更欲以款結西虜收牽制之偏師，挑選鋒壯固都城之捍衛。若出奇援寧遠，嚴誅退縮，外固款局而内練營軍，則侍郎黄儒炳之議也。多調真定，設防喜峰，通糧給軍而凍糧移入，則徐紹吉之議也。檄毛師抵廣寧，而馬兵錢糧先急山海，則侍郎薛貞之議也。發精兵躡奴後，而懸賞募死坐收上策，則侍郎靳于中之議也。修戰具，明賞罰，固門户以固堂奥，則侍郎薛鳳翔之議也。而憲臣徐大化議用王世忠聯絡虎憨；謝啓光議用東省標兵、河南毛兵，而舉曹爾禎、丘志充司統募之寄；通政林宰議練三大營，結隊于外；楊紹震議潛往覺華島，選精卒駐通州，而謂兵必不抽調，豪傑景從，五日可致；少卿孫傑議重西虜賞，餌之退虜；寺丞劉廷宣議戒浪戰，永平一帶應宿重兵，而謂應着不差，冰解賊遁矣。至于科臣陸文獻則欲使前屯、關内協援寧遠，而移保鎮精鋭爲扼險之圖。彭汝楠則欲使總協大臣核軍派守，而演飛石及西洋大銃爲城守之計。臺臣徐楊先款載凡八，而至于防奸止訛〔二〕，預餉以待援兵。王雅量款載凡十有一，而主于聯絡控禦，固吾宇而分賊勢。高弘圖欲分别戰守二項，停止大工。丘兆麟欲用關外遼民，併添軍兵爲犄角。陳王庭請旨勉勵關門文武，順撫移鎮永平，按臣亦出視薊，而皆主于塞隙杜瑕，壯藩籬以安畿甸。乃及五府諸臣，亦各矢口同心，諄諄以飭號令、固疆宇爲本務。凡此皆會議之大略也。該臣忝任中樞，折衷群議，復奉悉心詳議之旨，三復酌裁，看得：奴之叩關，步步且迫，在彼狡焉爲啓疆之計，不宜以冰解之説遂信其無；在我主客策應之兵，不宜以紙上之數遽信其有。諸臣條議，除調度移鎮、簡將飭法，及一面分兵救援寧遠、嚴查五城奸細，或奉明旨，或遵成憲，已先經臣部次第施行。而錢糧器械應移應造，户、工二部俱能悉心料理，分皇上之憂，無容臣贅。惟是今日牽制之局，不急東而急西，因受款之虜餌而使之，視檄海上之師孰便？今日征調之舉，因急外而急内，就在營之衆練而用之，視檄各鎮之師孰便？臣同官閻鳴泰奉特簡視師，永平一帶倚爲長城；王世忠出聯虎酋，可使不爲奴用。而外兵未集，内兵未練，京師城守何恃無恐，則抽練營軍、演習火器爲目前第一急務。宜速如諸臣議，通糧凍漕數十萬之儲，須于旦暮移入東省標兵、河南毛兵。如議者所云，征奴援蜀俱有明效。晉撫尚未起程，臬臣現在本省，令其各統數千，刻期入援，二臣安得憚此行乎？他如以民兵責郡縣，以奇兵、伏兵責撫鎮，想在外方略饒爲之，非臣之所能遥斷也。但呼吸安危，不啻燃眉之勢；而依違觀望，徒尋築舍之譏。臣所爲紙上之兵不可憑恃，更望嚴旨責成，庶幾盈庭之議不患無執咎之人，而封疆有攸賴矣。」

經略高第報稱①：「正月十九日，聞奴酋至覺華島，各將議鑿冰壕，日夜穿冰，兵皆墮指，又兼連日風雪嚴寒，穿而復合。至二十六日辰時，奴衆數萬分列十二頭子，酋首衝中道，轉攻東山，至巳時，併攻西山，一湧衝殺。彼時各兵鑿冰寒苦，既無盔甲兵械，又係水手，不能耐戰，且以寡不敵衆，故四營盡潰。都司王錫斧、季士登、吴國勛、姚與賢、艟總王朝臣、張士奇、吳惟進及前左後營幢百總俱已陣亡。又據同知程惟模報〔三〕，奴酋于二十四、五日連攻寧城，共札七營以綴我軍，不知其渡海也。二十六日向午，見龍宫寺一陣黄霧彌天，始知覺華島被焚矣。竊謂覺華隔水，且聞鑿溝爲壕，不虞新雪頻飛，凍口復合，夷兵闌入亂斫，陣脚遂亂，虜騎既至，逢人立碎。可憐七八千之將卒，七八千之商民，無一不顛越靡爛者。王鰲新到之將，骨碎身分；金冠既死之櫬，俱經剖割，囤積糧料實已盡焚。二十九日，蒙憲遣王廷臣領兵往探，今尚未相聞，俟勘核照申，以備查攷。」

兵部題：「覺華一島盡被蹂躪，殘破之區，餘燼未易收合。查覺華龍武各營水兵，天啓五年未失事以前，閣部孫承宗册報九千七百七十八員名。至六年既失事以後，督師王之臣册報二千三百三十八員名，較少七千四百四十員名。總計經今一年，約該省月餉銀三四萬兩，本色米一萬四五千石。則覺華之餉存剩必多，寧遠撫臣所當查明奏報者也。」丁卯四月。

樞輔初出行邊，即疏言欲平遼須從月沱、皇城、覺華三島始，邊臣無不掩口。月沱近津，皇城近登，不過海中一島耳，無關于進取。若覺華則去寧遠三十里，可收糧而不可長守也，冬月冰堅可渡。閻監軍謂虜至當鑿冰爲塹，以限虜騎。余云：「冰可踏者，必結土凍鑿，塹土可填也。」監軍謂：「守島列虜不敢犯寧城，爲寧城之犄角。」余云：「虜用騎，而水兵舍舟則失其長技矣，可與騎兵格鬬乎？守之何益？」無奈閣部誤聽監軍之言，以爲必當守也，樞輔至檄兵□守。高經略未及議更，虜踏冰，而島兵盡遭其慘僇，軍民成肉山矣。得生者匿死尸中以免，其人皆傷殘蹩躠。尸中所耳屬者，多南人聲也。

以楊麒應援不前，致有覺華島之失，同衛未盡其事，削籍爲民。

武弁未有爲民者，此創爲一例也。麒駐山海，可以應援不前罪之耶？

寧前兵備袁崇焕揭稱：「奴酋入犯，本道與總兵滿桂、同知程維楧住札寧遠，爲死守計。城内以廣武營步卒守之，更撤中左所都司陳兆蘭帶領步兵與都司徐敷奏憑城爲守，總兵標下内丁城上及四門爲援。本道督内丁專一城内搜拿奸細，其傳宣督陣，則中軍孫紹祖、何可綱、霍一厚、李國輔、黄惟正、彭簪古等是也。修武營參將祖天壽領營内健丁出興水瓦窑冲爲援。前鋒既撤，王承胤、蕭升左副將不許西入，領其轄下之兵緣紅羅山一帶堡在賊後，副將朱梅、遊擊馬爌、鄧茂林各簡其健卒與祖參將合營，爲寧遠外援。其各小堡俱歸并于覺華、寧遠，各堡官如孟繼孔、孫呈惠、王太運、周良馭、張存仁、余國鳳、戴光祖、孫定遼、趙邦寧，馬兵一二百或數千，俱攢而入在大營中，從北應援。水營遊擊姚禹賢、喬桓、季士登，都司王錫斧，守備王鰲、查應才各簡其船上勁兵，援之于南。中右所城雖小，然在寧遠之後稍緩，該將劉永昌與尤岱自願爲死守，應聽之各總兵。趙率教自應以步卒守其信地，爲寧遠之後勁。其馬兵及各小堡主將、戰將如竇成功、高如嵩、孫繼武、劉應選、陳應龍、張弘謙等俱應令其領所部馬兵從西應援。總之，今日以寧遠爲前鋒，寧遠一固，則奴必不敢舍堅城而西；寧遠不守，諸城堡如中右、中後未必能存。又當集關内之力援前屯。本道身在前冲，奮其智力，自料可以當奴。然事變不可知，且奴之蓄鋭三年，其圖我必深，萬一不測，本道定與此城爲存亡。而本道申明内有各將領或守或援，俱當與本道爲存亡，結連一處，彼此同心，死中求生，必生無死。但恐賢愚不一，除臨陣退縮，本道法所得及，徑于軍前誅之；其法所不及，懇上臺必正之法，蓋未必有可一之心，惟齊之以必一之法，則心無不一。若潰而入前屯，趙總兵以賊論，執而殺之。放一賊過前屯，亦總兵趙率教之罪。總兵楊麒固守關門，即放一逃兵入關，亦楊麒之罪。本道通行各將領外，擬合發抄。」

兵部奏②：「本月二十六日寅時，據寧前兵備袁崇煥報：二十三日，大營韃子俱到寧遠札營一百。至二十四日，攻打西南城角，用火砲打死無數。賊復攻南，推板車遮蓋，用斧鑿城數處，用綑柴澆油并攙火導，用鐵繩繫下燒走，至二更方纔打退。又選健丁五十名從城上繫下，用棉花、火藥等物將賊戰車盡行燒燬。今奴賊見在西南上離城五里龍宫寺一帶札營，約有百餘騎。其寺中收貯糧米俱運至覺華島，遺下爛米俱經燒燬訖。近島海岸冰俱鑿開，賊不能過海。」聖諭：「朕覽塘報，賊攻寧遠甚急，當被城中道將諸臣協心設法，砲打火攻，賊營少退，危而得安。且速焚寺糧，不爲賊虜之資；遍鑿近岸堅冰，潛消過海之患。袁崇煥血書示衆，將士協心籌運，師中調度有法；滿桂等捍禦孤城，矢心奮勇，雖未盡殲逆奴，然已首挫兇鋒。似此忠勞，朕心嘉悦，今特賜奬諭，仍着該部從優陞叙，照舊供職；户、兵兩部發銀十萬，爲犒賞之資，用鼓戰氣，以勵軍心。其經、督、鎮、道諸官，還要大家倍加細心料理，相機接應，以爲寧遠聲援，以固山海。保陣務在萬全，期奏膚功，不可以小勝自滿，仍鋭意滅奴，全復疆土，庶仰雪三朝之恥，慰朕宵旰之懷。兵部馬上差人前去，銀隨後解到。欽哉，故諭。」

袁崇煥陞右僉都御史，照舊駐劄寧遠。

滿桂、趙率教陞實授總兵，加都督同知。左輔等查明優叙。

柳河敗績，士卒西奔。崇焕狂呼邀截，使各還守信地，關外城堡幸爾得存。至于寧遠解圍，誓衆效死，金啓倧一砲打壞虜營一角，虜乃旋退，危城得全。崇焕雖死于法，不可頓没其功也。

刑科陸文獻題稱：「自奴難披猖到今，奴且躭躭，我故泄泄。柳河之役，啓戎心而挫國威，奴是以輕我防我，遂以圖我也。昨者蠢動之報方傳，今者渡河之兵踵至矣，一薄于右屯，一薄于大凌河矣。經臣以發刃之硎，處委轡之後，何以待之？兵每敗于嘗試，則我之隄備當愈嚴；事多亂於倉皇，則我之指麾當愈暇。右屯儲米三十萬，以之餉軍以爲續命之丹，以之委敵則爲盗糧之齎。既鑒于前軍之覆而請，旋煽于妖言之撼而寢，即未及爲先事之防，亦不宜貽後事之悔。倘有撤回兵馬之説，既不欲藉寇兵矣，豈其欲齎盗糧哉！務使奴掠則靡獲，攻則不能，乃着數之最急者矣。」

兵科羅尚忠題稱：「關門索糧於司農，不啻疾呼。聞右屯之積尚多，向欲移就近地，而悍軍倡言搶糧，遂寢其説。今奴且營右屯，搬移既以無及，焚燬亦奚容遲，不然已爲盗資矣。然擲盡屯積之千百，而靳言用力之一朝，倘憤前屯之爲盗積，而坐視見在之爲軍飢也，幾何不敗了公事，而計臣可無係念歟？關門將領剥削實煩有聲，而清汰應有次第。近聞經臣涖事，各兵多訟其將。經臣洗刷大急，將卒懷貳，人心多不聯屬。兵二其將，將復自二，其何能濟？諸將受國厚恩，今日奴來，正人人封侯之會，其如懷私而誤大計，自有尚方之劍在。而經臣亦宜寬維新之條，妙鼓舞之術，庶足以驅群力而奏膚功。總之，經臣此際無不肯拮据之理，而第恐以拮据之急，至於手脚忙亂；無不嘔心血之情，而第慮以嘔心之過，至於意見自用。所願皇上再申飭者，如此無他奇矣。」奉聖旨：「這所奏言言切實，所宜急行。如右屯糧草輕棄與賊，而退守寧遠，已爲失着。寧遠爲關門障蔽，急當移兵應援，不可拘畫地分守之説。遲誤者定以軍法從事。」

兵部奏：「關門簡練四年，歲縻餉銀數百萬，未有一人肯言兵少。今奴哨且至，掣肘始見矣。聞關外鎮守、設防、哨探各兵不過三萬，而關内又止二萬八千。柳河之役，總兵、監軍實壓河而營，全師以歸，豈二弁遂喪數萬人，何糧額未聞報減也？明旨所謂『平日索餉則有兵，一旦臨敵則無兵，向來料理關門作何勾當』，宜聽經臣從實核奏，以憑查處。」

虚兵冒餉，釀弊至此，後來竟未核奏查處。比在晉筦樞，特疏糾核馬世龍提問。

據三邊總督史公永安貽書閣臣劉公鴻訓云：「馬弁已于九月初三日起解，今潛避都城外，必令人先逐本兵，而後馬弁入京對簿也。」已而果然。除外賊易，除國賊難，念之徒令人氣結耳。

山海兵虚，廷議鼎沸，樞輔清查，報十一萬七千。夫食糧十四萬，而核數止此，是二萬三千乃虚兵也。柳河一敗，存兵五萬八千，是五萬九千乃虚兵也。若以爲陣没，則喪師敗績孰有甚於斯者乎？

校勘記

〔一〕蓋用痛心　「蓋」，當作「益」。明熹宗實録卷六七天啓六年正月丙寅條作「柳河之挫，益用痛心」。

〔二〕而至于防奸止訛　「至」疑「主」之誤。下文「王雅量款載凡十有一，而主于聯絡控禦……高弘圖……丘兆麟……陳王庭……而皆主于塞隙杜瑕，壯藩籬以安幾甸」，皆作「主于」。

〔三〕又據同知程惟楧報　「程惟楧」，下文及明史卷二五九、明熹宗實録卷七〇天啓六年四月辛卯條皆作「程維楧」。

底本眉批

①本條原有眉批「覺華失守」。

②本條原有眉批「寧遠退虜」。

三朝遼事實録卷之十六

丙寅

二月，御史李懋芳題：「我朝未有以宰相行邊者，自樞輔孫承宗始。蓋樞輔生平口談邊事，鑿鑿有據，故當時乘東林用事之時互相推戴，以輔臣兼樞密，賜以蟒玉，錫以尚方，寵遇於人無兩。被命初疏推原敗僨之繇，指摘貪悮之實，似欲黽勉仔肩，以圖報効。及至當關，碌碌無奇，且盡背初疏，以附趙南星意，彼謂不可不問者，而力薦其可用矣。南星等既敗，力求卸擔，未奉明旨召還，而擅離信地，中外驚疑，幾與唐藩鎮之跋扈無異。今奴酋直抵寧遠矣，撫順、開、鐵之敗數年之後，尤追論當事者逮治之，豈樞輔纔得脱肩，便可推之局外？況柳河之役，賊窺關外無備，故輒敢狂悖深入，此非樞輔之責而誰責耶？尤可恨者，方今民窮財盡，總天下加派不過三百萬，合事例搜括之所解内亦不過百餘萬，樞輔一身靡費金錢歲至數百萬，歷任癸、甲、乙，計餉幾至千餘萬。以此修守戰之具，宜榆關一帶可當金城萬里，而柳河一動，輒遭敗衄。今奴勢猖狂，犒賞、修築諸費姑置勿問，即以兵言，臣記往日邸報，關上兵派十四萬，樞輔清汰至十二萬，去年十一月復命報十一萬七千有餘。臣以爲此必實數，故用餉若此之多，猶或有説。昨見經臣高第報，見兵僅五萬八千。爾新舊交代不過兩月，則所少五萬九千有餘之兵竟安在耶？累年開銷五萬九千餘兵之餉竟安歸耶？明旨云『平日索餉則有兵，一旦臨敵則無兵，向來料理關門作何勾當』，真明見萬里，發關門之積弊，而洞燭其虚冒矣。臣聞此，不覺憤懣填胸，曰：『有是哉，樞輔之欺君誤國至此乎！』且今議調兵，先憂措餉。自有遼事以來，募兵、買馬、造船，騙餉不可勝計，皆用此賄賂，不至發覺。自皇上赫然震怒，追賄賂之贓，正黨附之罪，摘發侵冒盜賣之奸，天下肅然，令修簠簋不敢染指錙銖，何千餘萬金竟且朦朧開銷，遂不查核？夫省十餘金可養一兵，追貪墨之一家可抵貧民加派之千萬户。今五萬九千餘兵，數年之餉不知可養兵若干，可甦活貧民若干，乃耗蠹于一人之手，供一家歌童舞女神號鬼喊之資，而不可復問。徒旦暮焦勞，臨炊無米，搜此鼠竊狗偷者窮治之，又何益耶？語曰：『大官法，小官廉。』『文官不愛錢，武官不惜死。』又曰：『罰必上行，賞必下逮，不懲已往，孰警將來？』樞輔即位尊勢重，國有法，公論有口，誰能逃之？特求皇上即以無兵一節詰問樞輔，樞輔何辭以對，則虛實功罪之案了然矣。臣言官也，職在糾彈，以宗廟社稷爲重。或緣私詆毀，輕動大臣，犯天下之清議，不敢言樞輔所爲，舉朝公論不平，而臣實心懷憂忿久矣，故敢不避忌諱，直陳其玩寇欺君誤國之狀。伏乞皇上裁斷施行。」

讀是疏，而賄賂不發之情，舉朝不平之憤，言言真切。

薊撫申用懋與閻鳴泰交代。

鳴泰從山海回籍，起陞兵右矣。又以原官改薊撫，未幾以原官總督薊遼，不踰年陞宫保尚書，旋至少師掌部。其始以少參而推經略，推經略而改僉都。甚哉！其出處之異也。

禮科彭汝楠疏云：「樞輔當關所督何事？爲兵食也。兵則日減而愈有餘，餉則日增而愈不足，使天下民窮財盡，漠不動念。迨邊境有事，請兵索餉，動煩宵旰，至于寢食不遑。樞輔有心，寧不愧赧無地？猶得仰邀温綸，謂經管尚自有人。夫皇上之所委重者，樞輔也。家有家督，百凡待理，家督不嚴而亞旅，强以紛紛攘竊，咎將誰歸？恐懲往毖來，未可厚爲樞輔寬也。其自樞輔而下，又不待言矣。」

刑科段國璋題稱：「奴自破遼陽以來，蟄伏四載。今中國有柳河之敗，衂示怯于先，又有右屯之遺糧招致于後，奴安得不來？邊報狎至，人情震恐，諸臣條上方略，章滿公車，亦既纖悉無遺矣。顧搬運凍糧，雖見今議行，而或狃寧遠之賊鋒稍却，苦脚價之湊處惟艱。又見有凍糧視緩急行之之旨，得無謂仲春氣煖，冰泮在即，姑從容以俟舟運之便乎？不知所謂緩者，必奴衆遠退，過河歸巢。今札營近地，進退叵測，則一刻千金、間不容髮之時也。謂宜不拘何項錢糧，暫且爲脚費，將露囤漕糧急急搬移，京倉冰開則水陸竝運，冰堅則陸路單運，事後或准開銷，或候抵補。蓋京師有糧，則京師有所恃；河路無糧，則奴酋無所因。一舉兩得，料當事者誼切急公，自有以辦此也。」

禮科張惟一題稱：「曩來關門月餉非二十五萬則二十二萬，皇皇憂不給者亦曰『我兵且十四萬也』。乃平居患貧，而寇至却又患寡，未審少去之兵將何處銷筭。萬一奴勢披猖，其將驅市人而戕之耶？國家歲糜三百萬，悉從此中染指而去，而鋒鏑在前，欽令調兵，攘臂而來，不笑則怒矣。索餉有兵，臨敵無兵，惶惶天語之傳宣，虜退查核，無令以彌縫應也。措餉之艱，焚林竭澤，右屯露貯之三十萬，火耕水耨之穫，粒粒而積之者，動賊衆之垂涎，實我兵之膏脂。久奉撤入之命，而徒憚搶劫之虚聲，輒舉而委之奴，可惜也。即不然，而搶糧之説實有其事，散之軍不猶愈于賫之盗乎？背明旨而隳軍實，莫此爲甚。故臣謂有必不可不問之兵餉也。」

户部題：「國家自有東事以來，其縻費金錢不啻鉅萬萬計矣。臣部勢窮力窘，萬不能久舉以入告，而聖明亦屢下明旨切責，塞上諸臣皆未有以應也。至去年八月，而樞輔乃始有減汰兵馬之疏，然臣總計去年一年已共發過關上兵餉、馬乾銀二百八十三萬七千九百五十五兩。若從七月以前計之，其稱兵或十六萬或十四萬者，馬或四萬六千或六萬一千，不一也。即自樞輔減汰之後，疏稱以兵十一萬七千三員名計，馬、騾、牛以五萬三千八百五十二匹頭隻〔一〕，每月發兵餉、馬乾銀共二十二萬九千有奇，而米、豆、草不與焉。蓋自八月以來，業已六越月如此矣，臣部非不知其兵少而罔，不敢問也。即微言之，而彼固置之罔聞也，左支右吾，捉襟露肘，見臣部之苦已極，而海内之困難言矣。昨據兵部疏稱：『關門鎮守設防哨探各兵不過三萬，而關内又止二萬八千，則是關門之兵較之樞輔汰減之數尚不及半，而餉之虚冒至今乃有實證也。即聖諭亦曰：『平日索餉則有兵，一旦臨敵則無兵，向來所料理關門作何勾當？』煌煌天語，所謂聖天子明見萬里，非耶？若不趂今稽數核清筭明白，不惟臣部不能天雨鬼輸，即宇内赤民何能堪剥膚搥髓之苦！今照現在兵數不過五萬八千，則應發餉數亦止宜給往時之半。若仍前照此虚冒，責臣應發，恐侵冒之巨壑難填，而闢門之飽騰難望，朝廷無此法紀，國家無此物力，不獨臣部苦也。」

户科楊文岳題稱：「前時闢門兵數終日争講，先報十四萬，後報十二萬，費盡參駁，總不能清查。有此舉而多寡有無一一分明，皇上從此可得闢門兵馬之數。前時闢門糧餉每月至二十八萬餘，後減至二十二萬餘，千蠹萬蠹，總不可問。有此舉而破冒與不破冒分毫自見，皇上從此可得闢門糧餉之數。至于兵馬錢糧等項，打算須先，措置必豫，户、兵二部平日既不料理，一旦聞警，百事倉皇。今幸奴兵已去，萬一再來，恐倉皇無措之狀仍是如此。有此舉而諸臣從此更可得一番未雨綢繆之策矣。」

御史陳世埈疏稱：「奴謀數載，興師數萬，勁敵也，亦大舉也，肯一受挫而遂讐伏乎？發憤奮激，力圖報復，捲土重來，其氣百倍。兵憤者不可戰也，知我隕衆之器則思所以備之，知我焚車之法則思所以避之，知我之所以守則思所以攻，知我之所以應則思所以乘，謀者不可測也。此時而恃寧遠之善守，既難久持；望闢門之出援，又苦無兵。似當另選精兵一萬以爲遊兵，驍將主之，專備策應東急東援。而現兵僅僅五萬八千，分防内外猶爲不足，不知樞輔汰存十一萬有奇半歸何有，則遊兵之或募、或補、或清冗占，所宜急講也。」

禮科李恒茂題稱：「奴攻寧遠，兩晝夜不下，環城挖掘六七十處，城根脚俱大石壘砌，入地深五尺許，城外矢盡糧絶，城上火砲齊發，鈎梯戰車盡行燒燬，紅巾裹尸，哭聲震地。三岔以東，奴畏搗巢，不敢傾國而來，盈盈一水，天固資我以地利也。寧城死守，袁崇焕將逃局打破；吐關兵實數，高第將冒局打破，遼陽猫鼠之弊局至今年始打破。務要一事着落一官，一官專理一事，毋得緩慢泄泄，復蹈前轍，庶皇上東顧之憂可舒萬一矣。」

經略高第奏：「臣詢問關外地勢之險要，城垣之堅瑕，去關七十里有前屯城，係總兵趙率教所修築，垣墉峻整，四面建空心臺，平放火砲，使虜不敢近城下，可稱要地。又一百三十里有寧遠城，乃袁參政、滿總兵所督修，牆高四丈，週圍新整堅固，足壯金湯。内以保障關門，外以捍禦强虜，此爲第一扼要。繇此以東，如錦州城大而朽壞，松山、杏山、右屯城小而低薄，皆前鋒遊哨之地，夏秋無事，防護屯種，入冬遇大敵則歸併寧遠，以便保守。自歲前聞奴欲犯右屯，即行該道、鎮嚴爲隄備，臘月二十後，道臣袁崇焕來關城面議甚悉。以時勢論，守四面之城易，守數十里之長城難，臣非敢急關門而緩寧遠，以寧遠之守着預定而不忙，關城之守着新議而未定也；非謂寧遠不當援，以發援遽早無益于彼，而反有損于此也。奴之此舉，實奸細劉伯鏹叫來，已經梟斬警衆。又獲奸細劉從傑，招出奴酋自寧遠使他假送塘報，探聽關門兵少，哄説奴兵將敗，發出二萬兵必然勦滅了，賺我兵出，以中其計。臣之慎重而不敢輕率者，正虞此也。關門遼人思亂，而士民驚懼思逃，一面防閑，一面安慰，一意以静定鎮之。臣素講太乙理數，今年太乙神在憑城負險，多用鎗砲摧打，奴自敗去。太歲神在東北，我若出兵迫敵，是我犯太歲，能取勝乎？臣向奉勑諭，先要保守關門爲根本。自奴舉兵，斟酌守關、寧萬全之計，晝夜籌思，寢食俱廢，心力殫竭。今仰藉威靈震疊，奴兵大敗而歸，此宗社生靈之厚幸也。」

三月，經略高第准馳驛回籍調理。後革去蟒玉閑住。

鎮撫司爲緝獲事。奉聖旨：「奸細武長春係叛賊李永芳之婿，向來出入京師，窺探消息，謀爲不軌，又糾結李應誠、李廷柱、周應元、李廷楝、薛應魁等鑽營守備，意圖握兵内應。近者奴賊入犯，彼實招之。幸上賴宗社之神靈，下藉廠臣之忠智，獲此元兇，併獲奸黨。既鎮撫究問情真，着送刑部依律從重擬罪。魏忠賢赤心爲國，殫力籌邊，前此屢建奇功，今又潛消大釁，不煩弓矢遺鏃之費，可比斬將搴旗之功，勞在封疆，賞宜超等。着查照寧晉伯事例速議具奏，以彰朕眷，酬元臣至意。其原委官旗等着與併叙。」

封魏忠賢姪太子太保、左都督魏良卿爲肅寧伯，世襲宮銜，照舊歲加禄米一千一百石。①其遺下世襲錦衣衛指揮，另行承補，錫之誥券，與國同休。

奸細武長春淩遲處死，首級號令各邊。餘犯李應誠等俱會官處決。

武長春，海鹽戲子也，舊爲毛文龍門子，被逐，今以爲李永芳婿，被僇。野史。

聖諭②：「朕惟國家之事莫重乎封疆，封疆之弊莫大乎欺隱，故必文武同力，内外協心，然後功罪不淆，上下相信。我太祖攘夷爲夏，成祖三犁虜庭，列聖纘成，武功並著，蓋設官分職有意存焉。朕覽全遼志，見自永樂、宣德、正統以來，節次設兵鎮守、分守太監等官，後因有司朦奏裁革。迨我神祖以來承平日久，邊務廢弛，以至奴賊披猖，宇内騷動，而委用不得其人。李維翰則紅旗催戰，而殞我總兵；楊鎬則預洩師期，而喪我夙將；鄭之范則先逃以解軍心，而開原陷；熊廷弼則奸巧卸擔，而遼、瀋亡。沃野盡没腥羶，衣冠化爲左衽。及乎廣寧之失事，廷弼手握尚方，王化貞身膺節鉞，居恒則兢相矛盾，同變則竝馬奔逃，忠義毫無，全遼盡陷。言念切齒痛心，因文職不和〔二〕，互爲欺玩，武臣逢迎朘削，以失軍士之心；文臣强執狥私，以掣武臣之肘。騙官盜餉視爲固然，妬功害成牢不可破，欺蔽日甚，恢復何時？始知祖宗于設立鎮守内臣原非無謂，未裁之先，邊儆雖頻，而金甌無缺；既革之後，虜騎未至，而全鎮胥淪。繇斯以觀，孰得孰失，何去何存，不辯自明矣。通查前代至本朝，内臣戡亂討賊、立功絶域者不可勝紀，朕率循舊典，斷在必行，止設立鎮守山海等處太監一員，司禮監秉筆太監總督忠勇營兼掌御馬監太監劉應坤；左右協守太監二員，乾清宫管事提督忠勇營御馬監太監陶文、紀用；分守中軍太監三員，乾清宫打卯牌子忠勇營中軍御馬監太監孫茂林、武俊、王濋朝，仍俱在山海關住劄。凡軍中戰守一應事務，着與文武將官計議而行，並無掣肘。其糧餉、器械數目，官兵、馬匹强弱，務用清查，毋容濫惡冒破。或遇事息緩急，進止機宜務要據實直寫密封，不時星馳賫報，與文武將吏協心爲國，不許彼此參商，致生釁端。如果除兇雪恥，恢復有功，與文武將吏並行爵賞；或扶同朦蔽，致悮封疆，必與邊臣一體任咎。祖宗成憲，朕不敢私，仍各查照舊制，寫勑與他，以昭朕法祖飭戎至意。特諭。」

發帑銀十六萬，號砲一千八百位，捍火藥二萬斤，鉛子十萬斤，弓二萬，箭六十萬，刀二萬。

兵部尚書王永光奏。聖旨：「自逆奴犯順以來，文武將吏經幾番委任，迄無成功。寧遠雖固守得全，然覺華島失事亦爲不小，内臣之遣出于萬不得已，且並無掣肘，屢旨甚明，如何不遵？反以危言瀆擾，希圖卸擔。塘報緊急，本兵責任難辭，一切防禦機宜還着作速料理，不得争執沽名。」

科臣薛國觀、楊所修、王鳴玉、林宗載、周洪謨、彭汝楠、張惟一、陸文獻、段國璋、黄承昊、楊文岳、虞廷陛等，御史牟志夔、劉述祖、高弘圖、李九官、王業浩、王心一、張文熙、許其孝、梁夢環、李蕃、李懋芳、劉徽、帥衆、莊謙、陳世埈、袁鯨、王琪、盧承欽、曾應瑞、王時英、鮑承謨、陳朝輔、李燦然等，相繼合辭言其徒增紛擾，無益疆場。弗省。

内閣、吏、兵二部俱以危疆不宜輕遣中使，縷述其不便者四：軍機應在呼吸，六人奉詔密奏，則動關進止，反有漏洩參差之虞，一也；將吏樹功立名之心，每不勝憂讒畏譏之心，牽制既多，展布必少，且有十羊九牧之虞，二也；況二鎮守、三中軍，凡事關錢糧軍務，一應文册必致增設，檄書旁午，郡邑交馳，日亦不給，三也；六人并駐關門，必增衙宇，一應人役漸多，即中官雖賢，而此輩蟻聚，豈能以無事爲福者？地方騆騷，四也。況一時創立，後將因仍，正恐後人未必如前人，則無窮之患實自今日始耳。不允。

十八日，王之臣陞兵部尚書兼右副都御史經略遼東，以閻鳴泰代總督。

封西洋砲爲大將軍。

督餉省直巡按御史劉述祖題稱：「樞輔到關時，月餉十七萬，至天啓五年四月增至二十八萬八千。後因減汰，雖有所省，而每月尚須發銀二十三萬，較前十七萬之數尚多六萬，所省安在？關上一兵即有一餉，一月即有一支。據關臣所報，官兵尚有九萬三千二百餘名，當此榆關戒嚴，所慮兵無宿餉，轉盼四月之餉尚無下手處，措辦之難，大費籌度，計部又安能爲應哉？伏祈勑下户、兵、工三部酌議妥確，勿再執争，致虧遼餉。或慨發帑金，救此然眉，統惟聖明自爲封疆計也。」

叙寧遠功，閣臣顧秉謙、丁紹軾、黄立極、馮銓與原任孫承宗、魏廣微各錦衣世千户；廠臣魏忠賢加恩三等，世都指揮使；劉應坤、胡良輔、紀用、陶文、尚書王永光各世廕錦衣；袁崇焕加侍郎，廕錦衣世千户；滿桂、趙率教、左輔、朱梅、祖大壽諸將各陞賞有差。原任經略王在晉名列題疏，不叙。

寧遠功廕，崇禎初俱裁，王永光廕存，其孫承宗廕以大凌失事革。

刑部尚書徐兆魁疏稱：「遼東自有奴釁以來，八年于兹矣。樞輔孫承宗未有確然一定方略足以制勝而克敵，去秋柳河之敗，豈盡馬世龍輕率之罪哉？樞輔尋以此歸，主恩猶寵賚如故，是主恩未嘗負樞輔，而樞輔以此報主恩未足也。且當樞輔在事之日，兵稱十五萬，歲糜餉至五六百萬；去歲因核餉，而兵數乃漸減至十一萬；及經略高第前後疏稱，則未滿六萬。無兵而空糜餉，餉置何地耶？兵無六萬，諒非盡練之兵；餉糜數百萬，徒費持籌之力。即此二者而問樞輔，樞輔其何辭以對也？」

孫元化充贊畫，其寧前道用畢自肅。

南京吏部尚書王在晉等謹奏：「臣惟年來遼事靡振，苦於兵少，又苦於官多，多一官則增百兵之費，多一添設衙門則增千百兵之費，故省餉必先省官，多委不如獨任。邇緣邊臣蒙蔽兵數，虛而以爲盈也，餉數浮而以爲縮也。直至事勢窮極而中扃畢露，皇上始訝邊臣之無實，而立命中使鎮守，稽軍實而矚虜情，以便於入告，明諭並無掣肘，固知聖衷之萬非獲已也。夫爲人臣不能得君之信，猜及廷臣之無可托，而事屬中璫；四夷聞之，誚及廷臣之無可使，而權歸近侍，食君之禄者，寧無愧於心乎？明旨再三，臣等敢不將順。惟是關塞情形，内廷有未盡晰者，臣請一一陳之。蓋山海原係沿邊一衛，非若州縣城垣之廣也。關以外獸蹄鳥跡之并集，關以内牛溲馬渤之成渠，斗城一掬，四望周遭，官衙甚少，民舍亦稀。巡撫借居於道，道借居於衛，文武向僦居民廬，民廬亦既盡矣，六中使並出，何處可容？即擬建官衙，何地可宅？奴報緊急，羽檄交馳，何暇議興土木？且木植取之口外，今因造作而窮；經費取之軍資，今因妄費而窮；匠役取之郡縣，百呼而無一應，亦因軍興逃遁而窮。山海路兵止供各衙門之差使，軍疲於使令，則操演之法廢；文武各官日習各衙門之參謁，力疲於奔命，則瘝曠之時多。凡衙門添設，必有防兵邏卒，兵仗、騶輿、門旗、書記，孰非列名於册，孰非給餉於官？不養戰兵而養厮役，冗費益煩，多官之害事如此。矧官階相埒，則禮節繁苛；地位耦猜，則嫌疑易起；丁役遝雜，則蜚語易騰。軍糧之銷算多門，積書必滋需索；營伍之稽查疊至，貪弁又借科求。威名出于朝廷，而耳目寄于中貴，畏譏彈者，將習逢迎以避禍；工煽惑者，又將挑激以生猜。目今中貴多賢，必不受逢迎挑激，而知敝先於謀始，寧能不慮其終？此猶在無事時言之也。儻邊報忽來，軍機判於呼吸，成敗决於須臾，將官欲人人請命，勢亦不能；撫鎮欲事事徑行，恐屬未便。謀貴密而必彰，應宜速而反緩，即内臣不掣其肘，有不期掣而自掣者。唐以魚朝恩爲觀軍容宣慰使，未嘗掣李光弼之肘也，乃河陽之役，光弼奏稱賊鋒尚鋭，未可輕進，而朝恩欲急擊之，謀議相左，遂致隳功。此非往事之明鑒乎？本朝於正統間設鎮守太監，旋復罷之；天順間復差太監葉達鎮守，後即取回，因地方有事，一向停差，載于通紀可攷。夫有事停差，未宜無事而添設也。祖宗朝成命雖頒，不難旋罷。當茲草青糧詘、城頹器缺之時，如舟臨灘瀕，全藉操舠扶舵之人，務使其專精把握，勿分其事權，亂其心志，淆其視聽，始能汔濟。乃一心以捍禦邊疆，又一心以周旋内使，一舍三年，有似道旁之築；十羊九牧，定知茁壯之難。如慮虛冒難一，則言路有憲臣可委，或如部院諸臣之議，間差一忠謹内臣到關查閱，立時回報，不須露次，於戎馬叢集之區，芟舍於虎狼偪近之域，亦所以全中使體而尊朝廷之命令也。臣等忝厠大臣，不得不深爲顧念，輒隨諸臣之後，效一得之愚，伏祈聖明俯鑒。」

御史王業浩等上言③：「臣等於五月初六日辰刻入署辦事，忽聞震響一聲，如天折地裂，須臾塵土火木四着飛集，房屋棟梁椽瓦窗壁如落葉紛飄。臣等俱昏暈不知所出，幸班皂多人拼命扶行。及至天井，見火焰烟雲燭天，四邊頹垣裂屋之聲不絶。又覓馬出衙門，首見婦女稚兒聚泣於衢，則知屋舍碎壞不可勝計也，震壓冲擊噪踏瓦者不可勝計也。比策馬行不數步，又見萬衆狂奔，家家閉户，則因象房傾倒，群象驚狂逸出，不可控制也。臣等急策蹇騎至朝房，驚魂甫定，方知變起王恭廠火藥局失火砲發，沿近屋舍人民已無燋類，而城中家家户户有傾頹震壓之患，人心惶憂，伏恐皇上端拱大内，不無震驚。臣等丁不勝竦切，謹合詞恭候萬安。又切照得火藥原係制勝之神器，修合收藏須萬倍嚴密，乃不戒自焚，致都城雲擾，萬衆受害，典守之罪夫復安逃。第廠内戒嚴，星火未嘗入門，忽然焰起，寧無别故？相傳塘報，奸賊差奸細十人，限于四月二十七日齊至京師，潛圖内應。今日之變適與報符，關係不小。除臣等鰥曠招愆，昧庸鮮略，痛自修省剋責外，伏乞聖明嚴勑内外巡警防守，無致疏虞，以彰廟算；仰祈勑行該城查恤被灾人户，以彰聖德，臣民幸甚。」

時救火諸役從廠中救出净身男子吴二，問之，口稱身係廠中本撮火藥人役，但見颷風一道，内有火光，致將滿廠藥鐔燒發，同作三十餘人盡被燒死，止存吴二一人。最可異者，庭樹盡拔，而無焚燎之跡；藥樓飛去，而陷數丈之坑，庫中軍器如故，神前火木塵封。

四月，寧遠副將左輔報④：「本月十七日，東奴過河，要犯寧遠等處。粆花説奴酋如果西犯，我們發兵去助天朝。帶領衆夷行至養善木，撞遇奴酋，將粆花囊路台吉殺死。有歹安兒相離囊路半日之地，奴酋哨馬深至歹安兒營，被歹安兒精兵殺死奴部五十餘名，捉獲活夷二名，馬五十匹。奴問是誰家兵馬，敢與我厮殺，復帶精兵退到黄河沿，至二十五日早，將歹安兒兵馬圍住。有歹安兒并妻跑出，其餘部落盡被殺擄，粆花亦跑過黄河北躲避。有虎墩兔憨知道，即帶領兵馬數萬趕到三座寺東，奴酋已去遠了。憨説粆花：『你是五營之主，當初宰賽被東奴拏去，你不與我説；宰賽女兒與了東奴拖去，你又不與我説。你又與奴酋兩家來往不斷，囊路是你的姪子，被奴殺死，你也不顧；把他的兒子歹安兒搶去，你也不顧。難道你不是漢子，只好誆騙南朝賞物？你送東奴駱駝、馬匹，東奴與你鞍子、撒袋，能直幾何？』等語。六月初六日，虎墩調粆花往三座寺，會到七月上，馬報裏邊兵走旱路，三家兵馬征他不難。」等情。

撫夷副將王牧民據中軍張仲傳報：奴酋攻殺昂奴。昂奴離邊止有二百里，于四月十七、八日猛有奴兵圍住，昂奴酒醉，不曾防備，得馬跑出，因妻在内，仍闖入營内，射死許多韃子，未動手的拿去，將昂奴妻搶了。奴兒住一日一夜回去，我各頭腦因馬瘦、住的星散，一時齊不上，未曾追趕。今黄把都兒會同把領、宰賽、煖兔、卜兒亲五大營在舍莫林一處住，差人會虎墩兔憨助兵報仇，不知肯否。

此奴攻西虜之始。于是朶顔各部不能自存，而插酋亦有去故土就宣、大之思矣。

粆花既背插以結于奴，又通奴以冒中國之賞，一心而三易嚮，陰陽其間，以窺便利，卒被奴酋先破，以蠶食西夷。此可爲四夷無信義者之戒。

中國受粆花之款，歲費十餘萬金，外合中離，首先釀禍，當初主款者反爲所弄矣。

吴公用先從薊鎮歸，晉問年來邊事若何，曰：「粆花且納款矣，山海萬無它慮。」

予謂：「粆花向背無常，所慮正粆花之納款耳。」今日召虜，果爲兵端，前言始驗。

寧遠理刑同知程繼横奏稱：「遼、廣繼淪，奴逞四載，而襲耀州者實挑之。襲耀亦匪失計也，失在以全軍爲掩耳之計，而盜强敵之鈐爾。然濟河者没矣，未濟之旅一奔數百里，驟下撤兵之條，再懸退保之令。今年虜馬長驅，無一逐顔行者。自壬戌以來，日夜持恢復之議，乃所搆皆作守具。今時與勢可以更端矣，若借柳河爲前車，柳河固以兵戲者也，今乘勝而起，前茅、中堅、後勁必在熟籌矣。古之衛、霍、郭、李豈伺寇于城下者哉？凡此皆廟謨所罕計，而公車之牘亦多未陳。職在邊言邊，雖干出位之譴〔三〕，無悔也。」

王之臣奏滿桂與袁崇焕不和。崇焕上疏認罪。

五月，遼撫袁崇焕奏任將宜慎。奉聖旨：「滿桂廉勇素著，挫賊有功，倚任方切，既稱群情欠調，暫准回府候推別用。其寧遠防禦事務，着左輔以原官管理，作速交代任事，原給印信繳進，關門內外大小將領俱聽趙率教調度，以便責成。」

六月，御史宋禎漢題：「慨自逆奴狂逞，禍延黔、蜀，徵兵徵餉，歲無虚日。累年以來靡冒乾没靡有底止，見在之兵節次行查，訖無實數。倏而報十幾萬，核之不滿六萬；索兵時纔云不滿六萬，索餉時復云有十幾萬。相委相蒙，恬不知怪。且遼東原有額兵，即原有養兵額餉。迨遼陽既陷，遼兵無存，其養兵之餉固存也，竟不知今日之兵視昔實加幾倍，而每歲加派至五百餘萬之餉，猶日廑不足之患，真臣愚所未解也。自守山海以來，更幾撫道，更幾大帥，更幾餉司，直遡壬戌以至今日，某歲費幾百萬，某歲增幾百萬，議增者倡以何人，所增者作何銷算，築城堡修葺幾何，造船者現船幾何，買戰馬者現馬幾何，人人而覆之，件件而稽之，其虚冒無實効與侵欺有實跡者，按其罪輕重而究之、籍之，不少假貸之，庶幾餉核而兵沾實惠，兵給而奴有滅期，民困其少甦乎。」奉聖旨：「年來兵餉煩費，國用不支，這條議核餉之法，在逐事逐人一一清查，勿容虚冒侵欺，誠是確論。冢臣王紹徽稱内府之積日漸消耗，正指冒餉爲害。即着巡關御史刻期查算，務要徹底澄清具奏。」

遼撫袁崇焕題：「虎酋以奴賊四月報，急遣其台吉桑昂塞率諸頭腦領兵相助，已抵于近邊，離寧遠七十里，連營二三十里，俱駝帶盔甲。職差人出邊慰諭之。旋報奴攻粆花，而撤回以自固其巢穴。小賞之酒食千餘兩，感而不争，與向之在廣寧稱助兵而索額賞五萬頗不同，則皇上之文德與督師總督之威信服之也。虎帶甲可數十萬，强與弱奴非虎敵；然奴百戰梟雄，虎無紀律，亂與整虎又非奴敵。虎之力重不大于我，我以天下之全力守一遼東而不足，虎之勢安足以抗奴？職故于三十日親出興水縣，遣其領賞之人，囑其無與奴野戰，脱有急，移于我之近邊，彼此聲勢相倚，我爲彼援。被皇上多年豢養之恩，且自圖存，必不折而入奴。若哈喇慎之三十六家最稱狡猾，遼東無恙時日肆攻劫，寧前一帶路夙中斷不可行；自受撫之後，順多逆少，昨督師進而宣諭之，俱唯唯不復反矣。况三十六家之坐門千人，虎之部拱兔數百與桑昂寨之衆連營數十里，顯然可見者，以奴之狡，豈不能厚餌西虜？然終有所不能者，祖宗之德澤厚，而皇上之威信彰，與邊人之駕馭有法也。歲費金錢數十萬，其亦不虚擲乎！西款不壞，我得一力防奴。即巧計奇謀，不外高城深池，利兵堅甲，職方急急圖之，但心長而力有限，其有濟與否，則待做出而後見也。」

贊畫孫元化回部，崇焕奏賊情暫緩也。

閏六月，兵部遵旨會議。⑤本月初二日，會同大小九卿科道，齊集中府面議，議單陸續到部。爲照：「今日之議，議將領之去留易，議督撫之去留難；議一能一不能之去留易，議兩賢竝重之去留難。今幸諸臣各殫忠猷，並抒石畫，臣等將藉兩端之竝獻，以祈睿斷之執中，庶封疆積弊一朝頓掃乎！據議單，有謂宜專任撫臣、另簡風力科臣往閱視師，一舉而中外兩裨者，吏部尚書王紹徽、右侍郎房壯麗也。有謂關内關外宜分任責成者，禮部尚書李思誠、右侍郎施鳳來，刑部尚書徐兆魁，工部尚書薛鳳翔、右侍郎孫杰，左都周應秋，右副都劉廷元、崔呈秀，右僉都謝啓光，大理卿吴中偉，太僕少卿張捷，禮科彭汝楠、盧時泰、葉有聲，兵科薛國觀、袁玉珮，刑科陸文獻、黄承昊、蘇兆先，工科郭興言、楊文岳、虞廷陛也。有謂裁酌并一人者，户部尚書李起元、右侍郎徐紹吉、靳于中，戎政尚書馮嘉會，刑部右侍郎沈演，通政使馬從龍，左通政邵輔忠、韓國藩，太常少卿姚宗文，府尹秦聚奎，湖廣道王業浩也。有謂酌用滿帥，須勅宣諭兩臣一體同心者，禮部尚書黄汝良、福建道余合中、陝西道賈毓祥也。有謂兩臣之計并失，而援廉、藺故事，責一人爲之下者，工部侍郎徐大化也。有謂更置非國體，畫地非善算，而一以降心望經臣，一以虛心望撫臣者，太常卿曹思誠、少卿李精白也。有謂撤兩臣，一代黔蜀總督，一補添設侍郎，簡兩員一守關，一守寧遠者，太僕卿魏應嘉也。有謂滿帥廉而無能，不堪大用者，尚寶司卿馮時行也。諸臣議論雖殊，而忠悃則一，臣部應有折衷之議。竊以督師王之臣博大沉雄，事事蹠實，先爲不可勝以待敵之可勝，正兵也。撫臣袁崇煥慷慨英發，氣可吞胡，近以孤城抗方張之虜，奴酋憚之，中外倚之，奇兵也。倘肯左提右攜，奇正互用，何難制奴之死命者！無奈其各是其是，兩不相下，大犯兵家所忌，頃且露章相駁矣。如必强不和使和，是以方枘納圓鑿也，臣等不敢蹈前人之覆轍，僅僅以責成數語塞責，不得不議專任矣。顧兩臣忠肝義膽，偉望壯猷，專任之皆足辦賊，惟是撫臣瀝血守城，功著退虜，似無可去之理，宜以恢復全遼委任而責成，不效則治之以罪。至關門重地，何可無重臣彈壓？應如冢臣議，特遣風力科臣視師關上，假以糾劾之權，居恒料理，萬一有警，聽薊遼總督提兵移鎮，以爲後勁。至督師威望素著，人方倚爲長城，斷斷不可聽其優游。查得京營協理舊有兩臣，而臣部亦有總理三部之例，應勑督師劍履還朝，或協理京營，或總理三部，以待行邊之用，如此則禁中頗牧，銷睥睨于神京；閫外將軍，揚赫濯于遼海。臣等參之衆論，酌以公心，計無便于此者。誠念兩臣去留係遼左之安危，並任不能，去一不可，故不得已而從王紹徽之議，一擬召還，一擬留鎮，謹將議單録呈御覽，恭候聖裁。」奉聖旨：「封疆事原係本兵職掌，今既會議，當採衆論之公，不當狥一偏之見。即着關内關外分任責成，你部便當馬上差人傳與督、撫二臣，務要捐去成心，竭忠報國，緩則合修防禦，急則互爲應援。不得仍前執拗，希圖卸擔；亦不得觀望推諉，坐失良時。功則同賞，辠則同罰，朝廷決無假借，二臣宜自省悟。」

兵部尚書王永光准回籍調理。

滿桂鎮守山海，掛征虜將軍印，駐劄關門，兼管四路，立催赴任。

七月，吏部會推兵部尚書馮嘉會、王在晉，欽點正推。

八月，督師尚書王之臣題稱：「據海運同知王應豫呈報，南海口在倉之糧八千石，各營軍士投單支領，無米可放。天津報完二運，而關門竟乏所支，不知發于何處。折色每月又遲一月，甚有至兩月，貧軍無糧，動則脱巾。今部疏謂盡發新庫，完七、八、九月三月，是閏六月餉銀已完足矣。乃耀武營兵士告稱閏月錢糧至七月十八日尚未給，問之餉司，則云庫如洗矣。此臣所未解也。」

天啓五年，天津運過米豆九十八萬七千七百四十四石八斗有奇，其交赴南海口者止米一十七萬石，豆一十二萬三千石耳。其運貯右屯、筆架山、葫蘆套、孫家莊、覺華島者，皆以藉寇糧而爲虜之招矣。南海口之糧匱乏，至今日而始知之，且云天津報完二運，不知發于何處，胡見事之遲乃爾乎。

遼撫袁崇焕上言：「切照奴釁以來，合中外文武邊腹之全力以爲防，然捐棄兩河，未有勝着，此未易以言悉也。惟舊督臣王象乾、經臣王在晉撫存西虜，奴窮于無所入；舊樞輔孫承宗與原撫今督閻鳴泰决出關用遼人之議，奴窮于無所導，故静伏者三年。自去秋河上遂覦我之虚實，故傾巢入犯，視蕞爾之寧遠如机上肉，至兵過錦、石一帶，彼不知臣之先行撤入，而謂我畏先逃，故一往無復顧忌，直抵寧遠城下。臣又偃旗息鼓待之，城中若無人，彼愈易而併力以攻。孰知臣之厚備而奮擊也，出其意外，故措手不及而敗走。賊已悉我之伎倆矣，遂棄其無用之攻具，歸而造其能爲我害者，如版厚二寸之戰車，革以裹之，艱于渡，故爲舟，舟不得法不可渡，故取十方寺上流之淺以濟師。至必繇之路，則粆花五大營駐牧之處，故據囊素台吉而驅捲各營，且請家丁于瀋陽，攜之以入犯，爲一進不退計。孰知毛文龍逕襲遼陽，故旋兵相應。使非毛帥擣虚，錦、寧又受敵矣。毛帥雖被創兵折，然數年牽掣之功，此爲最烈。此賊數十年未經一創，况損于我而償于西虜與毛帥，奴氣又復振，能一刻忘臣哉？」

出關用遼人之議決于孫承宗、閻鳴泰，倡其説者孫元化也。遼人如可用，則王化貞、孫元化不斬首于東市矣。毛文龍徑襲遼陽，故旋兵相應，寧、錦之圍解，文龍與有力焉。此出于崇焕之自陳，劇稱其牽制之功，則文龍何可殺耶？文龍殺而虜直犯京城，明知而故悖之，崇焕之禍其真自取矣。

奴兒哈赤死。

九月，太僕卿兼御史董應舉揭：「自古屯田皆于兵争戰苦，今遼人不願屯，不得已用石公衍議，買膳馬臺、安子莊青苗熟地七千畝，又盧同知差陳雲漢買四當口錦衣青苗熟田七千餘畝。青苗方熟，忽被水灾。公衍所買地收得高粱一千一百三十石，四當口因陳雲漢口報無多，值王鴻臚解銀至，賴其往視，收得六百餘石。此二項及諸荒田召人開墾，明歲收入必多矣。」

晉因遼民渡海，疏請帑金十萬賑濟安插，奉旨給發，竟爲董太僕借興屯之議邀致前銀，民不得賑，而買田以耕，一年所收穫不過如此，即請待來年，亦能得幾倍乎？

遼撫袁崇焕會題⑥：「千里饋糧，士有飢色。進則因糧于敵，退則寓兵于農，兵家正法，勢在必屯田。臣欲另請屯種、農具，恐未有見便錢糧可應臣求。臣請歲運本色四十餘萬之中減運十二萬五千石，照今折值，每石八錢，應計銀十萬兩，即于是月内解至寧遠，預買牛買具，積穢積膏。而鎮臣趙率教等俱深通兵法，曲暢農情，合此中之六萬者，兵乎？孰知其皆農也。人謂兵安可以爲農，臣正謂不能爲農者定不可以爲兵。要在上下相通，其耕而獲者不必在官，不必在私，只地無遺利，人有餘糧，一年餘三年之食，人得以有其生，始得以有其人，人爲我有而敵不足圖矣。該督師王之臣看得：切惟國用之匱，至今日而極。屯遼地以省遼餉，議非一日。總之，趙率教連歲設關外之兵，屯關外之地，兵民相邇，各有怨咨，至今赴愬者紛紛。蓋兵苦于力之疲，民苦于業之失。今若盡驅靺鞈以事畚插，即撫臣逆知虜非好殺，必不再來，然兵法無恃其不來，臣固未敢一日忘虜也。再三熟計，無如仍以近地之遼民，俾數十萬生靈得以贖命。另委文職一員，專董其事，仍照常收租，以充軍餉，則輿情咸順，美利可興矣。」

王之臣揭稱：「自關至建州二千里，至三岔河幾六百里，屯田之法誠爲要着。然必須我有不可犯之形，寇有不能侵之勢，乃得從事。今關内無可屯田，關外修築守禦共舉，可放兵歸農否？且連年亦何嘗不屯田乎？右屯之貯反以餌寇，即充國在，今日不知目前能行否也。」

巡關御史方大任題：「臣出關後，歷中前所前屯衛、中後、中右所抵寧遠，歷墖山、連山、杏山、松山，直至錦州，深入虎穴，馬首所及，見沃野平壤皆膏腴可耕，而土廣人稀，生理鮮少。即有耕種者，又以無邊墻故，畏西虜乘隙搶割，甘心棄其地利。荒遠之地，八年纔覩漢官威仗。今已從一片石入關，至石門路矣。」己巳五月。

督師袁崇煥疏：「總兵趙率教初守前屯，收未附虜遼人爲兵。即王經略所收十三山歸附遼人。時關外初復，無多官多人，而有餘地，率教得以盡力耕種，三年積糧至十餘萬。卒之復業者多争産訐告，兵不能有其屯；各城遞復設官分職，率教不能專其事而有其兵，且謗率教者謂屯田自利。甚矣，屯之難言也！」己巳六月。

愚按興屯減餉，誰謂其非要着，然必兵有息肩，始能耕耨。今危邊防虜，時時操練，日日哨守，安能分身以兼農業乎？各省設立屯田，地方無事，軍亦未嘗居于屯也，營屯窵遠，往往召民佃種以分其利。今若令兵守屯，猝有緩急，舍鋤犁而操劍戟，荒蕪所必至矣。關外有田悉爲軍占，近境膏腴又爲官占，其僻遠磽瘠之土，軍之所棄，民取其餘，終歲勤動，及其收穫，又未必盡爲民有也。如云不必在官，不必在私，軍民無利，而官有獲餌，將領之貪，而無救于三軍之餒，真爲泥飯塗羹之説矣。續查己巳六月袁督師之疏，督師亦不能自踐其言。此關外興屯之大較也。

工科王夢尹奉使海外，據見聞敷陳⑦：「一、名器當重。海外參游等不下二百餘員，經兵部題授者幾何？人似宜清汰一番，年深績茂者題請實授，間與内地互調，可收猛士之用。一、兵額當限。東江兵雖十五萬，而屯田者盡在其中。合無將見在之兵，令文龍選三四萬就登、津之本折，其屯兵就兵之父子兄弟約定名數，務足屯田之用，壯藉爲兵，弱藉爲屯，在遼民既免凍餒之虞，又遂生全之路。一、南兵當裁。南兵出海時名雖數千，至島不及二千，慮其虚弱，遂以遼人補之。以北人補南兵，名雖南而實北，何益乎？乃糜東餉三分之一。合無除堪留駕舡水手外，以遼人歸入遼兵，其南兵老弱不堪者汰之南還，士伍可無假借。一、餉運當早。山東餉銀每發解後時，孤島待炊，安能待西江之水？申飭該省預爲解給，務完在五月以前，庶六七月風便可到。一、部落當招。奴部富厚尊寵者，皆建酋真種，如白羊骨、瓦剌、魚皮等俱被虐使，頗懷怨望。若勑邊臣廣布文告，明招暗誘，攜其部落處之島中，或擇地築城以居之，使奴不得安枕，亦弱奴之一端也。以上五款更張豈易，但恐年復一年，究竟不免一番更張，不若自今日始，猶愈也。」

户部題稱：「樞輔昨年增兵至十二萬，不旋踵而裁汰之至十萬八千而後已者，原廟堂之上臺省交章，咸云兵多而餉少，苦不給也。今又據又六月關門司道報到兵馬册，并今督撫疏開兵馬數相對而算，督師疏開之兵少于道册者一萬四千八百五十餘員名，道册之兵少于司册者二千六百一十七員；督師疏册之馬多于道册者一千七百二十匹，道册之馬多于司册者六十二匹。撫臣疏開關内見兵不及二萬，督師疏開關内兵五萬有餘。夫均之閏六月之兵馬，均之關門内外之兵馬，多寡互異，增減懸殊，此其故何耶？伏乞皇上詳查樞輔舊年裁定之兵數，并查撫臣見定分用兵數，以定督師增兵之請，使臣部錢糧不至匱竭，榆關軍士可資飽騰。制奴穩着當不出此矣。」

是時督撫分關内關外，不相爲用，亦不相爲謀，各自請兵，兵數之參差内外漫無所攷，邊事之支離，於此占其概也。

毛文龍疏：「臣所駐須彌島即名西彌島，一連有三山，周圍廣闊二百餘里，中則雲從山，前則西彌島，再後則真珠島。以陸程計，雲從之離鐵山有八十里；以水程計，鐵山之至雲從僅三十里。雲從與西彌從大路去至義州止一百六十里，鐵山從水去亦如之。義州與鎮江相對，不過有三四里，鎮江至遼陽三百六十里，是鐵山與西彌奴寨總之相距在五百里内。今謂去奴三千餘里，不知何臣作此誑言以欺皇上。去冬移駐雲從，原爲鐵山樹木已盡，無所樵採，以就便，乃指爲規避。今閱臣于五月十九日至島，望見須彌，親歷義州，以悉遠近，則遼陽之奴寨可知。惟其去奴不遠，所以知之極真，牽之極切。臣可不辨而自明矣。」

編修姜曰廣、工科王夢尹陳海外情形：「獐子島以西舊隸遼東，皮島以東乃隸朝鮮，其開墾田地俱以日爲計，而無畝數。天啓五年一歲收各色糧食二十九萬有奇，惟是島中之田堪種者固有，而計地不寬。朝鮮之地，皆該國所不耕者，或山巔，或山坡，濬蕩不堪，而用力倍艱，要亦可接濟兵民之窮也。此屯田之情形也。」

登撫李嵩據旅順營千總蕭受等禀稱⑧：「將官李鑛貪色嗜利，謀殺來鄉，杖死兵民，侵尅官糧，種種惡跡被人揭告。毛鎮差官拘提，鑛知難以解脱，協同爪牙高應詔等設計，于八月初三日二更放砲吶喊，綁拏差官，藉口衆兵反叛，放火燒毁米糧、官物、盔甲、火藥、房屋，搶奪船隻，于二十二日開船，田禾盡行燒壞。等因。看得旅順雖蕞爾微區，實係衝險要地，若一旦棄守，則半壁單寒，運輸梗塞，且恐奴酋探知，發兵侵據，貽害非小。但地屬東鎮，當令東鎮別擇才勇，急赴駐防，以爲禦夷固圉之計者也。」

巡撫袁崇焕題：「李鑛一案，其始至寧遠也，臣惡之懼之，爲其不爲東省用而擅逃也，即欲梟之軍前，以爲衆儆。據其所陳無聊之狀，不得已者甚多，大端謂等死耳，西來死于法止一身，否則其家與四千人俱無生，萬一四千人不甘心而轉興別念，將不止鑛一身一家矣。明旨謂情有可原，即部參亦謂其有心報效，已洞燭之矣。况臣已咨之督師，而行寧前道盡法提問，未嘗欲輕之也。今道廳所讞，遵體明旨，發明部參，可云兩盡，且使四千餘衆人人自安，存其應死之身。故舍立斬之法，則有減一等免死立功，李鑛、李鉞俱應革去官職，免死立功，如鑛立有功，尚將賞之，若其怠惰，則併前罪處死不貸。其兵民共四千餘，行寧前道擇其可爲兵者，已經分發訖。衆各有生，無萌他念矣。」

兵部爲巡歷關外事。奉聖旨：「據奏，内臣、撫、鎮越數百里關城略地，議招集飢民，安插屯種，漸復疆土，功勞可嘉。廠臣魏忠賢體國赤心，籌邊壯志，鼓忠義以勵鎮守，捐家資而濟軍需，致令將士協和，兵威丕振，數載逋逃之寇已罹天誅，三韓榛莽之區今將復業，宜有破格之典，以酬非常之勛。着于原封伯爵進肅寧侯，給與應得誥命券，還賞銀五十兩，綵段四表裏，羊二隻，酒三十瓶，新鈔三千貫，賜勑獎勵，以示優異。鎮守内臣劉應坤、紀用與廠臣同心經理，應坤原廕弟侄一人錦衣衛正千户加陞指揮僉事，紀用原廕弟侄一人錦衣衛百户加陞千户。撫臣袁崇焕協力擔當，原廕子錦衣衛正千户加陞指揮僉事。俱世襲，給與應得誥命。其道、鎮、營將以及軍丁俱依擬。」肅寧侯後以皇極殿工成晉秩爲公。

十月，朝鮮王李倧奏辯國内事情。有聖旨獎慰，并慰毛文龍，稱毛帥而不名。

十二月，遼撫袁崇焕題：「臣先于鎮守内臣劉應坤〔四〕、紀用，鎮臣趙率教東巡，而得奴死之信，蓋聞之而未見其的也，無一確探以相聞。邊臣所任何事，亟往偵其虚實，一也。因離間其諸子與夷上下，二也。且諭其毋仍前叛逆，束手歸命，聽朝廷處分，三也。遂商之經、督二臣，以喇嘛僧鎖南木座往，同守備傅以昭等共三十三人以行，臣與鎮、道密授之策。私計此一役也，漢人重覩威儀，與西虜在彼者追念舊事，寧不興其中國聖明之思，諸奴子安能有其衆耶？臣酌酒洒淚，而壯本僧之行色，在庭之人且有耻不得與東行之選者矣。」

崇焕又題：「臣隨諸臣後，東遣偵諭，前疏已悉。東夷來者爲方金納、温台十二夷，則夷中之大頭目。諸事待裁决者，臣同鎮、道、協三臣召而見之于學宮，取在泮獻功獻琛之義。此夷之恭敬柔順一如遼東受賞時，三步一叩頭，與虎、粆諸夷無有二也。跪投夷稟一封，與臣如以下申上體式。獨其封上稱臣爲老大人，而尤書大金國，踵老酋之故智，臣即以原封還之。又遞一封無銜禮單，則送及西僧、官丁禮物，臣令僧與官丁者收之。其爲臣者，參、貂、鏤銀鞍、玄狐皮、舍利猻皮，值亦千餘金，令貯于寧遠庫以待皇命。而金等皆叩頭稱感，是日即照邊中舊例賞之酒食。臣徐察其辭氣顔色，感激驚怖之意俱有焉，而並不言及求款字面。臣令人潛探之，則深悔其主之僭悖，來文差訛曰『空苦我走一遭』，其意已可見矣。」

崇煥報：「奴酋要三路出兵，一往三岔河，一往黄泥窪，一往紅羅山。我兵固守如鐵桶，而以精騎爲奇遊，備賊敗歸截擊。其踴躍超投之狀，且恐虜不來，又恐其來之不多。雖米糧艱慳，而衆心之奮，即食可去也。又據鎮、道報稱：撥丁遇前來夷使方金納九人，賫有文書，前來講話，隨差人調之入境。各道、鎮于路上詰來夷何故起兵，彼云前往打圍，乘便搶西韃子，斷不敢擅入寧前。等情。職偕内臣紀用及鎮、道、協、將召方金納見之學宮，投遞漢文夷稟，將向時僭稱『皇帝』二字改『汗』字，如虎酋之稱，而仍彼僞號。然既差人，當留其來使，暫放小夷一二名回話，令其去年號，遵奉正朔，爲代題。一操一縱，職自有微權，定不敢一着不先而一籌之漏也。」

督師王之臣奏：「虜來謝孝，賫有夷書，目『大金國天命元年』。即此觀之，果係恭順而來降乎？撫臣題稿内稱遣使偵虜，備叙將命反命種種交接事情，頗與傳報各官所報于臣者兩不相同。至于哈嘛東去時〔五〕，臣在關上，竟不知其根因，後知而急止之，則行已遠矣。疏稱與臣會議僉同，又謂合詞上聞，臣實未知，何敢謬認爲知，而自欺欺人也？」

又云：「天下之勢合則親，分則疏，撫臣決計和戎，惟恐臣謀之不同也，故力請分疆而居。職于關内優游卒歲，于職得矣，如疆事何？年來奴酋求和于西虜，而西虜不從；屈服于朝鮮，而朝鮮不受。一旦議和，彼必離心，是益敵以自孤也。近日通官過都令處，夷鞭其背，云：『你漢人全没腦子，終日只説我們不助兵，你自家馱載許多金帛，着哈喇替他弔孝求和〔六〕，反教别人與他爲仇，我們也不如投順也罷了。』據此，我將何辭應之？且此議一倡，奴子愈得意，不攻西虜，則南攻鮮，先逞晉人伐虢之謀，而徐爲取虜之計，此勢之所必至者。況奴父子極惡，今欲以咫尺之書、一介之使，致慇懃禮幣，謂可必得其懽心，而終信其無異志乎？」

登撫李嵩報：「十二月盡，奴酋决要犯搶寧遠，密計先發兵馬，要來對截江邊。今河西差官與奴講和，許奴撫賞銀兩、酒器、段布等物。奴說：『怕我去攻寧遠，他來假意哄我，我們就許他和，等他賞，我只管巡收。』又報鳳皇山一帶兵知道講和事情，俱逃西去。」

奴酋三路出兵，惟恐其不來，又恐其來之不多，有似夢中囈語，然此正遼人語也。遼人夸誕，而見賊畏縮，聞風即遁，彼時亦知賊不犯寧遠，故爲此大言以欺人。崇焕以此對君，舛矣。寧遠城中多草棚蓆舍，無足壯觀。從來夷使俱見之郊，無入城者。方金納久逗城中，情形悉睹，遂以我兵無足畏。俾奴專意侵朝鮮，南破屬國之藩籬，西壞朶顔之撫款，島帥以此見戕，孽奴因而入犯，邊事遂不可復振。彼時主張雖繇崇焕，而設謀實自逆璫，逆璫欲招款奴酋，建不世之勳，意不止于封侯已也。自有遼事以來，此舉實爲大誤。

王之臣又條議數款：「一、據廣寧以窺河東。一、定軍營以固根本。一、調班兵以亟修築。一、分兵民以安地方。一、設道臣以清屯馬。一、合水陸以張撻伐。一、用西虜以蹙東夷。一、合關寧以通脉絡。一、集衆思以廣忠益。一、絶和議以杜釁端。此皆目前急着，若舍此而言滅賊，謂之望洋；舍此而言復遼，謂之畫餅。仍諭諸臣毋再執和議，蹈宋人自愚自誤之弊也。」

巡撫天津黄運泰題稱：「關内關外見在官兵夫匠及募補共十二萬八百五十七員名，合計七年分共該額支米七十四萬二千一百八十一石。馬、騾、牛則關内關外見在與應買補共五萬四千匹頭隻，合計七年共該額支豆六十七萬石。又新增鎮守内府標兵及新募補兵士米六萬石，又春秋兩防班軍各役增米七萬石。然而關内之修工班軍與關外之預備應援糧料尚俱不與焉，乞併行各該撫按協力催儹，無違程限，庶士飽馬騰，殄滅奴氛。恢復遼土，端在是矣。」

遼撫袁崇焕爲蒙差偵探事。奉聖旨：「據奏，喇麻僧往還奴中，情形甚悉，皆廠臣斟酌機權，主持于内，鎮、督、經、撫諸臣協謀于外，故能使奉使得人，夷情坐得，朕甚嘉焉。夷使同來，正煩籌策，黠則速遣之，順則徐間之，無厭之求慎無輕許，有備之跡須使明知，嚴婉之用操縱兼施，勿挑其怒而墮其狡。夷在無急款以失中國之體，夷去無弛防以啓窺伺之端。戰守在我，叛服聽之，該撫還宜同鎮守内臣及經、督臣，順天撫臣酌議妥確具奏。」

校勘記

〔一〕馬騾牛以五萬三千八百五十二匹頭隻　「騾」，原作「螺」，據北大本改。

〔二〕因文職不和　「職」，當作「武」。明熹宗實録卷六九天啓六年三月丁未條作「因文武不和，互爲欺玩，武臣則逢迎朘削，以失軍士之心；文臣或偏執狥私，以掣武臣之肘」。

〔三〕雖干出位之譴　「干」，原作「千」，據北大本改。

〔四〕臣先于鎮守内臣劉應坤　「劉應坤」，原作「劉應紀」，北大本作「劉應坤」。本書前後多處如卷十三「差太監劉應坤、紀用、陶文、胡良輔、張守誠、金捷等七十七員賫至關門驗收」、「止設立鎮守山海等處太監一員，司禮監秉筆太監總督忠勇營兼掌御馬監太監劉應坤」等皆作「劉應坤」。據改。

〔五〕至于哈嘛東去時　「哈」疑「喇」之誤。

〔六〕着哈喇替他弔孝求和　「哈喇」疑「喇嘛」之誤。

底本眉批

①本條原有眉批「逆璫受封」。

②本條原有眉批「内監出鎮」。

③本條原有眉批「王恭廠火」。

④本條及以下叙事原有眉批「粆昂被虜」。

⑤本條原有眉批「會議經撫」。

⑥本條原有眉批「議屯田」。
⑦本條原有眉批「奉使條奏」。
⑧本條原有眉批「旅順守將叛逃」。

三朝遼事實録卷之十七

丁卯

天啓七年正月，吏部等衙門會議得①：「經撫並用，九年於兹，每因事權不一，以致意見參差，往轍可鑒。夫關内關外一體，原不宜分爲兩截，宜令撫臣袁崇焕兼制山海，兵將聽其調度，錢糧聽其稽核，戰守方略聽其指授；而一切訓練、城守、分理榆關事務，仍屬之道臣王應豸。此外則内鎮臣方奉天子之威靈，矢公慎以綜核兵糧，一時弊竇肅清，人心帖服。閻鳴泰奉命總督薊遼，賜履所及，原跨兩河，策應調援，自其職掌，無俟廟議責成。合無將王之臣加太子太保、兵部尚書，回部協理部務；督臣閻鳴泰無事照舊駐札薊鎮，有警移駐關門；撫臣袁崇焕兼制山海；道臣王應豸加山東按察司副使，分理榆關事。恭候命下，一體欽遵施行。」聖諭：「朕聞師克在和，事立惟豫，人臣同德以揆策，廟堂慮事而制宜，中外寧有異心，宫府原屬一體。不謂自有遼事以來，鮮由斯道，始因文武不和，而河東淪於腥羶；繼因經撫不和，而河西鞠爲榛莽，覆車之轍，炯然可鑒。近賴廠臣矢忠幹國，殫慮邊籌，供億多方，邊庭有備，逆奴既已天殛，恢復次第可期。乃督臣、撫臣爲封疆起見，各執一説，雖經權奇正，無一成之心；意見未符差〔一〕，有異同之跡。朕前已有屢旨，開諭再三，復命親近内臣前去鎮守調劑，雖切猶未釋，然念此封疆兩大臣皆自奪情起復，特簡出於朕心，宗社恃以安危，安攘咸所倚賴。其總兵滿桂俱在山海關等處駐札，一切兵機進止、章奏文移，俱會同督撫計議而行，寧遠有事，則山海速行接應；山海有事，則寧遠速行防護，如家督捍主，亞旅一心，如率然衛身，首尾相應，細心料理，期保無虞。朕又思劉應坤、紀用、閻鳴泰、袁崇焕從來意氣相信，肝膽與同，謀略總期爲國，奏疏不約而合，成績漸著，深可嘉尚。朕既鑒往日不和之弊，復計及邊防處置之宜，乃加意調劑至此。其在内外諸臣各要合心，若不亟爲區畫，恐見解互異，議論滋煩，畛域漸生，事權多掣，封疆大計之謂何？是以慮及京師根本重地，已允卿等會議，將督臣王之臣加銜回部，以備帷幄之中不時籌策。其督臣閻鳴泰，無事之時仍在薊鎮駐劄，遇有聲息，便速赴關門策應。撫臣袁崇焕、内鎮臣紀用俱着便宜行事，并道臣畢自肅、總兵趙率教俱在寧遠等處駐扎。至關門兵馬俱聽袁崇煥調度，内鎮臣劉應坤著便宜行事，并道臣王應豸合力克復全遼，亟建膚功，紓朕東顧，策勳飲至，具有彝章。如或沉溺故習，蹈襲覆轍，則我祖宗三尺具在，朕何敢私？因念文武二途，責在兩部，疆圉弗靖，具軫於懷，尚思篤念樹功，以副朕意。特諭。」

聖諭②：「朕惟謀國之誼，中外比之同舟；用兵之形，犄角方於捕鹿。蠢茲逆奴，犯順十載，恥歷三朝，東顧足憂，實勞宵旰。念毛帥獨奮孤忠，支撐海外，遠提帥旅〔二〕，閲歷當時，乃中朝實倚爲輔車。而去撫每視爲秦越，疾聲莫應，供億不敷。枕甲荷戈，有枵腹呼庚之困；陪臣屬國，苦資糧宂㢊之供。乃於百凡艱危之中，尚有累次俘獲之績。似此苦心，朕且嘉且憫。即今逆奴天誅，而叛孽尚懷叵測。朕志復祖宗封疆，遠念將士勤苦，其所處皮島一帶地方，實牽制剿除要着。去冬該鎮曾有請計内臣駐扎之奏，朕熟思審處，久未施行。今特命總督登津、鎮守海外等處便宜行事太監一員，御馬監太監胡良輔；提督登津、副鎮守海外等處太監一員，御馬監太監苗成；中軍太監二員，御馬監太監金捷、郭尚禮，都着在於皮島等處地方駐扎，督催餉運，查核錢糧，清汰老弱，選練精强。一應戰守機宜、軍務事情，着與毛帥和衷協力，計議妥確而行，不得輕易紛更，亦不許膠執故套。更要不時牽掣，相機剿除，期奏犁庭掃穴之勳，朕何靳錫盟帶礪之典。凡有戰獲捷功，照前一一解級；如遇偵探機密事情，及島中戰守聲息緩急，即便據實直寫，星馳密奏，以慰朕懷。」

兵部奉旨：「毛文龍提兵海外，蓄鋭多年，常思滅虜恢遼以報國。今聞奴子蠢動，精鋭西來，巢穴必虚，宜秣馬勵兵，長驅直搗，以截斯醜之歸路，以作後勁於關門。度該帥義勇夙心，計必出此，你部即刻差人傳諭知道。還着水陸倍道，速達朕旨，有功之日，破格優酬。卿等亦各矢忠猷，預商制勝之策，以副朕東顧之虞。」

兵部復奏偵探獲捷。奉聖旨：「連雲島之捷，雖斬獲無幾，而撫、道伐謀之方略，將士用命之勞苦，亦宜叙酬。李嵩、岳駿聲俱着加一級，楊國棟再加一級，其餘分别陞賞。」

朝鮮國陪臣金蒙憲等呈稱：「小邦兵單糧少，苦無援助，平日所仰望者，惟天朝而已。今則海路陷絶，緩急不能赴號；而毛鎮又兵疲食缺，自知氣勢不振。江水將合，則當入保海島，以爲避兵之計，非但賊來不能飛到毛營，看毛鎮亦無由出陸以見虜馬，况望其協濟小邦之急乎？以此料小邦，安危存亡不可知也。小邦爲天朝守職盡分，向年柳河之役，已與奴結釁搆怨，又以毛鎮藉在小邦，奴之必吞噬小邦者，其心豈頃刻忘也？直以内憚關門、寧遠之勢，顧念巢穴，不敢逞。以迨新酋國事之始，因喪出吊，無故講款，陽緩關、寧之師，乘機驟發，悉鋭東向，蹂躪我城池，虔劉我士民，窺覘我王京，此其勢豈獨欲制小邦而已乎？小邦一日不支，則毛鎮一日亦無所依着；毛鎮無所依着，則彼時皇朝疆埸之憂，又不止於今日也。誠及此時速發偏師，乘其空虚，擣其巢穴，使賊首尾牽掣，俱莫能救，則一舉而全遼可復，屬國可全，群醜可滅，此正難得不可失之機會也。堂堂皇朝，廟算已定，區區小邦陪臣不敢妄陳，然而芻蕘之言，聖人擇焉。」

二月，遼撫袁崇焕陳奏夷情。奉聖旨：「覽奏，夷使恭順求款之情似真，然必彼確有所獻以自贖，我確有所憑以相信，自非然者，誠僞未可必也。還遵前旨，從容講折，務求妥當，方爲題請。本中説周爲之備，不墮反間，具見成畫，深慰朕懷。」

三月，登萊巡撫李嵩塘報：「准總兵毛文龍揭帖，報義州節度使八九日間累次着人與奴酋説，河冰一開，毛都督兵馬多至江去，請汗來拿毛都，甚是不難。我們糧草多備，專等汗來。奴酋慮他奸細，未肯輕信。」奴兵破雲從、鐵山，文龍將士聞之洶洶不安，毛永顯先逃，參將高萬重統衆，劉璋劫島中軍民、財物、婦女，同麾下七百餘人駕船逃去，都司馬承勛亦領六百餘人由陸奔。③

文龍揭：「六年十一月二十七日，奴賊收拾兵馬犯關搶奪，從鐵山等處。職即先發各島兵馬至江撁制，相機剿殺，隨帶領官兵親身督戰。不意麗人向恨遼民擾害，暗爲奴賊奸細，引賊俱換麗帽麗服，將沿途撥夜盡行截殺。正月十四日，奴兵八萬餘衆，大王子帶領四萬餘賊直搶鐵山，圍職衙門，搜尋要活拿職，職至雲從，不得，拿住毛有俊，哄言不傷你命，不害你家一人，只要領我活拿毛都督，與你大將官做。毛有俊拔刀自刎，咽喉已破大半，尚不絶命。防守鐵山都司劉文舉領兵撲殺一陣，不肯順服，賊恨殺之。兵民逃竄，賊來招撫不殺，大王子領帶四萬賊馳雲從。聞報，即同南北官兵星馳去住關口，火器堅守。奴賊下營安息，不殺一人。職料賊必入皮島圍困，十五夜間差内丁都司毛有見、有德、尤景和等各帶兵一千，鎗炮火器分路衝打。時賊勞苦不備，打死約有數百，賊各奔上山逃叛。毛有見、毛有德俱着箭陣亡，損兵七百餘名。十六日，大王子急調鐵山六王子兵來，云務要併力夾攻，活拿職去。職向收下降夷并陣上拿來活夷共有二千三百餘名，十七日夜間放火燒屋，内應外合，職當將撥兵盡數殺完，火兵盡發過江牽制，手下雖有三百餘兵，爲賊斷絶糧道，嗷嗷無食，借得客商麥荳，分給一碗半碗，決不能空腹赴鬬。惟以疑兵出没，安意静俟，激勵南北將士堅壁守以待戰。奴賊坐困多日，不能前犯，十數日退回宣州下營，口恨麗官麗人：『你説活拿毛都督不難，今我馬跑死，兵又打死，毛都督又拿不到手，爲何死活纏哄我來，你定是奸細。』賊即開刀殺人，麗人皆剃頭歸服。二十日，兩王子領兵攻下郭山，殺死麗兵六萬，燒燬糧米百餘萬石，隨去殺義州節制使，竟攻安州等處。職即差都司毛永詩等收拾鐵山、宣州殘兵，親領南北將官陳繼盛、項選、毛承禄等各帶兵丁、火器，星夜出一間道，分派各將各處埋伏，探賊攻麗勝負，相機以截其後。職又令管侍調昌城、滿浦兵馬，督令遊擊曲承恩等堵截安州，責令相機與賊死戰。但糧草斷絶，兵帶死馬牛肉爲飽。可憐職向爲天朝接濟不及，不能不取給於麗，今彼報奴害職，職無復向麗人開口之理。伏乞上臺速速發糧救濟，以全江東一帶，終牽制進勦之局。奴來犯搶一番，殺傷不滿萬人，惟麗人麗官自己作孽受禍亦不爲少，雖追兵勝負未知，嗣後再報。」

袁崇焕奏報夷情。奉聖旨：「該撫發水兵爲東江之援，深得犄角之勢。兵本陰道，難以陽言。戰守之具，該撫實修，其可陽言，以稱朕意；其静定需時，近於陰者，以聽該撫。總求着實可恃，萬分無虞，以保巖疆。」

兵部飛報虜情。奉聖旨：「覽奏，奴兵東襲，毛帥鋭氣未傷，深慰朕懷。麗人導奴入境，固自作孽，但屬國不支，折而入奴，奴勢益張，亦非吾利。還速諭毛帥相機應援，無懷宿嫌，致誤大計。餉軍需餉甚急，着登撫暫那青、登、萊三府倉儲，乘風刻日開帆接濟。其動支贓銀以勵戎士，速發硝黄以壯軍聲，委係日前急着，上緊傳登撫如議行。」

兵部覆議援朝鮮事宜。奉聖旨：「登、寧與海外互爲犄角，毛帥拼死禦敵，疾呼不應，何以鼓任事之氣？矧策應海外，正以綢繆爲封疆大計，宜救爲急着。覽奏，説覺華島精選水兵三千，星馳赴援；天津、登、萊堪戰將士刻期出海，俱聽毛帥相機進止，説得是。着即行與各該撫鎮速爲督發，仍將發兵日期奏報，以慰朕懷。」

兵部題：「奴之遠掠東江也，蓋啣枚疾趨，出鮮不意，是以鮮人幾不支，毛帥幾無措，而我策應之師亦幾乎苦於鞭長之難及也。臣於三月廿三日閲登撫、寧撫諸塘報，知東江漸有可爲者。曩竊虞鮮之以力屈降奴也，今報昌城太守不肯歸奴，誓與毛帥同心守土，地方安堵無恙，則鮮人忠義斷不爲奴用，概可知矣。曩又竊虞鮮之不能以猝備應奴也，今報瓶山一陣，奴兵大敗，有達王一個，被鳥銃打壞一目，馱回蔴布川存下；黄州一陣，達馬之死於鐵蘽角、刺馬鎗者無算，奴兵之死於鋒鏑者亦無算。從此而鮮之神氣不愈旺，奴之魂魄不愈落乎？雖賊兵逼近王京八十里，然我既駐重兵於河，奴必不敢渡；如渡，則乘其半渡而擊之，正鮮所以制奴之死命也。曩又竊虞毛帥之一旅孤懸，未易擊奴也，今報瓊山伏兵截奴糧道，殺死達賊數百，奪奴糧米并牛七八十頭。毛帥之出奇制勝，因糧於敵，是尤足以鼓我軍之敵愾，而褫奴之膽也，此在毛帥與鮮固皆屹然有足恃者。遼撫自奉搗巢之命，除寧遠城守重兵照舊屯住，直於各營中挑選精鋭，分作連珠三營；所簡大將及諸將，則老成知勇之趙率教、左輔、朱梅等也；監軍則以夙嫺方略之畢自肅。以此而批亢搗虚，謀出萬全，諸臣自饒爲之。且滿桂又簡精騎三千移駐前屯策應，又發水兵千人駕帆向東。似此水陸夾攻，聲靈不亦甚赫濯矣哉？奴有不旋懼而急撤其犯鮮之兵，以自顧其巢穴者，必非情也。」

兵部塘報。奉聖旨：「奴兵東犯，朝鮮必不能支。若鮮折入奴，則奴勢益張矣。着馬上差人説與寧遠撫臣，乘奴遠掠巢虚之時，挑選關、寧精鋭，擇智勇之將，輕兵直搗，大兵陳河續濟，以牽奴後，而紓屬國之急。其糗糧犒賞，師行必需，户、兵二部亦宜速議處置，毋得遲緩，坐失事機。」

遼撫袁崇焕奏：「夷兵東犯朝鮮，必留重兵自守以防我、防虜，使我不能救，然我又何得不救。臣等議定，于關外三軍營及前鋒三營、撫鎮標下四營，每營選精兵九百，而寧遠守城之兵未敢輕動，分作連珠三營，以左輔、金國奇、靳國臣、趙率教、張得勝、孫繼武、朱梅、黄士英、孫紹祖分爲前鋒、居中、後勁，寧遠道臣畢自肅爲監軍，進逼三岔河，爲搗巢之舉。蓋各營精鋭聞東警日，皆已駐防於大雙、松吉之間矣。又行總兵滿桂簡精騎三千駐前屯、寧遠策應，水陸夾攻，夷即悍，安得不撤犯鮮之兵以西防耶？」

遼撫援鮮，佈置極其可觀，乃官軍望河而止，此真所謂紙上之兵也。遼兵果可用耶？

四月，毛文龍報稱：「奴子今年突犯東江，皆因西邊講和，關上兵馬自然不動，驀地擒職到手，闖關直入不難。今奴不但擒職不去，將頭發兵馬困在麗地，二發兵馬又困在沿江無可渡，處處被職官兵冲擊，殺傷無數，每日拉屍山頭，火堆山堆燒化骨石，火光焰天，活擒韃子每日必有解驗。據北岸密報，萬分真確，新汗手下兵馬不滿一萬，俱是心寒膽怯，長怕西邊大兵直搗。今寧遠又該奮勇，統大兵直渡三岔，徑搗瀋陽，狡奴自無噍類矣。此甚大機會，斷不可蹉過。若不以爲然，每年虚費金錢三百萬文，被狡奴所欺，『天朝要和，必與我每人金子三兩、一隻狗也，要作一人賞到』，全全依他，不顧民膏脂之已竭，祖宗二百餘年之恥何時而雪也？伏乞各上台火速移文寧遠，乘職官兵困住達賊，大舉進剿，全遼指日可復矣。」

遼東總兵趙率教報：「正月十四日，奴酋過江攻克愛州、宣州、鐵山、定州一帶地方，朝鮮將二道江攡開，賊在夾江内安營。看得正月望日，二處回鄉人魏天真等相離七日，奴即下三城；魏天真離彼至此又逾一月，奴兵之荼毒毛鎮，不待言矣。蓋鐵山即毛鎮所居之地，愛州夜襲，不防而失，不知鐵山准備如何。奴子新管父業，即擄掠西虜，壞我藩離，聲西擊東，攻我屬邦，何異老奴昔年攻金台什、白羊骨故事。惟亟修備以俟賊來大戰，除與内鎮、部院公議，一面發水兵三營揚帆東援，整理前鋒後勁兵馬，相時進止。」

登撫李嵩報：「二月初二日，把總俞文相到北信口，往復州地方，見男婦一群奔走，盤問，乃鐵山難民，因奴酋過江至愛州，從水關進城，守城官逃，麗人引路，圍住鐵山，殺死兵民不計其數，十八日渡江去。等情。看得奴子蓄謀最狡，大隊長驅，虛張聲於河上，分兵暗襲，肆慘殺於鐵山。海、蓋間非圍獵之地，屯兵於此，其覬覦海上諸島可知也。」

毛文龍奏：「奴賊到朝鮮定州，速送差胡，自言動兵之故。其書紙曰：『大金國二王子同衆王致紙于國王：我先老汗歸天，有勢如南國尚來弔，又賫禮來賀新汗。我先汗與你國毫無不好心腸，你國無一人弔賀，因此我國方統大兵來。你要和好，差官速來講。』」

兵部題：「奴子既摇尾求款矣，何以東江之兵竟銜枚而疾趨也？則求款者，紿我也。奴兵既捲甲東掠矣，何以漫台什四夷又逍遥而渡河？則敢來者，輕我也。是必回鄉東攻之報無據，而後可若其確也，則方金納等九人，尚可使之颺去哉？」

登撫李嵩准朝鮮國王咨：「本年正月十七日，平安道按察使尹暄狀啓：『奴賊數萬騎乘夜猝犯義州，城中不覺兵至，措手不及，城遂陷没，節制使李莞以下文武將官及兵民男婦悉爲斬殺，先鋒已到州。續據前後馳啓，賊兵連郭山、凌漢山城及安州等城，節度使臣、防禦使金浚等將吏數十員、兵民數萬口屠殺無遺〔三〕，平壤、黄州不戰自潰。賊兵已到中和，游騎出入黄、鳳之間。賊兵又以一枝向雲從島，要搶毛鎮，道路阻絶，哨探難通，勝敗聲息無從聞知。』等因。得此，當職切照：伊賊自未叛天朝，其朵頤於敝邦久矣；既得遼土，勢益熾大，兼以毛鎮寓在敝疆，日夕眈眈，欲肆吞噬。顧念奴酋在時，其志專在西犯，不暇他及，故得拖過數年。頃聞既死，酋子繼襲，邊吏刺探賊情，聞密計作事，與哈赤有異，必欲先來東搶。且聞天朝爲羈縻之計，撫議已成。若爾，則渠既息西犯之意，慮其肆毒於敝邦。民窮兵弱，金乏力盡，雖綢繆有素，而陰再難防，大賊猝至，無以抵當，長驅直上，已逼内地，豕突之勢，豈能遏止？乃於本月二十六日，賊且及王京城，士民遷於江華以避賊鋒，君臣播越，寄命孤島，危亡之禍，迫在朝夕。在壬辰倭賊之難，幸賴天朝拯救之恩，將以收復舊物。目今全遼失陷，漢路已絶，雖欲控訴大邦，何可得也？西望長慟，不知所爲。竊念此賊既動大兵東來，雖屢戰乘勝，然其攻打城池，折損亦多，深入麗國，兵連禍結，其巢穴必已虚弱。若蒙皇朝乘此機，便發十方大兵，直擣遼、瀋，舟師由旅順海路以取金、復等州，則伊賊千里奔鄉，氣蹢力窮，其破之必矣。夫然，則皇朝獲全勝之利，而毛鎮紓窘迫之患，敝邦亦收燼余，保聚疆域，計莫便焉，幸莫大焉。敝邦之微弱已甚，惟區區一腔忠義，自盡事君之誠，結怨强虜，遭此横虐，雖至顛沛，自顧無媿。徒以積受皇朝厚恩，未能報効爲恨耳。疆事方殷，不得不發使具奏，姑差行獲軍黄泊、司果、宋興福，通官朴庚生、姜應信等前去告急，惟冀即轉奏施行。』等因移咨到臣。該臣看：朝鮮之結怨於奴也，以鮮之服事我而不從奴也，隔關而遠交，奴忌之矣。關、寧在前，樂浪在後，奴實有意西向，而惡其尾也。則今之殘鮮也，洩其忌且惡，并剪其尾也，謀亦甚狡矣。今據該國告急咨文，其君若臣播越窮島以避奴鋒，岌岌乎有不可支之勢。夫鮮實以事我讐奴，則我自當擊奴援鮮，無待再計者。除臣檄行鎮、道催督前發應援官兵梁汝霖、袁進等駕船星赴，協同毛帥相機應援，務獲全勝；又咨行該國收合精鋭，奮勇直前，力遏强敵，期剪逐奴氛，俟有聲息另報。謹轉奏以聞。」奉聖旨：「覽奏，屬國危急，君臣播遷，朕心惻然。該鎮發兵調援，具見方略，知道了。向日款議，雖寧鎮别有深心，在中朝原未嘗許。今日關、寧别無調度，何以明不爲狡奴所縻、無爲屬國口實乎？户、兵二部，關、寧二鎮作速從長計議回奏。」

兵科李魯生題：「昨者方金納之來，人人皆知其詐，豈寧撫而知不及此，第欲因而用之，以行吾間。而不意奴因用我之間以間我也。一介之行李西來，十萬之戈鋋東指，羽書介馬而馳，信使綏轡而歸，直玩弄我於掌股之上，而全無一毫之忌憚也。摇尾乎，乞憐乎？往事成夢，牢猶可補，恥則必奮，懼而思圖，此志士腐心之時，而壯夫枕戈之日也。朝鮮我數百年之屬國，往昔被倭，亦我拯而存之。今者奴襯鮮，曰彼爲我受襯也，可但已乎？且我有鮮與無鮮孰利，而奴得鮮與不得鮮孰害？則我救鮮非爲鮮也，自爲也。據鮮咨云，奴雖悉鋭而來，中亦損傷過多，千里趨利，兵法所忌。我誠征鼓於河上，登鎮舟師掛布帆而東，毛帥聞之，必且士氣百倍，朝鮮君臣知萬有一生之圖，返戈相向，事未可知。奴腹背皆敵，勢必狼顧，料必還而自救。如是則鮮可存，鮮存而奴東顧，是亦中國之利也。」

太監劉應坤題：「奴孽東侵，誼切同舟，水兵東援，於本月初三日西回，稱奴兵正月初攻高麗，其衆不下五六萬餘。蓋揣毛鎮孤懸，又兼糧乏，而海上援師難出，是以勢成破竹。雖得四道，以麗人素弱不格所致。嗣緣關、津水兵漸集，聯帆海嶠，砲聲疊震，毛鎮復乘間出奇，屢有擒斬深入，賊爲寒心，因而王京獲守。賊即掣黄安、定州三萬衆，從昌城、滿浦潛歸瀋陽，惟留千家莊、義州、彌串堡爲大小王子統領，哇兒哈并西夷，投降麗人共二萬餘沿江農種。國王李倧幸避而復返。蓋自芝蔴灣乘風開洋以東，所歷廣鹿、石城、獐子、皮島等處，何島非船，何船非兵，應援聲勢，業已震驚於萬里波濤遠近間矣。於海道中又見山東糧船一百二十餘隻，鱗次而進。又聞有内鎮胡太府亦有兵丁、鎗砲、器械、糧餉過海，軍民踴躍萬倍。奴賊雖黠，其能不返顧乎？所以撤衆歸瀋，以致屬國之獲全也。」

袁崇焕題：「慨自河西失陷，縮守關門，無論失地示弱，即關門亦控扼山谿耳，何能屯養十三萬兵馬？雖進，而寧前四城金湯，長二百里，但北負山，南負海，狹不三四十里，屯兵六萬、馬三萬，商民數十萬於中，地隘人稠，猶之屯十萬兵於山海也。地不廣則無以爲耕，資生少具，一靠於内地供給；貧瘠而士馬不强，且人畜錯雜，灾沴易生。故築錦州、中左、大凌三城，而拓地一百七十里之不可以已也。自中左所以東漸寬，錦州、大凌，南北而東西相方，四城完固。屯兵民於中，且耕且練，賊來，我坐而勝；賊不來，彼坐而困，此三城之必築者也。業已移兵民於三城之間，廣開屯種，倘城不完而賊至，不得不撤回兵民，共保寧前，則一年屯種，恐以委敵。人失食而愈貧，年窘一年，寧前必不可守。是三城之完不完，天下之安危係之，此三城不得不築，築而立刻當完者也。錦州三城若成，有進無退，全遼即在目中。乘彼有事東江，且以款之説緩之，而刻日修築，令彼掩耳不及；待其警覺，而我險已成，三城成，戰守又在關門四百里外，重障萬全，此時夷即來説款，而我更加重矣。」

宣府報④：「插漢王子從原巢尚未起身，有哈喇慎家夷酋帶領小部夷帳房、牛、羊、馬匹，於三月二十三日從奢兒城搬移地方五喇哈哈住牧，我省台吉等亦於本月從奢兒城搬移地方亦地都一帶四散住札，各酋聯絡以備虎酋。」等情。張家口報：「夷酋青把都男來洪大台吉説稱，插漢上馬要犯獨石一帶口子。」又薊遼軍門塘報：「有沙葷肖那二等稟：插漢兒因與裏面不和，帶領人馬十萬前來攻搶。你裏邊疆土嚴謹隄防，不可玩忽。等因。據此看得：插酋僻處東隅，與宣風馬牛不相及，今横生枝節，控弦十萬，加於白言等部，如千鈞之壓卵，勢必無幸，且恐其聲東擊西。在我内地各嚴爲設備，以待之可耳。」

兵部奏：「插酋與白寧皆我款夷也。插酋向以講討人口不遂心，懷仇恨久矣。今一旦擁兵十萬，壓哈喇之境，哈喇諸酋其能支乎？今諸酋情急求助於我，我若助哈喇，則虎酋必肆螫於我；不助，則哈酋不能無怨。合行督、撫諸臣選敏辨通官出口〔四〕，以和解爲名，若得説而罷之，此上計也；即不然，我亦有詞於彼。沿邊文武將吏仍當處處設備，着實料理，不得謂兩酋素飲我餌，其自相蠶食，原莫予毒也。」

上以東師屢捷，運餉接濟尚恐不敷，着户部將應補餉銀十萬兩，登、津各運米五萬石，刻期前發。關西兵馬着再選水兵數千策應，以壯聲援。

太監劉應坤增定大帥疏。奉聖旨：「奴酋東侵，震隣孔亟，朕與廠臣深切綢繆之慮。這本所奏增定大帥、分派信地，具見先事預圖，聲勢聯絡，深裨邊計。杜文焕特加制敕，駐寧遠；尤世禄駐錦州；侯世禄駐前屯；左輔加總兵職銜，駐大凌河；管前鋒事滿桂照舊駐札關内，節制四鎮及燕、建四路，仍賜劍以重事權。增八千額兵，添買馬二萬餘匹，都屬急着。兵餉、馬價作何設處，該部俱作速議覆回奏。」

遼撫袁崇焕直陳虜情疏。奉聖旨：「所奏夷虜情形知道了。奴酋狡譎百端，就來厮殺之言詐也，宜暇以應之，無爲危言所喝；喇嘛講款之書更詐也，更宜整以備之，無爲遜言所愚。西虜撫賞用心查核，無致虛冒濫惡，以生携貳。至於虎酋爲杪花之後與都令解仇〔五〕，俱着多方解折，相機宣諭，務期懷我威德，共作藩籬。該撫久勞巖鎮，朕所洞知，封疆事重，還益體廠臣綢繆石畫，與内鎮諸臣協奮心力，礪秣兵馬，修塞要害，倍加嚴重，以保無虞。所奏多備火器、火藥，添買馬匹，即與速議復行。」

兵部覆敬陳末議本。⑤奉聖旨：「關外防禦左輔、尤世禄獨當前矛，着各以原官加級，還寫與敕書，以示優異。奴報緊急，着滿桂移駐前屯，孫祖壽移駐山海，黑雲龍移駐一片石，閻鳴泰移駐關門。其分布兵馬，關内四萬，關外八萬，俱如内鎮臣議，聽督撫作速布置，期於脈絡相連〔六〕，叫呼共應，務保無虞，稱朕與廠臣軫顧疆圉之意。聞奴兵已越錦州，且薄寧遠，錦州兵馬無可退，寧遠之守務自清野固壁，相機堵剿。該部速傳與他們知道。」

袁崇焕謹啓當道諸名公：「職匪材，而當封疆之重寄，復遼地而聚遼人爲守，蓋遠求難致之兵，何如近取回鄉之衆。此不肖爲聚兵計也。不虞滔天之虜應我邊河之聲，及於錦。夫築錦、淩二城，秋而畢矣，收稼深秋，我城坐以待虜。乃以一東江之故，即聲於河以挑之，何如假一款字以緩之？舍彼欲争而無及，我不援而無患也。况所以悮天下而苦邊臣者，則東江甚。毛帥每冬冰交，則避之遠島，天下所知也。鐵山所留，老弱及麗人耳。今一攻以合，毛不能一矢加遺，而朝夕報功，人遂易視此夷，謂撲之即滅。十年血戰，幾能當其鋒，造言生事者欲借毛帥行己私，今局已露矣。毛帥避，於封疆無害，職將何之？毛帥即不勝，於金甌無損，職之所守，其干係何若，而可以國事嘗乎？故敢質之天下。」

此書用遼人築錦、凌，款奴酋，撇毛帥，皆爲禍始。

兵部遵旨覆奏本。奉聖旨：「滿帥出援錦州，山海兵力單弱。這調發近鎮兵馬，昌平調一萬，領以總兵李加訓；天津調五千，領以副將錢中選；保定調五千，領以總兵王繼，着星夜赴關防守山海，不許逗遛，致悞軍機。楊加謨既係該部薦舉，必有心計堪用，着齎尚方劍及冏寺銀五千兩星馳赴滿帥前，以資方略，重彈壓而備犒賞，俱如議行。」

兵部奴氛孔棘事。奉聖旨：「狡奴西犯，不獨關外受敵，薊門一帶在在皆當嚴備。着馬上速行宣、大，各挑選兵馬五千名，隨帶軍器、火藥，擇智勇將領星夜前赴山海，以聽督臣調度。自山西以至河南、山東、北直隸地方，凡有兵馬處所，俱要揀選厲秣，裹糧整搠，用備緩急。該部火速傳與他們知道。軍幾重大，各宜齊心併赴，勿得逗遛，以干嚴法。」

平遼總兵毛文龍奏奴謀極狡等事。奉聖旨：「覽奏，奴孽狂逞叵測，既經挫衄，渡兵踞鮮，復偕西虜闖入。秋冬津、薊在在宜防，喜峰口等處要害埋伏火器，堅壁厲秣以待，具得制勝先着，説得是。逃將李鑛、李越及鄭繼奎、鄭繼武、高應詔猷法廢紀，若不正罪，何以懲衆？着内鎮臣同督撫諸臣即行梟首，以肅軍律。」

毛承禄加副總兵職銜，偏師駐皮島，用張掎角。

滿桂奏報：援兵東行，爲群虜攔截於笊籬山，奮勇力戰，虜死甚衆。將令不許割級，止有丁自雄於馬上斬一級，恐伏不敢窮追。陣亡將士羅忠等六十名。

工部陳戰守機宜。奉聖旨：「奴兵既東戍，又西犯，中必虛矣。海上先速行遥制，東西之難可以竝解。如此急着，登撫、毛帥倘聞聲息，皆可一面布置、一面奏報者。立刻馬上差人説與他每知會。本中救錦州、固寧遠、備關門俱係緊務。薊鎮咽喉之處設立標營，統以大將，内衛外援，俱可相資，防之法寓於其中，着與商確申飭行。」

兵部條陳。奉聖旨：「覽奏，説錦州紀鎮忠奮自誓，趙帥憑城擊賊，多所殺傷，已見能守之勳。然攻圍不退，應援當亟，赴援諸將尤宜相機進止，以備萬全。寧遠撫臣料理有素，且威略夙著，無煩幫貼，深慰朕懷。關兵應援，這所調鎮兵三萬，着急趨赴關，以資防守。『守者以全城爲上，援者以退賊爲功』，説的是。其關外四城毋輕調發，軍前糧餉作速接濟，已有旨了，你部還馬上差人不時偵探，有聞立刻入奏。」

兵部復奏塘報。奉聖旨：「錦州圍困，不容不救，然奴亦度我之必救，爲致我之策，若直赴之，正墮其計；間道出奇，形格勢禁，使奴自退，該撫精心籌之。許定國鐃有智略，請兵願往，忠義可嘉，着分兵一枝，副以健將，令星馳自效。貴英等酋不妨便與重賞以啗之，此着最緊須速，應不必疑也。各該兵將着飛檄嚴催赴關，有遲留者，以軍法從事。」

六月，薊遼總督閻鳴泰據總督鎮守太監劉應坤報⑥：「本月二十八日午時，賊夷數萬來至寧遠東北山下劄營。職即發令箭催督車營都司李春華等率領勇士對賊安營，奴賊連衝數陣，我兵奮勇，用紅夷、木龍虎、滅虜等項神器齊力攻打，打死賊夷約有數千，尸橫滿地。職先布軍令，止許砍剿，不許割級，仍嚴率將領、馬步官兵鱗次前進，相機攻剿。」

山海總兵滿桂報：「錦州被圍已久，業經兩次發兵剿殺。奴酋前哨勢衆，不得深入，於本月十九日選差健丁前去錦州哨探情形，進城見紀太府、趙總兵，分付城裏，防備甚嚴。賊今俱往松、杏等處一帶安營暗伏，俟有別情另報。」

滿桂以錦州被困，發兵鼓勇前進。奴部執五色標旗於灰山、窟窿山、首山、連山、南海，分九營。官兵撤進濠内，周圍安營，有總兵孫祖壽、副將許定國在西門札營。桂令副將尤世威嚴整火器預備，望見城東灰塵蔽天，賊兵分投前來圍城，桂即親督紅旗，督率各營將領等官祖大壽等迎敵，賊傷無數，賊擡尸至雙樹堡西焚燒。桂被賊射中數箭，桂馬與尤總兵馬亦被射傷。各將安設紅夷、滅虜等砲，將東山坡上奴賊大營打開，賊死數多。自卯至午，賊見我兵力戰，不能得前，撤兵東去。

平遼總兵趙率教報：「五月十一日辰時，奴子提兵十餘萬騎至錦州城外，四面札營。十二日，分兵兩路，擡拽車梯、挨牌，馬步輪番交攻西北二面。太府紀用同職及總兵左輔、副總兵朱梅躬披甲胄，親冒矢石，力督各營將領并力射打，炮火矢石交下如雨。自晨至戌，打死夷尸填塞滿道。至亥時，奴兵拖尸赴班軍，採辦窑木燒燬，退兵五里，西南下營。次日寅時，馬兵圍城遊走，尚未撤兵。」

巡撫袁崇焕奏：「十年來，盡天下之兵，未嘗敢與奴戰，合馬交鋒，今始一刀一鎗拼命，不知有夷之兇狠驃悍。職復憑堞大呼，分路進追，諸軍忿恨此賊，一戰挫之，滿鎮之力居多。」

兵部題：「奴子深入重地，久留不歸，蓋欺我兵援者不敢進，守者不敢出耳。乃今寧遠城下之一戰，橫尸遍野；錦州城下之攻，大敗歸營，兩處捷音先後踵至，非仗皇上之威靈、藉廠臣之區畫，何以得此哉？當此二捷之後，賊氣已阻，我氣愈張。今雖馳騁於塔、杏之間，必不敢蟻聚於堅城之下，徐而圖之，其機可乘。第恐頓兵日久，錦圍未解，又非我利，政須勵兵秣馬，乘機伺隙，以爲必勝之計，以收萬全之算。至於犒賞，有御前銀兩，其器物、馬匹亦屢經奉旨行催矣。」

寧遠太監紀用報：「賊於初五日在小凌河札營，拆毀小凌河城牆。初六日，盡赴大凌河拆城。屢來投降真夷具言奴恨錦州殺傷夷衆大半，若留下城牆，漢人又如錦城據戰，又將廣寧諸城盡拆，使漢人無據，方好上陣廝殺。自此逆賊漸東，地方無虞。」

晉爲經略，取用趙率教，竟成守錦之功。其寧城之不墮，金啓倧與有力焉，事見別傳。

總督閻鳴泰題：「奴雖遠遁，勢必復來。錦州邊僻奧區，原非扼塞險要，當日議修，已屬失策。今日錦州止可懸爲虛着，慎勿認爲實着；止可設爲活局，慎勿泥爲死局；止可計用以弭敵，慎勿株守之以抗敵。臣頃至寧遠，密商之内鎮與寧撫，其見頗同。此番之戰，我兵傷損亦多，則今日急務無如補兵、練兵爲要。聞奴攻朝鮮，得船四百隻，而都令、色令與黄把都兒近復自折入於奴。倘令朝鮮叛人以片帆渡海，新附西虜以數騎窺關，而奴子自率大兵從廣寧故道而來，皆計之最毒，而事之不可必者，安得不速爲之備，而又安可冀人爲之備哉？」

樞輔惟以築錦、築大凌爲實着，年來籌畫，惟此加工，卒至誤國。

兵部奏：「奴子回巢，裹糧而來，其欲撓我修築，撓我屯糧，明矣。但溽暑行兵，彼已犯兵家之忌〔七〕。我明烽燧，堅清野，以佚待勞，以飽待飢，如上年寧遠嬰城固守故事，且河西食俱已搬運錦州，千里而來，無所摽掠。若奴子不揣，深入重地，頓兵堅城之下，不數日，必且狼籍而歸。此時伏兵要害，乘其渡而擊之，此萬全之穩着也。伏敕撫、鎮諸臣固守城池，慎勿妄動，避其鋭氣，邀其惰歸，最爲上策云。」

西虜領部衆報効，遣夷使貴英等請賞。

寧遠太監紀用奏：「逆奴圍困錦州，大戰三次，大勝三捷，小戰二十五日，無日不戰奴賊於城外。以是初四日奴賊數萬蜂擁以戰，我兵用火砲、火罐與矢石打死奴賊數千，中傷數千，敗回賊營，大放悲聲。隨于焚化酋長尸骸處，天墜大星如斗，其落地如天崩之狀，衆賊驚恐終夜。至五鼓撤兵東行，尚在小凌河札營，留精兵殿後。臣即同總兵趙率教、左輔、朱梅等發精兵防哨。是役也，保六年棄遺之瑕城，一月烏合之衆兵，獲此奇捷，爲此塘報。」

袁崇煥不肯救錦州，所以有暮氣難鼓之旨。紀用直前，亦畏魏璫之操切也。

御史李應薦題：「撫臣袁崇煥撑持殘疆，拮据數載。惟是假弔修款，設策太奇；頃因狡虜東西交訌，議者遂嘖嘖嗤爲愚，并以不急援錦州，鄙其爲葸，此似不可爲該撫解。向後暮氣，鼓之實難，准其病歸，而優優叙録，其於撫臣亦庶幾無相負哉。」

七月，奉聖旨：「袁崇煥暮氣難鼓，物議滋至，已准其引疾求去。督臣駐劄薊門，亦係重地，寧遠督師朕特簡樞臣，俾星馳赴任料理。王之臣仍以太子太傅、兵部尚書兼右都御史，駐劄寧遠，督師榆關，兼巡撫遼東、山海等處地方，提督軍務，賜尚方劍。」

閻鳴泰加陞少傅，協理京營。

一片石西界忽生鉛鑛，命會同督、撫、道開採。

錦州生擒賊夷五十九名，刑部獻俘，傳首各邊。

督餉御史劉徽題：「頃見寧撫袁崇煥請告，奉旨回籍矣。寧撫素以滅賊自許，中外咸思倚重，而講款一節，聞者不無詫異，説者謂借款爲名，撫臣另有作用。未幾一面講款，奴且有事於東江；攻東未已，奴更西犯乎錦城。此時正望撫臣之作用，撫臣若無作用之可自效也。樞臣王之臣曩嘗督師時，及知款未易而講不可輕〔八〕，慮貽封疆之憂，先爲苦口之藥。老臣持重，洞悉虜情，不啻燭照數計然者。邊臣若此，何慮邊事不萬全哉？」

兵部題⑦：「奴酋用都令、色令爲嚮導，而窺山海、内地，皆勢所必至。我當預防，斯可無患。獨錦州一城，原因圖復河東，故預修河西，件件做去，今則爲奴所必争矣。遐僻奥區，無關險要，守之則頽垣壞壁，修築甚難；不守則寸土寸金，棄之不易。内鎮臣欲留輕兵以防，小修以補，賊至則堅壁清野以待，即督臣疏内所謂虚着活局餌敵之意。臣部以爲，錦城已守有成效，不當議棄。若臨時用以設謀餌敵，出奇制勝，應聽新督師熟計而行可也。」

督師王之臣奏：「西虜自都令等投奴，北邊六七月間無一夷，則我之肩背皆受敵之地矣。乃第一緊要全在糧餉接濟，錦州所以能守能戰者，食足故也。見今寧城内外，肩摩轂擊，居無剩地，斗米三百餘錢。而天津二運未完，三運尚未發動，轉盼入冬冰合，事無及矣。萬一賊至，何以支持旬日乎？又總兵杜文煥駐寧遠，侯世禄駐塔山，尤世禄駐錦州，已奉有特旨。乃尤帥謂錦州城池遭雨崩頽，萬不可居，今暫駐杏山；侯世禄謂塔山低凹，迫近高山，非可守之地，其城池亦且修築未完，意欲移置别所。臣思各帥信地已定，自當有進無退，豈得移易？地利失險，則人心不固，容臣臨時相勢酌處。其糧料儲備各宜廣宜預，不可須臾緩也。」

閻鳴泰疏：「今夏錦州之圍，臣聞警東馳，即先呼崇煥之參謀丘磊，而秘囑以報曰：『錦州之守，原屬非策，今既誤矣，豈容再誤？錦即有得失，不係安危，惟一意以固守寧遠爲主，切勿輕動，致墮奴計。』蓋錦去無損於寧，寧一摇則關門震動，而天下事不忍言矣。」

是時奴兵結五大營於塔山一帶，以北圍錦而西窺寧。我以逸待勞，一戰大捷，錦圍遂解。此兵家所謂致人而不致於人之法也。

吏部奉聖旨：「魏忠賢報國心丹，吞胡志壯。整戎備伍，立三捷之奇功；雪恥除兇，洗十年之積恨。績奏安攘，烈茂山河，寧晉彝典昭然，世爵褒封允當，着廕弟姪一人，特封安平伯世襲。」

又錦寧之捷，蔭忠賢弟姪一人世錦衣指揮使。

紀用蔭錦衣同知世襲，王體乾、劉應坤等各加恩世廕。

太子少保南京吏部尚書王在晉等疏稱：「向聞奴兵渡河，臣等焦思蒿目，日夕靡寧，心懷岌岌，若身介其衝者。蓋錦州孤懸絶徼，我師之精鋭集焉，錦城安則寧遠安、山海安，首尾情形聯屬一體。茲幸斗城壘固，全師凱旋，前有寧遠之一擊，後復倍其功；東有毛鎮之克揚，西復張其烈。此皆順德潛孚，百靈呵護，邀祖宗在天之默佑，兆泰圖億萬之靈長，是以轉危爲安，用戰爲守。臣等屢聞捷報，舞抃同情，雀躍嵩呼，曷勝慶慰。追惟往事，從昔三韓陷没，壬戌之夏，始收復關外五城各堡。今幸步步向前，兩河版圖可取次漸復矣。昔也謀議定而忽摇，委任專而輒易，人各一心，事各異意。今則號令屹如山岳，守者盡懷效死之心；接應迅於流水，王者常虞後至之罰。援師麏集，饋餉雲從，將數年前遇賊狂奔之肺腸洗滌殆盡，合十萬人併力協攻之意氣振發如新。此則乾斷勵精，廟謨弘遠，内而閣、部、科、道，外而鎮守、督、撫、道、將文武諸臣之肝膽畢照，策力兼收，共成撻伐，以昭盛績也。然而臣等猶有進焉，勝亦兵之常，謀居勇之上，辨賊之所以退，則知賊之所以來。來者，因糧也；去者，食盡也。沿海之露積，豈一炬之可焚；而關寧之乏餉，復曠日之難久。今後海運之交割，須先儘内地；海瀕之暫卸，務轉運城中。而後我飽賊飢，賊必不至，至亦不能久留。彼踰河跋涉，牛馬不能以負芻；我結寨連屯，頭畜預宜以收斂。堅壁清野，以主困客，是爲今時第一義。動以挑之，不如静以鎮之；先聲以怖之，莫如後實以疲之。惟蓄鋭以固其防，勿輕嘗以入其彀，儲火藥、精器械、練兵卒、搜奸宄、結人心，是爲今時第二義。溽暑非酣鬬之時，强奴有未盡之技，時至秋深，則馬肥於草實，弓勁於風高，海飈不便運艘，難於轉輸，秋月倍明，乘宵慮其掩襲，此秋防之當謹也。入冬則輜重可以躡冰，胡騎逕能翕渡，島帥難施牽制之力，凍土易隳繕築之工，霜雪嚴凝，手足瘴瘃，彼向陽而就煖，我怯冷以迎寒，此冬春之可虞也。七城之生命待食於一綫之餉道，津門之水犀有限，而海天之浩淼無窮。覺華新募之遼人焉能慣海，而淮揚所造之船隻猶恐後時。毛帥孤屯，必駐師要地，而後可牽黠奴之狼顧；西夷多狡，必永懷好音，而後可固薊北之藩籬。此俱今日之要圖，而天與我以綢繆修備之暇，廟廊之上當悉心講求。時乎！時乎！此其萬不可失者也。又念各邊之調遣殷繁，而農部之供輸久匱，奴若再來，必非尋常之戰，須蚤辦軍需，以備臨期之緊用，預筴其所難，而先籌其所急，庶不爲臨渴掘井之謀，而有當於曲突徙薪之慮。此在當事重臣必有成算，而臣等深心惕患，輒敢謬佐一籌。若夫戰勝而懼，好謀以成，内外協心，將士併力，采芻蕘以資謀議，核功實以昭勸懲，明明在上，濟濟在朝，自饒爲之，臣等無庸喋喋矣。」

八月，登萊巡撫孫國楨題：「天啓七年四月二十日，准平遼總兵毛文龍手本：『照得逆奴東犯本鎮，令南北官兵分路設伏，張疑出奇，衝截攻剿，仍嚴令對敵不許貪割首級，打營不許躲避風雨。官兵奮勇，一勝於宣州車輦、江當溝、小鐵山等戰，再勝於義州晏庭關、瓊山、青龍山等戰，三勝於積糧倉、千家莊、彌川堡、鎮江沿邊等戰，四勝於雲從關口、龍王宛子，本鎮親督内丁之鏖戰，五勝於會哨。國王彼此夾攻，逼賊於瓶山之遠戰，計各路相機攻殺，死傷悍虜無數。其各營官兵綁縛解鎮男婦活夷，當官研審明確。』等因。該臣看得：毛帥孤懸絶島，遠泊水鄉，溟霧胡風，侵肌撲面；寒烟冷月，泣晝憐宵。七年正月以來，五戰而五勝，諦觀宣州車輦、義州西門、龍山諸役，皆令人舌咋心驚，色飛神動。然義州西門之捷，獨雄而奇，蓋其俘獲者皆名酋，今之繫紐而獻者，此也。宣州諸路之捷又險而奇，蓋毛帥親中二矢，不爲少動。自五六年以來，大小幾近百戰，積俘至四百七十有零，搶獲器械、馬匹累百，近日續報者不與焉。據册，獲功將士均當優叙，至陣亡官一百二十六員如毛有松等均當録後陞賞；兵丁六千三十八名賈永德等亦均當録後優恤；被傷官八員如馮應舉等、被傷兵五百四十二名如王世隆等，亦均當優恤者也。」

海外戰功未必盡核，然亦不可盡没。

劉詔陞兵部右侍郎兼右僉都御史，總督薊遼。

本月江西鄉試策題云：任讓之局，古人合領之，今人分據之，吾以爲先定之於品，品非聖賢、豪傑，則富貴功名之途側肩而奔之，非迫而起、叩而應者矣。此房琯、殷浩之流，任讓兩無所據。又巧爲任者，他人綽有成効，則勢攫以居其功；事勢將有可圖，則狙伺以邀其便。品愈卑而事愈壞，天下有不可言者矣。未望之遠志難慊衾影，既出之小草有慙輿論，幾何不爲千古嗤咲哉！

此策題明刺自請行邊者。

户部題：「都、色部落投降，督師疏稱弱者自爲食，則以陣亡缺伍之糧養一千七百之精壯而有餘，無煩另措矣。至於發銀米餘以養十萬居民，則祖宗以來無賜田租之詔，臣部即欲措發而無從。前錦州被圍，連呼顆粒皆無；迨虜敗之後，錦州尚餘米三萬數千，而奴營沙鍋中率存漕米飯，此人之所共知也。督師習知臣部之苦，必明以入告，庶中外相成，兵食兩足矣。」

督師王之臣題：「三軍之命係於一將，今山海有滿桂，寧遠有杜文煥，塔山有侯世禄，錦州尤世禄、前鋒朱梅，各奉有專敕，旗鼓相望，可謂極一時之盛矣。然權不歸一，令出多門，未見其便。文煥家世將種，久歷西鄙〔九〕，亦將中之白眉也，而遼左情形非其所長。滿桂自恢復寧遠以來，即在此料理，而夷情邊事瞭然胸中，虜中嚙指亡不知有滿將軍者。文煥縱有經理之名，而尤、侯諸將原係鄉里親友，各奉敕印，誰肯相下？滿桂晉秩宫保，名位已崇，且原奉敕劍，得以節制四鎮者。今調文煥於關内，調滿桂於寧遠，俾節制如故，則上下人情久協，無難收指臂之功矣。」

十月，閻鳴泰以少師兼太子太師、兵部尚書，回部管事。撤鎮守内臣，其戰守機宜俱付督、撫諸臣膺任〔一〇〕。

八月二十二日，熹宗悊皇帝崩。

二十四日，今上登極，以明年爲崇禎元年。

九月，督師王之臣題：「職於七月内未出都門，即聞西虜都令、色令等携帶部夷二萬餘人投順東奴，心甚慮之。幸奴子不即收納，致令徘徊河上，而部夷窮餓，多鳥驚獸散，此其必致之勢也。初，都令等聞虎酋之欲謀己也，忿激離巢，其投足未定之時，諸頭目願向天朝。副將朱梅差通官以書招之，都令亦欣然欲來。後聞虎酋兵動，恐天朝不能庇，決意投奴。比奴疑忌，未敢寄跡於瀕河諸處。時部落多悔恨輕離故巢，紛紛逃叛，都令知覺追逐，遂致各夷倒戈。然其投虎者十居四五，投我者纔十之一耳。今樞臣長慮却顧，仍欲置之故處，給以原賞，是矣。彼若故處可居，雖招之豈能使來？今附我而我拒之，彼必不敢西歸，仍必東投奴子。我方欲空其所有，安可益其所無？當各夷未至，職集各官計議，如朱梅、王牧民、祖大壽皆老於邊事、熟於夷情者，咸以爲此計不可失也。議者鑒瀋陽覆轍，惴惴焉，不知瀋陽之收降也，經臣遍掛招降之旗，諸虜乘機蜂繹來歸，兩月之間填滿瀋城。所謂引虎入門，有不啌人者乎？今諸夷窮慼來歸〔一一〕，我可藉之爲用。旋而却之，是因噎而廢食也。且兵家事原不可執着，即使諸夷而果詐降也，我亦當以別法制之，寧可放虎近山乎？錦州僻在寧遠之東北，原非重地，原不必先宿重兵，祇因前任總兵趙率教嗜屯利，故以兵屯之，堅持和議，謂奴決不西來。豈知方金納馬首方東，而賊兵已圍錦州矣。自虜退後，業已棄其田疇，毁其廬舍，士民、商賈席捲而歸寧城，則錦州之景象可知。因令前鋒二將在彼略加修葺，俟明春修完城及軍火、器械，而後可守。錦州尤世禄分署信地也，今尚趦趄於杏山，不敢輕往。兹欲以紀用鎮之，是以朝廷之貴臣爲餌於虎牙間，必非萬全之勝算也。」

登州報：叛賊李永芳故。

十一月，撫寧侯朱國弼疏云：「奴賊與我深仇，而及其死也，魏忠賢乃遣人弔孝，白送却無數金珠，反取嫚書一紙。邊臣不奉忠賢之命，敢徑爲之乎？此則敗壞邊事之實。又不惟是也，喜則升九天，柳河之敗，得以鑽刺而喬遷，羨乾父一認之有靈，其顛倒錯亂遂至於此。」

户部主事陳此心疏稱：「寧錦一捷，不過解城下之困圍，未復侵疆之只尺，止可免罪，豈可言功？魏忠賢欲藉此廣茅土以自張内翼，故概加諸臣銜秩世廕，以相羈縻耳。獨不援在廷諸臣之例，加一級、賜一廕於數載扞圉之舊撫袁崇焕乎？幸有讓廕之霍維華尚存一綫公道於人世，而忠賢旋促之以去，餘又何敢言哉！」

兵部尚書閻鳴泰題：「壬戌監軍之役，臣任關内，袁崇焕任關外，傾蓋如故，無言不投，每每月下燈前，靡不抵掌促膝，共計滅奴。一時去事如舊經臣王在晉、輔臣孫承宗、督臣王象乾，復傾心相交，降心以從。遂舉趙率教以守前屯，舉祖大壽以守覺華島並寧遠城，闢草披荆，招攜懷遠，漸築首山以西，二百里已失之疆場始復歸我版圖矣。當日夙夜拮据之勞，炎霜馳逐之苦，赴七尺於彼蒼，期一當以報國，恨不唾手黄龍，共一痛飲。至今年久悉去則愈冷，人數易則愈生，誰復有知而念之者？唐詩有云：『鋤禾日當午，汗滴禾下土。誰知盤中飧，粒粒皆辛苦。』又云：『昨日到城市，歸來淚滿襟。徧身綺羅者，不是養蠶人。』臣每讀至此，未嘗不悽然泣下。今一重門限安於泰山，其飯盤中之飧而披羅綺之華者，不知其幾矣，亦知當日鋤禾、養蠶之苦乎？」

讀此疏，憶當年始事之艱，直堪淚下。熊、王入關，遼兵大潰，人衆擠軋，關門不得闔者四晝夜，此時已無關矣。廷推經略，何人敢任？晉爲國心殷，單車就道，守前屯、寧遠等處，皆晉任内事也。樞輔代之，則防守已大定矣。彼監軍勞苦，尚爾自陳，而况爲經略者哉？所云「人數易則愈生」，洵爲確論。彼時朝論不摇，邊臣久任，即不能滅奴奏績，亦何至有虜犯京城、西夷盡叛、塞外皆爲敵國乎？

校勘記

〔一〕意見未符差　「未符」，疑當作「參」。明熹宗實録卷八一天啓七年二月癸卯條作「雖經權奇正，無一成之心；而意見參差，有異同之迹」。

〔二〕遠提帥旅　「帥」疑「師」之誤。明熹宗實録卷八一天啓七年二月乙巳條作「毛帥獨奮孤忠，支撑海外，遠提師旅，閱歷多時」。

〔三〕賊兵連郭山凌漢山城及安州等城節度使臣防禦使金浚等將吏數十員兵民數萬口屠殺無遺　「連」後當少一「陷」字，「節度使臣」當作「節制使南以興」。明熹宗實録卷八三天啓七年四月庚子條作「連陷郭山、凌漢山城及安州等城，節制使南以興、防禦使金浚等將吏數十員、民兵數萬口屠戮無遺」。

〔四〕合行督撫諸臣選敏辦通官出口　「辦」疑「辯」之誤。

〔五〕至於虎酋爲杪花之後與都令解仇　「杪花」，當作「粆花」，本書中亦常作「炒花」。「之」，當作「立」。明熹宗實録卷八四天啓七年五月戊辰條作「至諭虎酋爲粆花立後、與都令解讎」。

〔六〕期於脈絡相連　「期」，原作「朝」，據北大本及明熹宗實録卷八四天啓七年五月己卯條改。

〔七〕彼已犯兵家之忌　「彼」，原作「被」，據北大本改。

〔八〕及知款未易而講不可輕　「及知」，當作「極言」。明熹宗實録卷八六天啓七年七月丙寅條作「極言款未易而講不可輕，慮貽封疆之憂，先爲苦口之藥」。

〔九〕久歷西郵　「郵」，當作「陲」。崇禎長編天啓七年十月辛亥條作「文焕家世將種，久歷西陲，亦將中之白眉也」。
〔一〇〕前「十月」條及本條應在後文「登州報」條後。
〔一一〕今諸夷窮慼來歸 「來」，原作「未」，據北大本改。

底本眉批

①本條原有眉批「會議經撫」。
②本條原有眉批「中使駐島」。
③本條及以下叙事原有眉批「奴兵攻毛帥，侵朝鮮」。
④本條原有眉批「插酋西侵」。
⑤本條原有眉批「奴犯寧錦」。
⑥本條原有眉批「寧錦解圍」。
⑦本條原有眉批「都色降奴」。

三朝遼事實録跋

曩遼患孔棘，家大人拮据中筦，蓐食行間，殷憂宵旦，不遑寧處，苾小子時得而親承焉。己巳歸里，每得報，輒廢書而歎曰：「有是哉，邊事一至此極乎！兵虛而不可恃也，餉靡而無可覈也，效順之虜昔爲我用而今爲奴用也，長邊數千里在在可窺而入也。」蓋自壬戌以後，關、寧失馭，其所繇來者漸矣。追惟河西奔潰，胡塵滿目，犬羊充斥，流離載道，鴻鴈哀鳴，天造草昧，紛紛擾擾，渝關爲劍戟之場矣。彼時寧前不復則山海危，山海不守則神京危，舉朝朒朒。而家君挺身仔肩，以愧夫臨事怯避者；鋭志爲收復寧前之議，以愧夫奔蹌失地者；不請兵，不請帑，單車就道，以愧夫多方請乞者。比出而經略，款讐相兼，戰守互用，關前殘破之區重歸版籍，而棄甲曳兵者怍矣；無刺無非，倏更倏代，言者無已而自請行邊督師者妬矣。於極危極險之地，百難百窘之時，幸不蹈前車之覆轍，留樞簡任，三告乞歸。家君曰：「此社稷之靈也，君之福也，臣何功之有？」角巾私第，口不言功，而爲公論所許可，復拜南銓之命。無何而權璫竊柄，獨行見忤，屢推屢黜，以至三載之淹，璫殛而始正中樞之席焉。是時邊防窳惰，業五載於兹矣。當袁督師之陛見，御前矢口輕言滅奴，因箴規之相咈，遂謀議之參商，必欲易本兵以恣行其臆。於是諫垣有水火之談，而憸壬任苞苴之入，債帥逋誅之疏投鼠起憎，而召對欺藐之旨批鱗觸忌。偶緣惠安之增勑，蘿葛株連，瞥然投劾而歸矣。藉令家君在任，則薊兵不至抽單，島帥何繇立捽，插部不遷，素囊不滅，而西虜不背約以從奴，詎至陰許和而陽赴援，有引虎入門之禍哉？老父年齡薄暮，顧不知名；子情喜懼交切，惟知愛日。身之隱矣，何用文爲？顧念虜患披猖，君父蒿目，十年遼事，草野僅聞其概，史乘恐失其真。斷簡殘編，悉從邸鈔中之纂集，梓人乞付剞劂，皆剗浮摭實之文，無虛無贋，董狐、齊太史或取徵取信焉。昔孫盛作春秋，而子孫環向，泣請更竄。今當國步之多艱，公論之翕叶，有二三策之可收，無五湖長之見嫉，枋頭之失年未遠，而人盡知之事不必諱，即諱言，奚救于已然之失策也？父操筆而稽國是，子攝衣而讀父書，不識有當于編摩之一得否，謹以書之簡末。

崇禎己卯上巳日男會苾謹跋

參考文獻

明實録　「中央研究院」歷史語言研究所校印本，臺北，一九六六年。
崇禎長編　「中央研究院」歷史語言研究所校印本，臺北，一九六六年。
明經世文编　陳子龍等輯，影印明崇禎刻本，北京：中華書局，一九六二年。
熊廷弼集　熊廷弼撰、李紅權點校，北京：學苑出版社，二〇一一年。
東夷考略　茅瑞徵撰，國家圖書館藏明刻本。
國榷　談遷撰、張宗祥點校，北京：中華書局，一九五八年。
明史　張廷玉等撰，北京：中華書局，一九七四年。
續資治通鑑長編　李燾撰、上海師範大學古籍所及華東師範大學古籍所點校，北京：中華書局，二〇〇四年。
文獻通考　馬端臨撰，上海師範大學古籍所及華東師範大學古籍所點校，北京：中華書局，二〇一一年。

宋史　脱脱等撰，北京：中華書局，一九八五年。
金史　脱脱等撰，點校本二十四史修訂本，北京：中華書局，二〇二〇年。
春秋左傳詁　洪亮吉撰、李解民點校，北京：中華書局，一九八七年。
孔叢子校釋　傅亞庶撰，北京：中華書局，二〇一一年。

中國史學基本典籍叢刊　書目

穆天子傳匯校集釋
國語集解
吴越春秋輯校彙考
越絶書校釋
西漢年紀
兩漢紀
漢官六種
東觀漢記校注
校補襄陽耆舊記（附南雍州記）
十六國春秋輯補
洛陽伽藍記校箋
建康實録
荆楚歲時記
大唐創業起居注箋證（附壺關録）
貞觀政要集校（修訂本）
唐六典
蠻書校注
十國春秋
皇朝編年綱目備要
皇宋十朝綱要校正
隆平集校證
宋史全文
宋太宗皇帝實録校注
金石録校證
丁未録輯考
靖康稗史箋證
中興遺史輯校
鄂國金佗稡編續編校注
皇宋中興兩朝聖政輯校
中興兩朝編年綱目
續宋中興編年資治通鑑
續編兩朝綱目備要

宋季三朝政要箋證
宋代官箴書五種
契丹國志
西夏書校補
大金弔伐録校補
大金國志校證
聖武親征録（新校本）
元朝名臣事略
明本紀校注
皇明通紀
明季北略
明季南略
國初群雄事略
三朝遼事實録
小腆紀年附考
小腆紀傳
廿二史劄記校證
通鑑地理通釋